想象另一种可能

理
想
国

imaginist

KLEINE Weltgeschichte der Philosophie 17 AUFLAGE

世界哲学史

[德]汉斯·约阿西姆·施杜里希 著

Hans Joachim Störig

吕叔君 译

上海三联书店

Kleine Weltgeschichte der Philosophie
by Hans Joachim Störig
Originally published by W. Kohlhammer GmbH
Copyright © 1950, W. Kohlhammer GmbH, Stuttgart, 18th edition
ALL RIGHTS RESERVED

图书在版编目（CIP）数据

世界哲学史 /（德）汉斯·约阿西姆·施杜里希著；
吕叔君译 . -- 上海：上海三联书店，2023.10
ISBN 978-7-5426-8252-9

Ⅰ . ①世… Ⅱ . ①汉… ②吕… Ⅲ . ①哲学史—世界
Ⅳ . ① B1

中国国家版本馆 CIP 数据核字 (2023) 第 183627 号

著作权合同登记图字：09-2023-0563

世界哲学史

［德］汉斯·约阿西姆·施杜里希 著　　吕叔君 译

责任编辑 / 苗苏以
特约编辑 / 赵　欣
责任校对 / 王凌霄
责任印制 / 姚　军
装帧设计 / 陈威伸
内文制作 / 陈基胜

出版发行 / 上海三联书店
　　　　　（200030）上海市漕溪北路331号A座6楼
邮购电话 / 021-22895540
印　　刷 / 山东临沂新华印刷物流集团有限责任公司

版　　次 / 2023 年 10 月第 1 版
印　　次 / 2023 年 10 月第 1 次印刷
开　　本 / 635mm×960mm　1/16
字　　数 / 727千字
印　　张 / 54
书　　号 / ISBN　978-7-5426-8252-9/B・865
定　　价 / 148.00元

如发现印装质量问题，影响阅读，请与印刷厂联系：0539-2925659

目 录

第一部分　东方的智慧

第二部分　古希腊哲学

第三部分　中世纪哲学

第五部分　启蒙运动时期的哲学和康德哲学

第六部分　十九世纪的哲学

第七部分　二十世纪哲学思想主流

哲学思想若想在当今世界上发挥作用，就必须让更多的人读得懂，因为今日的状况是：普通大众能够阅读和写作，但是他们并没有接受完整和广博的西方教育。然而，他们也是共同求知者，是共同思考者和共同作为者。只有更加广泛地获取高深的人生智慧，并进而提高自己的辨别能力，他们才能更多地利用这些新的机会。因此，使用尽可能通晓易懂而又不失其思想深度的方式表达重要的思想，对于使更多的人能够参与思考世界和人生来说，是非常必要的。

卡尔·雅斯贝尔斯
《当今哲学的任务》（1953）

中文版序

在世界上伟大的文明国家中，没有一个国家能够像中国那样拥有如此悠久而伟大的过去。我深信，中国也将会拥有一个对世界历史具有重要意义且能产生深远影响的未来。

因此，拙著《世界哲学史》能够首次直接与中国读者对话，这令我感到非常高兴。为此，我非常感谢本书的译者吕叔君先生，以及中国的出版社，是他们使此中文版的发行成为可能。

我希望，阅读本书能够给中国读者带来愉悦，并能够激发他们独立地思考我们共同的世界之谜。

汉斯·约阿西姆·施杜里希

2005 年 11 月于慕尼黑

修订版前言

　　"本书并不是为那些职业哲学家写的，对于他们来说，或许已经没有什么新鲜东西可以说了。本书是为这样一些人写的：不管他们是否接受过正规的学院式教育，当面对工作中的和日常生活中的烦恼，以及我们时代的巨大的历史变迁和社会灾难时，他们从不气馁，总是试图通过独立思考来揭示世界之谜，并努力去寻找永恒的人生问题的答案。他们从不否认这样一种观点，即所有时代的伟大思想家及其作品都会对我们有所裨益。"

　　以上是五十年前本书第一版问世时书中导言里的几句篇首语。公众对本书的反应正好与本书的写作目的相契合：本书自出版以来，德文版的发行量已达到 600 000 册，此外，它还被翻译成了意大利语、日语、荷兰语、西班牙语、捷克语、匈牙利语等。无数的读者表达了他们对本书的谢意及赞赏，也正是由于他们的信函，我结识了一些非常有趣的朋友。

　　临近世纪之末，在我人生的迟暮之年，我觉得对本书做一次全面细致的修订是非常必要的，尤其是（但不仅仅是）本书涉及当代哲学的最后部分。柯尔哈默出版社和菲舍尔袖珍图书出版社使此修订版的问世成为可能，对此我谨表谢忱。

导　言

四个自我批评性的意见

1. 哲学是人利用思想这一工具揭示存在——包括人周围的外部世界和他自己的内心世界——之谜的一种尝试，哲学的历史比我们已知的有文字记载的历史要悠久得多。我们对历史的认识可回溯约三千年，在我们已知的这段历史以前，人类还经历了一段漫长的历史。在那段时间里，人开始直立行走，他的上肢（手）因而获得了更大的自由，他学会取火，他已经能够按照自己的意图使用和制作简单的工具，总之，人类开始从动物王国中脱颖而出。但是，关于人类的这段历史中的细节内容，我们却所知甚少；关于人类之所以变成人类的那个过程，以及关于人的语言和思想是如何产生的这类问题，我们基本上也不甚了解。语言与思想不可分割，思想和语言紧密相连，我们可以在儿童的成长过程中观察到这一点。作为思想的工具的概念是我们在语言中获得的。对于一个学习说话的儿童来说，他刚刚学会用名字称呼的每一个东西，就像是被施了魔法似的，突然间就从以前那个懵懂的纷繁世界里分离出来，变得豁然明朗起来。虽然这两个问题——即语言的产生以及思想和语言的关系问题——如此重要（它们是语言学家们非常感兴趣的问题，并且至今仍然是非常晦涩难解的问题），但是限于篇幅我们在这里却不能对此加以深究。

不过，有两个观点我们还是应该坚持：首先，语言作为一种无法回避的思想媒介——或许语言也是思想的边界——是最重要的哲学主题之一，这个问题我们将会时常遇到。其次，在我们已知的人类历史发展的开端，语言已基本上作为一种完成品存在了。自那以后，究竟语言经历了哪些变易、变化和变形，这些问题与这之前发生的事情相比已经不太重要了。在我们已知的范围之前，人类的思想还经历了一段很难衡量的至少要绵延达数万年的发展过程，关于这个过程我们几乎一无所知。确定了这样一种判断以后，我们就应该认识到，在我们开始叙述人类思想的历史——或者任何一种历史——之前，为了事先能够获得一种正确的观察问题的广阔视角，我们必须提请读者注意这样一个事实：我们已知的人类历史只是人类发展过程中的一个极其微小的片段；若与生命的历史相比，与我们这颗行星的历史相比，与整个宇宙的历史相比，这个片段就显得更加微不足道了。

2. 如果我们能够了解某个历史时期的思想的话，也只能了解这一时期内人类曾表达出并被记载下来的思想，这些思想或者出自思想家本人之手，或者出自他的学生之手，或者只是从他的对手那里流传下来的——遗憾的是，这种情况并不在少数。而且我们也不能说，流传下来的这些思想就是最好的、最有价值和最深刻的。

3. 我们企图理解历史的每一种尝试总会遇到各种障碍。在距离我们比较遥远而且我们对它也比较陌生的情况下，我们不可能真正设身处地地完全理解某种思想。虽然哲学著作大多数情况下都是以文字的形式保存下来的——有时只是断简残篇，但是，如果这种思想是用汉语这样的在结构和表达方式上与我们的语言截然不同的语言记述下来的，我们又怎么能够很容易地理解它呢？

因此，理解和注释的艺术，即诠释学（原先指对《圣经》和古典文献的注释，后来扩展到对所有的文章和精神产品的注释），对哲学及其历史来说就显得尤为重要，甚至可以说它占据了中心位置。

就当代哲学而言，为了更好地理解哲学文献，美国的保尔·施里普曾经主持编纂了一套丛书，这套丛书或许对于人们克服理解当代哲学方面可能遇到的困难会有所帮助。这套书的每一卷都介绍一个在世的哲学家，首先，这位哲学家撰写一篇"思想自传"作为本卷的导论，用以描述他的思想发展历程，跟在后面的是其他当代学者的文章，他们会表达自己对这位哲学家的思考、怀疑和批评意见，或是做一些注释。在书的末尾，本卷所讨论的这位哲学家重新发表自己的观点，阐明自己的立场。[1]

4. 哲学家们的著作可谓汗牛充栋，这还不包括各种评论、阐述或哲学教授们的批判性文章。有一套谦虚地自称是概要性的专业哲学史就摆满了图书馆里的整个书架，而且它是用一种只有学者才读得懂的极其精练的语言撰写的。

一般来说，对一个事先受过训练的专业人士解释某个事情，比对一个外行解释这个事情要容易得多，也快得多。比如说，一个工程师要对另一个工程师解释他们计划要建造的桥梁，他只需提纲挈领地说明建造这座桥梁应该参照的尺寸、地基状况、用途、建筑材料和结构等，或者再加上几个计算公式，另一个工程师就可立即对此了如指掌。如果他要对一个门外汉解释这座桥梁的话，那就需要花费口舌了，他首先必须介绍建造一座桥梁所应遵循的各种理论体系，必须解释静力学的基本原理、各种公式和专业术语，等等。

哲学史的对象，就其研究范围和难度而言，或许并不比建造一座桥梁更简单，本书就是为那些没有多少预备知识的读者而写的。面对那些卷帙浩繁的哲学著作，我们若想作出恰当的选择实在不容易。在这方面，我们遵循的原则是，首先要看它对于这部入门性的著作是否适宜，其次，我也不想对读者隐瞒这样一个事实，而且关于这一点学者们也已经达成了共识，这就是说，写作一部哲学史，作者的个人喜好也是一个决定性的因素。

哲学研究的对象

我们在这里叙述的是哲学的历史，那么，什么是哲学呢？哲学的特征是什么？尤其是，哲学研究的对象是什么？

假如我们向那些伟大的哲学家提出这一系列问题，将会从不同的哲学家那里得到各不相同的答案。因为不同的哲学家所关注的哲学问题也不尽相同，所以，某个哲学家把他所理解的哲学看作真正的哲学，这也是很自然的事情。

但是，我们并不想受某一个特定的哲学体系的束缚，而是试图这样提出问题：不同时代的不同哲学家们研究的哲学对象究竟是什么？答案只有一个：所有问题。根本上说，没有什么东西不是哲学研究的对象，而且，事实也的确如此。从最大的问题到最小的和微不足道的问题（当然，在深刻的思想中，什么问题是微不足道的呢？），从宇宙的诞生和构造到人们日常生活中的正确行为，从自由、死亡和永恒这样一些终极问题到日常饮食问题，一切都可以成为哲学思考的对象。

尽管如此，我们还是能够按照通常的划分方法，有条理地逐一列举出哲学研究的对象，以便读者对哲学研究的重要领域有一个概括的认识：形而上学研究宇宙整体问题（或超出人的感官经验之外的问题），本体论研究全部的存在问题（这两个领域也和其他领域一样都是相互交叉的）；逻辑学是关于正确的思维和真理的学说，伦理学是关于正确的行为的学说，认识论是关于认识及其界限的学说，美学是关于美的学说；自然哲学讨论自然问题，文化哲学讨论文化问题，社会哲学讨论社会问题，历史哲学讨论历史问题，宗教哲学讨论宗教问题，国家哲学讨论国家问题，法律哲学讨论法律问题，语言哲学讨论语言问题；此外，还有经济哲学、技术哲学、金钱哲学，等等。

若是对以上的分类加以考察，我们就会注意到，上述的哲学对象并不是哲学所独有的。针对每一个对象都有一种以研究它为己任的专门的科学。国民经济学致力于经济研究，语言学致力于语言研究，法学致力于法律研究，国家学致力于国家研究，历史学研究历史，社会学研究社会，神学、宗教学和宗教史研究宗教。整个自然界是许多特殊科学如物理学、化学、生物学、天文学等的研究领域。但是，作为研究人及其认识领域的哲学不可能通过确定它的研究对象而与其他特殊科学划清界限。

尽管哲学和其他特殊科学研究的是同样的对象，但是，哲学还是以一种适合于自己的特殊方式与它们区别开来。哲学问题是以一种特有的哲学性的方式提出来的，在这里，我们也很容易在一些细节问题上分辨不清。许多个别的思想家干脆就称自己的方法才是哲学的方法。

划分一下界限还是可能的。如果我们再看一下上面列举的哲学领域及其研究对象，并把研究同样对象的特殊科学与它们并列放在一起，我们就会发现，处于最上面的问题就是整体的存在，它是一个无所不包的对象。显然，在特殊科学的个别门类中没有能够与之相对应的。只有哲学研究的主题才是全部存在的相互关系。

事实上，哲学与其他特殊科学相区别的这一特征是普遍适用的。一般来说，特殊科学只研究某个限定的领域，如国家、语言、历史、生物等，而哲学——虽然哲学首先思考的可能是某个特定的对象——却试图在个别现象中找出普遍的规律，而且，哲学还把特殊科学的研究成果综合到一起，从而获得一种统一的世界观。

这样，哲学就和其他科学区别开来，但并不是和所有的其他领域都能划清界限。因为，普遍性特征并不是哲学所独有的，宗教和艺术也具有这样的特征。宗教和艺术也都以各自的方式关注整体存在，在这里，它们之间的界限是流动的，一旦哲学试图把握全部人生的意义，就可能转向宗教的内心体验，而且事实上，在漫长的历史过程中，宗教和哲学是相互纠缠在一起的。一种具备完美形式的哲学体系的思想大厦也非常近似于一件艺术作品，如一首诗或一座具有高度艺术性的建筑物。一件艺术作品达到极致也就进入了宗教的视野。

尽管如此，我们还是能够把它们区分开来的，这对于我们的目的来说也就足够了。就此而言，哲学与它们的不同之处在于，哲学把思想作为自己的真正工具；宗教从本质上说首先是唤起人的信仰和感情而不是理性；艺术的表达形式也不是思想，而是用外在的形式表达人的内心体验，当然，完美的艺术作品也可以表达整体的存在，只不过它是用比喻和象征的方式，透过个体的视角，而且基本上不是唤起人的理性，而是唤起人的美感和崇高感。

考察一下人类的历史，我们就会发现，宗教、艺术、哲学和个别科学在有些时代是相互交融在一起的，而在另一些时代，它们又是相互隔阂甚至势不两立的。

要想用一种纯粹理论的和概念的方式，通过下定义，为哲学及其研究对象划定出明确的界限是不可能的事情，因为，哲学并不是一个能够一劳永逸地给出一个定义的抽象概念，它是一个在历史的发展过程中不断变化的概念。归根结底，我们可以把哲学看作在人类思想发展过程中出现的某些特定的问题，以及人们为解决这些问题所做的各种尝试。只有在历史的发展中考察哲学，我们才能深刻地理解哲学并对哲学有一个整体的概念。这就是说，研究哲学不能不研究哲学的历史。

几个主导思想

当伟大的伊曼努尔·康德在晚年回顾自己一生的事业时，在一封信中说，他一生的全部努力都只是为了回答三个问题：

我们能够知道什么？

我们应该做什么？

我们应该信仰什么？

这些问题是所有时代每个有思想的人都会去用心思考的问题：

第一个问题涉及人的**认识**。世界是如何被创造出来的？关于世界的创造我是如何想象的？关于它我能够知道些什么？关于它（这也是康德主要关心的事情）我究竟能够确切地知道多少东西？

第二个问题涉及人的**行为**。我应该如何度过我的一生？我能够理性地生活吗？我应该追求什么？我应该如何对待我的同类？我应该如何面对人类社会？

第三个问题涉及人的**信仰**。虽然我们不知道是否能够确切地认识这个问题所针对的事物，但是，如果我们想为我们的人生赋予一种意义，这个问题就无法回避。是否存在一种更高的权力？人的意志是自由的还是不自由的？是否存在永生？我们看到，这第三个问题——而且第二个问题也已经是——涉及了宗教的领域。除此之外，许多哲学家还试图用哲学的方式解决这些问题，只要我们想得到一个较为明确的答案，那么这些问题也还应该归属于哲学的范畴。那么，这些问题到底能否得到回答呢？有没有可以依赖的可靠证据？如果在思想王国之外还存在信仰王国，那么知识和信仰这两个领域之间的界限究竟何在？

如果依照这三个问题的观点对哲学的历史发展加以考察，我们就会发现一个基本特征，这三个问题在历史上出现的先后顺序正好与康德提出的顺序相反。这可能是因为，生与死是所有生命形式的最基本的现实，所以，关于死后的永生，关于超越尘世的神秘力量的主宰，关于上帝、神和偶像，这些问题都成了正在觉醒的人类精神首先要关注的最基本的人生之谜。无疑，探求正确的人类行为的基本原则，获得有益于现实生活和必要的道德约束的知识，这些都是哲学需要首先考虑的问题。至于人的认识的可能性及其工具和界限这个尖锐问题，哲学后来才能顾得上考虑。

　　大致说来，神、自由、永生以及人生的意义，是古代印度哲学讨论的主要问题。中国古代思想从一开始就强烈地关注人的实际行为和人的社会生活问题，即伦理学。在五花八门的希腊哲学中，这三个问题同时出现了，不过他们更倾向于关注人的认识和行为问题。到了中世纪，西方哲学重又把思想的重点放在了上帝、自由、永生以及人类行为的善与恶这样一些永恒的问题上去了。只是到了近代，欧洲思想界才对人的认识问题给予广泛的关注，并且关注的程度也越来越大，直至当代，或许又显现出了一种减弱的趋势。

　　我们对这三个问题加以考察，目的是想表明，我们并不打算在这里将历史上出现的所有哲学问题都纳入我们的讨论范围，诸如美学史、国家哲学史、法哲学史等，它们各自都需要专门的一部书才行。另一方面，我们也想提请读者始终以这三个问题为准绳去考察和思索哲学的历史。最终，读者会认识到，虽然每个时代的每位思想家对这些问题都作出了自己的回答，但是，基本上说，他们能够作出的回答并不是无限多样的。

第一部分

东方的智慧

《三教图》（明，丁云鹏，现藏故宫博物院）

第一章

古代印度哲学

    不管是从地理位置上看还是从精神方面上看，印度都是一个自成一体的世界。这个国家幅员辽阔，从北部终年被积雪覆盖的喜马拉雅山到南部炎热的热带平原，几乎包含了所有的气候区。印度的人口超过九亿，拥有三四千年的悠久历史，这里不仅是许多种语言、文化和宗教的故乡，是最古老的人类哲学思想的发源地之一，也是最古老的人类文明的摇篮之一——就目前的古代历史研究所能作出的判断而言，应该是如此，这还要部分地取决于一些偶然的考古发现。不管怎样，印度河流域的摩亨佐−达罗文明被历史学家确定为公元前四千纪至公元前三千纪时期的人类文明，其遗址于1924年首次被发现。发掘的结果表明，这里是一系列曾经十分繁荣的城市的遗址，每一个都建在前一个城市的废墟之上，城市里有坚固的多层房屋，有商店和宽阔的街道。发掘出的生活用品，带装饰图案的器皿、武器和饰品，从制作工艺上看，完全可以与古埃及和古巴比伦以及古代欧洲的制作工艺相媲美。[1]

    大约在公元前两千纪的中叶，即公元前1600年左右——印度早期历史的确切年代都只是猜测——一个自称是aryas即雅利安人

（Arier）的民族逐渐地从北部占领了印度。根据有些解释，这个词原来的意思是"高贵的"，所以雅利安人意思可能就是"贵族"[2]；另有人认为这个词的意思是"虔诚的人"，就是说他们是信奉雅利安宗教的人；还有人认为这个词的原意是"耕种"，这也就意味着雅利安人是农民。[3] 当语言学家们于1800年左右发现最初的雅利安语与欧洲语言有某些相似之处时，包括印度语、波斯语、希腊语、拉丁语、斯拉夫语、日耳曼语、罗马语、凯尔特语和亚美尼亚语在内的语系，就被统称为雅利安语或印度日耳曼语。从语言的相近之处人们推断出一个结论，认为印度雅利安人与上述的部族都属于一个印度日耳曼原始部族，关于其发源地学术界一直争论不休。而最近一段时期，这整个的假设都受到了质疑。[4] 但是有一点被认为是可以肯定的，即上述的这些语言都可以追溯到一个共同的"母语"那里去。

雅利安人占领印度是分三个阶段进行的，每个阶段都持续了几百年的时间，而且每个阶段也与印度在地理上通常被划分的三个区有某种联系：第一阶段，大约至公元前1000年左右，雅利安人的聚居区只是集中在印度西北部印度河附近的旁遮普地区；第二阶段，又持续了近五百年的时间，经过与土著居民连年不断的争斗以及雅利安人部落之间的内讧之后，他们的势力范围又向东部地区的恒河流域扩展，从那时起，他们的主要精力也开始转移到了这里；第三阶段，大约自公元前500年开始，雅利安人及其文化也逐渐渗透进了印度南部的德干高原地区，不过这一地区的土著人即所谓的达罗毗荼人的文化仍然保持到了今天，而且还保存下了一个达罗毗荼语系。

印度雅利安人的思想构成了古代印度哲学的主要内容，关于前雅利安人各部族的精神世界，我们至今几乎还是一无所知。

一、吠陀时期

要为印度哲学史划分出界限分明的时期是很困难的，印度历史的断代也是如此，这与印度精神的特点很有关系。印度人关注永恒的东西更甚于关注尘世的和暂时的东西及其秩序，他们鄙薄那种过分严肃地看待时间流逝的过程并紧紧抓住它不放的做法。因此，在印度并没有我们通常意义上的历史记载，就是说，他们没有像埃及人那样的年代精确的历史记载。这样，印度哲学思想就如同广阔的海洋，我们一旦潜入其中，便很难找到一个确定方向的坐标系。对于大部分印度哲学著作来说，我们都几乎不可能确切地知道它们诞生的年代。西方哲学发展史可以通过那些有清晰的生卒年代的历史人物来确定和划分，与此不同，印度的思想家大都退隐到他们的著作和思想的后面，虽然他们的名字广为人知，但是关于他们的生平事迹和确切的生卒年代我们却所知甚少。

印度精神历史的研究还很不完善，与此相关的印度著作还没有被全部翻译成欧洲语言。尽管如此，根据我们今天的认识水平，为印度哲学史划分出几个大致的时期还是可能的，这种划分是令人信服的，这对于我们这篇入门性的简述来说就足够了。

第一个重要时期大致可确定为公元前 1500 年至前 500 年，根据这一时期的文献记载以及对这些文献的总称"吠陀"，我们称这一历史阶段为"吠陀时期"。"吠陀"指的并不是一本书，而是指由不同年代和不同作家共同写下的文献汇编，不过它们都形成于这一段历史时期。但是吠陀中所包含的神话和宗教思想来源于比这一时期古老得多的年代。"吠陀"的意思是宗教的和神学的知识，在更古老的时代也指卓越的知识和神圣的智慧。吠陀的篇幅要超过《圣经》六倍之多 [5]。

吠陀包含四个不同的组成部分，也称《吠陀本集》：

《梨俱吠陀》——《吠陀本集》的基础，由诗歌和赞歌组成。[6]

《娑摩吠陀》——吠陀歌集，包含歌咏知识。

《夜柔吠陀》——说明如何进行祭祀的典籍。

《阿闼婆吠陀》＊——介绍神秘巫术知识。

吠陀是古代印度教士的必备手册，其中包含这些教士必须具备的赞歌、格言和咒语等宗教祭礼方面的知识。因为在每一个祭礼过程中必须有四个教士同时主持，即所谓的宣告者、歌唱者、执行司铎及高级司铎，所以有四部吠陀，每一部吠陀都有其相应的功用。

在每一部吠陀之中还包含四个不同的部分：

颂歌——赞歌、用于祈祷的咒语；

婆罗门书（也称**梵书**）——说明在祈祷、发誓和献祭时如何运用这些咒语；

森林书†（又译阿兰耶迦）——是供在森林中遁世修行的隐士使用的；

奥义书‡——"秘密教义"，其哲学意义最为重要。

这些文献被印度教徒视为经典，这就是说，这些经典是基于神的启示写成的，是神圣不可侵犯的真理。

印度哲学史上被称为吠陀时期的第一个重要时期，又根据其不同的形成时间而被划分为三个阶段：

（1）古吠陀时代或颂歌时代，约公元前 1500 年至前 1000 年；

（2）祭献神秘主义时期，约公元前 1000 年至前 750 年；

（3）奥义书时期，约公元前 750 年至前 500 年。

1. 颂歌时代的文化和宗教

了解一下雅利安人生活中的这一段最古老也非常有名的历史时

＊ 《阿闼婆吠陀》是巫术和咒语的汇集，目的是驱逐疾病和自然灾害，以及祈求家庭幸福和睦等（本书页下注均为译者所加）。

† 据传因在森林中传教而得名，供婆罗门或刹帝利等上层种姓的婆罗门教士过隐居生活时学习之用，主要内容是阐述祭礼理论，以及人和自然、神等关系的哲学问题。现存森林书有《广森林书》《鹧鸪氏森林书》《他氏森林书》《憍尸多基森林书》等。

‡ "奥义书"是梵文的意译，原意为"近坐"，引申为师生对坐所传的秘密教义，亦称"吠檀多"，意即"吠陀的终结"，是婆罗门教哲学经典之一，其中心内容是"梵我同一"和"轮回解脱"。

期的时代背景，对于理解印度哲学后来的发展是非常必要的。《梨俱吠陀》的颂歌是吠陀文献中最古老的部分，也是人类最古老的文献之一，它生动地表达了这一时期印度雅利安人的生活和宗教状况，这些颂歌当时只在印度西北部传播。[7] 他们那时是一个以农耕和畜牧为主的好战的民族，对城市和航海还一无所知。诸如铁匠、陶匠、木匠和纺织工匠这样一些简单的手工艺已经存在。他们的宗教观的特征是，还没有像我们今天这样自然地把死的与活的、人与物、精神与物质区别开来。[8] 最早的神是大自然的力量和因素。天、地、火、光、风、水都被人格化了——在其他民族那里也是如此，这些自然力量也被认为和人一样，有喜怒哀乐，有生命，能说话，有作为，也有各自的命运。《梨俱吠陀》就包含对这些神灵的赞美和歌颂，如火神阿耆尼（Agni）、雷神因陀罗（Indra）、太阳神毗湿奴（Wischnu），他们向这些神灵祈求牧群繁庶、禾苗茂盛以及长生不老。

　　印度哲学思想的最初萌芽已经显现出来，他们已经提出了这样的问题：在众神的背后是否隐藏着一个最终的宇宙本原？整个宇宙是否诞生自这样一种本原？后来在印度哲学中占主导地位的中心主题，已经在印度早期的思想中初露端倪。

　　在《梨俱吠陀》中的一首创世诗里，印度人以一种极美妙的方式表达了他们对宇宙本原的这种求索精神，保尔·道森的自由体译文如下：

> 最初是一片虚无的状态，
> 既没有太空，也没有太空以外的天。
> 谁来庇护和怀抱这大千世界？
> 何处是那幽深的海洋，何处是那无底深渊？
>
> 那时既没有死亡也没有永生，
> 既没有黑夜也没有白昼。
> 在静谧的原始状态下，

只有太一悄然低语，此外别无他物。

一片黑暗笼罩着整个宇宙，
那一片无光的海洋迷失在黑夜之中。
隐藏于这巨壳中的那个**太一**，
经受了炽热的煎熬之后便破壳而出。

从太一中产生爱，
从爱中诞生出智慧的种子；
智者遵从内心的冲动探求真理，
他们在虚无中发现了存在之根源。

他们试图了解
下面是什么，上面又是什么？
带菌的胚芽就是激发的力量，
下面的沉降，上面的凝聚。

可是谁真的能够探究出
万物究竟从何而来？
众神就是来源于尘世！
这是谁说的，谁知道他们究竟从哪里来？

那个创世者，
那个在至高天界神光中的天神，
那个创造万物者，
只有他知道万物的起源——或者他也不置可否？ [9]

他们一方面在寻找宇宙本原；另一方面又在诗的末尾表达了一种极端的怀疑精神，即对众神的怀疑，这也标志着颂歌时代的结束。

诗人大声疾呼，众神是属于"创化的此岸世界的"，这就是说，神也是被创造的。在这里，古吠陀时代已经开始衰落了，或者更确切地说，一个重要的转折时期已经到来。

对众神的怀疑和不满继而变成公开的嘲笑：

> 人们竞相赞美那个因陀罗神，
> 如果他真的存在，那就是真的。
> 但是因陀罗不存在，有谁曾经看见过因陀罗？
> 我们赞美他又有何用？[10]

随着吠陀时代对众神的信仰开始产生怀疑，以及万有整体思想的出现，印度思想进一步发展的条件已经成熟，而此后的发展也达到了一个辉煌的高潮。

2. 祭献神秘主义时期——严格的社会等级制度的形成

印度雅利安人的势力范围向东扩展直至恒河三角洲，并在那里组成了一个凌驾于其他种族之上的新的统治阶层。这是个非常重要的时期，因为这一时期形成的社会机构已经带有明显的印度生活特征。从那时起直至二十世纪，整个信奉印度教的印度都带有这种特征（后来的穆斯林部分即今日的巴基斯坦和孟加拉国与此不同）：严格的社会等级制度和僧侣阶层婆罗门的优越地位。

等级制度形成的历史原因是，在人口数量上低于土著居民的雅利安人企图借此与土著人划清界限，因为他们想保持自己的种族纯洁性，从而避免与土著人混合之后雅利安种族逐渐消亡的命运。于是，首先划分出了雅利安人和首陀罗，被征服者的名称或许是根据其部族而命名的。由于严格的等级制度的建立，种姓之间的界线是不可逾越的。

继这种种族划分之后不久——在古印度语中称种姓制度为varna，意思是肤色，种姓制度一词（Kastenwesen）来源于葡萄牙语——在雅利安人内部又划分出了三个社会等级：

婆罗门 = 僧侣；

刹帝利 = 诸侯、国王和武士（相当于欧洲中世纪的贵族）；

吠舍 = 商人、农民和手工业者等。

位于这三个种姓下面的是首陀罗，再下面就是被驱逐者、不信教的土著人、战俘和奴隶，即所谓的贱民。[11] 这些人至今仍是印度国内最为棘手的社会问题，圣雄甘地尤其为他们进行了艰巨的斗争。

随着时间的推移，在以上这些种姓划分之后又相继划分出了众多世袭的种姓等级，其间界线分明，不可逾越。直到欧洲的铁路和工业技术传入印度之后，这种等级制度才受到了震动。

我们在此感兴趣的是印度的思想发展，对印度思想发展起特别重要作用的，是取得了稳固的优越地位的僧侣阶层婆罗门。在吠陀时代，武士阶层刹帝利还在社会中占有优越的地位，随着从武士征服阶段逐渐过渡到和平的秩序井然的农耕和手工业社会阶段，在民众的眼里，通过祈求和献祭来干预超自然的力量已显得更为迫切和重要。人们相信，庄稼收成的好坏以及民众的旦夕祸福，都与神灵的意志密切相关。只有婆罗门才拥有如何正确地与神灵打交道的知识，而他们小心地收藏着自己的知识并故弄玄虚，精明地散布并极力声张一种观念，使人们相信，献祭时的一点点疏忽或失误都会带来严重的后果。除此之外，有关这些古老的祭神仪式和符咒的祭祀知识形成的年代和距离都很遥远，这样就更增加了其神秘性和不可理解性。于是，婆罗门——除了他们，别无其他精神势力——便成了私人和公共活动中必不可少的重要角色。在战争中，在缔结和约时，国王加冕，婴儿出生，婚丧嫁娶，是福是祸，一切都要取决于这些婆罗门主持的献祭仪式是否正确。与此同时，他们垄断着所有较高级的教育，在这方面，他们可谓是大权独揽。

与欧洲中世纪天主教教会的统治形势迥然不同，婆罗门从来没有追逐或占据过世俗的统治权，并且也从来没有以教会的形式组建一种拥有宗教首领的严密机构。他们始终保持着一种自由和权利均等的状态。

由于婆罗门主持的祭祀仪式的整个过程不易被人觉察，只有知内情的人才可看出它的门道，祈求的成功与否完全取决于祭司的个人意志，所以，那些祭司就可以想方设法让那些祈求神灵的人对他们表示恭敬，并且用盛宴款待他们或送给他们丰厚的礼物，这无形中又进一步增强了婆罗门的权力。源自这一时期的所谓的婆罗门书的主要内容，就是关于祭祀仪式的秘传知识，因此，这些知识也就只可以作为研究印度哲学的间接材料。不管怎么说，我们可以借此推断出这一时期印度宗教和哲学的转变——宗教与哲学在印度始终是紧密联系在一起的。我们可以确定的是，**梵**（Brahman）和**我**（Atman）这两个概念——它们是所有印度思想的核心——在这一时期已经逐渐形成，并且越来越成为哲学关注的问题。在后面的章节里我们还要详细讨论这两个概念。

3．奥义书时期

由于婆罗门祭司们的符咒汇编及其注解过于僵化并流于肤浅，因而不可能持久地满足印度思想家求知的渴望。于是，北部森林里的先知和苦行僧就继续研究和寻找，并最终创作出了无与伦比的奥义书。关于此，叔本华说："这是世界上最值得赞赏而且最令人振奋的书，它曾经是我生命中的慰藉，也将会成为对我的死亡的慰藉。"[12]

奥义书也不是一种严密的体系，而是许多人的思想和学说的汇编。奥义书总共加起来有一百部之多，而其重要性各异。

奥义书是从 upa 引申而来的，意思是近坐，表示这些秘密教义只传授给那些"坐在（师傅）近旁"的学生。[13]

值得注意的是，全部印度哲学思想都有一种秘传特征，这就是说，他们都是在一个小圈子里只对内部人传授的。有无数个这样的秘密传授启示的地方，相关的思想只被传授给那些最亲密和最喜欢的学生。

奥义书的作者通常也都默默无闻，其中最有名的是一位名叫迦

尔基的女人和伟大的耶吉纳伏格亚。后者是一个传说中的人物，不
过人们认为确实曾有其人，尽管奥义书中归于他名下的思想并不完
全出自他一人之手。

据传说，耶吉纳伏格亚出身于一个富裕的婆罗门家庭，他有两
个妻子，一个叫迈忒勒依，一个叫迦阅耶娜。为了能够在孤独中寻
找真理，他想撇下他的两个妻子离家出走，这时迈忒勒依请求他，
把她一起带上。

"迈忒勒依，"耶吉纳伏格亚说，"你看，我正想离开我们这个
国家出门远行，我想为你和迦阅耶娜寻找一种最终的解决之路。"

迈忒勒依说："我的主人，如果整个世界的财富都是我的，那么
我会因此而获得永生吗？"

"不，不，"耶吉纳伏格亚说，"财富并不可能使人永生。"

迈忒勒依说："那么，我该拿那些并不能使我永生的东西做什么
呢？我的主人，如果你知道，就讲给我听吧！"[14]

自此以后，这位迈忒勒依就踏上了寻找真理的哲学之路。

奥义书的基本思想氛围是悲观主义的，这与古代吠陀颂歌时代
的那种只关注尘世生活的精神形成了鲜明的对比。相传有一位国王，
为了解开存在之谜，放弃了他的王国而隐居到山林中去了。过了很
长时间以后，他遇到了一位智者，并请求这位智者向他传授自己悟
出的人生智慧。经过再三的推托之后，这位智者对他说：

> 啊，尊贵的人！在这个由骨头、皮肤、肌腱、骨髓、肉、精液、
> 血、黏液、眼泪、眼屎、粪便、尿、胆汁和黏液组成的肉体里，
> 你怎么会指望能享受到快乐呢！我们的肉体被激情、愤怒、渴望、
> 疯狂、恐惧、沮丧、妒忌、饥饿、焦渴、衰老、死亡、疾病等
> 诸如此类的痛苦所拖累，此外还要忍受生离死别的痛苦——享
> 受人生的快乐又从何谈起呢！我们也可看到，这整个世界是短
> 暂易逝的，就像这牛虻和苍蝇，这野草和树木，它们诞生了，又
> 都衰亡了……

再者，大海也会干涸，高山也会崩塌，星星也会陨落，大地也会沉陷……在这样一个充满灾难的世界上，我们怎么能够享受到快乐呢！尤其是，尽管这令人厌倦，我们却仍然还要一次又一次地轮回再生！[15]

在此显露出的这种视一切存在为痛苦的观念，成为印度思想的基本主题，从此以后，它再也没有离开过印度哲学。印度雅利安人以前那种肯定生命的乐观向上的人生态度，究竟为什么会突然发生转变，对此我们只能猜测。容易使人心生倦意的热带气候或许对此也产生了重要的影响，个人的人生命运以及整个民族和文化的发展所起的作用也是一个不容忽视的因素。一个青春洋溢的年轻人醉心于人生的欢乐之后，他会发现人生的一切都是那么虚妄，就会对一切尘俗的价值产生怀疑。每个有头脑的人，尤其是那些有哲学思想的人，就会开始怀疑一切并对人生感到不满。于是，在他眼里，既有的整个经验世界就不再是一个真实的世界，因而他就会到经验世界的背后或到彼岸世界中去寻找另一个世界，另一个更为真实的世界。最终，印度哲学走上了一条专注于反观内心的神秘之路，这不可避免地就导致了对一切外在的感官享受的贬斥。

在奥义书中贯穿着两种主要哲学思想："梵与我"的理论与"灵魂转世和解脱"的思想。

梵与我

在较早的时期，这两个概念就已经形成了，但是在奥义书中它们却具有了主导一切的意义。或许这一思想最初并非是在婆罗门阶层而是在刹帝利阶层里出现并传播的，只是后来才被僧侣阶层婆罗门纳入他们的思想领域。

梵，原意是祈祷、咒语，然后又有神圣知识的意思，[16]经过漫长的发展过程又演变成了一个无所不包的概念，被认为是一种普遍的创造性的世界原则，是一种伟大的世界灵魂，它居于自身之内，万物由它而生，万物居于其间。在一篇古代文献中这样写道：

> 太初有梵，这是确实的。梵造众神，之后，梵就让众神统治世界。[17]

还有：

> 梵是木，梵是树，
> 梵是天地之母，
> 我要对你们这些钻研圣灵的智者说，
> 梵承载着宇宙，梵承载着万物！[18]

一个原先只有祈祷的意思的词，后来怎么竟演变为一种无所不包的世界原则了呢？（研究语言历史的人当然会发现，词义发生变化有无数令人惊异的例子。）祈祷的本质在于，祈祷者的个体意志进入一个超越个体的无所不包的神性意志。了解了这一点我们就会明白，印度思想家是通过词义转换获得了这样的认识的：“梵是万物的本原”。

“我”（Atman）这一概念也经历了一个漫长的发展和变化过程。或许它原先的意思是“气息”“呼吸”，最后获得了如下的内涵：“本质”“本我”“自我”——其含义是与“非我”相对立的。[19]* 撇开作为现象的人的肉身躯壳不谈，去除残留着生命气息的自我（我们或可称之为“灵魂”），即人的意欲、思想、感情和渴望，那么，我们就会发现，“我”是自我的最内在的实质。然后，我们就能接近

---

* 在《梨俱吠陀》中，“我”或者指世界的原质，或者指个人的生命。在奥义书中则多指“自我”或“灵魂”，它是主观世界的本质。对自我的理解是一种否定的理解：“彼性灵者，‘非此也，非彼也’，非可摄持，非所摄故也。非可毁灭，非能被毁故也，无着，非有所凝滞也。无束缚，无动摇，无损伤。”（见《五十奥义书》，徐梵澄译，中国社会科学出版社，1995年，第624—625页）

那不可把握的最为内在的本质。除了用"我""自我"或"灵魂"这些勉强能够传达 Atman 的本义的词语，我们找不到更合适的词来命名它。

奥义书中的部分概念经历了进一步的发展，其决定性的步骤就在于发展了这样一种认识，即梵我同一，梵即我，我即梵。因而，宇宙中也就只存在一种客观实体，从宇宙整体来看，就是梵，从个体本质来看，就是我。宇宙是梵，梵也是我们内心中的我。[20]这种认识是印度雅利安宗教观的基础。这种宗教观与闪米特宗教观截然不同，比如在伊斯兰教和古犹太教信仰中，上帝是主，人是上帝的奴仆，而印度人则强调两者的本质同一性。[21]

如果通达宇宙本质的门径就深居于我们自己的内心之中，而且只有在自我内部才能认识它，那么，对智者来说，认识外部现实世界并没有什么价值。时空中的物的世界并不是世界的真正本质，不是大我，而只是一种幻象、迷雾或幻觉，如印度人所说，是摩耶（Maya，虚幻）。关于外部世界的知识并非真正的知识，而只是虚假的知识。杂多的现象都只是幻觉，其真正的本质只有一个。

> 心灵应该能够觉察到：
> 无论如何都不存在杂多！[22]

奥义书表达了一种坚定的信念，认为存在一种能够包容一切诸如自然、生命、肉体和灵魂的精神现实。他们几乎从来都没想过要创造一种西方意义上的以经验为依据的科学。

人必须认识自我，认识了自我也就认识了整个宇宙。耶吉纳伏格亚对向他求教的妻子迈芯勒依这样说："说真的，迈芯勒依，人应该首先认识自我，谁要是看到、听到、认识到并懂得了自我，那么他也就认识了整个世界！"[23]

关于这个深刻的思想尚需做进一步的解释。普遍认为，人通过一般意义上的理智的学习过程是不可能真正领会这一思想的，因此可以说，奥义书是作为一种神秘教义出现的。"认识大我不需通过学习研究，也不需通过天才或许多书本知识……梵要求人们放弃学习，变成一个纯真的孩童……他不必去寻找过多的言辞，因为那只会让他的舌头感觉疲劳。"[24]

真理的大门并不是对理智敞开的，真理也不是用言辞说出来的，而且并非所有的人都能够接近真理。即使那些被选中的圣者也只有经过漫长的路途才能接近真理。斋戒、静修、保持沉默、高度的聚精会神和自律、彻底排除外界杂念并弃绝一切尘世欲念，这些都是能够使人的心灵通过虚幻的世界外壳到达自我内核，到达大我的先决条件。抛弃自我，放弃尘世的功名利禄和感官享乐，有意识地去经历困顿和磨难，简言之，禁欲苦修在印度人那里比在任何其他民族那里都具有更为重要的意义。

说到底，人需要经历毕生的努力才能获得最高的洞见。为了最终能够获得这种洞见，追求真理者需要经历四个人生阶段，每个阶段约持续二十年。

作为一个修行的梵志（Brahmacarin）*，他首先要在一位自己选择的老师的指导下学习吠陀经典，要在这位老师的家里生活，恭敬、诚实和刻苦努力是他的义务。由于传授知识是以口述的方式进行的，而且学生必须逐字地熟记经文——这些经文就是用这种方式世代相传的，因此，刻苦用功的精神是非常重要的。

作为家长，他过着一种成熟男人的生活，建立一个家庭，生儿育女，履行一个社会成员的义务。在第三阶段，当儿子都已经长大成人，他就——通常情况下与妻子一道——隐居到山林中去了，并开始作为一个远离尘世生活的出家修行者专心致志于永恒的问题。

最后，在耄耋之年，他能够放弃一切财产，离开妻子，彻底断绝一切欲念，做一个虔敬的行乞者，一个世界的背弃者（Sannyasi），

---

* 指一切外道出家者。《大智度论》卷五十六："梵志者，是一切出家外道，若有承用其法者，亦名梵志。"

他会去尝试达到那种超凡脱俗的状态并获取最高智慧，从而使自己最终能够进入神圣的梵的境界。

只有婆罗门阶层才有资格达到这最高阶段，下面的等级通常只能停留在家长阶段。我们必须承认，划分为四个阶段的婆罗门人生秩序是一种了不起的尝试，因为印度社会中显示出的日渐强烈的隐遁避世、否定人生和禁欲苦修的倾向对社会状况是有危害的，这就要求他们在实际的社会生活中寻找某种平衡。当人完成了他作为一个公民和家长所应履行的义务之后，在高龄之年才彻底地转向对彼岸世界的关注，毫无疑问，这其中包含着深刻的人生智慧。如果公共生活中的实际事务完全被一些生理年龄极高的老人操控着，那么情况则会很糟糕。纯粹的老人统治，对一个民族来说不是一件好事情！

灵魂转世与解脱

我们再接着认识奥义书中与前述学说紧密相关的第二种基本思想，即灵魂转世和解脱的思想。从古至今，这一思想对印度民族的宗教和哲学观念产生的影响绝对不容低估。

人死后会变成什么呢？

"人死的时候，心脏的尖端会发光，借着这光的照耀，自我将离去，人的生命气息也将会随之离去。这时，自我被前生的业抓住。就像一只蚕，当它到达桑叶的尽头，它会抓住另一片桑叶的始端，并将自己缩成一团向前挪动，人的灵魂也是如此，当灵魂摆脱了肉体和经验世界，他也会抓住另一个始端，并将自我移入其中。就像一个冶金工匠，从旧铜像选取材料，然后再用这材料铸成另一个新的更美的形象，人的灵魂也是这样，当他摆脱了肉体和经验世界，他也能够创造出另一个新的更美的形象，或成始祖……或成天神……或成芸芸众生。他将会变成什么，完全取决于他的行为，取决于他前世的业力，行善者会投生为善者，作恶者会投生为恶者。"这就是著名的耶吉纳伏格亚所表达的灵魂转世的基本思想。[25]

依据此生所经受的考验，在无休止的灵魂转世过程中，或升入较高的境界或降入较低的境界，这样一种前景对那些已经看破红尘的人来说是没有多少诱惑力的。因此，他们并不是期望通过行善在轮回中到达一个更高的阶梯，而是期望能够从那个无休止的生死轮回的桎梏中彻底解脱出来。这就是印度思想中**解脱**这一概念的真正含义 *。

因为业（羯磨）能够决定一个人重新转世的形态，因此，放弃行为，摆脱自我，戒除生命意志——禁欲——是获得解脱的先决条件。仅仅这些还远远不够，此外还需要获得智，也就是"直观梵我"：一个人只要知道了万物的终极原因和自我的真实本性，他就会懂得业报轮回之生起全在于无知，他就会卓然独立于梵我之中，达到梵我同一。[26]"它是我的灵魂，我要到它那里去，我将仙逝于这个灵魂之中。"[27]

倘若阿特曼（大我）就在我们自己之内，那么我们就根本不需要四处寻找，只需去认识它。"当一个人认识到 aham brahma——我即梵——这就意味着，他不是将要获得解脱，而是已经获得解脱；他已经看破喧嚣尘世的虚幻。"[28]耶吉纳伏格亚如是说。此外，人还应放弃欲望，人因欲望而意志定，因意志而行为定，因行为而果报定，无欲，则会与梵合一，从而获得解脱。[29]因此，智慧是获得解脱的法宝。对我们欧洲人来说，被认为是不朽的和无限珍贵的个体存在不仅在这种解脱的形式中没有受到保护，而且还在世界灵魂中消隐了。"奔腾的河水流入大海之后，它的名字和形式就都消失了，同样，一个智者摆脱了名字和肉体之后也会进入至高无上的神圣的智慧境界。"[30]

奥义书的思想意义

如果再回顾一下我们粗略地勾勒出的奥义书哲学的轮廓，就不

---

* 解脱是梵文 Vimukta、Mukti 或 Moksa 的意译，指摆脱烦恼业障的束缚而得自由。据《成唯识论述记》卷一："纵任无碍，尘累不能拘，解脱也。""言解脱者，体即圆寂。由烦恼障缚诸有情，恒处生死；证圆寂已，能离彼缚，立解脱名。"

难发现一个明显的事实：神与灵魂的同一性思想。关于此，保尔·道森说："我们可以肯定地预言，不管未来的哲学会走上怎样的难以预测的道路，但是有一点是可以确定的，而且绝无例外：如果我们有可能解开宇宙之谜——作为万物的本性，我们对它知道得越多，它就会对我们彰显得越多，那么，打开这个谜底之门的钥匙也只能存在于我们自身内部，因为自然之谜的大门只能从内部向我们开放。"[31]

在西方思想中，这样的认识并不像它最初给人的印象那样陌生，有歌德的诗为证：

你们走错了路，

别以为这是开玩笑！

难道自然的本质不是

在人的内心中才能找到？

二、印度哲学的非正统体系

在时间界定上，许多学者对于我们接下来将要叙述的印度哲学的两个重要时期是持不同意见的。虽然大家都一致认为，自公元前500年起——而且也不仅仅在印度——一个根本性的转折时期开始了，但是关于这个时期的结束时间大家却各执己见。十九世纪时，人们还把从公元前500年至当代的这一整个时间范围总称为"后吠陀时期"[32]，而随着对这一漫长的历史时期所做的研究更为深入，如今人们已经认识到，对这一时期做进一步的划分是比较合理的。因此，从公元前500年至1000年这一段时间在今天被称为印度哲学的"古典时期"，从1000年至当代这一段时间则被称为印度哲学的"后古典时期"[33]。

始于公元前500年的这一时期内，在印度形成了与以前完全不同的景象，其具体特征如下：

（1）从吠陀时期到奥义书时期，印度哲学都带有一种比较一致的基调。不管怎么说，婆罗门教成为所有印度哲学思想的背景。虽然在吠陀文献中也有许多针对婆罗门教的批评性思想，但是，整体来说，婆罗门教僧侣还是懂得如何去消除别人的怀疑并压制批评意见，或者在他们庞大的体系中或多或少地吸收进一部分不同的思想。但是从现在起，批评和怀疑的声音变得越来越多也越来越大，而且这种声音引起了如此大的反响，以致再也无法压制下去了。持不同意见者或者以否定、怀疑和嘲笑的形式表达出他们的观点，或者干脆就创立自己的思想体系，这些思想体系大都带有怀疑主义或更多是唯物主义的基本特征。不仅如此，还出现了像大雄和佛陀这样的新的宗教创始人。从那时起，这些新创立的宗教与婆罗门教之间就形成了分庭抗礼之势，还发展出了自己独立的哲学体系。这样，在后来的印度思想史的发展过程中，就不再只是由一种宗教一统天下了，而是多种宗教齐头并进。

（2）《吠陀颂歌》和奥义书的作者部分是完全无名，部分则是充满扑朔迷离的神奇色彩。与此不同，我们从现在起将要遇到的印度思想家都是有名有姓、轮廓清晰的历史人物。

（3）哲学失去了其原有的神秘教义特征。新的思想是针对更为广泛的社会阶层的，尤其是也针对那些以前被较高等级排除在外的下级阶层。

（4）与此相适应，他们不再使用梵文这种无生气的学者语言，而是使用口语化的大众语言。

所有否定吠陀经典的权威性，并拒绝承认它是唯一的神圣启示的思想体系，都被统称为印度哲学的**非正统体系**（nicht-orthodexe）。与此相对应的则是被看作与吠陀思想协调一致的正统体系，我们将在本章的第三节中讨论印度哲学的正统体系。在印度思想中有为数众多的非正统体系，其中比较重要的有三个体系，而且其重要性一个比一个大。这三个体系分别是：遮婆迦的唯物主义哲学（顺世论）和新出现的两个宗教派别，即耆那教和佛教。由于佛教思想在影响程度和范围上都超过了其他两个体系，所以我们在叙述佛教时也最为详尽。

1. 遮婆迦的唯物主义思想

遮婆迦（Charvakas）这个名字是否来源于一个同名的思想流派创始人或者什么其他途径，这是难以确定的。[34] 不管怎么说，人们把一个思想流派都划归到了他的名下，这个流派不仅针对婆罗门教，而且直截了当地针对整个宗教展开了攻击，他们崇尚一种极端的唯物主义，这就是说，他们认为，物质是唯一的存在物，灵魂和肉体是统一的，脱离肉体的灵魂是不存在的。

他们嘲笑宗教和僧侣，否定一切超越物质现实的哲学和宗教空想，认为那些都是形而上学的无稽之谈。

遮婆迦思想的拥护者的完整著作并没有保存下来，但是他们的思想明显地散见于其他的大量著作中。

这一流派最为著名的代表人物就是**毗诃跋提**，他流传下如下诗句：

> 祭献给祖先的贡品，
> 纯粹是婆罗门的财源，
> 他们想出的那三个吠陀，
> 其实是无赖、小丑和伪善者。[35]

阿特曼（我）学说被他们看作纯粹的骗术。根本没有灵魂，只有四大元素组成的物质。在拒绝所有过去印度思想中的形而上学时，他们表现得冷酷无情；在背离此前的印度伦理学时，他们表现得异常坚决，或毋宁说，他们根本就没有伦理学，他们否定一种世俗的世界秩序，认为人生唯一的最高目的就是感官享乐。在另一篇著名的文章中，一个这样的怀疑论者和唯物主义者对一位王侯说了下面的话：

啊，罗摩，为什么你必须用这些戒律折磨自己的心？难道那些戒律不是用来蒙骗傻瓜和笨蛋的吗！

那些迷途的人真可怜哪！他们去履行那些纯粹臆想出来的义务。

他们牺牲了自己甜美的享受，直到他们的生命毫无结果地消失殆尽。他们徒劳地为神灵和祖先祭献牺牲，就这样浪费掉宝贵的食物！没有神灵，也没有祖先会吃你们贡献的饭菜。如果一个吃饱了，对另一个会有何益处呢？

你们献给婆罗门的食物，怎么可能会跑到你的祖先的嘴里去呢？那些狡猾的僧侣杜撰出一些戒律并且自私自利地说："献出你的财产，忏悔和祈祷吧！尘世的一切都毫无价值！"

啊，罗摩！根本就没有什么来世！期望和信仰都是徒劳的，享受你的此生吧！不要去理会那些蹩脚的骗人把戏！[36]

毗诃跋提说得更为直截了当：

尽情地吃喝享乐吧！
为此也不惜去大把借钱，
因为人生是如此短暂。
生命只此一遭，
死亡在劫难逃，
生死轮回纯属胡说八道。[37]

在评价痛苦这个问题上，遮婆迦也与此前的以及此后的印度哲学体系观点截然不同。放弃快乐的人被认为是愚蠢的，因为他们将会与痛苦结伴而行：

有人不得不放弃快乐，
那起源于感官的
与死亡擦肩而过的快乐。

　　　　因为他们认为快乐与痛苦是混合在一起的东西，

　　　　可是只有傻瓜才会想得出这样的蠢主意。

　　　　善于获得利益的人

　　　　难道会因为有一点点壳皮，

　　　　就去鄙弃那些白花花的大米？ [38]

　　遮婆迦的学说赢得了许多追随者，或许这也毫不奇怪。他们举办的讲座和讨论会吸引了大批的听众，为了安置他们，人们也建造了许多宽敞的大厅。[39]

　　尽管如此，由于印度的民族精神相当复杂，所以这种学说不可能保持经久不衰的状态。随着它对婆罗门教进行毁灭性的攻击，最终形成了一个自由的精神空间，这为新的宗教形式的创立和传播准备了条件。那些不久之后出现的新的宗教不再代表婆罗门的利益，其创立者都是来自武士阶层。这些新的宗教是面向所有社会等级的，其基本思想含有一些带否定倾向的怀疑主义精神。

2．大雄与耆那教

　　耆那教的创始人以他的别名"大雄"而闻名。据传说，他于公元前 599 年——也有人说是公元前 549 年——出生在一个富裕的显贵家庭里。他的父母都是一个教派的成员，这个教派认为轮回再生是一种不幸，他们不仅允许自杀，而且极力赞赏这种行为。故此，他们甘愿绝食而终。大雄受其影响也放弃了一切世俗享乐，成为一个四处飘荡的苦行者和一个宗教运动的创始人。他活到了七十二岁，死前已经拥有一万四千个门徒。[40]

　　据他的门徒称，大雄是无数个耆那（Jinas，救世主）之一，他们会定期来到人间。在大雄之前约二百五十年就已经死去的那个耆那可能也是个真实的历史人物，或许是耆那教派学说的真正创始人。[41]

　　大雄去世了将近一千年之后，有关他的学说的文字记载才问世。这时耆那教已经分裂为许多教派，其中影响最大的教派就是所谓的

"白衣教派"（因身穿白色衣服而得名）和"天衣教派"（因起初倡导裸行而得名）。这些教派后来又细分为许多分支教派。不过，这些教派学说的特征还是基本一致的，这或许是因为它们都起源于大雄。耆那教认为，亘古以来，宇宙万物由灵魂（jivas，命）和非灵魂（ajivas，非命）所组成，灵魂包括能动的和不动的两类。能动的灵魂根据感觉器官的多少分为六种，不动的灵魂存在于地、火、风、土四种元素之中。能动的灵魂具备无所不知的禀赋，能够达到道德的完善和永恒的幸福。但是他们不能真正实现这些目标，因为他们从一开始就与物质的材料混合在了一起，并且从某种程度上受其影响。灵魂的每一次活动都会使一种物质材料系缚在自己身上，这样，本来是完善和不朽的灵魂就会变成非永生的受物质肉体拖累的生命体。灵魂若想从这种系缚状态中解脱出来，就必须把那些吸附的物质清除出去，并能够阻止新的物质的侵入。达到这一目的的途径就是，严格的禁欲苦修和合乎道德的尘世生活。

与此相适应，耆那教要求门徒立下誓言：不杀生、不欺诳、不偷盗、不奸淫、不蓄私财，此为五戒。其中最重要的是不杀生，他不准宰杀动物或用动物献祭，他要过滤饮用水，目的是把那些可能混在水中的微小生物隔离出去；他要戴上面纱，以防将昆虫吸入嘴里；他要清扫脚前的地面，避免不小心踩死那些小生灵。[42]当然，教徒们不可能总是严格恪守这些过于理想化的戒律，况且在漫长的历史过程中，耆那教的教义本身也遭到了多次修改、削弱或歪曲。

为了保护他们的严格的自成一体的教义体系免遭攻击，耆那教教徒们发展出了一种技艺精湛的求证和反驳的逻辑理论，这是一种逻辑相对论。[43]关于这种有趣的理论我们在这里就略去不讲了，因为，我们后面将要叙述的多重否定的佛教逻辑学中也有与此类似的内容。

过于严格的道德戒律使得耆那教很难在广大的民众中站住脚，所以，真正的耆那教信徒只是一小部分人。不过，耆那教在印度生活中一直维持到今天，如今仍然有近四百万个追随者，他们大部分是声名显赫的人物。[44]

印度社会生活中的那些次要的精神支流如耆那教并非没有产生深远的社会影响，这一点我们可在伟大的甘地身上看得出来。他终生恪守"不害"信条*，以非暴力抵抗著称，在政治上产生了一定的影响。

3. 佛教

佛陀的生平

佛教是今日世界上传播最广的宗教之一，但是，就和我们对耶稣的生平所知不多一样，关于佛教创始人的生平我们也所知甚少，他的同时代人并没有给我们留下多少直接的记载。不过，在那些流传下来的记载中有一些内容还是真实可信的，这与基督教福音书中的情况类似。后世虔诚的信徒们围绕佛陀的生平编织了许多神话和传奇故事，若想从这些神话和传奇故事中找出真实可信的内容是非常困难的，或许永远都不可能。可以确定的是，佛陀约出生于公元前560年，他是喜马拉雅山南麓的小国迦毗罗卫（位于现在的尼泊尔境内）的王子。国王是释迦族的后裔，名叫首图驮那（Schuddhodhana）†，又名乔达摩。儿子取名叫悉达多，意思是"义成就者"。后来人们又给他加了许多尊称。佛陀意为"觉者"，他自己就曾使用过这个名字，当然是在他悟道之后。[45]

围绕佛陀的受胎和出生，在佛教中流传着无数添枝加叶的传奇故事，我们在这里只想提一下那个关于他的王后母亲做梦的故事。他的母亲做了一个奇异的先知式的梦，在梦中她被四个国王劫持，并被带到一个坐落在银山上的金殿里，那里有一头白色的大象，大

---

* 不害，梵文 Ahimsa 的意译，是有部大善地法之一，法相宗善法之一。谓以慈悲为怀，不害众生。

† 又译作净饭王。

象的银色鼻子里卷着一朵荷花，大象绕着她转了三圈，然后从右边走进她的腹中。国王把六十四位婆罗门智者召进王宫，并把这个梦讲给他们听。他们为国王释梦，说王后将要生一个男孩，若是这个男孩将来留在王宫里，他会成为一个国王和征服世界的统治者，如果他将来离开王宫，则会成为一个"觉者"，揭露尘世的无知。国王倒是宁愿他的儿子将来会成为他的王位继承人，而不愿意变成一个避世的智者。于是，国王就让儿子在奢华富丽的生活中长大成人，让他远离一切能够引起他注意的人间苦难。

但是，当佛陀有一次乘车出外郊游的时候，他见到了一个老态龙钟、颤颤巍巍的老者，第二次外出的时候他见到了一个发高烧的病人，第三次外出的时候见到了一具腐烂的尸体。后来，他又遇见一个和尚，那个和尚神态安详，面对世间的苦难是那样的超脱。这些衰老、疾病、苦难和死亡的画面，深深地刻印在了少年的心里。他身边的奢侈生活突然令他感到非常不满和厌恶。于是他决定放弃他的所有财产和王位继承权。在一天深夜，他离开了熟睡的妻子和刚刚出生的襁褓中的儿子，要去做一个离群索居的苦修者，并且试图寻找一条能够使人从苦难中解脱出来的道路。就在那天夜里，他离开了父亲的王国，四处漂泊，最后在摩揭陀国定居下来，为的是能够在那里专心致志地苦修和沉思。他以极度的热情施行斋戒，最后竟变得枯瘦如柴，脆裂的毛发从头上一绺一绺地脱落下来。但是，当他的苦修达到了极限时，他认识到，照这样的方式也不可能达到真正的觉悟。于是，他就放弃了苦修，来到菩提伽耶的王舍城的一棵毕钵罗树下，结跏趺坐，静思冥想，直到最后觉悟成道。在这里，他的脑子里产生了一种异乎寻常的幻觉，他见到了世界万物的永恒轮回。

他自问，为什么人生的痛苦总是轮回流转？有没有解脱的办法？经过日夜不停的苦思冥想，他终于得出一种简洁的表达形式，这就是后来成为佛教学说基础的"四圣谛"*。

---

* 四圣谛是佛教的基本教义之一，谛的意思就是神圣的真理。四谛分别是苦谛（三界生

　　人生的一切皆为苦；所有苦的根源就在于欲望；断绝欲望就能够消除痛苦，就能从生死轮回的锁链中解脱出来。

　　获得解脱的途径就是"八正道"，即正见、正思、正语、正业、正命、正精进、正念、正定。[*]

　　就这样经过七年的修行和苦思冥想，悉达多终于觉悟成道，成为佛陀（觉者），然后，他就开始向人们传布他悟出的真理。

　　后来他还重返故国，回到他父亲的宫殿里，探望了一直为他保持忠贞的妻子，并且接纳自己的儿子加入了他们的修会，然后就又离开了那里。

　　他八十而终，直到去世的最后一年他仍然过着一个布道者、教师和救世主那样四处飘荡的生活。他的足迹踏遍整个北部印度，面积相当于整个德意志帝国。大量的弟子和门徒追随着他，他智慧的声名广为传布，无数个皈依佛陀的故事流传下来。

　　他是在他喜爱的弟子阿难陀的怀里死去的。据传说，他死的时候天上落下无数的花瓣并响起了动人的仙乐。"一切皆逝，永恒流转！"这是他的临终遗言。

佛陀的教义

　　来源。我们获知佛陀本人的思想，主要是来源于所谓的三藏[†]。其篇幅超过《圣经》，[46] 都是人们在佛陀死后才搜集起来，并且又过了很久以后才以文字的形式记述下来的。研究表明，我们在这些

死轮回的苦恼）、集谛（造成世间人生苦痛的原因）、灭谛（断灭世俗烦恼的业因和生死果报）、道谛（达到涅槃寂静的方法）。

[*] 八正道也叫八圣道，意思是八种通向涅槃解脱的正确方法或途径。八正道的寓意分别是：1. 正见，对佛教真理"四谛"等的正确理解；2. 正思，对四谛等佛教教义的正确思维；3. 正语，不说一切违背佛教真理的话语；4. 正业，正确的行为；5. 正命，按照佛教戒律过正当的生活；6. 正精进，勤修涅槃佛法；7. 正念，铭记佛教真理；8. 正定，专心修习佛教禅定，静观"四谛"真理。

[†] 三藏是梵文 Tripitaka 的意译，"藏"的原意是盛放东西的竹篓，佛教用来表示全部佛教典籍。三藏共有三部分，即经藏、律藏、论藏。

经籍中还是能够辨认得出哪些是佛陀本人的思想，哪些是后来人们添加进去的。三藏典籍都是以巴利文的形式流传下来的，这种语言是一种与梵文相近的印度方言。在这篇简述中，我们应该首先介绍一下佛陀本人的思想，接着再看一下佛教的历史及其传播，然后再认识一下佛教的思想体系。

一种没有上帝的宗教。上述的"四圣谛"构成了佛教的基本信仰。用这样一种简单的形式表达出的宗教信仰会让欧洲人感到奇怪，因为他们会注意到，在这种宗教里没有谈到上帝，而只是说痛苦是人生（以及所有造物）的基本现实。事实上，佛教是一种无神论的宗教——至少它的原初形式是这样。在基督教占统治地位的欧洲，所谓的有神论，即信仰一个人格化的上帝，基本上是和宗教画等号的。囿于此种成见，一种"无神论"的宗教必然是自相矛盾的。佛教以及其他印度宗教（如耆那教也不认识人格化的上帝）纠正了我们的看法，使我们认识到自己的宗教观念过于狭窄了。这表明，在这个世界上，有许多地区的人们是信仰一种世俗的道德秩序的，他们信仰完善的道德理想，信仰生死轮回和解脱，因而这也是真正的宗教。由于他们否认上帝的观念，就此意义而言，称他们是无神论也是合适的。[47] 在这些印度宗教团体的生活中，宗教经籍、寺院、尼姑庵、僧侣制度、庙宇等所起的作用，与基督教以及其他有神论教派相比，可谓有过之而无不及。

在佛教后来的发展中，佛陀本人倒是被尊奉为神。但是，现有的证据表明，佛陀本人断然拒绝被人尊为神明。当一个虔诚的信徒用过分溢美的言辞赞颂佛陀并称他是智者中最有智慧的人时，佛陀问他：

"你真是口出狂言哪……你了解过去所有的伟大人物吗？……你能在你的心里感悟他们的精神吗？……你能够预见到未来的所有伟人吗？"

当这个信徒作出否定的回答时，佛陀又问：

"但是你至少认识我吧，你能看透我的精神吗？"

他再一次作出了否定的回答，佛陀说：

"那么你为什么说话不知天高地厚呢？你为什么这样大放厥词呢？"[48]

佛陀也摒弃所有浅薄的迷信祭礼，他只关注人的内心及其行为。有一次，一个婆罗门建议他用迦耶的圣水沐浴净身，佛对他说：

"在这里沐浴吧，就在这里，啊，婆罗门，友善地对待一切吧，如果你不欺诳、不杀生、不偷盗，那么你肯定也就自我断念了——你还去迦耶干什么呢？哪里的水对你来说都是迦耶。"[49]

达摩（法）。佛陀毫不理会那些形而上学问题，诸如：宇宙是有限的还是无限的？它在时间上有开端吗？他嘲笑那些自以为是的婆罗门僧侣，因为他们认为，在充满神圣启示的吠陀经典中就能够找到这些问题的答案。尽管如此，对宇宙整体的本质及其关系的清醒认识而言，最初的佛教思想中也已经包含了一套完整的形而上学体系。

万物的最小组成成分被叫作"达摩"。有无数个达摩。至于达摩究竟何物，各派意见不一。不过关于下面的问题好像他们还是意见一致的：达摩不是灵魂或什么有生命的东西，它是无生命的。所有生物乃至神灵以及一切如石和山这样的构成物，都是由这些无生命的东西组成的。生命就是一种组合现象。[50]此外，达摩也不是持久存在的东西，而是一种短暂的现象，一种倏忽间生成又旋即消逝的东西。恒久不变的东西是根本不存在的。在达摩的不间断的生成和消逝之中，只有持续的变易和永恒的流动。一切存在都是在转瞬之间就倏忽即逝的。唯一真实的就是瞬间，宇宙只不过是一条由单个瞬间组成的持续不断的河流，是一种"倏忽即逝的连续统一体"。[51]

因此，在我们之中也不存在持久的自我。灵魂和意识也是常新不断地消逝与诞生。精神进程的迅速及其相互交织的状态容易产生一种错觉，好像在它后面存在一个持久不变的自我。[52]这样的观察方式就决定了他们在看待时间的问题上与我们欧洲人是不同的。对我们来说，时间是一种绵延不断的东西，它从过去通过现在再延伸到未来，但是，对佛教教徒来说，时间的运行过程并不是相互关联的流动，而是完全独立的瞬间的相互连接。不存在持续不断的时间，因而也就不存在我们欧洲观念中的历史。故而，与所有其他的印度思想家不同——他们高度重视古代传统与他们自己的思想之间的相互关联性——佛陀在某种程度上是鄙视传统的，他几乎从来都不以历史传统为依据。

如此一来，佛教思想简直就是一种全然否定的逻辑：没有上帝，没有创世主，没有创世，没有我，没有持久的存在，没有不朽的灵魂。一位杰出的俄国研究者将佛教的基本理论简短地总结为："无实体、无持续的存在、无永恒的幸福。"[53] 这里所说的永恒的幸福是一种积极意义上的极乐，因为我们将会看到，对佛教教徒来说，一种持久的解脱是存在的——只不过这种解脱也带有否定的特征。

道德的世界原则、转世、解脱、涅槃。达摩的生成与消逝并不是无原则地完全听命于偶然性的摆布（如某些希腊思想家在原子组合的偶然性问题上所认为的那样），而是严格遵循一种因果原则。每个达摩都是先前存在的其他达摩的合乎规律的结果。一切事情都无法摆脱因果律的束缚。就此而言，佛教中也存在持久的东西：世界原则。为了避免可能出现的误解，我们需要说明一下，在佛教文献中世界原则也被叫作"达摩"。因果律适用于外在事件，也同样严格地适用于道德事件。它也是一种道德原则，一种道德的世界秩序。

在著名的"生命之轮"（法轮）思想中（其基本思想可追溯到佛陀那里），[54] 佛教教徒把因果原则表达为相互依赖的十二种形式。[55] 初看起来，这种表达形式以及其中显露出来的特别的观察方式可能会使人感觉非常怪异，其部分原因在于，划入外面一圈内的那些概念如个性、诞生、无知——对我们来说它们并不是属于一个范畴的——被看作具有因果关系的因素而毫无区别地依次排列在了一起。[56]

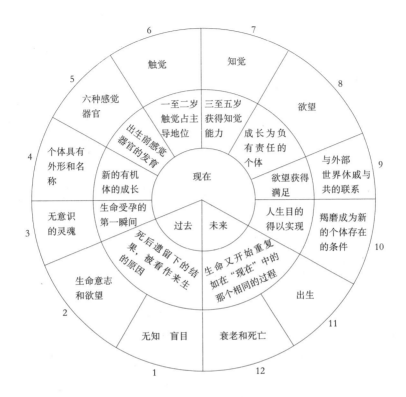

不过，他们关于生命轮回的基本思路仍然是显而易见的：

在**过去**中（图中的1和2），无知（等于未获解脱状态）受生命意志、欲望和"饥渴"——根据四圣谛的思想，这些都是一切生命和痛苦的根源——的影响，因此，它为迈向一个新的生命和痛苦、一个新的存在奠定了基础。

在**现在**中（图中的3至9），开始了新一轮的生命周期。一个新的生命受孕诞生了，这时他的自我灵魂仍是无意识的（3）。胚胎在母体中发育并成为具有外形和姓名的个体（4）。然后，感觉器官形成了（5）。（印度人认为人有六种感官，除了我们认为的五种感官，他们认为人的思维也应归入其列。）这个新的生命诞生之后就会接触外在世界，首先通过触觉（6），然后通过知觉（7）。在与外在世界接触的过程中，新的欲望产生了，外物成为欲望的对象（8）。

随着欲望的实现，在成人那里就发展出一种与外部世界休戚与共的联系（9）。

这样，一个新的个体存在的前提条件就具备了，羯磨（业）必然会根据因果律在这个新的个体存在中继续发挥作用（10）。于是，个体生命通过在未来中（11和12）重新经历从出生（11）到衰老再到死亡（12）的过程而开始新一轮的循环。

我们从中可以得出结论，与其他印度哲学和宗教学说一样，生死轮回观念也是佛教思想的基本教义，佛陀对此从未产生过怀疑。它是因果律的无限作用的自然结果。但是，这与那种认为没有持久的我、没有超越死亡的灵魂的观点怎么能够协调一致呢？如果这同一个灵魂将在来生中承受此生的“业力”造成的果报，我们怎么不可以有充分的理由谈及轮回转生呢？

长久以来，西方研究者在这一点上已经发现了佛教思想的弱点和矛盾。但是，对佛教教徒来说就不存在这种情况。佛教教徒所讲的轮回转世的意思并不是说，新诞生的生命与前世有因缘关系的那个生命是同一个——如果是这样就意味着存在一个连续性的我；但是，这两个生命也不是截然不同的，因为，根据因果规律一切事物都有其固有的根源。[57]对佛教教徒来说，类似的问题根本就不存在，因为在他看来，不管是旧有的灵魂还是新的灵魂总归都是瞬间即逝并重新诞生的。轮回转世的因果关系并不是在某个生命与某个人之间发生的——因为事实上就不存在这样一种时空统一性——这里关涉的只是单独的“达摩”。

由于一切生命都是痛苦，这样就产生了一切问题的问题：如何才能从那个痛苦的永恒轮回中解脱出来？在前面的图解中我们可以看出，痛苦的根源在于“意志”，而“意志”的根源在于“无知”。如果我们能够将一切人的贪欲、憎恨和欲望都通通消除，如果我们的心思不再总是系于那些短暂易逝的感官世界的对象，如果我们都能够成为明智的大彻大悟者，那么，我们或许就有可能打破这个往复的循环并从中彻底解脱出来。

如何才能成为一个这样的人呢？显然并不存在"永恒的幸福"或其他什么具有积极意义的幸福状态，因为既不存在永恒的灵魂，也不存在天堂和地狱。获得最终解脱的途径是什么呢？这就是**涅槃**。涅槃的原意是火熄灭后被风吹散的状态。即虚无！涅槃这一概念也是有其限定的意义的。对佛陀自己来说，涅槃就是一切个人欲念的断灭，并从轮回转世的束缚中解脱出来。也就是**永恒的安宁**！或许这样的寓意过于简单了，但是在佛陀看来，这是人唯一能够达到的目的。在后来的佛教典籍中，人们又对涅槃做了各式各样的解释和注解。较晚期的佛教教义中，涅槃被看作一种——有时在此世即可实现，有时又被推迟到来世才能实现的——极乐状态。在原始佛教中，它纯粹是一个**否定的**概念，涅槃是一种无法用言语和概念表达的东西，所以，我们无论用多少言词也不可能完全说清楚涅槃对佛教徒究竟意味着什么，而只能如所有印度智慧所要求的那样通过体会和沉思去领悟它的奥秘。

实践伦理。当有人请求佛陀用简短的形式将他关于获得解脱的正确的处世之道表达出来时，他列出如下五条戒律：

1. 不杀生。
2. 不偷盗。
3. 不欺诳。
4. 不饮酒。
5. 不淫欲。[58]

从数量上看，它们比《摩西十诫》要少，但是它们包含的内容却非常之广，甚至可以说，遵守这五条戒律或许比遵守那十条戒律还要困难。[59]

需要说明的是，虽然佛教和耆那教有着不同的理论基础，但是在实践伦理问题上，他们的观点却极其相似。此外，我们也不难看出，佛教五戒的基本思想倾向与基督教精神也并非相去甚远。佛陀也直截了当地说："要用真诚去平息他人的愤怒，用善对待恶……冤冤相报就会永无宁日，只有彼此相爱才能消除人间的相互仇恨。"[60]

与基督教思想的相近之处还在于，佛陀也和耶稣一样，他们都关心世上所有的人，不管他是何阶层是何种族。这两种宗教都是国际性的。在佛陀那里，下等种姓也有分享极乐至福的权利。虽然他没有攻击印度的种姓制度，也没有尝试废黜这种制度，但是他说："你们这些信徒啊，看那奔腾不息的众多江流，当它们流入广阔的海洋，它们就会失去自己原来的名字和原来的所属，同样的道理，如果我们的这四个种姓也都根据教义和法律放弃了自己的故乡，那么他们也会失去自己原来的名字和原来的宗族。"[61] 种姓对佛陀来说是没有意义的，他不认为，在宗教信仰方面存在不同种姓归属之间的特权划分。

如果说这其中包含某种民主成分，而且这种民主成分甚至导致佛教针对旧有的婆罗门教的广泛革命，那么它在另一方面表现出的贵族特征也是不容忽视的。据称，佛陀本人好像基本上是面向上层阶级说话的，而且他的第一批追随者也是来自上层社会；[62] 最终，佛陀的道德要求的绝对性也是其贵族特征的表现，因为只有很少的人选才能满足他近乎完美的条件。

佛教的历史及其传播

关于佛教的历史我们将主要叙述其最重要的历史事实。

佛陀死后的第一个世纪之内，佛教教徒们把口头流传的佛陀思想收集起来，后又在多次宗教大会上结集为神圣经籍。

如此就产生了疑问，究竟哪些经籍是真实可信的，因为他们各执己见，而且观点迥然相异，这样就导致佛教分裂为众多的部派。

一个决定性的转变发生在公元前后。佛陀本人宣布的学说是：一切都取决于自我，获得解脱的途径只有在自身内部才能找到。尤其是他拒绝上帝存在的观念，他认为，人们祈求援助的那个上帝是不存在的。他常说："认为有一个第三者能够决定我们的幸与不幸，这是非常愚蠢的。"[63] 他教导弟子阿难陀说："阿难陀，不管是谁，不管是现在还是将来，只要他以自己为准绳，在自我中而不是到外面去寻找安慰……除了自己，不求助任何人，那么他就能达到最高的境界！"[64]

可是，佛教现在开始成为一种教会体系，佛陀被尊奉为神。除佛陀之外，天上还聚集了众多的神灵，据称，他们和天主教里的圣徒一样也将会拯救世人。与此相适应，烦琐的教会活动也逐步发展起来，佛事、祈祷、圣水、焚香、僧袍、法衣、忏悔、祭祀，等等，不一而足，和中世纪的基督教相差无几。[65] 如果有人对此再进行更深入的研究——当然这并不属于我们的考察范围——那么他会发现，佛教和基督教的礼拜仪式在许多细节上都有惊人的相似之处。这样便引起许多伟大的欧洲思想家产生如下疑问：就和佛教的教会活动已经远离了佛陀的真正学说一样，基督教会中形成的那种僵化的教义、僧侣等级体制和其他教会事务，是不是也已经与基督的真正思想相去甚远了呢？我们这里指的这个佛教派别就是**大乘佛教**。与大乘佛教不同的另一个派别被轻蔑地称为**小乘佛教***，他们仍然坚定地信仰佛陀的原初思想，虽然他们把佛陀看作伟大的宗教创始人和大师，但是他们所崇拜的佛陀是一个人而不是神。这两个教派都一直存在到今天。

印度佛教几乎传遍整个亚洲地区，佛教首先传入锡兰、缅甸和暹罗，大约在公元前后传入中国，五百年之后又从中国传入日本，又过了一百年之后传入西藏地区。在所有这些国家或地区中，佛教都成为当地文化的重要组成部分，在有些地方甚至发展为他们的精神生活的基础。当然，为了适应当地的民族个性以及那里占主导地位的思想潮流，佛教也做了相应的变化。今天，佛教在缅甸还保持

---

* 小乘佛教原是后来大乘佛教对原始佛教和部派佛教的蔑称，现学术界沿用这一称谓并无贬义。小乘佛教的主要经典是四部《阿含经》，其主要流传地在南亚各地，属南传佛教，但他们不接受"小乘"这一称号，而自称"上座部佛教"。

着相对纯粹的形式，此外还有日本的所谓禅宗。当今世界上的佛教信徒的数量大约在两亿至五亿之间，较为精确的统计数字是不可能得出的，因为佛教并不是一种闭塞的宗教，它还允许其信徒去信仰其他的宗教。不过，描述佛教的所有形式及其各类变种并不是本书的讨论范围。

此外值得一提的是，在佛教传播的过程中并没有发生像基督教在中美洲传播时所发生的那种流血冲突。在两千五百年的历史过程中，佛教被证明是一种真正的和平教义。如今的佛教在其故乡印度已退居次要地位。经过持续达几个世纪的辉煌之后——其间产生了许多著名的宗教人物——佛教在公元后第一个千年的后半期开始逐渐衰落，它越来越多地退化为一种肤浅的宗教迷信。与此相反，较古老的婆罗门教的精神力量却又不断地重新活跃起来。

在上述的佛教发展的整个过程中，欧洲对它几乎是一无所知。可以说，自十八世纪以后，我们欧洲人才对佛教及其发展有一个大概的认识，只是到了上个世纪（指十九世纪）欧洲人才对佛教哲学有较为深入的研究和理解。

佛教哲学的体系

如果对后来的佛教哲学做较为深入的研究，给人的第一印象就是，以原始佛教为基础，在印度以及后来在中国发展起来的佛教哲学体系是极其繁多和错综复杂的。经过许多代人以及一大批杰出的思想家的共同努力，佛教思想中产生了逐渐完善的并有着细微差别的丰富的理论体系。

佛教学说指出了两条获得彻底解脱（涅槃）的途径。一条途径是通过合乎逻辑的思维获得正确的认识，这是一个不断攀升的阶梯；另一条途径就是坚持不懈的严格的修行（冥想）。在下面的叙述中，我们将有意识地选择能够代表这两种解脱途径的例证。关于第一条途径，我们将列举佛教的四个体系，其他的许多体系都是由这四个体系派生出来的，权威人士认为这四个体系在佛教中最具有代表性。[66] 从中我们也可看出佛教思想家所构建的思维方式的本来面目。关于第二条途径，我们将引证禅宗。

否定的逻辑。在佛陀看来，无明和无知是所有人生烦恼的初始原因。无知就是对人生即痛苦这一事实还一无所知，痛苦的根源就是盲目的生命意志。童年时的无知，青年时的五彩缤纷的幻想和尘俗的欲望、迷信、无能、错误的观念，试图摆脱人生烦恼的纠缠，这一切都只是同一个事实的不同表现形式。若能打破这种无知状态，人就会恍然大悟。

为了能够逐步穿过那个晦暗的无知状态，佛教哲学家们发展出了一种奇特的方法，一种否定的逻辑。使这一方法得以完善的哲学家主要就是来自印度南部的**龙树**，他的鼎盛期在 125 年左右，被许多人看作佛教哲学中最伟大的思想家。他的逻辑探讨主要表现为四种理论，在所有这四种理论中，否定的逻辑占据着中心地位。[67]

1. 在整个后期佛教哲学中具有特殊重要性的二谛学说就是源自龙树，他把谛（真理）分为**俗谛**和**真谛**。他说，佛陀为那些被无明所覆盖的凡夫俗子说法时，采用俗谛，承认世界和众生的真实存在；为那些已经能够洞察真理的人说法时，就采用真谛，否认世界和众生的真实性。他认为，只有从俗谛入手，才能到达真谛：

$$A = 俗谛$$
$$B = 真谛$$

对普通的理智来说是真实的东西，到达一个更高的角度再看它时，它可能就是不真实的了，原来的真谛这时就会变成俗谛：

$$A、B = 俗谛$$
$$C = 真谛$$

依此类推：

A、B、C＝俗谛

D＝真谛

就这样以一种不断上升的阶梯形式越来越接近更高一级的普遍真理。（这一点容易使人想起黑格尔和马克思的辩证法思想。）

2．龙树的第二个理论就是所谓的四重推论法。任意一个需要用"是"或"否"回答的问题都可以用不同的方式给以回答，既可以直接回答"是"，也可以直接回答"否"，或者回答"是且否"，或者"既非是又非否"。这就是说，既可以认为，这个问题与我无关，也可以认为，我超乎所有这些是与非的问题之上。对龙树来说，最高真实总是带有既非有又非无的特点。他把最高真实称为"空"，认为它"非有、非无、非亦有亦无，非非有非无"。

3．在龙树提出的所谓"**八不**"理论中，"既不也不"的否定概念也被用于人生诸种现象，他说："不生亦不灭，不常亦不新，不一亦不异，不来亦不去。"这就是说，最高真实是隐藏于这一切现象背后的。

4．人能够达到的最高真理就是"**中道**"，龙树认为，世界上的一切事物都是一种相对的、依存的关系，一种假借的概念或名相，它们本身没有独立的实体性。这就是所谓的"众因缘生法，我说即是空，亦为是假名，亦是中道义"。只有排除了这些因缘关系和假借的名相，我们才能获得最高真理，获得"中道"。

佛教的四种主要体系。在佛陀的格言中，既有"一切皆有"这样的词句，也有反复出现的"一切皆无""四大皆空"这样的词句。[68]自佛陀死后至一世纪期间，这其中隐含的矛盾引起了无数的观点各异的争论。有些学派选择了第一种观点，从而形成了一种"现实主义的"形而上学；其他学派选择了第二种观点，并发展出一种"虚无主义的"——否定存在的——体系。在此期间形成的下述四个主要佛教体系表明，多重否定的佛教逻辑是如何被运用到"存在与非存在"的形而上学问题上去的。

　　为了阐明问题，我们必须首先从那个一般的不加批判的观念出发。根据这个观念，一方面，世界是由各色各样的物质的（物理的）**客体**组成的；另一方面，站在这个物质世界对面的是具有某种延续性的"我"或"自我"的**人**，而人关于这个物质世界又拥有特定的思想或**观念**。

　　1. **世亲**[*]（约 420—500）的现实主义体系主要把否定的矛头指向"人"，他否认持久不断的"自我"的存在——这种思想在原始佛教中就已经出现。他并不怀疑物质世界的现实性，因而被称为"现实主义的"体系。

　　2. **诃梨跋摩**[†]（约 250—350）的**虚无主义**体系又将否定推进了一步，他认为，既不存在人或自我，也不存在外在客体，而且也不存在观念的现实性，因而被称为"虚无主义的"体系。

　　3. 第三个体系，即**唯心主义**或**唯识论**体系仍然要追溯到第一个体系中所提到的世亲那里去。因为，世亲后来在他的哥哥**无著**——他在此以前已经创立了唯识论——的影响下而皈依了唯识论。此后，世亲著述颇丰并且他的著作都已成为这一学派的权威性经典。他们认为，获得真理并不在于承认外在世界的现实性（如第一个体系）或者否认所有现实（如第二个体系），而在于认识到思想和意识就是真实的存在，世界上的一切现象都是由精神（识）变现出来的，事物的一切属性都是人的主观意识。瑜伽行派的"识"不是主体对客体的认识，而是对自己变现出来的认识对象的认识，因而它是一种纯粹的唯心主义。

　　4. 否定的逻辑在前述的龙树所创立的**虚无主义**体系那里达到了顶峰。上述的三个学派在回答"有或无"的问题时，要么回答"是"，要么回答"否"，要么回答"既是且否"。但是对龙树来说，正确的

回答应该是"既不也不"。龙树的"中道"（其他学派也使用这一概念）经过不断的否定之后得出结论，在永恒流变的现象世界中根本就不存在真实的东西（既不存在物，也不存在人，也不存在观念），一切都只是无自性的幻象。但是，我们不能把这种思想和第二体系中的虚无主义观点相混淆，龙树的"空无"概念更多地意味着，一切试图解释世界和探究存在之谜的努力都是徒劳的，而一个破除了执著名相的"边见"的智者，会将所有这些令人迷惑的问题搁置一旁，并且与世无争地保持沉默。[69]

第一和第二体系属于小乘佛教教派，第三和第四体系都属于大乘佛教教派。

如果对这四个体系的时间顺序做一比较，我们就会发现一个惊人的事实，它们出现的先后次序正好与我们前面叙述的顺序相反！龙树所创立的学说在时间上要早于其他三个体系，尽管他的思想看上去好像是在不断地否定前面三个学派之后产生的合乎逻辑的结果。对此我们只能做这样的解释，即富于天赋和思想敏锐的龙树——否定的逻辑就是他创立的——以他天才的洞见，早已预见到了后来数世纪里人们经过一步一步的探索才获得的真理。[70]

我们在这里再事先插入几句话作为补充说明，即龙树的佛教辩证法与黑格尔的辩证法是有本质区别的——而且与带有黑格尔辩证法倾向的中国人的辩证法也是有区别的。在中国人那里，经过对立面的逐步同一就能上升到更高的真理。在黑格尔那里，跟在某个正题后面的是否定这个正题的反题，但是这正反两题在一个更高的层面上经过综合又合并到了一起（在合并中它们相互对立的特征就丧失了）。龙树在运用第一次否定时就拒不采纳最初的正题，因而在运用第二次否定时他也不可能在一个更高的层面上把正题和反题合并到一起，而是将反题也摒弃了，结果剩下的只是那不可言状的最高真实——"空"，即"涅槃"。[71]

关于禅宗。虽然禅宗起源于印度，但是它的真正特征却是形成于中国——禅宗在中国特别是日本一直保持到今天，所以在讨论印度思想的这一章里讨论禅宗，原本是不太合适的。可是，我们在这里对禅宗做几点说明主要是出于如下考虑：一方面是因为，禅宗在整个佛教历史过程中是最重要的和传播最广的教派之一；另一方面是因为，禅宗可以作为反映佛教思想的一个很好的例子，它既倾向于静思冥想，又不排斥实践应用，显然与上述四个体系的逻辑辩证方法是有区别的。

　　禅宗不是一种通常意义上的哲学，它没有一套自成一体的思想体系。但是，它也不是一种通常意义上的宗教。虽然禅宗建有寺庙，但是它没有发展出一套自己的教义，也没有规定清晰明确的严格信条。从某种程度上说，它无与伦比地吸收了各个民族的世界观体系——不仅仅是佛教的。关于何谓禅宗，据禅宗信徒的观点，只有深入体悟"禅"，才能对它有所了解。[72] 对局外人来说，禅宗是很难理解的，比纯粹的哲学意义上的佛教要难理解得多。我们在此引证几个细节，目的是想介绍一下禅宗的大概特征。禅宗拒绝哲学原理和宗教信条的共同原因在于，禅宗信徒认为，困缚在语词、概念、固定的原理或严格的行为规范之中，会阻碍他们认识真理，这也同样适用于佛陀自己的学说。在他们看来，佛陀的布道以及他流传下来的格言，都必然受到佛陀使用语言的特殊条件制约，而且还要取决于听者的理解力，此外，传道者和听者所处的时代背景也是一个决定因素。不过，纯粹的绝对真理不是能够用言语表达出的。这个观点也与如下见解相符，据禅宗信徒传说——这个传说可追溯到佛陀本人那里去——佛陀悟道后是在一种静默的心领神会中把他的思想传达给弟子的，然后再由这个弟子通过一个不间断的链条把它传之久远。这表明了禅宗的基本原则："我此禅宗，单传心印，不立文字，教外别传，直指人心，见性成佛。""于自性中，万法皆见，一切法自在性，名为清净法身。"[73] *

---

* 意思是说佛道是由心灵传达给心灵的；它不用言辞表达出来也不用文字记录下来；这是一种非同寻常的心领神会；全神贯注于人的心灵，去领会心灵的本性，这样你就能

禅宗信徒有独特的冥想方式。寻求顿悟的信徒会得到一个思考题目，那些接受考验的弟子会严格依照规定的姿势端坐在一个大堂里静思冥想，有一个法师会不分昼夜地严密监视着他们。在此期间要保持绝对的安静，不管是在沉思的时候，还是在进食的时候，还是在沐浴的时候，都不允许说一句话或弄出什么响动。谁要是认为已经找到了问题的答案——这通常需要几天的时间——那么他就会向那个法师报告，然后再由这个法师来判断他的考试成绩。所有从事静思冥想的禅宗信徒都是面向现实的世俗生活的人，因为禅宗的教义就要求他的信徒把他们获得的真知灼见直接运用到日常生活中去。"一日不作，一日不食"；"生活即修行"；"行往坐卧，无非是道"——这些都是禅宗长老的至理名言，它反映了禅宗注重实践的精神。[74]

禅宗拒绝一切刻板的学说，并且采取一种较为积极的行为态度，其共同点在于保持缄默。从古代禅宗大师那里流传下来的故事中，这一特点常常表现得十分可笑和荒谬，甚至使我们觉得不可理喻。较有代表性的故事是关于九世纪的禅宗大师大安和匡仁。[75] 大安说过一句名言："有句无句，如藤倚树。"匡仁长途跋涉去见大安，目的是向大师请教一个问题："忽遇树倒藤枯，句归何处？"匡仁心里思考的是这样的问题：如果我们把有和无的概念从我们的思想中抹除掉，那又会怎么样呢？难道它们是与思想纠缠在一起的吗？或者说我们能够超越思想吗？那位大师当时正在忙着修建一堵泥墙，那么他是怎么回答的呢？他放倒了手中的独轮车，然后大笑着扬长而去。满心失望的匡仁又去找另外一位大师询问，当这位大师也以与大安同样的方式对待匡仁的问题的时候，匡仁马上就明白了这是怎么回事，他笑了，恭恭敬敬地行了一个礼，便离开了。大师沉默无语地对待他提出的问题，使他突然间领悟到：只要人的心里还满是

接近悟道的佛陀。此所谓即心即佛，就是说，现实世界的一切都依赖心的存在，心是最高本体。中国禅宗大师弘忍就主张"肃然静坐，不出文记，口说玄理，默授与人"。

有与无、生与死、相对与绝对、原因与结果这样的观念，就会被语言和概念束缚住，因而会远离真理。只有当他不再是个旁观者、批评者、热衷于思想者、空谈家和逻辑家，而是直接面对生活的现实，才会预见到无法用言语表达的真理！

三、印度哲学的正统体系

前述的印度哲学的非正统体系也被印度人称为 Nastikas，意思是"否定者"，因为他们不承认吠陀经典的权威性。与此相对应，那些以古代婆罗门教思想为基础并进一步发展吠陀中的思想的流派则被称为 Astikas，即"肯定者"。

古往今来，当一个强大的被广泛认可的传统成为哲学的基础，那么与此相关的哲学思想就会通过对这些古代经典的评论而得到进一步发展。在这个过程中，其实不仅仅是古代经典的思想内容得到了诠释或发展，而且在这个思想的外衣下还会发展出一种崭新的思想。

在印度的精神生活中，否定者的出现迫使婆罗门教作出强烈的回应。为了维护自己的立场并在竞争中立于不败之地，婆罗门在强大的压力下不得不进一步发展奥义书的思想，这样就形成了婆罗门哲学的一个新的辉煌时期。在这个过程中，特别是佛教起了积极的促进作用。或许还没有哪一个时代和民族能够像这一时期的印度那样，在各种不同的思想流派的强烈竞争和对抗中，哲学问题引起了如此广泛的关注。各种思想流派如雨后春笋，大批的学生纷纷云集到各个名师的门下。在大庭广众之下争论哲学问题已成为家常便饭，诸侯和国王也乐于参与其中，或者向这类竞赛的获胜者施以高额馈赠。[76]

坚持不懈地维护自己的立场已经成为一种必要，这使得逻辑学、辩证法、求证和辩论的艺术出现了空前的繁荣景象。这或许与印度思想比以前更为专注于语言对象的研究不无关系。在这方面，最著名的著作就是《波尼尼经》(*Pāṇini*，公元前五世纪)，它是一部关于梵文语法的书。印度哲学在这一阶段得以继续发展，主要是从以下方面汲取了营养：

1. 奥义书，就某些方面说，与本章的第一节中叙述的有所不同，奥义书在后来的这段时期才真正得以完成。

2. 即所谓的经(Sutras)，这是一些非常简短的格言，是便于记忆某个体系的基本思想的口诀，每个学生都应该把这些格言铭记在心。在下述的体系中，每个体系都有几百首这样的 Sutras。因为它们并不是为门外汉做注解用的，而只是为方便内行记忆而准备的，所以这些格言警句都非常费解，若想真正理解它们就必须借助长篇累牍的解释才行。

这样的注解非常之多，人们也比较喜欢用注解的方式来表达自己的新颖的思想。这些注解又被用新的注解所注解，这样就形成了纷繁的、错综复杂的文献堆积。关于如此的注解方式，有一篇印度文章这样说：

> 如果事情非常难以理解，
> 他们就说：这不是很明白吗。
> 如果事情的意义明白易懂，
> 他们就会讲一大堆的废话。[77]

当然，不是所有的印度文献都是这样，而且现代某些领域内的注解或评述也有这样的毛病。

3. 印度民族史诗，这部史诗叙述的是两个雅利安部族之间在入侵印度时发生的英雄般的争战。它又被分为几个部分，其中最著名的就是《薄伽梵歌》，它包含着许多伟大的"神秘教义"和深刻的哲学思想。

4. 《摩奴法典》，它对《薄伽梵歌》的思想做了某些补充。

在印度哲学的正统体系中，有六个体系具有特别重要的意义。

与欧洲的思想发展史不同，印度哲学的这些体系并不是按照历史顺序逐渐发展的，而是在相互影响的情况下并列发展，并且持续达数世纪之久。由于几乎不能确定它们出现的先后顺序，所以我们在这里就依照不同的体系把它们并列放在一起，并试图对其中较为重要的体系加以适当概述。

较为重要的六个体系的每两个体系可划归为一类，这样就出现了如下的结果：

1. 正理派　　　　2. 胜论派
3. 数论派　　　　4. 瑜伽派
5. 弥曼差派　　　6. 吠檀多派

数论派、瑜伽派和吠檀多派在印度思想中起了最为重要的作用。

所有这六个体系在数世纪里都经历了不同的发展和变化，不过我们下面将只叙述它们各自的主要形式。

1. 正理派与胜论派

单单"正理派"（意即逻辑推理和辩论的方法）这个名字就已经表明这个学派的思想重点，这就是逻辑学和辩论术。正理派的经典相传是由乔达摩编写的《正理经》，它是印度第一部逻辑学著作，并且为印度逻辑推理的进一步发展奠定了基础。[78] 其中也创造出了大量的哲学术语，[79] 而且它使用了无数的梵文，没有一种欧洲文化语言能够与之相比。[80] 与此不同的是胜论派（Vaischeschika），它的创始人据说是那位富于传奇色彩的迦那陀，他是印度最伟大的思想家之一，胜论派的思想重点在于解释世界，即形而上学和自然哲学。Vaischeschika 的意思就是"差异"。[81] 这个名字也就表明，这个体系的特征就是试图通过找出世界上的客体之间的差异，从而在人的内心形成对世界的清晰的认识。获得认识的前提就是能够区别主体与客体之间的差异。

这个自然哲学的核心思想是一种原子论。他们认为，原子是微小的、不可再分的和坚不可摧的组成物质的最小单位，它们在宇宙的演化过程中聚合并分解。[82]

这两个体系在某种程度上互为补充，正理派主要汲取了胜论派的形而上学成分，胜论派则汲取了正理派的逻辑学因素。后来，这两个体系融合成了一个体系。

上面所说的两个体系的重要特征不应该理解为，这个体系仅仅局限于逻辑学，另一个体系仅仅局限于自然哲学。它们其实都是自成一体的哲学体系，两者都认为，人的所有行为都只是一种手段，他的最终目的就是从生死轮回的痛苦中解脱出来，达到涅槃的境界。这也是所有印度哲学所追求的最终目标。

2．数论派和瑜伽派

在印度哲学的六个正统体系中，数论派（Sankhya）是除吠檀多派之外最突出的一个体系，其创始人是**迦毗罗**。Sankhya 这个词的原意是"数字"或"计算"，[83] 引申义为"思索研究"。

数论派从一开始就与奥义书哲学迥然有别——而且也与下面将要叙述的吠檀多哲学截然不同，因为吠檀多哲学是奥义书哲学的直接延续——其不同之处在于，奥义书哲学是一元论的，而数论派是二元论的，这就是说，世界的本原不是一种，而是两种，物质和精神是两种绝对独立和相互对立的实体。

数论派认为，世界的本原一方面是"**自性**"，原初物质，一种物质原则，它富于活力，永恒运动，但它是非精神性的，没有自我意识；[84] 另一方面，还存在一个独立的精神实体，"**神我**"，一种纯粹的精神原则，它是永恒不变的，既不创造也不被创造，它是一种有灵的和有意识的东西。

我们首先看一下"自性"（原初物质），其中包含三种性质：一种是明亮的、轻盈的和喜悦的，称为"喜"；一种是阴暗的、迟钝的和起阻碍作用的，称为"暗"；另一种则介于两者之间，是激动的、痛苦的和运动的,称为"忧"。一切存在者都是从"自性"中诞生而来,而且不仅仅是物质的元素,思维、感觉和行为能力也是由它而来,这一切都属于原初物质的世界——我们则更倾向将这些归于精神的世界。数论派提出了**"二十五谛说"**,认为世界由"神我"和"自性"结合而产生。这二十五谛依次为:

1．"自性"本身。由它产生统觉——

2．统觉,指完满的智慧。由它产生"我慢"——

3．"我慢"(Ahakara),即自我意识,指能够知觉自我(主体)与外在世界(客体)的区别。由"我慢"产生感觉能力和感觉器官以及外在世界的元素。

感觉能力和感觉器官排列如下(五唯):

4．色

5．声

6．香

7．味

8．触

印度人还普遍认为,下面一个因素也属于感觉能力(心根):

9．思想(理智、思维能力)

紧接着是五种感觉器官(五知根):

10．眼

11．耳

12．鼻

13．舌

14．身

下面是五种行动器官（五作根）

15．喉

16．手

17．足

18．排泄器官

19．生殖器官

外在世界的五种元素是（五大）：

20．空

21．风

22．火

23．水

24．地

除了这二十四种元素，再加上：

25．"神我"

这样就形成了数论派的"二十五谛"。

数论认为，世界的进化过程是这样的，自性（原初物质）是物质处于尚未发生变异时的混沌状态，当它的三种性质（喜、忧、暗）处于平衡状态时，"自性"不变，一旦失去平衡就会发生变异。

那么，"神我"在这里起什么作用呢？它与物质的关系如何？它对物质产生影响呢，还是受物质的影响？

精神是与物质完全不同的东西，它们之间存在着不可逾越的鸿沟。基本上说,精神始终是与物质相对立的,那么在一个生命体那里,情况又是怎么样呢？在一个生命体身上，物质的因素和精神的因素看起来好像是不可分割的一个整体。这该如何解释呢？数论派哲学家回答说：这种一体性只是一种假象。这就像一块无色透明的水晶，当我们在它的后面放上一朵红色鲜花，它就会显出红色，当看起来像是与精神合为一体的肉体发生变化的时候，我们就会看到永恒的"神我"显现为行动和痛苦等现象。[85] 数论派认为，永恒不变的神我和原初物质是两种截然不同的东西，我们所称的灵魂和肉体也是两种截然不同的东西,思想和感觉并不属于"神我"范畴,而属于"自性"即原初物质范畴。

我们不禁要问,为什么永恒的纯粹精神性的"神我"要与"自性"的世界发生关系呢？即使这只是一种假象。在这个问题上，我们接触到了这个学派最内在的实质，与印度的其他休系一样，诸如痛苦、灵魂转世以及解脱这样的概念都是他们的思想的核心内容。

数论派思想家也从痛苦的基本现实出发，他们渴望的并不是一种积极的快乐，而是渴望摆脱痛苦，渴望一种绝对的无痛苦状态。我们为何而苦？我们之所以感到痛苦，是因为外在世界对我们产生影响。只有当我们认为外在世界是与自己有关的和属于自己的时候，它才会对我们产生影响。这其中存在一种错觉：因为我们的本质，即"神我"，事实上是与客体世界相异的和漠然对立的。他只需要对此有所认识！只要他认识到，他所面对的这整个世界，从某种意义上说与他毫不相干，那么所有的痛苦就烟消云散了。"神我"也就获得了解脱。

而且，"自性"，原初物质也获得了解脱！因为它自身是非精神的，无意识的，根本就不会感到痛苦。只有通过与"神我"，一个感觉主体建立了联系，"自性"才可能被痛苦所缚。

就这样，从个体生命到宇宙演化，一切都取决于"神我"能否获得"洞见"。"自性"——一种阴性原则，它不无深刻的基础，为了获得解脱，它需要一种外在于自身的东西——必须不断地重新在"神我"面前显现自身——就像一个在观众面前搔首弄姿的舞女——直到"神我"认识到自己的相异性并漠然转过头去避开"自性"，如此，它们各自就都获得了解脱。

数论派思想的目的就是，通过道德自律和断绝欲念获得真知并从而最终获得解脱。获得解脱的"神我"现在已变成无作为的纯粹精神，那么它又是如何继续存在的呢？这就好比一面镜子，"它不再反射任何东西"。[86] 归根结底，这个问题还是被一层神秘的面纱笼罩住了。

这种无神论哲学仍然被认为是正统的和能够与吠陀协调一致的，这不能不说是婆罗门思想的特别之处。其中的原因主要有两个——且不管那个表面的事实情况，即虽然迦毗罗明确承认吠陀的权威性，但是他在构建自己的思想大厦时，却没有再理睬吠陀中包含的思想：其一是，在印度人的观念中，拒绝信仰一个创世主或世界主宰与承认多神的存在是能够协调一致的，这种观念在古代吠陀文献中也非常突出；其二是，数论派的思想并没有损害到作为印度社会基础的种姓制度。这就是说，只要符合这个条件，那么在婆罗门占统治地位的印度，任何思想家都能够享有充分的思想自由。

瑜伽这个名字在欧洲的语言习惯中往往与各种各样名声不好的魔法幻术联系起来，它被认为是一种用来糊口的生计，是为了迎合普通观众的好奇或诸如此类的目的而从事的行当，与追求真理的严肃性毫无共同之处。我们不应该忽视这样一个事实，瑜伽最初也是一种思想体系，与前述各个思想体系非常相似，它也试图向人们指明通向智慧和解脱的道路，只不过它更注重实践，更注重实现目的的手段和方法。在某种程度上说，瑜伽派和数论派关系非常密切，数论哲学为瑜伽派提供了广泛的理论基础，反过来，瑜伽派思想也被数论哲学看作在实践上对其理论的补充。

然而，瑜伽派和数论派在形而上学问题上还是有根本的区别：瑜伽派承认一个人格化的上帝（大神自在天）。在数论派的思想中，宇宙的演化被解释为"神我"与"自性"相互作用的结果，因此在他们那里也就不可能有造物主或宇宙主宰。瑜伽派的主要经典就是《瑜伽经》，分为四卷，据说可能是钵颠阇利所作。

瑜伽的字面意义是"枷锁"（与德语词 Joch 也有亲缘关系），意思是自律、自我约束。

瑜伽派的思想是以这样一种观念为根据的，即认为人能够通过某种禁欲修行，通过聚精会神的静思冥想而获得真知，脱离现实世界并达到最终解脱。这种观念在其他民族那里也有，它在吠陀文献以及奥义书中就已经产生过一定的影响。

每个修习瑜伽者都被告知，他必须经过一个漫长而辛劳的路途才能最终从痛苦和生死轮回中解脱出来。在长年累月的耐心修行的过程中，他必须遵守下面的**"瑜伽八支行法"**：[87]

1. 耶摩，意为"禁制""克制""持戒"，指不杀生，不妄语，不偷盗，不邪淫，不贪。

2. 尼耶摩，即"劝制"，指五种修行方法：清静，满足，苦行，读诵，念神。

3. 阿沙那姆，即"坐姿""坐法"。在此规定了非常详细的正确坐姿，因为这对于专心冥想至为重要。例如《薄伽梵歌》中就有这样的描述：

"在一个干净的地方，他为自己准备了坐席，既不过高，也不过低，在地上铺垫谷舌草，上面再覆盖上一块布或兽皮。

他就在这样一个地方坐下来，他全神贯注，聚精会神，开始凝神静思。

躯体头颈要保持端正，不能来回晃动，他双目注视鼻尖，不可左顾右盼。"[88]

4. 普罗纳耶摩，"调息""制气"，即调制呼吸。

5. 普纳蒂耶诃罗，"制感"，即控制感官，使感官离开一切外部客体，也就是"摄五根于心"。

6. 达罗纳，"执持"，"守意"，即排除杂念，集中注意力于一个对象上面。

7. 禅那，"静虑"，"禅定"，这是一种更为专注的冥想，把心思完全贯注于被选的对象上去。作为辅助手段，可持续地反复念诵咒语如"奥姆"。

8. 三摩地，"等持"，"三昧"，这是八支行法的最高境界，精神失去了作为独立个体的自我意识，瑜伽修行者达到一种极度幸福的出神入化的境界，这种境界无法用言语描述，只有亲身体验才能对此有所感悟。

作为"副产品"，瑜伽修行者在修行的过程中会获得多种魔力和超自然的能力，在关于印度生活的许多报道中对此有大量的描述。古老的《瑜伽经》里就列举出了如下能力：

> 能够预知过去和未来；
>
> 能够理解所有动物的语言；
>
> 能够认识前世；
>
> 能够隐身；
>
> 能够力大无比；
>
> 能够认识微细的、隐藏的和遥远的事物；
>
> 能够认识宇宙；
>
> 能够认识躯体的指令；
>
> 能够消除饥渴；
>
> 能够不沾水、不沾泥、不沾棘刺；
>
> 能够腾云驾雾；
>
> 能够控制自然力量；
>
> 能够保持身体的绝佳状态并免遭伤害；
>
> 能够控制感觉器官；
>
> 能够无所不能无所不知。

我们不可轻易断言这一切都是可能的，因为这些都是瑜伽派哲学的主观臆测。

我们既不能完全接受这些观点，又不能对此作出什么盖棺论定的判断。尽管如此，我们还是应该对这些瑜伽修行者的预言作出一种谨慎的解释。根据历来的经验可知，人的内心深处蕴藏着一些非凡的能力和力量，或许这些能力和力量是从远古时代继承而来的，对此，我们的书本知识无法加以解释。如果人能够全神贯注并凝聚一切力量于一个目标，那么，他的能力可能是不可想象的。

我们在这里并不想去深究后来瑜伽修习的堕落程度。但是据纯粹的瑜伽思想所言，所有这些超自然的能力至多只是修习瑜伽的过程中出现的一些附带现象，不过是达到目的的手段而已。对瑜伽修行者来说，这些都是最终获得解脱所必须经过的道路。如果他沉迷其中并仅仅以此为目的，就不可能达到最高的境界。

3. 弥曼差派和吠檀多派

在印度哲学的六个正统体系中，弥曼差派是一个比较普通的流派，对我们的这部哲学史来说意义不是太大，因此，我们在这里也仅限于指出，这个学派针对吠陀时期以来出现的各家思想流派，尤其是数论派都曾经开展过激烈的批评。尽管在这些斗争中它都沮丧地败下阵来，它还是成了一个受尊崇的流派，并且对其他的几个体系产生过积极的影响。接下来我们就把目光转向吠檀多派。

吠檀多的字面意思是"吠陀的终结"，也就是指吠陀文献中最末部分的奥义书。它最初的意思也仅限于此。后来它就专门指那个推行奥义书核心思想并进一步阐发梵我合一论的哲学学派，就此而言，吠檀多也就被赋予了新的含义。

曾经存在众多的吠檀多派别，其中影响最大的一个派别的创始人是**商羯罗**，他生活于 800 年左右，与卡尔大帝*是同一时期的人。在他与奥义书的成书之间，奥义书的思想已经经历了一千多年的发

---

* 即查理大帝。

展。在这一千二百年里，吠陀思想传统长期受到对吠陀权威性持否定态度的佛教思想传统的压抑，之后，被认为是印度最伟大的哲学家的商羯罗在他仅仅三十二年的短暂一生中，就把奥义书的思想又推向了一个新的辉煌。商羯罗主要是以注疏经典的形式表达自己的思想，古代吠檀多的思想也在其中流传下来。商羯罗的思想主要表现在如下方面，有一句古老的话构成了他的思想的出发点：

> 这是你（tat twam asi）
> 我是梵。（aham brahma asmi）[89]

这句话的意思是说：梵——永恒的宇宙法则，宇宙万有的始基和依靠——与我们最内在的自我是同一的。这个自我，阿特曼，本质上是不可认识的，是不可用言语表达的（耶吉纳伏格亚也曾表达过同样的观点）。只存在一个唯一的最高真实，这就是阿特曼，就是梵。

而这个观点事实上是与外在现象相矛盾的。日常经验告诉我们，并非仅存在一种现实，而是存在许多种现实。我们的自我依附在一个短暂易逝的肉体之内，情况也是如此。

这样就产生了一种必要性，也就是说，要对我们的认识手段进行必要的考察，世界就是通过这个手段向我们彰显它的多样性的。认识究竟是如何成为可能的，又如何才能毋庸置疑？商羯罗提出的问题与十八世纪时的康德提出的问题是同样的，而且我们也可以说，他得出的结论与康德得出的结论并无二致。在他看来，我们关于世界的所有经验都必须经过感官这个中介。我们所称的认识都只不过是感官对外部材料的一种加工形式。我们是否因此就能够掌握真理呢？商羯罗说：不可能。如后来的康德一样，他也指出，世界不可能对我们彰显它的真正实质，我们的感官所能觉知的只是世界的表象。如果认为以这种方式就可探究世界的本质，那是完全错误的，从最高存在的意义上看，世界上的一切现象都是幻象，是"摩耶"。

只有揭开"摩耶"的面纱，打破感官经验的制约性，我们才能获得真知和普遍真理。只有这样我们才能清楚地认识到，我们的自我与一切外在现象是有区别的，它是独立自在的，它就是梵——商羯罗在这里与康德分道扬镳了。要获得这样的认识，我们不是借助于外在经验，也不是通过沉思和冥想，而只能依靠吠陀的永恒的神圣启示，特别是它的最后部分，也就是奥义书。

在援引吠陀的过程中，商羯罗陷入了某种困难的境地。在试图证明吠陀中的梵我同一和唯一的现实是一回事时，他遇到了障碍。虽然奥义书中有主张一元论的地方，但是里面也包含明显的多元论思想，这就是说，奥义书认为存在不同个体特征的众多的梵。这尤其表现在吠陀中较为古老的部分。但是，对商羯罗来说，整个吠陀都是神圣的源泉。

除了其他原因，这种困难或许也是促使商羯罗形成他的两个认识阶段学说的诱因，他把认识划分为一个较低的阶段和一个较高的阶段（这种思想在奥义书中就已经形成了）。

在较低的阶段，在通俗的认识中，世界和神显现为杂多的形式，对商羯罗来说，世界和神是同一的，因为他认为神即存在；[90] 神是世界的创造者，神被赋予了各种属性，大众以各种形式崇拜他。虽然这个阶段并不是认识的最高阶段，但是也不应遭到摒弃，因为这些观念符合普通大众的理解力，至少它可以作为获得真正认识的前奏。

哲学家处于深奥的认识的较高阶段，他认识到，在虚幻的现象背后静息着梵。真正说来，梵是没有任何属性的，因为它是不可认识的。智者不会责备那些认识的较低级的形式，他可以在每一个庙宇里祈祷，可以在每一个神灵的面前躬身祭拜，因为这种对不可认识的事物的崇拜形式是与人的思想和感觉形式相符合的，但是，在他的内心深处，他清楚地知道并崇拜永恒的统一。[91] 所以，对商羯罗来说，有两种梵显现和被崇拜的形式，人们几乎可以说这是两种不同的神。

如同其他体系一样，对吠檀多来说，最为关键的问题是，人应该如何从痛苦的个体存在中解脱出来。答案是清楚的：解脱之道就是在我们的心中领悟阿特曼。这会把我们引向一种状态，在其中我们会超越我们存在的短暂和束缚，会上升到一个广阔的存在的海洋。在这里，没有区别，没有变化，没有时间，只有和平；在这里，我们仍然可以用那个古老的比喻来形容，就如同无名无形的河流奔腾着涌入大海一般。

吠檀多的实用伦理学包含下面几个主要的要求：要区别永恒的东西和短暂易逝的东西；要放弃尘世的和彼岸的报偿。

有六种手段：静心，自律，放弃感官享乐，承受一切痛苦，专心致志，虔诚。

要从个体的尘世存在中解脱出来。

良好的行为也并不是满足这些要求的合适的手段，虽然这并非毫无价值，但是更可能会起一些消极的影响。他应该像个禁欲主义者那样，为了获得真理，他必须清除所有的障碍和各种诱惑刺激。获得至福的手段不是有为，而是正确的认识，通过虔诚的沉思冥想和研究吠陀经典就可以达到这一步。对智者来说，行动是无关紧要的，因为他认识到，由于他是属于现象世界的，因此他的行动真正说来并不是他的行动。[92]

> 谁要是获得了至高至深的洞见，
> 他心中的结就会解开，
> 他心中的疑团就会冰释，
> 他的所有行为都不足挂齿。[93]

在印度吠檀多学说中有这样的通俗表达：

> 傻瓜！丢弃你对财富的渴望吧！清除掉你心中的一切欲望！……不要夸耀你的财富、朋友和青春，这一切都只不过是

过眼云烟。抛弃这一切，因为这纯属虚幻，进入梵的世界吧……生命就如同在荷叶上颤动着的水滴……随着时光的流逝生命之花会枯萎，但是希望的气息永远不会停止……要始终保持沉着镇定。[94]

吠檀多思想体系的重要影响一直持续到当代，在整个印度婆罗门教的不同体系中，它占据着最为重要的地位。一位与欧洲中世纪同时代的印度作家关于吠檀多经籍做过如下评价：

这本教材是所有教材中最重要的一本，其他教材都只是对它的补充，因此想获得解脱者都必须珍视它，而且要像尊贵的商羯罗所解释的那样。[95]

四、印度哲学后来的发展——评价

我们之所以仅限于叙述古代印度哲学，是因为印度思想在那一时期经历了它的最繁荣的阶段，并且也为所有后来的印度哲学的发展奠定了基础。当然，这种发展一直持续到当今时代也没有停止，我们在这里只能对此给以简略的概述。

随着佛教势力在印度逐渐衰退，婆罗门哲学也失去了能够使自己的哲学思想迸发出火花的竞争对手。由于各种观点和立场之间的争斗也已停止，所以印度哲学在这后古典时期便出现了僵化的局面。在社会领域内，表现为种姓制度日益强化；在哲学思想领域内，则表现为僵化的教条主义和频繁的教派纷争。之所以出现这种黯淡的局面，除了这些内部原因，还有来自外部的影响。印度在政治上失去了自由，它首先被穆斯林统治几个世纪之久，然后又被英国殖民直至当代。1947年，印度获得了解放，众所周知，这时的印度又被划分为以信奉印度教为主的印度斯坦和以信仰伊斯兰教为主的巴基斯坦（后来又一分为二），或许人们希望印度思想因此能够重新繁荣起来。但是，印度哲学后来的发展并没有受到古代印度哲学宝贵遗产的很多影响。

印度哲学被欧洲发现是很晚之后才发生的事情，基本上说是到了十九世纪初才开始的。印度哲学是经过法国人昂奎梯尔·杜培龙之手被传入欧洲的，他将波斯语版本的奥义书翻译成了拉丁语——因为他不懂梵文——并于 1801 年和 1802 年陆续出版。[96] 他的译本并不很完美，但是目光敏锐的人立即就看出了其中蕴藏的思想财富。在这之前，英文版的《薄伽梵歌》已经出版，沃伦·黑斯廷斯——他也是英国在印度实施殖民统治的创始人——在该英文版的序言中写道："即便英国停止对印度的统治很久以后，这本著作仍然会充满活力。"他的话没有错。

在整个十九世纪里，对印度语言和文化的研究很快就形成了一种迅猛的势头。在这方面较著名的学者有弗里德里希·**施勒格尔**、马克斯·**缪勒**和保尔·**道森**。

道森把发现印度的精神世界比作是我们突然间发现了一个外星球上的居民的思想和观念。[97] 确实，在我们面前突然打开了一扇通往一个陌生的思想世界的大门，在这里，印度哲学与希腊哲学并没有进行过接触，它完全独立于近东以及欧洲封闭的思想传统之外。这一切居然就发生在语言上同属一系，而且种族上或许也同属一源的民族之间！

随着对印度精神生活的认识不断增加，欧洲人的思想和创作也越来越多地受到印度思想的影响。刚刚对印度文化有所了解的歌德和赫尔德就已经预见到了这个新世界里所蕴藏的深厚的精神财富。在伟大的哲学家中，第一位能够深刻领会印度哲学的精神并能活学活用的人当属叔本华，我们前面已经引述过他对奥义书的高度评价。谢林也曾表达过类似的观点。

与新近的西方哲学相比，印度哲学有以下几个不同的特点：

1. 印度思想是高度**依赖传统**的。印度哲学的大部分体系都是以古代吠陀经典为基础建立起来的，或者以它为理论指导，或者以它为思想的出发点。这对于印度人自己来说并不是一件坏事情，却增加了局外人接近它和理解它的难度，它对其他民族产生影响的可能性因而也就减少了。

2．印度思想并不满足于单纯的解释世界，不满足于为认识而认识，它们都带有一种强烈的**实用主义**倾向：希望能够为人们提供一种正确的人生指南和获得解脱之道。这与印度民族的天性不无关系。除此之外，这也是哲学在古代印度生活中为什么占据着如此突出地位的原因，就此而言，世界上几乎没有一个民族能够与之相比。

3．印度思想与大部分欧洲观念的根本区别在于，所有印度思想家都轻视纯粹的理性认识。他们不厌其烦地反复强调，真理是"存在于理性之外的"，真理是不可言说的，只有通过**直觉**才能把握真理。一位重要的学者曾经在他写的一篇奥义书评述中对此发表过如下看法："所有的理性主义哲学（即以理性作为思想基础的哲学）……最终都不可避免地以不可知论而告终（即认为我们对世界一无所知）。""这就是印度哲学家以他们的那种方式追求知识所能得出的唯一的逻辑结论……企图借助直觉获得神启灵感，一个理性的哲学家对此是不屑一顾的，只有那些无能之辈才会这么做。"[98]

4．对一个非印度人来说，或许最让他感到奇怪的就是印度思想中那个无处不在的**灵魂转世**的思想，因为欧洲哲学中几乎没有与之类似的东西，至多只是作为一种次要的思想潜流存在于西方的精神生活中。在这方面，也许尼采的"永恒轮回的思想"是个例外，而且他的这一思想与印度人的思想也只是略微相似而已。此外，还应补充说明一点，关于人死后将会发生什么这个问题——如果我们假设人死后还有来生或因果报应的话——只可能有两种回答，一种回答就是永恒的因果报应，根据不同的前生因缘，或者升入天堂享受永恒的幸福，或者被罚入地狱饱尝无穷的折磨；另一种回答就是轮回转世的思想。如果尝试忘掉我们已经习以为常的西方基督教观念，那么我们将会认识到，在不带任何偏见地考察灵魂转世的思想的情况下，我们会发现它具有两个优点：它首先能够让我们以一种简单灵活的方式解释那个不可否认的事实，即人与生俱来地存在着道德天性的差异，之所以如此，是因为这都是由其前世的业因所决定的；其次，它还可以用来解释人在短暂的尘世生活与永恒的来世报应之间可能发现的因果方面的偏差。

5. 印度思想家的一个显著特征就是他们那种气度非凡的**宽容性**。在一个僧侣统治的社会中，唯物主义、怀疑主义和无神论的学说都能够并行不悖；虽然在流传下来的历史记载中也提到过一些争吵、辩论和思想斗争，但是却几乎从来都没有发生过诸如恶意诽谤、强行压制或肉体迫害之类的事情。对印度人来说，从来都不存在像教皇那样至高无上的精神权威，因此，在他们眼里，那种认为只有一种发现真理的方式的想法是不可思议的。这方面的一个明显的例子就是，十九世纪的一位婆罗门学者对所有印度哲学正统体系的主要著作都做了一次全面的评注，而且以客观公正的态度使每个思想体系都忠实地保留了各自的思想倾向和特点——这种事情在欧洲几乎是不可想象的，对此我们只能做这样的解释，就是印度人把所有的思想体系都看作不完善的辅助工具，它们都只是接近真理的不同方式而已。

6. 印度哲学最后的一个特征也是值得特别强调的，它就是——至少在欧洲人眼里是这样——印度哲学非常明显地倾向于**鄙视尘世生活**和**逃避现实人生**。印度人之所以在政治上失去自由，或许也与他们没有对进行反抗给予足够的重视有关。在实践上，哲学家们提出的那些严格的要求，自然也只能以一种妥协和近似的形式得以实现。和世界上的其他地方一样，印度的普通大众则是在此生此世的现实人生中寻找满足的。

第二章

古代中国哲学

中国是与印度并驾齐驱的另一个文化区域，在大约同样古老的年代里，中国也为我们留下了丰富的哲学思想遗产。

从疆域、人口和特征来说，中国也是个自成一体的世界，若拿它和欧洲做比较，那不能和欧洲单独的某个国家做比较，而应该把它与整个欧洲做比较。和欧洲相似，中国的气候、地形和语言也是丰富多彩和各不相同的。由于受大范围的地理隔绝的影响——通过海洋、山脉和戈壁，和由此造成的文化封闭状态——这种封闭状态不久前才被打破。中国的精神和宗教传统得以持续不断达几千年之久，并且形成了一种统一的文化形态。

中国人在几乎所有的文化领域内都取得了辉煌的成就，从利用耕地，治理河流，发明陶瓷、火药、指南针和造纸术，到国家制度、社会机构的建设，再到造型艺术（尤其是绘画和制陶术）和文学，其抒情诗的成就达到了无与伦比的程度。

史前的发现令我们产生这样的观点，中国不间断发展的人类文明可以追溯到几千年以前。中国人有文字记载的历史可以从约公元前3000年的黄帝算起。根据传说，文字的发明、婚姻制度的采用、音乐的产生、筷子的问世，以及其他许多重大的文化成就，都应归功于这位神秘的统治者。人们把所有这些文化成就都浓缩到了他身上，而事实上，这些成就的完善可能需要几千年或者更长的时间。

语言和文字

关于中国的语言和文字我们需要做几点特别说明。从结构上讲，汉语与德语以及其他欧洲语言相比可谓大相径庭。汉语属于那种所谓的孤立型语言，就是说，它基本上是由单音节字组成的，它们是完全不用变形的，不像德语那样词形会受变格和变位的影响，汉字没有前缀也没有词尾。那些音节本来数量有限，但是经过使每个音节发出不同的音调，它们就增加了许多倍，比如，有阴平、阳平、上声、去声，声调不同，其字义也不同。在欧洲人眼里，汉语带有"歌唱性"的特点，这与汉语的这种声调变化有关。有些字节甚至会有五六十种字义。（若有读者觉得这太奇怪，我们不妨做这样的类比，在我们欧洲的语言中也有许多词有两种——即一种是词的本义，另一种是词的引申义——或更多种不同的词义。）汉语要表达的意思主要是由字在句子里的位置和上下文关系决定的，与此相应的规则要比其他语言严格得多，或者通过添加一些特定的助词（在印欧语系中也有这种现象）。只有在上下文中才能判定一个字是名词还是形容词，是动词还是副词，例如，"大"，可以是名词"大小"，可以是形容词"大的"，可以是动词"扩大"，还可以是副词"大大地"。

汉语的书面文字和它的口语发音一样，都与我们欧洲的语言有很大的不同。汉语是从图画文字发展来的，它的这一特点如今仍然部分地保留着。今天使用的汉字是第二次世界大战以后经过"正字法改革"简化了的，但是与我们的字母文字相比，简化了的汉字还是相当繁琐的。相当一部分汉字是由两个部分构成的，一部分表达文字的含义，另一部分表示文字的发音。我们普遍认为汉语是表意文字或象形文字，实际上这种观点是不恰当的。从语言学上严格来说，汉语是词素文字。汉语的一个字符并不是一个词，也不是一个音节，而是一个词素（Morphem），也就是人们通常所说的语言的最小单位。德语中的介词"ohne"（没有）就是一个词素，它由两个音节构成。德语中的名词"Milchkanne"（奶罐）则是由两个词素和三个音节组成的。

　　当然，与我们欧洲的由 26 个字母组成的文字相比，汉字是很难学会的。若想真正掌握成千上万个汉字（有些确实也相当复杂.）往往要花费几十年时间。不过，对于一般的日常使用来说能掌握两千至四千个汉字就够了，这一般在几年之内就可达到。我们可以想象——因此须在此加以探讨——一个使用这样一种语言的民族，其思想肯定与我们的存在着巨大的差异，除此之外，我们之间还存在着深层次的文化差异，当然语言本身也与这种文化差异有着紧密的关系。希腊和其他西方国家形成了一种科学的逻辑学，这与印欧语系中严格的语法规则有直接的关系，如名词、动词和形容词等，以及主语、谓语和宾语之间，都有严格的区别。但是，这种科学的逻辑学在中国就不可能形成，而且也没有形成。此外，由于存在语言构造上的差异，所以在将汉语翻译成西方语言时就会遇到许多困难，尤其是翻译哲学著作或包含大量的抽象概念的内容时，就更加困难。现有的许多翻译作品尽管是出自优秀的汉学家和"中国通"之手，也仍然存在内容理解上的不一致。当然一般情况下，在表达某个概念时存在细微的色彩差异和表达方式的差别，而非本质内容的差别。显然，如果一个词，一个句子，或一整篇文章是在一种难以言表的氛围和模糊的思想背景里表达出来的，那么，要完整地翻译出它的原意是很难的，尤其是当两种语言之间存在较大的结构和特征上的差异时，就更加困难。

　　如果中国将来某一天也使用拉丁文字，那么中国人的思维方式就不可能不受到长期的影响。

　　关于本书中文名称的书写方式在此做几点说明：在表达中文名称时，欧洲人之间也是各行其是，尽管都是按发音改写原文（采用音标方式），但是英国有英国的方式，法国有法国的方式，德国有德国的方式。中华人民共和国政府也为使用拉丁字母表达中文发音提出了新的方案，并且已经在国际上使用，这就是拼音。一个汉字的四种不同的声调是用加在元音字母上的发音符号表示的：ō 表示阴平；ó 表示阳平；ǒ 表示上声；ò 表示去声。因为像 I King（《易经》）这样的名称在德国较早的书籍中都是采用这种表达方式，本书中也一仍其旧，不过，对于新的表达形式（希望将来能够通用）我们都在括号内加注：I King（yì jīng）*。

中国哲学的主要时期

一位重要的中国当代学者把中国哲学的发展比作一部逐渐展开的精神交响曲，包括有三个乐章。[1]

第一乐章奏响了三个主部主题，即儒家、道家、墨家，此外还有四个副部主题，即名家（诡辩家）、法家、新墨家和阴阳学说。此外还有大量的伴奏音符，它们都是短暂地响了一下，并没有继续展开，这就是所谓的"百家"，他们只遗留下了一些断简残编。这一阶段从公元前六世纪延续至公元前二世纪。

第二乐章，在中世纪中国哲学的主和弦中混杂了不同的动机，其间从印度传入的佛教构成了声部的对位结构。这一阶段从公元前二世纪一直持续到约 1000 年。

第三阶段从 1000 年一直延续至当代。在这里，各种不同的音素构成了一种合成的混音，其中持续不断的唯一的主旋律就是新儒学。

倘使在谐和和弦之外也出现不谐和音，那么，这种音乐类比终究也还是恰当的。

我们还得做点补充，第一乐章的主部主题不应该直接奏出，而应该增加一个序奏，因为在这之前中国哲学思想还经过了一个漫长的发展过程。由于早期的思想成就只是在孔子整理的经典著作中流传下来的，所以，我们就不单独用一个章节来叙述了，我们将在叙述孔子哲学时就此简短地涉猎一下。

---

* 中译本中略去了拼音加注。

此外，由于篇幅所限——就像第一章中那样——我们在此只能叙述第一阶段的主要时期，因为在这一阶段里诞生了最伟大的思想家，他们也为所有后来的主要思想发展奠定了基础。

一、孔子

1. 孔子的生平

孔子是最有影响的中国思想家，或许也是有史以来所有哲学家中对后世影响最大的一位。他于公元前 551 年诞生于鲁国（在今天的山东省境内）。他是一个古老的贵族家庭的后裔，这个家族姓孔，经过两千五百年的世事变迁，他们一直延续至今。时至今日，孔子的后代已达一万有余。他的中文名字"孔夫子"，意思是"孔家的大师"。"Konfuzius"是欧洲人给他起的拉丁化了的名字。

孔子在年轻时就在自己家中设立了学堂，不久之后，便在他周围云集了不少学生。孔子向他们讲授历史、诗艺和礼仪。在几十年内，超过三千名青年男子走进了他的学堂，他的声誉日甚一日。尽管他雄心壮志，曾经希望在国家之内谋求高位，但是，因为统治者们为他提供的官职与他的基本道德原则不相符合，于是他都一一拒绝了。子曰："不患无位，患所以立。不患莫己知，求为可知也。"[2] 就这样，一直到他五十岁时，他才获得了一个称心的官职，并终于有机会把他创立和讲授的治国原则在他的故乡付诸实践。据传说，他业绩不凡，他作为"中都宰"刚刚走马上任，就令所有违法者灰溜溜地躲了起来。他使国民变得诚实正直了。一个邻国的王侯对鲁国的昌盛满怀忌妒，于是，他就差人向鲁国国君奉献了一群能歌善舞的美女和许多匹骏马，借此，他使得鲁国国君整日沉溺于奢靡的生活，从而背离了孔子的治国原则，于是，孔子就失望地辞去官职，并离开了他的故国。

经过十三年的漫游生活，孔子载誉重归故里。在那里，在人生的晚年，他潜心收集和整理了古代流传下来的经典著作，并为鲁国编纂了一部编年史。他没有再接受任何国家的职位。他按自己事先

预告的日期去世了，他的学生们为他举办了盛大的葬礼。他满怀失
望地离开了人世，因为没有一个统治者能够听取和实践他的治国方
略；他没有预见到，他的思想后来会产生那么巨大和持久不衰的影响。

2. 九部经典著作

孔子从来都不认为自己有独创的哲学思想，而总是说他只是继
承了那位传说中的黄帝的思想并将其发扬光大。尽管如此，他还是
形成了自己的哲学思想，除此之外，孔子的伟大功绩还在于，他搜
集并整理了中国最古老的文化遗产并使之传至后世。

五部经典著作或曰"五经"，其中的前四部很有可能为孔子自
己所写，第五部中或许至少一部分出自他的手笔。

1. 对于哲学来讲，《易经》是最重要的著作，它也许是流传下
来的最古老的哲学思想遗产。相传，它是公元前三千年前的一位王
所写。孔子重新将其编辑成册并附加了评论。他对这部书评价甚高，
他希望自己能有五十年的时间来研究它。[3]

这部书的核心内容就是所谓的八卦，每一卦都是由三条有时完
整有时断开的画线组成的。每一卦都代表一种自然力量，并同时象
征人生的某种特定的因素。八卦的符号形式及其象征意义如下：[4]

符号	中文名称	自然力量	在人生中的象征意义
☰	乾	天	刚健
☱	兑	泽	和悦
☲	离	火	明丽
☳	震	雷	亨通
☴	巽	风	算谋
☵	坎	水	险难
☶	艮	山	静止
☷	坤	地	柔顺

经过相互组合，符号的数量会不断增加。连续的画线代表明亮的因素如：光、运动、生命；断开的画线代表阴暗的因素如：平静、物质。这部闻名于世的奇书为后人做各种注解留下了足够的余地。中国人特别把它作为一种具有深奥智慧的占卜秘籍，当然，只有那些能够进入这个象征符号的世界并能够学习理解他们的神秘意义的人，才能真正领悟它的奥秘。欧洲的"中国通"们用高度敬佩的腔调称赞这部可以预卜命运的经典，他们认为，真正读懂这部书的人永远都会万事顺遂。

2. 孔子整理的第二部书《诗经》包含三百首诗歌。这些诗歌在孔子出生以前就早已经形成了，孔子在大量的诗歌中精选了这三百首。书中除了民间流传的描写自然和爱情的诗歌，还有祭祀歌和带有政治倾向的歌。

3.《书经》也称《尚书》，是一部内容丰富的历史文献集，它包含孔子生活的时代以及此前的两千年间诸侯们颁布的各类法律和诏书，书中附有注解文字。

4.《春秋》是由孔子自己撰写的，这是一部关于孔子的故乡鲁国的编年史，时间跨度从公元前 722 年至公元前 480 年。

5. 五经中的最后一部《礼记》，内容最为丰富。这部书在孔子死后才最后完成，其中部分是孔子所写，内容涉及在中国尤其流行的各种礼仪和风俗习惯的规定，比如有关于祖先崇拜和宫廷中举止行为的规定。

和这五部经典著作齐名的还有另外四部书，即所谓的"四书"。它们不是由孔子自己所写或所编，但是却含有孔子的学说或他的学生的思想精粹。

1.《论语》是孔子的谈话辑录。和许多人类的大师一样，孔子也只从事口头教学。我们是从他学生所做的记录中了解他的思想的。不过，人类历史早期的口头传说和伟大人物的谈话辑录，要比我们今天这个时代所想象的可靠得多，也精确得多，因为今天我们人类的大脑每天都被大量的报纸、广播、电视和快速的场所变更搞得晕头转向，人的注意力变得非常分散。

除了这些谈话，我们了解孔子哲学思想的另一个重要途径是：

2.《大学》，其中的第一部分很有可能包含真实可信的孔子的格言。

3. "四书"中的第三部《中庸》是孔子的孙子所写*，其中也总是不断地引用孔子的名言。由于这个原因，当然也由于它本身的内容，《中庸》在儒家文献中占有重要的地位。

4. "四书"中的最后一部《孟子》，是由孔子最伟大的弟子孟子所写，我们将在叙述孟子时再谈及他的思想。

上述著作也被统称为"九经"。由于其久远的年代和内容的重要性，这九部经典著作在中国全部哲学文献中占有特别突出的地位（《道德经》是个例外），它们至今仍然是儒家传统的基础。

3. 孔子哲学的特征

孔子哲学的明显特征——其实也是所有中国哲学思想的基本特征——就是对人及其实践生活的世俗关怀。因此，他的哲学也就没有形成如逻辑学、伦理学和形而上学那样的完整体系。

作为一种特殊的哲学学科，逻辑学对孔子来说是陌生的，他并不向他的学生传授一般的思维规律，而是通过持续不断地言传身教使得学生学会自己正确和独立地思考。（事实上，精通抽象的逻辑原则的人并不一定就是最好的思想者，歌德的《浮士德》中的梅菲斯特也认识到了这一点。）

孔子的哲学也没有形成一种完整的形而上学体系，他不喜欢对一般的形而上学问题发表意见。当一个学生向他请教如何对待神灵和死亡的问题时，他说："未知生，焉知死？"[5] 因此，一般来说，他是个不可知论者，他深信，关于形而上学问题和人死后的问题我

---

* 司马迁、朱熹等人持此说，清代以来不少学者提出《中庸》为后人所作，至少不完全是孔伋（子思）的手笔。

们都一无所知。

孔子对中国宗教信仰中流传下来的对上天（作为一种非人格化的力量，一种人格化的上帝对他们来说是陌生的）、鬼神和死者亡灵的祭拜，还是持一种肯定的态度的。至少他教导他的学生应该遵守祭拜仪式的规定——我们不能确定的是，他这样做是出于一种宗教虔诚，还是出于他一贯的保守态度，因为他总是极力维护祖先流传下来的基本行为规范。

对孔子来说，人的福利必须是第一位的，因此，他的整个学说基本上就是一种对人的行为规范和道德准则的汇总，这一切都是为人的福利服务的。这就是说，他的学说主要是一种伦理学，而且，因为孔子从来都不把人看作孤立的个体，而总是认为人是自然而然处于家庭、社会和国家的关系中的，所以，它同时也是一种社会学和政治学。

4．道德理想

与孔子思想特点的"人文主义"——关乎人——的字面意义相适应，人生的理想并不是成为一个逃避尘世的禁欲主义圣者，而是成为一个能够认识世界和人生并且能够保持中庸和思想明达的智者。一个高贵的人总是坚持不懈地注重自我修养，在一切事务中都保持道德的严肃性，与人交往时恪守正直诚实的原则。他并不鄙薄社会地位和物质财富，但是，为了不违背道德原则，他随时都可以放弃这一切。

他以善良来报答善良，他以公正的态度对待卑劣的行径。在塑造自我个性的同时，他也帮助了他人。在他身上，外在和内在达到了和谐的统一。[6]

当问及人的完美的德行时，孔子回答说："己所不欲，勿施于人。"这和基督教的博爱思想有着相似之处，并且作为人类行为的"金科玉律"，这一思想在世界许多民族那里都有所反映。

对待自己和他人，孔子都要求一种严格、认真和尊敬的态度，他要求在一切生活处境下都要举止得当。对于这些原则，孔子能够做到身体力行和以身作则，所以他给人的印象简直就是一个自我克制的完美主义典范。

5. 国家与社会

如同对个人的生活所提出的要求一样，孔子对社会全体的生活也提出了要求，即要求统治者行为正直，成为社会的榜样，并履行传统的社会责任。

要正确地理解孔子为什么总是不厌其烦地强调人的道德自律，我们必须考虑到当时的社会背景。在孔子看来，当时的社会道德沦丧，社会风气涣散。教师和爱吹毛求疵的诡辩家们纷纷出来对宗教及政府提出批评，因为他们都主张善与恶有相对性；他们还对那些怀疑一切并试图证明每一种事物的正面与反面都有其合理性的人提出批评。统治者针对这些诡辩家开展了激烈的斗争。据说，孔子本人就因为"蛊惑人心"的煽动性言论而被判死罪。为了一切目的和个人，诡辩家们都可以无任何道德义务地运用他们的雄辩术。相传有一个名叫邓析的人，关于他，流传着一个有趣的故事：

> 洧水甚大，郑之富人有溺者。人得其尸，富人请赎之。其人求金甚多。以告邓析，邓析曰："安之，人必莫之卖矣。"得尸者患之，以告邓析。邓析又答之曰："安之，此必无所更买矣。"[7]

据说这个邓析后来被杀了头。

在那个世风日下和道德败坏的时代，孔子大声疾呼，号召人民及其统治者以极其严肃的态度，重新复兴那些古老的行之有效的社会秩序的基本原则。在那本著名的《大学》中，孔子表达了他的学说的中心思想："古之欲明明德于天下者，先治其国；欲治其国者，先齐其家；欲齐其家者，先修其身；欲修其身者，先正其心；欲正其心者，先诚其意；欲诚其意者，先致其知；致知在格物。"[8]

孔子在此表达了一种认识，即建立国家秩序和促进社会整体福利的前提条件是，必须从个人自身的内在修养着手，这一认识在一九四五年以后中国的所谓道德建设中又受到进一步的维护。在孔子看来，这一认识不仅适用于个人，而且还特别适用于统治者，统治者不应该使用武力或烦琐的律法来实施统治，而应该通过其光芒四射的榜样作用使人民臣服，并能够获得人民的信任，这是统治国家最重要的基础。

有个诸侯问孔子，当有人触犯法律时，他是否应该被杀头。孔子回答他说：如果殿下想统治天下，杀人又能起什么作用呢？如果殿下以善为本，那么百姓也必向善。统治者犹如风，臣民犹如草，风吹过时，草必躬身屈从。而且，如果统治者掌握了这一规律，那么他就会像北极星那样，稳固地停留在中央，而众星则围绕着它旋转……[9]

如果要在人的头脑和心中首先建立秩序，那么首要的前提是，一切事物都要正名。"名不正则言不顺，言不顺则事不成，事不成则礼乐不兴，礼乐不兴则刑罚不中，刑罚不中则民无所措手足。"在孔子看来，对于社会的和平、公正和福利来说，名和概念的混乱是极其有害的。君君、臣臣、父父、子子，这是完善的国家统治的全部秘密。当有人问孔子，如果他有权做决定，会在国家之内采取什么措施呢？他回答说，当然是正名！对于今天我们这些整日忙于处理日常事务的人来说，若把正名作为首要和紧迫的任务摆在面前，似乎显得有些不可思议。但是，我们至少应该考虑一下，如果当今充斥所有领域里的各种宣传口号和陈词滥调能够得到有效的限制，如果像"自由""民主""社会主义""侵犯""奴役"等概念在使用时，能够采用其清晰简单的原始本义，那么，我们今天这个纷乱的世界将会变得多么简单而明晰，千百万人在作出人生抉择时将会变得多么轻松自如啊！

教育在国家和社会的维护和加强方面起着关键性作用。孔子倡议应该扩大教育的范围和改善教育体制，使人人都有机会接受公共教育。孔子死后，他的这一思想在几百年里成为中国教育政策的基础。他强调指出，艺术修养以及礼仪规矩方面的教育，比单纯地获得知识更为重要。他还强调文学修养的作用，因为文学能够激发人的情感，有助于提高人的责任感，能够扩大人关于世界和人、动物和植物的知识面和视野。一个人的音乐修养也是同等重要的，在他看来，音乐也是普通教育的一块基石。音乐与善息息相关，音乐能够使人获得一颗善良、正直和质朴的心。

　　孔子非常重视社会礼仪和道德规范的制约作用，他认为，礼仪和道德规范至少能够塑造一个人的外在性格，并像一堵防护墙一样能够有效地防止民众的违法乱纪行为。他说，谁要是认为这堵防护墙毫无用处并将其毁坏，那么，之后就会面临洪水泛滥般的灾难。[10]这是一种预言性的警告，虽然它是针对孔子时代的衰落中的中国状况的，但是，对于我们今天这个时代，它也同样有效！

二、老子

1. 老子的生平

　　古希腊的柏拉图和亚里士多德几乎生活于同一时代，和他们一样，为中国的思想发展奠定了基础的两位思想家孔子和老子也几乎生活于同一时代，两人之中老子稍早一些。尽管如此，我们也不能说其中的一位是另一位的学生。如果我们相信中国古代的文献记载的话（至今人们对老子是不是历史人物还存在争议），那么他们或许曾经有过一次私人接触。老子是其中年长的一位，一般认为，他生于公元前 600 年左右。在本书中，我们之所以将孔子放在老子之前来叙述，是因为有关孔子的历史记载更早一些。或许老子的思想也从更早些的中国古代思想遗产中汲取了营养，但是关于此我们所知甚少。关于老子的生平，我们所能知道的也几乎全部来源于一位中国历史学家的记述："老子者，楚苦县厉乡曲仁里人也，姓李氏，名耳，字聃，周守藏室之史也。"有关老子生平的记载大都带有一些传奇色彩，因而不是很可靠。在后来发展而成的道教中，人们编造了各种各样的关于老子的神话传说。

> 孔子适周，将问礼于老子。老子曰："子所言者，其人与骨皆已朽矣，独其言在耳。且君子得其时则驾，不得其时则蓬累而行。吾闻之，良贾深藏若虚，君子盛德容貌若愚。去子之骄气与多欲，态色与淫志，是皆无益于子之身。吾所以告子，若是而已。"孔子去，谓弟子曰："鸟，吾知其能飞；鱼，吾知其能游；兽，吾知其能走。走者可以为罔，游者可以为纶，飞者可以为矰。至于龙吾不能知，其乘风云而上天。吾今日见老子，其犹龙邪！"
>
> 老子修道德，其学以自隐无名为务。居周久之，见周之衰，乃遂去。至关，关令尹喜曰："子将隐矣，强为我著书。"于是老子乃著书上下篇，言道德之意五千余言而去，莫知其所终。[11]*

这位关令和老子本人对哲学史所做的贡献都差不多一样大。若不是这位关令强使老子写下他的思想，那么这一部世界文献中最伟大的著作之一就不可能流传后世，这位所有时代和民族中最伟大的智者之一的思想也就会默默无闻地随老子而去。若果真如此，老子将不会为后世遗留下任何痕迹。有多少智者的命运可能都不及老子呢？如果我们设想，当所有的书籍都必须被焚毁，只有三本书你有权选择保留下来，老子的《道德经》就应该是其中的一本。这部经典著作分为上下两篇，共八十一章，它没有严格的次序，其中包含了老子的形而上学、伦理学和政治学思想。

2. 道与世界——道作为法则

道是老子哲学的基本概念，意思是产生世界万物的规律和法

---

* 见司马迁《史记》卷六十三《老子韩非列传》。

则。[12] 在中国较古远的宗教信仰中，作为规律或法则的道的概念已经出现。此外，孔子及其学派也使用过这个概念，当然是取其另外的意思，而且，孔子也没有像老子那样把道摆在中心位置。老子的学说以及由此派生出来的哲学和宗教派别分别被称为道家和道教。

基本来说，道是深邃幽远、不可捉摸的世界之本原。道是万源之源、万法之法。我们在这里一开始就可看出，老子选择了一条与孔子不同的思想道路，即一条形而上学的道路。"人法地，地法天，天法道，道法自然。"[13] 就此而言，道作为一种无条件的东西是以自身为原因的，在欧洲的哲学语言里可称之为"绝对物"。在老子看来，道是不可捉摸且难以名状的。老子不厌其烦地强调"道常无名""道隐无名""吾不知其名，字之曰道"。[14] 因为道不可捉摸，所以我们的认识的最高境界就是确信自己的无知。"知不知，上；不知知，病。是以圣人不病，以其病病，是以不病。"[15]

虽然我们不能把握也不能认识道，但是我们却能够觉察到它，我们能够在自然和宇宙运行的法则中领悟道的存在，并将它确立为我们的人生标准。其前提条件是：首先，我们的内心必须摆脱一切使我们偏离道以及阻碍我们认识道的束缚，从而获得彻底的心灵解放；其次，尽管我们置身于熙熙攘攘的外部世界之中，但是我们的内心世界却要保持宁静，并能够无拘无束地接纳天地万物。借此我们已经开始转而接近《道德经》的伦理学思想。

3. 道作为智慧之路

如果一个人认识到，除了道，一切皆无价值，那么他就不可能教导一种以行动和功绩为目的的行为伦理学。但是老子也并非主张避世和禁欲。他所追求的是一种中庸之道，这也是所有中国思想的基本特点。人置身于世界之内并且活动于其间，但是，他同时又应该在内心中觉得似乎超脱于世界之外。他看见并喜爱世上的人和物，但是他不应该沉迷于其中，而是应该时刻铭记：这个神圣的王国是哺育他的胸膛，而并非供他短暂享乐的地方。

在上述以及以下的叙述中，我们可以看出，原始道家和道教与印度宗教和哲学有着极其明显的内在相似性。有些研究者甚至由这种相似性推断出，他们之间确实存在某种相互的影响。印度哲学中的概念"羯磨瑜伽"——行动（业）并履行其义务，通过使内心保持自由和独立，从而战胜自我和外物——表达了和老子同样的要求：无为而无不为，使用物，但不占有它，劳动，但并不以此为骄傲。保罗所说的"有若无"也是基于同样的处世态度。老子的学说与印度《梵经》所言的教义有某种相似之处，《梵经》认为，获得永恒的和平与解脱是人生的最高境界，获得解脱的主要道路是亲证"梵""我"，是"我"和"梵"结合成一种无差别的状态。

在实践伦理学中，老子关于人与周围人的关系方面的见解，又与基督教的观点不谋而合。"夫唯不争，故天下莫能与之争。""大小多少，报怨以德。""圣人无常心，以百姓心为心。善者吾善之，不善者吾亦善之，得善。信者吾信之，不信者吾亦信之，得信。"[16]在这里，老子比孔子走得更远，孔子固然也主张以善报善，但是他却不主张以善报恶，而是主张应该报之以公正和法度。

老子伦理学思想的核心问题是简朴。简朴的生活与谋取利益、自作聪明、矫揉造作、自私自利和野心勃勃对立。"是以圣人欲不欲，不贵难得之货。"[17]

尽量使心灵达到一种虚极状态并牢牢地保持这种宁静，在这种状态下，我们观察宇宙自然的循环往复，就可以内省和领悟道的奥秘，从而达致永恒的宁静和顿悟。"致虚极，守静笃。万物并作，吾以观其复，夫物云云，各归其根。归根曰静，静曰复命，复命曰常，知常曰明。"[18]

获得顿悟者是自然的和无拘无束的，他返璞归真，如孩童般纯朴。由于他无拘无束，或曰柔弱，他才能战胜一切。此所谓以柔胜刚。"天下柔弱莫过于水，而攻坚强者莫之能胜。其无以易之。故弱胜强，柔胜刚。"[19]智者知足常乐，像水那样谦逊地生活，并乐善好施。"上善若水。水善利万物，又不争。处众人之所恶，故几于道。"[20]

一个人的行为如果符合道的要求，他就能和道合二为一。如果他达到终极目的并与道融为一体，那么在这个意义上他也就获得了永生。"知常容，容能公，公能王，王能天，天能道，道能久。没身不殆。"[21]

圣人的基本标志就是，他能够摆脱自我。"功成、名遂、身退，天之道。"[22]"是以圣人抱一为天下式。不自见，故明；不自是，故彰；不自伐，故有功；不自矜，故长。"[23]"知人者智，自知者明。胜人有力，自胜者强。"[24]"是以圣人后其身而身先，外其身而身存。"[25]一个摆脱了一切的圣人不追随任何人和物，并因而能够获知万物。"不出户，知天下。不窥牖，见天道。其出弥远，其知弥少。是以圣人不行而知，不见而明，不为而成。"[26]"知止不殆，可以长久。"[27]

徜徉于道之中，圣人镇定自若，不为外物所动。"不可得而利，亦不可得而害；不可得而贵，亦不可得而贱。故为天下贵。"[28]"重为轻根，静为躁君。是以君子终日行，不离辎重。虽有荣观，燕处超然。"[29]

4．国家与社会

智者的人生信条是通过无为和深刻地领悟道的要义而有所作为，这一信条也同样适用于统治者。没有过多的辞令，没有烦琐的法律，没有戒律和禁忌，以清静无为之道治国便可一统天下。"以正治国，以奇用兵，以无事取天下。吾何以知其然哉？以此。天下多忌讳，而人弥贫；人多利器，国家滋昏；人多伎巧，奇物滋起；法物滋彰，盗贼多有。故圣人云：我无为，而人自化；我好静，而人自正；我无事，而人自富；我无欲，而人自朴。"[30]

在这里我们仍然能够看到老子和孔子的某些相近之处，因为孔子也提倡统治者应该成为臣民效仿的榜样。但是，在对待知识和教育问题上，他们却存在较大的分歧。老子认为，头脑简单、思想纯朴更能使人获得幸福。孔子所极力倡导的音乐教育，以及社会习俗和道德风尚方面的各种繁文缛节，都被老子断然拒绝了。"古之善为道者，非以明人，将以愚之。民之难治，以其多智。以智治国，国之贼；不以智治国，国之福。"[31]

就像智者所身体力行的那样，王侯统治国家也应该遵循道的原则。"道常无名，朴虽小，天下不敢臣。王侯若能守，万物将自宾。天地相合，以降甘露，人莫之令而自均。"[32]

有道主宰的地方，便会有和平。因为智者憎恶武器和战争。如果他被迫拿起武器，那也只是出于自卫和无奈。"以道作人主者，不以兵强天下。其事好还：师之所处，荆棘生。故善者果而已，不以取强。果而勿骄，果而勿矜，果而勿伐，果而不得以，是果而勿强。"[33]

以道治国而产生的理想社会能够使人民过上简单质朴和富足安宁的生活，关于此，老子做了如下描述："小国寡民，使有什佰之器而不用，使人重死而不远徙。虽有舟舆，无所乘之；虽有甲兵，无所陈之。使民复结绳而用之。甘其食，美其服，安其居，乐其俗。邻国相望，鸡犬之声相闻，民至老死不相往来。"[34]

5. 道家后来的发展

在我们看来，与老子腾云驾雾般奔放的想象力相比，或许孔子那种有些平淡无奇几近于老气横秋和平庸的、按照人的本性量身定做的学说，更适合于实践中的社会生活。老子的学说带有一种贵族气派——他自己就说，只有少数的人才有资格和能力踏上道德之路，因为一个造诣高深的人闻道后会激动不已并醉心于其中，而一个没有多少修养的人则会嘲笑它。"上士闻道，勤而行之；中士闻道，若存若亡；下士闻道，大笑之。不笑不足以为道。"[35] 事实上，儒家学说——本章的最后我们还要讨论——长期以来在中国人的生活中占据着主导地位，而《道德经》的真正思想几乎后继无人。后来的思想家在接受和发展以及普及老子的学说时，总是越来越多地掺入了自己的观念并歪曲了老子的本意。虽然道学思想在民众中传布范围较广，但是却掺入了过多的迷信色彩，诸如装神弄鬼和巫术，以及寻求长生不老的灵丹妙药，等等，这些都远远地偏离了老子原初的思想，其共同点仅仅在于他们都以"道"为名，因此我们在本书中对他们略过不提。

三、墨家和其他几个学派

1. 墨子

在中国古代思想史上，起主导作用的第三种思潮就是墨家。墨家的创始人是墨子，这位哲学家大约生活于公元前 500 年至公元前 396 年。墨家学派的名称由墨子而来。

"兴天下之利，除天下之害"是这一思想运动的座右铭。这是一种纯粹实践性的实用哲学。因为关于人民的普遍福利，墨子解释得很清楚：他说，古代帝王统治国家，其目的有二，一是国家的富足，二是子民的繁庶。是促进国家的富足和子民的繁庶，还是阻碍它，这是衡量每一种理论和实践措施的标准。[36] 起阻碍作用的首先是战争，因为战争耗费国家的财富，导致人民家破人亡，从而降低人口数量。墨子及其追随者都对战争提出了尖锐的批评，他们极力主张彻底裁军。[37] 基于同样的原因，墨子也不赞成儒家对音乐和艺术的推崇。他说，音乐将会使统治者沉迷声色，这将导致国家税收的增加和人民负担的加重；如果农民、商人和官员沉迷其中，那么他们会远离生产劳动。[38]

墨子的哲学思想带有彻底的实用主义特征，因而也是非教条主义的。一切都应合乎实际的生活经验。在他看来，每一种哲学理论都应该满足三个要求：它必须具备坚实的基础，它必须经得起批评，它必须具有实用价值。对墨子来说，古代圣贤的事迹可以作为一种理论的基础，人的实际生活经验可以作为一种理论的检验标准。是否存在诸如"命"之类的东西，这要取决于人们在实际生活中的经验。如果人们看到或听到了所谓的"命"，那么，我就可以说"命"这种东西是存在的。如果没有人看到或听到它，那么，我就说"命"这种东西是不存在的。"我所以知命之有与亡（无）者，以众人耳目之情知有兴亡，有闻之，有见之，谓之有；莫之闻，莫之见，谓之亡。"[39]*一种学说要最终接受实践检验，那么就应该把它运用到国家的法律和行政管理之中，并以此来检验它是否有利于大众的福利，这就是说，要看它是否有利于国家的富有和子民的繁庶。或许墨子哲学的"认识论"部分不免会让人觉得过于原始和简单，这也是一般具有实用哲学倾向的思想家常犯的毛病，但是，他关于伦理学方面的思想却令人瞩目。公元前 400 年前，他就提出了著名的"兼爱"（人类之爱）思想。他要求每个人对待他国都应该像对待自己的国家那样，对待别人的家庭都应该像对待自己的家庭那样，对待他人都应该像对待自己那样。[40] 如果人人都遵守这一原则，那么和平与大众的普遍幸福就会实现——这一点我们完全可以赞成墨子。墨子所忽视的是社会混乱的原因，但是，墨子也没有忘记为这一理想的人类之爱的基本原则，赋予其实用价值："爱人者，人必从而爱之。"[41]†

墨子对待中国古代宗教的态度是积极的，他比孔子更为坚决地维护宗教信仰，这当然也是出于其实用主义的考虑：若每个人都相信神的力量，都相信善有善报，恶有恶报，那么社会将会变得太平安定。[42] 可以说，在对待宗教的态度上以及在对超自然力量的信仰方面，老子是中国伟大思想家中的一个"极左派"，这就是说，他持一种批判的甚至否定的态度；墨子是个"极右派"，因为他是中国古代的一位宗教捍卫者；而孔子在这方面仍然坚持他一贯的立场，即寻求一条"中庸之道"。[43]

2. 名家

尽管孔子时代的统治者曾经对名家实施了武力镇压，但是名家的思想却不可能长期被压制。尤其是墨子死后的那个世纪里，

---

* 见《墨子·非命中》。

† 见《墨子·兼爱中》。

名家（又称辩者）重又出现，其中最著名的是惠施和公孙龙。逻辑上的咬文嚼字使他们写出了如下的句子："白马非马"，"飞鸟之景未尝动也"。[44] *

但是，除了玩弄概念游戏以及由此导致的荒谬的结论——其中大部分都是有意识的吹毛求疵，因为一个"辩者"为了与自己的对手展开辩论，他必须提出一个带有挑战性的辩题——在那些古代诡辩家的学说中，我们甚至能发现一些令人觉得带有现代意味和欧洲色彩的思想。他们讨论诸如空间与时间、运动与静止、物体和质量等概念，并且提出了一种极为现代的理论，即认为一块石头的"坚"与"白"是与石头的物质属性相分离的！†

3．后期墨家

不言而喻，由于中国古代哲学的三个占主导地位的学派，即儒家、道家和墨家，没有把注意力放在对逻辑学的讨论上，而是放在了正确的生活实践上，所以他们都对名家展开了激烈的抨击。尤其是墨家哲学，在其创始人死后便与重新活跃起来的名家展开了争论，在这种争论中，他们也对对方产生了影响。不过，后期墨家也认识到，为了保护自己的学说免遭名家学派的攻击，有必要为自己的学说奠定一个坚实的逻辑基础。在这里和在后来的其他民族那里一样，虽然名家学说一方面有一定的破坏性，但是另一方面它又具有刺激和促进作用，他们迫使对手对自己的基本理论进行彻底的反思，并从而拓展出一条新思路。

与此相应，为了迎接名家的挑战，后期墨家也开始涉足逻辑学

---

* 见《公孙龙子·白马论》及《庄子·天下》。

† 这是指公孙龙的"离坚白"说，他认为，"坚"和"白"两种属性不能同时在一个具体事物之中产生联系，"坚"和"白"是两个各自独立的性质或概念。你用眼看石时，得不到坚，而只能得到白的感觉，这时没有坚；你用手摸石时，得不到白，而只能得到坚的感觉，这时没有白。"视不得其所坚而得其所白者，无坚也；拊不得其所白而得其所坚者，无白也。"（《公孙龙子·坚白论》）

和认识论领域，但是他们的目的并不是停留在其中，而是试图最终能够证明，逻辑和认识的目的是服务于而且也必须服务于生活实践。他们坚持认为，人的一切认识活动，不管是研究、试验、学习还是纯粹的理解，都应该以解释具体的现实世界为目的，知识的唯一作用就是帮助他作出正确的人生抉择。必须认清的一个真理就是，一切都应该服务于一个目的，那就是"造福大众并战胜邪恶"。在这里，他们又重复了墨子的思想。

毫不奇怪，当近代中国的思想界开始广泛接触西方科学和技术之后，名家及其辩论对手后期墨家的思想在中国又引起了人们强烈的兴趣；因为名家的那种分析性的、为认识而认识的、对直接的实践现实不感兴趣的思维方式和西方的极其相似。[45] 而在古代中国，这一思想运动却过早地夭折了。

4. 法家

法家这一名称是指中国哲学早期的一个思想家群体。孔子以及其他思想家所倡导的治国原则，即最好由统治者为臣民树立一个可效仿的榜样，并且还要依靠传统的风俗习惯来作为制约民众的行为规范，在法家看来，这是远远不够的。他们强调制定和颁布详细的法律条文的必要性，以确保人们遵循正确的行为准则。他们的基本思想在很大程度上与儒家思想有共同之处。

尽管他们的基本思想存在共同之处，但是这并没有避免两个学派之间在实践中的激烈斗争。于是，暂时在统治者那里得宠的法家就成了公元前213年那场大规模焚书运动中的主要支持者。当时的统治者秦始皇下令将所有的儒家书籍从公共藏书室里清除出来并全部焚毁，私藏儒家书籍将会受到严厉的惩罚。尽管如此，许多勇敢的学者和学生还是冒着生命危险保护了一部分儒家书籍，使之得以流传后世。在后来的朝代中，儒家思想经历了它的辉煌时期，其影响历久不衰。

四、孔子的伟大弟子

1. 孟子

　　在孔子的所有弟子中，孟子在中国获得了最高的声誉。他的中文名字是孟子——Mencius 是西方人给他起的拉丁文名字。他大约生活于公元前 371 年至前 289 年。他在两个方面补充和发展了他的老师孔子的学说：一方面，他通过发展出一整套特定的人性论观点，试图为儒家思想赋予一种心理学基础；另一方面，他也是一位重要的政治思想家，他是"诸侯的政治顾问"。

　　孟子的人性论观点非常简洁："人性本善"。"人性之善也，犹水之就下也。"[46] 我们自身有一种与生俱来的意识，我们只需用心去发掘其宝藏，便能找到一条正确的道路。为了认识事物的本质，我们并不需要去观察自然（如老子所要求的那样），我们甚至也不需要以智者为榜样，因为他们和我们并无不同。我们每个人自己都拥有一把打开通往和谐的生活之门的钥匙，这种和谐生活的实现自然而然地会带来一种秩序井然的社会。

　　孟子也认识到，如果人们在现实生活中并不总是遵循以善为本的原则行事，那原因也并非在于其内在本性——人的本性是善的，每个人的心中都有良知的声音——而在于外部社会结构的不合理，在于社会秩序的不完善，在于统治者的失误。

　　因此，孟子的兴趣转向了政治思想。这位坚信人性本善的思想家变成了一个社会批评家和一定程度上的革命家（倘使这在保守的儒家思想范围内是可以想象的）——这与后来的欧洲哲学思想（主要是卢梭的思想）有某种相似之处。孟子的政治主张基本上没有脱离其老师孔子的思想轨迹，他也同样摒弃战争，在他看来，从未有过正义的战争；他也反对追逐奢华生活和挥霍公共财产。他与孔子的不同之处在于，关于臣民与统治者的关系他有自己的独特见解。与民主政体相比，他更喜欢君主制度，因为为了建立一个令人满意的国家，在民主政体下必须教育国家中的每一个人，而在君主制度下只需诸侯自己确立一个正确的方向。尽管如此，在孟子看来，问题的关键不在于统治者，而在于臣民。臣民的幸福安康是头等大事，统治者并不重要。"民为贵，社稷次之，君为轻。"由此，他得出一个极端的结论，他认为，如果一个统治者不履行他为大众谋福利的义务，那么臣民随时都有权利和义务废黜他，并且甚至把他处死。

孟子说，"君有大过则谏，反覆之而不听，则易位"。孟子接着问，如果一个狱卒没有能力维护监狱的秩序，那该怎么办？王说，那就把他解雇。孟子又说，如果整个国家秩序混乱，那该怎么办呢？王顾左右而言他。[47]

可以想见，孟子关于革命权力的学说并不会总是得到统治者的青睐，他的画像和著作间或会被从孔庙中清除出去。在中国历史上，他的这一思想也经常被付诸实践。

2. 荀子

荀子和孟子是同时代人，他大约生活于公元前355年至前288年。在人性的问题上，他持一种与孟子截然相反的观点。"人之性恶，其善者伪也。今人之性，生而有好利焉，顺是，故争夺生而辞让亡焉；生而有疾恶焉，顺是，故残贼生而忠信亡焉；生而有耳目之欲，有好声色焉，顺是，故淫乱生而礼仪文理亡焉。然则从人之性，顺人之情，必出于争夺，合于犯分乱理，而归于暴。故必将有师法之化，礼义之道，然后出于辞让，合于文理，而归于治。用此观之，人之性恶明矣。其善者伪也。"[48]* 荀子与孟子不仅在人性论以及在教育和法制问题上截然对立，在对于我们周围的自然界这一问题上，他们也意见相左。在孟子看来，我们几乎不必注意外界自然，而应该反观自身，而荀子则认为，人应该控制和利用自然界的万物：

大天而思之，孰与物畜而制之？

---

* 见《荀子·性恶》。

从天而颂之，孰与制天命而用之？

望时而待之，孰与应时而使之？

因物而多之，孰与骋能而化之？

思物而物之，孰与理物而勿失之也？

愿于物之所以生，孰与有物之所以成？

故错人而思天，则失万物之情。[49] *

3.《中庸》

在孔子的伦理学理论中，我们已经讨论过他的"中庸"思想。在孔子的孙子编写的《中庸》一书中，这一思想发生了形而上学的变化。在这里，中庸不仅是君子和圣人的处世之道，而且还是万物的普遍原则——不过我们不清楚这一思想究竟有多少成分是孔子本人的，有多少成分是其孙子的。**中和**被认为是一种宇宙法则。"中也者，天下之大本也；和也者，天下之达道也。致中和，天地位焉，万物育焉"。†

作为宇宙法则的无所不包的"和"应该在我们人自身之内才可实现，诚实是天道的法则，做到诚实是人道的法则。"诚者，天之道也；诚之者，人之道也。"[50]

《中庸》的伦理学思想带有某种崇高意味，"君子求诸己，小人求诸人"[51]‡，"是故，君子动而世为天下道，行而世为天下法，言而世为天下则"[52]。这与伊曼努尔·康德的绝对命令几乎是如出一辙！

---

* 见《荀子·天论》，大意是：把天（自然界）想象得很伟大而期待它的恩赐，不如通过畜养万物来制裁它。顺从天而颂扬它，不如掌握天命（自然规律）来利用它。看着四时的来往而坐待其成，不如根据四时的变化来运用它。听任万物自然而赞美它，不如发挥人的能力而加以变革。幻想占有万物，不如动手去治理万物，使它实际上为人所控制。只寄希望于万物的自己发生，不如改造万物使它成为有用的东西。最后，荀况的结论是，放弃人的主观努力而一心等待自然的恩赐，这是违背万物本性的。参见北京大学哲学系中国哲学教研室编《中国哲学史》，北京大学出版社，2001年，第121页。

† 见《中庸》，意思是："中"是天下人们最大的根本，"和"是天下人们共同遵守的普遍原则。达到了"中和"的境地，天地就各在其位运行不息，万物就各得其所而生长发育了。

‡ 见《论语·卫灵公》。——编者

五、中国哲学后来的发展——评价

我们把孔子的伟大弟子们置于本篇文章的末尾，是因为由他们推动和发展起来的儒家学派在整个中国思想发展过程中始终占据着主导地位，其影响一直延续至今。下面我们尝试勾画大约两千年来中国思想的基本发展轮廓，以便于读者对古代至二十世纪的中国哲学有一个大致的了解。

1. 中国的中世纪哲学

中国的中世纪是指从公元前 200 年至 1000 年这一段时期，通常被认为是中国哲学的黑暗时期。[53] 儒家僵化为一种国家文化形态。如前所述，道家沦落为一种炼丹术和迷信。对《易经》的注释和增补蔚然成风，人们利用神秘的八卦占卜未来，并使其发展为一种伪科学，有时甚至会依赖它作出国家的重大决定。

当然，要在这么漫长的一段时期里找出一种普遍的特征是较为困难的。虽然在这一段时期里几乎没有出现孔子和老子那样杰出的思想家，也没有出现中国古代那样的百家争鸣的局面，但是，哲学思想并没有停滞不前。在儒家以及在较小范围内的道家学派中，出现了一些承袭中国古代哲学传统并试图在某些方面寻求发展的思想家。

在焚书坑儒运动中，墨子及其学派的著作也遭到排斥和销毁。与儒家学派后来所经历的辉煌的复兴相比，墨家可谓是一蹶不振。这样，儒家和道家便成为中国中世纪时期的思想主流，从印度传入并在中国的土地上广泛传播的佛教形成了第三股势力。我们不想对这些学派的思想发展和变化分门别类，做细致的讨论，而是特别强调整个思想发展过程中的三个主要因素：首先是与中世纪封建迷信针锋相对的批判性思潮，这一思潮在王充那里达到了顶点；其次是其影响日益深远的阴阳学说，以及与此相关的学派之间的相互渗透和混合；最后还有佛教在中国所经历的改造过程。

王充

王充生活于一世纪*，他是一个延续达数世纪的运动的领袖人物。他用一种冷静的批判理性对中世纪僵化的儒家思想进行了猛烈的抨击。他依据经验和理性对所有类型的迷信展开了批判。他嘲笑那些迷信思想，如认为雷电是因为天公发怒，认为生活中的每一种不幸都是上天对人的惩罚，认为传说中遥远的中国古代如儒家所言在所有方面都胜过当今时代，在他看来，这些都是荒唐可笑的。他还说，认为"天生五谷以食人，生丝麻以衣人"无异于把天当成"农夫桑女之徒"。他否认人会长生不死，也否认存在天命，因为他认为，如果天是有计划地创造万物的话，那么天就应该能够教导他的造物彼此相爱，而不是相互抢夺和残杀。[54]†

王充所代表的这种客观理性的批判精神，使得人们能够对流传下来的古典文献进行较深入的批判，但是他却不可能打破儒家那种教条式的僵化状态，也不可能阻止道家的衰落。

阴阳学说

《易经》所表达的基本思想是，宇宙万物都是在相互对立的两种力量的相互作用下产生的结果。一种是阳性的、主动的力量，谓之阳；一种是阴性的、被动的力量，谓之阴。这一思想之所以成为中国中世纪哲学中的中心思想，部分是因为这本书在当时受到普遍的高度评价，但是其主要原因还在于书中所表达的思想与中国人的情感意识极其吻合。虽然基于这一思想产生的一个学派（这个学派存在时间并不长）也推动了阴阳学说的广泛传播，但是更为主要的原因在于，儒家和道家的思想家吸收了阴阳学说里的内容，并将这一思想置于其世界观的中心位置。

---

* 王充生于 27 年（东汉光武帝建武三年），卒于 100 年前后（东汉和帝永元年间）。

† 参见王充《论衡》卷三《物势》，他说："儒者论曰，天地故生人。此言妄也。夫天地合气，人偶自生也。犹夫妇合气，子则自生也。"又见卷十八《自然》，他强调自然无为："谓天自然无为者何？气也，恬澹无欲，无为无事者也。"

中国中世纪早期的哲学家董仲舒这样写道："凡物必有合。合必有上,必有下,必有左,必有右,必有前,必有后,必有表,必有里。……有寒必有暑,有昼必有夜,此皆其合也。阴者,阳之合,妻者,夫之合,子者,父之合,臣者,君之合。物莫无合,而合各有阴阳。……君臣、父子、夫妇之义,皆取诸阴阳之道。君为阳,臣为阴;父为阳,子为阴;夫为阳,妻为阴。……王道之三纲,可求于天。"[55]*

道家哲学家淮南子也有类似的思想,王充也认为阴阳相交产生万物。[56]

阴阳学说为各家意见不同的学派提供了一种共同的土壤,使他们得以相互交融和彼此接近。

2. 佛教在中国

公元后的几十年——与此同时基督教也开始在地中海地区广泛传播——佛教在汉明帝统治时期传入中国。据传说,这位皇帝做了一个梦,他梦见一尊金色神像（暗示佛祖）飘悬在宫殿之上,于是他就差人从印度请来佛僧。尽管后来曾经遭到驱逐,但是这些佛家弟子的数量还是越来越多。与此同时,许多佛家朝圣者也从中国前往印度,两国的交往日益频繁。印度佛教的经典被翻译成汉语,有些在印度已经散失的著作因此而得以保存下来。佛教寺庙的建造也使得中国的建筑艺术变得丰富起来,佛像和佛画也为中国的雕塑和绘画艺术注入了新的活力。[57]

起初印度佛教的各家宗派都曾传入中国,但是,只有那些符合中国人个性特征或知道如何去适应中国国情的宗派,才得以长期保存下来。在选择宗派这一问题上也显示出中国精神的鲜明特征,那些带有极端主义倾向的教派不可能在中国长期存在下去。我们在叙述中国古代哲学时已经讲过,中国人崇尚中庸思想,喜欢化解矛盾和消除纷争。这也是儒家思想的主导动机,在老子那里也是如此,

---

*　见董仲舒《春秋繁露·基义》。

道既是存在者同时又是非存在者；阴阳学派则主张相互对立的力量的融合与相互影响。整个说来，中国中世纪哲学就是将各家学派综合在一起的一种尝试。

因此，在中国延续至今的五个主要佛教宗派都带有反对走极端的特点。其中最有特色的是禅宗——这基本上是中国人自己的创造——在叙述印度佛教时我们已经提及过。

3．新儒学时期

当一种新的因素闯进一个封闭的精神领域时，其结果往往是，旧有的传统在新思想的冲击下土崩瓦解。但是，如果旧有的传统具有足够旺盛的生命力，那么，外来因素则会起到一种促进作用，它会促使人们深刻地反思既有的文化传统并进而增强其生命力。我们已经看到，当佛教和其他非正统体系在印度出现之后，以吠陀传统和婆罗门教为基础的印度宗教和哲学经历了一个新的繁荣时期。众所周知，欧洲宗教改革的结果是促使天主教进行自我反省并因而经历了一次辉煌的复兴。佛教传入中国后，也以类似的方式发挥了作用，这不只是由于中国人的民族个性足够坚固稳定，使他们能够适应并吸收这种陌生的外来宗教文化。儒家一开始就对佛教展开了尖锐的批判和攻击，而这却促使儒家自身的基本思想内涵得以持续发展，直至二十世纪仍具有旺盛的生命力。新儒学的历史与中国近代（自中国中世纪结束至 1911 年辛亥革命期间）哲学的历史基本上是一致的，它构成了这一部精神交响曲的第三乐章。

儒家提出的反对佛教的理由很好地证明了儒家的精神：佛教教义中所称的断念无欲是站不住脚的，因为，即使一个人出家修行，只要他还在尘世上生活，就永远不可能逃离人类社会。很显然，一个佛教僧徒并不能真正脱离人际关系的束缚，因为当他们出家为僧、遁入佛门之后，便又在他们的寺院、修会和师徒关系中建立起一种新的社会秩序。佛教僧徒对生死轮回的恐惧印证了他们的自私自利；逃避自己的社会责任是一种懦弱胆小和有失尊严的表现。企图逃避活生生的现实是无意义的；佛教教徒宣称，食物、衣服以及一切外在的生活必需品皆属虚无，而他们自己每天却离不开这些东西。佛教宣扬的虚无主义理论，归根结底证明了他们对世界的真正本质缺乏认识。[58]

在以上的论据中，我们看到，中国人根深蒂固的人生观是如何显露出来的。在他们眼里，人与其所处的自然与社会环境是密不可分的，人的本质属性并不是超脱尘世的。

新儒学漫长的发展历史大体可划分为三个阶段，而每个阶段里，儒学都随着朝代的更迭而衰落，所以每个阶段的儒学也是以其所处朝代的名字而命名的。第一阶段即宋代（960—1279）的一位最杰出的思想家是**朱熹**，同时他也是新儒学中最重要的一位哲学家。朱熹生于1130年，死于1200年。他收集了最古老的儒家经典并对其进行了修订和整理，他为内容广博的新儒学思想大厦的建造奠定了基础。因此，他在中国哲学史上的地位可与印度的商羯罗*和西方的托马斯·阿奎那相比。他的哲学的两个基本概念是理和气，理是创造万物的根本，气是创造万物的材料。"天地之间，有理有气。理也者，形而上之道也，生物之本也。气也者，形而下之器也，生物之具也。是以人物之生，必禀此理，然后有性；必禀此气，然后有形。"† "形而上者无形无影，是此理；形而下者有情有状，是此器。"‡ "所谓理与气，此决是二物，但在物上看，则二物浑沦，不可分开各在一处；然不害二物之各为一物也。"§ "未有天地之先，毕竟也只是理。有此理，便有此天地。若无此理，便亦无天地，无人无物，都无该载了。有理便有气流行，发育万物。"¶ "此本无先后之可言。然必欲推其所从来，则须说先有是理。然理又非别为一物，即存乎是气之中；无

---

* 商羯罗（Śaṅkara，约788—820），印度吠檀多派哲学家，婆罗门教改革家。

† 见朱熹《朱文公文集》卷五十八《答黄道夫》。

‡ 见《朱子语类》卷九十五《程子之书一》。

§ 见《朱文公文集》卷四十六《答刘叔文》。

¶ 见《朱子语类》卷一《理气上》。

是气则是理亦无挂搭处。"*"有此理后，方有此气。既有此气，然后此理有安顿处。大而天地，细而蝼蚁，其生皆是如此……要之，理之一字，不可以有无论，未有天地之时便已如此了也。"†"疑此气是依傍这理行，及此气之聚，则理亦在焉。盖气则能凝结造作，理却无情意，无计度，无造作。只此气凝聚处，理便在其中。且如天地间人物草木禽兽，其生也，莫不有种，定不会无种子白地生出一个物事。这个都是气。若理，则只是个净洁空阔底世界，无形迹，他却不会造作。气则能酝酿凝聚生物也。但有此气，则理便在其中。"[59]‡

在宋代，在朱熹之外，还出现了其他重要的思想家，他们的哲学通常也被称为**理学**。

新儒学的第二阶段与明朝的统治时期（1368—1644）基本一致。这一时期杰出和重要的思想家就是朱熹的最大敌手**王阳明**（又名王守仁），他生于 1473 年，死于 1529 年。新儒学在他那里获得了理想主义的改造。新儒学的第三阶段与清代（1636—1911）同时，这一时期的代表人物是**戴震**（字东原），生于 1723 年，死于 1777 年。他试图将自古以来新儒学的全部内容综合到一起，由于他特别注重以经验为依据，因而他的哲学也被称为经验主义学派。§

在这一篇论述儒家哲学后续发展的简短概要的末尾，我们引述孔子的孙子也就是《中庸》的著者称赞孔子的一段话，这段溢美之词听起来似乎也并不过分傲慢：

> 仲尼祖述尧舜，宪章文武，上律天时，下袭水土。辟如天地之无不持载，无不覆帱。辟如四时之错行，如日月之代明。万物并育而不相害，道并行而不相悖。小德川流，大德敦化。

---

* 见《朱子语类》卷一《理气上》。

† 见《朱文公文集》卷五十八《答杨志仁》。

‡ 见《朱子语类》卷一《理气上》。

§ 戴震在中国哲学史上是乾嘉学派的代表人物，该学派因形成于清代乾隆、嘉庆时期而得名，其学术研究的特点是采用了汉代儒生训诂、考订的治学方法。

此天地之所以为大也。

　　唯天下至圣，为能聪明睿智，足以有临也；宽裕温柔，足以有容也；发强刚毅，足以有执也；齐庄中正，足以有敬也；文理密察，足以有别也。

　　溥博渊泉，而时出之。溥博如天，渊泉如渊。见而民莫不敬，言而民莫不信，行而民莫不说。

　　是以声名洋溢乎中国，施及蛮貊。舟车所至，人力所通，天之所覆，地之所载，日月所照，霜露所队，凡有血气者，莫不尊亲。故曰配天。[60]*

4. 中国哲学的共同特点和意义

　　如果再回过头去看一下中国哲学的发展，我们就会发现，中国哲学带有如下一些共同特点：

　　1. 我们可以把追求**中和**看作中国哲学思想的基本主题。在儒家思想中——但也不仅仅在儒家思想中——我们总是会遇到"中""和""中庸"这些概念，其目的就是追求一种和谐的平衡。

　　2. 这样的愿望使中国所有的哲学学派都具有一种**天人合一**的思想。

　　3. 这种愿望还使中国哲学家——尤其是老子——产生**人与自然和睦相处**的思想。

　　4. 与这种愿望相适应，中国人**厌恶任何形式的片面和极端**。与"不是／就是"（非此即彼）相比，他们更喜欢"不仅／而且"。他们不是停留在对立物面前裹足不前，而是能够看到对立面相互之间的制约性，并且在一个更高的角度上使对立的双方和谐统一起来。

　　5. 与之密切相关的是**两种原则相互作用**的思想。我们看到，以阴阳和理气概念表达出的主动和被动原则，几乎存在于中国的所有哲学学派之中。

---

*　见《中庸》第三十章、第三十一章。

6. 不是排斥自己的对立面，而是寻求一种综合之路，去化解矛盾。中国哲学的这种倾向与中国人**宽容的处世态度**大有关系，其宽容度达到令西方人几乎不可思议的地步。中国人常说三教为一家，意思是儒教、道教和佛教能够和睦相处和兼容共存。虽然他们之间曾经频繁地发生过激烈的论争，但是除了几次例外情况，他们很少使用暴力手段压制对方或是胁迫对方改变信仰。之所以如此，主要是因为中国的大部分民众不像欧洲人那样固定地信奉一种宗教。只有那些道教、儒教和佛教的僧侣和教士才宣誓忠诚于自己的宗教信仰，而普通民众则根据自己的需要和口味，时而到这个宗教教士那里寻求安慰，时而到那个宗教教士那里寻求安慰，而且，每当遇到悲苦的事情，他们大多是求佛祖保佑。[61]

7. 如此的宽容大度当然很难用中国人冷漠的处世态度加以界定，这种宽容与印度人的宽容完全不一样。虽然印度人一般都坚信，每个人按照自己的生活方式都能够获得极乐至福——因为他们认为，每一种学说或许只能反映神的真理的一个侧面——但是印度人一般都会确定地信奉一种宗教，而不会随意改变自己的信仰。中国式的忍耐和宽容显然与这个民族普遍的处世态度有关，和印度人相反，中国人更关注今生今世，因而中国哲学的特点还在于它的**现世性**。

8. 中国哲学的**人文主义精神**与中国人这种入世的思想特点密切相关。在中国的思想体系里，没有哪一种体系不是把人放在中心位置的。虽然方式不同，中国古代哲学的两个主要派别儒家和道家都是以人为本。他们的主要兴趣都在于人的现世生活及其正确的处世态度，其区别仅在于，老子认为，只有通过顺应自然并尊重自然规律，才能获得圆满的人生；而孔子则认为，圆满的人生是通过人的自我完善才能达到的。不管怎么说，中国学者在这一点上还是意见一致的，他们总是强调中国哲学的这个共同点。[62]

9. 我们看到，**知足、节制、内心平静和灵魂的安宁**，在中国人眼里是人生幸福的必要前提。

10．就人性而言，许多中国思想家都同意孟子的那句话：**人性本善**。

11．中国人几乎从来都不把追求纯粹的知识作为人生的理想。中国哲学的最终目的在于指导人们如何正确地为人处世，所以，中国哲学本质上是一种**伦理学**。

12．由于中国的哲学家们不仅看到人的自然属性，而且还总是把人放到家庭、社会和国家中加以考察，因此，中国哲学又是一种**政治哲学和社会哲学**。

13．最后，中国思想也和中国文化一样带有某种**封闭性**和**自我满足**的特点。直到近代之初，佛教是唯一在中国的土地上扎下根的外来文化。这种特点究竟是与中国人恒定不变的个性有关呢，还是与中国在地理上的与世隔绝或与其历史命运更有关系呢，对此我们很难说得清。不管怎样，当西方思想传入中国以后，某些阶层的中国人简直可以说是如饥似渴地吸收了西方思想；而且，在西方生活的中国人也显示出了令人瞩目的适应能力。

当代中国革命性的转变将会把中国的宗教和哲学引向何处，对于这个问题，即使是西方的"中国通"们或中国人自己也不知该如何回答。但是，或许有一点可以肯定，和过去一样，如果不懂得如何去适应上述的中国思想特征所显露出的中国精神那种根深蒂固的特殊性，那么，没有哪一种外来的意识形态会长期在中国存在下去。

中国哲学以及中国文化很晚才被欧洲人所了解。十三世纪末，威尼斯的商人，其中最著名的是马可·波罗，在一次经商旅行中经过近东，最后抵达中国皇帝的皇宫。他们在中国逗留了几十年，回到欧洲之后，马可·波罗报道了这个人口众多、文化昌盛的遥远的东方帝国，但是，他的报道却遭人嘲笑，被认为是痴人说梦，是瞎吹牛。这样，对那时的欧洲人来说，人类文明史上一个迷人的章节就成了一段小插曲。

莱布尼茨是第一个认识到这个遥远国度的伟大文化成就的欧洲思想家，他曾经试图使中国和欧洲之间的文化交流成为可能。为促进这一交流，他建议俄国沙皇修建一条从俄国通往中国的陆路。他把中国人的精神和道德观与欧洲的做了比较并得出如下结论："在我看来，由于我们这里的道德败坏已经到无以复加的地步，社会境况实在令人担忧，因此，我认为有必要请中国给我们派遣使臣过来……所以，我相信，当一个智者被任命为法官……由他来裁定这个民族的优秀与否，那么，他就会向中国人献上金苹果。"[63]

十八世纪，随着欧洲对中国园林艺术、瓷器等类似的中国东西的兴趣不断增强，中国的哲学成就也更多地被欧洲人了解。沃尔夫、狄德罗、伏尔泰和歌德都曾研究过中国哲学，并对其给予很高的评价。狄德罗写道："从历史、民族精神、艺术、智慧、政治等方面来看，这个民族要优于其他民族。"伏尔泰评论说："中国人功绩卓著是有目共睹的，此外，中华帝国的国家体制也是我们这个世界上最好的。"[64]当代一位学识渊博和思想自由的哲学家赫尔曼·格拉夫·凯瑟琳写道："中国塑造出了迄今为止最为完美的人性……就如现代西方人创造了迄今为止最为优秀的技能文化，古代中国人则创造了一种迄今为止最为优秀的生存文化。"[65]这些文化成就的取得与那些伟大思想家的努力是分不开的，他们的著作对过去和现在都产生了持久而深远的影响。

第二部分

古希腊哲学

《雅典学院》(十六世纪初，拉斐尔，现藏梵蒂冈博物馆)

概述
主要时期

　　当我们在精神上踏上希腊的土地，并准备研究那里诞生出的哲学的时候，我们就会发现，虽然希腊哲学的历史在时间上并不是很长，但是它的影响范围是如此之广，以至于我们研究希腊哲学时，会觉得它离我们现在的时代和我们故乡的文化形态更接近了。但是，值得注意的是，我们在第一部分考察的古代印度和中国的思想，不仅是在一种远离我们的文化范围之内发展起来的，而且还是在一种与我们西方文明完全隔绝的状态下发展起来的，或者确切地说，东西方文化的相互接触只是到了历史的后期才逐渐开始。与此不同的是，希腊人及其思想就像一条河流，它时而汹涌湍急，时而如涓涓细流，时而又几近干涸，但是从来没有完全断流，其精神传统一直保留到我们当今时代。希腊哲学的创始人同时也是我们自己的哲学鼻祖。

　　在我们将要考察的这一历史时期，东地中海地区辉煌的古代文明——埃及人、亚述人、巴比伦人和克里特人的文明——已经逐渐衰落和僵化，或者有些已经在毁灭性的灾难中迅速覆亡。假使我们谈起他们的哲学思想，我们也几乎一无所知。而此时的希腊民族开始成为世界历史的奠基者，这时他们就已经达到了他们历史的鼎盛期，即伯里克里的"黄金时代"。希腊人的贸易和航海已经延伸到整个地中海区域。环地中海地区，从西面的直布罗陀海峡——当时是古代航海家们不敢贸然闯入的黑暗大门——到东面的黑海，到处都有希腊的殖民定居地。在西班牙海岸、法国南部、北非，尤其在下意大利和西西里，以及与希腊本土隔海相望并通过爱琴海岛屿相连的小亚细亚西海岸，形成了诸多希腊城市。

随着航海和贸易给这些海岸城市带来繁荣，一种普遍的文化基础也就形成了。历史上，隶属于海洋文明以及隶属于大陆文明的民族之间发生的接触，总是会对各自的精神生活产生积极的影响。（我们必须注意到，在现代技术产生以前，水上交通比陆地上的长途交通要容易。特别是希腊国土支离破碎，再加上希腊的山谷地形也大都是面向大海开放的，这势必会促使它的居民注意到海洋的作用。）古代商人和航海者肯定是首批对他们故乡传统的生活形式、思想方式和宗教观念产生怀疑的人。当自以为代表真理的许多种信仰相互碰撞到一起的时候，对自身的怀疑也就很容易在内部蔓延开来。海岸城市和商业活动频繁的地区——首先是有希腊人定居的小亚细亚海岸，然后是意大利，再后来是希腊本土，尤其是雅典——就首先成了哲学和科学思想较为活跃的地方，那里自由和民主的政治气氛以及由此而形成的自由公开的演讲，起了推波助澜的作用。除了有利的地理和社会条件，当时的历史状况也比较有利，虽然希腊人与较为古老的东方文化的交流非常频繁，而且他们自己的许多文明基础也都是从东方文化中吸收进来的，但是，在一些决定性的时刻，他们却从来没有被较为古老的东方帝国的文明征服。这样，希腊精神在接受外来文化的刺激的时候，就避免了过多地受外部影响，并且能够按照自己的需要对外来文化进行消化吸收。此外，希腊民族具有乐观自然的天性，他们具有丰富的思想和艺术天赋和讲求实际的健康的理性，他们思想开明且易于接受新鲜事物，他们爱好秩序并且生活适度，这一切优点都非常恰当地相互配合在一起，[1] 从而为令人惊叹的古希腊哲学思想研究的繁荣准备了必要条件。

我们主要是从不朽的荷马史诗中了解那时已经衰落了的希腊英雄时代的；荷马史诗和赫西俄德的作品——主要是《神谱》——以及其他的来源，使我们能够对希腊的宗教有所了解。对于理解希腊哲学来说，了解古代希腊的宗教并不是那样的必要，这和印度的情况有所不同。因此，我们在这里只想强调一点。受过教育的欧洲人一提起希腊宗教，就会立即想到那个所谓荷马宗教的辉煌神界——当然这只是人们后来对它的一种称谓，因为人们也只是通过荷马史诗才对这种宗教有所了解。不过，或许那个传说中的盲人先知，也对塑造那些神的形象并使其成为希腊神界天空里的重要形象起过非常重要的作用，尽管他的作用的大小还难以明确界定。除了这个由美好善良和非常人性化的神的形象组成的世界，在希腊人的生活中还存在另外一种势力相当的宗教潮流，或许这种宗教潮流在一开始就已存在，不管怎么说，在我们将要叙述的那个时代它是存在的。这股宗教"潜流"的源头肯定不是来自希腊本土，而是从东方流入希腊的。与荷马宗教的那种明朗的完全尘世化的特点不同，这种外来宗教更为关注的则是神秘的彼岸世界，他们已经认识到诸如罪孽、忏悔和净化这样的概念。属于这一类型的神秘信仰都无一例外地带有秘密宗教特征——这也是后世对他们缺乏了解的主要原因。希腊居民以及后来的罗马居民大部分都信仰过这种宗教。这种宗教思潮的某些因素对希腊哲学产生了巨大的影响，毕达哥拉斯学派、柏拉图以及后来的新柏拉图主义都曾经受其影响。

希腊的宗教生活的外在形式也值得我们注意，不管是后期还是早期，希腊人中间从来都没有形成一种在社会势力和精神影响方面能够与印度和埃及相比的僧侣阶层。整体来看，希腊的僧侣既没有像在埃及那样严重阻碍自由思想的发展，也没有像在印度那样对使宗教观念发展为宗教哲学体系产生决定性影响。

大约在公元前 550 年时，希腊思想开始逐渐摆脱传统宗教的束缚，并对宗教观念展开了激烈的批评。他们已经尝试借助独立和理性的思想从自然的角度解释世界——我们在本书的开头就已经把这一现象看作一个决定性的标志，它表明真正意义上的哲学的诞生。如果我们再回顾一下前面已经叙述过的两章内容并注意一下它们的年代划分，那么我们就会发现一个非常令人惊奇的事实：在希腊发生的这种对世界历史起决定性影响的转折，与在印度和中国发生的精神变革相比，其影响程度和时间基本上是一致的。在中国，老子（约前609—前517）的鼎盛期大约确定在公元前六世纪中期，孔子紧随其后。与此同时，在印度出现了大雄（约前599—前527，耆那教的创始人）、佛陀（约前563—前483，佛教的创始人）以及其他重要人物。这期间，在希腊，几乎可以说是突然间诞生了一大批思想家，他们成为希腊哲学（尤其是科学）的奠基者。作为补充，我们还可考虑到，在同一时期的古犹太教中也出现了耶利米（约公元前600年在耶路撒冷）和以西结（约公元前580年在巴比伦）这两个先知形象，或许古代波斯宗教的创始人查拉图斯特拉也应属于这一时期（对这一人物还尚存争议）。

在地球上的不同地方，在几乎是相互隔绝的不同的文明区域之内，人类精神同时向前迈出了一大步，并且仿佛是在同一时间内在上述人物那里苏醒了过来，这一事实既令人惊叹又让人觉得不可思议。面对这样空前绝后的现象，我们还是有点不愿意承认它是纯粹的"巧合"。但是，对于这种同时发生的现象，我们迄今为止仍然做不出令人信服的解释。也许这将会成为一个永恒的秘密。一位当代的德国哲学家称这一时期是**"世界历史的轴心时代"**。[2] *

希腊哲学史——罗马哲学也可被看作希腊哲学的衍生——始于公元前六世纪，终于六世纪，持续了整整一千多年的时间。概括起来看，它可划分为三个界限分明的主要时期。

第一时期随着众多思想家的同时涌现而开始，其共同点在于，他们——摆脱了神学观念的束缚之后——都试图去寻找**宇宙的本原**。我们称这一思潮为古代自然哲学。属于这一思潮的首先是毕达

---

* 该哲学家系德国哲学家卡尔·雅斯贝尔斯，此说来自他的《历史的起源与目标》一书。

哥拉斯，他的思想带有神秘色彩，他试图用数来解释万物，其次是自然哲学的年轻学派。他们的目的是共同的，出发点都在于揭示自然界的奥秘，从这个意义上说，他们都是**自然哲学家**。从方法上来说，由于他们是用一种"纯朴"的态度认识世界，这就是说他们还不能用批判的眼光理性地看待问题，就此而言他们是独断主义的。[3]概括起来，人们称这一时期的哲学家是"**前苏格拉底哲学家**"，因为他们都是在苏格拉底出现以前从事哲学思考的。这一较早的时期大约从公元前 600 年一直持续到公元前四世纪初。

从第一时期过渡到**第二个重要时期**之初，希腊的智者学派出现了，他们揭示了此前的哲学家们思想中的矛盾，指出了他们的不足之处，同时，他们也为希腊文明中诞生出的三个伟大思想家的出现铺平了道路：**苏格拉底、柏拉图、亚里士多德**。在他们三个中间，较年轻的那一位依次是较老的那一位的学生。希腊哲学在他们那里达到了空前的鼎盛时期。我们所熟悉的哲学分支在那时就已经出现了：逻辑学、形而上学、伦理学、自然哲学、社会哲学、美学、教育学。希腊哲学的这一真正的繁荣时期——其中心位于雅典，因而也被称为**阿提卡文化中心***——开始于公元前五世纪中期智者学派的出现，直到公元前 322 年亚里士多德去世而结束。与希腊的政治历史相比，哲学进入繁荣时期的时候，希腊政治的黄金时代已经是日薄西山了，这时的希腊政治已经走向衰落。与其他民族一样，当希腊人在政治上开始失去自由，当没落的阴云已经笼罩在帝国的天空之上的时候，他们的思想才臻于成熟——如黑格尔所说，当黄昏降临时，密涅瓦的猫头鹰才展翅高飞。我们将用较大的篇幅来叙述这一重要的时期。

第三时期也是最长的时期，它开始于亚里士多德之死，一直持续到公元后，希腊哲学逐渐走向衰落和终结。其明显的特征是，这一时期的哲学家们对自然的研究兴趣已经减退。首先产生重要影响

---

*　阿提卡是希腊半岛的一个地区，是雅典的所在地，为古希腊的文化中心。

的**斯多葛派**和**伊壁鸠鲁派**把他们的主要兴趣都放在了人的身上，放在了伦理学研究上。同一时期出现的**怀疑论者**也是如此。后来产生的所谓**折衷派**是所有这些体系的一种混合。在公元后的初期，柏拉图思想与东方的宗教因素混合在一起形成了**新柏拉图主义**。这个第三时期的哲学也被称为后亚里士多德哲学。六世纪时，作为一种独立现象的希腊哲学逐渐退出了历史舞台。

但是，希腊哲学的历史作用并没有因此而消失，会同希腊文化的其他因素，希腊哲学成为西方文明中除基督教文化之外的第二个精神支柱。

第一章

前苏格拉底哲学到智者派的出现

前苏格拉底时期的哲学家只为我们留下了他们的著作的断简残篇。有些思想家甚至没有留下片言只语,有些思想家的著作则遗失了。

尽管如此,这些伟大人物的思想对后世以及当今哲学产生了持久和深远的影响,他们为西方早期思想奠定了基础,他们的思想是西方思想的最初渊源。就这一点来说,我们不能不为之叹服。这一时期的思想家们的著作残篇我们称之为**前苏格拉底哲学家的断简残篇**。

如果我们仅限于依靠这些著作残篇,而没有可资参考的各式各样的间接资料的话,可能还仍然在黑暗中摸索呢。 这些间接资料部分是见于后来的哲学家们的著作里,他们往往是在阐述自己的观点之前先要对先哲们的有关论点分析一番——这种习惯在亚里士多德的模范作用下尤其变得流行起来。

另一部分间接资料则见于较完整保存下来的某些学者的著作中,他们把叙述哲学的历史作为一种明确的任务——其发起者仍然是亚里士多德。在这方面,**第欧根尼·拉尔修**(约220)关于著名哲学家的生平和学说的十卷书就是一个范例。

这类将不同哲学家关于某些问题的学说以概要的形式收集在一

起，编辑成册的古典著作，被称为《名哲言行录》。

一、米利都的自然哲学家

在小亚细亚西岸，最富天才的希腊部落爱奥尼亚人沿爱琴海狭长的海岸建立了十二个繁荣的城市。这里是起于亚洲大陆的漫长的荒漠商路的终点站，远道而来的货物被装上船，然后运往希腊各地。随着东方货物的涌入，关于亚洲民族的许多文化成就的知识也逐渐传入希腊。天文、历法、货币和重量单位，或许还有文字，首先从东方传入小亚细亚的爱奥尼亚人那里，然后又经他们传至希腊其他地方。在十二个爱奥尼亚城市中，米利都位于最南端。公元前六世纪，这里是一个重要的贸易港口，或许它也是当时希腊最富裕的城市。就在这个不同种族、语言和宗教相互混杂的城市里，诞生了希腊以及西方世界的科学和哲学。

1. 泰勒斯

米利都的第一位自然哲学家泰勒斯于公元前六世纪上半期开始产生影响。首先，泰勒斯是一个游历甚广并善于交际的商人，他曾经到过埃及；其次，他是个政治家；再次，他还是个兴趣广泛的自然研究者。或许他基于自己从东方人那里学来的天文知识而成功地预言了一次日食现象，这令他的同时代人大为惊异。他研究过磁力现象；他通过测量特定时间内日光的阴影，算出了埃及金字塔的高度；他还发现了一些基本的数学定理，其中一个定理就是以他的名字命名的。最后，他也是一个哲学家，而且不久前还被认为是古典哲学和现代哲学的鼻祖。

泰勒斯是首位接受了东方的数学和天文知识并独立推动其发展的希腊人，这一点是不容置疑的。对希腊人来说，他位于古代世界的"七位贤哲"之首，或许原因就在于，他这样一个出类拔萃的人物不仅拥有广博的学识，而且还对事物的最深层本质有自己独到的见解。据古代传说，他曾就如下问题做过答复：世上最难的事情是什么？答曰："认识自己。"世上最容易的事情是什么？答曰："给别人出主意。"上帝是什么？答曰："既无始又无终。"怎样才能过一种真正有德行的生活？答曰："我们谴责别人做的事情，自己也永远不要做。"[4] 我们不能确定的是，究竟泰勒斯对一般哲学问题得出了哪些结论。至今还不能证明哪一篇哲学文章是他亲手所写。[5] 不久前人们认为，"水是万物之源"是他的自然哲学的基本思想——尽管如此，有人最近还时而把这一思想归功于他的后继者。[6]

2. 阿那克西曼德

阿那克西曼德是米利都人，并且和泰勒斯基本上是同时代的人，他生活的年代大约在公元前 611 年至前 549 年。[7] 由于泰勒斯的声誉摇摆不定，我们可以将阿那克西曼德确认为作为独立学科的哲学的真正创始人。他把他的观点写成了文字——可惜并未保存下来，后人通常给他的著作冠名为《论自然》。[8] 他认为，世界万物的本原是一种不确定的和无限的东西（希腊语 apeiron），一切冷的、热的、干的和湿的东西都是由此派生出来的。他还认为，地球——是自由地悬浮在空中的——最初处于流动的液体状态，地球上的生物是随着地球逐渐变干后才形成的，它们先是生活在水里，后来又转向陆地。[9] 他的这一思想为现代生物进化理论开了先河。在他看来，地球原先被一层火包围着，这层火爆裂之后，火便飞溅出去，然后它们就围绕地球旋转。[10] 这是人类首次尝试用物理的方式对天体的运行加以解释。根据永恒的宇宙法则，新的宇宙会从这个不确定的无限的东西中不断地诞生出来，并永远如此循环往复。"时间会对一切作出公正的判决"，这是他的结束语，也是他唯一逐字保存下来的著作残篇。[11] 马丁·海德格尔曾把这句话用于他的一篇重要论文。[12]

3. 阿那克西美尼

第三位米利都的自然哲学家是阿那克西美尼（大约死于公元前527 年），他与阿那克西曼德是同时代人。他认为万物的本原是气，当然，他所说的气并不是字面意义上的气，因为他认为人的灵魂也是一种被赋予了生命的气。他也认为宇宙的形成和毁灭是一个循环往复的过程。这三位米利都哲学家的共同点在于，他们都试图用一种原始物质或从物质上可把握的原始法则来解释宇宙万物的本原。对于希腊哲学后来的发展以及我们当今的哲学，它们的重要性并不在于他们在细节上采用了何种方式方法——用现代科学认识的眼光来看，有些细节可能显得有点幼稚——而在于他们不带任何成见地首次尝试用自然科学的思维方式研究这些问题，而且他们敢于把五彩缤纷的自然现象的本原归结为一种原始物质。

二、毕达哥拉斯与毕达哥拉斯哲学信徒

1. 毕达哥拉斯的生平和学说

希腊科学，特别是数学，其创始者的荣誉同样也应该加在毕达哥拉斯的头上，就此而论，他和米利都的哲学家们享有同等的权利。这位出生在萨摩斯岛上的数学家、天文学家和哲学家，生活于公元前 580 年至公元前 500 年，为了追溯古典知识的源泉，他曾经到过埃及和东方——对此他在著作中也有许多记述——经过多年的漫游生涯之后，他变成了一个有影响力的学者，而且他也是克罗敦（Kroton，即今天位于意大利南部的克罗托内）的一个宗教修会的创始人。据传说，他之所以离开他的故乡，是因为他不满意伯里克里的独裁统治，这位独裁者通过席勒的叙事诗《伯里克里特的指环》（取材于希罗多德的历史著作）而变得闻名于世。

在数学领域里，毕达哥拉斯的名字首先是与那个数学定理联系在一起的，即毕达哥拉斯定理。但是，毕达哥拉斯研究数学并不局限于数学本身，他把数学尤其是数的理论置于他的哲学的中心位

置。此外，据古代传说，毕达哥拉斯是按我们今天通行的理解运用"哲学"一词的第一人。若依照当时惯用的方式称自己是一位sophos，即智者，在他看来好像过于狂妄，因此，他称自己是一个philosophos，即一个智慧的爱好者或热爱者。

在毕达哥拉斯的学说中，数是宇宙的真正奥秘和组成部分。从1到10，每个基本数字都有其特殊的力量和意义，特别是完美无缺和包罗万象的数字"10"。宇宙的和谐——毕达哥拉斯是首位把世界称为"宇宙"的人——在于，宇宙中的万物是依照数的关系排列起来的。对毕达哥拉斯来说，音乐首先就是一个明证。看来他也是历史上第一位将声音的和谐以及音阶的高低归因于数的关系的人，虽然他没有认识到声音频率的关系，但是他认识到了乐器弦线的长度关系。

毕达哥拉斯在宇宙的结构中再度发现了音乐的和谐。就像每一个运动的物体都会发出声响一样——当然声音的大小取决于物体的大小以及物体运动的速度——天体在环绕其轨道运行的过程中也会奏出一种我们常人无法听到的"宇宙音乐"。他这种将宇宙的和谐理解为一种声音的和谐的美妙思想，不仅仅是一种诗意的想象，这一思想在物理学和天文学中也曾经反复出现过。伟大的天文学家开普勒曾经为此写过一本书。

我们看到，米利都的哲学家们试图在一种原始物质中找寻宇宙的秘密，与他们不同，毕达哥拉斯试图在一种原始法则中寻找宇宙的秘密，在他看来，这种原始法则就是存在于我们的宇宙组成成分之间那种恒定不变的数的关系。谁若是了解基本元素的循环体系以及现代科学对此所做的解释，那么他会发现，毕达哥拉斯的这一思想是对人类认识能力的天才预见。

毕达哥拉斯的数的理论带有一种浓厚的宗教神秘色彩，这或许与东方思想特别是印度的灵魂转世的观念有一定的思想渊源。他们认为，人类永生的灵魂需要经历一个漫长的净化过程，会不断地脱胎换骨，也会依附在其他动物身上。正因为如此，杀生或用动物做祭献或吃肉在印度是一种禁忌。由于人生的目的被认为是通过灵魂的净化和虔诚笃信最后从轮回转世的循环中解脱出来，毕达哥拉斯的人生伦理也带有类似印度哲学的特点：要求自律、知足和节欲。

2. 毕达哥拉斯哲学信徒

由于受一系列严格规定的限制，毕达哥拉斯创立的宗教团体，变成了一个对外极其封闭并严守内部秘密的组织，变成了一个国中之国。成员在入会时须宣誓遵守教规，保证过一种清心寡欲的简朴生活，不虐杀那些并没有侵犯人的动物，每天晚上都要扪心自问，这一天都做了什么错事，都违反了哪些教规。[13] 此外，他们还必须无条件地服从并严守秘密。这个教会组织也接纳妇女，受过哲学和文学教育并同时掌握妇道和持家技巧的"毕达哥拉斯妇女"，在古代被认为是希腊培养出来的最有修养的女人，她们受人尊敬。[14] 按规定，在严格保密的条件下他们须经过五年的学习才能毕业。除音乐、体操和医疗知识之外，毕达哥拉斯哲学信徒们对科学知识的研究也非常重视和支持。毕达哥拉斯的威信是至高无上的，教会里所做出的科学发现都归功于他，"autos epha"（"他自己曾说过"），随便一句话只要是他说的，就被认为是绝对正确的真理。

由于他们试图将毕达哥拉斯教会组织的影响扩展到政治领域，而且——按照毕达哥拉斯自己的观念——带有极其明显的贵族倾向，不久，他们便遭到攻击，最终毕达哥拉斯信徒在克罗敦的集会场所被烧死，这个宗教组织因此受到了毁灭性的打击。根据某些记载，毕达哥拉斯自己和他的许多信徒在这场浩劫中都丢了性命。不过也有记载说，他离开那里之后又活到了高龄，后来在梅塔庞通（Metapont）死去。毕达哥拉斯教会组织的历史意义在于，他们非常明显地试图在一个封闭的和教规严格的组织中把宗教和哲学思想贯彻到实践中去。

我们了解毕达哥拉斯的学说，主要是通过后来的哲学家们的著作，大师本人并未给后人留下片言只语。他的学说的影响并没有随着修会的灭亡而结束，而是远远超出了其直接追随者的圈子，并且对整个古代产生了持久的影响。在公元后的数世纪里，继毕达哥拉斯学派之后的新毕达哥拉斯主义，曾经经历过相当长一段时期的辉煌并享有盛誉。

三、埃利亚学派

埃利亚（Elea）位于今天的萨莱诺（Salerno）以南的意大利西海岸，这里是古希腊在意大利的殖民地，与毕达哥拉斯学派同时，在这里也形成了一个哲学学派，人们按其发源地称之为埃利亚学派。其最主要的代表人物是以下三位，较后面的哲学家都相继继承并发展了较前面的哲学家的思想。

1. 色诺芬尼

色诺芬尼或许出生于公元前 570 年，他的出生地位于被希腊人占据的小亚细亚西海岸。作为一名游吟诗人和歌手，他走遍了希腊的许多城市，数十年后，他在埃利亚定居下来并成为那里的哲学学派的创始人。他留存下来的著作残篇都是一些哲理教育诗的片段。

色诺芬尼揭开了利用哲学对古希腊宗教展开大胆的猛烈攻击的序幕，他那个时代许多人性化了的——或许太人性化了的——神灵的名字在他看来都不值得尊敬。他指责荷马和赫西俄德，因为他们把人类所认为的一些偷盗、欺骗和通奸之类的可耻行为，毫无根据地硬加在了那些神灵的身上。在他写的部分保留下来的教育诗中，他取笑那种把神人格化（anthropomorphe）的观念：人把神想象成和人一样，需要出生，具有人的形体，要穿衣服，会从一个地方移动到另一个地方，等等。但是，如果牛、马和狮子也有手并且也能够用手制作它们的神的画像和塑像的话，那毫无疑问也会把它们的神塑造成牛、马和狮子的形象，这就像人类把自己的神塑造成人的形象一样。黑人把他们的神的形象塑造成黑色并且是仰鼻子，色雷斯人则把他们的神的形象塑造为红头发和蓝眼睛。事实上，人类从来也不知道而且永远也不会知道神到底是什么样子。对色诺芬尼来说，有一点是肯定的：不存在众多的神，因此也不会存在一种神统治另一种神的情况。至高至善者是唯一的，神是无所不在的，神在形象上和思想上不可与尘世的人做比较。在色诺芬尼看来，至高无上的神与宇宙整体是一致的，因此我们可以把他的学说称为泛神论。不过他保留下来的断简残篇也允许人们做其他的解释。

如此看来，色诺芬尼或许是希腊哲学家中第一位具有理性的逻辑头脑，并与既有的形形色色的宗教迷信进行斗争的人。他将至高无限者与宇宙整体等同划一的思想使他成为一个学说的创始人，这个学说认为，在五彩缤纷的现象世界背后存在一种永恒不变的东西——这一思想在他的后继者那里不断地完善。

2. 巴门尼德斯

约公元前 525 年，巴门尼德斯出生于埃利亚并且后来成为那里的一位受人尊敬的公民，或许他曾经是色诺芬尼的学生。他是埃利亚学派最重要的思想家。在古代，他是最受人尊敬的哲学家之一。他继承了色诺芬尼关于永恒不变存在物的思想，并对这一思想进行了系统的发展。我们不能确定的是，在巴门尼德斯的思想中，哪些是从色诺芬尼那里继承下来的，哪些或许是后人错误地加到他头上的。柏拉图给他的一篇对话取名为《巴门尼德斯篇》。在这篇对话中，柏拉图让已经年老的巴门尼德斯与他的学生芝诺（当时约四十岁）和少年苏格拉底展开了讨论。

在一篇保留下来的教育诗的片段（约 150 行六音步诗）中，描写了巴门尼德斯从黑夜王国前往光明之国（真理之国）去拜见一位女神的旅行。真理和知识与现象和纯粹的观念之间形成了对照。真正的知识只有通过纯粹理性的认识才能获得。诗中认为，只会存在存在物，而不会存在非存在物（只会有物存在，而不会无物存在）。既存在存在者又存在非存在者（即有物存在又无物存在）是不可想象的[15]。所谓存在物就是一种填补空间的东西(Raumerfuellendes),他否认存在一种空无的空间的可能性。若设想一种运动,那么其前提条件就必须是存在非存在物——因为若一个物体从一个地方移动到另一个地方,只有当那另一个地方在这之前是空无的空间即无物存在时才有可能。若设想一种发展和变化,其情况也是如此——因为在"生成"某物之前,必须首先"无物存在"。由此,巴门尼德斯得出了一个大胆的结论,他认为,既不存在变化也不存在运动,而只有一种恒久不变的东西存在。因为存在物充满了一切空间,所以也不会存在独立于存在物之外的思想。毋宁说,思想和存在物是同一的。我们觉得世界总是在不断地变化和运动,这实际上只是一种错觉;这是一切错误的根源。[16]——在这里和在所有前苏格拉底哲学家那里一样,对断简残篇的各种解释都是不可靠的和容易引起争议的。

3. 埃利亚的芝诺

巴门尼德斯否定变化的学说很容易遭人攻击,而且针对他的这一学说的攻击从一开始就不缺少。不管怎么说,他的学生芝诺(约出生于公元前490年)认为自己的主要任务就是维护他的老师巴门尼德斯的学说免遭非议。为此,他发展出一种机敏但又有些过火的论证艺术,因而他被认为是辩证法的创始人,后来辩证法在希腊达到了相当的繁荣。[17]芝诺也只给我们留下很少的著作残篇,关于芝诺的其他知识如前述的芝诺悖论,我们大都是从柏拉图和亚里士多德那里获得的。有人对巴门尼德斯所持的否定多样性和变化的观点提出批评,针对这些批评,芝诺拿出了反驳的证据。他认为,正是那种认为存在事物多样性和运动的观点才导致了难以解决的矛盾。下面我们举两个例子,看看他是如何拿出证据来否定事物运动的:

1. 假设阿基里斯*和乌龟赛跑,当比赛开始时,先让乌龟爬一

---

* 阿基里斯是古希腊奥林匹克赛跑冠军。

段路程。当阿基里斯跑完这段路程后，再先让乌龟爬一段路程。如此下去，以至于无穷，这样，阿基里斯就永远赶不上乌龟。因为，当阿基里斯到达乌龟所在的 A 点时，乌龟这时又已经向 B 点爬去。当阿基里斯到达 B 点时，乌龟又离开这里向 C 点爬去。这一领先距离虽然不大，但是却永远超越不过去。

2. 飞行在空中的箭矢在空间中的某个点上是静止不动的，因为它飞行的这段时间可被划分为无数的时刻，在每一个时刻，它都占据着一个位置，并在这个位置上静止不动。如果它在各个单独的时刻是静止不动的，那么，整个来说，它也是静止不动的。这就是说，飞行的箭矢其实是静止的，结论是：运动是不存在的。

当然，我们不要以为，芝诺真的会相信阿基里斯永远都赶不上乌龟。他的这一著名论证的真正意图在于，他想告诉那些巴门尼德斯的反对者们，要证明他们的观点的自相矛盾也是很容易的。尽管如此，我们也不要被芝诺的敏锐洞察力所蒙骗，因为他的论证也是有破绽的。如果我们把箭矢飞行的那一段时间分割成无数的时刻，那么箭矢在那一时刻看上去可能是静止不动的。但是，事实上时间并不是由一系列的时刻组成的，时间的本质恰恰在于它时刻不停的流动性。把时间分割为单个的时间点并不是时间本身所为，而是我们人的主观意志！不过，需要提请读者注意的是：我们刚刚认为芝诺的论证有悖于人类健康的理性，这时一个相反的声音又会说，芝诺使一个真正的辩证过程从此开始了。

毫不夸张地说，芝诺的论证（许多代的逻辑学家和数学家曾经对此争论不休）对后世哲学起着开路先锋的作用。这些论证增强了我们的认知能力，使我们认识到，如果我们能够用批判的眼光看问题，可能就会发现，一些显而易见和理所当然的观点和见解是值得怀疑的、陈腐的和自相矛盾的。比如，当我们考察一个诸如"无限"之类的概念时便会如此。

四、赫拉克利特与公元前五世纪的自然哲学家

1. 赫拉克利特

在令人惊叹的公元前六世纪，在希腊本土以外的殖民地地区，这一次仍然是小亚细亚的爱奥尼亚，诞生了一位谜一般的思想家，他是希腊哲学的奠基者之一，这个人就是赫拉克利特。公元前540年，他出生在一个以弗所（Ephesus）的贵族家庭里，后世也称他为"晦涩哲人"。

赫拉克利特是一个离群索居者，他蔑视民众，敌视民主政治。在生活和思想上，他都独辟蹊径。他把他的思想写进了《论自然》中，他的思想尖锐独特，写作风格形象生动，表达简洁明快，并且由于其格言式的简短句型——或许是故意为之——而晦涩难懂。不管怎么说，他遗留下的一百多部著作残篇给人的印象就是如此。赫拉克利特上了年纪之后就完全与世隔绝，他隐居山间，以食植物为生，过着一种遁世者的生活，或许他是西方的第一位遁世者。

赫拉克利特蔑视那种纯粹的博学多识，他旁敲侧击地讥讽几位比他早的思想家，他说："博学并不能训练人的头脑，如果能的话，它早就使赫西俄德、毕达哥拉斯和色诺芬尼变聪明了。"他认为，问题的关键在于，能够找到解开宇宙之谜的钥匙。

赫拉克利特也认识到世界多样性的背后存在统一性。但是，他不像巴门尼德斯那样，认为存在是稳固不变的，变化和杂多只是一种错觉。不过，他也并不与此相反，认为万物皆处于永恒的流变之中。在这一点上，他常常被人误解，既被后来的评论者误解，也被他的同时代人如巴门尼德斯误解，巴门尼德斯关于存在的学说正好与赫拉克利特相反。赫拉克利特有一句名言："人不能两次踏入同一条河流"（因为这期间新而又新的水不断地往前流动，我们自己在第二次踏进河流时也发生了变化）；而且他的另一句名言"万物流变，无物常存"虽然并不是出自他遗留下的著作残篇中，但是，古代和现代的学者都一致认为，这句话的确出自赫拉克利特之口。[18] 他也

许曾深刻地体会到时间以及永恒变化的奥秘。[19] 不过，他的思想的伟大之处并不仅在于此，还在于，他在不间断的河流背后发现了一种统一性，即一种统一性原则，多样性中有统一性，统一性中有多样性。[20] 在赫拉克利特看来，世界的运行是由"逻各斯"支配的，"逻各斯"不是被创造的，而是永恒存在的。这个词能不能被准确地翻译呢？它可被理解为"话语""理性的言语""原则""规律"，后来也或多或少地被理解为一种抽象的"世界原则"。它的真正意义是不确定的，尤其因为赫拉克利特自己并没有给它下一个清晰的定义，或在语言上澄清这一概念。或许他只是为他所指的那个东西起了一个名字，就此而言，他是个"纯朴"的思想家。*

赫拉克利特似乎也认为存在一种原始物质，但是，他所理解的原始物质并不是米利都人所称的水或气，他称之为"原始火"。根据永恒的宇宙法则，万物都是从火中产生的，也都消灭而复归于火。他所说的火并不是字面意义上的火，而是具有一般的引申义，或许我们可称之为一种原始能量。在他眼里，这种"原始火"似乎又是一种神性的东西，并且也居于人的灵魂之内。

从这种原始能量中持续不断地发展而来的世间万物遵循着一个伟大的原则，即对立统一原则。一切发展都是对立的力量相互作用的结果。"神就是昼与夜、寒与暑、盈与缺、战争与和平。"在观念与观念、人与人、男与女、阶级与阶级、种族与种族之间的斗争中，形成了一个和谐的世界整体。在这个意义上，"战争是万物之父，是万物之王"。[21] 一切事物都与其对立面共存亡。所以，那种渴望结束战争，永享和平的观念是错误的，因为，创造性的对立关系一旦消逝，就会出现彻底的死寂和停滞状态。故而，当一个人的所有

---

* 据艾修斯《学述》第一卷第二十七章和第二十八章：赫拉克利特断言，一切都遵从命运而来，命运就是必然性。——他宣称命运的本质就是贯穿宇宙实体的"逻各斯"。"逻各斯"是一种以太的物体，是创生世界的种子，也是确定了的周期的尺度。参见《古希腊罗马哲学》，北京大学哲学系外国哲学史教研室编译，商务印书馆，1982 年版，第 17 页。

愿望和目的都已达到，这对他来说也是不利的，因为，正是由于疾病，才使人感到健康的愉悦；正是由于存在恶，才显出善的珍贵；正是由于饥饿，才使人产生吃饱后的满足感；正是由于人生的辛劳，我们才享受到生活的安逸。*

赫拉克利特关于对立面的相互依存和相互作用的学说，首次为辩证发展理论奠定了基础，这一学说在他死后又在黑格尔的辩证法和马克思的辩证唯物主义那里获得了新生，这或许是人类思想史上解决生成之谜的一种最成功的尝试。（需要注意的是，"辩证法"一词具有双重含义，在古希腊人那里，它的原意是指在谈话和辩论中的论证艺术，也引申为"对话"；在现代的发展理论中，它是指对立的力量在持续不断的相互作用下促成事物的发展和进步——在这里，"对话"不是在各执一词的哲学家们之间展开的，而是在现实世界相互对立的力量之间展开的。）

如果我们把"逻各斯"理解为支配万物的世界理性，而人也是它的一部分，我们死后，我们的灵魂也将复归于它，就如同"一束火光在黑夜中消失一般"，那么，赫拉克利特也许就因此背弃了古希腊的多神教信仰，而倾向于对一神教的信仰。如果赫拉克利特对此没有自觉的意识，那么，他的那句话——"对于神，一切都是美的、善的和公正的；人们则认为一些东西公正，另一些东西不公正"——或许就已经显露了他的这一倾向。

赫拉克利特和他的前辈及同时代人一样，不仅关注外部物质世界及其假设的形成原因，而且还关注人的灵魂深处——他不无自豪地说"我探究了我自己"——并且把人及其行为纳入一个形而上学的语境之中。[22]在希腊哲学家之中，只有柏拉图和亚里士多德的思想在深度和广度上能够与赫拉克利特比肩。

赫拉克利特的思想产生的影响不仅仅在于由此产生的一个学

---

* 参见赫拉克利特著作残篇："疾病使健康舒服，坏使好舒服，饿使饱舒服，疲劳使休息舒服。"《古希腊罗马哲学》，第 29 页。

派，他的影响还一直持续到我们这个时代。他的"逻各斯"概念后来被应用到了基督教神学之中；他的对立统一的学说在黑格尔那里又得以复兴；斯宾塞的进化论也与他有着不解之缘；他的战争是万物之父的思想在尼采和达尔文那里再度回响了起来。这个哲学史上的晦涩神秘人物遗留下的著作残篇变成了永不枯竭的知识源泉。

2. 恩培多克勒

约公元前 490 年，恩培多克勒出生在西西里的阿克拉加（Akragas），他集政治家、诗人、宣教师、预言家、医生、江湖术士和哲学家于一身。对于哲学史来说，他的重要性并不在于他是个有独创性思想的思想家，而在于他是一个能够吸收前人的思想体系并对其进行重新综合的人，因而人们称他为折衷主义者。我们在他的哲理诗残篇中就可发现，他用优美的诗的形式所表达的灵魂转世的思想，其实与毕达哥拉斯和古代印度思想并无二致。赫拉克利特关于世界的形成和毁灭呈阶段性发展的思想，我们在他那里也能见到。但是，有些思想是恩培多克勒首先提出的，或者至少是以他独有的方式提出的，他在哲学史上的意义也主要是基于此。在这里，我们简要地列举一下他的几个主要思想。

（1）米利都学派的自然哲学家们先后认为，水和气是世界的原始材料，赫拉克利特认为是火，埃利亚哲学家则更倾向于土。恩培多克勒首次将这四种基本元素平等地并列放在一起，并从而创立了我们都熟悉的"四根说"，即认为火、水、气、土四种元素是万物之根。因此，从某种程度上说，他使那种认为世界万物是由一种原始材料构成的古代哲学走向了终结。[23]

（2）在恩培多克勒看来，使四种元素结合和分裂的力量有两种，他称之为"爱和恨"（吸引和排斥）。在世界的发展过程中，这两种力量相互交替占上风。当"爱"占上风时，所有的元素就会结合到一起，形成一个完美的神圣的统一体；当"恨"占上风时，诸元素就会分散。处于两者之间的是一种过渡状态，个体在这种状态下形成和毁灭。[24]

（3）恩培多克勒认为，生物的形成是遵循由低级到高级的原则，首先形成低级生物，然后形成高级生物，首先出现植物和动物，然后出现人类；生物最初是雌雄同体的，后来才演化为两个性别不同的独立个体。这些观点已经与近现代的生物进化论非常接近了。

（4）恩培多克勒还提出了一个基本的认识原则，他认为，外部世界的每一种元素也都能在我们人自身内部见到。我们也能在歌德的诗句里发现类似的思想：

> 如果眼睛不像太阳，
> 它怎么能看得到太阳呢。[25]

恩培多克勒活着的时候，人们普遍地认为他是神，他自己也对此深信不疑。据古代传说，为了证明这一点，他纵身跳进了埃特纳火山口，从此销声匿迹，这使得他的死亡充满了神奇色彩。不过，相传埃特纳火山并没有使他如愿以偿，因为它又把恩培多克勒的一只鞋子喷了出来。

3. 留基伯和德谟克里特的原子论

关于古希腊哲学史上最重要的自然哲学体系的创立者留基伯，我们所知甚少。据说他来自米利都（Milet）或来自爱琴海北岸的阿布德拉（Aldera），他的鼎盛期约在公元前440年。他留下的唯一一句话的原文是："没有什么是可以无端发生的，万物都是有理由的，而且都是必然的。"[26] 这或许是关于因果律的第一个明确的表述。关于他的原子论，我们是从他的伟大弟子德谟克里特那里了解到的，或许德谟克里特把留基伯的学说都纳入自己的体系之中去了。

德谟克里特来自阿布德拉，这里也是他的老师生活过的地方。他生于公元前460年，死于公元前370年——相传他活到一百零九岁的高龄。

关于他的名字，有各种不同的写法：德语 Demokrit、Demokritos，或拉丁语 Democritus。它们的第二个音节 o 都是重读的。在法语中，它的词尾被去掉了，重音改在第三个音节上。为了保持语言的统一性，最好是使用它的希腊语形式。在许多其他的希腊语名字的写法上情况也是如此，如赫西俄德在希腊语中是 Hesiodos，在法语中是 Hesiode，在德语中则是 Hesiod。在这里，我们仍然沿用 Demokrit 这种写法，因为这种形式已被普遍采用了。要把握正确的尺度还应取决于语言的应用，有鉴于今日学校里希腊语教育的减少，是否应该仍然遵守 graeca graeca（希腊的希腊语）的原则，这已经成了一个问题。

德谟克里特把他继承来的一笔数目可观的遗产几乎全部用于旅行学习了，据说他去了埃及、波斯和印度。不管怎样，关于自己，他这样说道："在我的同时代人中，我是游历最广的人，我研究的范围也最广，上知天文，下知地理，我见过许多学识渊博的人。"[27]

重返故乡以后，直到生命终结他没有再离开过那里。他深居简出，专心致力于研究和沉思。他远离公开的论辩，也没有创建自己的学派。他涉猎的范围极其广泛，涵盖了数学、物理学、天文学、航海学、地理学、解剖学、生理学、心理学、医学、音乐以及哲学等诸多领域。[28] 德谟克里特继承了留基伯的学说并发展出了一套完整的体系。

充实与虚空。埃利亚哲学家，尤其是巴门尼德斯已经表明，如果不设想存在非存在和空洞的空间，那么多样性、运动、变化、生成和毁灭就是不可想象的；因为这种假设在他们看来是不可能的，于是他们就继而否认运动和变化的存在，并认为现实世界是永恒不变的存在。德谟克里特一方面坚信，纯粹从无中生成有是不可想象的——这与留基伯的那句话，即认为万物的发生是必然的，也是相矛盾的；另一方面，他也看到，像埃利亚学派那样彻底否定运动和变化的观点也是站不住脚的。于是，他就决定，承认非存在和空洞的空间是存在的。在留基伯和德谟克里特看来，世界是由充实于空间的实在（即存在者）和非存在的虚空（即空间）组成的。[29]

原子。充实于空间中的实在并非一个东西，它是由无数细小的，小到令人难以觉察的微粒组成的。这些微粒本身之内没有虚空，而是完全充实的。它们也是不可分的，因此，它们被称为"原子"，意思就是不可分的东西。留基伯和德谟克里特从而第一次把这个概念带进了科学的论辩之中。那时他们预想不到，这个概念在理论上和实践上有多么重要的意义。在他们看来，原子是永恒不灭和永远不变的，它们都由同样的材料构成，但是它们却大小不同，因而也重量不等。相互分离的原子聚合到一起便形成了世间万物，聚合到一起的原子分离之后就形成万物的消散。[30] 原子本身不是被创造的，并且也是不可毁灭的，它们的数量是无限的。

第一性质和第二性质。万物都是由原子组成的，其性质以原子的不同形状、大小和次序为依据。但是，只有重量、密度和强度这样一些性质才是物质的根本性质，也就是我们后来所说的"第一性质"。物质的所有其他性质如颜色、温度、气味、口味、声音，并不是物质本身固有的，这些性质都是由我们的感官和感觉能力决定的，都是我们加在物质身上的配料，不是客观现实，而只是主观现实，因而是"第二性质"。"我们通常所说的颜色、甜苦等，事实上都只是原子和虚空。"[31]

原子的运动。自开天辟地以来，无数的原子就依据重力原则在无限的空间中处于永恒的运动状态。原子相互碰撞并弹回，于是形成旋涡运动，在这种运动中，原子就相互勾连、纠缠而结合，并形成可见的物质世界。这个物质世界自古以来就永恒地诞生和毁灭，以至于无穷，我们人类就是它的一部分。这种宇宙运动没有秩序，它不受某种宇宙精神操纵，也不是如恩培多克勒所认为的那样被爱与恨的力量支配，但也不是纯粹偶然发生的——德谟克里特明确地指责这种观点是人们为了掩盖自己的无知而作出的臆想——而是遵循存在本身固有的内在规律性。

人的灵魂。人的肉体和灵魂也都是由原子构成的。灵魂也是一种物质性的东西，虽然它非常细小。人死后，灵魂原子就消散了。

伦理学。人所能达到的幸福完全在于内心的满足和愉悦（希腊语 ataraxia）。获得幸福的途径就是节制和轻视感官享受，并注重精神财富的培养。* 体格强壮对于驮兽是有益的，而坚强和高贵的灵魂对于人是有益的。"与获取波斯王冠相比，我倒是更愿意去发现一条（几何）定理。"[32] 我们看到，德谟克里特有些意外地把他的伦理学提高到了和他的自然哲学体系同等的地位。这样做也是完全合乎逻辑的，也就是说，是唯物主义使然，因为在他的世界里，只有物质的原子存在。这种唯物主义可被称为古典唯物主义，没有古典唯物主义，后来的所有唯物主义体系都是不可想象的，其影响一直持续到当代的科学研究领域，并达到了一个前所未有的高潮。然而，人们过去关于原子的概念如今已经发生了变化。人们发现，原子仍然是可分的，所以，如果我们把德谟克里特的原子理解为一种物质的最小组成成分或基本粒子，或许更为恰当一些。

德谟克里特似乎并没有尝试将他的伦理学和原子理论科学地结合到一起，使之相互补充而成为一个完整的哲学体系，因此，他仍然被划入自然哲学家的行列。

4. 阿那克萨哥拉

与我们到此为止讨论过的许多思想家一样，阿那克萨哥拉也是来自希腊的殖民地。约公元前 500 年，他生于小亚细亚的克拉佐美

---

*   关于人的快乐和幸福，德谟克里特说过很多话，在他留下的著作残篇中有许多这方面的内容：快乐和不适构成了那"应该做或不应该做的事"的标准；给人幸福的不是身体上的好处，也不是财富，而是正直和谨慎；幸福和不幸居于灵魂之中；人们通过享乐上的有节制和生活的宁静淡泊，才得到愉快；大的快乐来自对美的作品的瞻仰；节制使快乐增加并使享受加强；对一切沉溺于口腹之乐，并在吃、喝、情爱方面过度的人，快乐的时间是短暂的，就只是当他们在吃着、喝着的时候是快乐的，而随之而来的坏处却很大。……除了瞬息即逝的快乐之外，这一切之中丝毫没有什么好东西，因为总是重新又感觉到有需要未满足（见《古希腊罗马哲学》，商务印书馆 1982 年版，第 107—118 页）。

尼（Klazomenai）。他是第一位把哲学引入雅典的人，之后，哲学在那里达到了一个鼎盛期。不过，阿那克萨哥拉生活的那个时代并没有为哲学准备有益的土壤，他在雅典的遭遇以及后来苏格拉底的不幸命运都证明了这一点。

事实证明，哲学思想当时只能在位于小亚细亚、下意大利和特拉克的希腊殖民地地区得以自由发展，这并不是偶然的。显然，由于远离希腊本土的那种根深蒂固的宗教传统，殖民地地区的精神氛围更有利于自由思想的产生——类似的情况后来也在欧洲和北美之间重复出现了。因为阿那克萨哥拉非常专注于观察天象，并且试图用一种自然的方式解释一切，这样他就引起观念保守的雅典本地人的敌视，以至于因为他不信神而被送上了法庭，即使他的政治家朋友伯里克里对此也是爱莫能助。他被判处死刑，通过设法逃跑才得以幸免。后来，他在流亡中死去。

阿那克萨哥拉的哲学观点和其他自然哲学家的观点是一脉相承的。但是，在关于万物的构成问题上他们还是存在着分歧。米利都哲学家们认为，构成万物的原始材料是一种，恩培多克勒认为是四种，原子论者认为有许多，而阿那克萨哥拉则认为有无限个，在他看来，这些原始材料质量各异，他称之为万物的"种子"或"胚芽"。

阿那克萨哥拉首次提出了一个抽象的哲学概念——心灵（Nous），这是一种理性的、万能的、弥漫于世界之中的精神。这也是他与其他哲学家的最大区别，同时也是他在哲学史上的真正意义所在。心灵是无限的，独立自主的，它不与任何事物相混杂，是万物中最稀薄、最精纯的。心灵具有支配一切的力量，它促使宇宙从原始混沌演变为一个美丽的井然有序的整体。在阿那克萨哥拉那里，心灵的作用也仅限于此。当研究事物的个别现象及其原因时，他也总是作出纯粹自然的和机械的解释。（他说太阳是一块炽热的石头，这被认为是一种无神论——太阳在当地人那里是被当作神看待的——他因而也被推上了法庭。）阿那克萨哥拉似乎只把那种神圣的精神看作"第一推动者"，虽然它促使宇宙的创化发生了，但是，它却任其按照自己的规律发展。由于亚里士多德也倾向于精神能够支配物质的思想，所以，后来他在评价阿那克萨哥拉时说，阿那克萨哥拉能够认识到，宇宙的秩序是受一种精神支配的，这使得他像是一个处身于一群醉汉中的清醒者。[33]

第二章

希腊哲学的鼎盛时期

一、智者派

1．概说

　　公元前六世纪至公元前五世纪，哲学思想在希腊人生活的不同地区几乎同时出现了，在这里云集了如此众多的、富于高度创造性地思索宇宙人生问题的思想家，这样壮观的场面在思想史上几乎是空前绝后的。五光十色的自然主义世界观如一股朝气蓬勃的力量向我们迎面扑来。希腊以及西方所有的哲学流派都可以在这里找到他们的源头和先驱。可以毫不夸张地说，哲学史上的重要问题几乎没有一个不是被那时的希腊哲学家思考过的，即使没有解决，至少他们提出了问题并对此展开了讨论——当然西方工业时代产生的涉及整个人类生存的问题是个例外。前苏格拉底哲学家们为我们留下了大量的著作残篇，后人对这些著作残篇所能作出的注解也是五花八门，关于它们的完整的原始面貌我们只能猜测了。

　　恰恰是由于思想的多样性以及它们之间存在的矛盾，哲学的进一步发展几乎成为一种必然。思想体系越多，各种可能性也就越大，对这些思想及其矛盾进行考察、比较和探究的紧迫性也就越大。有些哲学家开始对作为认识工具的人的感官功能的可靠性产生了怀疑，这就很容易导致对人的认识能力产生普遍的怀疑。[1] 智者派的任务就在于此。

若想正确地评价智者学派及其功绩，我们就必须既要考察当时的哲学状况，又要顾及那时希腊政治和社会生活中发生的变革。自从希腊人在希波战争中（前 500—前 449）为保卫自由而成功地打败了波斯人的入侵以后，希腊尤其是雅典的社会生活开始富裕繁荣起来，雅典成为政治和文化中心，社会上层生活富足又奢侈，因此，接受更高级的教育也就成为一种需求。民主宪法也越来越鼓励在公众场合中的演讲艺术，在公众集会和法庭上，那些能够用娴熟的技巧阐述自己观点的人则具有明显的优越性。若想飞黄腾达——基本上说大门对每个公民都是敞开的——那么他首先就需要成为一个具有良好素养的政治家和演说家。

于是，智者就应运而生。希腊语 Sophistai 意思是"智慧之师"，起初它也只有这个意思，并没有其他附加的意味。智者们像漫游教师一样从一个城市到另一个城市，向学生传授各种技艺，尤其是论辩艺术，他们可以从中获得一定的报酬。他们并不是真正意义上的哲学家，而是实践家，和所有的实践家一样，他们也轻视理论认识。大部分智者都认为，客观的认识是根本不可能的，这种观点无疑对那时的哲学状况产生了影响。另一方面，有机会获得教育的群体范围逐渐扩大，外来民族及其风俗和宗教的涌入自然而然地动摇了固有的观念。如果没有一个客观的标准来衡量某个问题的对与错，那么就会出现这样的情况，只要他懂得如何巧妙地阐述自己的观点，他就可能被认为是正确的。

这种理论上的怀疑态度旋即又扩展到了道德领域。在这里也倡导一种认识，即人的行为也如同理论争辩，最终起决定性作用的是他的功绩或能力。这样，论辩艺术在智者那里就变成了一种说服他人的工具，而不是用于表达他的某种确定的信念。对他们来说，不存在一种客观的普遍有效的道德法则，强者就是公理。因为智者学派遗留下的著作非常少，我们引用柏拉图著作中描述的一个智者在谈论雄辩术时说的一段话：

> 如果一个人懂得如何用言辞说服别人，不管是在法庭上说服法官，还是在议会上说服议员，还是在人民大会上说服民众……那么你的雄辩才能就会发挥巨大的作用，你会使医生成为你的奴仆，使体操冠军甘愿为你效力，你还能让银行家为你聚敛金钱而不是为他自己。[2]

关于法律和正义，这位智者又说出了下面的话：

> 法律和习俗从来都是为了维护弱者和大众的利益的……借此来威吓那些强者，因为他们比弱者和大众更懂得如何获取更多利益，这样，强者就不得不约束自己，因为弱者和大众认为，意欲更多的利益是丑恶的和不公平的……我想，如果能够人人平等，他们就会非常满意了，因为他们都是劣等的人……但是依我之见，自然本身应该决定一切，公平合理在于，高贵者应该比低贱者获取更多的利益，有才能的人应该比低能之辈获得更多的利益。在许多情况下，不管是在动物界，还是在人类社会，不管是在国家之内，还是在宗族之中，我们都会发现这样的事实：强者统治弱者都被认为是合理的事情……当薛西斯*与希腊人打仗的时候，他还能要求什么权利呢？……我们可以举出上千个这样的例子来！说真话，我认为，这些人都是按照公正的自然原则行事，而不是按照我们编造的原则行事。那些最富有才干和最强壮的人物尚在少年时期就像驯养狮子那样被驯服了，我们给他们施行催眠术，在心灵上给他们施加影响，我们以为，

---

* 波斯国王（前519—前465），公元前480年入侵希腊，后在萨拉米斯战败。

这样就会变得人人平等了,这样才是公平合理的。但是,我认为,如果一个人具备足够的力量能够重获新生,那么他就会摆脱掉一切束缚,砸烂所有的精神枷锁,把我们的那些陈规陋习和催眠术以及心灵麻痹术踩到脚下,然后,那个迄今为止的奴隶就会突然站到我们面前,并向我们表明,他就是我们的主人,这时,公正的自然就会焕发出它的光彩! [3]

由于智者派否认真理和公正的客观标准的存在,而且在通常情况下,他们讲授课程都能获得数目可观的报酬(而在古希腊人那里,以营利为目的的劳动是受蔑视的),这样就致使他们带有些许令人怀疑的怪异味道,并且很快就得到了"诡辩派"*这一名称,尤其因为柏拉图曾对他们提出了尖锐的批评,这一名称也一直沿用至今。

2. 普罗塔哥拉和高尔吉亚

智者们从来就没有形成一个相互关联的学派,他们都是各自独立地生活和讲课,因此,他们之间在许多方面都是观点各异,我们上面列举的这一学派的一般特征只在大体上来说是正确的。

智者派最重要的人物是**普罗塔哥拉**,他是阿布德拉人,可称得上是智者派的创始人,出生于约公元前 480 年,卒于公元前 410 年。他周游希腊各地,向人们传授正确的为人处世的艺术,教导人们如何令人信服地表达自己的政治立场。这方面,他是最早的人之一。在此期间,尤其是在雅典,他获得了荣誉和财富。普罗塔哥拉的那句名言在我们今天也仍然家喻户晓:"人是万物的尺度,是存在的事物存在的尺度,也是不存在的事物不存在的尺度。"意思是说,对人来说,不存在绝对的、客观的真理,而只有相对的、主观的真理。而且,普罗塔哥拉的这句话似乎还表明,"人"并不是万物的尺度——大写的人还仍然只是一种普遍而言的尺度——某个单独的说话者才

---

*　通常译为智者派,本书也沿用了这一译法,但是,Sophisten 一词也有诡辩家的意思。

是万物的尺度。同样一句话，有时是正确的，有时又是错误的，这要取决于这句话是由谁说的，以及他是在什么情况下说的。普罗塔哥拉的这一思想是以赫拉克利特的"永恒的流变"以及对立统一原则为基础的。他的怀疑主义也没有把宗教排除在外，他遗留下的著作残篇中有这样的话："至于神，我既不知道他们是否存在，也不知道他们像什么东西。有许多东西是我们认识不了的；问题是晦涩的，人生是短促的。"普罗塔哥拉因其无神论思想而遭到指控并被逐出雅典。

除普罗塔哥拉之外，智者派的另一位著名人物是**高尔吉亚**，他们大约是同时代人。在他的一本题为《论非存在或论自然》的著作中，他用一种芝诺式的敏锐的洞察力向我们证明：第一，无物存在；第二，即使有物存在也不可知；第三，即使有物存在而又可知，我们也不可能把这样的认识传达给别人。这种怀疑态度几乎已经到了无以复加的地步。智者们动荡的生活以及他们的怀疑主义态度好像非常有助于他们的身体健康，据说，高尔吉亚精神矍铄地活到了一百零九岁。[4]

3. 智者派的意义

对于哲学史来说，智者派的价值并不在于他们为后人遗留下的那些零碎的思想，而在于以下三方面的功绩。首先，智者们在希腊哲学史上首次将他们关注的目光从自然身上移开，而把更多的注意力贯注到**人**的身上；其次，他们首次把思想本身作为认识的对象，并且已经开始批判性地考察思想的条件、可能性和限度；最后，他们能用一种非常理性的态度审视**道德**的价值标准，并从而为人们用科学的态度处理伦理问题并把它纳入一个合乎逻辑的哲学体系中提供了可能性。此外，由于智者们对修辞术和雄辩术都有较深入的研究，这也大大地促进了语言学和语法的发展。智者派是一个过渡现象，但它也是一个非常重要的阶段，若没有这个阶段，后来的阿提卡哲学的繁荣是不可想象的。

二、苏格拉底

1. 苏格拉底的生平

　　苏格拉底，约在公元前470年生于雅典，他的父亲是个雕刻师，母亲是助产婆。除了参加战争，他一生从来没有离开过他出生的城市雅典。在战场上，他也表现出了机智勇敢和吃苦耐劳的精神。苏格拉底相貌平平，根据保存下来的一尊胸像判断，他的外貌既不像一个传统的希腊人，也不像一个哲学家。他身强体壮，头颅硕大，圆形脸颊，鼻子扁平，他的整个形象倒是更像一个手工业者，这也与他的出身相符。他很早就放弃了从父亲那里学会的职业，并且也离开了他的家庭——他的妻子赞西佩对他的责备也是众所周知的——为的是能够专心致力于他的教育活动，他觉得，对他来说这是一种前无古人的天职。

　　他日复一日地活动于雅典的街道和广场之间，几乎是衣衫褴褛。在他的周围聚集了各色各样的门徒，其中有些青年来自当地的名门望族。他教学生从来都不收报酬，他靠学生和朋友的热情款待为生。他的教育完全采用对话的形式，是一种问与答的游戏。苏格拉底不仅仅向他的学生提问题，他还喜欢随意与过路的社会各阶层的人攀谈。他常常以善意的问题开场，然后就不停地追问下去，一点也不让步，并逐渐把谈话转移到一般的哲学问题上去，诸如：什么是善？我们如何获得真理？哪一种宪法最好？他一直追问下去，直到对方理屈词穷承认自己无知为止，这也就是苏格拉底要达到的目的。

　　了解一下雅典当时的政治状况，对于理解苏格拉底后来的人生遭遇是非常必要的。雅典政体是民主的，但是，说起希腊的民主，我们时刻都不应忘记一个事实，希腊的大部分国民——如雅典居民的一半以上——都是不受法律保护的奴隶。这些奴隶的劳动果实就是其他人富裕的生活的基础。我们在书中读到的那些由希腊作家们描写的不同的政体形式，事实上只关系到一小部分自由公民的利益。那时，没有人想过对奴隶制的合理性产生怀疑。知道了这一点，我们就可以说，雅典的民主是以一种极端的形式实施的，因此，这种民主已经违背了民主的基本原则。在贵族派的眼里，这种国家形式就是违背民主原则的。尤其是在持续近三十年的伯罗奔尼撒战争期间（前431—前404），当雅典的各派势力联合起来对抗他们的敌人斯巴达人时，占统治地位的民主派与那些暗地里主张实施斯巴达式的贵族政治的人之间，展开了一场残酷的党派之争。虽然苏格拉底并没有积极地参与政治，但是，他还是被看作贵族派的代言人，更确切地说，被看作那个为贵族派提供思想工具的人。

当雅典战败之后，民主政府暂时垮台。但是，当民主派经过颠覆活动复辟以后，苏格拉底的悲剧命运也就无可挽回了。他因为"亵渎神明"而被推上了法庭，这种指控其实根本是站不住脚的。柏拉图为我们描述了苏格拉底在法庭上的勇敢的申辩。苏格拉底被判处死刑，他饮鸩而死，这在当时是处决犯人的习惯做法。他拒绝请求赦免，有人为他提供逃跑的机会，也被他拒绝了。他死的时候已经七十岁，对他来说，离开雅典去过流亡生活好像已经没有意义了。他不想逃避自己的命运。关于他的死，柏拉图在《斐多篇》中为我们做了感人至深的描述：[5]

　　　　我们停下脚步，相互谈论着刚才说过的话并思虑再三。然后，我们又愤愤不平地说起那件令人伤心的不幸的事情，我们都觉得，仿佛我们将要成为失去父亲的孤儿，我们将要孤苦伶仃地度过今后的人生。他洗浴之后，有人把他的孩子带到他的面前——他有两个小儿子和一个大儿子，和他有亲缘关系的妇女也来了，他与他们说话时，克里同也在场，他把他想委托他们做的事情交代完之后，他就让妇女和孩子们都离开了，但是，他又朝我们走过来。那时已近黄昏时分，太阳快要落下去了，因为他在里面已经待了很久。

　　　　他回来之后便坐下来，还没有说多少话，看守就来了，他走到苏格拉底面前说："苏格拉底，我不会像抱怨别人那样抱怨你，当我通告他们，让他们遵照当局的命令喝下毒酒的时候，他们会记恨我并诅咒我。可是，在这一段时间里，我看出来了，你是我在这里面见到的最高贵、心地最善良和最优秀的人，现在我也相信，你不会记恨我——因为，或许你知道这是谁的错，而只会记恨他们。也许你也知道，我来要对你说什么，那么，你就多保重，别太难过，因为事情已经无法改变了。"然后，他哭了，转过身去走了。

苏格拉底望着他的背影说："你也多保重，我们会按照你的意思做。"他又对我们说："多好的一个人哪！他一直待我很好，有时还和我聊天，他真是最好的人。他多么真诚地为我而痛苦啊！好吧！克里同，开始吧！让我们听从他的话，要是毒汁已经榨出，那就把它拿过来吧！要是还没有榨出，那就让人着手准备吧！然后，克里同说："不过，苏格拉底，我以为，太阳好像还没有落山，而且我也听说，即使得到通告，其他人也是在很晚以后才会喝下去的，而且还要吃饱喝好之后，甚至还有人提出要求，让人给他带来美女做最后的享乐。你不要那么过分着急，你还有时间。"苏格拉底说："克里同，你说的那些人当然会那么做，因为他们以为那样就能得到什么好处，但是，我当然不会那样做。因为，我不认为稍微晚一点喝我就能得到什么好处，如果我贪生怕死，那只会使我显得十分可笑。好！就按我说的去做吧！不要再有什么别的想法了！"

然后，克里同就示意站在他身旁的那个男孩，男孩就走了出去，过了一会儿，他又带了一个人进来，那个人就是给苏格拉底来送毒汁的，他手里端着已装满毒汁的杯子。当苏格拉底见到他进来时，就对他说："那么好吧，最好的人，就请你告诉我该怎么做吧！"那个人对苏格拉底说："很简单，你喝下去以后就来回走走，当你觉得两腿发软的时候，就躺下来，那时药就已经起作用了。"然后，他就递给苏格拉底那个杯子，苏格拉底接过杯子，一点也没有发抖，他神色坦然，面不改色，和平时一样，他非常直率地望着那个人，问他："能不能再多赠给我一些这样的喝的？"那个人说："苏格拉底，我们只准备了这么多，我们觉得，这些就足够了。"苏格拉底说："我懂了。不过我想，向神祈祷总还是允许的吧，通向神界的路程肯定是幸福的，我在这里祈祷，我想我会如愿以偿的。"

说完，他就扬起脖子一饮而尽，他镇定自若，情绪很好。直到那一刻，我们大多数人都是强忍着没有哭，但是，当我们看到他已经喝下那毒汁以后，我们就再也忍不住了。我的泪如泉涌，夺眶而出，我禁不住掩面失声痛哭起来。我不是为他而哭，而是为我自己的命运而哭，为我失去这样一位高贵的朋友而哭。克里同走到比我更远一点的地方，因为他也已经忍不住声泪俱下了。阿波罗多洛斯原先就一直在哭，这时他更加悲痛地大声抽泣起来，这使得在场的人除了苏格拉底都更加伤心欲绝。苏格拉底对我们说："你们这些奇怪的人究竟怎么了！正因为这个我才让女人们都离开了，我不想让她们身陷这同样的错误，因为，我经常听人说，当有人正在死去的时候，在场的人应该保持肃静。那么，你们也保持肃静吧，要坚强些！"

听了这一席话之后，我们都自感羞愧，并强忍住内心的悲痛，不再哭出声来。苏格拉底在屋子里来回地走着，当他觉得两腿发软的时候，他就平躺下来，因为那个看守就是这样对他说的。然后，那个给他送来毒汁的看守又进来了，他不时地用手摸着苏格拉底，检查着他的脚和腿。过了一会儿，他就用力按着苏格拉底的脚，并问他是否还有感觉。苏格拉底回答说："没有。"然后，他又按着苏格拉底的膝盖并一直往上，并指给我们看，苏格拉底的身体是如何变得越来越凉和越来越僵硬的。之后，他又摸了一下苏格拉底并说，如果药性到了心脏，那么一切就结束了。当苏格拉底的下半身已经完全变凉了以后，他自己就掀开了盖在身上的床单，因为他躺下的时候就盖上了。然后，他说，这也是他的临终遗言："呵，克里同，我们还欠阿斯克莱

朴斯一只公鸡呢，别忘了替我清偿债务。"克里同说："这我会
做的，可是，你想想看，还有什么要说的。"当克里同问这话的
时候，苏格拉底就再也没有回答了，接着，他的身体抽搐了一下，
看守又给他盖上了床单，这时他的眼睛已经翻白。克里同见到
此状，他就为苏格拉底合上了双眼和嘴。我们的朋友就这样死
去了，他被大家公认为是一个久经考验的最高贵、最富有智慧
和最正直的人。

2. 苏格拉底的学说

事实证明，从流传下来的记载中——其中主要是柏拉图、色诺
芬和亚里士多德的记述，因为苏格拉底本人没有留下一点文字性的
东西——获得关于苏格拉底哲学思想的完整概貌，是哲学史研究中
最为艰巨的任务之一。被认为是比较可靠的认识也都是采用间接的
方式通过推论获得的。[6] 至少我们获得了关于所谓苏格拉底的方法
的一个大致轮廓，我们的陈述基本上也仅限于此。

"他自己总是喜欢与人谈论关于人的事情，他借此探讨何为虔
诚，何为渎神，何为美，何为耻辱，何为正义，何为非正义；什么
是审慎、癫狂、勇敢和胆怯；一个国家和政治家，一个政府和君主
应该如何作为，以及诸如此类的问题，他坚信，只要人们对此有足
够的认识，每个人都可以成为一个善良和高贵的人。"[7] 但是，苏
格拉底采用的谈话和教导方式是非常特别的。我们一般的情况是，
学生提问，老师作答，在苏格拉底那里，顺序则颠倒了过来，他是
提问者。他把他的任务比喻成助产士的艺术——这也是他母亲的职
业。他说，他不可能自己生产智慧，而只能帮助别人生产思想。他
的方法与智者派的辩证法有许多相似之处，他也并不鄙薄地拒绝智
者派的诡辩技巧。与智者派的共同点还在于，他们感兴趣的都是人，
而不是自然。而且，他通常得出的结论，也就是他的那句名言"自
知自己无知"，与智者派的那种怀疑主义态度并没有什么区别。

在德尔斐的神谕中，这位始终自称对一切都一无所知的人却被

认为是希腊人中最为智慧的人，他的出现是哲学史上的意义最为深远的革命之一。他的健全的理性告诉他，那些什么也证明不了并且最后只会破毁一切准则的诡辩游戏是毫无意义的。他感到，在他的内心深处有一个声音在召唤着他，这个声音会阻止他做出错误的事情，他称其为"神"。

他的思想中是有矛盾冲突的。一方面，他是一个非常虔诚的人，他认为人的最重要的义务就是敬神，他不知如何解释人内心中那个总是挥之不去的良知的声音；另一方面，他又认为，如果人认识不到什么是善和正义，那么他就不可能向善和做正义的事情；而当人认识到什么是正义，他也就不可能不去做正义的事情。因为，每个人都会去做那些对自己最有利的事情，而合乎道德的善是对每个人都有利的，所以，要想使人向善，我们就只需教导人们何为真正的善。把道德和知识合二为一是苏格拉底的思想创新。苏格拉底试图通过让人们认识到自己的无知，从而唤醒人们的自我审查和反省。他借用写在希腊神殿上的那句话"gnothi seauton"（认识你）号召人们："认识你自己！"如果人们能够通过自我审查和反省认识到他们当前的生活是缺乏道德的和盲目的，那么他们就会去寻找并渴望道德理想。[8]

苏格拉底所关注的从来都是活生生站在他面前的人，而不是概念化的抽象的人。我们必须认识到，苏格拉底是一个对人类满怀热爱和信任的教育者，而不是一个通常意义上的教师。他是一种巨大的摇撼力量，是一阵再也无法平息下来的骚动不安。苏格拉底的人格力量对他周围的人产生的影响是巨大的，这一点可以通过柏拉图在《会饮篇》中借苏格拉底的学生阿基比亚德斯之口说出的话得到证实："我们大家都完全被他的谈话吸引住了。……我甚至想对你们发誓，以保证我说的是真的，这个人的言谈让我着迷，他的音容笑貌至今仍然浮现在我的脑海里。当我听他说话时，我的心跳得比跳激烈的舞蹈时还要快，我激动得热泪盈眶；而且我也看到，在场的其他许多人也都和我一样。"[9]

如果我们再用柏拉图的话来形容苏格拉底的人物特征，那么就必须说明一点，在柏拉图的对话中，讲话的那个苏格拉底是不是真正的苏格拉底，对此人们一直争论不休。某些研究者认为，[10] 我们几乎不可能真正了解苏格拉底这个人，柏拉图著作中的那个苏格拉底可能只是柏拉图自己思想的传声筒而已。

我们真正确切地了解苏格拉底的情况是如此之少，这使得我们不禁要问：虽然这个人物品德如此高尚，并且为了自己的信念而甘愿牺牲生命，虽然我们几乎不可能了解他的真实的哲学思想，但是，为什么一个如此模糊的历史人物能够产生不可估量的历史影响呢？[11] 应该指出的是，正是由于苏格拉底的殉难与《圣经》中时常提及的耶稣以及早期基督教殉教者的死亡有些相似之处，所以苏格拉底能够长久地活在人们的记忆里。不过，我们真正想说明的是，苏格拉底之所以能够对后世产生影响，更多的是因为他那种历经千年而经久不衰的独特的人格魅力，而并不是因为他的思想，他的人格和他这个人一起被写进了人类的历史，自那以后，便成为一种影响越来越深远的文化力量，这就是人们普遍倡导的那种建基于自身内部的坚定独立的高尚的道德品质。这就是"苏格拉底的神圣信条"，做一个内心自由的人，为了自己而向善。

三、柏拉图

1. 柏拉图的生平

我年轻的时候也和其他人一样心里怀着一个志向：一旦我长大成人，我就会立即投身政界。但是，后来的生活经历却改变了我的这个决定。我们那时的社会状况被许多人所厌恶，所以就发生了一次颠覆活动。有五十一个人领导了这次革命……但是其中的三十人在整个政府中拥有无限的权力。他们中间有几个是我的亲戚和熟人，这些人马上就开始设法拉我入伙……当时我少不更事，所经历的事情也就不足为怪了。那时我想，他们将要把国家从不公道的生活状况中拯救出来并能使之走上正义之途，所以我就急切地注意着他们的一举一动。于是我就看到，这些人不久之后就又重蹈覆辙了。别的不说，他们竟然交给我一个任务，让我和我的一个年老的朋友苏格拉底——我会毫不犹豫地说，他是那个时代最正直的人——连同其他人一起强行把一个市民处死，目的是……想让他（苏格拉底）与他们同流合污。但是，他并没有服从他们的意愿，而是宁愿担风险也不去参与他们的那种罪恶勾当。当我看到这些事情以及其他一些诸如此类的但也并非鸡毛蒜皮的事情以后，我就感到厌恶之极，于是我就决定从这种罪恶的统治之中退隐而出。不久之后，那三十个政客以及他们的政权就被推翻了。于是，我对政治的兴趣又慢慢地复萌了……可是又发生了一件事情，几个有权势的人把我们的朋友苏格拉底送上了法庭，他们拿最恶毒的（当然也是莫须有的）罪名指控他：他们把他推上法庭的理由是，他亵渎神明。他们判处了他死刑……当我看到这一切，看到那些当权者所施行的统治，看到当时的法律状况和社会风气，尤其是随着年龄的增长我也越来越看透了这喧嚣尘世，因而也就更清楚地认识到，搞政治是多么不容易，因为若没有朋友和可以信赖的同党就根本不可能成功……而且国家的立法腐败和社会风气败坏也日益严重……虽然我始终都没有停止过思考这些问题，希望能找到解决之道，使国家的状况有所改善，并且总是期待着能够有施展抱负的机会，但是最终我认识到，国家的现状整个说来是糟糕透顶，因为它的法律现状几乎已经到了无可救药的地步，除非能够有一个神奇的新机构来挽救它。于是我经过再三思考终于得出一个结论：必须崇尚真正的哲学，因为只有真正的哲学才能为社会和个人生活带来正义之见；必须使哲学家成为政治家，或者使政治家奇迹般地成为哲学家，要不然，人类的不幸就不可能终止。

以上是柏拉图的一段自述，引自他的一封信札 [12]（研究者认为这封信札是真实的），从中我们可以获得一个有关他的生活的大概印象，并且也可以了解到他的哲学思想和政治思想的一些动机。柏拉图出生于公元前 427 年，他是雅典贵族的后裔。二十岁的时候，柏拉图遇上了苏格拉底并成为他的弟子，柏拉图放弃了他在文学方面的志向，从而专心研究哲学。他做苏格拉底的弟子长达八年，苏格拉底被判刑并被处死，这件事对柏拉图的心灵震动很大（我们在上一节中曾经引述过他自己对当时场面的描写），于是他就背井离乡，先是到了麦加拉城，后来他又去周游各地，据说他还到了埃及并认识了那里的宗教和丰富的知识以及他们的僧侣制度。或许他也到过东方，并且还认识了印度的智慧——他的某些著作印证了这一点。但是不管怎么说，他曾经在希腊的殖民地下意大利和西西里逗留了很长时间，在那里，他与毕达哥拉斯学派有过密切的接触，这对他后来的思想产生了一定的影响。有一段时间，他曾经在叙拉古的专制君主狄奥尼修斯的宫廷做客，他试图说服狄奥尼修斯接受他的政治观念，但是未能如愿。公元前 387 年，柏拉图在自己故乡的一个花园里创立了一所学校，据说这所被称为"柏拉图学园"的学校在柏拉图死后仍然存在达一百年之久。在这里，柏拉图为来自四面八方的学生授课，他不要任何报酬。为了实现自己的政治抱负，他曾经两次离开雅典前往叙拉古，但都是无功而返。除此之外，他一直待在他的学园里授课，他活到八十岁的高龄，临死之前还在忙于工作。

2．柏拉图的著作

柏拉图的老师苏格拉底只是通过对话和讲演的形式对他周围的人产生影响，因而他自己并没有给后人留下片言只字，但是柏拉图却给我们留下了大量的著作。可以确定的是，这些著作的大部分都出自柏拉图本人之手，其中也包括几封书信。同样可以确定的是，对柏拉图来说，口头传授也比书面表达更为重要。他对于从事写作的人没有说过表示尊敬的话，这种态度在许多如柏拉图这样的杰出著作家身上也并不少见。他直截了当地说，他从来都不相信能够用书面文字来表达他的思想内涵，文字的东西可能会遭受猜忌或不被理解[13]。对此，他说："我没有著作，而且以后也不会有，因为这不像别的事情，如果学会了就可以说出来，而它是突然之间产生的，就像被一个跳跃着的火花点燃了，这是心灵的闪光，从此以后它就会自我保存。"[14] 但对于我们后人来说，他的著作还是我们了解他的哲学思想的唯一源泉，而且这些几乎是违背他自己的意愿而写出的著作也仍然是那么超群出众。这些著作的写作时间前后持续达五十年之久，在个别问题的处理上，柏拉图的观点并没有发生很大的变化，但是在大部分问题上，他的观点经常发生明显的改变。

　　柏拉图的著作几乎都是以对话的形式写成的，他在苏格拉底死后不久写下的著作基本上都是这种形式，而且这种形式在他后期的几乎所有著作中也占据重要的地位。在其中我们也很难区分得出，哪些话是苏格拉底本人曾经说的，哪些话是柏拉图假借苏格拉底之口来表达自己的观点。

　　以柏拉图的名义流传下来的对话有34篇，其中一部分被认为是伪作。我们把柏拉图的最重要的对话列述如下：

　　1.《申辩篇》（Apologie）——记述苏格拉底在针对自己的法庭上的所作的辩护演说。

　　2.《克力同篇》（Kriton）——关于对法律的尊重。

　　3.《普罗塔哥拉篇》（Protagoras）——讨论诡辩术，论德性及其一致性和可教性。

　　以上三篇被列为柏拉图的早期著作。[15]

　　4.《高尔吉亚篇》（Gorgias）——其中讨论的中心问题还是德性，以及德性的可教性问题。智者派的自私的道德被证明是不充分的，修辞术也不能完全作为教育手段。道德的善是绝对的东西并可以用形而上学加以证明。政治、音乐以及诗艺都从属于道德的善。

最后他还对灵魂在彼岸世界里的命运做了展望。

5.《美诺篇》（*Menon*）——论认识的本质是"回忆"，论数学的意义。

6.《克拉底洛篇》（*Kratylos*）——论语言。

以上三篇对话被列为柏拉图过渡时期的著作。显然，它们是柏拉图从意大利归来后写成的，因为它们明显地受到了毕达哥拉斯思想的影响。这时柏拉图还没有达到他思想的顶峰。

7.《会饮篇》（*Symposion*）——追求美和善的动力就是厄洛斯（爱欲）。这里也有对苏格拉底的赞美，认为苏格拉底是完美的化身。

8.《斐多篇》（*Phaidon*）——论不朽。论灵魂的永恒和超验性。柏拉图理念论的形成。

9.《国家篇》（*Politeia*）——论国家。这是柏拉图内容最丰富的著作。柏拉图成年以后花费了许多年才写成这本著作。从个人到社会，它几乎涵盖了柏拉图哲学的所有领域。

10.《斐德罗篇》（*Phaidros*）——这篇对话对于理解柏拉图的理念论和他的"灵魂划分"的思想尤为重要。

11.《泰阿泰德篇》（*Theaitetos*）——关于知识的本质所做的认识论解释。

上述的第7篇至第11篇对话被认为是柏拉图成熟时期的著作。

12.《蒂迈欧篇》（*Timaios*）——柏拉图的自然哲学。内容涉及一切自然现象的形成，从宇宙天体到地球生物。

13.《克里蒂亚篇》（*Kritias*）——这一篇没有完成。其中记载了传说中比柏拉图生活的时代还早约一万年的岛国阿特兰蒂斯的衰落，至今人们对此仍然有许多猜测并一直在寻找它的遗迹。

14.《政治家篇》（*Politikos*）——包含老年柏拉图的政治观点并与下一篇相衔接。

15.《法律篇》（*Leges*）——这是柏拉图晚期的最后一部伟大著作，它在柏拉图活着的时候并没有完成，而是由柏拉图的一个学生在他死后整理出版的。这一篇对话仍然讨论政治问题，它表明，柏拉图思想的真正目的，自始至终就在于要建立一个合乎道德的国家并对其国民进行相应的教育。"法律"是柏拉图晚期哲学讨论的主要问题。

自从柏拉图之后，希腊人、罗马人以及后来的其他欧洲人都常常用对话的形式表达哲学思想。柏拉图式的对话当然也不是不假思索、任意而为的，由诡辩学派所倡导并在苏格拉底那里日臻完善的对话艺术，不可能不对柏拉图产生影响。与系统地表述思想相比，对话形式具有它自己的优点，它更加形象和生动。在对话中，不同的人物可以各执己见，他们既可以表示赞同，也可以表示反对，并且也可以从不同的侧面去考察同一个问题。此外，对话形式还有一个优点，就是作者本人在对话结束时不必总是调解不同意见之间的分歧，并且他也不需要表明自己的最终立场。这既可以表示作者的犹豫不决和模棱两可的态度，也可以表示作者清楚地知道并且深信，人的思想永远都不可能达到完全的统一，意见分歧和思想对立都是再正常不过的事情了，柏拉图就属于后一种情况。柏拉图对话的特点就是语言极其优美，参与对话的人物性格突出且观点鲜明，它们是世界文学宝库中的不朽之作。

3. 方法论的注解

我们可以采用系统的形式阐述柏拉图的哲学，可以一个接一个地分别讨论柏拉图的各个哲学议题并陈述与其相关的思想。可是，人们对这种方法可能会提出异议，因为柏拉图自己从来就没有创立一个前后一贯的"体系"，而且从柏拉图现有的著作中我们也不可能轻而易举地推断出一种体系来；与早期的杰出希腊思想家不同，柏拉图写作时使用的是自己的哲学概念语言，或者说，他自己新造了一些概念。而且他的著作中的术语也并不前后一致，几乎每一部著作在思想上都有所创新。[16] 一种"体系化的"陈述必然会借助于虚构，因而也就存在这样一种危险，即把柏拉图的思想硬塞进一个既不属于他也与他的思想不相符的框子里。这个框子是叙述者按照自己的观点选取的，许多哲学家就这样试图按照自己的意图解释过去的一切，用以作为他们自己的思想体系的前期准备，在极端的情况下，我们甚至可以这样说，过去的哲学文献好像已经成了他们本人著作的一种注脚。由于这个原因，对柏拉图的研究需要一种追本溯源的叙述方式，这就是说，在叙述他的思想时，我们要追寻他思想发展的脉络，这就要求相当地细致入微。柏拉图的思想在发展过程中有时会出现前后衔接不上的情况，这就需要我们把他中断了的思绪重新连接起来，而不能跳过去忽略不计。

每一种哲学史的叙述基本上都会遇到这样的方法上的困难，我们之所以指出这一点，是因为我们接下来将要讨论柏拉图著作中内容丰富和错综复杂的哲学思想。每个思想家都是"带有矛盾的人"，几乎没有一个思想家的著作能够始终保持前后一致。对于我们这篇导论来说，我们也不可能前后一致地遵循这两种方法中的一种，我们将遵循以下原则，也就是按照从形而上学（理念论）到伦理学再到政治学的顺序来讨论柏拉图的思想体系。

此外，细心的读者也可能会在对话中发现一些容易引起争议的结论和推论。在这种情况下，柏拉图是不是想（如苏格拉底那样）为其争论的对手设置一个陷阱——或者他的论证中存在的缺陷是不是在无意中产生的，关于这些问题人们写过大量的研究文章。

另外值得一提的是，某些哲学史家[17]认为柏拉图写作对话只是为了"消遣"，这些对话是指导人们从事哲学研究的入门性的著作，而柏拉图思想的核心部分都是由他口头传授的。柏拉图自己曾经发表的一些意见倒是能够佐证这种论点。

4. 历史的出发点

柏拉图的思想首先是在他那个时代的思想的激发下产生的，在其他思想家那里情况也是如此。同样，面对他那个时代的思想，柏拉图的态度是矛盾的，在这一点上，柏拉图与其他思想家也是一样的。他接受了一些时代的思想并对其加以发展，而对于另一些思想，他持反对态度并努力克服之。就此而言，柏拉图思想的出发点既有积极的一面又有消极的一面。柏拉图极力反对和克服的就是诡辩术。在他的对话中，他总是让智者们再三出场，他先让他们坦率地阐明自己的立场，然后他再对其加以反驳。在他看来，普罗塔哥拉的那句话——人是万物的尺度，不存在普遍的标准——是一个基本错误。他说，这样一种学说必然会摧毁知识以及道德的基础。智者们的修辞术是一种说服他人的艺术，但是把它作为一种哲学的方法则不适合。

就像赫拉克利特所认为的那样，每一个事物都需要一个对立面，因此，每个哲学家也需要一个思想对手。柏拉图努力想使自己脱离智者派的影响，但是，他却没有认识到，他自己也是站在智者派思想家们的肩上的。即使在最伟大的哲学家那里，我们也不可以期待他能够以完全公正的态度对待自己的对手。除了柏拉图从智者派那里继承下来并加以发展的辩证法，柏拉图与智者派主要有两点共同之处。首先，柏拉图也对流行的知识产生怀疑，他表示，人的感官知觉不可能感知事物的本来面目，而只能感知始终在变化着的事物的现象。如果我们将大量的感官知觉合并到一起从而形成一种普遍的观念，这样其接近真实的可能性会大一些，但是，它仍然更多的是以一种说服（通过感官）为基础的，而并非以他们的清晰的意识为基础。其次，和智者派思想家们一样，柏拉图也怀疑流行的道德观念，而且他也对故步自封的元老制以及政治家们的所谓丰功伟绩持怀疑态度。如同流行的观念所缺乏的，它们也都缺乏一种能够赋予一个行为某种价值的能力，即能够清楚地意识到为什么这个事情是好的和正确的。

至此为止，柏拉图与智者派还是意见一致的。但是，当涉及理智和道德问题时，他们之间就产生了明显的意见分歧。智者派思想家们说，对于思想和行为来说并不存在普遍的有约束力的标准。在柏拉图看来，哲学的任务恰恰就在于此，也就是说，它要表明这样的标准是存在的，而且它还要告诉人们该如何获得这种标准量器。其他的一切都只是一种准备（是入门性的基础知识）。在这里，柏拉图发展了苏格拉底的思想，而且这也是他的哲学出发点的积极的一面。但是，柏拉图远远地超过了他的老师。苏格拉底曾说"我自知自己一无所知"，对此柏拉图的意见是，在永恒的理念之中存在着我们的思想和行为的标准，我们能够通过思想和预感来把握这种标准。

柏拉图的思想不仅与智者派的思想形成了鲜明的对比，而且它还与早期的思想家如德谟克里特的思想产生分歧。与德谟克里特不同，柏拉图认为，世界是一种宇宙理性的标志和产物，这样，他的世界观就与早期希腊诗人和哲学家带有悲观色彩的世界观形成了对照。在柏拉图那里，那个灰暗的宇宙背景被迫隐退了，因此，他的哲学就成了一种"光明的形而上学"。

5. 理念论

从事哲学思考的原动力和方法

只有那些具备哲学思考的原动力的人，才能够获得对理念的认识，柏拉图称这种原动力为"厄洛斯"（爱欲）。这个词原来在希腊语中代表情爱（或性欲）——爱神也被称为厄洛斯，柏拉图为这个词赋予了一种更高的超凡脱俗的意义。厄洛斯就是追求，是从感性上升到理性，是尘世的人对永生的渴望，同时也是意欲唤醒他人心中的这种冲动的期盼。一个美丽的身体所能带来的愉悦是 Eros 的最低层次，一切与美相关的活动都接近于这种冲动，尤其是被视为哲学的前奏的音乐，此外还有数学，因为数学教导人们撇开感性的东西而专注于纯粹的形式。[18]

值得一提的是，我们通常所说的"柏拉图式的爱"这个概念，指的是男女之间的纯粹精神的爱或纯粹的"友谊"，在这里，肉体的欲望已经被消除了，但这是对柏拉图的一种误解。柏拉图只是说过这样的话："那些爱肉体更甚于爱灵魂的庸俗的情侣是不好的。"

柏拉图根本就没有提到过要消除肉体的欲望。此外，柏拉图说这句话时指的也根本不是男女之间的爱，[19] 而是指同性之间的爱，同性爱在当时也是很普通的事情，所以柏拉图提及此事也并不感觉难堪。

美的直观是一种准备，但是认识理念的真正工具则是抽象思维，柏拉图称之为**辩证**思维。为了达到目的，正确的方法就是必须使厄洛斯成为原动力。修辞法可以作为说服别人的工具，而辩证法则是一种艺术，它可以帮助人们在共同的探索中，在对话中，不断地接近普遍有效的真理。一方面，辩证的思想会从特殊上升到一般，从相对上升到绝对；另一方面，辩证的思想还会通过所有中间环节从一般下降为特殊和个别。

理念与现象

你想象一下，有人在一个洞穴式的地下居所里，它的入口是朝上开着的，亮光可以从上面照进来。这些人从孩童时就被捆缚在这里面，他们只能待在原地，连头都不能转动。但是他们有光，这光是从他们上面和他们后面的远处燃烧着的火那里发出来的。在火光和这些被囚禁的人之间有一条从上面延伸下来的路，沿着这条路有一堵墙。有些人手里拿着各种器皿举过墙头并沿墙走过，很自然，有人在走过时会说话，而另一些人则沉默无语。

他说，你在述说一个奇特的景象和一些奇特的囚徒。

我说，不，他们是和我们一样的人。你想想看，除了火光映照在他们对面墙上的影子，他们还能看到自己的和自己同伴的什么呢？那么，那些被人举着过去的东西呢？情况不也是那样吗？如果他们能够相互交谈，你不认为，他们会确信，他们看见并谈论着的那个东西就是真正被人拿过去的那个东西吧？又比如，如果一个过路人说话，声音在他们的地牢的岩壁上发出回音，你不认为，他们会确信，那是对面岩壁上的影子发出的声音吗？——那么，请你设想一下，如果其中的一个人被解除了桎梏，并且他不得不突然站起来，转动脖子环视四周，开始走动，向有光亮的地方张望，这一切会让他感到痛苦的，他会由于目眩而看不见原先他只见到过其影子的实物。假如有人确切地告诉他，他过去所看见的一切纯粹都是虚幻的东西，而现在他接近了事物本身，他就站在具有高度实在性的事物面前，因而见到的东西也更真实了，你认为他听了这番话会说什么呢？如果有人甚至逼迫他去看那亮光本身，难道那光就不会刺痛他的眼睛吗？他会不会想逃跑，逃回他以前习惯见到的东西那里去，并且坚信，他过去看见的影子比刚才人们指给他看的实物更加真实呢？

以上就是柏拉图在《国家篇》里讨论人的生活和人的认识时，所做的著名的"洞穴比喻"，引文略有删节。[20] 我们的日常存在就类似于那个地牢，我们周围的环境就类似于那些岩壁上影子。我们的灵魂上升到理念的世界，就类似于那个囚徒突然站立起来环顾四周。那么，理念又是什么呢？"我们设想一种理念，在其中我们用同一个名字称呼一系列个别事物。"[21] 理念（希腊语 eidos 或 idea，原来意指事物的形象）就是存在物的形状、类型和普遍性。但是理念不是一般的纯粹概念——这种概念是通过撇开事物的特殊性并从中归纳出其共同特征而获得的，它具有绝对的现实性，甚至可以说，它是唯一真实的（形而上的）现实。个别事物会消亡，但是，理念会作为事物的永恒的原始形象而永驻。

究竟应不应该为一般的理念赋予比个别事物更高的现实性，或者与之相反，仅仅认为个别事物是真实的，而认为一般的理念只存在于我们的头脑中，这是一个基本的哲学问题。在叙述中世纪哲学时，我们还将讨论这个问题。对柏拉图来说，理念无论如何就是真正的现实。晚年的柏拉图喜欢将理念与毕达哥拉斯的数的概念联系到一起。

与苏格拉底不同，柏拉图将可见的自然也纳入他的思想体系之中。由于唯一真实的理念能被纯粹的思想所认识，所以，对柏拉图来说，研究物质存在只具有次等的意义。以研究物质存在为目的的自然科学永远都不可能达到确定性，而只能达到或然性。在这样一种观念的指导下，柏拉图在《蒂迈欧篇》中也写了一篇关于自然科学的文章。

对我们来说，与理念论紧密相关的首要问题就是：影像世界（即可见的自然）究竟是如何实现其存在的呢？显而易见，由于美的直观也可以通达理念，所以自然物就是理念的映象与显现。那么，存在于一个更高的、"彼岸的"精神世界中的理念，又是如何显现为感觉世界里的具体物质呢？虽然这种显现并不完全并有所减弱。在理念之外必定还存在另一种东西，或者说还存在一种反映理念的物质。柏拉图在《蒂迈欧篇》里称这另一种东西为（虚）空——他肯定是依循了德谟克里特的观点，或许称之为直观的形式会更确切一些，不仅应该包括同时存在的，而且也应该包括先后存在的。[22] 柏拉图将这第二个原则称为普通意义上的"物质"（后来的亚里士多德也是如此），这也是可想而知的事情。[23]

关于柏拉图的自然理论我们在这里就不深入探究了，但是，这里明显存在一个漏洞：因为，即使存在这两个原则，我们仍然不清楚，是什么力量促使本来沉睡着的理念现身为物质。因为柏拉图哲学不能弥补这两种原则之间的漏洞，因此可以说，他的哲学是**二元论的**。

为了弥补这个漏洞，另外还需要起中介作用的第三个原则，它介于两者之间，或者说高于两者之上。晚年的柏拉图越来越倾向于接受一种神的或世界精神的观念，但是，他并没有用具体的形式，而是用神话的形式阐释他的这种思想，因为柏拉图本来就特别喜欢用神话的形式阐发严密的思想。

6. 人类学与伦理学

在柏拉图看来，人的灵魂可划分为思想、意志（情感）和欲望三部分。思想存于人的头部，情感存于人的胸部，欲望存于人的下身。

但是，思想或曰理性是其中唯一不朽的部分，它在进入人的身体时就与其他部分结合在一起了。[24]

不朽的灵魂既无始也无终，其本质与世界灵魂很相似。我们所有的知识都是对过去事物的回忆，是对灵魂的**体现**。"既然心灵是不死的，并且已经投生了好多次，既然它已经看到了阳间和阴间的一切东西，因此它获得了所有一切事物的知识。因此，人的灵魂能够把它以前所得到的关于美德及其他事物的知识回忆起来是不足为奇的。因为既然一切东西都是血脉相通的，而灵魂也已经学会了一切，因此就没有理由说我们不能够通过对于一件事情的记忆——这个记忆我们称为学习——来发现一切其他的事物，只要我们有足够的勇气并且能够不知疲倦地探求。因为一切探求、一切学习都只不过是回忆罢了。"[25] *

这些句子容易让人产生猜测，人们会想，柏拉图可能对古代印度哲学有所了解。

在理念的王国中，至善的观念占据最高的地位，它在一定程度上是理念的理念。至善的最高目的就是将自己置于一切之上，这也是世界的最终目的。"我想，你可能会说，太阳不仅赋予可见的东西一种能力，就是让它被看见，而且还赋予可见的东西以生成、成长和获得营养的能力，虽然太阳本身不是生成……同样，你会说，能够被认识的东西不仅从善那里获得其可认识性，而且还从善那里获得它的实在与本质，因为善本身并不是实在，而是在地位和力量方面高于实在的东西。"[26]

柏拉图的伦理学从至善的观念中得出结论，不死的灵魂是人身上的那种能够使人参与到理念世界中去的东西。人的目的就是通过使自己上升到超感觉的世界从而达到至善。肉体和感性是阻碍人们达到至善的桎梏，用柏拉图的话说就是"soma，sema"（肉体是灵魂的坟墓）。

---

* 参见《古希腊罗马哲学》，商务印书馆，1982 年版，第 191 页。

德性是灵魂的状态，在这种状态中灵魂接近于这个目标。因为可见的东西是不可见的东西的影像，所以，尤其是在艺术中，我们可以借助于可见的东西去把握理念。

就像在苏格拉底那里一样，只有当德性建立在可被认识的基础之上，德性才能真正成其为德性。因此，德性也是可教的。柏拉图发展了苏格拉底的德性理论，他将一般的德性概念分解为四种主要德性，它们是智慧、勇敢、审慎和正义感。其中前面的三个与灵魂的组成部分相符合：智慧是理智的德性，勇敢是意志的德性。第三个德性，虽然（在德语中）被称为审慎，但是并没有完全表达出柏拉图的原意，希腊语中的 Sophrosyne 意思是平衡（或内心的平静），也就是说，在享乐与禁欲以及严厉与顺从之间能够保持中庸，在公共场合抛头露面的时候也应表现出高贵的尊严，既不要愚蠢地表现出过分的亲密，也不要态度冷淡拒人于千里之外。[27] 最后，正义感包括其他所有的德性，它存在于灵魂的三个组成部分及其德性的恰当的关系中。

7. 国家

我们前面引述的柏拉图信札在某种程度上表明，柏拉图是一个未能如愿以偿的政治家，政治问题以及国家的正确体制问题都是他终生为之殚精竭虑的问题。Polis，这个柏拉图的国家思想中的中心概念就是我们今天的 Politik（政治）这个词的雏形。正确的行为、德性、合乎道德、正义感等，这些柏拉图首先用于个人身上的概念，现在又"被放大了尺寸"用在国家的身上。只有在国家中，这些概念才能被真正理解，也只有在国家中，这些概念才能完全实现其意义。可以想象的合乎道德的生活的最高形式就是那种在一个完善的国家里的合乎道德的社会生活。

柏拉图的国家学说中既有消极的批判性成分，也有积极的建设性成分。前者与柏拉图丰富的人生经历不无关系，在其中，他考察了现存的国家体制。在后者中，柏拉图描绘出一幅理想国的画卷。

关于两者我们都截取其代表性的特征做简要陈述。

对现存国家体制的批判

就像有许多种类型的人一样，也有许多种类型的国家体制，因为国家是由不同个性的人组成的，这些人当然会对国家的形式产生影响，所以国家体制是由人的个性特征所决定的。柏拉图考察了不同的国家形式以及国家中的人的类型。

寡头政治是这样一种制度，"它建立在对财产的过分尊重之上，有钱人拥有政治权力，穷人则被排斥在执掌政权之外"[28]。寡头政治有三大缺点：第一个缺点，"如果人们根据财产的多少来任用船长，那么，即使一个穷人更懂得航海技术，他也不会受到重用！这样，他们的航行就会遭遇危险……涉及任何一种领导事务不都是同样的道理吗？……在国家事务中也是这样吗？……在国家事务中就更是如此了，因为政治事务是最困难最重要的事务"；第二个缺点，"这样的国家必定不是一个而是两个，一个是富人的，另一个是穷人的，尽管他们在同一个国家里生活，但是他们双方却总是相互威胁着对方"；第三个缺点，"每个人都有机会挥霍掉他的全部财产……然后他仍然留在这个国家里……作为一个穷光蛋……你在一个国家里遇见乞丐的地方，那里也会藏着小偷、扒手、强盗以及其他诸如此类的职业惯犯"。

必定会出现一种类型的人，他们能够适应在这样的国家体制中生存。因为"凡是受到尊重的东西，大家就都会去效仿，不受尊重的东西，大家就弃之如敝屣"。人们不去追求智慧和正义，而是去追名逐利，聚敛钱财。这样就会产生一些贪得无厌、游手好闲的人，这种人与恬淡寡欲、合乎道德的人格理想相去甚远。

在这种以寡头政治为主的国家里，阶级之间的斗争就可能导致**民主制**的产生。"我想，如果穷人获得胜利，他们把那些与自己敌对的人或处死或流放到异国他乡，其余的国家公民都有权参政议政并担当政务……民主制就是这样产生的。"民主的口号就是**自由**。"首先，人们是自由的，整个城邦都在享受着行动自由和无限制的言论自由，这里的每个人想干什么就干什么"，"而且，在这样一个国家里，即使你精于权术，你也不必被迫去执掌政权；如果你不喜欢服从命令，你也可以不服从；当别人去参战时，你可以不上战场；如果你不喜欢和平，当别人要和平时你也可以不要……就目前来说，难道这不是天赐的绝佳乐事吗？……诸如此类的……就是民主制的特征，它因而是一种令人心满意足的制度，这是一种斑驳陆离的无政府状态，不管平等与否，所有人都享有同样平等的权利"。

那些对这种制度感到心满意足的人会变成什么样呢？难道无节制的纵欲和普遍的人心涣散不会因此而充斥整个社会吗？如果人人平等自由，又该如何教育年轻人呢？"在这种情况下，老师在学生面前会战战兢兢，会去讨好学生，而学生却不把老师放在眼里……况且，年轻人会夸夸其谈，他们与前辈们平起平坐，分庭抗礼；而那些前辈们却尽力表现出平易近人和谈笑风生的样子，目的是不让年轻人觉得他们会因此而不高兴，或者认为他们是盛气凌人、难以亲近的长者"，"年轻人称羞耻感是一种愚蠢之举，他们把羞耻感抛诸脑后；他们把审慎的品德说成是没有男子汉气概……生活节制和勤俭持家的美德在他们眼里就是土里土气和寒酸"。

民主制后面接着就是**僭主政治**。"因为僭主政治是对民主制的一种反动，这是显而易见的！"这又是如何发生的呢？"寡头政治所推崇的至善就是拥有巨大的财富，它也因此而得以实现。正是由于对财富贪得无厌，并且为了聚敛财富而忽视了所有其他事物，寡头政治从而就走向衰落……而民主制之所以走向衰落，不也是因为它对自由的贪得无厌吗？""事实上，物极必反，一年四季是这样，植物是这样，身体的营养是这样，更何况国家呢……如事实所显示的那样，对于每个公民和国家来说，当自由达到极端的程度时，其结果就只能是极端的奴役"，"人民通常都是推举一个人作为他们的领袖，他们爱戴他并使他成为至高无上的君主"。其代价就是权力过于集中于一人之手，而且过分膨胀的权力欲也会使得这个君主忘乎所以，他渴望权力就如同嗜血成性的猛兽。"难道不是这样吗？一个被恭顺的民众所拥护的人民领袖，面对臣民的流血牺牲，他不仅表现得无动于衷，而且他还不公正地陷害他们，把他们推上法庭，草菅人命……他们或被放逐，或被宣判死刑；他取消他们遗留下的债务并将他们的田产重新分割，然后，必然的结果就是，要么他被自己的敌人杀死，要么他就成为一个如豺狼一般凶狠的暴君。"

两千多年以前，希特勒统治的历史就已经被柏拉图写就了！

理想国

每个人身上都存在着欲望、意志和理性，只有当三者处于一种合理的关系中，公道才能得以实现。同样，一个国家也面临着三个与生俱来的任务：保障人民的基本营养、保护国家不受外敌侵犯、理性的领导。与此相适应，也存在三个自然的社会阶层：劳动者、战士（柏拉图称之为"守护者"）以及统治者，在这里也一样，只有当三者的关系和谐一致，国家也才能实现公道。就如同在个人那里一样，国家也必须由理性来统治，这种理性是由统治者来体现的。怎样才能实现这个目标呢？柏拉图的回答是：通过选择。

国家的首要任务就是，它必须为每个儿童提供同样的受教育机会，不管他是什么出身。体育和音乐是儿童期最基本的教育内容。体育运动可以锻炼人的体魄，能够赋予人以勇气和坚强的意志。音乐可以塑造人的灵魂，能够使人性情温和宽厚。两者相结合就会塑造出和谐均衡的个性来。随后就是要学习算术、数学以及初级的辩证法，也就是要学习正确的思维。此外，他还要经受疲劳与匮乏之苦，间或接受一些诱惑的考验，目的是锻炼和巩固他的坚强品格。到了二十岁时，他们要经过最高当局的严格选拔，留下来的人还要继续接受十年的教育，然后再进行一次筛选。然后，被选中的人再接受为期五年的哲学方面的智力教育。经历过所有这些考验的人到了三十五岁时还缺少一种东西，它对于他们将来执掌政权至关重要，这就是在实际生活中和生存斗争中的经验。在这方面他们还要接受十五年的锻炼，与过去所经历的思维训练不同，这时他们要经受冷酷的现实的考验。然后，他们到了五十岁，这时他们经过生活的洗礼而变得沉着冷静和意志坚定了，在理论和实践方面，他们经过精心全面的培养而成为非常成熟的人，所以他们这时就可以进入领导阶层去担当要职了，而且这也是自然而然发生的，不用再经过选拔，因为他们已经被确定为是最优秀的了。他们将成为柏拉图梦寐以求的"哲学王"或哲学家式君王，集权力与智慧于一身，这是多么美妙的理想啊！

可想而知，基于他的出身以及他与苏格拉底的关系，柏拉图自然会倾向于一种贵族国家的理想。他的国家理想是一种字面意义上的贵族统治：一种最优秀者的统治。但是这也是一种完全民主的统治制度，因为不存在世袭的优先权，大家都有均等的机会上升到最高地位。如果民主的特征就是大家机会均等，所有人都处于同一起跑线上，那么这种民主并不会顺理成章地得以实现。

设若这样一个国家能够冲破种种艰难险阻终于得以成功建立，那么这个国家在其内部也会面临众多的危机。通过上述方式选拔出来的统治者肯定都是一些强者而非弱者，他们身上也会存在一般人性中都存在的本能欲望，其欲望的强度至少也不会低于其他人的平均水平。他们在国家之内拥有无限的权力，虽然已经接受过各种考验和教育，但是他们也无法抵制各种人生的诱惑，因此，在他们眼里，自己的利益比大众的利益更为重要。其欲望主要集中在两个方面：金钱和财产，女人和家庭，因为"食与色"乃人之本性。

必须从两方面抵制这种诱惑。针对武士和（未来的）统治者——因为统治者也是从武士中招募来的，所以他们都被柏拉图称为"护卫者"——柏拉图提出如下准则："首先，倘使能够避免，他们就不应该占据私有财产；他们的房屋也不能带有门锁或门栓，这样，当有人想进入他的房子时就不会觉得受到阻拦。他们只能得到作为一个武士所必需的物品，国民为他们提供的生活必需品刚好够他们一年四季的所需，而不会为下一年剩下结余。他们就像兵营里的士兵一样一同进餐，一同居住。我们将会对他们说，他们会从上帝那里得到足够的金银，因此他们就不再需要尘世的金子。他们不应该拿尘世的金子去玷污上帝给他们的恩赐……他们不允许接触金银或与这种合金有什么瓜葛，他们居住的房屋上也不应该有这种合金制作的东西，他们的衣服上也不能佩戴这种东西，而且他们也不能用这种东西制成的器皿喝酒。这不仅对他们自己有好处，而且对国家也有益……但是，假如他们在某个时候拥有了自己的房屋、土地和金钱，那么他们就变成了房主和地主，而不再是国家的护卫者，就变成了粗暴的发号施令者，而不再是其他公民的同盟者；他们就会憎恨他人并虎视眈眈地窥视他人，同样，他们自己也变成了被别人憎恨和窥视的对象，他们的生活也处于恐惧之中，比外敌当前时还要恐惧。他们自己的人生面临灾难之时，国家的覆亡也就为期不远了。"[29]

在护卫者那里的共同性也扩展到妇女身上。护卫者将没有自己的妻子，"妇女是男人所共有的，一个妇女不会固定地与一个男人发生性行为，他们的孩子也是共有的，因此，父亲不会认识自己的孩子，孩子也不会认识自己的父亲"[30]。一般来讲，男人选择女人应该遵循如下原则："最优秀的男人应该与最优秀的女人尽可能多地性交，最劣等的男人与最劣等的女人应该尽可能少地性交。如果想保持种群的优秀，那么最优秀者的下一代就应该抚养成人，而最劣等者的下一代则不予抚养"，"结婚人数的多少由统治者们自由决定，这要考虑到战争和疾病以及其他因素，应尽可能地使男性的数量保持不变"[31]。

广大的从业者允许拥有私人财产和建立个人的家庭，在这方面政府不应插手干涉。

我们注意到，在老年柏拉图的思想中，其早期国家理论中的某些观念的片面性已经有所减弱，他的整个观念与现实生活已经非常贴近。他提出的国家体制实际上是各种不同体制的混合体。

8. 评价与批判

柏拉图在希腊思想史上的地位

柏拉图的著作是希腊哲学的顶峰，其涉及的范围如此之广，我们在这里几乎难以尽数。过去的一切思想都在他这里汇聚到了一起，他不仅吸收了苏格拉底以及智者学派的某些思想成分，还承袭了较早时期的希腊自然哲学。起初他倾向于埃利亚学派的观点，认为世界的本原是不变的，后来他又认为世界是变化多样的，因而他又接近了赫拉克利特的观点，即认为一切皆流，万物皆变。[32]

然而最为主要的是，柏拉图首次将迄今为止的希腊理性哲学与神秘教派，和毕达哥拉斯派那里就已经出现的对灵魂转世、净化以及解脱的信仰结合在了一起。像柏拉图那样认真严肃地对待永恒性问题的人并不多见。在他的伦理考察中，他始终坚持这样一个基本观点：假如人占有了整个世界，而他的灵魂却遭到损害，这对于人来说有何益处呢？[33] 因此，必然就会产生贬低感性生活的思想，如我们在印度奥义书中所看到的那样。这种来自东方的人生观被认为是"滴入希腊血液里的陌生血滴"。在这方面，弗里德里希·尼采对柏拉图展开了攻击，他称柏拉图是"败坏道德的、前基督教的骗人高手"，"这个雅典人在埃及人那里学到了一些东西，为此我们却付出了高昂的代价"[34]。

事实上，柏拉图的著作一方面是对迄今为止的希腊哲学的总结；另一方面也是对它的发展，或者说他打破了迄今为止的希腊传统。因此，柏拉图的思想必然就会与古希腊文化中的几个基本因素发生冲突：他不仅不承认那些雅典的大政治家是能够使人民过上合乎道德的生活的真正的教育者，而且还指责古希腊历史上的伟大艺术和文学成就，对他来说，这些感觉敏锐的艺术家和美的爱好者也是应该得到赞赏的，可是，当他在道德上必须作出二者择一的选择时，他也不得不忍痛割爱了。[35]

柏拉图与后世

柏拉图哲学对后世的影响是难以估量的，它在新柏拉图主义那里经历了第一次复兴，而新柏拉图主义在古典后期的几个世纪中是占主导地位的思想体系。柏拉图哲学还成为上升时期的基督教神学以及中世纪哲学的坚强同盟者，在近代初期，它又真正经历了一次复兴。在当代，哲学的兴趣重又转向了柏拉图哲学。柏拉图的伟大之处还在于他在心理学方面的深刻见解——他已经预先认识到了某些现代精神分析的思想——和他的包罗万象的思想以及他那令人肃然起敬的人格。"柏拉图永远都是所有时代的唯心主义哲学的奠基者，是生活中的精神先锋，是人类行为的道德标准的宣告者，因此也是人类的最伟大的教育者。"[36]

柏拉图逝世后不久，他就在人们的心目中树立起了一个在和谐的精神力量中追求道德完善的开明智者的形象。亚里士多德这样赞颂他："对于这样一个奇特的人，坏人连赞扬他的权利都没有，他们的嘴里道不出他的名字。正是他，第一次用语言和行动证明，有德性的就是幸福的人，我们之中无人能与他媲美。"[37]

关于柏拉图，歌德这样写道："柏拉图面对世界表现得像个圣灵，他只是乐于在这个世界上暂时停留……他潜入世界的纵深之处，与其说要研究它，倒不如说是要完成他的使命。他向高处飞升，怀着渴望，意欲重新分享他的本原。他所表述的一切都关涉一种永恒的、善的、真的和美的东西，他所追求的就是唤起人们心中的这种东西。"[38]

当然，这多少是把柏拉图理想化了，太过于把他看作超出常人的威严崇高之人。可是，他的雕像向我们显示的倒是"一副思想深邃的面容，上面有他那跌宕起伏、奋斗不息的一生留下的痕迹"[39]。

关于理念论

"理念"这个概念作为一个关键词始终贯穿着两千多年的西方思想史，从柏拉图所赋予它的鲜明意义上看，我们或许可以用"原型"

或"真正的实在"来翻译它。柏拉图本人曾经把希腊语中的 idea（或 eidos，即图像）与其他许多术语交替使用，显然，只是当西塞罗开始向罗马读者阐释柏拉图的时候，他才使 idea 这个概念获得了它通常的意义。

今天具有批判头脑的读者可能对柏拉图提出质疑：为我们所能感知到的一个（广义上的）对象设定一个与之相应的对应物，一个理念范围内的原型，这到底有何意义？这不是画蛇添足吗？

请注意！如果我们正在想的不是一个具体的对象——比方说一棵树，而是正在想着某种概念性的东西——比方说一个数学中的"对象"，那么事情就会是另一副样子！

1545 年，意大利的医生和数学家杰罗拉莫·**卡尔丹诺**〔我们今天汽车上的使用的万向轴（Kardanwelle）就是以他的名字命名的〕首次使用了虚数，亦即负数的平方根，它"本来"是不可能存在的。这原本纯粹只是一个（为了解开立方方程式而想出来的）手段，而在此后的几百年间，它却为人类的许多新的可能性和认识创造了条件，直至本世纪发现的"曼德尔布罗特集合"（Mandelbrot-Menge），这是当初谁也预料不到的事情。

有人会问：从卡尔丹诺到欧拉，再到高斯、柯西以及黎曼，这些研究者们是"发明"了某种（原先并不存在的）新东西呢，还是"发现"了某种新东西呢？在后面一种情况下，那种被发现的东西必须事先就已经存在了，那么是在哪里呢？唯一可能的回答就是：它存在于一种精神的、理念的范围之内，它只是等待着被某位数学家"发现"。

罗杰·**彭罗斯**，这位当代著名的数学家曾经说过，他执着地坚持第二种观点，也就是说，信奉数学柏拉图主义，他的原话是："曼德尔布罗特集合不是人类思维的发明：它是一个发现。正如喜马拉雅山那样，曼德尔布罗特集合就在**那里**！"[40]* 柏拉图（在他的学园

---

* 参见罗杰·彭罗斯《皇帝新脑——有关电脑、人脑及物理定律》，湖南科学技术出版社，1995 年版，第 110 页。

的门上安放着一块牌子，上面写着"非数学家不得入内"）肯定会
对彭罗斯的这段话感到高兴。

对国家学说的批判

柏拉图的国家学说中的乌托邦思想是它遭到抛弃的主要原因。
有人说，虽然他的国家学说中包含某些正确的成分，但是它却根本
不可能付诸实施。柏拉图的学生亚里士多德就已经带着明显的嘲讽
口吻说："这一些以及其他东西将会随着时间的推移被不断地重新编
造出来。"[41]

其主要原因在于：柏拉图低估了人对物质财富和女人的占有欲
望，尽管他认为，在性和私有财产领域内，一种共产主义的状态是
勉强可以接受的。再者，如果从母亲手里把孩子拿走，那么母性本
能以及其他妇女的自然属性和尊严也将会随之退化。家庭是历史之
根源，是国家和人类文明的基础，倘若它遭到破坏，那么将必然导
致社会的衰败[42]。

柏拉图的拥护者们对于这样一些不容忽视的异议进行了反驳，
他们认为，柏拉图只是对精选出来的一小部分人提出了这样的要求，
或许他自己也很清楚，大多数人永远都不会放弃私有财产、金钱、奢
华和个人的家庭生活，况且，在思想成熟时期，柏拉图自己就放弃了
他的大部分有些偏高的期望。

或许柏拉图已经清醒地意识到，他提出了一个很难实现的理想，
但是，在他看来，这种理想仍然是必要的和有价值的："一个城邦
的典范就这样矗立在天上，谁若是想看就能看到它，并且能够以
它为榜样。现实中是否存在或者是否曾经存在过一个这样的城邦，
那是无关紧要的……关键在于他总会拥护这样的城邦而非其他类
型的城邦。"[43]

另一个重要的不同意见认为，柏拉图没有注意到政治与经济力
量的密不可分的关系。在柏拉图的理想国里，统治者掌握着一种没
有经济基础的政治权力。历史证明，社会的政治权力总是会随着经

济关系的改变而改变。

最后一种批评意见也是最为尖锐的，它以一种极端的形式在我们的二十世纪里表达了出来，它主要来自卡尔·波普尔。两种极权主义的国家体系——共产主义和希特勒政权——给人类造成了最为悲惨的经历，而卡尔·波普尔的犹太血统更使他深受其害。奥地利被纳粹德国并吞之后，他被迫流亡。他的著作《开放社会及其敌人》首先于 1945 年出了英文版，后于 1957 年出了德文版，其中的整个第一卷（题目是"柏拉图的魔力"）都是用来抨击柏拉图的（第二卷主要讨论黑格尔和马克思）。抨击的核心问题是：由于害怕民主权利和思想自由可能会受到滥用——这也是柏拉图从自己的人生经历中总结出的经验，柏拉图要求建立一种全能的国家，主要以斯巴达为榜样，在这样的国家里，一个人在国家和社会中的地位从一出生就被决定了，并且将终生不再改变，甚至统治者将有权决定，谁应该和谁在一起生儿育女。这个国家里的一切都应该按照统治者的原则来安排。军事纪律高于一切，宗教的"异端邪说"应该禁绝，艺术和音乐应该受到严格的审查。柏拉图甚至走得更远，他将他的民族的最美和最伟大的创造——如荷马史诗——坚决地予以摒弃，因为它们不适于做他的理想国的教育材料。于是，对柏拉图的伟大和意义并非视而不见的卡尔·波普尔就问道，难道柏拉图不是极权主义国家体制的精神先祖吗？这种体制在我们这个世纪里不是制造出了一种新的野蛮行径吗？

四、亚里士多德

1. 亚里士多德的生平

柏拉图最伟大的学生和对手就是亚里士多德，他的父亲是马其顿国王的宫廷医生，他于公元前 384 年出生在色雷斯的斯塔吉拉（Stageira，位于今日希腊北部）。十七岁时，他来到雅典学园，师从柏拉图长达二十年之久。当柏拉图六十岁的时候，他的学生亚里士多德也已过不惑之年，就像在两个天才人物之间经常发生的那样，那时他们两人之间好像也已经出现了思想的对立。[44]

柏拉图死后，亚里士多德去了小亚细亚，他在他以前的同学的府上逗留了一段时间，如今他的这位同学已经成为独裁统治者*，亚里士多德与这位同学的养女结了婚。后来，使用武力统一了希腊的马其顿国王腓力二世邀请亚里士多德入宫，让他做太子亚历山大的私人教师，这位太子就是后来的亚历山大大帝。

亚历山大继承王位之后，亚里士多德就返回雅典并在这里开办了一个自己的学校，被称为吕克昂学园。在雅典，他开展了范围广泛的研究和教学活动。或许除了他自己的财产，他还从亚历山大那里获得了丰富的资金用于办学和研究。他给自己修建了一个规模较大的私人图书馆，里面收藏着当时的整个已知世界里的动植物标本，以便他进行自然科学研究。据说，亚历山大曾经嘱咐他的园丁、猎手和渔夫，让他们把收集到的所有动植物标本给亚里士多德送去。为了做比较研究，亚里士多德也让人为他搜集了所有已知的国家体制，共计一百八十种。

在亚里士多德领导他的学园将要届满十二年之际，他身陷政治困境之中，因为一方面，他与亚历山大的关系开始变得冷淡起来；另一方面，他在雅典仍然被认为是亚历山大和马其顿政权的盟友，而在雅典人眼里，是他们剥夺了雅典人的自由，因此，亚里士多德也遭到了雅典的反马其顿党派的激烈攻击。当亚历山大病死之后，雅典就突然爆发了仇恨"马其顿党"的风暴，和苏格拉底一样，亚里士多德也被控以不敬神明之罪，但是他逃脱了将要面临的死刑判决，如他自己所言，目的是不再给雅典人亵渎哲学的第二次机会。次年，即公元前322年，亚里士多德在流亡中孤独地死去。最优秀的人物遭到国家的放逐，这在历史上也不是什么稀罕事了。

---

*　系指阿塔尔尼亚城的僭主赫尔米亚。

2. 亚里士多德的著作

研究古希腊哲学的学者们都知道，亚里士多德曾经写过几百部著作。在教学过程中，亚里士多德在一个较高级别的小圈子里举办各种讲座，除此之外，他还在一个更大的圈子里做通俗性的演讲。他的著作部分也是这样，有些是写给普通大众看的，另一些则是写给纯粹的专业人士看的，主要用于学园内的教学。在古代，人们曾经把他的属于第一种情况的著作与柏拉图的对话集等同起来看待，但是这一部分著作都已遗失了。他的一部分专业性较强的著作被保留下来，而且其规模仍然是那么大，内容仍然是那么丰富，因而人们可以借助于它来想象亚里士多德全部著作的规模之巨。这些著作的大部分也只是被凑合着编排在一起，阅读起来较为困难，因此也不像柏拉图的著作那样适合于较长地逐句引用。

若想把亚里士多德遗留下来的著作按照写作年代编排起来，似乎是不可能的。经过研究者们的艰苦努力，人们终于去伪存真地挑选出了他的真实著作，然后，我们可按照其涉及的内容大致划分为下列几组：[45]

I. **逻辑学**著作：包括《范畴篇》《前分析篇》《后分析篇》《解释篇》《论题篇》和《辨谬篇》，这些逻辑学著作在古代被合起来称为《工具篇》（*Organon*）。

II. **自然科学**著作：包括《物理学》（八篇）、《论天》、《论生成与毁灭》、《论灵魂》（关于记忆和梦）、《气象学》、《动物志》、《动物分类学》、《论动物的行进》、《论动物的起源》。

III. **形而上学**著作：一位古代亚里士多德著作的编者*将他的不同时期的讲演稿汇编到一起，其中主要讨论事物本原诸问题，因为它们排在亚里士多德的自然科学即物理学著作之后，因而被称为meta ta physika（希腊语），意思是"物理学之后"。这个本来只标志它在亚里士多德的著作中的位置而无其他含义的词在哲学发展的

---

*　系指安德罗尼柯，他曾经对亚里士多德的著作进行整理和编订。

过程中（在古典后期）被引申为"关于自然（物理学）之上的思辨学问"。从此以后，人们就把形而上学理解为一种哲学原则，它不讨论个别事物，而是讨论物的存在，即"作为存在的存在"。

IV. **伦理学**著作：共十篇，被称为《尼各马可伦理学》，是由亚里士多德的儿子尼各马可在父亲死后编辑而成的，其名由此而来。*

V. **政治学**著作：共八篇。

VI. **美学与修辞学**著作：《修辞学》和《诗学》。

亚里士多德和柏拉图迥然有别，亚里士多德的思想是理性的，以严格的逻辑求证为原则，他对所有现存事物加以分门别类地整理和考察；而柏拉图的思想则充满诗意的、美的和理想化的幻想。若将他们的著作加以对比，其区别也是显而易见的。亚里士多德首先是一位自然科学家，而且是一个包罗万象的自然科学家：他的研究范围扩展到了所有自然科学的认识领域，他的著作是在思想上对世界的征服，与他的征服世界的学生亚历山大所取得的胜利相比，他在思想上取得的成就对于人类历史具有更为深远的意义。正是由于受到了亚里士多德的影响，我们当今世界的科学正在日益走向一种危险的"过分科学化"。

对于应该如何正确地整理和阐释亚里士多德的著作这个问题，人们各执己见，莫衷一是，某些争论一直持续至今。

3. 逻辑学

亚里士多德创立的逻辑学是一门独立的科学。逻辑学一词来源于希腊语的 logos，不过亚里士多德本人并没有使用过这个词，而是称之为分析学。逻辑学是关于正确思维的学问，确切地说是关于正确思维的形式和方法（而并非关于其内容）。它并不能表示人必须思想什么，而只能表示人（从任何一个既有的事物出发）必须如何思想，以便最终获得正确的结论。这就使得作为形式的逻辑学与

---

* 亚里士多德的伦理学著作还包括《大伦理学》《尤苔谟伦理学》。

实在的科学区别开来。心理学同样也是研究人的思维，但是逻辑学与心理学的区别在于，心理学考察人的思维的真实过程，而逻辑学是教导人们应该如何去正确思维，以便人们获得科学的认识。[46]（按照亚里士多德划分的次序）逻辑学的要素分别是：

概念。我们的理智的思维是在概念中发生的，只有运用正确的概念，才能够达到正确的思维。如何才能获得清晰的有益于科学思想的概念呢？这就要通过定义。

每一种定义都包含两个方面。首先，必须把需要定义的对象列入一个种类，这个种类的一般特征与被定义的对象的特征必须相**一致**：人是什么？人是一种动物。其次，还必须指出这个对象与同种类的其他对象有何区别：人是天生具有理智的动物（或人是能说话的动物，或人是能够使用工具的动物，或者指出人的其他特征。）也就是说，定义既要给出对象之间的共同特征，也要给出对象之间相区别的特征。

概念的普遍性也有高低之分。譬如，动物是个一般性概念，人和狗都是动物，此外还有其他动物也属于这个概念。人们可以从一个具有较高普遍性的概念（种概念）出发，不断地找出其"特殊性"，从而过渡到较狭义的概念（属概念），再继续划分，直到不能再划分种属为止，而只能在同类之间找出区别：动物—哺乳动物—狗—猎獾狗—长毛猎獾狗—棕色长毛猎獾狗—"这个"棕色长毛猎獾狗。亚里士多德的概念理论特别重视的一点就是，由一般到特殊的自上而下的划分，或者由特殊到一般的自下而上的划分，都不能跨越相邻的级别，而应该遵循循序渐进的原则。

范畴。这个术语是亚里士多德首次采用的。亚里士多德首先毫无选择地列举出概念，然后他再检查这些概念是否还能够导向上一级的种概念。通过这种方式，他从中得出了十个范畴，他认为这十个范畴不再有共同的上位概念，也就是说，它们是所有其他概念的原始或基本概念。这些范畴似乎能够表示各种不同的观察角度，这就意味着，我们可以从各个不同的角度去观察同一个事物。

亚里士多德的十个范畴分别是:实体、数量、性质、关系、地点、时间、姿态、状态、活动、遭受。

后来，亚里士多德又把列出的这十个范畴中的几个减去了，对他来说，这些范畴也并不具有同等的价值。前面的四个范畴最为重要，而其中更为重要的是实体。显然，关于这一点存在一些争议，而且引起的争议也是足够多的，对此我们后面还要进一步加以讨论。在近代，伊曼努尔·康德就曾经尝试列出了一个"范畴表"。

判断。概念和判断是联系在一起的（这里的判断是逻辑学意义上的，而非法律学意义上的）。在每一个判断中（至少）有两个概念彼此关联。概念是主词，它是被陈述的对象。谓语也就是谓项，它是陈述主词的。（我们会注意到，这与希腊语的语法结构有密切关系。）

亚里士多德试图将判断划分为不同的类别。有肯定判断：这一朵丁香花是红色的；有否定判断：这一朵丁香花不是红色的；有一般判断：所有丁香花都会凋谢；有特殊判断：这几朵丁香花没有芳香。此外，还有直陈判断：这一朵丁香花开花了；有必然判断：这一朵丁香花今天肯定会开花；以及或然判断：这一朵丁香花今天可能会开花。

推论。判断和推论是联系在一起的。在亚里士多德的逻辑学中，推论占据着核心地位。在亚里士多德看来，思维发展到最后就是得出结论。结论就是"从某种前提中得出新的判断的语词"。[47] 结论就是从另一个判断中推导出新的判断，它总是由前提（Praemission）和从前提中推导出的结论（Konklusion）构成的。

推论的核心问题就是所谓的三段论法（Syllogismus，或称演绎推理）。它由三部分构成：大前提——凡人都有死；小前提——苏格拉底是人；结论——因此苏格拉底（也）有死。亚里士多德还列举出了许多这样的结论。不过，需要指出的是，细心的读者可能会对此提出自己的批评意见，也就是说，这个三段论式中存在一个弱点，即结论中所指的事情（苏格拉底有死）实际上已经包含在大前

提之中了。因为如果苏格拉底不会死，那么大前提（凡人都有死）
就是错误的了。

论证。推论最终又是与论证联系在一起的。论证是从其他定律
中不断地推论、推导出（在逻辑上的）有说服力的定律。一个必须
被证明的命题当然也必须得到确证。也就是说，我们必须从上一级
的定律出发来重新证实它。如果一直这样继续下去，那么我们必然
会达到一个界限，达到最一般特征的定律，这些定律在它们那方面
将不能再继续被证实。亚里士多德认为，我们的理智中拥有一种能
够直接无误地把握这种一般定律的能力。其最高的定律就是**矛盾律**：
一个事物不能同时既是 A 又不是 A。在思维的四个基本规律中，亚
里士多德首先提出了第一个规律，其余的三个规律是在后来的哲学
发展过程中才被提出来的，它们分别是同一律（a=a）、排中律（一
个命题是真的或不是真的，此外没有其他可能性）和充足理由律。

归纳法。亚里士多德作为一个自然科学家心里非常清楚，若想
从一般推论出特殊，仅仅借助于论证永远都不可能获得充分的认识
能力。在实践中，我们通常要走一条正好与之相反的道路，也就是
首先要进行个别观察，然后再对观察的结果进行对比和归纳，之后
才能逐渐地得出一般结论。因此亚里士多德也对这样的一条途径（即
归纳法）做了解释。

归纳法就是这样一种推理方法，它不是从一般理论中推导出特
殊规律（即所谓的演绎法），而是从个别现象中得出一般规律。譬如，
"金属比水重"这个定律可以用以下方式加以证实，我们首先要相
继证明：金比水重，银比水重，铁也比水重，以此类推。但是，通
过这种方式我们永远也不可能达到绝对的确定性，因为即使我们已
经检验了所有已知的金属，我们仍然有可能发现一种比重与众不同
的新型金属。在发现一种比水更轻的金属之前，以上的这个定律就
被认为是正确的。[48] 在我们没有发现比归纳法更好的方法之前，归
纳法仍然是科学研究的必不可少的方法。

亚里士多德也非常清楚，若想通过观察去掌握所有的个别现象，

并利用归纳法合乎逻辑地证实一个定律，这几乎是不可能的事情。因此，他试图寻找一条能够使归纳法获得更高确定性的道路，这条道路就是：为了证明某个定律的正确性，他要考察在他之前究竟有多少学者曾经认为这个定律是正确的，而且同时还要考虑到这些学者的权威性。当然，这个方法也有其局限性，因为这些学者在某个问题上既可能都对也可能都错。不言自明，归纳法作为一种科学研究的方法，只有对那些确信自己的感官经验的人才有价值。亚里士多德与柏拉图不同，他对于研究事物的细节可谓情有独钟，所以他也极力为人的感官认识的确定性做辩护。[49] 他甚至说，感官永远都不会欺骗我们，感官是负责向我们的大脑中提供信息的，而所有错误的根源就在于，我们在思维过程中对这些信息做了错误的处理，这正好也说明，学习正确的思维（即逻辑学）是多么重要。

4．自然哲学

物理学

亚里士多德所理解的物理学一部分实际上更多的是一种形而上学，一部分至少是一种**理论**物理学。他对普通物理学的基本概念做了研究：空间、时间、物质、原因、运动。他为宇宙及其组成部分描绘出了一幅图画。在亚里士多德的自然科学著作中，对其前辈思想家们的观点的陈述和批判占据了很大的篇幅，而且亚里士多德在其中的处理方法也常常有失公允。不过，我们无论如何还要感谢亚里士多德所作出的贡献，因为他们的思想已经成为我们人类认识的重要组成部分。

我们在这里只想强调亚里士多德的一个基本思想，它对于后来的自然科学研究产生了深远的影响：通过对自然的观察，我们会发现一个令人惊奇的现象，即大自然都具有一种**合目的性**。从最大的到最小的，一切都是合乎目的地安排在一起的。由于一切有规律地出现的事物都不是偶然发生的，所以，对于大自然中普遍的合目的性我们可以做这样的解释，即事物的真正原因寓于其最终原因或最终目的之内。我们将这样一种对自然的解释称为**目的论**。

生物的阶梯王国

亚里士多德是否写过关于植物的著作，对此我们不甚了解。不过有一点是可以肯定的，即他曾经研究过植物学，而且不管怎么说他也是（系统和比较）动物学的主要创始人。生物的特征就是具有自我活动的能力。如他在形而上学中所阐述的那样，运动发生的条件就在于运动的物体背后必然还存在一个使之运动的东西，所以，凡是自我运动的东西，它既包含运动的物体本身（被推动者）又包含使之运动的东西（推动者）。如果肉体是被推动者，那么灵魂就是推动者。肉体与灵魂的关系就如同物质与形式之间的关系，因为肉体是物质，而灵魂则是形式。亚里士多德将这种使肉体运动并赋予其形式的灵魂称为**隐德来希**。

就像形式是物质的目的，灵魂也是肉体的目的，并且肉体也是灵魂的工具（希腊语 Organon）。器官（Organ）、有机体（Organimus）和有机的（organisch）这样一些概念便是由此而来。[50]

植物构成了有机物的最低等形式，其生命功能就是营养与繁殖。在动物身上，除此之外还表现为具备感觉和活动的能力，而人除了具备上述所有能力，还具有思维的能力。也就是说，存在三种形式的灵魂，一种是营养灵魂或植物灵魂，一种是感觉灵魂或动物灵魂，一种是思维灵魂或人的灵魂。若没有较低级的灵魂，那么较高级的灵魂也就不可能存在。现代心理学中的人格划分的思想那时就已经产生了。

我们略过亚里士多德的动物学研究所得出的具体结论。一方面，那些结论有些是错误的，并且也是不确切的。这当然是可以理解的，因为当时的观察方法非常落后，而且也缺乏必要的工具。另一方面，那些结论中有些部分是全新的，而且观点也正确，比如他关于胚胎学方面的思想。总而言之，亚里士多德的思想是后来所有科学研究的基础——这样的功绩本身就足以使亚里士多德名垂青史了。在亚里士多德的全部著作中，前述的功绩只是一个片段而已。

5．形而上学

特殊与一般

特殊的或者一般的，究竟哪一个才是真实的呢？柏拉图曾经说过：只有一般的理念才是真实的，个别事物都只是理念的产物，是理念的不完整的复制品。在这一点上，亚里士多德并没有追随柏拉图，在他看来，一般事物并不是一种理念的或超越现实的原型，当我们说到某种一般事物时，我们所指的基本上也总是存在于时空中的个别事物：我们的所有判断都与此相关。不过，亚里士多德并没有走得太远，没有像中世纪的"唯名论"思想家们那样极力反对柏拉图的观点，他们认为，仅仅存在于我们头脑中的一般概念都是从个别事物中抽象出来的，一般概念只是人们用以规定个别对象的名称，因而只有个别的实体存在。与他们不同，亚里士多德在如下一点上与他的老师意见一致：一般来说，我们能够把握事物的本质的东西。当我们在头脑中形成"人"这个概念的时候，我们所能感知到的只是人的某些相似的个别特征而非绝对相同的个别特征，面对那些令人眼花缭乱的个别现象，我们并没有一筹莫展，我们能够把握它们的一些共同点，也就是说能够把握个别特征或个别现象的本质。亚里士多德和柏拉图都确信，在存在物与我们的认识能力之间存在着一致性，我们能够用我们的认识能力把握存在物的结构并用言语将其表达出来：这似乎与本体论和逻辑学的目的相一致，或者至少也可以把它们归入一类。

在后面对中世纪哲学的考察中我们将会看到，这个问题又成了哲学家们争论的焦点，而且他们表达的方式也更为极端。

物质与形式

和柏拉图一样，亚里士多德也认识到，有无数的"树"会消失，而作为一般概念的"树"却不受个别现象变化的影响而持久长存。

如果我们想知道得更确切一些，那么就可以说，这与（偶然的和可变的）个别现象无关，而只与必然的和恒定不变的东西有关。亚里士多德在形式中发现了这种恒定不变的东西（但是他在这里偶尔也使用柏拉图曾经使用过的概念"eidos"，即理念）。

为了说明什么是形式，我们首先必须假定一种为形式所塑造的东西。这是一种尚未被塑造的和不确定的东西，形式借助于它而显现自身，亚里士多德称之为"物质"。撇开所有的形式不谈，物质本身并没有现实性。但是，由于它在形式的作用下具有变为现实的能力，因而它具有**可能性**。从形式方面来讲，由于它能够帮助物质变为现实，所以它不仅仅（如柏拉图的理念）是物质的永恒的原型，而且同时还是物质的目的和能够使原始物质变为现实的**力量**。

不过，对亚里士多德来说，物质也并非只有在形式的作用下才可获得其现实性的、纯粹被动的东西。亚里士多教导说，物质会对形式的力量形成阻力。这也正好说明，为什么一切生成物都是不完善的，并且自然的发展也只是一个由低级到高级的渐进过程。因此，物质就或多或少地成了亚里士多德形而上学中的第二个起作用的原则。

亚里士多德在处理物质这一问题上充满了矛盾，这其中也隐藏着他的整个思想体系中的不明确性。但是，我们在此也不想隐瞒这样一个重要的事实，亚里士多德首先斩钉截铁地把柏拉图的自在自为的普遍理念从他自己的理论体系中排除出去，但是他又让它从后门溜了进来，因为他的形式概念与柏拉图的理念几乎如出一辙。

存在物的四个原因

亚里士多德讨论物质（hyle）与形式（morphe）这一对概念经历了一个思想过程，它对于整个西方哲学产生了深远的影响。这里所说的就是关于存在物的四个原因的理论，人们沿袭了欧洲中世纪经院哲学所采用的拉丁文术语并分别称之为：1. causa materialis，**物质因**（譬如，用以制造祭盘的银就是物质因）；2. causa formalis，**形式因**（在上述例子中就是盘子的形状）；3. causa efficiens，**动力**

因（制造祭盘的银匠）；4. causa finalis，**目的因**或终极因（制造盘子的最终目的，即用于献祭）。此外，叔本华的论文《充足理由律的四重根》就是以这种划分为基础的。

神学

　　形式与物质相结合就会产生运动。因为不仅形式的力量会对物质产生影响，而且就其本性而言，它还对至善满怀渴望。又由于形式和物质自始至终就相互影响，因而运动是无止境的。但是，因为运动总是需要一个推动者和一个被推动者，所以推动必须首先被一个自身不动的推动者发起，而这只有非物质的纯粹形式才能做得到。纯粹形式就是绝对完美之物，而绝对完美之物只能有一个。因此，亚里士多德主张一个纯粹思维和纯粹精神的神的存在。上帝所想的只是至善和完美之物，并且由于上帝就是完美之物本身，因此上帝思想他自己。一位批评者就亚里士多德的上帝发表了自己的看法："上帝是绝对完美的，因此上帝毫无所求，故而上帝也无所事事……上帝所能做的唯一的事情就是自我欣赏。亚里士多德的上帝多么的可怜啊！他是一个'roi faineant'（无所事事的国王）——'国王虽在其位，却不谋其政'。英国人如此喜欢亚里士多德，这也毫不奇怪，显而易见，亚里士多德的上帝与英国人的国王简直就像一对孪生兄弟。"[51]

　　我们在此对亚里士多德的形而上学所作的概述已经简略得不能再简略了，这几乎也是不可避免的，因为亚里士多德的思想始终在发展并因而也在始终发生着变化，维尔纳·耶格尔[52]特别指出了这一点。另一个困难在于，该如何翻译和解释亚里士多德所使用的希腊概念。譬如，希腊语中的 ousia 通常被翻译成拉丁语中的Substanz（实体），尽管在希腊语中这个词还有拉丁语中的 essentia（本质）之含义。在解释 Metaphysik（形而上学）这个词上，我们同样也遇到了困难，这里的"meta"指的是（物理学）**"之后"**呢，还是指**超越**（物理学）呢？除此之外，亚里士多德有时还用这个词来指对存在的研究（用以区别对个别存在领域的研究），不过有时他又用这个词来指关于永恒存在物的知识——也就是关于神学的知识。这个概念至今仍然没有完全丧失它的多义性。

6. 人类学、伦理学和政治学

人

就人的肉体功能和较低级的精神活动来说，人是属于动物一类的。但是，人又被赋予了较高级的使命，能够灵活地使用手和语言并且能够直立行走和运用大脑，这就已经说明了上述论点。除了较低级的精神活动，人还有心灵活动。

我们已经说过，亚里士多德非常相信人的感官知觉。可是，人的各个不同的感官只能从不同的侧面感知事物的个别特征：眼睛可以感觉颜色，耳朵可以感觉声音，等等。必须将各个感觉器官所提供的信息综合起来，这样才能形成关于事物的整体形象，这种能够统辖个别感官的特殊功能，我们或许可以称之为"理性"。亚里士多德认为，理性是位于人心中的。精神是不死的，它不会随着肉体的死亡而消失。但是，纯粹精神在人的生前和死后是如何存在的，并且它在人的肉体里又是如何与人的较低级的生理功能融合到一起的，对此亚里士多德并没有给出明确的解释。[53]

德性

亚里士多德和其他希腊人一样，都深信至善就是人的幸福之所在。对每个人来说，获得至善的途径就在于完善的个人修养。由于人首先是理性动物，所以对他来说，至善就是对他的本性的完美培养，这也就在于人对于自己的德性的培养。与人的双重本性相一致，亚里士多德也把人的德性划分为两种：在伦理德性中，理性统治着感官欲望；在理性德性中，理性本身能够自我上升和自我完善，后者比前者更为高级。

国家

　　人是社会政治动物（zoon politikon）。为了维持和完善生命，人需要与他人协作。亚里士多德和柏拉图一样，他们都认为，合乎道德的公民社会是以法律和美德为基础的，因而这也是道德的真正最高形式。政治学与应用伦理学并无二致。德性的考察只是伦理学的准备阶段和理论部分，而国家理论则是伦理学的应用和实践部分。

　　亚里士多德既对现有的国家体制提出了批评，也对理想中的国家体制提出了批评。依照传统的方式，他把国家体制划分为一人统治的君主政体，少数人统治的贵族政体，以及多人统治的“共和”政体。这些形式相对于僭主政治、寡头政治和民主政治来说，是一种进步。在这三种形式中，亚里士多德并不认为哪一种更具有绝对的优越性，而是明确指出，国家采用何种体制，必须根据相关的民族特性和时代的具体需要而定。这样通常便会产生一种较为健康的混合形式，也就是将贵族政治和民主政治中最为有益的因素混合在一起，从而形成一种以中间阶级为主体的国家体制。这样的国家体制避免了极端的形式，因而会变得较为牢固持久。亚里士多德并没有最后完成他关于理想国的理论，他在某些方面与柏拉图意见一致，他所能想象的理想国也只能局限于一个希腊式的城市国家，他根本没有考虑到其他可能的形式。显然，亚里士多德在这一点上并没有认识到他那个时代的特征，即庞大的帝国扩张欲，而是仍然一心向往希腊过去的国家形式，虽然他曾经极力支持过马其顿国王。此外，对他来说，奴隶制是自然的制度，在这一点上，他的大部分同乡也都和他意见一致。他对婚姻、国家和社会都给予很高的评价。他指出，柏拉图要求人们为了国家而牺牲婚姻和私有财产，这不仅在现实中行不通，而且还错误地把由单个的人组成的国家看作一个统一体，而事实上，国家这个大集体是由利益各不相同的小集体组成的。

7. 批判与评价

　　在以上的叙述中，我们已经提出了几点针对亚里士多德的批评意见。亚里士多德缺少柏拉图的那种令人折服的口才和大胆而奔放的想象力，但是他沉着冷静，用略带枯燥的方式记录下了现存的几乎所有的人类思想，他的思想是对柏拉图思想的必要和有益的补充。

亚里士多德或许过高地评价了逻辑学的价值。值得怀疑的是，他所提出的那些概念究竟有多大用处。或许我们也只能做这样的判断，因为他首创的这些基本概念对我们来说已经习惯成自然了，而且由他奠定的科学基础也一直保持至今。

亚里士多德的自然科学著作中包含着许多错误，比如他的天文学著作。但是我们也必须考虑到，亚里士多德研究的大部分领域都是尚未被涉足过的全新领域，而且以我们今日的眼光来看，他能够使用的观察工具也少得可怜。他"观察时间而没有钟表，对比温度而没有温度计，观察天象而没有望远镜，观察气象而没有气压计"。[54] 与思辨哲学所达到的高度相比，通过实验来证实其正确性的希腊自然科学研究显而易见是处于较为落后的水平的，这与古希腊的社会制度不无关系。在这种社会制度中，体力劳动是受鄙视的，因而所有的体力劳动都是由奴隶完成的，受过教育的人几乎都不会直接参与技术性的生产活动。在这样一种不利的社会条件下，亚里士多德所取得的成就越发显得突出起来。他首次收集了大量的事实并对这些事实进行了整理。在数百年中，人们都以他作为获取知识的源泉，对他的信任程度是如此之深，以至于人们几乎都忘记了亲自直接去观察自然。整个中世纪哲学都是靠亚里士多德来维持生存的。他的那些在公元后被翻译成叙利亚语、阿拉伯语、希伯来语和拉丁语的著作被认为是不容置疑的。尽管有批评性的意见，但这并不影响他的著作的伟大性。

在德国哲学中，柏拉图受到的偏爱明显地胜过亚里士多德。在盎格鲁撒克逊的世界中，亚里士多德却受到了更多的偏爱。在上百年的时间里，亚里士多德的伦理学和政治学在英国的主要大学里一直处于至高无上的地位。很难说，亚里士多德冷静的、持怀疑态度的和现实的风格在多大程度上特别迎合了英国人的个性，也很难说，英国精神的特性究竟在多大程度上受到了亚里士多德的影响。我们可以从但丁的《神曲》中了解到，亚里士多德在中世纪受到了何种程度的高度评价：[55]

> 然后，再往上看，我在明亮的光中
> 看见了我们的大师，他看上去
> 好像是被他的老师们簇拥着，
> 他们都非常殷勤地对他表示崇敬之情，
> 首先是柏拉图，然后是苏格拉底。

在中世纪的最初几百年间，当基督教信仰与古希腊罗马哲学彼此相互渗透之时，亚里士多德全部著作的规模仍然不为欧洲人所了解。当亚里士多德哲学大厦的全貌显现于西方世界的面前之时（其中大部分是通过伊斯兰世界介绍过来的，而且是到了十三世纪才发生的），基督教世界（和先前的伊斯兰和犹太世界一样）就开始专心致志地钻研起亚里士多德的著作来，并且从那时起，只要人们说到哲学家，所指的就都是亚里士多德。

五、苏格拉底学派、柏拉图学派和亚里士多德学派

当国王修筑工程时，那些打零工的就有活干了。于是，在三位伟大的希腊哲学家的每一位的身后都建立起了各式各样的学派。如果你想细致地研究古希腊的思想史，那么较为详尽地了解这些学派就是必要的，但是对于我们来说，为了这部哲学史的完整性起见，在这里简略地概述一下这些学派也就足够了。

1. 苏格拉底学派

苏格拉底死后，在出类拔萃的柏拉图之外，他的其他学生创立了以下三个学派：

（a）**麦加拉学派**，其创始人是麦加拉城的**欧几里德**（约前430—前360，不要把他与另一个与他同名的数学家相混淆），麦加拉城距离雅典约有一天的路程。欧几里德与苏格拉底交往甚密，苏格拉底死后，他接纳了柏拉图。这个学派把埃利亚学派（巴门尼德斯）的思想和苏格拉底的思想融合到了一起。在柏拉图的《泰阿泰德篇》中，欧几里德曾经作为谈话的参与者出现过。这个学派培养出了一批爱钻牛角尖的逻辑学家。

（b）**昔勒尼学派**，其创始人是来自北非昔勒尼的**亚里斯提卜**。在他那里，人生的目的不是德性和完善，而是快乐，是短暂的享乐，理智是人生艺术的手段，理智会教导人们应该如何尽可能地享受生活。

（c）**犬儒学派**，这个学派是由**安提西尼**创立的，其实这个学派并非真正意义上的学派，他们是从柏拉图时代直至罗马时期的一些性格独特的人物。他们崇尚自然素朴的生活。犬儒主义者不从事任何职业，因而他们都很贫穷。贫穷对他们来说是无所谓的，所有其他的流行价值对他们来说也是无所谓的，比如祖国之爱对于他们就是无足轻重的事情，所以，他们是世界公民，是世界主义者。他们鄙夷科学、艺术和抽象思辨之类东西。犬儒学派的所有思想都简洁明了，就如后来的叔本华所说的那样，一个人拥有多少物质财富并不重要，重要的是，他拥有多少精神财富——因而他们鄙薄诸如财富、官职、国家以及其他一切身外之物。

最著名的犬儒主义者就是西诺布的**第欧根尼**，他是亚历山大大帝的同时代人。关于他曾流传过这样一则轶事，当世界的征服者亚历山大允诺将满足他提出的任意一个愿望时，他回答说："只要你别挡住我的太阳光！"亚历山大接着说："如果我不是亚历山大的话，那么我倒很想是第欧根尼。"据说第欧根尼住在一个桶里或狗窝里，他唯一的私有财产就是一个用于喝水的葫芦瓢。但是，当他看到一条狗不用任何容器也能喝水时，他就把那个葫芦瓢也丢掉了。于是，他得到了一个绰号，名之曰"狗"，希腊语为"kyon"，或许犬儒学派（Kynische Schule）这个名字便是由此而来。而且我们的语言中

"zynisch"（玩世不恭的）这个词也是由此而来的。这使人想起犬儒主义者的粗鲁无礼和肆无忌惮，他们用言辞去规劝世人也像他们那样生活。对他们来说，那些世俗之人可分为两类，一类是智者，另一类则是愚人。[56]

2. 柏拉图学派

柏拉图死后，柏拉图学园继续由其弟子主持着。在柏拉图的后继者中最初是以他的侄子斯彪西波为头目的，后来色诺克拉底接替了他的位子。这一时期的柏拉图学派被称为老学园，主要承袭了柏拉图晚年的哲学思想，而且他们比柏拉图本人更加接近毕达哥拉斯学派的思想。

约公元前300年时，柏拉图学园成为当时已经传播甚广的怀疑论哲学的主要阵地，在公元前的最后一个世纪里，这里是折衷派的主要活动场所，到了公元后，这里就成为新柏拉图主义的活动中心。

529年，查士丁尼皇帝下令封闭了学园，某些历史学家认为，这个事件标志着那个时代的终结，我们有些过于武断地称那个时代是"古希腊罗马时代"。

3. 逍遥学派

由于亚里士多德学派的主要活动场所是一个拱顶柱廊（在希腊语中叫作 peripatos），因而这个学派也被称为逍遥学派（Peripatetiker）。[57] 在亚里士多德的后继者中，主持学园事务的有狄奥弗拉斯图、欧德谟斯和亚里斯多塞诺斯，他们在个别科学领域内，即物理学、数学和音乐学领域内做了较为细致的研究，而对于真正的哲学则不是那么关心。随着亚里士多德于公元前335年创立了自己的学园，柏拉图与亚里士多德彼此之间的传统开始相互脱离。这个学派后来又经过了许多次的转变，并一直维持到200年。

第三章

亚里士多德以后的希腊和罗马哲学

概述 希腊化文明

我们这部哲学戏剧第三幕的历史背景已经彻底发生了变化。由亚历山大大帝缔造的庞大帝国在他死后不久便土崩瓦解，但是由他引入的希腊文化却仍然在中东地区持续传播着。亚历山大的帝国分裂为三个大的国家，即马其顿、叙利亚和埃及，此外还有大量的小城市国家，在这些国家里，希腊语仍然是宫廷和思想界所使用的官方语言，希腊文化成为一般教育的基础。一方面，希腊文化对非希腊的东方民族的生活环境和人生观产生了较大的影响；另一方面，在这个过程中希腊文化本身也被东方文化因素所渗透和改变，因此，希腊文化在很大程度上克服了其民族个性，成为一种世界主义的人类文化——这里所指的人类，当然是对应于当时条件下所能了解的世界范围而言的。十九世纪的德国历史学家德罗森称这一时期的文化为**希腊化文明**。

雅典的政治独立性虽然被剥夺了，但是它仍然是一个文化中心，尤其在哲学领域。为了学习哲学，来自希腊化世界的所有国家的人都来到了苏格拉底、柏拉图和亚里士多德曾经讲学的圣地。除了雅典，新的精神生活中心，即亚历山大里亚，也开始繁荣起来。从亚历山大之死（差不多也就是亚里士多德去世的时间）至公元前后这一时期被称为希腊化时期。

在此期间，日益强盛的罗马经过多年的战争首先统一了整个意大利，然后它又清除掉自己的竞争对手迦太基，于是，它就开始通过征服希腊以及地中海东部沿岸的希腊化国家而拼合起一个庞大帝国的版图，后来这个版图又从不列颠岛延伸至亚非的纵深处。在政治上，希腊被一个又一个外族入侵者所统治，先是被马其顿人统治，后又落入罗马人之手。在文化上，我们甚至可以略带夸张地说，情况恰恰相反，也就是说，虽然希腊在政治上被征服，但是迄今为止它在文化上却征服了东方，这时它又开始在文化上征服罗马。罗马诗人贺拉斯言简意赅地概括了这个事实："希腊虽然被战胜了，但是它又反过来征服了那些粗野的胜利者。"（Graecia capta ferum victorem cepit）希腊的艺术家和建筑师被召往罗马，他们要用希腊式的庙宇和柱廊去装饰开始富足起来的罗马城，希腊悲剧和戏剧也被翻译成了拉丁语，从而丰富了日益繁荣的伟大的罗马文学。简言之，希腊文化在罗马达到的统治地位基本上和它在希腊化的东方世界达到的水平相当，尤其在哲学领域就更是如此。

在这一时期世界历史发生了划时代的变革，与古典时期相比，哲学发生巨大的变化也是合乎逻辑的。哲学已不再是纯粹希腊民族的，与希腊精神相融合的罗马精神也对哲学产生了深刻的影响。尽管这一时期的主要思想体系首先是由希腊人创立的，但是这些思想真正广泛的传播却是发生在罗马，而且其最主要的代表人物也是在罗马人中出现的。这样，思想的重心就发生了转移。如果允许我们对这样一种范围广阔、形式多样的古希腊哲学和文化做一简要的概括的话，那么我们可以用如下概念简要地表达出它的特点：**宇宙**，作为对有秩序的世界整体的总称；**逻各斯**，统辖一切的理性，世界的原始现象；**厄洛斯**，沉醉于与道德的善紧密相关的美的事物。

罗马人是完全讲求实际的民族。罗马人为后世留下了丰富的语言文学遗产，除此之外，他们还为我们留下了伟大的罗马法以及一种前所未有的完善的国家体制。在这两个完全密不可分的领域内，最为重要的就是两个因素：个人应该如何合乎道德地生活，以及个人应该如何适应国家和社会。

在哲学方面，这一时期的罗马哲学比中期的希腊哲学发生了更大程度的变化，其思想的重心从抽象思辨转移到自然科学再转移到伦理学。与此相适应，希腊—罗马时期的哲学也更多地承袭了苏格拉底和柏拉图的思想（而希腊化时期的科学则更多地承袭了亚里士多德的思想），因为在他们的学说中已经强烈地表现出了一种"非希腊式的"特点，即对人和伦理学的关注。

在古希腊罗马文化的晚期并没有出现那种富有真正创造力的思想家和具有世界意义的天才，他们无法与希腊鼎盛时期的大哲学家相比肩。尽管这一时期的哲学思想缺乏独创性和深刻性——不过并不缺乏多样性，因为他们竞相创立的体系的数量可不少——但是它们的势力和影响力却丝毫未减。哲学的影响力超过了艺术和宗教，它成为那个时代占统治地位的精神力量，甚至可以说成为罗马帝国的精神支柱。[1] 哲学一直保持着它的唯我独尊的地位，直到它后来终于被日益上升的基督教所取代，但是基督教在其历史形成过程中也仍然在很大程度上受到了哲学的渗透和改造。

这一时期最独特且影响最大的思想体系就是斯多葛主义，我们也将用最大的篇幅来叙述它。关于其他几个学派，我们只能相对简略地涉及一下，但是哪一个我们也不想完全略过。

一、斯多葛派

1. 创始人及其主要代表人物

当我们今天称赞某个政治家或运动员具有"斯多葛式"的沉着冷静和泰然自若的品质时，我们几乎并不知道，斯多葛这个词最早来源于雅典的一座公众建筑 Stoa Poikile（彩色柱廊）。就在这种"彩色柱廊"下，来自塞浦路斯的基底恩的**芝诺**在经过了动荡不安的生活之后，建立了他自己的哲学学派。为了把他与思想敏锐的同名人埃利亚的芝诺区分开来，人们称他为斯多葛派的芝诺。芝诺生活于公元前 340 年至公元前 260 年，他可能是希腊人与东方人的混血儿。早期斯多葛主义的另外两位著名代表人物是**克雷安德**和**克吕西普**。我们很难确定，斯多葛派的哪些思想应该分别归属于他们三人中的哪一个，因为最早的斯多葛派文献只有一些断简残篇被保存了下来。[2]

除了所谓的早期斯多葛派，还有中期斯多葛派（其主要代表人物是**波希多尼**）以及晚期斯多葛派。中晚期的斯多葛派代表人物要比早期的有名得多。特别是罗马人卢修斯·安纽斯·**塞涅卡**，他是罗马最多产且思想最丰富的作家之一，65 年，他遵照皇帝的命令以自杀结束了自己的生命。此外还有皇帝马可·**奥勒留**（121—180），以及出身奴隶的**爱比克泰德**（约 50—130）。奥勒留皇帝在战场上漫长的不眠之夜里用希腊语写成的《沉思录》，以及爱比克泰德的《道德手册》都朗朗上口和通俗易懂。这两本书成为理解斯多葛主义的绝佳入门书。

马可·奥勒留皇帝十二岁时就接受了斯多葛派哲学的影响，并且终生矢志不渝地坚持了这种哲学思想，不仅在个人生活方面，而且在政治活动中他都亲自去实践这种哲学。在他身上融合了斯多葛派的那种勇敢、坚定不移和忠于职守的品格，这使他成为真正的伟大统治者。像他这样拥有至高无上的权力而又同时具有如此高度自制力的人，在历史上几乎绝无仅有。"亚洲和欧洲只不过是世界的一角；整个海洋只不过是宇宙中的一个水滴！阿托斯山也不过是整个宇宙中的一抔泥土；而我们整个的现在只不过是永恒的时间长河中的短暂一刻！"一个能够发出如此感慨的统治者，必然会有开阔的视野和宽阔的胸襟，从而使他避免了任何形式的心胸狭隘和片面性，使他有能力抵御权力欲、自大狂、独裁、娇溺和挥霍无度的诱惑，并且能够使他富有高度的责任感。不管是他的前辈还是后继者，在这方面很少有人能够与他比肩。他鄙视奢华和舒适的生活，身着简朴的士兵服装，他一生的大部分时光都是在军营里度过的，为了帝国的江山社稷而履行自己的义务。

2. 斯多葛派思想体系的特征和划分

斯多葛派哲学——至少它的最重要的部分，伦理学——是直接承袭了苏格拉底学派犬儒主义者的哲学的，不过在斯多葛主义那里，犬儒主义的那种过分偏激的思想就缓和多了，而这也是这种学说能够被广泛接受的前提，此外这也为知识本身腾出了更为重要的空间。

不管是承袭还是超越犬儒主义，这两方面在芝诺本人的生活中都表现得非常明显。在雅典，芝诺起初与犬儒主义者克拉特过从甚密（关于他，也流传着许多类似第欧根尼的奇闻逸事），但是过了一段时间之后，芝诺就认识到，这种学说对普通大众的生活来说并不适用，于是他就开始研究其他哲学家，他将犬儒主义与其他哲学家比如赫拉克利特的思想融合到了一起，并最终创建了自己的学派。此外，据斯多葛派的弟子说，芝诺是自愿放弃生命的。

斯多葛派将他们的思想体系划分为逻辑学、物理学和伦理学，这种划分产生了持久而深远的影响。其中伦理学占据最重要的地位，逻辑学和物理学构成了它的基础。

斯多葛派在亚里士多德所创造的基础上对**逻辑学**做了进一步的发展。他们将逻辑学又划分为修辞学和辩证法，修辞学是独白的艺术，辩证法是与人交谈即对话的艺术。在个体或全体能否认识实在这个问题上，他们是完全站在亚里士多德一边的。因为只有个体对象才能真实存在，于是他们就从中得出结论，一切认识必须从对个别事物的感觉出发，因而可以说他们是**经验主义者**。人的心灵在出生时就像是一块尚未被写上字的白板（tabula rasa），只有与外物接触并获得经验后才能在上面留下印痕。他们将亚里士多德的十个范畴缩减成了四个。

斯多葛派的**物理学**同样可以用几个关键词来加以概括。第一，它是**唯物主义**的，世界上的一切东西都是有形体的，有些形体较为粗糙，有些形体较为精细。第二，它是**一元论**的，宇宙原则只有一种，并不存在两种或更多种。第三，斯多葛派接受了赫拉克利特的学说，即认为火是宇宙的原始基质，并对其加以发挥，认为宇宙中存在一种严格的内在**规律性**。他们将这种内在的决定性力量称为逻各斯、心灵、灵魂、必然性、天命或**上帝**（宙斯）。第四，对他们来说，神与生生不息的宇宙是合二为一的，因此，他们的学说也可被称为是**泛神论**。

　　这种主宰一切的神圣理性的观念在斯多葛派那里究竟具有多大的重要性，我们可以从斯多葛主义者克雷安德的《宙斯颂》中看得出，选录如下：[3]

> 你这永恒的至高无上者，你这不可名状者，
> 你依照永恒的宇宙法则统治着世界，
> 你是威力无边的宇宙主宰。
> 宙斯啊，请接受我的问候：因为所有尘世的人
> 都可以这样跟你说话，天父啊，我们都是你的子民，
> 大地上的所有生灵都是你的声音的余响。
> 我要赞美你并永远颂扬你那无边的威力，
> 你的力量环绕着大地，世界顺从地追随着你，
> 你引向哪里，世界就恭顺地去向哪里。
> 你法力无边，你能使天空中响彻电闪雷鸣，
> 你能使世界山摇地动。
> 你操纵自然之魂，你让它培育世界万物。
> 你是宇宙之王，没有你
> 大地和海洋将毫无生气，没有你
> 太空与苍穹将一片死寂；
> 虽然因沉溺于感官享乐而产生亵渎神明之人，
> 但是你知道该如何驯服他们的野性，

你能矫正畸形，能使丑变美，

你能使万物归依，能使恶向善。

在广袤的天地之间，有一种永恒的主宰万物的法则，

在尘世的人之中，只有亵渎神明之人意欲悖逆它。

3. 斯多葛派的伦理学

对于人这种理性动物来说，唯一重要的就是认识神圣的规律性并自觉地合乎规律地生活。因此，斯多葛派的关键词就是**顺应自然的生活**。由于人的本性是理性动物，所以顺应自然的生活也就是**顺应理性的生活**。人唯一的德性就在于此，人唯一的幸福也在于此。这是同等重要的。

这样的德性也是**唯一的**善。与此相对的唯一的恶就是：非理性的因而也是非道德的生活。至于其他被人们高度重视的诸如生命、健康、财富、荣誉，以及被人们厌恶的诸如衰老、疾病、死亡、贫穷、奴役和耻辱等，这些对斯多葛派来说既非善也非恶，而是**无关紧要的**。

因此，重要的是能够认识到何谓善，何谓恶，何谓无关紧要的。不管是在认识正确的价值方面，还是在努力按照所认识到的价值而行动方面，我们都会受到**激情（或欲望）**的阻碍。激情会迷惑理性，会令我们将无关紧要的或恶的东西误以为是有价值的东西，并且会驱迫我们去追逐那些东西。所以，人的任务就是不断地与这种激情做斗争。只有当激情被克服，只有当灵魂摆脱了激情的束缚，德性的目的才能达到。斯多葛派将这种状态称为**恬淡寡欲**（希腊语apatheia，德语中的Apathie、apathisch即"漠不关心"就是由此而来的）。

谁要是达到了这种状态，他就会成为**智者**。他是自由的，因为他认识到了事物的必然规律并遵从它而行事，所以他也是富足的、符合规则的、合乎道德的和幸福的，他摆脱了一切外在事物的羁绊，独立自主如同君王。其他所有的人，也就是大多数人都是**愚人**。

　　就此而言，斯多葛派伦理学与犬儒主义伦理学还有一些相近之处。但是，斯多葛派——受罗马的影响——觉得有义务并且也努力使他们的智者的理想与普通大众的理想协调一致起来。

　　这种愿望主要在两方面产生了影响。首先是在原始的理论方面，即对一切外在之物都持一种无动于衷（Adiaphora）的态度；其次是对这种理论的进一步发展，即认为某些事物是有一定的价值的，另一些事物则是无价值的或完全无足轻重的。

　　第二个方面则是更为重要的：犬儒主义基本上是**自私自利的**。犬儒主义者只注重个人的独立和内心自由，而对其他人漠不关心。与他们不同的是，斯多葛派不仅承认和赞扬智者之间的友谊，而且还提出了两个基本的社会要求：**公正与仁爱**——并且他们对两者的认识程度在当时来说可谓前无古人。他们的这种要求是针对所有人的，也就是说，他们把**奴隶**和**野蛮人**都包括在内。这确实是一种革命性的要求，因为在此之前，人们所理解的人毫无疑问从来都只是希腊和罗马的自由公民。这种要求当然也是那个时代的政治与社会重组的结果，因为罗马帝国将那时被看作野蛮人的许多民族纳入了自己的版图，这些人也试图要求他们的公民权。而他们反过来又极大地促进了这种思想意识的发展，比如罗马法就受其影响很大。因此可以说，在古希腊罗马时期，斯多葛派首次代表了一种广泛的博爱思想和同样广泛的世界主义。

　　在前面引述的克雷安德的颂歌中，我们仍然能听得出斯多葛派所达到的道德高度，继续引述如下：

　　　　哎，那个傻瓜！他总是那么贪婪地占有财富，
　　　　却对万能的造物主的准则一无所知，
　　　　即使有人告诉他什么会给他带来幸福的生活和理性，
　　　　他也都把这些劝告当作耳旁风。
　　　　于是他就像无头的苍蝇围着财富团团转，
　　　　为了荣誉而明争暗斗，对利润贪得无厌。

有人企图得到安宁，有人企图得到快乐，

大家都对那毫无价值的欲望热情似火。

可是宙斯啊，你这万物的主宰，

请你把人们从那无意义的追逐中解救出来，

请你驱散他们内心中的阴霾，天父啊，

让他们幡然醒悟吧，

让他们知道你是这世界的公正主宰；

我们将以你为荣并赞美你的丰功伟绩，

这对我们这些尘世之人总还相宜：

因为人和众神都没有资格获得那样高贵的赞美，

只有你这永恒宇宙的主宰才当之无愧。

4. 斯多葛派哲学的历史意义

斯多葛派关于高傲和坚不可摧的人格尊严，以及无条件地履行道德义务的思想，与罗马上层阶级的思想观点紧密地融合在了一起。斯多葛派思想通过罗马文化在欧洲得到了进一步的发展。

但是，斯多葛派在世界历史上的意义在于它与基督教的密切关系，或许这比它的思想在欧洲的发展具有更大的意义。斯多葛派与基督教有几个显而易见的共同之处：斯多葛派倡导一种严格的和禁欲主义的道德，并且鄙视一切身外之物。他们认为世界整体是体现在一个至高无上者之中的——可以称之为"天父"！他们提倡一种跨越种族和社会阶层的普遍的人间之爱。这一切都为基督教的诞生准备了土壤。尚在中世纪时，这种思想就已经广为传布，可以说塞涅卡就属于最早的基督徒。但是，当基督教开始征服罗马统治的世界时，斯多葛派并没有立即站在它的一边。恰恰相反，比如斯多葛派的马可·奥勒留就坚决地抵制基督教。在这场斗争中，斯多葛派站在了传统的民间宗教一边，他们不想看到传统的民间宗教受到破坏，对某些批评意见他们根本不予理睬。

有些教父对塞涅卡的著作也大为赞赏。从四世纪至中世纪，人们曾把一些虚构的塞涅卡与使徒保罗之间的往来书信信以为真。

随着宗教改革、人文主义和文艺复兴运动的发生，斯多葛派思想也得到了复兴。鹿特丹的伊拉斯谟编纂了塞涅卡著作的经典版本，路德和慈运理对塞涅卡也给予很高的评价。蒙田在他的一篇散文中说，他的思想是建立在普鲁塔克和塞涅卡的思想之上的。一场真正的"新斯多葛主义"思想运动是由弗兰德人耶斯特·利普斯（1547—1606）发起的。他试图证明，斯多葛主义与基督教是完全一致的。在十七世纪，斯宾诺莎的伦理学中也显露出了斯多葛派思想的痕迹。康德、席勒、歌德以及海因利希·克莱斯特也都接受了斯多葛派的思想。[4]

斯多葛主义所产生的最为令人惊异的影响则表现在十七和十八世纪的普鲁士国家观念中，这在今天已鲜为人知。当时普鲁士人们称之为"尼德兰运动"，这个运动溯源于利普斯和持自然法权思想的尼德兰人雨果·格劳秀斯。（被翻译成法语的）塞涅卡、爱比克泰德以及西塞罗的著作——因为它们接近斯多葛派思想——都成为当时的普鲁士军官必须事先阅读的经典。此外，腓特烈大帝也在一首诗中称自己是"斯多葛派哲学家"。[5]

二、伊壁鸠鲁派

在古代和在今日一样，人们通常认为，一个"伊壁鸠鲁派信徒"就是一个追求安逸享乐生活的人。事实上，**伊壁鸠鲁**哲学——即为一种完全无忧无虑的感官享乐生活作辩解——也容易让人作出这样的理解和解释。伊壁鸠鲁（前341—前270，萨摩斯人）有一句名言"像隐士那样生活吧！"，这说得很清楚，他鄙视国家和政治而更喜欢过私人小圈子里的生活。他在雅典的"伊壁鸠鲁花园"里生活和教学，这种轻松愉快的集体生活也令当时那些猜忌心很强的市民更加确信，伊壁鸠鲁倡导人们追逐一种无节制的感官享乐的生活。

　　我们将会看到，对伊壁鸠鲁伦理学做这样的理解并不是完全恰当的。不过，我们首先还是先考察一下他的逻辑学和物理学，因为伊壁鸠鲁和斯多葛派一样也认为，逻辑学和物理学是伦理学的前提。逻辑学能够让人避免错误，物理学也是能够使我们采取正确行动的基础。物理学的任务就在于告诉人们，世界万物是完全可以用一种自然关系加以解释的，上帝既不会创造世界也不会干预世界的运行，因此人们就可以从恐惧中解脱出来。伊壁鸠鲁并没有直截了当地否定上帝的存在，在他看来，上帝是"生活于宇宙之间的"，上帝并不关心人类是如何生活的。因此，我们人类也没有必要关心上帝和魔鬼的事情。物理学对宇宙的认识——伊壁鸠鲁承袭了德谟克里特的原子理论——其任务就在于，驱除人们心中对超自然力量的恐惧——否则人的心灵会永远受压抑——并借此使人变得完全自由，从而使他能够真正享受尘世的生活，这是伊壁鸠鲁真正提倡的生活。

　　但是，伊壁鸠鲁并不是教导人们去毫无节制地追逐感官享乐。固然他认为人生的唯一目的就是内心感到幸福，并且把这种幸福简单地定义为获得快乐并避免痛苦，但是，他知道，每一种类型的过分纵欲其结果往往都会适得其反，伴随而来的是更大的痛苦。因此，追求幸福必须通过**理性**的引导并有所节制。理性告诉我们，只有在一种轻松愉快、安逸宁静的生活中，在精神的祥和平静（Ataraxie）中，我们才更加能够获得真正的幸福。就这一点来说，伊壁鸠鲁和斯多葛派的人生观并无二致，尽管他们常常意见相左。事实上，伊壁鸠鲁自己就过着一种模范性的节制生活。在人生的晚年，他用一种真正"斯多葛派式的"恬淡寡欲和自我克制的态度，长时间地忍受着疾病的折磨。

　　伊壁鸠鲁认为，实际的人生智慧要比知识本身更为重要。他将肉体的快乐——痛苦亦然——与灵魂的快乐区别开来，肉体的快乐是短暂的，而灵魂的快乐既可以在回首往事中也可以在展望未来中获得；所以，为了消除当前的痛苦，人可以回忆过去的快乐也可以期望未来的快乐。谁若是摆脱了对上帝和死亡的恐惧，那么他就会获得内心的平静。因为死亡是超出了我们的经验范围之外的事情，所以死亡对我们的生命来说是无关紧要的。

伊壁鸠鲁的大量著作几乎都已经遗失了。79 年，维苏威火山喷发之后，他关于自然的伟大作品的几个片段在海格立斯神殿的废墟中得以幸存。我们关于伊壁鸠鲁主义的知识主要是来自罗马诗人提图斯·**卢克莱修**·卡鲁斯（前 98—前 55）的教育诗。卢克莱修著作里所描绘的宇宙整体及其相互关系的画卷，完全是依照伊壁鸠鲁的哲学精神。

在罗马的另一位重要诗人昆图斯·**贺拉斯**·弗拉库斯（前 65—前 8）的诗歌中，也倾向于伊壁鸠鲁式的人生观，他歌颂爱情、美酒、友谊和愉快的生活，以及一种澄明的人生智慧。

三、怀疑派

所谓怀疑派，即认为人基本上不可能获得真正的认识，历史上任何时代都有持这种观点的人——从智者派到蒙田和大卫·休谟，再到本世纪的阿尔贝·加缪和结构主义者——并且以后也永远会有。怀疑主义在公元前的最后一个世纪里得到了特别广泛的传播，甚至发展为一个独立的哲学派别，这与那时的时代状况有着密切的关系。除了在古希腊罗马时代后期产生的那种仅凭直觉去评价事物的普遍的"文化厌倦"情绪，在哲学内部也形成了与早先智者派形成时非常类似的境况。当时产生了众多的形形色色和观点各异的哲学派别，而且它们往往是以不加批判的方式创立起来的，在这种情况下产生怀疑一切的精神也是必然的。

人们将怀疑派哲学划分为三个时期。早期怀疑派的创始人是埃利斯的**皮浪**（约前 360—前 270）；中期怀疑派也被称为学园怀疑派，因为柏拉图学园是这一时期他们的主要活动场所，其杰出的代表人物是**阿尔凯西劳**（前 315—前 241）和**卡尔尼阿德**（前 213—前

129）。后期怀疑派的创始人是**爱那西德谟**，他大约生活于基督诞生时期。另一位代表人物**塞克斯图·恩皮里克**的著作被最完整地保存了下来，他生活的时期要远远晚于前者，约在 200 年。

那些利用**转义**（Tropen）来论述的理论具有古典时期怀疑主义的特征。人们往往用"转义"来描述这样一种观点，即认为真理是不可认识的。爱那西德谟斯就此列举出了十个论据[6]：

1．动物的一般差异（不同种类的动物有不同的感觉）；

2．人的差异（人的感觉因人而异）；

3．感官构造的差异（同一个人的不同感官有不同的感觉）；

4．主观状态的差异（同一个人和同一个感官在不同的心境和情绪下会产生不同的感觉）；

5．事物由于位置、距离和环境的差异而显现出不同的形状；

6．与其他事物的混合（一个事物在和不同事物的结合中具有不同的性质）；

7．同样数量和结构的事物（在不同的媒介里）会产生不同的作用；

8．一切现象和感觉的相对性；

9．事物因显现次数的多少而受到不同程度的关注；

10．教育、习惯、风俗、宗教和哲学观的差异。

此外，怀疑派的另一个特征是，大部分怀疑主义者并不把逻辑和认识论作为自己的研究目的，而是把他们关于一切事物的不可知性的认识，以及由此而产生的"放弃判断"的态度作为一种前提，目的是达到一种更为**实用的**理想，即达到一种愉快的和坚不可摧的心灵安宁。因此可以说，他们在伦理学方面与斯多葛派和伊壁鸠鲁派如出一辙。

四、折衷主义

1. 罗马的折衷主义

在那个时代，由于罗马、希腊和东方文化以一种前所未有的方式相互渗透和相互融合，又由于罗马帝国将大量的异族纳入了自己的版图，这就导致哲学领域内也发生了不同学派之间的相互接近和融合。除了这一般的情况，另外还有两种情况促进了以综合各种思想体系为要旨的折衷主义哲学的产生。首先是这样一个事实，即所有的思想体系——不管是斯多葛派和伊壁鸠鲁派，还是柏拉图学派和亚里士多德学派，以及与上述各派做斗争的怀疑派——都不是由罗马人自己创立的，而是由希腊人创立的，亦即都是外来的。因此，有教养的罗马人从一开始就喜欢不带任何偏见地审视所有这些思想派别，并从中选取那些他们认为是正确的东西（德语 Eklektiker 即折衷主义者这个词的本义就是"挑选者"）。第二个事实就是前面已经提到的罗马人讲求实际的愿望，他们从来都不把哲学思想作为目的本身，而是作为现实生活的工具和正确行为的指南，依循这样一条道路，他们就选择那些适合于自己的东西并从而形成了一种新的思想体系。[7]

罗马折衷主义的杰出代表就是马库斯·图留斯·**西塞罗**（前106—前43），他在希腊接受教育，是一位重要的演说家、政治家和作家。他的文章中值得一提的有《学院派考察》《论至善与恶》《论责任》《论神性》。西塞罗在其中把拉丁语的文体风格发展到极致，他以一种绚丽的语言对较广泛的、受过教育的公众阐述了他的哲学观点。他从一种老于世故的怀疑主义者的立场出发，将各种学派特别是斯多葛派的思想融合到了一起。

哲学家的任务不仅仅在于独创某种思想体系，而且也在于将他们的思想传达给普通大众，并且他还应该致力于把他们的思想运用到实际生活中去，因此，我们不应该轻视像西塞罗这样一位思想家的功绩。他的著作在以上诸方面都有非凡的体现，我们甚至可以称之为罗马文化的精神代表。此外，西塞罗的功绩还在于，他将希腊语的哲学术语翻译成了拉丁语，后来这些拉丁语哲学术语又融入了西方的所有语言中。

2. 亚历山大里亚的折衷主义

在亚历山大里亚，也具有让不同思想派别之间相互接近和融合的类似条件，那里是当时东地中海区域的文化中心。亚历山大里亚拥有古罗马时期最好的图书馆，是自然科学（如医学）书籍的保管所。在罗马，希腊和罗马思想相互融合到了一起，而在亚历山大里亚，与希腊思想相互融合的则是东方的思想，尤其是犹太的宗教传统。《旧约》被译成了希腊语（即所谓的 *Septuaginta*）。亚历山大里亚的受过教育的犹太教教徒，一方面对其传统的宗教信仰保持忠诚；另一方面，他们对希腊文化也持一种开明的态度。

东方折衷主义的主要代表人物是亚历山大里亚的犹太人**斐洛**（约前 25—50）。在语言表达的优美方面，斐洛以及其他希腊化犹太哲学代表的著作无法与罗马哲学家们的著作相提并论，但是在内容上，前者由于吸收了一些宗教观念，从而比后者达到了一个更深的层次。

对于斐洛和其他希腊化犹太思想家来说，有一种内在的困难不容易克服，一方面他们坚信，真理唯有在他们的《圣经》里才得到了表达，但是另一方面他们又不能否认这样一个事实，即希腊哲学家特别是柏拉图、亚里士多德以及斯多葛派也发现了哲学真理。为此，他们为自己找出了这样一个论据，认为摩西的经书在古代已经为希腊人所了解，而希腊思想家们就是从其中获取智慧的。至于他们自己的神圣经典，为了使其内容与希腊哲学协调一致，他们越来越多地从逐字逐句的注释过渡到象征的和转义的（或比喻的）注释。除了希腊哲学和用比喻的方式作解释的经典字句，斐洛还发现了人类认识的第三个源泉，而且这也是最重要的一个源泉，它就是直接来自上帝的内心**彻悟**。

斐洛的上帝观念与《旧约》里的上帝观念相去甚远。在斐洛那里，上帝摆脱了一切人的规定性，上帝干脆就是不确定的和无法认识的，他在遥不可及的远处主宰着一切。[8] 如果上帝在创造万物时直接接触了物质，那么这与上帝的尊严是相矛盾的。上帝为了实现其意志会利用与物质相对的特殊力量，"这种力量的真正名字就叫作**理念**"[9]。我们会发现，斐洛在这里承袭了柏拉图的思想。但是，理念的整体就是**逻各斯**，是主宰世界的理性——他在这里或许是承袭了斯多葛派的思想，只不过是换了一种说法而已。逻各斯并不等同于上帝，它是位于上帝之下的，斐洛称之为"上帝之子"。[10] 逻各斯是介于上帝与人之间的媒介，是人在上帝面前的代言人。显而易见，基督教的思想在这里已经预先形成了。

五、新柏拉图主义

在古典时期将近结束的时候——与此同时基督教哲学开始繁荣起来，在与基督教展开斗争的过程中，哲学思想又一次发展为一种包罗万象的体系，其中，过去的哲学思想不仅以折衷主义的方式或多或少被松散地联系在一起，而且还按照统一的基本原则被系统地结合到了一起。这个思想体系即新柏拉图主义所产生的影响从二世纪一直持续到六世纪，它的创立者被认为是亚历山大里亚的安谟纽·**萨卡斯**（175—242），关于其学说我们所知甚少。他的最伟大的学生**普罗提诺**是这个学派的思想体系的真正创立者。

1. 普罗提诺

普罗提诺于 205 年出生于埃及，经过丰富多样的学习和漫游之后，他来到罗马，在这里他创办了一所学校，直到他于 270 年去世为止，他一直领导着这所学校。罗马皇帝加里努斯以及皇后都非常宠爱他，民众对他的崇敬也近乎迷信的程度。所有关于他性格的记载也是相互吻合的，都认为他是一个谦恭、温和、纯朴和极为虔诚地追寻上帝的人。普罗提诺曾经计划在意大利建立一座哲学家之城，被称为柏拉图之都，他想把柏拉图的理想国变为现实，但是这个计划最终并没有得以实施。[11]

普罗提诺共写有五十四篇文章，后来由他的最重要的学生**波菲利**编辑成书，共分六集，每集都有九篇，故名《**九章集**》。第一集收入了他论述伦理学的文章，第二集和第三集涉及他的宇宙论，第四集是论灵魂的，第五集是论精神和理念的，第六集则论述最高原则和至善。这也只是一种大概的划分。普罗提诺以及其他新柏拉图主义者认为，他们并非一种新体系的创立者，他们只是柏拉图的忠实的学生和注释者，他们只想把被歪曲了的柏拉图著作还以本来面目，实际上这个体系的名称也说明了这一点。而事实上，他们却创立了一个自己的思想体系，虽然这个体系紧密地承袭了柏拉图的思想，但是它与柏拉图的思想体系有着根本的区别。他们认为，世界万物是逐级地从"太一"那里流溢出来的，并且也将复归于"太一"。

虽然有历史学家将普罗提诺的思想发展分为三个阶段，不过关于他的学说的核心内容我们可做如下描述：

如果现在有一个次于它的实体，而它本身是不动的，那么，这个次于它的实体的产生，一定不需要"太一"方面的任何倾向、意志或运动。这是怎样造成的呢？我们应当怎样来想这些围绕着"太一"的常驻不变的本质的次等实体呢？我们应当把它想成一种从"太一"发出来的辐射，从常驻不变的"太一"里发出来，正如围绕太阳的太阳光永远不断地从太阳里产生出来，太阳的实体却毫无改变和运动一样。万物继续存在的时候，也都必然凭他们自身的力量，从他们自身的本质中产生出一个实体在他们自身之外，并且围绕着它们，附着在他们身上，产生出一个形象，就是那产生它的原形的形象。火由自身发出热来，雪也并不把寒冷总是保留在自身之内。这种事实的最好的证据是发出香气的东西。因为只要这些香的东西存在，便在周围发散出一种东西来，被站在附近的人闻到。一切事物在达到完备程度时都产生出别的东西，永远完满的东西则永远产生永恒的东西；不过被产生出来的东西要次于产生者。我们现在对那最完满的东西说些什么呢？从它而来的东西只是在它以后最伟大的东西。在它以后最伟大的、次一等的东西就是心智。[12]

这段话已经清晰地表明了前述普罗提诺的基本思想。此外，他的基本思想与亚历山大里亚的斐洛的学说是相近的，并且受其影响很深。太一、元一、永恒者、至高无上者、善、超善或普罗提诺所称的上帝，都超然于一切对立面和一切可理解性之上，这在普罗提诺那里比在斐洛那里表现得更为明显。如果上帝与物质直接接触，这不仅与上帝的尊严不相符，而且如果它渴望与物质接触或者果然那么做了，那这也是根本不可想象的事情，因为上帝是自我完成和独立自足的。这就是说，世界不可能是通过上帝的意志力量被创造的，那么它又是如何被创造的呢？"太一是充溢的，流溢出来的东西便形成了别的实体。"[13] 太阳辐射出热量，其实质并不会因此而受损，世界万物也是这样从"太一"中流射出来的，就仿佛是"太一"的光芒和阴影。

这种**流射**是分阶段发生的。根据与上帝之间的距离，有一种不同存在范围的次序。流射的第一个阶段是**精神**，这个过程不是按时间顺序进行的，而只是按照其级别进行的，整个过程是无时间性的。这个神圣精神——如在斐洛那里——不是上帝本身，它超然于上帝之上。这个精神与柏拉图意义上的理念极为相近。流射的第二阶段是**世界灵魂**，即灵魂的世界。在灵魂的世界与**物质的世界**之间，存在着作为中间环节的个别灵魂。个别灵魂是最不完善的，是最远离上帝的表现形式，因而也被认为是阴暗的和丑恶的。

普罗提诺所描述的个别灵魂与世界灵魂的关系，与印度哲学中的梵我思想极为相似。他说，**全部**世界灵魂显现于每个个别灵魂之中，仿佛每个个别灵魂都包含着整个的宇宙。"因此，灵魂首先会思考，然后它创造了一切有生命的东西并给它们注入了生命的气息，它创造了大地、海洋、空气和苍穹里的神圣天体，它创造了太阳和这辽阔的天空，它使天空充满秩序，它引领繁星周而复始地运动，它是一种更高级的自然力量，它高于万物，高于它所赋予秩序和赋予生命并使其运动的任何事物。"[14]

　　普罗提诺关于人的学说以及他的伦理学思想合乎逻辑地产生自这样一种观念，即认为世界万物是从"太一"那里流溢出来的，人的灵魂来自神圣的起源。在他看来，人的最终目的以及他的幸福就在于使他的灵魂重新与"太一"融为一体，因为他的灵魂就起源于其中。普罗提诺认可柏拉图所提出的四种德性，只不过他把这四种德性看作通往最终目的和幸福的最初阶段。通向那里的真正道路是一条精神之路，这条路不是伸向外界，而是伸向人的内心世界。哲学思想或思辨是一种较高的境界，但还不是最高的境界。最高的境界就是完全沉浸于自我之中，亦即沉浸于寓于我们内心的神之中。这种最高境界超然于一切思想和意识，从而达到一种忘形出神和心醉神迷的并且能够与上帝合二为一的状态。

　　在普罗提诺那里，我们看到了那种直接与神融为一体的忘我的**神秘主义**思想，对于所有过去的希腊哲学来说，这种神秘主义是陌生的。相反，它在本质上与印度哲学的基本观点非常接近。但是普罗提诺对印度哲学不可能有详尽的了解，据他的学生记载，他曾经参加过远征波斯的战役，其明显的目的就是想进一步认识波斯和印度哲学。但是这次远征却失败了，普罗提诺只好无功而返。但是他的意图已经表明，不管怎么说，他对那个精神世界曾有所耳闻，而且他也赋予了那个世界很高的价值，以至于他为了认识波斯和印度哲学而甘愿去冒极大的风险。

　　我们到处都会遇见这种神秘主义，它非常认真地对待人的灵魂本质与神的思想，在普罗提诺之前有印度人，在他之后有中世纪伟大的基督教神秘主义者。

2. 新柏拉图主义的结束与古希腊罗马哲学的终结

除了以普罗提诺为代表的罗马学派，新柏拉图主义还有一个叙利亚学派，其代表人物是**扬布利可**（死于 330 年），他是普罗提诺的学生，另外还有一个以**普洛克鲁斯**（410—485）为代表的雅典学派。

新柏拉图主义的雅典学派同时也标志着古代非基督教哲学时代在开始独立的东罗马帝国内的结束。尽管新柏拉图主义与基督教在思想观念方面存在着内在的亲缘关系——他们都试图以不同的方式适应那个时代强烈的宗教需求，但是恰恰因为这一点，新柏拉图主义遭到了日益占统治地位的基督教的强烈抵制。529 年，查士丁尼皇帝下令封闭了自柏拉图以来一直存在的雅典学园，没收了他们的财产，禁止他们继续讲授希腊哲学。学园的最后七名教师被迫流亡。

在西罗马帝国，新柏拉图主义的最后一位伟大传布者就是**波依修斯**（生于 480 年，由于政治原因，525 年被基督教教父国王提奥德里希处死了），表面上他是个基督徒，内心里却热衷于古代非基督教哲学——斯多葛主义和新柏拉图主义，他在地牢里写的《**哲学的慰藉**》是古代非基督教哲学的最后闪光，人们称他是"最后一个罗马人和第一个经院哲学家"。

第三部分

中世纪哲学

《基督的洗礼与十二使徒行列》（五世纪，意大利拉文纳阿里乌斯洗礼堂）

基督教的繁荣——时代划分

当我们从古希腊罗马哲学转向欧洲中世纪基督教哲学时，单从时间上看，我们会在其中发现一种历史的延续性，因为基督教的传播和基督教哲学在教父那里开始形成正好与古希腊罗马哲学的衰落是同时发生的，或者说它们之间是一种直接的承上启下的关系。从思想史上看，这种承上启下的过渡也意味着一种飞跃。不管基督教的创始人被赋予多少传奇色彩，从历史上看，基督教的形成要远远回溯到过去，它是在各式各样的东方宗教传统的基础上产生的，而且其根源也不仅仅是古代犹太教；上个世纪的一些研究者发现，《旧约》中也包含着一些源自亚述和巴比伦特别是波斯的思想，或许还有埃及的思想。

因此，若想从历史的角度对基督教做深入的了解，我们就必须研究和说明其中的这种关联。可是这本来应该是宗教史而非哲学史的任务，哲学史只能而且也必须仅限于从阐明基督教的形成时间入手。因为由耶稣和使徒保罗赋予其形式的基督教主要是在地中海区域传播的，其间它必然会与古希腊罗马哲学发生思想交锋。

基督教的传播开始于一世纪耶稣使徒的传教活动，特别是使徒保罗的三次传教旅行，他最终定居罗马并在此殉难。二世纪中期，在罗马帝国的所有地区都有基督教追随者。罗马的人民及其统治者在很长时间里都把基督徒看作罗马国教的蔑视者和公共秩序的敌人。由于基督教属于国家禁止公开传布的宗教，它的信徒被迫秘密地聚会和举行礼拜仪式。这种秘密的活动反而又加剧了人们对它的敌意和憎恨，致使产生一些对基督徒的流言诽谤。起先还只是个别民众对基督徒心怀憎恨，不久便发展成国家对基督徒的有组织的迫害，这种冷酷无情的迫害往往持续数年之久。对基督徒实施迫害的皇帝恰恰是那些有教养的和品行较高者，因为他们认为，他们的职责就是保护古老的帝国秩序和社会秩序免遭基督徒的威胁，所以他们就对基督徒采取了严厉的措施。最为严重的迫害行动发生在如下皇帝在位期间：尼禄、图密善、图拉真、哈德良、安东尼·皮乌斯、马克·奥勒留、塞普蒂米乌斯·塞维鲁、德西乌斯、瓦勒良、戴克里先，这就是说，它从一世纪一直持续到四世纪。有无数的人不得不发誓放弃自己的信仰，否则便会遭受最残酷的肉体折磨。众所周知，宗教迫害并没有消灭基督教，反而使它变得更为强大了。因为被杀害的人和被残酷的刑罚吓倒了的人，远远没有那些在殉教者崇高的道德和英勇无畏的精神的感染下而纷纷投向基督教门下的人多。基督教的精神力量恰恰吸引了那些具有最深沉的心灵和最勇敢的性格的人。为了自己的信仰而甘愿赴死的殉教者耶稣基督为人树立了榜样，他是一个完美的基督教教徒。

君士坦丁大帝在位期间（306—337），基督教被国家承认了，从那时起，基督教不再是异教，它成了受国家庇护的宗教，不过其间也发生过几次倒退。基督教取得的最明显的胜利就是，392年皇帝颁布了禁止异教徒举行祭祀活动的法令。在此期间，基督教在罗马帝国的所有城市得以传播。在乡村，异教徒仍然继续存在。因此，非基督教教徒在德语中被称为Heiden（异教徒），其原意是居住在乡野里的人（拉丁语中的paganus也是指乡野之人）。

如果我们只考虑这三个因素，即罗马帝国和罗马法、古希腊文化以及日益繁荣的基督教，那么中世纪基督教的文化和精神世界的历史背景还没有被完整地描述出来。另外还有第四个因素，它就是已经走进真正人类历史的凯尔特人、日耳曼人和斯拉夫人部落的百折不挠的力量。长久以来，所谓的蛮族就如同奔腾不息的海洋一般，对罗马帝国的外围边境构成了日益强大的威胁，后来，民族大迁徙的浪潮如汹涌的波涛淹没了整个古罗马世界，不久之后，在这股浪潮的冲击下，罗马帝国就崩溃了。如果称这些种族为"蛮族"，从古希腊罗马的发展较高的文明来看也是对的，但是，我们也不应该忽视这样一个事实，即这些种族也并非未开化的野蛮人，事实上，这些民族也带来了他们自己的文明和宗教。其中的大部分也已经发展到相当高的程度。正如历史上常常发生的那样，政治上和军事上的胜利者可能会成为文化上的被征服者。凯尔特人、日耳曼人和斯拉夫人丢弃了他们自己的传统生活方式，据后来的史学家判断，他们丢弃的甚至太多了，因为许多有价值的和具有民族特色的东西就这样一去不复返地消失了。他们接受了基督教和古典文化遗产，从"野蛮人"一变而成为古典文化的继承者和世界历史发展的主要承担者。在这场暴风骤雨般的历史变动中，难以估量的人类文明的财富消失了。其他许多人类文明的遗产得以保存和发展，这主要应该归功于基督教。

　　上述的四个因素在随后的几个世纪里不断地融合和发展，于是就形成了西方的文明，但是并非只有古典文化在继续起作用。通过罗马法、希腊文化和基督教文明的融合，西欧文明得以发展，与此同时，东部斯拉夫人也进一步发展了东罗马帝国的古基督教文化。此外，伊斯兰教也长驱直入西班牙境内，并且伊斯兰教学者也对古典文化加以继承和发展。对于我们下面将要讨论的中世纪和近代欧洲哲学来说，我们所关注的也正是在此期间所发生的这种文化碰撞，尤其是中世纪晚期所发生的基督教与阿拉伯哲学和犹太哲学的接触。基本说来，基督教信仰与古典哲学思想遗产的融合构成了下面将要讨论的中世纪哲学的主要内容。

这种融合可被明显地划分为两个**主要时期**。第一个时期从使徒传教时期至 800 年左右，这个时期的哲学也被称为**教父哲学**（德语为 Patristik，源自拉丁语中的 pater，即父亲，意指教父）。第二个时期包括从 800 年至 1500 年中世纪哲学的结束，这一时期的哲学被称为**经院哲学**（德语为 Scholastik，这个词源自拉丁语的 scholastici，起先指教师，后来指传教士，再后来指基督教神学家）。

教父哲学时期又被划分为两个时期，在其中的第一个时期，基督教与希腊哲学进行了首次接触，并且基督教内部也发生了多次矛盾冲突。之后，在外在形式上，基督教建立了统一强大的教会，在内在形式上，它确定了基督教的**基本教义**。325 年举行的尼西亚会议标志着这一时期的结束。在教父哲学的第二个时期，特别是在奥古斯丁的著作中，已经确定了的基本教义被整理为基督教教义和哲学的统一体系。

经院哲学又被划分为三个阶段，即从九世纪至十二世纪的早期经院哲学、十三世纪的中期经院哲学、从十四世纪至十五世纪的后期经院哲学。早期经院哲学的特点是，它形成了一种独特的经院哲学方法，神学与哲学紧密地联系在了一起，还有从柏拉图和亚里士多德那里继承下来的为争取一般概念的有效性而进行的思想辩论，即所谓的共相之争。亚里士多德的思想被越来越多地接受下来，这标志着中期经院哲学时期的开始，中世纪阿拉伯哲学和犹太哲学在其中起着一种中介作用，因此我们在本书中也将专门插入一节来叙述阿拉伯哲学和犹太哲学。

中期经院哲学使中世纪基督教哲学达到了最完美的形式，这尤其表现在大阿尔伯特和托马斯·阿奎那的著作中。在后期经院哲学时期，中世纪哲学在唯名论的影响下逐渐走向衰落。在中世纪后期，基督教神秘主义开始繁荣起来，它与经院哲学关系密切，但是又与经院哲学有着本质的区别，这尤其表现在埃克哈特大师的著作中，我们将在这一部分的最后一节里讨论他。

第一章

教父哲学时期

一、古典思想与基督教思想的不同

在论述希腊哲学时，我们在不同的地方，特别是在苏格拉底、斯多葛派、斐洛以及普罗提诺的哲学思想里，已经遇到过在某些方面与基督教相近的思想倾向，而且这些思想也为基督教的产生准备了土壤。但是为了能够正确地评价贯穿于整个中世纪的基督教与古典思想的相互渗透的意义和错综复杂性，我们必须事先简短地回顾一下两者之间的根本区别。这特别表现在他们对待上帝的观念、上帝与人的关系、人与人、人与世界这些问题的态度上，还表现在基督教从一开始就提出的对专一性的要求上。

1. 上帝与人

我们在希腊哲学那里已经遇到过各种不同形式的关于一个造物主的观念：赫拉克利特的神性的原始火；亚里士多德的以自身为原因的"第一推动者"；斯多葛派及其他思想家的泛神论，在他们那里，上帝和万有是同一的；最后还有普罗提诺的上帝观，即认为上帝是唯一实在的东西，其他存在物只是上帝的余晖，是出自上帝的流射物。

与所有这些观念不同，基督教认为，上帝是万能的造物主，上帝根据自己的意志从虚无中创造了世界。上帝之外的万物都是被创造的，人也是被造物。在造物主和被造物之间好像有一条无法逾越的鸿沟。如我们在考察印度哲学时所看到的那样，在神与人之间划定出一条宽阔的鸿沟，是闪米特人古老宗教信仰中所特有的，它来源于古犹太教。人以及所有被造物都只是通过上帝之手，并且为了上帝的缘故而存在的。人作为上帝意志的产物，他的天职就是按照上帝的意志行事，上帝会用神的语言给人以**启示**。因此，基督教宗教虔诚的最高美德和核心问题，就是人对造物主的恭顺。最为卑劣的恶德就是亵渎神灵（Hybris），就是狂妄自大，就是人想与上帝平起平坐。这造成了衡量人类道德的一种完全不同的价值标准。希腊人所赞美的道德不仅遭到了摒弃，而且还被认为是傲慢自大和"极端的恶德"。[1] 此外，基督教的上帝并不是非人格化的上帝，而是**完全人格化的上帝**。人作为一个个体，作为一个人，站在人格化的上帝面前。人在祈祷中与上帝交流。因此基督教赋予个体的灵魂以无上崇高的尊严。古希腊人对这个思想是陌生的。"对古典哲学来说，灵魂基本上是一种非个人的东西，是一种自然因素，因此，把灵魂与有机生命的概念紧密联系在一起，这对他们来说就是再自然不过的事情了，可想而知，只要一谈起灵魂，他们始终会想到世界灵魂，而个体的灵魂只是世界灵魂的一部分。个体的灵魂孤独地站在上帝的面前，并且感觉到上帝注视着自己的目光，这种思想根本来说并不是古希腊的。"[2]

基督教的上帝是仁慈的和**拯救人类的上帝**，这种思想基本上是全新的。人就其本性来说是有罪的，并且他也是有死的。虽然人能够利用自己的力量战胜恶，但是人却不能自我拯救。古希腊哲学家如斯多葛、伊壁鸠鲁以及苏格拉底，都教导人们如何利用自己的力量去寻找"幸福"，这是一种傲慢自大的、有害的尝试。只有通过上帝的恩赐和上帝之子的结合，人才能获得拯救。为了达此目的，人必须战胜和克服掉他全部的罪恶的本性。并不像柏拉图所说的那样，人的较低级的灵魂是非永生的，较高级的灵魂是永生的，并且是上帝的灵魂的一部分；整个自然的人会死亡和腐烂，只要他没有通过在基督中复活而获再生。倘若他获得了再生，那么他整个的人也就脱胎换骨了。"若有人在基督里，他就是新造的人。"保罗说。[3] 人通过基督的神恩而获再生，这个思想主要经由保罗之口被明确地表达出来，这也正是基督教的全部主要教义。[4]

2. 人与人

对于人与人之间的关系，基督教道德的基本要求正如基督所言："爱邻舍如同自己。"[5] 在基督教中，这个要求适用于所有的人。所有的人都是上帝之子，都是兄弟姐妹。基督教的这种崇高理想与古希腊斯多葛派的普遍仁爱的思想非常接近。

基督教从一开始就带有一种超越种族的特征。基督就曾经派他的门徒去向所有的人布道。基督教从一开始也不分任何社会等级，基督所关心的正是那些生活困苦的人，基督教的第一批信徒也是来自社会底层的民众。基督教是一种"自下而上的"思想革命，它的影响不久之后就扩及社会大厦的顶端。

3. 人与世界

斯多葛派和伊壁鸠鲁派哲学家并没有想过要脱离尘世而到另一个彼岸世界里去寻找人生的意义和目的，他们思想的目的就是尽可能好地度过此生。在柏拉图和新柏拉图主义者那里，情况与此有所不同，但是基督教却与他们相去甚远。将人生的意义放到彼岸世界的（超验的）上帝那里，把获得拯救作为人生的目的，这势必会导致对尘世生活的贬抑，或者干脆逃避尘世生活，这与印度人的宗教观念有些类似。基督自己就说过这样的话："我已经胜了世界。"[6]*

人与尘世的当权者的关系也是完全以上帝的眼光来看的，人们应该臣服于它，因为这是上帝安排的。但是人的目的却被置于一个并非属于这个世界的王国里。作为神性的仁慈的自由行为，上帝化身为基督，这是一个非同寻常的历史事件，但是这并不是一个永恒的象征性的神话，它不像在其他同样宣扬拯救的理想的宗教那里一样，这个神话不可能在每个人的身上在随便某个时间里反复重演。因此，对基督徒来说，不管尘世的生活多么快乐和充满诱惑，在上帝的神圣计划中，人的尘世生活是不可重复的一次性的。并不存在像许多希腊哲学家所认为的那种世界的永恒生成和毁灭，也不存在像印度人所认为的那种无休止的灵魂转世，人所拥有的只有此生此世，它是一次性的不可重复的，这是上帝的神圣计划所决定的。因此，"基督教的思想对个体的人具有无可比拟的说服力，因为它具有绝对的普遍性，因为在其中孕育的历史具有独一无二和不可重复的意义，因为它关涉人类的救世主。虽然对基督徒来说，他们生活的时代就是他们的整个尘世，但是他们的时代意识却因此而极大地加强了"[7]。

4. 基督教的专一性特点

在古希腊的城市国家中，个人有一种毋庸置疑的、近乎天真的安全感，如我们在苏格拉底那里所看到的那样。希腊城邦逐步瓦解，希腊扩展为一个罗马统治下的世界帝国，在其中，个人生活日益被公共事务所排挤，而且人们也不再满足于传统的宗教，因为它已经蜕变为一种神化帝王的国家崇拜，因此，人们产生了对一种更为个人化的宗教的强烈需求。除基督教之外，在古罗马晚期产生于整个希腊化世界的大量的宗教崇拜也都是适应了人们的这种需求。古代

---

* 《新约·约翰福音》第 16 章第 33 节。

波斯的密特拉教*，古埃及的伊西斯崇拜[†]，阿窦尼崇拜[‡]，以及其他许多宗教崇拜都在罗马盛行起来，并且随着罗马征服者的脚步一直流传到莱茵河地区和与不列颠接壤的地区。其中的某些宗教显露出了与基督教极其相似的特征。譬如密特拉教的宗教仪式中也有洗礼、坚信礼、圣餐和三位一体说，并且他们把12月25日作为日神的诞辰。

基督教之所以能够战胜所有这些宗教形式而独占鳌头是有其原因的，特别是由于它从犹太教那里继承来的专一性。基督徒的宗教团体都感觉自己是新的选民，是新以色列，如《圣经》上所说，^[8]是"上帝的选民，是君王的祭司，是一个圣洁的民族，是属于上帝的子民"[§]。

基督教传教的这种专一性的意识阻碍了基督教与其他宗教的混合（虽然曾经出现过某些混合的征兆），从而也避免了基督教与那个时代的其他宗教的合并。这为神圣不可侵犯的、规范的宗教传统的发展和组织严密的教会机构的形成奠定了基础。

二、早期教父哲学家的基督教信仰与古典哲学的首次接触

"雅典与耶路撒冷有何关系，学园派与教会有哪些共同之处呢？"教父**德尔图良**写道，"基督徒和哲学家之间有什么相似之处呢？在希腊人的信徒和上帝的信徒之间，在追求名声的人和追求生活的人之间，在言说者和行动者之间，在建设者和摧毁者之间，在

---

* 密特拉教流行于古罗马帝国时期，是一种秘传宗教。密特拉教约产生于公元前两千纪的上古印度和伊朗，后经美索不达米亚西传，于公元前67年传入罗马。

† 伊西斯是古代埃及最受崇拜的女神，流行的形象是一个哺乳圣婴的圣母，后被认为是基督教中童贞女玛丽亚和圣子基督的原型。

‡ 阿窦尼是腓尼基宗教的丰产神，腓尼基人信其为迦南繁殖女神的儿子和情夫，主要崇拜中心在腓尼基城邦比布鲁（位于今天的黎巴嫩）。其神话后传入希腊罗马，成为女神阿芙洛狄德的爱侣。

§ 《新约·彼得前书》第2章第9节。

真理的统领和囚徒之间难道有什么相似之处吗？"[9]* 保罗写道："智者在哪里呢？学者在哪里呢？当代的哲学家在哪里呢？难道上帝没有使世人的智慧变成愚蠢吗？犹太人要求神迹做证据，希腊人则寻求智慧。但是我们却传布被钉死在十字架上的基督。这对犹太人来说是一个冒犯，对异教徒来说是愚蠢的。但是对那些受到召唤的人，不论是犹太人还是非犹太人，基督都是上帝的力量和智慧。"[10]†

在这里，我们看到了基督教与希腊哲学的尖锐对立，而且事实上，在希腊和罗马后期的那种爱好文艺和理论、以和谐平衡和快乐的感官享受为人生要旨的思想，与最初的基督徒的思想之间存在着更大的对立，这也是可以想象的，因为这些基督徒，作为一种新信仰的殉道者，满怀坚定的道德信念，摒弃一切世俗的东西，他们宣告世界正在走向灭亡并且预言一个上帝之城即将降临。正如我们已经指出过的，这种思想的对立同时也意味着一种社会的矛盾。最初的基督徒都是来自城市和乡村的下层民众，他们对古典文化的认识都非常肤浅，他们不讲希腊语，除意大利人之外也不懂拉丁语。受过教育的人，如塔西陀或斯多葛主义的皇帝马克·奥勒留，对基督教学说都怀有一种深切的蔑视，在他们眼里，基督教只不过是一种向蛮族迷信的倒退。

基督教若想获得承认，它也必须赢得受教育阶层的支持。而若想在这方面获得成功，基督徒就必须学会使用他们**自己的语言**与之交流，也就是要学习古典文化。首先从事这种事业的人被称为"**护教者**"，他们是捍卫基督教免遭有文化阶层的异教偏见攻击的人。他们自己也接受过哲学方面的教育，他们的著作是写给皇帝和当权者看的，目的是想证明基督教的道德优越性，或至少要证明基督教对国家秩序不会构成威胁，而且还要证明基督教的神圣启示相对于其他所有的哲学具有更大的优越性。

---

* 参见《西方哲学通史》第一卷，赵敦华著，北京大学出版社，1996 年第 1 版，第 360 页。
† 《新约·哥林多前书》第 1 章第 20、22—24 节。

　　第一位重要的护教者就是**殉教者查士丁**，他是"披着哲学外衣的基督徒"。他出生于 100 年，作为他的信仰的殉道者，他于 165 年死于罗马。前述的**德尔图良**（160—220）把基督教的救世说与古希腊的尘世智慧尖锐地对立起来，他不仅有很高的哲学造诣，而且还是一位出类拔萃的雄辩家。他的文章是用一种精妙的拉丁风格写成的，既有插科打诨，也有辛辣的讽刺，他使基督教的拉丁语文学获得了进一步提高。"正因为它荒谬，我才相信"（credo quia absurdum est），这句名言被认为是德尔图良说的，虽然我们在他保留下来的著作中并没有发现这句话的原始形式，不过它却真正反映了德尔图良的基本思想，即信仰真理不可能被理解，只能被信仰，人只有依赖灵魂感应才能把握真理。德尔图良坚信，信仰真理是更高的真理，因此他把哲学置于神学之下，把知识置于信仰之下，这也是此后的基督教哲学的特征。

　　在这个方向上的一个关键性步骤是由**革利免**（死于 217 年）和**俄利根**（184—254）作出的，二世纪和三世纪时，他们在亚历山大里亚盛行讲授基督教教义的学校里担任教师。他们不仅建立了作为科学的基督教神学，而且还对科学的等级做了划分，其中，神学处于最高地位。俄利根说："如果那些智者们说几何学、音乐、语法学、修辞学和天文学是哲学的婢女，那么我们也可以说，哲学是神学的婢女。"[11] 故此，他要求神学家们要精心研读古代哲学著作并仔细地倾听其中的话语。在他自己的学说中，俄利根将基督教思想与新柏拉图主义紧密地融合到了一起，这对基督教教会来说已经走得太远了。在他的主要著作《论基本原理》中，他将上帝与上帝之子的关系比作太阳与光之间的关系，光发自太阳又离不开太阳。上帝之子介于上帝和人之间，他是沟通人与上帝之间的桥梁。[12]

　　在中世纪早期的一部伟大思想作品即**哲罗姆**的拉丁文《圣经》译本（Vulgata）中，在日益觉醒的基督教文学创作中，古典神话和《圣经》传说融合在了一起。

　　古典文化的形式对基督教作家的影响要大于其内容，哲罗姆称赞西塞罗是修辞学之王，是拉丁语言的启示者。正是由于他们的修辞学重视古典文化的形式甚于其内容，对后来的文化发展既产生了积极的影响，也产生了消极的影响。一方面的结果是，除宗教作品之外，还产生了一批世俗的文艺作品，或者说，在宗教文化之外还形成了一种世俗的文化，他们以维吉尔、贺拉斯和西塞罗等人为榜样，西方世界的精神生活因此而大大丰富起来；另一方面的结果是，希腊的**科学**遗产在中世纪被忽视了。

三、基督教的内部危机

1. 诺斯替派

在一个充满敌意的世界里，基督教被迫自我保护起来，与此同时，基督教内部在最初的几个世纪里也形成了许多思想运动，这些运动对基督教的统一和存续构成了威胁。一方面，他们试图从基督教本身的思想中寻找源泉；另一方面，他们也试图把基督教的和非基督教的因素融合到一起。在这些思想运动中，传布最广且对基督教构成最大威胁的就是**诺斯替派**（在希腊语中意为"灵知"），这个教派是思想史上最为变化多端和最难以把握的现象之一。

诺斯替派的来源及其主要代表人物

在诺斯替派的思想中，基督教信仰与各种不同来源的思想成分混合在了一起——在此期间，基督教信仰还未形成一个完整的理论大厦，因此它还有一定的开放性。其中有来自古代东方的宗教观念，主要是来自波斯、叙利亚和犹太地区；其中有来自**波希多尼**（约前135—前51）的哲学思想，他是一位广博的思想家和历史学家；此外还有来自柏拉图和新柏拉图主义、毕达哥拉斯和新毕达哥拉斯主义以及斯多葛派的思想。

根据它们所吸收的各种外来成分的多少，也形成了各不相同的诺斯替派。以吸收犹太教思想为主的教派被称为犹太化诺斯替派，其主要代表人物是**巴昔里德**（约125）和**瓦伦汀**（约150）。与它并驾齐驱的是另一个喜好异教思想的基督教化诺斯替派，其主要代表人物是西诺普的**马吉安**。他建立了一个自己的教派，这个教派长期与主要教派并存。借此机会，我们应该说明一下，在基督教创立之初，在主张应该保持犹太割礼和摩西律法的所谓犹太基督徒，与力主摒弃这些习俗和律法的异教基督徒之间，彼此的对立始终占据着主要地位。

这些诺斯替教派被基督教会斥责为异端邪说，它们遭到了最为尖锐的批判，除此之外，前面提到的教父革利免和俄利根从宽泛的意义上说也属于诺斯替思想流派。

诺斯替派的基本思想和特点

我们在这里不想对各个不同的诺斯替派别进行详细的讨论，而是列举出它们的三种共同观点，这三个观点对他们都有代表性，这样我们对这个宗教运动的特征就会有个大致的印象。

神正论。诺斯替派思想家思考的中心问题就是所谓的神正论问题，也就是为上帝的存在做辩护并说明世界上的恶的起源与意义。这个问题实际上也是每一种宗教的基本问题。在基督教中，这个问题之所以特别重要，一方面是因为创世主的观念是他们从犹太教那里吸收来的；另一方面是因为他们把这个世界看作充满不幸和罪恶的地方，只有通过基督，我们才能获得拯救。人们会问，完善的上帝为什么会创造一个充满罪恶的世界呢？而我们却又需要上帝的拯救才能摆脱不幸。

伊壁鸠鲁派也曾经以类似的形式提出过这个问题，后来这个问题也让莱布尼茨费了不少脑筋。当里斯本发生大地震时，六岁的歌德也曾经问过，上帝为何会听任这样的灾难发生，如他在《诗与真》的开头所描写的那样。

诺斯替派解决这个问题的方法是，他们把创世的上帝和救世的上帝区别开来，但是这样就有了两个上帝：一个是至善的世界拯救者（Erloeser），另一个是偶尔怀有敌意的创世者（Demiugen），后者臣服于前者。马吉安把《旧约》中作为创世者的上帝与《新约》中的作为拯救者的上帝区别开来。

以认识为目的的诺斯替派。诺斯替派的上帝观念也造成了他们关于人在世界上的位置及其拯救的特殊观念。人身上的罪恶看来并非他自己的过错，个人的灵魂只是一个战场，在那里，善与恶的原则会无休止地斗争下去。个人的灵魂会因此而丧失掉某些特殊的尊严。但是问题的关键并不在于人要经过一番斗争而重获新生，摆脱掉"旧的亚当"而成为一个改过自新的人，问题的关键在于，人要在自身之内**观察和认识**这充满世界的善与恶的斗争。[13] 因此，在诺斯替派那里，认识逐渐上升到一种信仰的高度，这个教派的名称便是由此而来，而且它也成为这整个思想运动的名称。诺斯替派信徒甚至也可以引用使徒保罗的话："圣灵无所不知，它甚至知道上帝的深奥的秘密。"[14]*

作为神秘教的诺斯替派。上帝的道成肉身以及在圣礼中神与人的合一，这是基督教教义中的大秘密，而且在基督教的历史上也掺入了越来越多的神秘主义思想。[15] 神秘教（德语 Mystik，这个词来源于希腊语的 myein，意思是"闭上眼睛"）既否定感觉世界，也否定理智的逻辑，它所关注的是一种无法用言语表达的、无意识的、心醉神迷或狂喜的人与神的神秘交感。诺斯替派所理解的对上帝的认识也不是一种理性的认识，而是一种神秘主义的认识。

与其他神秘教形式一样，诺斯替派也以充满幻想的神话形象来表达自己的思想。几乎所有的神秘主义思想流派都有些共同点，如普罗提诺提出的神的逐级"流溢"的观念，如神与人之间存在中介物的思想，如一切存在物向神的原始本原永恒复归的思想。

2. 摩尼教派

摩尼教派与诺斯替派极为相近，甚至由于它断然拒绝犹太教而

---

* 《新约·哥林多前书》第2章第10节。

将异教的（即波斯和印度的）思想与基督教的思想结合到一起，它也被视为诺斯替派的异教流派。[16] 摩尼教派是由波斯人**摩尼**（拉丁语为 Manichaeus）创立的，他于 215 年出生在波斯王室里，他在印度生活了很长时间，后来他作为一个新教派的创立者返回到自己的故乡。273 年，他被钉死在十字架上。

据摩尼遗留下来的微不足道的著作残篇以及后来的一些记载得知，他从波斯宗教那里吸收了一些观念，认为亘古以来就有两个并存的世界，一个是光明的世界，它由神圣的光明之父主宰，另一个是黑暗的世界，它由黑暗之父及其恶魔主宰。在他看来，耶稣就是从光明世界下凡世间的人类拯救者。

摩尼教的伦理学要求严格的禁欲主义，类似佛教的苦行主义。其信徒又区分为两类：一类是被选出来的“知者”，他们要严格地遵守那些戒律（不吃肉，不性交，不从事下等的手工劳动）；一类是纯粹的“听者”或崇拜者，对这些人的要求就没有那么严格了。

摩尼教教义与基督教教义的根本区别在于，摩尼教摒弃《旧约》，主张两个世界的二元学说，而且它关于人类获得拯救的思想也与基督教不同，在他们看来，拯救是可以靠自己来实现的。[17] 摩尼教主要在东方和北非传播，形成了一个独立的宗教派别，它时而也对基督教构成威胁，为此基督教极力抵制它。摩尼教派的势力一直保持到中世纪。

3．阿里乌斯和阿塔纳修斯

基督教世界在第一个世纪里充满了众多的信仰之争，他们争论的首要问题就是基督的本性以及他与圣父的关系。**阿里乌斯**（死于336 年）是亚历山大里亚的一位学识渊博的长老，他承袭了俄利根的思想，并且把他的论点发展到了一个极端，认为圣子与圣父在本性上是不同的，圣子从属于圣父，他是上帝与人之间的中介。**阿塔纳修斯**起初是主教的一名机要秘书，阿里乌斯被免职以后，他成了阿里乌斯的继任者，自己当上了亚历山大里亚的主教。他死于373年。

他反对阿里乌斯的观点，认为圣子亘古以来就与其父亲本性一致。在康斯坦丁皇帝于 325 年召集的尼西亚公会上，这两种观点展开了激烈的辩论。在这场辩论中，阿塔纳修斯最终获胜。圣父与圣子的本性一致被确立为一种宗教教义。阿塔纳修斯的胜利只是暂时的，东部教会仍然一如既往地倾向于阿里乌斯教派。日耳曼人几乎也都是阿里乌斯教派信徒。阿塔纳修斯仍然继续为维护自己的观点而斗争，他曾经多次遭到驱逐，后来又被召回。他死后，教会于 325 年在君士坦丁堡举行了宗教会议，在这次会议上，圣父、圣子和圣灵的本性一致被确定为一种牢固的教会原则，于是，三位一体的教义最终就确立了下来。六世纪时，日耳曼人才放弃阿里乌斯教派而改信天主教。但是阿里乌斯的基本思想至今仍然没有完全消失。

四、教会统一性的巩固

在一世纪里，面对一切外部反抗和内部威胁，罗马教会不断地加强自己的对外势力和内部统一性。之所以能够做到这一点，这首先是得益于教会的两个基本支柱——等级森严的外在秩序和严格的内部戒律，借此来保护神圣不可侵犯的基督教真理，从而避免受异端邪说的威胁而误入歧途。

教会构成了一个独立的社会，在罗马帝国势力衰落和蛮族大举入侵的时期，教会几乎就是一个国中之国。他拥有自己的内部制度、自己的领导阶层、自己的法律和自己的原则。尤其是教会长老和主教，被看作由基督自己确立的使徒，他们作为教会的领袖人物身上闪耀着超自然的光环，拥有至高无上的决定权。基督教会与这一时期其他所有宗教团体的不同之处就在于它的组织严密的教会制度，这使它与其他教派相比具有更为旺盛的生命力。[18]

为维护教会的统一性，教父们作出了不懈的努力，其中取得最大成就者就是**爱任纽**（约 140—202）。他来自小亚细亚，后来成为加利安的主教。诺斯替派是他的主要攻击对象，这也是他的著作《**伪**

知识驳议》的主要内容。他对诺斯替派信徒提出批评，是因为他们妄自尊大地以为人能够通过"静观"而认识上帝。在他看来，上帝是不可认识的，对于上帝我们所知甚少，而且这很少的一点认识也只有通过"天启"才能获得。上帝通过良心的声音向异教徒显灵，通过律法和预言向犹太人显灵，通过基督向基督徒显灵，基督的思想表明了一种纯粹圣徒的传统。诺斯替派将造物主和救世主区分开来，这是对上帝的亵渎，因而应该坚决予以驳斥。就如同他为了维护基督教思想的纯洁性而努力一样，他也全身心地致力于保持教会的一致性和罗马的统治地位，"整个教会，也就是世界各地的全部教民，必须聚集到一起，因为他们的根源是共同的，教会必须保持一致，这是因为在传布各地的教区中，来源于使徒的优秀传统必须保持下去"[19]。

　　前面已经提到过的**德尔图良**也是一个立场坚定的为维护教会统一性而努力斗争的思想先驱，他之所以对非基督教哲学展开尖锐批判，是因为他认识到，非基督教哲学是滋生诺斯替派异端邪说的温床。

　　应该提到的第三位就是**居普里安**（他是迦太基的主教，生于200年，于258年殉难）。在他的著作《论天主教会的统一性》以及他的大量书信中，他都坚决捍卫基督教的统一性。在他看来，天主教教会是基督教统一性的体现，它是基督为所有信仰者创立的，除此之外我们没有其他获得拯救的可能性。[20]

五、奥古斯丁

1. 奥古斯丁的生平和著作

　　"你造我们是为了你，我们的心如不安息在你怀中，便不会安宁。"（Fecisti nos ad Te et inquietum est cor nostrum, donec requiescat in Te）＊在奥勒留·奥古斯丁的《**忏悔录**》（*Confessiones*）的开篇就

＊　奥古斯丁《忏悔录》，商务印书馆，1987年，第3页。

写着这一句无与伦比的话。在整个教父哲学时期，他是思想最深刻且影响力最大的人物。他以祈祷书的形式，用十三卷的篇幅叙述了他改信基督教之前的生平。他一直心神不安并坚持不懈地求索，有时也误入歧途，最后他在基督教中获得了他渴望的安宁。

奥古斯丁于354年出生在努米地安（位于今日的阿尔及利亚）的塔加斯特，他的父亲是异教徒，母亲是基督教教徒。他在塔加斯特度过了放荡不羁的青年时光，接触到西塞罗的著作之后，他开始专心学习哲学和寻求真理。起初，他以为能够在摩尼教派的教义中找到真理，而且他也做了十年的摩尼教教徒。但是摩尼教的教义使他感到大为困惑，于是他就去了罗马，后来又前往米兰。在米兰，他重操旧业，仍然和先前在迦太基城一样做修辞学教师。在这里，他最初沉溺于哲学怀疑主义，读过新柏拉图主义，特别是普罗提诺的著作之后，他又摆脱了怀疑主义。在他后期的基督教思想中，普罗提诺对他产生的影响仍然依稀可见。但是这仍然不能使他感到满足。关于此，他后来说："虽然柏拉图主义者见到了真理，但是他们只是从远处眺望着真理，因此他们发现不了那不可言说的通往真正幸福之路。"[21]

奥古斯丁在基督教中找到了真理，他于387年在米兰的大主教安布罗修的影响下皈依了基督教。自那时起，他过着深居简出的生活，潜心于学习和沉思，先是在意大利，后来又回到自己在北非的故乡。即使后来他（其实是违背自己的意愿）做了长老并最终成为北非希波的主教，他也仍然没有改变自己的生活方式。430年，汪达尔人围攻希波，奥古斯丁在战乱中死去。

奥古斯丁拿起笔来，满怀极大的热情与那些异端思想做斗争，因为他自己就曾经长时间地信仰那些异端思想，所以他对此有切身的体会。怀疑主义者和摩尼教教徒等都成为他攻击的对象。他的主要著作，除了前面提到的《忏悔录》，还有《论意志自由》《论三位一体》《上帝之城》。其中，《上帝之城》可以看作他的真正代表作，这部作品写于413年至426年间，写作这部作品的起因是，阿拉里克国王于 410 年率领哥特大军洗劫了罗马城，于是有人就提出了一个问题，罗马遭受这次灾难，莫非是因为罗马人背弃了自己本民族的守护神转而皈依基督教所遭受的报应？在这部共有二十二卷的著作中，奥古斯丁在前五卷里对这种观念进行了驳斥，并且说，罗马之所以衰败是因为罗马人的自私自利和道德堕落。在接下来的五卷中，奥古斯丁讨论了异教的卑鄙无耻和古代哲学的欠缺。在其余的十二卷中，他将尘世之城与上帝之城作为对照，上帝之城是由基督教教会体现的。

奥古斯丁是继古希腊哲学之后出现的第一位伟大的哲学天才，在他的思想中，正在日益上升的基督教文化首次获得了高度的哲学表达。在五世纪至六世纪的整个西方基督教世界，无不渗透着奥古斯丁思想的影响，而且他的思想也是整个中世纪的重要的思想遗产。[22] "《上帝之城》在整个西方基督教世界取得的胜利是史无前例的，甚至可以说，除柏拉图之外，还没有一个人能够像奥古斯丁的这部书那样对人类的思想和文化产生如此深远的影响。" [23]

奥古斯丁在教父哲学中的突出地位还表现在：由于他的著作，基督教教义的编写活动基本上趋于结束了，在他之后的数世纪里，再也没有产生多少富于创新性的思想，直到经院哲学出现之前，中世纪的神学和哲学基本上只是评论和维护奥古斯丁的著作。因此，我们在这篇简短的导论中，在论述早期教父哲学时，只给奥古斯丁之外的其他教父哲学家留出了很少的篇幅。

奥古斯丁的思想产生的影响是如此巨大，以至于此后的整个中世纪早期人们的注意力都放在了宗教领域之内以及它的两个核心问题上，即上帝和灵魂，而留给文艺和科学的地盘却少得可怜。因为对奥古斯丁来说，认识上帝和爱上帝，这是思想追求的唯一价值所在，死的知识和毫无用处的好奇心都只是为了获取知识而追求知识，或者为了某种外在目的而追求知识。"如果人只知道追求知识而不认识你（上帝），那他肯定不会幸福，但是如果他只认识你而不知道其他事物，他却能够获得幸福。如果有人两者兼备，即认识你也认识其他事物，那他也不会比只认识你自己更幸福。"[24]

2. 奥古斯丁的哲学

据一位精熟于奥古斯丁哲学的人士的判断，奥古斯丁的哲学是非体系化的，贯穿于其中的只是一种基督教的基本情绪以及奥古斯丁的那种人格力量和一致性。当然他的思想也是多方面的和广博的，而且也并非没有内在的张力。不过总体来看，他的写作风格我们一眼就能看得出，"不管是他激情澎湃的自我忏悔，还是他论三位一体中所表达的那种宁静致远，不管是他质朴而深刻的对话，还是他辞藻华丽的赞美诗，以及他的上帝之城所表现出的那种庄严的客观性"[25]，其中的每一个句子都是奥古斯丁式的。我们在下面选择奥古斯丁的思想做陈述时也没有遵循系统的原则，而只是按照它在奥古斯丁的思想世界里出现的先后次序做论述。

灵魂的深度

> 我的天主，记忆的力量真伟大，它的深邃，它的千变万化，真使人望而生畏；但这就是我的心灵，就是我自己！我的天主，我究竟是什么？我的天性究竟是怎样的？真是一个变化多端、形形色色、浩无涯际的生命！
>
> 瞧，我记忆的无数园地洞穴中充塞着各式各类的数不清的事物，有的是事物的影像，如物质的一类；有的是真身，如文学艺术的一类；有的则是不知用什么概念标示着的，如内心的情感——即使内心已经不受情感的冲动，记忆却牢记着，因为内心的一切都留在记忆之中——我在其中驰骋飞翔，随你如何深入，总无止境：在一个法定死亡的活人身上，记忆的力量、生命的力量真是多么伟大！[26]*

---

* 奥古斯丁《忏悔录》，第 201 页。

伟大的希腊思想家赫拉克利特和柏拉图也曾经深入人类灵魂的深处进行探索，但是奥古斯丁与他们的不同之处在于，他更多的是从心理学的角度进行观察的，他更喜欢内省和自我批判，把自己最内在的思想和感情显露出来，他对自己毫不留情，并且无所顾忌，在他的《忏悔录》中，他把自己的内心世界坦露给世人。这样一种坦诚和率真对古希腊人来说是陌生的，即便他们有这份坦诚和率真，他们通常也是借用神话的伪装或戴上一个假面具。[27]

奥古斯丁对人的内心不断地探索和挖掘，首次发现了存在于我们身上的那个神秘世界，后来的心理学称之为**潜意识**。譬如，他在考察人的记忆时提出这样一个问题，当我们忘记了某件事情时，我们想重新再找回它来，那么我们到哪里去找它呢？我们要到记忆里去找它回来，它刚才就是在我们的记忆里丢失的！如果我们又重新找到它，那么或许是另一件东西把它带回来的，或许是它自己回来的，这时我们会说：我找的就是它！可是我们又怎么知道它就是我们要找的东西呢？我们完全忘记了的东西，我们也不可能再找它回来了。不过我们的心灵所能够包含的内容比我们所想象的要多。"记忆的力量真伟大，太伟大了！真是一所广大无边的庭宇！谁曾进入堂奥？但这不过是我与性俱生的精神能力之一，而对于整个的我更无从捉摸了。那末，我心灵的居处是否太狭隘呢？不能收容的部分将安插到哪里去？是否不容于身内，便安插在身外？身内为何不能容纳？关于这方面的问题，真使我望洋兴叹，使我惊愕！人们赞赏山岳的崇高，海水的汹涌，河流的浩荡，海岸的逶迤，星辰的运行，却把自身置于脑后。"[28]*

"我思，故我在。"

我们越探索自己的深不可测的内心世界，越认识到它是一个无底的深渊，我们就越紧迫地需要一个牢固的基准点。在哪里能找到

---

* 奥古斯丁《忏悔录》，第194页。

它呢？就和在他之前的印度人以及在他之后一千二百年的笛卡尔一样，奥古斯丁恰恰就是到自己的内心里去寻找它，也就是到不可靠的、不确定的和值得怀疑的内心世界中去寻找它。虽然我怀疑一切，但是我并不怀疑，**我在怀疑**，也就是说，我思想，因为我是一个思想的动物。因此，和笛卡尔一样，对奥古斯丁来说，思想的自我确定性就是他的坚定不移的出发点。

三位一体说

前述的一节离奥古斯丁的**神秘主义**思想只有一步之遥，他说："为什么你总在外面找寻？回到你的内心去吧！因为真理就在你自己的心里。"后来的神秘主义思想家也经常引用他的这句话。此外，奥古斯丁的这句话与印度思想也有某些相近之处，印度人认为，一切外在的东西都是思想的心灵的产物。有人也这样理解奥古斯丁的思想。但是基本来说，奥古斯丁走的是另一条道路。他寻找的是"运动的原因，这个原因并不等同于人内心的力量，他寻找的是一种声音，这个声音并不是我们自己的声音的回声，他寻找的是真理"[29]。他自己说："我将超越我本身名为记忆的这股力量，我将超越它而飞向你，温柔的光明。"[30]* 他在上帝那里找到了真理和光明，尽管这个上帝不能被我们所认识和理解，尽管在上帝面前，我们的思想以及思想的一切范畴都失去了效用，因为上帝无限大，无限好，无始无终。但是上帝会用神性的语言给我们以**启示**。

因此，奥古斯丁拒绝所有将世界看作人的心灵的产物的哲学，他也拒绝所有试图通过人的沉思冥想而获得真理的做法。在他看来，不是认识制造了可认识的东西，而是存在一个现实，它独立于我们的思想之外。它就是上帝的秩序和现实。于是，关于上帝的本质，奥古斯丁发展出一种独特的三位一体的学说。他摒弃了俄利根和阿里乌斯教派所认为的那种圣子低于圣父的三位一体说，而认为，"神

---

* 奥古斯丁《忏悔录》，第 201 页。

圣实体"存在于圣父、圣子和圣灵三者之内；而且在其中的每一个那里都是完整的存在。为了说明这个令人费解的教义，奥古斯丁用人的灵魂与它作类比：人的灵魂是由存在、生命和认识构成的（他也曾说过是由存在、知识和生命构成的）一个统一的整体，它实际上就是神秘的神的三位一体的一个象征；而且这已不仅仅是一个比喻，因为人就是按照上帝的模型造出来的。

创世与时间性

奥古斯丁的天才思想是围绕**时间**问题展开的。他坚持基督教的观念，认为上帝按照自己的意志从虚无中创造了世界。由此，在被造物的虚无和神圣存在之间便产生了一个鸿沟，在他那里最鲜明的表达就是，一方面是上帝的永恒性；另一方面是被造物的纯粹时间性。"主啊！你是永恒的，但是我却从半路跳入时间之中，我不知道时间是如何相互衔接的。我的思想，我的内心生活在纷乱中变得支离破碎，直到最后归依到你的怀中才得安宁。"[31]奥古斯丁对时间的考察实际上是一种心理分析，在哲学史上（除印度哲学外），他对时间意识和时间经验所做的考察是前无古人的。他发现，时间与我们的意识是分不开的。对时间来说，究竟什么是确实的呢？他经过仔细观察发现，只有当前也就是直接的现在才是确实的。过去只存在于我们的记忆里，而未来则只存在于我们的期待中。过去和未来都不是确实的。*这就是我们人类意识的局限性，它只能在先后连续的现象形式中把握存在物。在上帝的眼里，倏忽即逝的时间永远都是现在。"我们以及我们的时日和时间都从上帝的手掌穿过。"应该指出的是，他的这一思想与现代物理学中的相对论观点是何其

---

* 参见奥古斯丁《忏悔录》卷十一第二十节。他的原话是："有一点已经非常明显，即：将来和过去并不存在。说时间分过去、现在和将来三类是不确当的。或许说：时间分过去的现在、现在的现在和将来的现在三类，比较确当。这三类存在我们心中，别处找不到；过去事物的现在便是记忆，现在事物的现在便是直接感觉，将来事物的现在便是期望。"

相似。

　　奥古斯丁关于时间的另外一个观点也值得我们特别关注，他认为，时间只能存在于世界的变化中；上帝不可能是在某个特定的时间创造了世界，毋宁说，时间和世界是同时诞生的。"我们完全有理由把时间和永恒区别开来，因为如果没有变化和变易，时间就不会存在，而在永恒中则不存在变化。显而易见，若没有生成和造物，那么时间根本就不会存在……毫无疑问，世界不是在时间之内被创造的，而是与时间一起被创造的。因为在时间之内发生的事情，它总是在某个时间之前或之后发生的，所谓之后是指过去，所谓之前是指将来。在世界存在之前不可能有时间存在，因为若没有处于运动和变化状态的造物，时间就无所依托。毋宁说，时间和世界是共生共存的。"[32]

　　我们看到，为了以神学的形式表达某个思想，奥古斯丁可谓搜肠刮肚地寻找恰当的语言，而在今天的自然科学中人们通常是用数学的形式表达它的。但是，如果我们不去考虑这两种表达方式的区别，我们会发现，奥古斯丁的思想与现代宇宙起源学的理论是基本一致的。

意志自由与预定论

　　人的意志自由是每一种哲学和每一种宗教最难解决的问题之一，在奥古斯丁的时代，围绕这个问题人们也展开了激烈的争论。英国僧侣**伯拉纠**代表着一种观点，他认为人生而自由，并且也没有原罪；人可以以基督为榜样，并遵从基督的教导，从而获得最大幸福。伯拉纠在东方教会中拥有大量追随者。但是反对他的人也有一大拨，奥古斯丁就是其中之一，他不久也参与到那场激烈的辩论之中，并提出了他的影响深远的理论，即**预定论**（一切都是上帝预先规定了的）。

　　根据他的理论，亚当是第一个生而自由和没有原罪的人，本来他有机会遵从上帝的意志并能获得永生。亚当受到撒旦的诱惑，犯了罪，由于他犯了罪，所有的人也都背负上了原罪。因而人就不再是自由的了，他本性有罪，他将在死亡中走向毁灭。但是仁慈的上帝会来拯救他，不过上帝不会拯救所有的人！上帝会有所选择，那些未被选择的人将被上帝抛弃。上帝的选择是按照他自己的"智慧的和神秘的意志"作出的，完全是依据上帝自己的意愿，这就是说，若从人的角度看，上帝的选择就是专断的。根据上帝的永恒的意旨，一部分人会获得拯救升入天国，另一部分人则永远被罚入地狱，这是上帝预先规定好了的。[33] 虽然这种学说是合乎逻辑的，但它却令人费解。我们应考虑到人与生俱来的不同，印度人和柏拉图都曾试图把它解释为，灵魂在一种前世的因缘中就已经选择了自己的命运。但是这与人的那种根深蒂固的情感是相违背的，因为我们每个人都想做自己的命运的主人。这种宿命论过于粗暴，因为它让我们中的一部分人陷入绝望的孤立无援的恐惧之中，而且它也与教会的意志和利益相违背，于是教会就对奥古斯丁的学说做了修改，他们在纯粹的伯拉纠主义和严格的预定论之间采取了一种折衷的立场，认为全知全能的上帝不是预先就决定人的命运，而是能够预知人的最终结局。由于奥古斯丁的预定论把一切都解释为是上帝的意志所为，这样他就很难解释世界上为什么会产生恶。如果一切都是上帝的意志决定的，那么世界上根本就不存在恶才是合乎逻辑的。于是，奥古斯丁在他的著作的某些地方解释说，恶之所以存在，是因为善的暂时缺席，这就像黑暗的存在是因为光明的暂时缺席一样。从另一方面说，奥古斯丁是经过了激烈的内心冲突之后才皈依基督教的，在此之前，他的生活是混乱的，被激情和感官欲望所驱使，而且他还曾经长时间地信奉摩尼教，认为亘古以来就存在一个相互对立的善与恶的王国，加之世间恶的势力又是如此之猖獗，这样一来他要么断然否定善的存在，要么就把恶的存在解释为善的暂时缺席。因此，在这个"神正论"问题上，奥古斯丁的立场是摇摆不定的。

历史与上帝之城

在《上帝之城》中，奥古斯丁把自创世至今的整个人类历史以及人类历史的终结描绘成是上帝的意志和神圣计划，这是一个独一无二的不断演进的历史进程。用歌德的话说，世界历史的真正主题就是有信仰与无信仰之间的斗争，这实际上也是奥古斯丁的基本观点。对于历史来说，上帝的人格化，上帝通过上帝之子而显身，这是一个重要的事件，它为最后的审判拉开了序幕，一部分人将得救，得救的人构成"上帝之城"，另一部分人将被罚入地狱，他们构成"尘世之城"，它最终将被上帝毁灭。"母教会"还不是上帝之城，因为在其中还有正义和非正义，不过它是上帝之城的一个不完善的摹本，并为上帝之城的完善做准备，它是上帝之城赖以产生的土壤。在这样一幅历史画卷中，教会的地位是至高无上的，它是基督徒的联盟，所有按照上帝的意志将要得救的人都将聚集于其中，教会以外的人不可能得救。因此，奥古斯丁完全可以被看作真正的教会之父。

六、奥古斯丁之外的教父哲学家

从奥古斯丁的时代至教父哲学结束这一段时期，欧洲的政治历史充满着野蛮人之间的争斗，最终导致罗马帝国的灭亡。日耳曼人征服了西罗马帝国，他们的部族也占领了意大利、加利安、西班牙和北非，这样，在500年左右，罗马的大部分土地都落入了日耳曼人之手。东罗马帝国这时基本上与西罗马帝国是分开的，但是除了日耳曼人的威胁，它还面临着波斯人、保加利亚人、塞尔维亚人以及阿拉伯人入侵的威胁。

在这个混乱的时代，教会的势力则得到了进一步的加强，在教皇（如列奥一世和格利高里一世）强有力的政策的影响下，教会的外在形式得到了巩固，而教会的内在形式则通过寺院制度的进一步完善而得到充实。自从努西亚的本笃于529年在卡西诺山上建立了修道院之后，寺院制度便迅速地传遍整个基督教世界，特别是在英国和爱尔兰。我们今天所拥有的全部古典拉丁语文献几乎都是由于寺院在这数世纪里的藏书才得以保存下来的。[34]

与奥古斯丁所参与的预定论之争的同时，还发生了所谓的两种本性之争，这场争论是围绕以下问题展开的，即基督身上的神的本性是如何与人的本性结合到一起的，这场争论震动了整个教会。与这场神学之争相比，一个伪托**狄奥尼修斯·阿里奥帕基塔**的人于500年发表的著作在哲学史上则具有更大的意义。这位佚名作者选用的这个名字是基督生活时代一个皈依基督教的人的名字，这个人叫狄奥尼索斯，是雅典的阿里奥帕格（这是一个古老的参议会，它以雅典城郊的一座山而命名）的成员。他之所以如此，目的是想给他的著作赋予一种神秘色彩，以引起人们的注意，他的这种伪托是极其成功的，几个世纪之后人们才辨明了它的真伪。他的最重要的著作有《**论神圣名称**》《**论天国等级**》《**论教会等级**》。这些著作之所以在哲学史上引起人们的兴趣，是因为人们能够从中看出，**新柏拉图主义**思想又渗透进了基督教，而这时，即截至奥古斯丁时代，在教父的积极努力下，教会的地位已经得到了巩固，它的内部也达成了统一。作者把神学做了划分，一种是积极的肯定的神学，一种是消极的否定的神学。肯定的神学以上帝为动力因，由万物的形式推导出上帝的属性。否定的神学以上帝为目的因，由万物的可见的象征意义上升到神学的目的，它通过一条神秘的道路达到与上帝的融合。其中，具有强烈新柏拉图主义色彩的否定神学占有优先权。

早期教父哲学家中值得一提的还有**尼撒的格里高利**（死于394年）以及来自米兰的著名的**安布罗修**（死于397年），奥古斯丁曾经听过他的布道。此外还有**马西亚诺·卡佩拉**、**卡西奥多**以及本书第二部分的末尾提到的**波依修斯**，虽然他们并没有多少独创的思想，但是他们对于保存和传播古代遗留下的思想作出了重要的贡献。**塞维利亚的伊西多尔**（生活于约600年*）、**比德**（生活于约700年†）

---

* 据文德尔班《哲学史教程》上卷，伊西多尔死于636年。见该书第365页，商务印书馆，1989年。

† 比德生于673年，死于753年，英国神学家和历史学家。参见《哲学史教程》上卷第366页译注。

和阿尔昆（生活于约 800 年 *，他是卡尔大帝的老师）是以前面三位思想家的著作为基础的，他们的工作为中世纪后期的丰富的知识奠定了基础。**大马士革的约翰** †（生活于八世纪）也占有同等重要的地位。

整个教父时期的哲学都受到古希腊哲学的影响，并带有柏拉图哲学的特征，或更确切地说，是带有新柏拉图主义的特征。亚里士多德哲学的时代在此之后才到来。

随着教父哲学时代的结束，即将到来的经院哲学也为自己准备好了概念上的工具，特别是通过奥古斯丁，教会的不容置疑的地位得到了进一步的巩固。其中的主要因素是：三位一体的思想，即三个同等级的神圣人物的神秘统一的思想；创世的上帝和救世的上帝的统一的思想（与诺斯替派不同）；造物主和被造物之间存在鸿沟的思想（与新柏拉图主义截然对立）；原罪的思想；把人类得救的过程看作一个独一无二的现实的历史进程的思想（与各种各样的神秘主义截然对立）；最后，教会成为人间的神圣真理的唯一护卫者。

---

*　阿尔昆生于 735 年，死于 804 年，英国神学家。同上。

†　大马士革的约翰生于 675 年，死于 749 年，是东罗马帝国的神秘主义思想家。

第二章

经院哲学时期

历史背景——经院哲学方法

　　随着经院哲学时期的开始，我们这部哲学戏剧的舞台又移向欧
洲的西方和北方。卡尔大帝统治下的法兰克王国的版图从西班牙伸
展到多瑙河，从丹麦伸展到意大利，这时，西方世界已从"黑暗时代"
（400—800）的昏睡中苏醒过来，走进了光明时代，并步入真正的
人类历史的中心舞台。从这一时刻起，中世纪文化的生命线就从地
中海沿岸迁入阿尔卑斯山以北的法兰克中部地区，也就是卢瓦尔河
与威悉河之间的地区。从前的野蛮人，如今成了人类文化的奠基者。
虽然这个帝国在政治上只存在了较短的时间，但是欧洲却因此而首
次实现了统一，至少在精神上实现了统一。随后发生的一切——德
意志势力向东部斯拉夫地区的扩张，一方面，皇权取得了至高无上
地位；另一方面，教皇的地位在中世纪的对抗中也日益得到巩固。
而且中世纪的文化基本上也就是一种宗教的文化，也只有从这一时
期所发生的一切来着眼，我们才可以理解，因为在"加洛林文艺复

兴"的时代,*业已散落的古典哲学和教父哲学遗产重又被收集起来,并作为一种新文化的基础而焕发出新的生机。[1]

西方世界在政治上和社会上的统一与它在精神上和哲学上的统一是相适应的,在这一时期,这种统一是一种超越民族的现象。西欧的四个核心国家,德国、法国、意大利和大不列颠（包括爱尔兰）都对这种统一的实现作出了贡献,这时它们还没有完全形成真正的民族意识。科学和哲学的统一首先表现在它们所使用的语言（拉丁语）的统一。所有重要的著作都是用拉丁语写成的,并且很快就能够被各地的人所理解——这种优越性是近现代哲学所缺少的,一个民族的思想往往要等很长时间以后才能被另一个民族所认识,而且常常还不是完全被认识。在巴黎、科隆和上意大利的大学里,人们用拉丁语授课。学者也不仅仅属于他自己的祖国。当然,最广大的普通民众并不能享有这一阶层所享有的这种来去自由。但是,知识是超越国界的:身为意大利人的安瑟尔谟却生活在诺曼底,并作为坎特伯雷的大主教在英国去世;德国人阿尔伯特则在巴黎讲学;他的学生托马斯来自南意大利,却在巴黎、科隆和布隆涅等地活动,这样的例子不胜枚举。

这一时期的哲学是在寺院学校的僧侣教育中成长起来的,而且当时的哲学一开始也只是服务于这种宗教的目的。它的名称就已经说明了这一点:经院哲学（Scholastik）,意为学院理论。就像教父哲学一样,它无非也就是一种"无条件的"研究。它的任务首先就已经确定了:它要把被信仰所证实了的颠扑不破的真理再合乎理性地加以整理,并使之通俗易懂。在整个经院哲学时期,哲学始终是"神学的婢女"（ancilla theologiae）。

如果说经院哲学与教父哲学在这一点上是共同的,以至于人们从一种宽泛的意义上把中世纪的整个基督教哲学（包括教父哲学）

---

* 加洛林家族是卡尔大帝之后法兰克王国的第二个王朝即加洛林王朝的统治者,从814年至911年统治德国。

都称作经院哲学 [2]，那么经院哲学与教父哲学的不同之处则在于，经院哲学所处的时代背景发生了变化，因此它面临的任务随之也发生了变化。教父哲学家在《圣经》中找到了"信仰"，把耶稣及其使徒看作传布真理的使者，他们的任务就是以此为出发点而建立一套教义体系。经院哲学家见到的是一个基本已经完成了的教义体系的大厦，因而他们的任务就是使这个体系更加条理化，更加通俗易懂，而且还要让那些未受过教育的普通民众能够理解它，这对于这一时期的基督教在中欧和北欧的传布显得尤其重要。

与教父哲学家相比，经院哲学家还面临着一项更为艰巨的任务，因为随着时间的推移，中世纪的人们对古典哲学的认识正在日益增加。在经院哲学之初，这种认识还只是有限的，基本上还只是局限于上一章末尾提到的波依修斯、卡佩拉以及卡西奥多所收集的著作；此外，人们还了解一些柏拉图的对话和新柏拉图主义者的著作（相对来说，对后者的了解更多些）；关于亚里士多德，人们只知道他的几篇逻辑学方面的短小文章。在经院哲学初期，人们对亚里士多德的哲学才刚刚开始有所了解，因此他的哲学产生的影响也是刚刚开始起步。到了经院哲学中期，其影响才真正达到顶峰，这也是在绕了一个弯路之后才发生的，因为亚里士多德的著作全集首先是经过阿拉伯人和犹太人的翻译之后，才为经院哲学家们所认识。

经院哲学的**方法**是由其出发点所决定的，对他们来说，问题的关键并不在于去**发现**真理——因为天启的神圣真理已经是现成的了，问题的关键在于，借助于合乎理性的思想去**建立**一种哲学，并努力去解释真理。详细说来，他们有三个目的：第一，借助于理性获得一种认识真理的更高的洞见，并因此使人的心灵更接近真理；第二，利用哲学方法将神圣真理纳入一个条理的和体系化的框架之中；第三，针对各种对真理提出的异议，要以哲学为武器予以反击。从广义上说，这些都是经院哲学的方法。

从狭义上说，经院哲学有一种特殊的方法，这个方法首先是由阿伯拉尔采用的（我们在后面还要讲到他），后来大部分经院哲学家也都纷纷效仿他。这是一种"辩证神学"的方法，它对某个观点会提出赞成和反对的理由。因此，这种方法被称为 pro et contra（赞成或反对），或者被称作 sic et non（是与否，这也是阿伯拉尔的一部与此相关的著作的书名）。经院哲学的这个特征与如下事实也是相符的，即它的论据并不是来自对现实世界的直接观察，也不是来自无偏见的合乎理性的研究结果，而是来自以前的思想家和教父们的言论，当然也来自《圣经》本身。经院哲学家在决定回答一个问题时，他首先要仔细地考察一下所有前辈思想家们的相关论点，把他们的论点放到一起，然后再经过反复推敲和审查，看看他们的论点是否真的无懈可击，最后他往往会得出一个折衷的或综合的结论。经过卓绝的努力，阿伯拉尔在他的《是与否》一书中就利用这种方式，列举出了一百五十多个基督教教义的神学问题。

以上我们对经院哲学做了一次短暂的巡游，这就仿佛是一次在山巅上的漫游，我们只挑选了几座最显著的高峰，并匆匆地、浮光掠影地游览了一番，等到我们游历（经院哲学的）主山脉时，我们将对它做更为细致的考察。

一、早期经院哲学（共相之争）

1. 争论的问题

在中世纪早期，普罗提诺的弟子波菲利写的一部介绍亚里士多德的逻辑学的书曾被作为教科书而广泛使用，这部书后来又被波依修斯翻译成了拉丁文，其中的导言里有这样一段话："我现在不谈'种'和'属'的问题，不谈它们是否独立存在，是否仅仅寓于单纯的理智之中，如果存在，它们究竟是有形体的还是无形体的，以及它们究竟是与感性事物分离，还是寓于感性事物之中，与感性事物一致。这类问题是最高级的问题，需要下很大的工夫研究的。" [3]*

---

* 见北京大学哲学系外国哲学史教研室编译《西方哲学原著选读》上卷，商务印书馆，1986 年，第 227 页。

我们看到，这里讨论的仍然是一个引起争论的古老的问题，我们在论述亚里士多德与柏拉图的关系时也曾经遇到过这个问题，这个问题是关于一般或"共相"的，因此关于它的争论也被称为"共相之争"。正如波菲利的那段引文所显示的，这一争论从来没有消停过，它贯穿了整个中世纪。在早期经院哲学中，这个问题显得尤为突出，它成为哲学讨论的主要问题。经过一段时间的间歇之后，在后期经院哲学以及近代哲学那里，它又成为哲学家们的热门话题。

有截然对立的两种观点。一种观点认为，一般比个别事物具有更高的实在性，这个思想流派被称为**实在论**（Realismus）。另一种观点认为，只有个别事物才是真实存在的，对他们来说，一般概念不是真实存在，而只是存在于我们的理智之中的名词而已，因此，这个思想流派被称为**唯名论**（Nominalismus，源自拉丁语的nomen）。需要说明的是，这里所说的 Realismus 与近代语言中所指的"现实主义"（Realismus）含义不同。我们今天所说的"现实主义者"就是一个执着于周围的时间和空间中的现实的人，而与之相对应的"理想主义者"则把周围的世界看作纯粹的"现象"，他企图到事物的背后，也就是到观念里去寻找真正的现实。

但是，经院哲学意义上的"实在论"与我们今天所指的"唯心论"倒是非常类似，也就是说，在它那里，一般观念及其较高的现实性要先于个别事物。

我们在论述亚里士多德的时候就已经认识到，在这个问题上，他的立场是很不明确的。因此，在这场关于共相的争论中形成的所有思想流派都无法在亚里士多德那里寻找到可靠的根据，这也是不足为怪的。总体来看，我们可以说，实在论者更加倾向于柏拉图和新柏拉图主义，而唯名论则更加推崇亚里士多德，尤其在后期经院哲学那里是如此。

首先，我们引证几位实在论的思想家，然后再列举早期经院哲学的唯名论的几位主要代表人物，最后再介绍他们的中间派，这个中间派为这个问题提供了一种解决之道，从而使争论的双方暂时平息下来。

2. 实在论者

厄留根纳

约翰内斯·司各脱·**厄留根纳**（810—877）出生于爱尔兰，后来前往巴黎，在宫廷学校里讲学。他被称为经院哲学之父，也有人称他是"经院哲学上的卡尔大帝"。[4] 这种比喻说的是：在中世纪之初，卡尔大帝利用他天才的力量统一了欧洲，缔造了一个君主制的、等级森严的帝国，为后人树立了一个榜样，和他一样，在经院哲学之初，厄留根纳也建立了一个包罗万象的思想大厦，从而为经院哲学后来的发展奠定了基础。

厄留根纳首先就表达出了整个经院哲学的基本定理，即真正的宗教就是真正的哲学，反之亦然，由此提出的要求就是，每一种对宗教的怀疑都可以而且也应该通过哲学加以驳斥。[5]

在共相问题上，厄留根纳是个不折不扣的实在论者，因此他信奉这样一种观点，即柏拉图主义是真正的经院哲学的试金石。后来，他遭到教会的抵制，并不是由于他的上述观点，而是因为他的另外两种特别的理论：其一是，他给人的理性以过高的地位，而他的同时代人则把这种观点视为异端，认为这是对神的亵渎；其二是，他过分执着于新柏拉图主义的思想，他的五卷本的著作《自然的区分》就表明了这样一种倾向。厄留根纳在未经教皇允许的情况下就翻译了新柏拉图主义者狄奥尼修斯·阿里奥帕基塔的著作。此外，对厄留根纳来说，世界历史是一种循环，万物出自上帝，又复归于上帝，这也是他的新柏拉图主义立场的一个明证。他称上帝是"创造的而非被创造的自然"。"被创造的和创造的自然"都出自上帝，神的思想、原始观念和一般概念（即柏拉图的理念）都来自上帝；"被创造的而不进行创造活动的自然"（即特殊事物）则是来自上帝的理念。最终，万物将作为"既不被创造也不创造的自然"复归于上帝。因此，新柏拉图主义的上帝观念也就是厄留根纳的上帝观念。和神秘的狄奥尼修斯·阿里奥帕基塔一样，厄留根纳也将肯定的神学和否定的神学区分开来，其中否定的神学认为，上帝是不可认识的，上帝超越于一切范畴和一切对象之上。[6]

坎特伯雷的安瑟尔谟

过了两个世纪之后，也就是在战胜了十世纪出现的文化衰落之后，我们方才遇到第二位经院哲学之父，他就是**安瑟尔谟**，他于1033 年出生在意大利北部奥斯塔的一个贵族家庭里，他的青年时光是在法国的一个修道院里度过的，后来，他又在英国生活了二十年，成为坎特伯雷的大主教，他于 1109 年在那里去世。

和厄留根纳一样，安瑟尔谟也认为，哲学的理性真理与天启的信仰真理是紧密地联系在一起的。但是，教会这时却不再对这种观点提出异议。不管怎么说，与他的伟大前辈相比，安瑟尔谟在正统观念里有着更大的活动余地。关于信仰与理性的关系，他的观点是，理性必须服从信仰。信仰必须先行，没有信仰就没有正确的认识，"**信仰后再理解**"（ credo ut intellogam ）。安瑟尔谟的这种观点也代表了经院哲学家的鲜明立场。

安瑟尔谟并不贬抑理性，恰恰相反，他试图用理性来证明上帝存在是一个颠扑不破的真理。安瑟尔谟的著名的"本体论证明"说的就是："如果说那种不可设想的无与伦比的伟大的东西，只在心中存在，那末，凡不可设想的无与伦比的伟大的东西，和可设想的无与伦比的伟大的东西，就是相同的了。但是，这明明是不可能的。所以，毫无疑问，某一个不可设想的无与伦比的伟大的东西，是既存在于心中，也存在于现实中。"*也就是说，上帝不仅存在于人的心中，而且也存在于现实之中，这样一种假设是包含着矛盾的，因而它可能就是错误的。[7] 安瑟尔谟运用了所谓的"本体论的方法"，也就是从一个事物的概念中推导出它的真实存在，在这里也就是从可以设想的无与伦比的上帝的概念中推导出上帝存在的确实性。安瑟尔谟的上帝存在之证明因而也被称为本体论的证明。安瑟尔谟活

---

* 《西方哲学原著选读》，第 241 页，安瑟尔谟《宣讲》Ⅱ。

着的时候，就受到一个名叫**高尼罗**的僧侣的激烈攻击，他指出，如果按照安瑟尔谟的逻辑，那么人们也完全可以证明那个传说中的海岛亚特兰提斯确实是存在的。

安瑟尔谟的思想轨迹表明，他是一个彻头彻尾的实在论者，在他那里，观念具有特别的意义。他遭到了他的同时代人——唯名论的主要代表人物洛色林——的激烈攻击和谴责。

香浦的威廉

继安瑟尔谟之后，在香浦的威廉（1070—1121）那里，实在论走向了一种极端。他甚至断言，唯有一般的种概念才是真正的实体，这就是说，当我们说"苏格拉底是人"时，那么这句话包含的意思就是，作为"人类"这一共相的苏格拉底是真实的。而"苏格拉底这个人"，也就是作为特殊的个体的苏格拉底则只是一种附加的、无关紧要的和非本质的东西。在他看来，即使根本不存在个别的人，但是作为一般实体的"人类"甚至也仍然存在；即使不存在个别的白色物品，但是作为实体的"白色"也仍然存在，依此类推。后来，在阿伯拉尔的影响下，威廉的极端实在论色彩有所减弱。威廉的同时代人，夏特勒的伯纳德也是这种类似的极端实在论的代表人物。

3．唯名论：洛色林

对我们今天的大部分人来说，或许能够让我们眼前一亮的唯名论者，就是早期经院哲学的主要代表人物贡比涅的约翰内斯·**洛色林**（约1050—1120）。他说，只有个别事物才具有客观实在性。一般概念都是人的头脑里想出来的名词和称谓，它们是人在总结了类似的个别事物之间的共同特征后得出来的概念。不存在作为共相的"白色"，而只有具体的白色物品。不存在作为共相的"人类"，而只有具体的个人，依此类推。（我们所能了解到的洛色林的思想大部分都是来自其他人的记载和论辩，除了写给阿伯拉尔的一封信，洛色林的其他著作都已散佚。）

洛色林的这种思想本身与教会之间本来不会发生不可调和的冲突，因为当时也有很多人，他们既是"唯名论者"，也是有信仰的基督徒。洛色林与教会发生冲突的主要原因在于，他将他的唯名论的基本原则应用到神的三位一体的基督教教义上去了。他解释说，自四世纪以来开始盛行的"三位一体"的教义只是人的头脑里想出来的一种一般概念，"三位一体"的上帝只是一个名称，圣父、圣子、圣灵只能是三个个别实体，不可能是一个实体。因此，"三位一体"的上帝是不存在的，而应该是有三个神。对教会来说，这个结论是不可忍受的。洛色林的思想被教会判为异端邪说，他被迫收回自己的言论。洛色林的失败使得唯名论在很长时间里不可能再被公开宣扬。

4. 暂时的解决：阿伯拉尔

佩特鲁·**阿伯拉尔**（法语为 Abélard 或 Abeillard）1079 年出生于法国南特附近，在历史上，他之所以有名，倒不是因为他是教父和哲学家，而是因为他与那个美丽聪慧的修女爱洛依丝之间的爱情故事。在他的自传《**我的受难史**》中，阿伯拉尔描述了他（作为家庭教师）为了赢得比自己年轻二十岁的爱洛依丝的芳心，是如何偷偷溜进他叔父家的，很快他就如愿以偿了。两心相悦之后，接下来就是同床共枕。当爱洛依丝怀上孩子以后，他就和她一起私奔到他的故乡布列塔尼。在那里，他们结了婚，但是他想隐瞒他们的婚姻，这样他就不用放弃他的僧侣生涯了。他的叔父傅尔贝认为，这对爱洛依丝来说是件丢脸的事情，于是他就委派了两个"杀手"对阿伯拉尔进行可怕的报复，他们在深夜偷袭了阿伯拉尔，并将他阉割了。此后，爱洛依丝成了修女，阿伯拉尔也立誓永做僧侣。在此后的生活中，他们两个又见过一面。阿伯拉尔在前往罗马的途中死去，教皇在那里举行了一次宗教会议，要对他的学说进行审判，阿伯拉尔本打算去那里为自己申辩的。*爱洛依丝死后，人们把他们两合葬在

---

* 据文德尔班称，阿伯拉尔于 1142 年死于索恩河畔夏龙附近的圣马塞尔。参见文德尔班

一个僻静之处。1817 年，他们的遗骨又被迁葬于巴黎拉雪兹公墓。

　　1616 年，阿伯拉尔的《我的受难史》出版，内附（至今仍然闻名于世的）两个相爱的人满怀相思之苦的情书。关于这些感人肺腑的书信的真实性，人们至今尚存争论。不过有一点是肯定的，这些书信表达了两个相爱的人的爱情生活，而且他们的故事也成为世界文学中脍炙人口的佳话。卢梭就是根据他们的故事创作了他的书信体小说《两个情人的书简》（该书的副标题是《新爱洛依丝》）*；而卢梭的这部小说又给了歌德以创作灵感，使他写出了他的《少年维特的烦恼》。

　　现在，让我们根据阿伯拉尔遗留下的（毫无疑问是真实的）著作，来看一下他的几个主要思想——其中的一些思想被教会斥为异端邪说，这主要是在他的最强烈的敌对者的唆使下发生的，这个敌对者就是伟大的神秘主义者**克莱沃的伯纳德**（1091—1153）。

　　在理性与信仰的关系问题上，阿伯拉尔赋予理性以决定性的地位。在他的自传中，他写道："我首先关心的问题就是，我们的信仰是以人类理性为基础的。为此目的，我写了一篇《论神圣统一性与三位一体》，这也是为我的学生们而写的，他们不想只是聆听空洞的说教，而是希望能够获得理性的根据，并且能够独立地思考问题。他们认为，只有说教，而无独立思考，这是徒劳无益的；倘若不能事先理解，人的信仰则无从谈起，如果一个人向别人布道，而他自己既不能用理性解释他所说的，也不能让他的听众用理性把握他所说的，这就是非常可笑的；这简直就像'一个盲人给瞎子引路。'"针对安瑟尔谟的"信仰后再理解"的观点，阿伯拉尔提出了与之相反的意见："理解后再信仰"（Intelligo ut credam）。他的伦理学著

《哲学史教程》上卷，商务印书馆，1989 年，368 页。另据梯利著《西方哲学史》，阿伯拉尔 1142 年死于巴黎。参见该书第 189 页，商务印书馆，1995 年。

* 卢梭的《新爱洛依丝》初次发表时用的书名是《阿尔比斯山麓一个小城中两个情人的书简》，后来又改用《于丽，或新爱洛依丝》这个书名。后来人们就略去了"于丽"，而简称之《新爱洛依丝》。

作的标题借用了古希腊的名言，书名是《认识你自己》，在其中，他关注的不是人的外在行为，而是人的内在意图，因为人的行为产生自他的意图。

但是，这位伟大的法国经院哲学家在哲学史上的重要意义，首先还是在于他对待共相问题的态度上。学生时期，阿伯拉尔既听过唯名论者洛色林的讲课，也听过实在论者香浦的威廉的讲课，因此，他对于争论双方的观点都了如指掌。在这个问题上，他的立场就是，要尽力避免犯他们那种片面性的错误。

实在论者的观点是，"共相先于个别事物"（universalia ante res）。唯名论者的观点是，"共相后于个别事物"（universalia post res）。而阿伯拉尔的观点是，"共相存在于事物之中"（universalia in rebus）。这就是说，（如威廉所做的那样）认为真实存在的是"人类"而非（个别的）"人"，真实存在的是"马类"而非（个别的）"马"，这是极为荒谬的观点。我们不能忽视的一点是，一般是由个别事物所体现的，而且个别事物之间也存在着差异。但是，（如洛色林所做的那样）认为只有个别事物才是真实存在的，一般概念只是纯粹的名称而已，这也同样是错误的，因为一般概念表述一类个别事物的真实存在的共同性质，将人称之为人，不仅仅由于他们有某些共同的特征，而且还由于在人这个概念里还包含着在所有的人身上都存在的一种一般人性的共同现实性。当然，只有在个别的人身上，而不是在个别人之外，这种一般的人性才存在。因此，共相存在于事物之中。

阿伯拉尔的这种观点是对唯名论和实在论观点的一种调和，或者说是一种综合，他在一个更高的层面上调和了对立双方之间的矛盾，但是这也不仅仅是一种纯粹的调和，因为他还将两者的观点应用到他自己的学说之中：在我们周围的现实中，共相只存在于事物之中。对上帝来说，共相存在于事物之前，也就是说，共相作为被造物的原始图像存在于上帝的心灵之中。对人来说，共相存在于事物之后，也就是说，共相作为概念存在于人的心灵之中，这些概念是我们从事物的共同特征中抽绎出来的。

　　阿伯拉尔还有一部奇特的著作，书名为《一个哲学家、一个犹太人和一个基督徒之间的对话》（这本书的手稿本来没有书名）。[8]这三个人讨论的问题是：哪一种宗教更合乎（上帝所赋予的）人的"理性"？作者阿伯拉尔也参与了他们的讨论，并且还主导着他们讨论的话题。他的立场非常明确：犹太教并非万能的（它毕竟只是一个民族的宗教），它过分拘泥于传统习俗和条文。对于自中世纪以来就已广泛流传的诽谤，即犹太人是"杀害耶稣的凶手"，阿伯拉尔持保留态度。基督教和自然理性是密切相关的。只有信仰耶稣基督，人才能得救。

　　值得注意的是，这本书不带任何先入为主的个人成见，这不禁让我们联想起莱辛的《智者纳丹》。它是一种高水平的真正的哲学对话，（考虑到它的成书年代）简直令人觉得它具有极强的现代性。

二、中世纪的阿拉伯哲学和犹太哲学

1. 历史背景

　　自从先知**穆罕默德**（571—632）作为一个宗教预言家和国家革新者在政治上和宗教上统一了阿拉伯大沙漠上的各个部落以后——这些部落是闪米特人种的最后分支，这时仍然处于一种原始的状态——这个统一的国家的旺盛的扩张力便一发不可收拾，它犹如势不可当的洪水开始向外漫溢。先知穆罕默德的武士们征服了一个又一个国家，最终他们赢得了一个疆域辽阔的帝国，从突厥斯坦延伸至西班牙。所有这些国家都因此被纳入了辉煌的伊斯兰文明之中，而当时的欧洲文明几乎是不可与伊斯兰文明等量齐观的。

　　伊斯兰世界的宗教中心位于圣城麦加，这里也是穆罕默德的故乡，这里的克尔白古庙是一座古老的圣殿。而在这个伊斯兰世界的外围，也形成了两个遥遥相望的辉煌的文化中心，一个位于东方，它以巴格达的哈里发王宫为中心，它崇尚艺术和科学（786年至

809 年在位的阿巴斯王朝第五任哈里发哈伦·赖世德是其主要的赞助者);另一个位于西方，它以西班牙的科尔多瓦为中心，八世纪时，这里已被穆斯林征服了。卡尔·马特于 732 年取得的胜利阻挡了阿拉伯人继续向北方挺进的势力。*在西班牙形成了一个阿拉伯王国，其统治一直持续到 1492 年。

十世纪时，穆斯林统治下的西班牙是西欧最富庶的国家，它的人口也最多。它的城市也相当繁荣，其中科尔多瓦位居首位，是当时除君士坦丁堡之外的欧洲第二大城市，那里有辉煌的建筑，建筑上的装饰工艺已达到非常高的水平，而且它的高度发达的文化也使得这一时期成为欧洲文化史上最繁荣的时期之一。[9] 当摩尔人最终被驱逐之后，西班牙的文化便走向衰败，而且在很长时间里都没有恢复过来。

当然，这整个的伊斯兰文化并非纯粹阿拉伯文化。阿拉伯征服者紧密地接触被征服者的文化，这也是不可避免的事情。伊斯兰文化由于其宗教的封闭性，没有为被征服者具有优越性的部分文化所吸收，这样征服者和被征服者对于一种混合文化的形成作出了同样的贡献。

对于精神生活来说，古希腊的科学和哲学是最为重要的因素之一，或许是仅次于伊斯兰教的最重要的因素。从八世纪开始，通过生活于阿拉伯世界的伊斯兰学者和东方基督徒的翻译和评介，古希腊的科学和哲学迅速地为阿拉伯世界所认识，除此之外，印度的精神世界也以类似的方式为人所了解。古希腊的思维方式与伊斯兰教的那种忧郁而素朴的思维方式可谓迥然相异，它们之间的差异丝毫也不亚于古希腊思想与原始基督教思想之间的差异。就和在原始基督教那里一样，伊斯兰教也对希腊文化予以高度重视，并且它也认识到有必要使伊斯兰神学获得更为科学的理论依据，相对来说，伊

---

* 卡尔·马特是法兰克王国宫相，他在 732 年的普瓦提埃战役中击退了阿拉伯人的进攻，从而保卫了法兰克王国。这场战役持续了七天之久。

斯兰文化与希腊文化之间的相互渗透要来得更为迅速。不过，由此而形成的阿拉伯—希腊哲学则成为欧洲中世纪基督教哲学了解古希腊科学和哲学遗产的一个途径，特别是对亚里士多德的深入了解便是由此才开始的。因此，在叙述西方哲学史时，阿拉伯哲学是不可忽略的。

自从罗马人于 135 年毁灭了犹太人在巴勒斯坦的最后家园之后，他们被迫背井离乡，但是在一个陌生的世界里，他们仍然顽强地保持着自己的宗教和民族传统。在穆斯林文化区域内，尤其是在摩尔人聚居的西班牙，犹太人发现了一个相对自由的发展空间。在那里的大学里，人们会惊奇地发现，伊斯兰教教徒、犹太教教徒和基督徒能够彼此宽容、和睦相处。庞大的图书馆里收藏着所有这三种宗教信仰的书籍，此外还有关于异教哲学的译文和评论。伴随着伊斯兰文化的发展，犹太教在这一时期也产生了一种哲学，这种哲学已经不再是古犹太神学的纯粹附属物，因为与这一时期的伊斯兰神学一样，它也试图使自己的宗教教义与希腊哲学思想融合到一起，而且它对这一时期的基督教哲学也产生了深刻的影响。

2. 阿拉伯哲学

与经院哲学的发展有些相似，阿拉伯哲学也经历了两个发展时期，在第一个时期，它主要是吸收了柏拉图和新柏拉图主义思想，在第二个时期，亚里士多德的哲学日益为人所了解，并越来越具有权威性。

在阿拉伯哲学初期，同时出现了两位伟大的思想家：**阿尔金荻**，他于九世纪在巴格达教书；**阿尔法拉比**，在 900 年至 950 年活动于巴格达、阿勒颇和大马士革。阿尔金荻遗留下的著作不多，但是他的新柏拉图主义的基本立场是显而易见的。阿尔法拉比的基本观点也带有一种神秘的新柏拉图主义的特点。不过，他将这种神秘的新柏拉图主义的观念与亚里士多德的那种客观的和富于逻辑性的思想结合到了一起。[10] 有一部所谓的《兄弟会论文集》对于人们了解这一时期的思想状况很有帮助，它由五十篇论文组成，内容涉及宗教、哲学和自然科学，论文的作者都是一个秘密的兄弟会（它诞生于十世纪的东方阿拉伯）的成员。这些论文也表明，他们将伊斯兰宗教与希腊哲学结合到了一起，因此，他们遭到了来自伊斯兰宗教界的猛烈攻击，但是，这个宗派的影响还是相当大的。

在阿拉伯哲学与基督教经院哲学的接触方面，阿拉伯哲学的两位伟大的亚里士多德主义者要比以上那些阿拉伯世界的柏拉图主义者更为重要，一位是**阿维森纳**，他的阿拉伯语的姓名为伊本·西拿，980 年出生在突厥斯坦的布哈拉，死于 1037 年。他被认为是阿拉伯东方的最伟大的哲学家。阿维森纳本人是个医生和自然科学家，因此他对亚里士多德的著作特别钟爱。在对待真主（上帝）与自然（物质）的关系上，他尤其表现出了亚里士多德主义的观点。在新柏拉图主义者那里，万物（当然也包括物质）都是出自上帝的"流射物"，而阿维森纳则认为，物质和真主都是永恒存在的。和亚里士多德一样，阿维森纳也认为，真主自身是不动的推动者，物质的形式是真主所赋予的。

阿拉伯经院哲学与基督教经院哲学还有一个明显的共同点，这就是，对于西方世界所争论的共相问题，阿拉伯人也以同样的方式和方法进行了争论，而且在解决这个问题的时间上，东方的阿维森纳比西方的阿伯拉尔还要早。阿维森纳也主张共相有三种存在方式：在真主的理性中，共相**先于**个别事物而存在；作为个别事物的本质，共相存在于个别事物**之内**；在人的头脑中，共相作为概念存在于个别事物**之后**。

和基督教经院哲学的发展一样，在亚里士多德主义的影响下阿拉伯哲学使得宗教在很大程度上更加理性化，而与之相对应则形成了一个神秘主义的思想流派，其主要代表人物就是**阿尔·加扎里**（1059—1111），他站在信仰的立场上反对科学，对一切科学和哲学持一种怀疑的态度，这尤其表现在他的著名的《**哲学家的毁灭**》一书中，这本书遭到阿威罗伊的激烈批判。

如果说阿维森纳是东方阿拉伯哲学之王，那么**阿威罗伊**（阿拉伯语名字为伊本·鲁西德）就是西方阿拉伯哲学之王，他对欧洲哲学产生的影响也更大。阿威罗伊于1126年出生在西班牙的科尔多瓦，1198年，他在流放中死去。对他来说，亚里士多德是真正的"哲学家"。阿威罗伊的大部分著作都是对他推崇备至的大师亚里士多德的著作的详细注解。

关于自然的形成，亚里士多德曾说过，原始基质还不具有现实性，而只是具有可能性，它被赋予形式以后才形成其现实性。对此，阿威罗伊做了如下解释：形式不能从外部进入物质，在永恒的原始基质中就已经包含着所有潜在的形式，因此，物质既不会被创造出来，也不会被毁灭，物质是永恒存在的。上帝不会创造世界，而只是使潜在的形式变成现实的形式。这样一种观点当然与上帝从虚无中创造世界的信仰是背道而驰的，因为不管是伊斯兰教还是基督教和犹太教，都相信有一个万能的神创造了世界。

阿威罗伊与伊斯兰教教义相矛盾之处不仅仅在于这一点，此外，他还否认个体灵魂的不朽性，认为只有超个体的精神是不朽的，因此他可以说，苏格拉底和柏拉图不是不朽的，但是他们的哲学是不朽的。[11] 这样一种观点必然也会教导人们，要善待自己，要尽情地去享受人生，在阿威罗伊看来，这比教导人们为了期待来世的报偿或惩罚而约束自己的行为要更合乎道德。穆罕默德就曾经不厌其烦地用丰富的想象力和生动的形式为人们描述一个彼岸世界，那里既有地狱般的惩罚，也有天堂般的欢乐。

关于宗教与哲学的关系，阿威罗伊认为，哲学家在他的哲学中所认识到的是更高级和更纯粹的真理，宗教则是用一种更为形象的形式传达这种真理，所以说，宗教是适合于智力一般的普通大众的。正因为此，阿威罗伊的哲学以及他的伟大前驱阿维森纳的哲学都遭到了伊斯兰正统神学的激烈抵制，并且他们的著作也被付之一炬，虽然这并没有严重地阻碍他们的哲学继续产生影响，但是回过头来看，对阿威罗伊的学说的审判，以及他本人遭到流放，都无疑标志着阿拉伯哲学鼎盛期的结束。

3. 犹太哲学

中世纪犹太哲学与基督教哲学和阿拉伯哲学是并行发展的，犹太哲学也经历了两个时期，在第一个时期中，新柏拉图主义占据主流，在第二个时期中，亚里士多德主义占据主流。

有一部被称为《喀巴拉》*的神秘著作就是诞生于第一个时期，书中包含九世纪至十二世纪的犹太神秘主义思想。关于犹太哲学中的亚里士多德主义者，我们只想提一下其中最重要的一位：**迈蒙尼德**（希伯来语名字为穆萨·本·迈蒙），他于 1135 年出生在西班牙的科尔多瓦，1204 年死于埃及的开罗。他的主要著作是《**迷途指津**》，最初是用阿拉伯语写成的，后来被翻译成希伯来语和拉丁语。迈蒙尼德所指的"迷途者"是那些分不清何为哲学真理何为启示宗教的人。

和同时代的阿威罗伊一样，迈蒙尼德也是一个亚里士多德的热情崇拜者。他说，除先知之外，没有人能够比亚里士多德更接近真理。在坚持不懈地贯彻亚里士多德思想的过程中，迈蒙尼德没有像阿威罗伊走得那么远，譬如，"由于缺乏足够的证据"，他仍然承认造物主的存在；尽管如此，他走得还是足够远了，他并没有避免与那些严格信奉经典的学者们发生冲突。

关于信仰与理性认识的关系，迈蒙尼德坚信，两者的结果是一致的。如果理性与经典发生矛盾，那么他就赋予理性以优先地位，并且努力通过解释使两者达成一致。[12]

斯宾诺莎在他的《神学政治论》中对迈蒙尼德的思想做了细致的研究。

---

* 喀巴拉是希伯来文 kabbalah 的音译，原意为"传授之教义"，系犹太神秘主义体系。公元前在诺斯替教的影响下产生，中世纪时受伊斯兰教苏菲派的影响，十三世纪流行于西班牙。

三、中期经院哲学

阿拉伯哲学的创造力在十三世纪时已经消退，而这时的西方思想重又开始展翅翱翔。其主要诱因在于与伊斯兰世界的接触，它无疑对西方思想起了一种刺激作用，同时这种接触也成为一种媒介，西方世界通过它又重新认识了古希腊哲学（也包括数学、自然科学和医学）。

十二世纪时，古希腊人遗留下的文化遗产的一大部分才首次为西方世界所了解。这时形成了一个真正的翻译风潮，人们把许多被翻译成阿拉伯语的希腊著作又翻译成拉丁语，当然针对这些著作而写的阿拉伯语评论以及使用阿拉伯语写作的犹太思想家的著作也被翻译成了拉丁语。希腊著作有时也会绕一个弯（也就是说，它被翻译成希伯来文后）又重新返回欧洲。后来，人们也直接从希腊原文把希腊著作翻译成拉丁文（在中世纪时的欧洲，真正精通希腊语的人很少，随着人文主义的兴起，人们才开始真正学习这门语言）。再后来，人们又把希腊著作从拉丁语翻译成了渐已发展成熟的欧洲各民族的语言（虽然这些民族语言中还缺少与之相对应的哲学术语）。

在这个"翻译的时代"中，值得一提的翻译家有十二世纪的**克雷莫纳的格哈德**，他在托莱多发现了那里收藏的很有价值的阿拉伯文书籍，并且把其中的七十卷至八十卷著作翻译成了拉丁语，这是一项非常值得称道的功绩；此外还应提到的是十三世纪的**莫尔贝克的威廉**，他是佛兰德人，他将亚里士多德的著作直接从希腊语翻译成了拉丁语，从而使西方世界开始对其有所了解。此后，对亚里士多德的研究，特别是对他的（之前尚未被人们认识的）关于自然和国家的学说的研究，持续了几个世纪之久。

经济和社会状况的改善也为思想的蓬勃发展提供了广泛的基础：商务活动和远洋贸易开始繁荣起来；农业生产力日益提高；城市也相当繁荣，城市市民过着非常自信的生活，因而文学和科学也成为公共事业，它不再为宫廷、教堂和寺院所独占。

在开始讨论鼎盛时期的经院哲学的两位主要代表人物之前，让我们再简单回忆一下这一时期的几个主要特点。

亚里士多德的统治地位

从十二世纪开始，通过阿拉伯人和犹太人的介绍，亚里士多德的全部著作开始为欧洲人所了解，特别是他此前鲜为人知的形而上学和物理学著作。人们把他的著作从阿拉伯语翻译成拉丁语；自十三世纪始，他的著作也被直接从希腊语翻译成拉丁语。起初，教会对亚里士多德的著作心存顾虑，主要是因为，他们担心新柏拉图主义者的著作也会以亚里士多德的名义跟着流行起来。但是，当十三世纪时这些著作的真伪被辨明以后，他们的顾虑也就打消了。从 1210 年到 1215 年，教会还严格禁止对亚里士多德自然科学的研究，而过了二十年之后，教会不仅公开允许这些研究，而且还作出规定，如果有人没有阅读过亚里士多德，那么他就不能获得硕士学位。[13] 亚里士多德的声望是如此之高，以至于人们在世俗事务中把他看作基督的先驱，而在宗教事务中则把他与基督的先驱施洗者约翰相提并论。他简直就被看作一切尘世智慧的、不可逾越的集大成者。亚里士多德哲学的统治地位就这样被奠定了，它一直持续到十六世纪。除亚里士多德之外，没有一个单独的个人能够这样完全统治过西方的思想。

基督教思想与伊斯兰教和犹太教思想的接触

十字军东征的时代（1096—1270），东西方文化的交融取得了累累的硕果。在航海业、城市和贸易的发展、建筑艺术、文学艺术、地理以及其他科学方面，欧洲都得益于这次广泛的文化交融所产生的刺激作用，从而丰富了自己。在哲学领域内，基督教思想与非基督教思想甚至反基督教思想和思想体系进行了接触。"在此并不缺少一种认识……这涉及一种来源于完全不同文化背景的智慧，它与基督教思想截然不同。更确切地说，应该特别强调的正是这一点，因为亚里士多德好像还不足称是非基督教的，穆斯林和犹太注释者还必须去开发他的学说中的真正意义。正如那个大异教徒被称为'哲学家'，那个所有穆斯林中最背叛基督教的人阿威罗伊也被称为卓越的'注释家'。"[14]

合一

十字军东征使欧洲人的社会、地理和思想的视野变得更加开阔起来，通过了解亚里士多德和阿拉伯科学，学者们的知识也变得异常丰富起来，这使得经院哲学思想本身也获得了进一步发展，并且它的概念也划分得更为细致，所有这一切促成了一种哲学的追求，即它要把所有已知的知识囊括进一个涵盖一切的封闭的世界观体系之中，囊括进一个"涵盖所有科学知识的百科全书式的体系之中，它在神学中走向顶点，可以把它比作这一时期的那种高耸入云的哥特式大教堂"[15]。在中期经院哲学的伟大"合一"中，这种追求达到了它的顶点，通过对大量的知识素材的整理，一个基督教的宇宙图景就被描绘出来，自然、人类、灵魂以及超凡世界都被囊括在一起。在神学领域，形成了一个这种"合一"的初级阶段，这就是所谓的《箴言集》，它主要由彼得·**朗巴尔德** *（死于 1164 年）所写。他把基督教的主要教义按照问题范围做了划分，以教父格言的形式排列在一起，让人一目了然。

大学和修会

在中世纪中期，哲学在刚刚诞生的大学里找到了自己的真正家园。巴黎、科隆、牛津、博洛涅和帕多瓦都有较为著名的大学。中世纪的大学是一种超越民族界线的文化机构，正如它的名字（universitas literarum，意即知识的总汇）所显示的那样，它将所有

---

* 彼得·朗巴尔德（约 1100—1164）是中世纪基督教神学家，意大利人。在法国研究神学，受阿伯拉尔影响较深。1159 年任巴黎主教。著有《教父箴言集》。

的知识领域都囊括进来，最后在无所不包的基督教神学那里汇总到一起。大学从而取代了迄今为止存在的那些寺院学校和神学院的地位。哲学的维护成为艺术系的任务，它与神学是分离的。

多明我修会（创建于 1216 年）和方济各会〔由阿西西的弗朗茨（1182—1226）创建〕的托钵僧修会成为哲学和神学思想的另一个重要的活动中心。在四位中期经院哲学的主要代表人物中，有两位是方济各会修士：**哈勒斯的亚历山大**（死于 1245 年）和**波拿文都拉**（1224—1274）。另外两位，即阿尔伯特和托马斯则是多明我会的教徒，因为后两位更为重要一些，我们在下面的叙述中将只限于讨论他们两个的思想。

1. 大阿尔伯特

波尔施岱特的阿尔伯特于 1193 年（或 1207 年）出生在多瑙河畔的劳茵根的一个贵族家庭里，他在父亲的城堡里长大。他在帕多瓦大学学习"自由艺术"，即自然科学、医学和亚里士多德的哲学（当时尚未被教会所承认）。接着，他在博洛涅大学深入地学习神学。在此期间，阿尔伯特在多明我修会会长、德国的约旦诺伯爵的影响下，加入了这个修会。修会派他前往科隆，让他去那里的修会学校里教授哲学和神学。由于他表现突出，他又被派往巴黎，那里是中世纪基督教的学问之都。阿尔伯特的讲课吸引了众多的听众，有时他不得不在露天做演说，因为没有足够大的大厅能够容纳那么多听众。他也去雷根斯堡、弗赖堡、斯特拉斯堡和黑尔德斯海姆做短期讲学，他在这些修会学校里讲授科学课程。他成为修会的大主持，并且还前往意大利，在教皇面前为托钵僧做辩护。1260 年，他被任命为雷根斯堡的大主教。后来，按照他的意愿，他被解除了这个职位，此后，他重新回到科隆，并在那里度过了他生命最后的二十年。在离群索居的生活中，他潜心于科学研究和著书立说。

1651 年，阿尔伯特的著作全集在里昂出版，这套全集长达二十一卷之多。其中的一大部分是对亚里士多德的著作的评注。阿

尔伯特是第一位对亚里士多德哲学做全面研究的人，而且他还研究
了亚里士多德哲学的犹太和阿拉伯注疏家们的思想，以及他的同时
代人的思想。他的评论并非仅仅是对亚里士多德的文句的解释，如
果他发现其中有疏漏，他就会想方设法把它补上。其中，他不仅会
利用其他哲学家和研究者们的思想，而且也会把自己在自然科学方
面的观察结果应用上去。尤其是在植物学、动物学和化学领域，他
也是一个有独立思想的自然研究者。毫不武断地说，他在自然科学
领域内的重要性丝毫也不亚于他在神学和哲学领域内的重要性。他
耗费了大量的精力，收集和整理的资料可谓汗牛充栋。

　　同时代人尊称他为大阿尔伯特和"全能博士"（doctor
universalis）。由于他具有丰富的自然科学知识，在民间信仰中，人
们甚至以为他有超自然的灵智。

　　这位最伟大的德国经院哲学家并没有最终完成他的《神学大
全》，用于写作这部著作的资料多得几乎难以计数，而阿尔伯特却
想把它们放进一个统一的体系当中去。他的伟大弟子托马斯继承了
他的遗业，他完成了富于开拓性的奠基者阿尔伯特所开创的事业。
如果没有阿尔伯特，托马斯的著作是不可想象的。

　　因为这两位哲学家的观点和整个思想体系的结构基本一致，又
因为阿尔伯特也没有系统地阐述他的思想，所以我们在这里将仅限
于叙述托马斯的思想，可以说，他在精神上是站在阿尔伯特的肩上
的，而且他创立了中世纪最伟大的思想体系。

2．托马斯·阿奎那

生平和著作[16]

　　位于罗马和那不勒斯之间，离阿奎那不远的地方，有一座被称
作罗卡塞卡的城堡，1224年与1225年交接之际，托马斯出生了，
他是朗多尔夫·阿奎那伯爵的儿子，这位伯爵是霍亨施陶芬皇族的
亲戚。五岁时，托马斯被送进离家不远的卡西诺山上的本笃会修道
院接受教育。在他还是个男童时，他就进入那不勒斯大学学习"自

由艺术"。十七岁时，他加入了多明我修会。第二年，该修会就派他去巴黎继续深造。因为他家里人不同意他的决定，在前往巴黎的途中，托马斯被他的兄弟劫持了，并被押送回他父亲的城堡里。但是托马斯从事神职的决心已定，他坚韧不屈。他成功地从囚禁他的家里逃脱出来。他来到巴黎，并和大阿尔伯特相识。阿尔伯特成了他的老师。托马斯终生追随着他敬爱的老师，矢志不渝。经过三年的学习之后，阿尔伯特偕同托马斯一起前往科隆，在那里，托马斯又在老师的指导下继续学习了四年。1252 年，他重新回到巴黎，并开始了他的教学生涯。他全心全意地投入教学活动中，托马斯对教师这个职业评价很高。他把神学教师对教徒的精神指导比作建筑师的事业：一个建筑师事先会在头脑里设想出一个计划，然后他再按照这个计划建造他的建筑，一个神学教师在对教徒进行指导时，他事先也要自己的头脑里有一个计划。后来，托马斯回到他的故乡意大利逗留了很长一段时间，他在那里担任奥尔韦托教廷里的神学教师，并且结识了他的精通语言的教友莫尔贝克的威廉。威廉曾经把大量的希腊著作翻译成拉丁语，其中主要是亚里士多德的著作。在这里，托马斯比较细致地熟悉了亚里士多德的著作。他的老师阿尔伯特基本上是依据从阿拉伯语转译的亚里士多德著作译本从事研究的，与那些译本相比，威廉的译本要更胜一筹。

1269 年至 1272 年，托马斯第二次逗留巴黎期间，他的学术生涯达到了一个顶点。托马斯成为最受欢迎的神学教师。遇到引起争论的问题，人们最后都来听取他的意见，在许多论辩中，他说的话最具权威性。后来，他所属的修会把他召回那不勒斯，让他负责组建修会大学的神学系。1274 年，教皇又委任他参加在里昂举行的宗教全会。在前往里昂的途中，在离普利维诺不远的佛萨诺瓦修道院里（这个地方介于那不勒斯和罗马之间），死神过早地夺去了他的生命。由于他性格温和而正直，人们称他是"天使博士"（doctor angelicus）。

托马斯著述颇丰，在这一点上，他并不亚于他的老师阿尔伯特。

十六世纪末，他的著作全集首次在罗马和威尼斯出版，当时就已经达到十七卷之多。十九世纪中期出版的意大利文版托马斯全集共有二十五卷，十九世纪末出版的法文版托马斯全集则多达三十四卷。

有一套附有评注和手稿鉴定的托马斯著作集，收集在其中的文章被确定为托马斯的著作真品，这套文集将托马斯的著作做了如下划分：

1. **亚里士多德注释**。包括十二卷，是对亚里士多德著作的注解，涉及《后分析篇》《伦理学》《形而上学》《物理学》《政治学》《论灵魂》《论天》《论自然物的形成与消失》等。

虽然托马斯对亚里士多德的注释没有像阿尔伯特所做的那样具有划时代的意义——因为阿尔伯特是第一位对亚里士多德的著作做全面注释的人，但是，与阿尔伯特相比，托马斯的工作则更为科学，因为他能够利用更为详尽的资料，而且与阿尔伯特不同，托马斯更能够将亚里士多德的原文与自己的注解文字明确地区分开来。此外，托马斯的拉丁文水平比阿尔伯特更高，因为作为一个意大利人，他的母语与拉丁语更为接近。

2. **哲学著作**。其中主要有《论理智的统一性——反对阿威罗伊主义者》。这是托马斯针对十三世纪时在巴黎大学影响较大的一个思想运动而写的，这个运动的代表人物是西格尔·冯·**布拉邦特**（约1235—1281）。对这个思想流派来说，阿拉伯人阿威罗伊对亚里士多德所做的解释具有极大的权威性，即使他的话与基督教教义相违背，他们也表示赞同。众所周知，阿威罗伊教导说，世界是永恒存在的，而不是被创造的，此外他还说，物质本身就潜藏着所有的变化形式；他也否认个体灵魂的不朽性；他在哲学中找到了更高的和更纯洁的真理。这个学派被称为拉丁化的阿威罗伊主义，或阿威罗伊式的亚里士多德主义。托马斯站在了他们的对立面，正如托马斯所期待的，这个学派遭到了教会的抵制。西格尔与托马斯之间的争论是中世纪哲学中众多的激烈争论之一，类似的争论在这一时期基本上就没有间断过。在我们这一部入门性的著作中，一一列举这些争论是不可能的，当然共相之争是个例外。[17]

3. **神学大全**。其中包含托马斯的两部重要著作：对彼得·朗巴尔德的《箴言集》的注释，以及托马斯自己并未完成的《**神学大全**》。

4. **问题集**。这是大学里定期举办的神学争论问题的汇编。

5. **关于基督教教义的短文**。共十二篇。

6. **论辩集**。这是托马斯为维护基督教信仰而写的辩护词，包括：《反异教大全》，主要是针对阿拉伯人；《论信仰的基础》，针对撒拉逊人、希腊人和亚美尼亚人；《希腊人的迷误》。

7. **法律、国家和社会哲学著作**。共六篇，其中有《论君主统治》和一篇论述如何对待犹太人的文章。

8. **论修会事务和修会规章的文集**。

9. **对《圣经》的诠释著作**。

其中的两部较为重要的著作是：《神学大全》，写于 1266 年至 1273 年，托马斯没有完成，由他的一位后继者增补；《反异教大全》，也被称为《哲学大全》，写于 1259 年至 1264 年。

托马斯著作的特点是条分缕析和脉络分明。托马斯特别强调，"教师不仅仅要向具有一定水平的人，而且也要向刚刚入门者传授基督教真理"，因此，他尽可能地使他的文章简单、清晰和一目了然，而这正是他那个时代的那些箴言集和神学论辩文章所欠缺的。对托马斯来说，精确的表达和避免引起歧义比华丽的辞藻更为重要。

知识与信仰

托马斯对知识和信仰的领域做了划分。首先关于知识，他的坚定不移的信念是，存在一个合乎规律的现实世界，而且我们也能够认识这个世界。这也就意味着，他确信人能够获得真正客观的知识，因而他也就否定了如奥古斯丁的那种哲学，即认为现实世界只是思想的人的精神产物，并且试图将精神限定于对它自己的形式的认识。

在托马斯看来，"认识的对象是和认识能力相应的。认识能力有三等。一种认识能力是感觉，它是一个物质机体的活动；因此，每一感觉能力的对象都是存在于有形物质中的一种形式；这样的物质是个体化的本原，所以感觉部分的每种能力所取得的知识只能是个体的知识。另一等认识能力既不是一个物质机体的活动，也和有形体的物质没有任何关系。这就是天使的理智。这种认识能力的对象是脱离物质而存在的一种形式。天使虽然认识物质事物，但也只有从非物质事物（或从自身、或从上帝）的地位去认识。再一等是人类的理智，处于中间地位。它不是一个机体的活动，而是灵魂的一种能力。灵魂本是身体的形式。所以，它在有形物质中去认识单个地存在着的形式，这是适当的。不过，不可认为这形式就存在于这一单个的物质中。从个别物质中去认识物质形式，而不把形式视为存在于个别物质中，这就是从表现为影像的个别物质中抽出其形式。所以，我们必须说：我们的理智是用对种种影像进行抽象的方法来了解物质事物，而我们正是通过这样了解物质事物获得某些关于非物质的事物的知识，反之，天使却是通过非物质事物来认识物质事物"。[18]

如果说我们的认识是客观的和真实的，那这还不够。在哲学和形而上学的认识世界之上，还有一个超自然的真理的世界。单靠自然的思维能力，我们不可能认识这种超自然的真理。在这个问题上，托马斯与早期经院哲学家如厄留根纳和安瑟尔谟观点相异，后者曾经试图用理性来审视和解释整个基督教教义。基督教信仰的真正秘密（上帝的三位一体、上帝的人格化和道成肉身）恰恰不属于哲学研究的范畴。在托马斯眼里，这些都是超自然的真理，我们只能虔诚地把它作为神圣启示来接受。

在知识和信仰这两个范围内，永远都不会存在矛盾。虽然基督教的真理是超越理性的，但它不是违背理性的。真理只能是一个，因为它来自上帝。倘若有人站在理性的立场上针对基督教信仰提出异议，那么它自身必然也是违背理性的最高思维原则的，因此我们可以用理性的工具对其加以驳斥。这也正是托马斯坚持不懈地在他的论辩性著作中针对异教徒和基督教异端分子所做的重要事情。

此外，也有关于上帝的真理，我们的理性能够认识这种真理，比如，上帝的存在，比如只存在一个上帝。当然，由于缺乏天赋，由于懒惰，而且还由于必须花费很多精力用于完成一些琐碎的人生事务（比如要维持自己的生存和照料家庭），大部分人都没有能力专心致志地思考问题并去接近真理。所以，神圣智慧将那些本来能够被理性所认识的信仰真理也变成超自然的启示。

倘若某些宗教真理能够被理性所认识，那么哲学在某种程度上也就可以为信仰和神学服务。此外，哲学还可以用来证明那些针对信仰提出的理由是错误的和站不住脚的。当然，哲学的任务也仅限于此，它不能证明超自然的真理，而只能对那些自相矛盾的论据加以驳斥。"我首先想提醒你，在与那些无信仰的人辩论的时候，你不要试图用具有说服力的理性理由去证明信仰真理。这会损害信仰的崇高性……我们的信仰不能用有说服力的理性理由加以证明，因为它是超越理性的，我们的信仰也不可能被有说服力的理性理由所推翻，因为它是真实的，因而它不可能与理性相违背。基督教的辩护士们与其努力用哲学来证明信仰真理，倒不如通过驳倒对立双方的异议，从而阐明天主教信仰不是错误的"。[19]

在这方面，作为服务于神学目的的工具，经院哲学的作用达到了它的顶峰。[20]

上帝的存在与本质

在托马斯看来，上帝的存在是可以通过理性加以证明的。不过，托马斯对坎特伯雷的安瑟尔谟的那种本体论的上帝之证是持否定态度的，因为安瑟尔谟是想从上帝的概念本身推导出上帝的存在。托马斯认为，"上帝存在"这句话并非一种自明的真理，也不是人的天赋真理。它必须首先被证明。《神学大全》里按顺序列举出了证明上帝存在的五种理由，我们摘录如下：

上帝的存在，可从五方面证明：

首先**从事物的运动或变化**方面论证。在世界上，有些事物是在运动着，这在我们的感觉上是明白的，也是确实的。凡事物运动，总是受其他事物推动；但是，一件事物如果没有被推向一处的潜能性，也是不可能动的……一件事物不可能在同一方面、同一方向上说是推动的，又是被推动的。如果一件事物本身在动，而又必受其他事物推动，那末其他事物又必定受另一其他事物推动，但我们在此绝不能一个一个地推到无限。因为，这样就会既没有第一推动者，因此也会没有第二、第三推动者。因为第一推动者是其后的推动者产生的原因，正如手杖动只是因为我们的手推动。所以，最后追到有一个不受其他事物推动的第一推动者，这是必然的。每个人都知道这个第一推动者就是上帝。

第二，从**动力因的性质**来讨论上帝的存在。在现象世界中，我们发现有一个动力因的秩序。这里，我们绝找不到一件自身就是动力因的事物。如果有，那就应该先于动力因自身而存在，但这是不可能的。动力因，也不可能推溯到无限，因为一切动力因都遵循一定秩序……因此，有一个最初的动力因，乃是必然的。这个最初动力因，大家都称为上帝。

第三，从**可能和必然性**来论证上帝的存在。我们看到自然界的事物，都是在产生和消灭的过程中，所以它们又存在，又不存在。它们要长久存在下去，是不可能的。这种不能长久存在的东西，终不免要消失。所以，如果一切事物都会不存在，那末迟早总都会失去其存在。但是，如果这是真实的，世界就始终不该有事物存在了。因为事物若不凭借某种存在的东西，就不会产生……不过，每一必然的事物，其必然性有的是由于其他事物所引起，有的则不是。要把由其他事物引起必然性的事物推展到无限，这是不可能的……因此我们不能不承认有某一东西：它自身就具有自己的必然性，而不是有赖于其他事物得到必然性，不但如此，它还使其他事物得到它们的必然性。这某一东西，一切人都说它是上帝。

第四，从事物中发现的**真实性的等级**论证上帝的存在。……世界上一定有一种最真实的东西，一种最美好的东西，一种最高贵的东西，由此可以推论，一定有一种最完全的存在。……因此，世界上必然有一种东西作为世界上一切事物得以存在和具有良好以及其他完美性的原因。我们称这种原因为上帝。

第五，从**世界的秩序**（或目的因）来论证上帝的存在。我们看到：那些无知识的人，甚至那些生物，也为着一个目标而活动；他们活动起来，总是或常常是遵循同一途径，以求获得最好的结果。显然，他们谋求自己的目标并不是偶然的，而是有计划的。但是，一个无知者如果不受某一个有知识和智慧的存在者的指挥，如像箭受射者指挥一样，那他也不能移动到目的地。所以，必定有一个有智慧的存在者，一切自然的事物都靠它指向着他们的目的。这个存在者，我们称为上帝。[21]*

显而易见，托马斯的这些对上帝存在的证明是以亚里士多德和奥古斯丁的学说为依托的。在解释上帝的本质方面，托马斯试图寻找一条中间道路，一条介于人格化的上帝观念和新柏拉图主义的上帝观念的道路。[22] 我们关于上帝的认识有三个特征：首先，它是一种间接的认识，也就是通过上帝在自然中的影响来认识上帝；其次，它是一种类推的认识，也就是依据造物与被造物之间的相似性关系推论出上帝的存在；第三，它是一种整合的认识，我们只能从各个不同的侧面逐步地认识上帝无限完美的本质。总之，这种认识是不完善的，但它毕竟是一种认识，它会教导我们，把上帝看作一种以自身为原因的完美存在。

---

* 托马斯《神学大全》1集1部2题，3条。译文转引自北京大学哲学系外国哲学史教研室编译《西方哲学原著选读》，商务印书馆，1986年，第261—264页。

神圣启示告诉我们，上帝是宇宙的创造者（在托马斯看来，创世是只有通过启示才可认识的真理）。在创世中，上帝实现了他的神圣理念——在这里，我们看到了柏拉图理念论的再现，当然是以一种改变了的形式。

人与灵魂

我们掠过托马斯的宇宙学理论（托马斯坚持认为，地球是宇宙的中心）而直接转向他的心理学理论，这也是他的思想体系中的一个重要环节。对托马斯来说，人的灵魂是值得我们深入研究和思考的对象。在他的许多著作中，他都讨论过人的感情、记忆、个体心灵的能力、和它们之间的相互关系，以及人的认识。

在这里，亚里士多德的学说（即物质是被动的，形式是主动的和起作用的原则）仍然是托马斯的理论基础。灵魂是赋予一切生命现象以形式的基本原则。这个原则应用到人身上也就意味着："思维活动的原则，理性灵魂是人的肉体的本质形式。"托马斯解释说，人的灵魂是非物质的，也就是说，它是非物质的纯粹形式，是一种纯粹精神的不依赖于物质的实体。由此便产生了它的不可摧毁性和不朽性。由于灵魂是不依赖于肉体的独立实体，因此它不会随着肉体的消亡而消亡，并且作为纯粹的形式它也不可能自我毁灭。人对永生的渴望并非纯粹臆想，对托马斯来说，这正好为灵魂实体的不朽性提供了证据，在这一点上，他与阿威罗伊主义者不同，因为他们只承认超个体的灵魂的不朽性。

在个别灵魂力量或能力问题上，托马斯仍然承袭了亚里士多德的理论。有植物灵魂，它有代谢和繁殖能力；也有动物灵魂，它有感官知觉、欲望和自由活动能力。而在人那里，除了以上这些能力，他还有理智能力，即人的理性。托马斯赋予理性以绝对优先地位，理性高于意志。因此，托马斯主义的灵魂和认识理论是理性主义的。在心理学方面（以及其他方面），作为多明我教徒的托马斯的观点与同一时期的圣方济各修士们的观点是截然对立的。圣方济各修士的神学理论是以奥古斯丁和柏拉图的学说为依据的，他们强调人的认识的主动性特点。而托马斯则以亚里士多德的理论为依据，强调认识的被动的和接受的特征。他认识到，认识主体与被认识的客体之间存在相似性。[23] 如果心灵中的形象与现实达成一致，那么也就获得了正确的认识。

那么如何才能获得正确的认识呢？对于这个问题，托马斯给出的答案和亚里士多德给出的一样：并非通过分享神的观念（或回忆神的观念），而只是通过人的感官**经验**。因此可以说，托马斯是个**经验主义者**。我们所有的认识材料都来自我们的感官。当然它们还只是材料而已。我们的理智将对这些材料做进一步的处理。感官经验只向我们显示个别事物。但是，理智的真正对象是寓于个别事物之中的本质。为了认识这种本质，精神必须借助于"想象"。在这里，康德的认识论已经以一种特别的方式预先被表达了出来，根据他的理论，认识产生于正在形成中的形象，这些形象是借助于人心灵中的思维和直观形式并通过感官知觉而获得的现象。剩下的问题只是，"想象"在感性直观的继续发展中是如何进行的，我们的认识的哪些部分来自感性，哪些部分来自我们自己的心灵的一般形式和特性。

紧接着托马斯的灵魂和认识理论，我们再来看他的**伦理学**思想。托马斯说："要获得幸福，人必须知道三件事情：第一，要知道他信仰什么；第二，要知道他渴望得到什么；第三，要知道他应该做什么。"[24]

作为道德行为的前提，托马斯强调了人的**意志自由**。在这里，托马斯的观点与奥古斯丁以及圣方济各修会的神学理论也是截然对立的。在内心深处，托马斯接近于一种决定论。关于人的具体德性，托马斯吸收了希腊的四种传统的基本德性，即智慧、勇敢、节制和正义，并附加上三种基督教的德性：**信、望、爱**。托马斯的伦理学思想结构是极其复杂的，但是他的基本思想却很简单："理性是人的本性。凡是违背理性的事情，也必然违背人的本性。"[25] "只要他是人，那么人的至善就在于：理性能够在认识真理中获得完善，人的欲求要以理性为准绳。人之为人，就因为他能够掌握理性。"[26]

"一个人具备好的认知力并不意味着他就是一个好人，要成为一个好人，他必须具备好的意志。"[27]

"沉思的人生要高于庸碌的人生，倘若一个人能够放弃掉一部分他对沉思的爱好，而对他的邻人的幸福做点事情，那么他就能够更好地实现上帝的意志。"[28]

"爱朋友是好的，因为他是朋友，爱敌人则是不好的，只要他还是敌人。但是，假如他是上帝的孩子，那么爱敌人也是好的……把朋友当作朋友来爱，和把敌人当作敌人来爱：这似乎有些矛盾。但是，爱朋友和爱敌人，假如两者都是上帝的孩子：这样就不矛盾了。"[29]

"就我们自身而言，认识比爱更重要；因此哲学家将人的认识品性置于他的道德品性之上。但是若考虑到超出我们自身以外的事情，特别是当我们考虑到上帝时，那么爱就比认识更为重要。由此说来，爱高于信仰。"[30]

政治

作为坚定的亚里士多德主义者，阿尔伯特和托马斯都非常关注现象世界。但是他们两人的兴趣却又分为两种不同的方向：阿尔伯特更为关注的是感性世界，托马斯更为关注的则是道德世界，即国家。[31] 若在今天，我们会说，阿尔伯特更像一个自然科学家，而托马斯则更像一个人文科学研究者。阿尔伯特对亚里士多德的政治学著作未做任何评论，而托马斯对这一领域则做了非常深入的探讨。和希腊人一样，托马斯也认为，人完全是处于社会和国家秩序之中的。下面的话就表明了他的这一立场："倘若一个人对公共利益漠不关心，那么他就不可能是一个好人。"[32] "一种德性涉及公共利益越多，这种德性就越高尚。"[33]

托马斯直接承袭了亚里士多德的国家学说，而且托马斯也是西方世界里第一位对国家理论给予如此高度重视的人。在这方面，他将亚里士多德的思想与奥古斯丁的思想结合到了一起。和亚里士多德一样，托马斯也认为人是一种政治动物，是一种社会动物。因此，国家秩序是非常必要的。"如果一个人与许多人共同生活在一起，那么，人与人之间就必须有某种起制约作用的东西。这么多人生活在一起，而每个人都有自己的愿望，都自私自利地只关心个人的利益，而这时若没有一个人能够以社会的共同利益为己任，那么人类社会将会是一片混乱，这就像人的肉体或任何一种有生命的动物一样，如果在他的体内没有一种起主导作用的、能够顾及身体的各个器官的共同利益的力量，那么他就不可能存活。"[34] 因此，在托马斯看来，一种社会权威就是必要的。由于人在本性上是社会动物，而这种本性是上帝所赋予的，所以，如《圣经》所言，上帝也是统治阶层的倡议者。

托马斯遵循亚里士多德的思想，也将国家形式区分为君主政治、贵族政治和"共和"政治，以及与之相对应的退化形式僭主政治、寡头政治和民主政治。在这些国家形式中，托马斯更喜欢君主制。对此他有一种理想的观念。国王在国家里的地位必须像灵魂在身体内和上帝在世界内的地位一样。一个好的和正义的国王的统治必须以上帝对世界的统治为榜样。"如果一个统治者能够很好地利用手中的权力为国家谋福利，这就是一种至善，如果他滥用自己的权力，那么这就是一种极大的罪恶。"[35] 一切统治形式中最坏的形式就是僭主政治。如果僭主政治成为国家的政体，那么也应该建议它的人民要忍耐，因为暴力革命往往会带来更为严重的恶果。

因为托马斯将国家看作一个大的道德实体，所以他认为国家的任务就是要使它的人民过一种正直的和合乎道德的生活。这样一种生活的最重要的前提就是维护和平。第二个重要的条件就是使人民过上富裕的生活。但是，在和平和富裕中的、合乎道德的生活并不是人生的最终目的。人生的最终目的是获得极乐至福。引导人们获得这种极乐至福，这不是世俗统治者的职责，而是教会的职责，也就是神父的职责和上帝在人间的代言人罗马教皇的职责。因为教会的职责高于国家的职责，所以世俗世界里的国王要服从于教会的统治。也就是说，托马斯非常明确地认为，只要尘世的事物对人的超尘世的目标起作用，那么世俗权力就必须服从宗教权力。

托马斯的意义

"智者的责任就是：整理。"[36] 托马斯·阿奎那的毕生事业也可以用这句话来概括。整理、区别、划分——将不同的东西按照他们各自的内在价值加以归类整理，这就是他的著作的伟大和意义之所在。

托马斯过早地去世了，紧接着，在修会内部和整个天主教界，人们围绕托马斯主义的地位问题就展开了激烈的争论。反对他的声音主要是来自信奉奥古斯丁哲学的方济各修会神学家们，托马斯在世的时候就与他们展开过激烈的辩论。托马斯去世三年以后，巴黎的大主教对托马斯的几种理论做了公开判决。但是托马斯的学生满怀对老师的崇敬和爱戴，还是坚持不懈地继续贯彻着他的思想。托马斯过去的老师大阿尔伯特比托马斯活的时间长，他称托马斯是"教会的一线光明"。

托马斯主义成为多明我修会的正统哲学。1322 年，教皇承认托马斯是圣徒。历史上许多重要的教皇都对托马斯的学说给予了高度评价并致力于传播他的思想。1879 年，托马斯主义最终也被天主教教会宣布为正统哲学。1931 年，教皇颁布了新的规定，教会大学里的哲学和思辨神学课程必须按照托马斯·阿奎那的学说和原则进行讲授。

与此相联系，托马斯主义在十九和二十世纪经历了一次重要的复兴。在所谓的新经院哲学——这是一个波及整个天主教世界的思想运动，其最主要的代表人物出自意大利、法国、比利时和德国——的框架内，产生了一种新托马斯主义哲学，这种哲学试图将现代科学和哲学的研究成果与托马斯所创立的天主教宇宙观糅合到一起。在本书的最后一部分，我们还要对托马斯主义的现代发展做简要阐述。

并非光荣的一页

针对几乎所有的中世纪思想家，我们都可以提出指责。由于托马斯是其中最重要的一位，我们在这里也就从他入手了，看一看他的影响有多深。

问题涉及的是，相信有魔鬼和女巫。《神学大全》里有下面一段话："奥古斯丁写道：'许多人声称，他们曾经亲历过或听其他亲历过的人说过，森林之神常常会调戏妇女，渴望与她们同房并且也这样做了。因此，若否认这一点就是厚颜无耻。'"[37] 在另一个地方，托马斯又说："逍遥学派认为根本就没有魔鬼，这显然是错误的观点。"[38]

任何时代都有人会相信，的确有魔鬼和女巫。在《旧约》中对此也有过描述（参见《撒母耳记上》第28章，扫罗让隐多珥的女巫召回死去的撒母耳的亡魂，并请他为抵御菲利士人的进攻出谋划策）。

中世纪时，相信有魔鬼也是个相当普遍的现象，在直到十二世纪的几百年里，教会一直把这种现象看作异教迷信的残余，对它基本上表示容忍或较为温和的抵制。渐渐地开始流传一种说法，说女巫们之所以拥有特异功能（比如她们能在黑夜里腾云驾雾，或者能使人和动物丧失生殖能力），是因为她们与魔鬼撒旦缔结了契约。在当时，相信有魔鬼的人之所以那么多，还有一个原因，这就是受教会抵制的许多教派被视为黑暗的魔鬼世界的代表，它们是与上帝的光明世界相对立的。

谁要是与魔鬼结成同盟，那么他就是反对上帝的，因而他也是反对教会的，因为教会就是上帝在尘世的代表。于是，谴责装神弄鬼的巫术渐渐地就与谴责异端邪说融合到了一起。宗教法庭原来是审判那些偏离宗教信仰的异端分子的，如今它也用来审判巫师了。

许多教皇都授权宗教法庭对巫师进行审判，1252 年，教皇英诺森四世授权宗教法庭可以使用刑罚。

　　大约在十五世纪至十八世纪，对巫师的迫害才真正达到高潮，教皇英诺森八世于 1484 年颁布的教谕对迫害巫师的运动起了推波助澜的作用，这比那两位多明我教徒和异端裁判官海因里希·**尹斯提托利**和雅各布·**施普朗格**发表著名的《**打击巫师之锤**》（拉丁文为 *Malleus malificarum*，1485）还早一年，在很长一段时间内，这本书是除《圣经》之外最畅销的书，成为迫害巫师的专业性手册。

　　焚烧异教徒和女巫的火焰熊熊燃烧了两个半世纪之久，有些历史学家认为，被烧死的人加起来共计有十万之多，另有人则认为，牺牲者远远不止这个数目。被烧死的人中，大部分是女人。只要有人告发，就足以开庭审判。在酷刑面前，几乎所有人都会招认最为荒唐的罪行。这种迫害行为基本上都发生在中欧和西欧（西班牙、法国、瑞士、意大利、英国、德国和波兰），而在伊斯兰教、犹太教和东正教地区，却并没有发生这种迫害行为。随着殖民地的开发，这种疯狂的行径也被带到了海外，1692 年，大火又在美国马萨诸塞州的萨勒姆燃烧了起来。随着启蒙运动的兴起，这种迫害行为逐渐停止下来，这主要是弗里德里希·冯·施佩和克里斯蒂安·托马修斯的功绩。德国最后一次焚烧女巫事件发生于 1775 年。

　　必须考虑的是，谁要是胆敢相信巫师，那他自己就将会遭到宗教法庭或世俗法庭的迫害。就托马斯来说，我们必须考虑到，他相信魔鬼和巫师的观点几乎为他那个时代的所有神学家和哲学家所熟知，而且也为宗教改革家路德和慈运理所熟知。由于托马斯的伟大权威性，他的观点当然也会受到特别关注。在《打击巫师之锤》一书中，他的名字就曾经被无数次提到。

3. 但丁

　　由经院哲学——特别是通过阿尔伯特和托马斯——发展起来的中世纪基督教世界图景在但丁的著作里以一种最为优美的诗的形式

被表达了出来。但丁·阿利吉耶里于 1265 年出生在佛罗伦萨。年轻时，但丁对贝亚特丽丝满怀着理想的爱情，但是他的情人不幸过早地夭折了，这激发了他的艺术创作热情，古罗马诗人的诗作和法国普罗旺斯的诗歌成为他诗歌创作的典范。他在波罗纳学习了经院哲学，在巴黎掌握了哲学和神学的基础知识。由于政治原因，他遭到故乡城市的驱逐，从此以后，他过着动荡不安和不幸的流亡生活。在他生命的最后几年里，他终于在拉文纳找到了自己的避难所，1321 年，他在那里去世。

但丁的主要著作《神曲》（最初的书名是 *La comedia*，即喜剧）描述了他从地狱经过炼狱最后到天堂的历程。但丁所崇敬的罗马诗人维吉尔引领但丁游历了地狱和炼狱。他的历程是从走向地下世界开始的，他在一个山谷中拾级而下，从那里便可以进入大地的中心，到达地狱。在九层地狱里，但丁由上至下遇见的罪人一个比一个罪孽深重，他们分别犯有淫欲罪、吝啬罪、暴戾罪、邪教罪、杀人罪、自杀罪、欺诈罪、负心罪、卖淫罪等；在最阴暗的底层有人类的两个大叛徒：犹大和布鲁图斯——其中一个对基督的不幸负有责任，另一个对帝国的缔造者恺撒的不幸负有责任。

从地球的另一端一直往上，维吉尔和但丁就来到了炼狱。它的形状犹如一座陡峭的山峰，共有七层高高地叠加在一起，它们与七重罪相对应。炼狱的顶部就是天堂。

维吉尔不允许进入神界的天堂，因为他是一个未接受过洗礼的异教徒。从这里开始，继续引领诗人但丁的就是他所钟情的女子贝亚特丽丝，她看上去已经神化了，象征着她已经接受了上帝的恩赐。她拉着但丁的手一起飞升，共同游历了众天使居住的神界天国。最后，但丁见到了辉煌壮丽的景象，那里是三位一体的上帝的天府。

在经过地狱、炼狱和天堂的这整个历程中，诗人但丁遇见了一些著名的人物，有些人才刚刚过世。他与诗人、王侯、教皇交谈，他也与奥德赛和皇帝巴巴罗萨交谈。在与这些人以及他的向导的谈话过程中，他有机会与他们讨论一些令他苦思冥想的神学、哲学和政治问题。但丁对经院哲学思想了如指掌，他对自己掌握的材料也能够驾轻就熟，因此，"即使那些对别人来说是古怪的和枯燥乏味的经院哲学神秘理论，甚至它的三段论演绎推理学说，他都能够用惟妙惟肖的形式重新表达出来"[39]。但丁学识渊博，那个时代的所有领域的知识，包括天文学知识，他都是耳熟能详的。当然，他所表达出的思想基本上都不是他自己独创的思想，在自然科学领域，他主要是表达了阿尔伯特的思想，在神学和政治领域，他主要是表达了托马斯的思想。至于但丁赋予这两位大师的大师即亚里士多德以多么崇高的地位，我们在论述亚里士多德一章里所引用的但丁的诗句就是最好的明证。

值得我们注意的是，但丁发展了托马斯的政治观点。在托马斯那里，维护和平是统治者的最重要的职责。但丁认识到，仅有国家内部的和平是不够的，国家之间的持久和平也是必要的，因此需要一种凌驾于各个国家的君王之上的最高权威，一种至高无上的皇权，它不依附于教皇，而是直接受命于上帝。在但丁看来，教会和教皇的职权是有一定限度的，教会的世俗化是一切罪恶的根源。要真正理解但丁的政治观点，我们必须了解他所处的历史背景，也就是在整个中世纪，尤其是在但丁所处的时代，宗教势力和世俗势力之间充满着权力之争，除此之外，在意大利内部，盖尔夫党与奇伯林党之间也存在着党派之争*。但丁试图超越这些具有时代局限性的纷争，他不想站在某一个党派的立场上，而是构想出一幅理想的蓝图，即不管是宗教势力还是世俗势力，它们的权利都应该局限于各自归属的范围之内。

但丁的《神曲》是世界文学宝库中的不朽之作。在已经过去了的古希腊时代，有伟大诗人荷马，在紧随中世纪之后的文艺复兴时代，有伟大的剧作家和诗人莎士比亚，而但丁则是基督教中世

---

* 盖尔夫党是由工商业者组成的政党，奇伯林党属于贵族党派。盖尔夫党后来又分裂为黑党和白党，但丁属于白党，1302 年他被黑党判决终身放逐。

纪里涌现出来的天才诗人。但丁的作品就像一幅巨大的历史画卷，正在开始走向衰落的中世纪时代的人们的思想和感情被集中浓缩于其中。

四、后期经院哲学

1. 罗吉尔·培根

在中期经院哲学和后期经院哲学之间并没有一条泾渭分明的时间分界线。中期经院哲学的大师还活着的时候，罗吉尔·培根在许多方面就已经超越了他的时代，他不仅对托马斯主义进行了攻击，而且还使整个经院哲学的基本原则受到了震动，从而为中世纪末期欧洲思想向近代的转折准备了条件。

和后面将要讨论的几位后期经院哲学家一样，培根也是英国人，他也加入了方济各会，如我们所看到的那样，托马斯的哲学从一开始就遭到了抵制。培根于1214年出生在英格兰，先后在牛津大学和巴黎大学接受教育，他获得了相当丰富的知识，几乎涉猎了当时的所有门类：数学、医学、法学、神学以及哲学。

1247年，培根又重返牛津，他阅读了罗伯特·**格罗塞忒斯特**（约1168—1253）的著作。格罗塞忒斯特是现代自然科学的早期奠基者之一，他在牛津大学从事教学活动，后来他将自己的藏书遗赠给了方济各会。或许是受到他的著作的影响，培根开始潜心学习语言和钻研自然科学，而且还动手做了一些实验，如光学实验，由于缺乏资金，也由于他的上司和教友对他的实验缺乏理解，最后他只好放弃了。他的思想中也混合了一些巫术、占星术和炼金术的观念，因而与教会当权者发生了冲突，据称，他的最后岁月是在教会监狱里度过的。

培根计划写一部内容广博的百科全书，当然他的目的是为宗教和教会服务。教皇克莱门斯四世对培根心怀善意，他于1266年请求培根给他一份副本。因为这部著作基本上还只是装在培根的脑袋里，于是他就先写了一个提纲，名之曰《大著作》(*Opus maius*)，接着又写了《小著作》(*Opus minus*)和《次小著作》(*Opus tertium*)，并陆续把它们寄给了教皇，并附带寄去了一个放大镜片和一幅世界地图，这两样东西都是他亲手制作的，可是，教皇在收到所有这些东西之前就离开了人世。

培根的著作（其中也包括一部希腊语和希伯来语语法书以及一部哲学学习纲要）很大一部分都是针对中期经院哲学家及其哲学的指责，对他来说，过去的最伟大的哲学家就是亚里士多德、阿维森纳和阿威罗伊（也就是三个异教徒）。经院哲学家们首先缺乏的就是上述大哲学家所使用的语言知识，即希腊语和阿拉伯语知识。培根直言不讳地嘲笑作为一个哲学家的托马斯，说他为亚里士多德写了许多厚厚的书，但是却根本不懂亚里士多德的语言。培根坚信，此前的所有译本，包括《圣经》译本，都非常不完善，其中包含许多理解上的错误。当务之急并非迄今为止一直受重视的语法和逻辑训练，因为这些能力都是每个有理性的人与生俱来的禀赋，而是学习外语，特别是学习希伯来语、希腊语和阿拉伯语。所以，此前的那些危害颇深的译本最好都统统付之一炬。

培根针对经院哲学家的第二个指责是，他们缺乏足够的数学知识，而对培根来说，数学是所有科学的基础。

培根提出的第三个指责是针对经院哲学运用到科学中的方法。经院哲学的方法在于，一切问题都以权威（《圣经》、亚里士多德、教父）为依据，并试图通过逻辑推理来解决。而培根则主张，所有问题都应该以直接经验为依据，这就是说，要通过观察和实验去询问大自然，在他看来，大自然是一切真理的源泉。"没有经验，一切知识都是没有充分依据的。"

需要指出的是，培根所理解的经验既包括经验认识也包括神圣灵感。

培根曾经致力于日历改革，他的这个理想在几百年后才得以实现。他试图为农耕提供一种科学的基础。他曾预言："用于航行的船可以没有桨，在河上和海上航行的最大的船只也可以由一个人驾驶，并且可以用很快的速度航行，就像是有满船的船员在用力划着桨。不用牲口拉的车也可以制造出来，它照样可以跑得飞快……也可以制造出能够在海里和河里行走的机器来，它甚至能够潜入海底。"[40]在光学方面，培根的几项发现也是具有划时代意义的，他远远地走在了时代的前列。

这一切与哲学有何关系呢？这标志着西方思想进入了一个转折时期，中世纪即将终结，现代自然科学的时代即将来临。像培根这样的人给了经院哲学以致命的一击。

2. 邓斯·司各脱

英国的方济各修会僧侣邓斯·**司各脱**从另一个方面给了经院哲学致命的打击，以至于在托马斯主义那里神学和哲学之间似乎已经达成的和解又一次破裂了。他大约出生于 1270 年，1308 年他就去世了，才活了不到四十岁。他在牛津讲授神学，后来又去了巴黎，最后他来到科隆，在这里生活和工作了不久他就死了。他是一位广受欢迎的教师，而且他的著述颇丰，这就足以使他在短暂的一生中获得显赫的声名，使他成为最伟大的中世纪哲学家之一，同时代人称他是"精细博士"。

谁要是费点精力去阅读这位"苏格兰的约翰内斯·邓斯"的著作，那么他会发现以上对他的称呼可谓恰如其分，而且他也会同意二十世纪的一位思想家（皮尔士）对他的评价，他称邓斯·司各脱是"中世纪最重要的思辨哲学家，是所有时代思想最深邃的形而上学家之一"。

对于阿尔伯特和托马斯，邓斯·司各脱也是持一种批判的态度，并对他们进行了攻击，尽管在许多方面他还要感谢他们，特别是，若没有他们所作出的杰出贡献，邓斯就不可能对亚里士多德有那么深入的了解，更不可能在这方面超越经院哲学的大师们。但是，对亚里士多德的精神世界了解得越多，他就越清楚地认识到，在注重世界和自然的异教哲学家与基督教信仰的基本立场之间有一条难以弥合的鸿沟。这使得邓斯得出这样一个认识：神学和（亚里士多德）哲学不可能达成完美的统一，尽管托马斯曾经致力于神学与哲学的结合，并且他也相信已经达到了这个目的。邓斯对那些将神学和哲学紧密融合在一起的人提出了指责。他说，一句话在哲学上是对的，在神学上则可能是错的，反之亦然。从整体上看，在这两个领域内并没有完全的对应物，这主要是因为，神学具有更多实践的特征。他甚至怀疑，从严格意义上看，神学能否被称作一种科学。虽然邓斯并不想用一种非基督教的哲学取代基督教信仰，因为他是教会的忠实的儿子，但是，他在精神上却为此后不久发生的神学和哲学的分离做了准备。

在一般和特殊的关系问题上，邓斯·司各脱与他的教友威廉·奥卡姆的观点基本一致。和托马斯一样，邓斯在共相问题上也是个实在论者。他认为，在每一个事物中，除了存在一般属性，还存在其独一无二的特殊属性，与托马斯相比，他更强调事物的特殊属性。他明确指出，个别是更为完美的，个别是自然的真正目的。在这里，邓斯不仅为唯名论的发展作出了贡献，而且还为文艺复兴时期人的个性自由和解放的实现做了思想上的准备。

针对托马斯的另一个思想，方济各修会的反对派曾经展开过批判，而邓斯·司各脱则帮助他们实现了思想上的突破。关于理智和意志的关系，托马斯的观点是，理智高于意志，意志从属于理智。邓斯·司各脱却把这种关系颠倒了过来，在他看来，意志高于理智。意志是自由的，人不完全是某种消极的和惰性的东西，人的幸福在于按照他的自由意志去行动，而不是沉思上帝。这样一种观点对于认识论是非常重要的，邓斯强调了人的主动性、思想的独立性，因而它不同于托马斯的那种被动的和接受的理智。这种观点对人的上帝观念也产生了影响。人是上帝按照自己的模型创造出来的，即使在上帝那里，上帝的意志也是第一性的和占统治地位的。世界被创造成这个样子，因为这是符合上帝的意志的。没有自在的或必然的善（而托马斯则认为有）。善之为善，都是由上帝的意志决定的。如果上帝意欲创造另一种东西，那么，那另一种东西也仍然是"好的"。这也同样适用于人类行为的伦理价值判断。一个行为是善的，因为它是上帝的意志所规定的。如果人完全服从上帝的意志，那么人的意志也是善的。对邓斯来说，上帝的意志与基督教教会的信条是完全一致的。

以上是邓斯与托马斯主义者在思想内容上的几点区别。此外，我们会发现，与托马斯相比，邓斯思想的兴趣也发生了转移，这一点对于经院哲学的发展来说比上述的区别更为重要。基督教关于上帝、世界和人的基本学说是托马斯思想的出发点，他认为，哲学就是用来支持和证明基督教信仰的工具。因此，对他来说，重要的是需要证明的学说而不是证明本身。在很多情况下，邓斯·司各脱针对托马斯以及他自己的教友所提出的批评并不是针对他们的学说本身——因为他与他们的信仰基本上是一致的，而是针对他们求证的方式、方法。可以说，邓斯不像其他人那样思考世界，而是开始思考其他人关于世界的思想。在哲学史上，那些将他们的注意力从思想的客体转移到思想的形式、方法和可能性上去的思想家，往往会对思想的发展带来一次革命性的飞跃。在这方面，康德是一个突出的例子。邓斯·司各脱也是如此，他的批判以及他的注意力不是放在经院哲学的思想内容上，而是放在了哲学求证的方法上，因此，他为哲学内部发生的一次革命性的转折铺平了道路。"科学的求证本身至关重要，它甚至成为哲学的主要事务，因此它从'经院哲学的'的附属地位中解放了出来。尽管邓斯是罗马教会的最忠实的儿子，但是他却使得罗马教会不得不放弃它对哲学的统治地位。"[41]

3. 奥卡姆的威廉

与前述的两位思想家的影响相比，奥卡姆的威廉所实施的唯名论革新对于经院哲学的基础产生了更大的冲击，这标志着一个新时代的开端。威廉于 1290 年出生在奥卡姆（拉丁语为 Occam）。和他的前驱者一样，他也就学于牛津大学和巴黎大学，由于他在辩论中表现得非常机敏和睿智，因而获得了一个雅号，被称为是"不可战胜的博士"（doctor invincibilis）。

早期的唯名论之所以遭到教会的谴责，其直接的原因在于洛色林的唯名论思想是针对三位一体的基督教教义的。教会之所以竭力压制他的思想，是因为他们已经意识到，虽然一种立场坚定的唯名论并不能对基督教信仰构成多大的威胁，但是它如果与古典哲学结合到一起，那么经院哲学的基础将会被动摇。因为经院哲学的方法就是不去直接观察自然，它的所有有价值的知识都是来源于古代权威，它的基本信念就是，古代权威的思想中已经包含了所有的信仰和教义，我们只需要去把它们发掘出来。如经院哲学的实在论者所认为的那样，只有当共相是原初的和"实在的"，并且一切个别事物已经完全包含于其中，每一种方法才有意义。

对威廉来说，一般和个别的关系正好与之相反。他说，那些"实在论的"经院哲学家们试图从一般出发推导出个别，这就像把笼头套到马尾巴上，是本末倒置。因为个别事物本身就是实在的，而一般则是存在于头脑中的观念和思想，人类的一切知识也都是从个别事物开始的。在他的那些不那么容易被理解的内容广博的著作中，威廉对共相问题做了详细考察，我们只强调他的基本思想。他将逻辑学定义为符号的科学。那些被实在论者给予高度评价的一般概念或共相也都是纯粹的符号，并没有现实的东西与它们相对应。即使是在上帝的心灵中，也不会是"共相先于殊相"。这样的认识是以威廉的神学论证为依据的，他认为，上帝从虚无中创世的教义是站不住脚的，因为在这种情况下共相已经先于事物而存在了。并不存在什么"何处性"或"何时性"，而只有何处与何时；只存在如何与多少，而没有作为独立存在物的质量与数量。在现实中并没有作为独立存在物的"关系"（Relation），而只有相互关联的事物。这种关系只存在于我们的头脑中。并不存在"多样性"，而只有许多事物。在这些事物之外再附加一些关系，在许多事物之外再附加上多样性，这都是毫无用处的画蛇添足，与逻辑学和科学的原则是相矛盾的，也就是说，如果一种解释就足够了，那么就不用再做多余的解释了。"若无（解释的）必要，切勿增加实质（论据、看法）"*，这种原则被称为"**奥卡姆的剃刀**"，它已经成为一种科学和哲学的方法论。

亚里士多德的范畴学并不是对事物的划分和把握（如阿尔伯特所认为的那样），而只是对我们附加在事物身上的符号（词与名）的划分和把握。威廉完全从他的唯名论的意义上解释亚里士多德，如我们所看到的那样，从亚里士多德对柏拉图所做的批判来看，这也完全是有可能的。

为了避免将他的唯名论应用于基督教教义而对它构成威胁，威廉从一开始就（像托马斯那样）把信仰的神秘性排除在人的理性可把握的范围之外，不仅如此，他（像邓斯·司各脱那样，不过比他更为彻底）还将整个神学排除在理性可把握的范围之外。对威廉来说，上帝的三位一体和人格化的教义等不仅是超越理性的，而且是反理性的，我们必须接受这样一个事实。对于上帝的存在或上帝的某种属性，我们并没有合乎理性的证据。因为个体的经验是一切知识的基础，在此意义上，我们不可能拥有关于上帝存在的经验，因此，我们也不可能获得关于上帝的确切的和自然的知识。这也就意味着，一种能够提供精确证据的科学的神学是不可能的。如邓斯·司各脱所说：一句话在神学家那里是正确的，但是在哲学家那里可能就是错误的。威廉对此深信不疑。那句老话"因为荒谬我才信"在这里又应验了。

威廉不仅在神学和世俗科学之间画出了一条分界线，而且还将他的这一原则应用到实践中去，也就是应用到宗教政治中去，应用到教会与世俗世界的关系中去。威廉无所顾忌地抨击了宗教的世俗

---

* 奥卡姆的原话是："切勿浪费较多东西去做用较少的东西可以同样做好的事情。"见奥卡姆《箴言书注》2 卷 15 题。

化以及教皇篷尼法西八世的世俗权力政治。他援引耶稣和使徒作为例证，要求教会放弃它的世俗权力，并将它的职责限定在宗教范围之内，而且这也符合方济各修会的基本原则。在他的《论皇权与教权》一文中，奥卡姆对教会插手世俗事务进行了批判，他提出了关于人的基本权利的思想，这一思想是富于革命性的，它对启蒙运动产生了决定性的影响。"教皇并没有被授权可以任意剥夺一个人的自然权利"，人的不可侵犯的权利特别包括"那些基督诞生前人所享有的权利，因为基督徒的这些权利都被教会夺走了或被教会扣留了，也就是说，与那些异教徒和不信教的人相比，基督徒的自由因而就被降低了"[42]。

奥卡姆的这些言辞的后果就是，他被当时住在阿维农的教皇监禁了起来。他设法逃出关押他的地方，并逃往慕尼黑。他在教皇的政敌神圣罗马帝国皇帝路德维希那里寻找到了庇护。奥卡姆曾经对皇帝说过一句话："请你用剑保护我，我将用笔保护你。"这句话后来成了一句名言。1349 年，奥卡姆在慕尼黑去世。1339 年，巴黎大学禁止讲授威廉·奥卡姆的学说，尽管如此，唯名论还是成为占统治地位的思想流派。这表现在如下的事实上：1473 年教皇发布了教谕，命令巴黎大学的所有教师只能讲授实在论，这本来也就是针对威廉的，但是几年之后，这个禁令又不得不解除了。

在威廉的唯名论的影响下，经院哲学在数百年里建立起来的神学和哲学、信仰和知识之间的纽带终于断裂了。从此以后，这两个领域开始各自为政。存在着**"双重真理"**（阿威罗伊在很早以前就已经认识到这一点）。威廉的这一思想产生了深远的影响，从那时直至当代，一方面是知识、哲学和科学；另一方面是信仰、宗教和神学，这两个方面并行不悖。它们各自都按照自己的规律发展，并不关心对方的事情。在很长的时间里，信仰和知识之间的对话几乎已经终止。这种分裂状态也贯穿于我们整个的现代文化之中。

对于哲学和（逐渐独立门户的）科学来说，这就意味着，它们开始摆脱自己的神学的婢女地位，开始越来越强烈地表达自己的愿望，以罗吉尔·培根这位思想开拓者为榜样，将直接的外在经验作为知识的源泉，从而使人类思想史在此后的几个世纪里形成了空前繁荣的景象。对于宗教领域来说，这也就意味着，信仰的超越理性的思想可以不用顾忌哲学和理性神学而直接表达出来，正如我们将要在德国伟大的神秘主义者那里所看到的那样。

五、德国的神秘主义：埃克哈特大师

神秘主义思想并不局限于某个时代。在每一个历史时期，在人生中的每一个时刻，人都可以"闭上自己的双眼"，置身于世界之外，返照自己的内心，并点燃照亮心灵的神圣火焰。事实上，几乎在所有的时代都产生过神秘主义：在印度人那里——他们的全部哲学几乎都是神秘主义的；在早期的希腊人那里，在古典思想结束时期的新柏拉图主义那里；近代初期以及此后。尽管如此，神秘主义的最重要的思想潮流之一产生于中期经院哲学末期，这在思想史上也并非只是一个偶然事件。宗教信仰和世俗智慧通过阿尔伯特、托马斯等人的努力而紧密地结合在了一起，由于经院哲学从属于神学目的，哲学本身因而被套上了一种精神枷锁，不仅如此，由于人的信仰是与亚里士多德及其阿拉伯诠释者的完全世俗的智慧结合到一起的，因而信仰本身也被套上了一种精神枷锁。我们看到，在培根、邓斯和威廉那里，哲学是如何一步一步地挣脱了这种束缚而获得解放的。与这种发展反其道而行之的一个人物就是德国的埃克哈特大师，他是中世纪神秘主义的核心人物，他基本上仍然是中期经院哲学家的同时代人，而且也是多明我修会的一个成员。他出生于1260年，而且可能是大阿尔伯特在科隆时的一个学生。

约翰内斯·**埃克哈特**出生在图林根的豪赫海姆（Hochheim，位于哥达附近）的一个骑士家庭里，他在科隆和巴黎读大学，在神学和哲学方面接受了很好的教育，他尤其精熟于经院哲学和亚里士多德的哲学。我们不能说他对于他那个时代的思想发展视若无睹，毋宁说，在科学方面他仍然处于时代前列。他能够熟练地运用经院哲学的思维和表达方式，只不过他所表达出的思想内容与经院哲学的思想内容大相径庭。他的思想是真正具有原创性的，这里所说的原创性并不是指他的思想来源于直接观察自然，和其他神秘主义者一样，他的思想来自心灵和直觉。另一方面，埃克哈特的德语著作（他的一部分著作是用德语写成的，另一部分则是用拉丁语写成的）也表明，他是中古德语大众语言的富有创造天赋的大师。

埃克哈特在多明我修会里升任高位。他相继担任了埃尔福特的修道院院长、萨克森的修会大主持、波希米亚修道院大牧师、巴黎大学的教师、斯特拉斯堡的传教士、美因河畔法兰克福的修道院院长，他人生的最后一段时间是在科隆度过的。在这里，坚持己见的思想家埃克哈特与教会的矛盾公开化了，科隆的大主教把他送上了宗教法庭。1327 年，在科隆的多明我修会的教堂里，大师不得不宣誓放弃自己的观点，此后不久，也就在这一年里，他与世长辞了。他所做的承诺也很普通，只是说如果他写了、说了或传布了什么包含错误内容的信仰，那么他就收回自己的言论，就当是他什么也没有说。后来，埃克哈特向教皇提出了上诉，在教皇作出决定之前，他就去世了。他死后，教皇发布教谕，将埃克哈特的许多言论判为异端。

从形式上看，埃克哈特的哲学与经院哲学的庞大体系不可相提并论。他的哲学没有一个严密的体系，只是一种强烈的宗教体验的表达，它漠视周围的世界和大自然，而只是醉心于沉思神秘主义的永恒主题：上帝和灵魂。

在埃克哈特大师的上帝观念中，普罗提诺的新柏拉图主义以及和他一脉相承的狄奥尼修斯·阿里奥帕基塔的思想又一次重现了（凡是具有神秘主义倾向的基督教思想，它们的渊源都可追溯到柏拉图、新柏拉图主义以及普罗提诺那里去）。上帝是至善，是太一，是绝对物，是完全彼岸的东西，关于上帝我们一无所知。我们所附加给上帝的属性都是牵强附会的。因此，神学首先是由否定的思想组成的。埃克哈特称这个纯粹彼岸的上帝是"神性"或"尚未自然化的自然"。"神性"与"上帝"或"自然化的自然"是有区别的。由于原始的神性不能被附加上"存在"的谓词，因此它就像一个虚无的深渊。"神性不作为，在神性之中无行动。"为了显示自身，神性必须首先"自我表白"，"要开口说话"。于是，自神性中便流出基督教的三位一体的上帝。神性显现为主体和客体。圣父是主体，圣子是客体，他代替神性"说话"。"圣父的言辞是永恒的言辞，也就是他的儿子即我们的主耶稣基督的言辞。他说，一切造物既无始也无终。"连接圣父与圣子的爱的纽带就是圣灵。在埃克哈特看来，基督教的三位一体的上帝就是最初的"流射物"，是原始"神性"的流溢。

埃克哈特的第二个伟大思想就是上帝与人的灵魂能够达成统一的神秘主义思想。灵魂是上帝按照自己的模型创造的。这就是说，与前面提到的埃克哈特的上帝观念一样，灵魂也是三位一体的。灵魂是由灵魂的三种力量组成的，即认识、"愤怒"和欲望，基督教的三种德性，信仰、爱和希望是与之相对应的。在三位一体的上帝之上还有一个原始的神性，同样，在灵魂中，在三种灵魂力量之上也有"神圣的火花"——"如此纯净，如此高迈，如此高贵，在其中不可能有任何造物，只有上帝和他的纯粹的神性自然栖居于其中。""灵魂的火花是神性之光，它永远复归于上帝。"

埃克哈特的神秘主义的第三个基本思想就是抛弃自我并与上帝合一。你要彻底地忘记你自己，使你完全融化在上帝之中，使你自己在上帝之中犹如上帝在自己之中。要想通过这种方式使灵魂与上帝合一，使"上帝在我们心中诞生"，其前提条件就是，我们必须涤除灵魂中的罪孽，因为它使我们与上帝分开了；必须做到泰然自若，保持内心的无拘无束，"与世隔绝"；必须抛弃一切世俗之物，抛弃自我，放弃自己的意志，从而与上帝的意志合二为一。

倘若灵魂能够达到这种状态，那么它就与上帝等同了。"于是，他（上帝）的属性、他的本体以及他的本性就成为我的了。如果他的属性、他的本体以及他的本性成为我的了，那么我就会成为上帝之子。"灵魂认识到，上帝之外的一切不仅毫无价值，而且纯属虚无，一切事物只有在上帝之中才能存在。"上帝看到，并认识到，一切造物都是无。"在这种状态下，灵魂超越了时空。它认识到，万物的属性并不是随着时间的流逝而消逝，而是永恒的当前存在。它也认识到作为一切之基础的永恒必然性，因为"上帝在必要时也必然会有所作为"。

永恒必然性也以拯救的过程为基础，灵魂通过这一过程安息在上帝之中——必然性并非仅仅是对人来说的，也是对上帝来说的，因为"上帝需要我们或许并不像我们需要上帝那样"。

和中世纪的经院哲学家们一样，埃克哈特也认为，人的幸福就在于认识，在于认识上帝。只不过对埃克哈特来说，这种认识是神秘的认识，而且这种认识是人在此生中能够实现的。

在埃克哈特的学生中，较为突出的有海因里希·**苏索**（拉丁语名为 Suso，1300—1365）和约翰·**陶勒尔**（1300—1361）。有一本名为**《德意志神学》**的书写成于十四世纪，它也是由埃克哈特圈子里的人写的，但是作者的名字不详，后来路德发现了它，并将它出版了。约翰内斯·**路易斯布律克**（1293—1381）是尼德兰神秘主义的主要代表。来自科隆附近的肯彭的托马斯·哈默肯为神秘主义思想的广泛传播作出了贡献，人们也称他是**肯彭的托马斯**（拉丁语名为 Thomas a Kempis）。他的书《论基督的后继者》并非一部科学或哲学著作，而只是一本修身读物，但是它却成为世界上印行最多的书之一。

埃克哈特具备卓越的语言驾驭能力，他的著作本身具有深刻的宗教思想内涵。在基督教和德国思想史上，他的著作也是最为出色的著作之一，尽管如此，在两个教派的神学界，他的著作并没有怎么引起重视。不过他的著作如今就像一个永不枯竭的源泉，虽然他的许多手稿已佚失，使得人们理解他的著作更加困难，但是他的著作全集的校勘本终于还是问世了。[43]

关于中世纪哲学思想的发展历程，我们做了非常简要的叙述，对于内行人来说，这种叙述或许是非常不完整的。在本篇的末尾，我还想再做一点补充说明：不仅那个时期的哲学与基督教神学关系密切，或者说是与其融合在了一起，而且那个时期的思想家们也全都是神职人员，他们大部分都是修会的成员，而且他们几乎毫无例外地都使用拉丁语写作他们的著作，这种语言只有他们才掌握，它也是了解知识和传统的唯一渠道。谁要是不属于教士阶层，他就是"门外汉"，他被排斥在获得"更高级的"知识的门外，时至今日，这个词仍然具有双重含义，它既指非宗教人士，也指非专业人士。

不过，埃克哈特是个例外，他不仅使用拉丁语写作和布道，而且还能够驾轻就熟地使用德语。但是，他也不是唯一的例外，人们逐渐了解到，其他许多重要思想家（其中也包括像但丁这样的诗人）也开始尝试与"门外汉"说话了，也就是说，在教会和大学的教学活动之外，另外也有一些思想家和思想流派，对他们的认识能够扩展我们关于中世纪的传统观念的认识。[44]

第四部分

文艺复兴和巴洛克时期的哲学

《盗火的普罗米修斯》（1636—1638，让·科西耶，现藏西班牙普拉多博物馆）

第一章

文艺复兴和宗教改革时期的哲学

一、从中世纪到近代的精神转折

尚在经院哲学后期就已经响起了向旧时代挑战的号角，这是经院哲学开始走向衰落的征兆，也是一种伟大的精神转折即将来临的预兆。

后期经院哲学中已经显露出了重视个体的苗头，这预示着"个体"将要挣脱传统的束缚而获得"解放"，这是此后所有欧洲文化发展的基本因素，当然，它从此以后也造成了周而复始的社会和精神的混乱状态。后期经院哲学家开始要求对古代语言进行详细研究，这预示着人文主义运动的来临，这个运动使得欧洲的思想在许多领域内与其古典源头进行了一次崭新的亲密接触。罗吉尔·培根提出，科学和哲学必须建立在人直接观察自然和人的直接经验之上，而不要相信任何权威，这为现代西方自然科学的发展这部宏大的戏剧拉开了序幕。最后，虽然唯名论哲学通过切断中世纪的信仰和知识之间的联系，打破了经院哲学在信仰与知识领域内的统一性，但是与此同时，它又为信仰、科学和哲学领域内巨大的新力量的释放和产生影响创造了条件。于是，这个过渡时期所显露出来的大部分特征就萌芽般地摆在了我们的面前，并且这也是此后整个欧洲思想的特征：**个人主义**，个人的自由人格受到了较高的尊重；对古代经典的**自由**讨论，不用再去顾忌那些神学责任和目的；一种纯粹以**理性和经验**（Ratio und Empirie）为基础的科学；非宗教色彩的思想的**世俗性**。

上述特征存在于哲学自身内部，或至少存在于思想界。只有把目光投向哲学领域以及这一时期整个文化史的发展，我们才能对这种历史巨变所产生的重要意义和影响作出正确的判断，这种历史巨变瓦解了中世纪的社会秩序以及代表这一秩序之一部分的哲学，并且以某种新的东西取而代之。显而易见，要想正确地理解某个特定时代或某个特定思想家的哲学，我们就必须把它与这个时代的社会和精神的基本状况联系起来看才行，因为哲学思想并非诞生在与世隔绝的真空中，而是在其所处的社会环境和历史背景中产生的；如果说由于篇幅所限我们不可能在每一个章节都对时代的历史背景做详细介绍，那么至少在哲学发展的重大转折时期，我们应该尝试去关注哲学与历史的整体联系。

人们可以从不同的角度去观察从中世纪到所谓近代（这个概念只有在我们这里所考察的欧洲思想史的范围内才有其意义）的转变，每一个观察角度都为认识整个发展过程提供了一种特定的视角，而且每个视角都是不可缺少的，因为要想"解释"或理解整个过程，单独叙述一个事件是远远不够的。下面我们将尝试通过列举五个最重要的方面，从而对这个转折时期发展过程的丰富多彩的侧面做一概括的了解。

1．发明与发现

过渡时期（即十五和十六世纪）影响最大的事件当属三大发明，这三大发明都是在这两个世纪内完成的，并且也已开始对世界历史产生影响，它们彻底地改变了欧洲的面貌。首先就是**指南针**的发明，它使远洋航海成为可能，从而开辟了地理大发现的时代；其次是**火药**的应用，它动摇了中世纪社会秩序中骑士阶层的统治地位，并引起了剧烈的社会变革；最后是**印刷术**的问世，伴随着十字军东征，过去使用的昂贵的羊皮纸越来越广泛地被廉价纸张所取代，这两方面的因素为正在开始的新思想运动得以产生剧烈而广泛的影响创造了条件。

这一时期的地理大发现同样也产生了深远的影响。哥伦布发现了大西洋彼岸的新大陆，达·伽马发现了通往印度的海路——这条海路就是哥伦布本来想要寻找的。麦哲伦完成了首次环球航行。这些地理大发现引发了欧洲在地球上大部分区域内的扩张，此外，它还导致经济财富、政治权力和文化中心向环大西洋的西欧附属国的转移，到了现代，这种转移则超出了这个范围。

2. 新的自然知识

当无休止的研究欲望和基督教传教热情以及征服欲和贪婪驱使欧洲人向整个地球扩张的时候，他们的思想的触角同时也开始伸向宇宙空间的纵深处。中世纪的宇宙观是建立在这样一种假设的基础上的，即地球是宇宙的中心，它是静止不动的，整个苍穹围绕着它旋转。古希腊天文学家阿里斯塔克斯曾经认为太阳是宇宙的中心，而他的这一天才思想被完全束之高阁。为了使实际的观察与他的那种假设相一致，他发展了一种极其不自然和近乎钻牛角尖的天文学思想体系。波兰人尼古拉·**哥白尼**（生于 1473 年）的伟大成就在于，他摧毁了阿里斯塔克斯的思想体系，并代之以一座脉络清晰、合乎逻辑的思想大厦。他认为，地球是围绕太阳旋转的天体，并且它还围绕自己的轴自转。哥白尼的著作**《天体运行论》**是在他死的那一年（1543 年）才发表的。

起初基督教教会对哥白尼的思想并没有持否定的态度，可是哥白尼的两位伟大后继者和其思想的完成者却没有那么幸运，因为两个教派的教会都认识到，他们的新思想对于传统宗教观念构成了极大的威胁，他们两位的生活因此充满了悲剧性的斗争。

其中第一位的名字约翰内斯·**开普勒**（1571—1630）首先是与行星运行规律联系在一起的，他发现了这个规律并用数学方式把它表达了出来。此外，开普勒几乎在当时自然科学的所有领域内都作出了划时代的贡献。但是，开普勒并不仅仅是一个成功的科学研究者，他还是一个知识渊博的思想家和哲学家。在他的全部著作中，我们只想强调他对历史产生深刻影响的两个基本思想。第一个基本思想就是，开普勒深信，整个宇宙服从于一种统一的规律性。在**《世界的和谐》**一书中，他特别表达了这一思想。这个信念成为他所有科学发现的指导思想，甚至可以说，这个信念起源于他的一个愿望，即试图用精确的方法证明他关于宇宙和谐规律性的形而上学信念。他的第二个基本思想与第一个是联系在一起的，开普勒用如下句子表达了这一思想："人的心灵能够清晰地洞察事物的量的关系，人被创造出来就是为了认识这种量的关系。"开普勒由此首次说出了现代西方自然科学及其方法与古希腊自然科学及其方法的根本区别。开普勒认识到，希腊人的错误在于，他们试图用质的不同效力来解释自然。与希腊人不同，开普勒认为，自然是一个完全统一的整体，自然中的区别仅仅是量的差异。不过，把质的差异改为量的关系，这是现代自然科学所取得的令人惊羡的成果的秘密。"Ubi material，ibi geometria"（哪里有物质，哪里就有数学），开普勒如是说，并因此首次表达出对后来的自然科学产生决定性影响的数学认识理念。

伽利略比开普勒更为坚定地表达和应用了一种纯粹量的、数学的和机械的自然科学原则。伽利略于1564年出生在比萨，众所周知，他由于赞成哥白尼的学说而被送上了宗教法庭，他们以酷刑相威胁，最后伽利略被迫改变了自己的立场，只是到了二十世纪，天主教教会才能够公正地对待伽利略，不过这并没有妨碍伽利略毕生的事业对后世产生影响。这位伟大的意大利人是当今自然科学的真正鼻祖。除了其他方面的大量发现和发明，他主要是为力学奠定了基础。

在这方面最为重要的就是他的自由落体实验，并由此而推导出了一般运动规律。以质为标准的、从事物的"形式"和"本质"出发观察自然的旧方式，与伽利略的以量为标准去观察自然的新方式之间存在着固有的区别，这种区别在自由落体实验中以特别明显的方式显露出来，伽利略从一种完全与众不同的看问题的角度出发去从事他的这个实验。亚里士多德曾经提出这样的问题：物体**为什么**会下落？他的回答大概是：因为物体就其"本性"来说是"重的"，而且它们会寻找它们（在宇宙中心的）"自然的位置"。伽利略提出的问题是：物体是**如何**下落的？为了确切地寻找答案，他（在思想中）把完整的下落过程分解为可测量的因素，如下落距离、下落时间、运动的阻力，等等，并且通过实验和测量来考察这些因素的量的关系。实验的结果表明，物体在无任何阻力的情况下均以同一速度自由下落，这是一个"自然定律"，也是一个数学公式，它不是"解释"这个过程的"本质"，而是精确地描述这个过程。

伽利略仅限于考察自然过程是如何发展的，而不考虑其本质和原因，毫无疑问，他是放弃了一些东西——如后来的科学发展所显示的那样，正是由于这种放弃，人们才掌握了大量精确的自然科学知识。

伽利略不仅成功地运用了这个自然知识的原则，还在理论上经过清晰的深思熟虑把它写进了他的著作中。他明确地表达了前面引述的开普勒名言中的意义：自然这部大书随时为我们打开着，为了能够阅读它，我们需要数学知识，因为它是用数学语言写成的。自然的进程是量的变化，因而是可以测量的，如果情况不是这样，那么科学就必须设法使实验的秩序达到可测量的程度。

在伽利略的影响下，欧洲自然科学的进军取得了无与伦比的胜利。自然科学接管了科学王国的宝座，并且再也没有让出过它的王位。从此以后，没有一位哲学家会对自然科学的方法和结果视若无睹，有人甚至说，伟大的科学研究者才是近代真正的哲学家。此外，至十八世纪，几乎所有的重要哲学家同时也是数学家。

3. 人文主义和文艺复兴

在哲学领域内，对古典文化的研究可谓由来已久，但是自 14 世纪始，这种研究则以一种全新的方式开始活跃起来，而且研究的程度也更为深入。这一新的运动被称为人文主义，因为他们提出了一种以古希腊罗马文化为标准的纯粹 "人性的"（humanen）理想，亦即一种非神学的文化理想，这个运动的发起人主要有**彼特拉克**（1304—1374，被称为 "人文主义之父"）以及他的同时代人**薄伽丘**（1313—1375）。后者的学术著作在今天远远不如他的中篇小说集《十日谈》那么有名，不过这部小说集则以更为生动的方式反映了那个时代的精神。他们将中世纪时几近散佚的古典文献重新收集起来并对其加以研究。人文主义并不仅仅局限于文学范围之内，而是影响了精神生活的所有领域，并且受其影响的范围也从意大利迅速扩展到欧洲所有的国家。在重要的人文主义者中，最为著名的是**伊拉斯谟**、**罗伊西林**和**乌尔里希·冯·胡顿**。人文主义为哲学作出了一系列尝试，它使古希腊罗马的思想体系以其真正的面貌获得复兴，这就是说，它不再受经院哲学的影响。这一系列尝试中最为重要的尝试就是从解释柏拉图的著作开始的，对柏拉图的研究在东方比在西方更为活跃，来自东方的希腊神学家于 1438 年前往费拉拉参加宗教集会。土耳其人征服君士坦丁堡之后（1453 年），一股新的希腊学者流亡潮便开始涌入意大利。在第一批流亡者中就有乔治·格弥斯托士·**柏莱图**（约于 1360 年生于君士坦丁堡[*]），他是柏拉图的热情崇拜者，他的别名就是模仿柏拉图的名字。他的演讲感动了统治佛罗伦萨的美第奇家族，使他们计划在佛罗伦萨建立一个柏拉图学园，这应该是古雅典学园的延续。这个学园中最杰出的人物是玛西留·**费其诺**（1433—1499），他以极其优美的文笔把柏拉图和新柏拉图主义者普罗提诺的著作翻译成了拉丁语。

---

[*] 柏莱图，又译卜列东或普里索。据文德尔班《哲学史教程》，柏莱图生于 1355 年，死于 1450 年。见该书第 477 页，商务印书馆 1993 年第 1 版。

在此之前，洛伦佐·**瓦拉**（1406—1457）等人就已经致力于古罗马文化的复兴，他们在西塞罗身上看到了这种复兴的体现。

对亚里士多德来说，所谓复兴是没有必要的，因为他的著作在经院哲学那里就一直没有受到过冷落。但是，由于意大利、德国和法国的人文主义者坚持要精确地认识他的哲学著作，亚里士多德主义者越来越感到困难，他们难以使亚里士多德哲学与基督教保持一致。这两者之间的矛盾特别明显地表现在人之永生这一问题上。当时有两个亚里士多德学派，一个是以皮特罗·**彭波那齐**（1462—1525）为首的亚历山大学派，一个是阿威罗伊学派。关于永生问题，这两个派别进行了尤为激烈的争论，不过他们的争论倒使得这个本来没有基督教色彩的亚里士多德哲学问题变得更加明朗化了。随着十五世纪的到来，作为基督教信仰之基础，影响持续达数世纪的亚里士多德哲学基本上已经大势已去，而亚里士多德哲学从宝座上跌落下来的同时，也标志着经院哲学的衰落。

各种复兴古典的思想运动几乎并没有产生什么创造性的和预示未来的哲学思想，它们的功绩主要在于，使得人们在审视希腊和罗马哲学时能够不带任何成见，不戴上经院哲学的有色眼镜，并能从世俗的角度出发。古希腊罗马哲学就这样被介绍给了他们那个时代以及此后的数代人，在随后的时间里，正是由于受到了他们的推动，新的创造性思想才得以产生。人文主义主要是学者们的事情，而由此产生的**文艺复兴**（意大利语为 rinascimento，意即"复活""再生"，意思是通过复兴古希腊罗马文化而达到人性的再生）则影响到了所有的生活领域：科学、医学、技术、法学和商学，尤其是造型艺术，至少在意大利它影响了所有的大众阶层。十五世纪和十六世纪为人类奉献了一大批富有创造性的天才人物，除了前面提到的自然科学家和重大发现者，值得一提的还有意大利画家波提切利、柯勒乔、拉斐尔、提香，集画家、雕刻家和建筑师于一身的米开朗琪罗；全能天才列奥纳多·达·芬奇，诗人塔索和阿里奥斯特，音乐家帕莱斯特里纳，建筑家布拉曼特，法国有芒萨尔和拉伯雷，西班牙有塞万提斯，德国有丢勒、霍尔拜因、格拉纳赫、格律内瓦尔德、里门施奈德、布克迈尔、威特·施多斯，英国有马洛韦和莎士比亚，还有宗教改革家路德、加尔文和慈运理；此外在其他领域内还有大商业家族美第奇、福格尔和威尔塞；伟大的统治者伊丽莎白一世、菲利普二世、马克西米连一世和卡尔五世；最后还有战争豪杰——当然他们在此意义上并非创造性人物——如西班牙的海外征服者（Conquistadoren）、意大利的雇佣兵（Condottieri）。

在这样一个文化异常繁荣，并且宗教、政治和社会发生着巨大变革的时代，人们必须考虑到这个时代的伟大思想家们的生活和思想背景。弗朗西斯·培根活动于英国宫廷，在那里同时也上演着莎士比亚的戏剧；乔丹诺·布鲁诺的人生命运可谓动荡不安，他被迫在整个欧洲颠沛流离。这一切就发生在那个时代的宗教和政治漩涡中。

米歇尔·德·**蒙田**的著作集中反映了那个时代的精神，虽然他通常不被列入哲学家的范畴，而且他的思想也不成体系，但是他的散文——这一文学形式就溯源于他——足以证明他是一流的独立思想家。他出生于1533年，其父是个富裕的商人。经过多年的学习、远游和社会活动，他既认识了世界，也认识了人情世故。不过他后来却甘愿隐居到位于城堡塔楼的著名书房里著书立说，在那里，他把他的思想写进了《随笔集》和《旅行日记》中。他的文章表明，他是一个典型的时代之子：他的心灵是完全世俗的，带有批判精神的，充满怀疑的，不带任何偏见的，因此他坚决地鄙视各种巫术迷信。在他的思想中，人居于中心地位。文艺复兴时期的人挣脱了形形色色的精神枷锁，对未来满怀憧憬，为了认清自身之谜，他擦亮了双眼望着镜子里的自己。人是什么？我们的生命是什么？如同这个时代首次出现了大画家的自画像，人的思想也经历了一个类似的自我观察的过程。今天的读者会觉得，那时的许多思想都具有令人惊讶的现代性，仿佛就是当代人说的话。蒙田曾经说过："那些在天下大乱时拯救国家的人，通常也是制造社会混乱的人。"他对国家、政治、思想、知识、教育、德性以及勇敢的个性等进行了反思，但是他的反思总是回到一个主题上：生与死。因为在他看来，死亡是人的本质的前提及其组成部分，我们的此在是生与死的共同财产，人生的事业就是去构筑死亡——这些思想与当代哲学不无相似之处，即把此在看作"走向死亡的存在"。

在蒙田那里，深刻的思想、尖锐的观察和优美的表达完美地结合到了一起，阅读他的文章令人感到少有的愉快，这也是一位天才作家必备的素养。即使在今天，对于了解世界和人生的哲学思想以及文艺复兴时期的时代精神来说，他的著作在这方面仍然是浅显易懂和引人入胜的入门书。

随着时间的推移，蒙田曾经对他的散文进行过反复修订和增补，直到 1588 年出版了三卷本的完整版。对于哲学的发展来说，他最为重要的散文或许是那篇论述加泰隆人莱蒙特·**德·萨本德**的文章，蒙田早先曾经把他的文章翻译成法语。蒙田持一种纯粹怀疑主义的态度：以皮浪为首的怀疑主义思想家难道不比所有后来的思想家更聪明吗？至少他们心里清楚，我们几乎不可能知道什么确切的东西！譬如，哥白尼的新学说已经证明亚里士多德和托勒密的理论是错误的，可是谁又能保证，这种新学说将来不会重新被驳倒和超越呢？即便我们严格地局限于经验知识，可是谁又知道，我们是否能够完全相信我们的感觉器官呢？再譬如，感官能否告诉我们"热"这种现象的真正本性呢？哪个主管机关能够裁定，我们的"感官经验"是否可靠？理性吗？可是谁又能确定，理性就那么足可信赖？蒙田因而极大地促进了对现有知识加以批判性思考和检验的思想运动，这个思想运动后来被称为"启蒙运动"。

4．宗教改革

人文主义者也已经认识到教会改革的必要性。在他们的文献中，特别是德语文献中——这些文献几乎完全没有世俗倾向，只有神学色彩——除了常常以讽刺形式出现的对教会机构的批评，他们还反复地表达了一种愿望，希望在不违背传统的条件下从内部对教会实施改革。但是作为一种学术运动的人文主义只能被一小部分人所了解，而大众的强烈的宗教需求却得不到满足，这种需求在肤浅的宗教实践中以及在学者们的神学中也根本得不到满足。当一个能够体现这种需求并且能够身体力行地表达这种需求的人出现时，这种需求便产生了巨大的力量。

马丁·**路德**（1483—1546）既不是哲学家，也不是科学家，而且也没有体系化的思想，他是一个满怀宗教热情和非常感情用事的人。他首先反对和抵制的就是，教会企图成为上帝和人之间的唯一代言人，他发现这种情况在赎罪券中表现得尤为突出，这也是路德的行为的直接诱因。路德认为，能够领受上帝福音的并不是可见的教会，而是作为共同体的不可见的教会（即全体教民）；他认为应该取消教会的上帝代言人的权利，把它还给普通教民，这就是说，他为个人赋予其应有的地位，这实际上是一种宗教思想的解放运动，它与文艺复兴运动所带来的追求个性解放的运动是同时发生的，只是路德笃信宗教的个性使他在这种新的时代背景下不可能像其他文艺复兴时期的人物那样欢呼雀跃，并离开他的宗教土壤。和奥古斯丁一样，路德心里也有一种沉重的负罪感，他感到个体的人在上帝面前是那样的软弱无能，因此他强烈地渴望获得救赎。但是，路德并不仅仅反对中世纪的宗教传统，他在思想上还返回到奥古斯丁那里，并且发现，（如福音书中说的那样）只有在信仰中，在对《圣经》和对上帝的神圣启示的信仰中，才能找到获得救赎的可能性。因此，路德的学说被称为新教学说。

"要倾听圣言。"对路德来说，天启真理是不容置疑的，它与理性截然相反。他对理性大加责罚，称其为"淫荡的娼妓"。"如果我知道，这是上帝的圣言，那么我就不再追问它如何就是真理，仅仅知道它是上帝之言就令我满足了。在神性的事情上，理性是全然盲目的。"路德对哲学的态度便由此而来，人们不应该把上帝之言与理性、神学以及哲学混为一谈，而应该非常明智地把它们截然分开。由此便产生了他关于在中世纪晚期占统治地位的亚里士多德哲学的立场。在他的《致德意志民族的基督教贵族书》一文中，路德写道："大学究为何物……在其中的生活是自由的，但是很少讲授《圣经》以及基督教信仰，只有盲目的异教大师亚里士多德独领风骚。我的建议是，把亚里士多德的书……全部清理掉；此外，他的思想至今也没有人能够真正理解，为了研究它，人们耗费了那么多毫无意义的劳动和金钱，浪费了那么多宝贵的时间……那个该诅咒的、傲慢自大和滑稽可笑的异教徒用他的虚妄的言词迷惑和欺骗了这么多优秀的基督徒，这让我感到极为痛心。这个可耻的家伙在他的书中说，人的灵魂会随着肉体的死亡而消亡。即使我们苦口婆心地规劝他，那也是徒劳的，其实我们的《圣经》对万事万物都做了详细的解释，而亚里士多德却嗅不到它的一点儿气息。即便如此，那个已经死去的异教徒仍然阴魂不散，他仍然在阻挠和压制着《圣经》的传播。每当想起这些令人痛心的事情，我就无暇他顾，我想，一定是有什么恶魔在从中作怪。"

在路德那里，我们也同样看到对理性和信仰的粗暴反对，这与原始基督教信徒如**德尔图良**有些类似。但是，宗教改革也重复了原始基督教所走过的老路：他们不可能在最初否定哲学的地方停滞不前。一方面，有必要去迎合和赢得那些受过教育的人士；另一方面，在年轻的新教教会中，人们也越来越感到有必要建立一个稳定的机构和与之相适应的教学场所，特别是用于满足中学和大学的教学需要。**墨兰顿**（1497—1560）是路德的同行，他接受的是人文主义教育，同时也是一位推崇伊拉斯谟的学者——路德在这方面也受其影响，他融新教精神与博学多识于一身。虽然墨兰顿也有出众的天赋，但是他不像路德那样热情洋溢，倒更像是一个平庸的枯燥乏味的学究。当有人让他"必须任意选择某个哲学家"时，除了选择那个被路德大肆贬损的统领天主教经院哲学的亚里士多德，他不知道还有什么更好的答案。当然，他选择的亚里士多德是经过人文主义批判、被净化和改良了的亚里士多德，但是这却像是一场违背自然的婚姻，在其中，路德的信仰所蕴含的许多原始力量和深刻的神秘主义思想被舍弃了，或者逐渐变得僵化了。在新教教义中，哲学重新成为神学的奴婢，不久之后便形成了一种僵化的教义学，人们也可称之为新教经院哲学，它以中世纪经院哲学为榜样，也成为不容置疑的教条。

路德原来那充满活力的信仰力量继续产生着影响，在与新教正统观念斗争的过程中，雅各布·**波墨**的新教神秘主义以及后来的虔信主义运动也以一种非同寻常的形式复活了。

我们不能说，路德的宗教改革为欧洲的自由研究和哲学摆脱一切神学束缚开辟了道路。路德只是促进了对《圣经》的自由研究，除此之外他并不重视其他事物。他称哥白尼的理论"不过是一个企图让人改信天文学的傻瓜偶然产生的绝顶聪明的念头"。毋宁说，精神的解放主要是在人文主义和文艺复兴的影响下产生的，尤其是在意大利和英国。某些批评家（如尼采）甚至把路德的宗教改革看作一种历史的倒退，它阻挠了欧洲精神正在日益走向解放的发展路程。

尽管如此，新教教义也作出了重要的贡献，它打破了教会在中世纪所有精神生活领域内的统治，在表面上，它使教育机构从教会的统治下脱离出来并使其世俗化，在精神上，它为良心的自由提供了理论根据。如果没有路德的思想解放运动，那么康德哲学中关于独立道德人格的理论就不可能产生，德国唯心主义以及德国思想史上其他许多重要事件也不可能发生，而且，虽然路德被公认为是哲学的死敌，但是对于哲学史来说，与同时出现的宗教改革家乌尔里希·**慈运理**（1484—1531）和约翰内斯·**加尔文**（1509—1564）相比，路德在很大程度上更是一个里程碑和转折点。路德也是德意志民族贡献给世界的最伟大、最富于创造性的语言天才，并且，由于他的伟大而质朴的人格魅力，由于他的行为在政治领域所产生的难以估量的影响，他在德国历史上也占据着独一无二的地位。

众所周知，由于受到宗教改革运动外在威胁的影响，天主教也进行了深刻的自我反省，并做了内部清理和力量集中。伴随着反宗教改革运动的兴起，天主教也形成了一股强大的势力，从某种程度上说，它对宗教改革进行了非常成功的反击。在这一过程中，经院哲学又经历了一次最后的辉煌，西班牙的耶稣会会士弗朗西斯科·**苏阿雷兹**（1548—1617）的著作就是一个很好的例证。

5. 近代初期的社会和政治变革——新的法律和国家思想

　　欧洲各民族社会结构的深刻变化为所有这些精神变革的发生奠定了基础。

　　骑士阶层的权力之所以被削弱，不仅仅是由于火器的问世——其军事优越性因此而丧失，而且主要是由于经济的发展，由于城市的日益繁荣以及居住在城市里的市民阶级的日益上升。早在十字军东征时期，欧洲就与东方建立了贸易联系，这尤其为意大利的港口和贸易城市带来不断增长的财富。地理大发现的时代也使得大量的贵重金属从美洲新大陆流入欧洲，从而使欧洲的贸易得到了进一步的繁荣。早期资本主义的生产方式和交通经济开始取代中世纪以农业和自然经济为主的经济秩序。资产阶级是新经济的支柱，他们发展为一个自由的和自信的社会阶层，对上与贵族和僧侣阶层划清了界限，对下则与大多失去自由的农民区别开来。尤其在意大利和西欧以及德国的西部和南部，资产阶级的城市成为新的世俗文化的中心。决定精神生活的权力第一次从僧侣阶层的手中转移到了普通教徒的手中。

　　中世纪相对稳定的社会结构开始摇晃起来。此前，出身某个社会阶层被认为是上帝的旨意和不可改变的个人命运，而如今，又是在文艺复兴时期的意大利，日益增多的重要个人脱颖而出，不管是何出身，他们仅仅凭借聪明才智就提升了自己的社会地位。

　　最为激烈的社会动荡之一是从当时的社会最底层即农民（因为那时还没有产生真正值得注意的城市无产阶级）那里开始的。由于农民失去了自由，并且受贵族和僧侣地主的剥削，于是在十五世纪后半期的德国南部就已经爆发了农民起义。真正的农民起义浪潮是在1525年爆发的，正值德国宗教改革的关键时期。起义的农民提出了十二款要求，起初路德认为他们提出的那些要求基本上是合理的，并且他也曾经试图在此基础上通过和平的方式解决这些问题，随着事态的剧烈发展，路德彻底改变了态度，最后他赞成对那些"异端的和强盗式的乌合之众"进行血腥的镇压。除此之外，农民们也没有统一起来，他们幼稚地轻信了别人的许诺，在政治上也不够成熟，于是，他们在各地都遭到了毁灭性的打击，他们的天才领袖托马斯·闵采尔以及许多人都被处决了。在随后的很长时间里，农民的处境一直非常恶劣，当然地区间也存在较大差异。在这里所显示出来的使宗教改革发展为一场大规模的社会和民族革命的可能性最终并没有变成现实。

农民战争的真正受益者是那些诸侯，他们非常清楚应该如何顺应时代的潮流，因为统一的贸易和经济区域的形成对于国家中央集权是有利的。于是，诸侯专制制度成为继宗教改革和文艺复兴之后的主要国家形式。

最后，欧洲各民族日益觉醒的民族意识也是摧毁中世纪社会秩序的一股离心力量。首先，在英国和法国形成了纯粹的民族国家，这些国家要求完全的自主权，它们不再觉得自己应该臣服于一个欧洲帝国。民族文化和民族文学也诞生了。宗教力量和世俗力量越来越相互背离，这为精神领域内的宗教与世俗的分离准备了相应的社会条件。

已经发生变化的欧洲也需要一种全新的法律和国家思想，于是便涌现出了一大批杰出的国家理论哲学家和政治思想家，而且又是首先诞生在意大利。

马基雅维利

尼可罗·马基雅维利（1469—1527）是佛罗伦萨人，他心中怀有一种强烈的愿望，就是希望国家能够统一，四分五裂的祖国能够繁荣富强，而且最好能够由他的故乡城市来领导这个国家。他对罗马教皇的统治也是恨之入骨，因为在他看来这阻碍了国家的统一和富强。在他的著作里，特别是在《君主论》一书中，他构想出一种政治理论，认为政治行为的唯一准则就是国家的自我保存和强盛。为了达到这一目的，一切手段都是合理的，不管是道德的还是不道德的。一切时代和民族的经验告诉他（就这位重要的历史学家所了解的而言），确保成功的最后手段往往是欺骗、贿赂、欺诈、投降变节、背信弃义和强取豪夺。"人要么被阿谀奉承，要么就被踩在脚下，因为即使为了一点不公正之事他也会伺机报复。没有人还会从坟墓里爬出来进行报复，如果有人对他做了什么不公正的事情，那么他也没有机会再报仇雪恨了。"

马基雅维利清楚地了解人及其弱点，政治家必须学会利用人的弱点。政治家必须知道，人性本恶，而且大部分人是愚蠢的。他总是赞扬那种雷厉风行和无所顾忌的行为："整体来说，我认为，无所顾忌要比谨小慎微好，勇猛果断要比犹豫不决好。幸福就像是个女人，你若想占有她，就得鞭打她。事实会告诉我们，幸福总是会委身于那些勇猛果断地攫取它的人。"对于公平，他的信任是极其有限的："我们必须清楚，若要解决纠纷只有两条路可走，要么通过公平合理的途径，要么就诉诸武力。人一般都采用第一种方式，动物则采用第二种方式。因为第一种方式并不总是能够解决问题，我们有时就必须采用第二种方式。"特别是，国家之间是没有什么公正可言的。道德和公正不适于国与国之间的关系，在这里只有赤裸裸的权力斗争，只能利用军事和政治手段。

一位批评家这样评价马基雅维利，说他是"一个天生的并且也是后天培养的外交家，他有勇气向他自己和世人坦白了迄今为止一切时代的外交家只用他们的行为泄露出来的真理"。[1]

格劳秀斯

这一系列国家思想家的下一位就是荷兰法学家和神学家雨果·格劳秀斯（1583—1645），他的思想与马基雅维利的正好相反。他的重要著作有《自由的海洋》和《论战争法与和平法》。格劳秀斯同时也是一位神学家，这一点很重要，因为这使他的观察方式与马基雅维利那种世俗的、玩世不恭的和冷漠无情的观察方式相去甚远。对他来说，法源自上帝的意志。格劳秀斯是荷兰人，这一点也很重要，因为他是一个统一和独立的民族国家的公民，而这个国家的贸易非常繁荣，他们的商贸船只在世界各地的海洋上航行，因此，他们最为关注的事情当然也就是，保障他们的贸易免受战争和强盗的威胁，保障他们"在海上的自由"。

因此，在格劳秀斯看来，法律高于国家。除了天启的神的意志，还存在**自然法**，而人作为一种理性动物和社会动物，必须按照神的意志遵从这种自然法。自然法不仅约束着每个个人，它还约束着处于战争与和平状态的国家。后者（即国际法，jus gentium）恰恰是法律中最重要的部分，格劳秀斯著作中所讨论的主要也是国际法。因此他也被看作现代国际法的真正奠基人。

霍布斯

国家哲学思想在英国人托马斯·霍布斯（1588—1679）那里达到了顶峰。他的主要著作有《自然法和政治法要义》，其中第一部分就是他的著名论文《论人性》;《哲学原理》由如下部分组成:论公民、论物体、论人;《论自由和必然性》;《利维坦》是论述国家的主要著作。

这些标题就已经表明，霍布斯不仅仅是一位国家哲学家，毋宁说，他把他的国家学说与一个完整的宇宙哲学体系结合到了一起，正因为此，我们在其他章节里还会简短地提到他。但是国家学说仍然是他的哲学的核心部分和影响最大的部分，所以，我们在这里也只讨论他的国家思想。只有把霍布斯放到当时那个翻天覆地的革命背景下来考察，我们才能真正理解他的思想。在英国，在法国巴黎的流亡生活中，霍布斯亲历了当时的革命浪潮，最终他对革命产生了某种厌倦情绪，并希望树立起一种不可动摇的国家权威，霍布斯在他的著作中就为这种国家权威做了辩护。

霍布斯比格劳秀斯更进了一步，他不再顾忌任何神学观念，并将它从伦理和政治理论中清除了出去。他只以经验为基础，他精熟伽利略用力学和数学解释自然的方法，并且他也是第一个试图把这种方法运用到历史和社会理论中去的人。他是一个唯物主义者，并且无情地摒弃了意志自由。

在霍布斯眼里，人是利己主义者，他只关心自己的利益，也就是说，他只关心如何维持自己的生存，并尽可能多地占有财富。在人人为己的自然状态下，势必会产生**"每一个人对每一个人的战争"**。这样一种状态当然不可能满足人与生俱来的对安全的需要。只有通过契约的形式，在国家之内建立一种超乎个人的权力机构，以此来限制个人意志的膨胀，人类才能获得法律的保护和安全保障，并为实际的道德实践提供可能性。于是，霍布斯就构想出一个理想的国家，在这样一个国家里充满着和平，私有财产受到法律保护，人的道德情操是高尚的。而在国家之间，作为原始状态的残余，战争依然会存在。

国家意志是由统治者或议会体现出来的，因国家形式不同而不同。国家意志必须是全能的，并且要高于法律之上。霍布斯为国家权力机构赋予了绝对的权威性，而且他论述国家的著作**《利维坦》**就是以《圣经》中的庞然大物利维坦（Leviatan）为标题的。国家就是"尘世的上帝"。国家决定什么是合法：国家允许的就是合法的，国家禁止的就是不合法的；国家也决定道德意义上的善与恶的标准；国家也决定何为宗教：对霍布斯来说，区别宗教和迷信的标准就是，国家认可的就是宗教，国家不认可的就是迷信。霍布斯强调指出，人只有两种选择：一种是原始状态，即完全的无政府状态；另一种就是彻底地臣服于国家权力之下。

显而易见，霍布斯的观点与《圣经》中的描述是不一致的，因为霍布斯认为，道德并不是人类与生俱来的东西，而是在一定的社会条件下产生的，而《圣经》中则认为，人类最初生活在一种伊甸园式的完美状态下，后来才变得道德堕落。霍布斯与中世纪的基督教国家观念也相去甚远，因为他把国家看作一种按照实用的目的建立起来的机构，是纯粹的人类发明，他拒绝并嘲笑那种为国家权力寻找宗教或形而上学根据的做法。因此，霍布斯大肆贬损经院哲学，而且他也被同时代人诬蔑为无神论者。

在中世纪，个人和国家都被放入一个神圣秩序的框架之内，而在霍布斯那里，我们会看到，随着中世纪观念的破灭，个人和世俗的国家都获得了"解放"。自此以后，西方政治史以及整个近代思想不得不面临的任务就是使两者达成一致。在这里，霍布斯完全站在了国家这一边。他不能而且也不想看到，道德与国家设立的法律不相一致，而且还变得支离破碎。

作为国家专制主义的理论家，霍布斯的思想已经超出了文艺复兴，直到十八世纪，欧洲的政治面貌都受到了国家专制主义的影响。

莫尔

显而易见，今日政治思想的大部分流派在那个时代就已经有其代表人物，或至少有其思想先驱：在国家四分五裂的背景下，在权力分配中受歧视的民族那里，肆无忌惮的权力思想占统治地位（如马基雅维利）；在生活基本获得了满足并从事贸易活动的民族那里，则要求一种对大家都有约束力的法律（如格劳秀斯）；国家权力高于法律、道德、宗教和个人生活（如霍布斯）。而且社会主义思想在这里也并不缺少，英国人托马斯·莫尔（拉丁语为 Morus，1478—1535）在他的《乌托邦》一书中描述了一幅理想中的社会主义社会的画卷，这本书在外在形式上是富于诗意和充满大胆幻想的小说，而它的内容却毫无疑问是非常严肃的，作者的观点富于革命性。这幅理想中的画卷与他那个时代的国家和社会状况是格格不入的。他要求停止对下层阶级的剥削，社会的每个人都参与劳动，共同从事生产活动，财富共享，养老有社会保障，人人都有权接受教育并分享社会的精神财富。这位最先对资本主义进行尖锐批判的批评家的许多观点或许也表达了十九世纪一位富于斗争性的社会主义者的观点："上帝啊，每想及此，我都觉得，如今的社会只是一种有钱人策划的阴谋，他们假借为大众谋利益的幌子，实则只谋求自己的利益。为了确保自己通过不正当手段获得的财产不受侵犯，为了能够用尽可能低的报酬去剥削穷人的劳动，这些富人绞尽脑汁，要尽花招。富人们以社会全体——当然也包括穷人——的名义宣称这就是可恶的天命，并名之曰'规律'。"[2]

　　意大利人托马索·**康帕内拉**（1568—1639）在他的《**太阳城**》一书中也描述了一幅共产主义社会的理想画卷，他的观念与莫尔有些相近，而且也符合柏拉图的国家理想。

二、过渡时期最重要的思想家

1. 库萨的尼古拉

　　在这丰富多彩的思想发展的潮流中，涌现出了许多伟大哲学家，下面我们将对其中最重要的四位哲学家做较为详细的考察。他们的著作一方面是一种精神催化剂；另一方面也是那个时代思想发展的缩影。只有把他们联系起来看，我们才能真正理解他们的思想。

　　在那个时代之初，就已经产生了早期文艺复兴的一位最重要的哲学家，他以一种天才的预感在其著作中预先表达了文艺复兴的许多思想，这些思想后来才被一些伟大的自然研究者作为精确的理论表达出来，他们依据的是一些新的观察结果。在他的思想中，包含着许多近代思想发展的萌芽，因此，有人把他看作近代哲学的真正奠基者。这个人就是德国的尼古拉·克利普夫斯（Nikolaus Chrypffs，Chrypffs 意为螃蟹），他来自摩泽尔河畔的库萨（如今的伯恩卡斯特尔·库萨，那里至今仍然保存着他于 1447 年创建的医院，这家医院还拥有一座小教堂和一所图书馆），因而人们称他"库萨的尼古拉"（拉丁语为 Nicolaus Cusanus，1401—1464）。在一位贵族的资助下，他在意大利完成了学业。他先是做了一段时间的律师，后来又成为牧师，这在当时对神职人员来说是合适的职业，也是上升到最高位置的唯一渠道。这位库萨人后来也的确成为一个身居要职的神职人员，教皇派他到君士坦丁堡做使节，目的是让他促成希腊与罗马教会的重新联合。教皇任命他为红衣主教，对于一个来自德国市民阶层的人来说，这在当时是一个十分罕见的最高头衔。他成为布利克森的大主教。在前往君士坦丁堡的途中，库萨的尼古拉就开始计划写作他那部有名的著作《论有学识的无知》，这本书包含了他后来著作中的重要思想萌芽。

库萨的尼古拉的许多性格特征都表明，他是已经开始的新时代即文艺复兴时期的人物：他非常喜欢古旧手稿，这种爱好使他能够最终辨认出所谓的"君士坦丁的馈赠"是伪造的，据称这是一封君士坦丁大帝写给教皇西尔维斯特一世的信，教会长达一个世纪之久的世俗权力就是以此为依据的。他的兴趣广泛的求知欲，他的优雅的文风，他对于数学和自然科学的爱好，他对个体的高度重视，这一切都是文艺复兴的特征。

在天文学方面，他也表达出了具有前瞻性的思想：宇宙没有中心，特别是，地球并不是宇宙的中心，而且地球也不是静止不动的。他否认天体的性质与地球和月亮的性质有不同。他解释说，宇宙是没有边界的。

库萨的尼古拉关于**个性**的本质和价值的思想也是具有前瞻性的。在他看来，不存在两个完全相同的个体，尤其是不存在两个完全相同的人。每个人的思想都是对宇宙的反映，就像带有不同曲面的凹面镜，它们都从不同的侧面反映宇宙。

关于宇宙中占统治地位的秩序与和谐，库萨的尼古拉说，它们表明，上帝创造世界并不是无计划的，而是遵循着一种**数学**原则。因此，为了认识宇宙，我们也必须运用同样的原则。库萨的尼古拉自己就经常使用数学概念并以此为对照。但是，他运用数学原则观察事物的方式和方法是与众不同的，这就是所谓的极限观察——比如他认为，如果我们假设半径是无限的，那么圆弧与直线就是叠合的。在库萨的尼古拉之后，通过莱布尼茨、牛顿及其后继者创立的西方数学的特征，在这里就已经显露无遗：这是一种"浮士德式"的渴望，追求无限，追求一种生气勃勃的观察方式，与古典时期那种静态的和界限分明的几何学截然不同。古希腊精神所追求的到处都是适度、节制和明晰，无限度的东西对他们来说是等而下之的东西。在库萨的尼古拉的思想中，在他所预示的西方数学的发展中，以及在欧洲文化的所有其他领域内，却蕴含着一种欧洲人所特有的超越一切界限的追求无限的精神。这是一种文化差异，比如古希腊雕塑就与带有纵深透视法的西方油画明显不同，奥斯瓦尔德·**斯宾格勒**也特别注意到了这一点。

这样一种数学观促使库萨的尼古拉将上帝的本质婉转地表达为绝对无限者，万物都被包括在其中。关于人类的认识能力，他划分出了几个不同的阶段：感性阶段，它首先将个别的孤立的印象混合到一起；理智阶段，它对感性印象进行整理和组合，对感性材料加以分析，因而它的首要任务就是在矛盾律的支配下，使对立物保持它们的区别；理性阶段，它将理智所区分开的东西在一个更高的层面上再综合到一起。在理性阶段，存在一种对立面的统一（coincidentia oppositorum）——因此库萨的尼古拉说出了一个深刻的真理，在他之前的赫拉克利特以及在他之后的其他许多思想家也认识到了这个真理。

上帝是我们思想的最高对象，上帝是绝对物，在上帝那里，一切对立都被扬弃了。上帝是极大也是极小，上帝作为一个"隐藏者"超越于一切对立之上，也超越于我们的理解力。这一思想与新柏拉图主义神秘主义者那里的"否定神学"非常相近，在埃克哈特大师那里，我们也看到了类似的思想，事实上，两者都对库萨的尼古拉产生了影响。因此，关于绝对物我们只能得出一个结论，即我们一切思想的结果就是无知（ignorantia）。这不是一种通常意义上的无知，而是一种"有学识的"和自觉的无知，一种 docta ignorantia（有学识的无知），正如苏格拉底所说，"自知自己无知"，真正的哲学最初——或许最终也——都不得不接受这个真理。

库萨的尼古拉拥有一颗包罗万象的心灵，在其中，政治家的远见、科学的教育、大胆的想象和深刻的宗教虔诚融为一体，他的精神是开阔和独立的，他努力使对立物在一个更高层面上达到统一，这一切也都表现在他对于教派和解与宗教和平所作出的努力上。在实践中，他曾试图使那时两个主要基督教分支即东西两个教派相互接近，并且也曾努力调和他们与胡斯教派之间的矛盾。在他的思想中，甚至还产生过让整个世界彼此宽容的理想，所有非基督教也不应被排除在外。比如，他就曾经研究过《古兰经》的思想，在另一本著作中，他按照上帝的命令让所有教派的智者会聚一堂，其中有希腊人、犹太人、阿拉伯人等，在这个集会上，他们展开讨论并认为，大家应该以不同的方式寻找和崇拜同一个上帝，虽然世界文化各不相同，但是至高无上的神圣真理却是唯一的。

库萨的尼古拉是一位跨越中世纪和近代的最重要的哲学家，他的思想所产生的影响在下面将要讨论的布鲁诺身上，在莱布尼茨身上（他的单子论与库萨的尼古拉的学说极其相近），在康德以及其他许多思想家身上都有所体现。

2. 乔丹诺·布鲁诺

1600年2月17日，人们在罗马的广场上堆起了一个木柴垛，有一个人被捆绑在柴垛上，然后人们点起了火。那个正在被烧死的人一声也没有吭。当有人把一个耶稣受难像举到他面前时，他轻蔑地背过脸去。这个被火烧死的人就是从前的多明我修会修道士乔丹诺·布鲁诺。

布鲁诺于1548年出生在那不勒斯的诺拉，取名菲利普，乔丹诺是他的教名，十五岁那年他就进了多明我修会。他无比热爱大自然，天性热情并向往世俗生活，他对那个时代的科学发现也非常了解，总而言之，对世俗世界的研究最终使他离开了修会，这在当时是非常罕见的人生抉择。自那以后，他就一直过着颠沛流离的生活。他先是去了日内瓦，然后又去法国，并在巴黎做讲座。之后他又到了英国，在牛津大学讲学。在伦敦，他在一个贵族朋友和赞助人的圈子里生活了很长时间，后来又回到巴黎，从那里又前往德国的大学城马堡、魏滕堡、布拉格、赫尔姆施达特，最终抵达法兰克福。没有一个地方能够让他找到安宁，没有一个地方能够让他获得足够的听众，没有人接受他在演讲和讲座中表达出的那些新观念，也几乎没有一个出版商敢于出版他的那些"异端邪说"。应一个威尼斯人之邀，他终于在阔别十五年之后第一次回到了自己的故乡。在威尼斯，邀请他的人向宗教裁判所告发了他，后来威尼斯人就按照罗马的要求把他押解至罗马。在地牢里被囚禁了七年之后，他最终被判火刑，或许更多是因为他的"巫术"而非因为他的哲学观点。

那些决意烧死布鲁诺的人相信，他们有责任保护宗教和道德不受最危险的敌人的侵害。他们认为布鲁诺及其思想具有威胁性，这一点并没有错，不过真正受到威胁的并不是宗教本身，而是当时的许多基本神学观念。作为一个立场坚定和忠于信念的历史人物，布鲁诺为后世树立了一个光辉的典范，他的思想对历史产生影响也是无人能够阻止的，而且历史也已经证明了这一点——至少近代之前的历史是如此，因为当代的统治者已经知道该如何更巧妙地压制思想自由。布鲁诺用他的母语意大利语写作，他的主要著作有**《论原因、本原和一》《论无限、宇宙和诸世界》《灰堆上的华筵》《驱逐趾高气扬的野兽》**以及**《论英雄热情》**。

哥白尼引发了人类关于太阳系的观念革命，库萨的尼古拉事实上也已经首先认识到了哥白尼的观念，因此可以说，布鲁诺对哥白尼的思想并不陌生，而且他也自觉地接受了哥白尼的天文学思想，但是他在思想上比哥白尼更进了一步，并且他的推测也被后来的科学研究证实了。哥白尼认识到，靠近我们周围的星体构成的星系都以太阳为中心而运动，在这个星系之外，由恒星组成的苍穹却是静止不动的。布鲁诺发展了这一思想，他任由思想驰骋，认为宇宙具有深不可测的无限性，宇宙中有无数个太阳，有无数个星星，有无数个宇宙体系，宇宙既没有边界，也没有中心，它永远在运动。布鲁诺关于宇宙无限的思想是从库萨的尼古拉的著作中借用来的，布鲁诺说起尼古拉来也是满怀钦佩之情。不过，这种借用并不是纯粹的借用，布鲁诺的思想是经过合乎逻辑的思考而得出的，因此他的思想更具有深刻性和重要性。

　　布鲁诺不仅从他的精神先驱库萨的尼古拉那里承袭了一些思想，而且还从其他哲学家那里汲取了许多思想营养。他的思想源泉一方面来自古希腊罗马哲学，其中主要是来自卢克来修的教育诗，[3] 这与他本人的诗人天性也相吻合，而他对经院哲学大师亚里士多德却持排斥态度；另一方面则来自文艺复兴时期的自然哲学，借此机会我们提一下其中最重要的人物的名字：在德国主要有霍恩海姆的特奥弗拉斯特·波姆巴斯特·**帕拉切尔斯**（1493—1541）。他是个医生和自然哲学家，和布鲁诺一样，他的一生也是在动荡不安中度过的，其结局却不像布鲁诺的那样悲惨。帕拉切尔斯把医疗学放到自然哲学的世界观的框架中加以考察，这为他在医学和化学方面的研究带来了丰硕的思想和启发。帕拉切尔斯尤其对弗朗西斯·培根和雅各布·波墨产生了较大的影响。他在思想史上的意义只是到了近代才逐渐完全被认识到。和他并驾齐驱的是杰罗拉莫·**卡尔丹诺**（1501—1576），可以称他是意大利的帕拉切尔斯。他也是一个医生和自然哲学家，和帕拉切尔斯一样，他也喜欢迫不及待地把正在酝酿中的思想说出来，只不过帕拉切尔斯首先更关注其思想的实用性，而卡尔丹诺则更对他的思想的理论性和科学性感兴趣；帕拉切尔斯是个民间人物，他性格粗犷，富于斗争性，并且他只用德语写作，而卡尔丹诺则是一个文化贵族，他甚至试图禁止科学家使用大众语言讨论科学问题，并且希望让大众远离科学知识。紧随他们两位之后的是另外两位意大利人，他们是贝尔纳多·**特勒肖**（1508—1588）和弗朗切斯克·**帕特里齐**（1529—1591）。关于他们的著作我们在这里就不做详述了，不过有一点它们是共同的，它们所表达的思想与教会的教义学形成了鲜明的对照，帕拉切尔斯是路德的同时代人，也处于德国宗教改革时期，因此他的思想具有强烈的挑战性，那几个意大利人在思想表达的方式上要比他委婉一些。

　　布鲁诺将**能动的统一性**和**宇宙的永恒性**与他的宇宙无限性的思

想结合到了一起。宇宙是永恒的，因为在其中只有个体服从变易和消逝的规律，而作为整体的宇宙却是唯一的存在者，因此它是坚不可摧的。宇宙是个能动的统一体，因为整个宇宙构成了一个巨大的生生不息的有机体，它被唯一的原则支配着，并运动着。"宇宙是统一的、无限的、不动的……它不生，因为没有别的存在是它能够希望和期待的，因为它占有全部存在。它不灭，因为没有别的事物是它能够变成的，因为它是任何事物。它不能缩小或扩大，因为它是无限的。既不能给它增添什么，也不能从它拿去什么。"[4]

布鲁诺将这种统辖一切并给万物赋予灵魂的原则称为上帝。上帝就是宇宙万物的总称，它既是最大，也是最小，它是无限的和不可分的。它融可能性与现实性于一体。这样一种上帝观念首先来源于库萨的尼古拉，并且与尼古拉的上帝观念也是相符合的，布鲁诺吸收了他的对立统一原则。如尼古拉的著作以及大部分神秘主义者的思想所显示的那样，这种上帝观念与基督教的基本思想还是能够协调一致的。

但是，撇开创造的永恒性的思想不谈，在描述上帝同世界的关系时，布鲁诺所采用的方式与基督教的方式是不一致的。他否认上帝从外部主宰世界这一观点。他认为，上帝并非在世界之上或世界之外，上帝就在世界之内，作为一种能够给万物赋予生命的世界原则，上帝既活动于世界整体中，也活动于世界的每一个部分中。"在恒定不变和坚强不屈的自然法则中，我们寻找上帝，内心中满怀敬畏之情。"这与康德在面对繁星满天的星空和人内心的道德律时所发出的感慨是何其相似啊！"我们寻找他，在太阳的光芒中，在我们大地母亲的怀里生发出的万物的美丽中，在他的本质的真正光辉里。望着那繁星满天的壮丽景象，我们活着，感觉着，思索着，我们赞美那至善至美的上帝。"整个宇宙都充满生机，这是上帝所赋予的，上帝只存在于宇宙之内，上帝不可能存在于宇宙之外的其他任何地方。在这里，上帝和自然是一回事，这就是所谓的泛神论。

布鲁诺的思想与教会的观念，或者说与基督教的观念是相对立的，或许他自己对此也非常清楚。他曾经再三称自己的思想是古老的观念，即非基督教的观念。实际上，他的思想早已在他那个时代的许多人的头脑里酝酿着了，只是他们自己对此还没有清醒的认识，而布鲁诺从他们的思想中汲取了营养，并将他从中得出的结论明确地表达了出来——正因为此，布鲁诺拥有了特殊的历史地位——当然，他的表达形式并不是一种四平八稳的思想体系，而是以一种充满诗意的激情书写出来的诗篇，他完全沉醉于反观内心的喜悦之中。在具有较少宗教倾向的思想界，以及在新教教派中，都没有布鲁诺的安身之处，这也是可想而知的事情。

布鲁诺的思想产生了深远的影响，在受其影响较大的思想家中，有莱布尼茨和斯宾诺莎，此外还有歌德和谢林。其中莱布尼茨的单子论溯源于库萨的尼古拉，但他是从布鲁诺那里接受的。

3. 弗朗西斯·培根

当思想的时代来临之时，在世界各地，彼此隔绝的思想家会说出相同的真理，这样的事情在思想史上并不少见。在意大利、法国和德国，文艺复兴时期的伟大思想家和自然研究者正在为近代科学和哲学奠定基础，而在这时的英国，弗朗西斯·培根——与经院哲学家罗吉尔·培根同姓——也正在从事一种同样意义重大的尝试，他试图在一个经过改良的基础上重建人类的全部知识，他基本上是处于与欧洲大陆的思想家相隔绝的状态之下，对那时的重大发现还几乎一无所知。

培根可谓生逢其时，因为那时英美之间的贸易异常繁荣，尤其在消灭西班牙大型舰队之后（1588 年），英国开始发展自己的海上霸权和海外殖民地。在女王伊丽莎白一世及其后继者的统治下，英国经历了一个政治相对稳定、文化相对繁荣的时期，这个时期也持续了较长的时间。培根的一生特别有意思，他从一开始就觉得自己对哲学和政治活动负有同样的使命，关于此，他写道："由于我相信我生来就是为人类服务的，并且关心公共福利也是我的任务之一……于是我就自问，对人类来说什么是最有益的，大自然创造我是为了让我完成哪些任务。经过探寻后我发现，没有什么比技术的发现和发展以及各种发明创造更值得称赞的事情了，因为它们能够使人类走向更加文明的生活……如果一个人不仅仅成功地完成了一项发明创造，他还能为人类攀登科学高峰点燃起一盏指路明灯，照亮人类认识的每一个黑暗角落，那么这个人就可当之无愧地被称为真正的开拓者，因为他为人类征服世界开辟了道路……但是我的出身、我所接受的教育表明，我将来不应该以哲学为职业，而应该投身政治；可以说，我从童年开始就已经被政治濡染了……我也相信，我对祖国的义务也向我提出了特殊的要求……最终我产生了这样一种愿望，即如果我能够在国家中担任一个受人尊敬的职位，我希望在工作中确保能够获得帮助和支持。基于这样一种动机，我便专心致志于政治了。"[5]

我们首先看一下培根的政治生涯。度过了不名一文的艰难的初始阶段之后，不知满足、雄心勃勃和追名逐利的培根可谓青云直上。这个于1561年出生的掌玺大臣的儿子，十四岁就在剑桥大学完成了学业，在巴黎待了一段时间之后，便进入了英国议会。他成功地战胜了宫廷里的各种明争暗斗，并成为最高检察官、大法官、掌玺大臣，还被国王封为维鲁拉姆男爵。他的个人兴趣在政治与科学和写作之间总是摇摆不定，他只能在处理完公众事务的间歇满足自己的写作爱好。

正当他的政治生涯如日中天之时，一场可悲的变故却又使他跌入人生的低谷。1621年，培根被指控在许多案件中从诉讼当事人那里收受贿赂，虽然这种事情在当时也相当普遍，但是这个事件却断送了培根的政治前程。他被判入狱，并被课以罚金，不过，不久之后他又获赦免。此后，他隐居乡间，在生命的最后五年里，他专心致力于科学研究和著书立说。1626年，他在工作中死去。回顾自己失败的政治生涯，他感到心灰意冷："身居高位的人是三重的奴仆，他是君主的奴仆、声誉的奴仆、事业的奴仆。因此，他既没有个人的自由，也没有行动的自由，也没有时间的自由……上升到高位的过程是极其艰难的，人们却宁愿吃许多苦然后去争取吃更多的苦；要想升到高位，有时则需要通过不正当的途径，而许多人就是通过卑污的手段才达到尊严的地位。其实那高位也并不安全，稍有不慎就会栽跟头，要么丢掉官职，要么至少名誉扫地。"[6]

与他的政治活动相比，培根的科学研究为他带来了更为持久的美誉。他的作家声誉是由其《论说文集》奠定的，在形式上他模仿了蒙田，而其文风之优美一点也不亚于后者。他的散文是世界文学中的永久财富，其形式简短精练，其内容丰富多彩，几乎涉及所有可能想到的对象，包括对人的认识和评价（当然他并不像马基雅维利那样玩世不恭，不过他对于人类同样也持一种怀疑态度），也包括论青年与老年，论婚姻，论爱情与友谊，论道德和政治等。

培根的主要科学著作最终并未完成。他的写作计划非常庞大，要真正实施这个计划单靠某个人是根本不可能的事情，即使这个人不像培根那样只是利用贫乏的闲暇时间，他肯定也是力不从心的。培根所期望的就是对科学实行全面的革新，即对所有科学及其每一个组成部分实施一次"**伟大的复兴**"。

他的工作计划是：第一，他要指出自古希腊以来科学一直停滞不前的原因；第二，他要对科学及其任务进行重新划分；第三，他要引入一种解释自然的新方法；第四，他要分门别类地研究真正的自然科学；第五，他要描述未来科学研究的一系列发明和发现；第六，作为一种"哲学的实际应用"，他要勾画出一幅未来社会的蓝图，这个未来社会应该是由他倡导的科学进步所带来的必然结果。

培根只完成了这项庞大计划的其中三个部分：《**论科学的价值和发展**》批判了当时的科学状况，为科学提出了新的任务，并对科学的未来做了展望；《**新工具**》（*Novum Organon*）——有意识地针对亚里士多德的《工具篇》——对科学方法做了阐释；《**新大西岛**》描述了一个理想的未来社会。

1. "我的目的是，围绕知识的王国做一次巡游，并标记下那些尚未被勤勉的人类开垦过的处女地，我对那些荒芜的地方做详细标记的目的，无非就是想邀请人们集中力量前去垦荒。"[7] 上面提到的培根的第一本著作就是这次巡游的纪录，它涉及医学、心理学（主要是应用心理学）、政治学以及其他许多科学领域，它对科学做了分类，与神学划清了界限，提出了许多建议，对科学停滞不前的状况进行了批判。培根认为，单靠科学本身还远远不够，此外还缺少两方面的因素，首先，就是缺少一个科学研究的国际机构，这个机构的任务应该是把许多国家的许多代科学家的研究成果和经验收集到一起并做进一步的处理；第二个因素则更为重要，"如果目标尚不明确，做任何事情都不可能顺利完成"[8]。如果我们仅仅停留在个别科学的范围内，就不可能看清目标，这就如同我们要俯瞰平原，如果不登高那是办不到的。能够让我们高瞻远瞩的科学平台就是哲学，科学认识的目的及其普遍有效的方法都能在哲学里找到。

2. 培根的第二部著作的任务就是指明科学方法的目的。而这个**目的**就是科学的进步及其实际应用，就是人类要征服自然。人在多大程度上认识自然，他就能够在多大程度上征服自然。但是人只有遵从自然，也就是遵从科学研究所得出的自然规律，他才能征服自然。

要想达到目的就需要有正确的**方法**，为此必须经历以下两个步骤：首先，必须清除思想中的所有偏见以及各种传统的错误，其次，要认识并运用正确的思想和研究方法。

培根对人类的错误和偏见及其根源做了分析之后，得出了他的**"四假相说"**，因为这个学说非常有名，所以在这里我们要对它做较为详细的叙述。这四种假相分别是：

第一，"种族假相"（idola tribus）。"种族假相的基础就在人的天性之中，就在人类的种族之中。认为人的感觉是事物的尺度，乃是一种错误的论断，相反地，一切知觉，不论是感官的知觉还是心灵的知觉，都是以人的尺度为根据的，而不是以宇宙的尺度为根据的；而人的理智就好像一面不平的镜子，由于不规则地接受光线，因而把事物的性质和自己的性质搅浑在一起，使事物的性质受到了歪曲，改变了颜色。""人的理智一旦接受了一种意见就把别的东西都拉来支持这种意见，或者使它们符合这种意见。虽然在另一方面可以找到更多的和更有力量的相反的例证，但是对于这些例证它却加以忽视或轻视，或者用某种分别来把他们摆在一边而加以拒绝。"

第二，"洞穴假相"（idola specus）。培根借用了柏拉图的"洞穴比喻"，用以表示个人的假相。"因为每一个人（在一般人性所共有的错误之处）都有他自己的洞穴，使自然之光发生曲折和改变颜色，这是由于每个人都有他自己所特有的天性，或者是由于他所受的教育和与别人的交往，或者是由于他读书和他所崇拜的那些人的权威"，有多少个个人，就有可能有多少个个人假相。

第三，"市场假相"（idola fori）。"市场假相"是人们在彼此接触和交往中形成的。语言在人与人之间的交往中是最重要的工具，因为"人们是通过言谈而结合的，而语词的意义是根据俗人的了解而确定的。因此如果语词选择得不好和不恰当，就会大大阻碍人的理解……语词显然是强制和统治人的理智的，它使一切陷于混乱，并且使人陷于无数空洞的争辩和无聊的幻想"。

第四，"剧场假相"（idola theatri）。"剧场假相"来源于哲学家们遗留下来的那些根深蒂固的教条。"因为照我的判断，一切流行的体系都不过是许多舞台上的戏剧，根据一种不真实的布景方式来表现它们自己所创造的世界罢了。我所说的不只是现在的时髦体系，也不只是古代的学派和哲学：因为还有更多的同类戏剧可以编出来，并且以同样人为的方式表演出来。"

从人的头脑中清除这些假相只是培根著作的任务的消极部分，其积极的部分在于获得正确的科学**方法**。若想获得正确的科学方法，并不能依靠传统或逻辑推导。如果仅仅依靠传统或逻辑推导，那么科学就会在原地打转，止步不前，如培根所说，"那就纯粹是老师和学生的一脉相承，而不会诞生真正的发现者"。只有依据经验，追问自然本身，亦即通过归纳法，才能确保获得科学成果。但是，人们也不能只是毫无计划地收集各种事实和观察结果，而必须有计划地、系统地进行。"真正的经验的方法则恰与此相反，它是首先点起蜡烛，然后用蜡烛照明道路。这就是说，它首先从适当地整列过和类编过的经验出发，而不是从随心硬凑的经验或者漫无定向的经验出发，由此抽获原理，然后再由业经确立的原理进至新的实验。"[9] 在这里，我们可以看出，这与近代自然科学所采用的方法是大致相同的：首先从假设出发，然后借助于符合目的的实验，收集相关的经验，得出结论并表达出一般原理，然后再用新的实验来检验这个原理的正确性，如此等等。

3.《新大西岛》的篇幅很短，是一部未完成的著作。在其中，培根描绘了一幅未来社会的画卷，显然他从柏拉图所描述的那个神话般的岛国那里获得了灵感。据培根的观念，科学将在那个未来社会中占据重要地位。统治国家的将不再是政治家，而是被挑选出来的最杰出的科学家。在经济上，这个岛国是自给自足的；其对外贸易的对象不是黄金和货物，而是"进步之光"。每隔十二年，这个岛国将派遣一个由科学家组成的团队前往世界各地，他们要学习世界各国的语言，学习各个民族在科学和工业方面所取得的成就，然后再返回他们的故乡，在那里，他们将把他们从世界各地收集到的科学经验和成就应用到实践中去。基本来说，这与柏拉图的理想国的思想并没有什么两样，其区别仅在于，在培根那里，统治国家的不再是民众领袖和自私自利的政治家，而是那些饱学之士。

新近曾有人提出一种说法，认为莎士比亚名下的戏剧作品的真正作者应该是培根，关于此事的争论至今尚未休止。不过，大部分培根研究者认为，这样一种假设是站不住脚的。

我们可以对培根及其著作做如下批判性的评价：

培根为我们打开了一扇通往一个崭新的精神世界的大门。他打破了各种偏见并指出，经验是一切自然知识的源泉，在这一点上，他与罗吉尔·培根是共同的。但是，如若把他看作现代自然科学的奠基者和开路先锋或许并不完全恰当，这不仅因为，培根对他那个时代伟大的自然科学发现视而不见，而且还因为，在实际应用他极力为之辩护的实验方法时，他所采用的方式却是极其不完善，或者说非常差劲。尤其是，培根所宣扬的归纳法与当今自然科学中的归纳法并不完全一致。培根过分重视事实的收集和比较，却忽视了理论的意义，即忽视了演绎法，特别是他没有认识到数学的意义。他与数学好像毫无关系，他甚至还对数学家大肆责骂，因为他们的观察方式越来越以数量为出发点。培根自己好像也意识到，他的方法并不十全十美，他自我评价说，他所提出的问题可能还需要几代人的努力才能最终获得解决。不管怎么说，他仍然是一位伟大的思想解放者和推动者，是新时代的思想先驱之一，除此之外，培根的文笔之优美也是众所周知的。

4. 雅各布·波墨

过渡时期的第四位亦即最后一位思想家与前述的三位思想家不同，他属于德国和欧洲精神中的另外一个思想流派。虽然库萨的尼古拉、布鲁诺和培根这三人之间在一些思想细节上存在着很大的差异，但是我们还是可以把他们归到一种思想运动的行列里，并且把他们看作从中世纪过渡到近代的转折时期的关键人物。在思想的独创性和深刻性方面，雅各布·波墨与前三位可以说不相上下，尽管如此，他却应该归入另外一个行列，属于这个行列的有埃克哈特大师、陶勒尔和路德。

尽管路德的人格看上去是那么浑然一体，但是经过仔细观察之后我们会发现，他的人格显然具有两个完全不同的侧面：一方面，他是一个宗教改革家，他信念坚定并蔑视宗教传统；另一方面，他年龄越大，就越笃信《圣经》，并成为一个教会上层人物，由此形成了一种新的宗教传统，或者说是一种新的僵化的教条。他人格中的后一种因素在官方的新教教义中得到了进一步的发挥，而前一种因素在他活着的时候就已经被另外一些人继承并加以发展了，这些人被称为**新教神秘主义者**，他们游离于教会之外，并与教会发生了冲突。其主要代表人物有卡斯帕尔·**施温克菲尔德**（1490—1561），他摒弃了路德的《圣经》信仰，只相信个人内心中所感悟到的上帝的启示；有塞巴斯蒂安·**弗朗克**（1499—1543），他除了是一位重要的神秘主义者，还是德国历史编纂学的奠基者；此外还有瓦伦汀·**魏格尔**（1533—1588），他是一个新教牧师，他的神秘主义思想在他活着的时候只在一个狭小的朋友圈子里秘密传播。中世纪神秘主义的伟大传统和路德信仰中的神秘主义成分活在这些人的思想之中。

在重要性上，雅各布·**波墨**要远远超过上面提到的这几个人物。波墨于1575年出生在格尔利茨附近，并于1624年在那里去世。波墨是个民间人物，他的职业和汉斯·萨克斯一样，也是个鞋匠。他在哲学方面的兴趣主要是来源于他多年四处漂泊的学徒生活。之后，作为一个独立门户的鞋匠和一家之长，他一直生活在格尔利茨。

经过十多年的酝酿，而且在朋友们的再三催促之下，波墨终于首次把他的思想写了下来，书名为《曙光》，这本书的手抄本被人们相互传阅，不久便招致正统宗教人士尤其是本城神甫的憎恨，他在布道坛上大肆诅咒这个异教徒，并要求人们把波墨逐出这个城市。"再没有比这个鞋匠更恶毒的了……你快点儿离开这里吧，滚得越远越好，你这个亵渎神明的粗俗之人。"[10] 他受到禁止写作的处罚，在很多年里他一直遵守着这条禁令，尽管如此，他也没有为自己和家庭赢得安宁。后来，他终于按捺不住内心的冲动，重新拿起笔来，以很快的速度撰写出了一系列伟大的著作，其中有《**论上帝的三个原则**》和《**伟大的神秘**》（*Mysterium magnum*），结果遭到了更为激烈的攻击，特别是当其中的几本著作被印刷出版之后。波墨寻求并得到了德累斯顿诸侯的支持，返回格尔利茨之后不久就去世了。

作为一个民间人物，波墨使用德语写作。为了找到恰当的词并把自己的内心感受正确地表达出来，波墨可谓绞尽脑汁。在这方面，他证明了自己是个语言创造者，由于他的努力，德语词汇更加丰富了，在这方面，他与埃克哈特大师有些相似，不过若与路德相比，他还差一些。由于波墨写作时并不使用哲学术语，这自然增加了人们理解他的著作的难度。

起初，波墨的思想与其他神秘主义者的思想并无不同，他也认为，上帝无处不在，一切都在上帝之中。"当你望着那幽深的星空和大地时，你是在望着你的上帝，你生活于其中，这同一个上帝也主宰着你，你的知觉也是上帝所赋予的，你是上帝的造物，并且也置身于其中，除此之外你什么也不是。""我们绝不可以说，上帝的本质是某种遥不可及的东西，或他藏身于某个特别的地方，因为自然中的一切造物就是上帝本身。"[11]

但是接下来波墨又提出了另一个问题，或许我们也可以把它看作波墨思想的中心议题，即辨神论问题。如果一切都在上帝之中并来源于上帝，那么波墨强烈意识到的丑恶现实及其威力又是从何而来呢？让我们来听一下他的回答："教师应该知道，一切事物都存在于肯定与否定之中，这个真理是神圣的、真确的和世俗的，或者用什么别的词来形容。太一即完全肯定的力量，是生命，是上帝的真理，或者就是上帝本身。如果没有否定的力量，那么肯定的力量就不可能认清自身，它在其中既没有什么乐趣，也没有什么重要性或敏感性。否定是肯定的对立面，或真理的对立面，真理在否定的基础上彰显自身，在其中就是对立斗争。"[12] 在这里，波墨宣布了一个伟大的真理，寓于万物之中且无法去除的矛盾是宇宙的内在动力。"每一个事物都有自己的敌手，不仅在人身上，而且在一切造物那里都是如此。""在一切事物之中，都有有害的东西和恶毒的东西，这也是必不可少的，否则，世界上既没有生命，也没有运动，也没有色彩、道德、厚薄或其他人类情感，果如是，世界将是一片死寂。"正如上面的引述中所显示的那样，波墨在此走出了大胆的却也合乎逻辑的一步，在他看来，在世界的神圣基础之内，恶就早已存在了。天堂和地狱都在上帝的手中。只有在人的灵魂中恶才获得其现实性，在善与恶的世界里，或用波墨的话说，"在愤怒与爱的世界里"，人的灵魂可以作出绝对自由的抉择。"因为每个人是自由的，他就像一个独立的神，在他的一生中，他也可能会在善与恶之间摇摆。"因为人有自由意志，所以上帝对他来说也不是万能的，上帝对他也不能为所欲为。自由意志既没有什么起源，也没有什么理由，它既不是无中生有，也不是被造就出来的，它是来自神圣力量的独立自主的原始状态，它来自上帝的爱与愤怒。"[13]

所有神秘主义的本真的和最深刻的思想都已经在以上这些话中彰明较著了，从印度人到埃克哈特大师，这些思想被反复表达了出来：人类灵魂的神圣性，灵魂与上帝的完全一致。"灵魂的内在基础就是神性自然。""灵魂是上帝之中心。""因此灵魂是上帝独有的本质。"[14]

故而，在波墨看来，灵魂在神圣本原中的彻底安息就是其终极目的，亦即最终获得解脱。在人的灵魂未获解脱的状态下，他会被欲望困缚住，会屈从于他的欲望，"人不可能摆脱他的情感，他沉溺于自己的本性欲望之中，但是他又希望能够飘摇于最为纯净的寂静之中，因此他渴求他的欲望的寂灭，也就是让他的意志超越一切感官性和形象性而陷入永恒的本原意志之中——他最初就是从这种本原意志诞生而来的，他希望自己除了服从上帝的意志再也无所欲求，这样他就会达到'一'的最深处"[15]。

在这里，我们从波墨那丰富有时又杂乱无章的思想中选取了能够证明他是真正的神秘主义者的思想。他那些完全植根于基督教传统的思想表达我们就略过了，事实上，他的神秘主义思想就是蕴含在其中的。时至今日，人们仍然对一个问题争论不休，即他的思想是否产生自这种基督教传统，或者说，基督教传统是否只是为他的基本来说非基督教的泛神论哲学假借的"外衣"。

这个被称为"条顿哲学家"的沉静诚实的人，他的著作是典型德国式的，他的思想深奥，所用的语言极为独特，因此人们可能会认为，他的思想产生的影响或许仅仅局限于德国。事实并非如此，十八世纪法国的圣马丁就承袭了他的思想。更令人吃惊的是，波墨去世不久，他的著作就被译成了俄语。他的思想对俄国思想也产生了深刻的影响，直至当代——在革命以后的俄国流亡者思想中，这种影响我们仍然能够看得出。在英国，伟大的自然科学家牛顿也是波墨的热情读者，甚至有人猜测，牛顿的自然科学思想就是从波墨那里获得了灵感。在德国，莱布尼茨对波墨可谓推崇备至，德国浪漫派对他的著作更是情有独钟，黑格尔和谢林，特别是弗朗茨·巴德尔也非常珍视波墨的思想遗产。

5. 结语

包罗万象的思想体系只是到了下面一个历史时期——从巴洛克时期至十九世纪——才真正产生出来，但是，除宗教改革家、自然研究者和地理发现者之外，文艺复兴时期的思想家们为人类历史打开了通往近代的大门。在德国，许多历史学家，特别是艺术史、科学史和经济史学家，都把文艺复兴看作近代史的开端，并称赞文艺复兴是"第一次革命"（早于 1789 年的法国革命），不过,（在我看来）哲学家们对这一时期的哲学的研究远远不及对经院哲学和启蒙运动时期哲学以及德国唯心主义哲学的研究。我们可以设想，如果我们能够对文艺复兴做较深入的研究——或许可以把这种研究比作一种（中世纪炼金术）大作坊,在这里,人们不断地实验又不断地放弃——那么这种研究也可能会有助于新思想的产生，因为当今时代也是一个几近于彻底变革的时代。

第二章

巴洛克时期的三个伟大思想体系

　　十七世纪哲学的发展带有一种相对的完整性和连贯性，至少在欧洲大陆是如此。为了解决相同的哲学基本问题，人们苦思冥想，为此也做了各种尝试，并就他们所得出的结果进行沟通和讨论，因而这个时代为问题的解决提供了特别有利的条件。文艺复兴时期就已经日臻成熟的**理性主义**在这个时代获得了长足的发展，**数学**成为人类认识的理想，因为数学超越民族和个体的特殊性，原则上说，它是一种人人可以接近并容易理解的大众科学。既然我们能够在数学中得到一种毋庸置疑的推论方法，那么有人会问，为什么我们就不能把人类的一切认识——即其他所有科学，特别是哲学——都建立在这样一个类似的基础之上呢？因此，这个时代的哲学与数学是密不可分的。这一点首先表现在，其最伟大的代表人物如笛卡尔、莱布尼茨和帕斯卡尔都是天才的数学家，而斯宾诺沙的思想大厦就是用几何学的方式建立起来的。在这里，它与另一个时代特征也紧密相关，即人们都在追求一种清晰明了的形象，追求一种和谐的结构，追求对整体的所有部分的权衡斟酌，这种追求在数学中得到了培养，并且也在数学中被特别清晰地表达出来，但是这种追求并非仅仅局限于数学中，也不仅仅显现于哲学中，它还显现于文化生活的所有领域，显现于国家和战争艺术中，显现于建筑、文学艺术和音乐中。

因此，这个时代的哲学思想的共同特征就是：认识上的数学思维；试图为哲学寻找一种与之相适应的普遍有效的和可靠的认识方法；理性的统治地位；希望以很少的几个确定的基本概念为依据，创立一种无所不包的庞大哲学体系。以上这些特征在这一时期的三个最伟大哲学体系中特别突出地表现出来。尽管这一时期还出现了别的哲学体系，但它们是西方文明国家哲学生活最集中的体现。这一时期哲学所讨论的主要问题以及人们为解决这些问题所做的各种尝试，都完整地包含在这三个体系中了，因此，考察笛卡尔、斯宾诺莎和莱布尼茨的哲学体系可以为我们了解十七世纪的欧洲哲学提供一种整体印象。

一、笛卡尔

1. 生平和著作

勒奈·笛卡尔（拉丁语为 Renatus Cartesius）于 1596 年出生于都兰省拉哈耶（La Haye）的一个贵族家庭里，今天这座城市就以它闻名遐迩的儿子的名字而命名。他在拉弗莱士的耶稣会学校接受教育，在那里，他开始对数学产生了浓厚的兴趣，并对所有其他科学产生了怀疑。在他的一生中，有时过着完全与世隔绝的隐居生活，专心致志于科学研究，而这种宁静的生活时而又会被另一种动荡不安的冒险生活所打断。曾有一段短暂的时期，他也参与过巴黎的社交生活，这在他所处的社会阶层也是极为普遍的事情，之后他就在巴黎的一个最亲密的朋友家里隐居起来，潜心研究数学。后来，他又作为一名士兵参加了三十年战争，希望借此能够更好地了解世界和人类，他并不觉得自己应该特别效忠于战争的某一方，因此，作为一个天主教教徒和法国人，他不仅加入过天主教的巴伐利亚军队，也加入过荷兰军队。经过这段军旅生活之后，他又花好几年时间游遍了大半个欧洲，随后又过起了隐居生活，并专心于科学研究。这一段时期持续达二十年之久，也是笛卡尔一生中最丰收的时期。他在荷兰定居下来，与故乡法国相比，他觉得荷兰更适合他居住，因为在这种流亡生活中，他能够最大限度地享受外在的和内在的自由。在那里，笛卡尔曾多次更换居所，他只是通过一位在巴黎的朋友麦塞纳神甫与世界保持着联系，这位神甫负责料理他的往来书信。瑞典女王克里斯蒂娜研读了笛卡尔的大作之后，便希望能够让笛卡尔亲自给她解释几个问题，于是，她就于1649年隆重地邀请笛卡尔前往瑞典，可是，笛卡尔不适应瑞典的气候，经过短暂的逗留之后，第二年就在那里去世了。

笛卡尔思想的萌芽甚至可以追溯到他的学生时代，不过，他的所有著作都是在荷兰定居期间写成的。他的第一本著作的书名可能是《论世界》，当他于1633年听说对伽利略的审判之时，这本书也几乎快要完成了。听到伽利略的遭遇时候，为了避免引起类似的冲突就销毁了自己的手稿，当然其中的部分思想后来又被他写进了其他著作中。出于同样的谨慎，他匿名发表了下一本著作**《方法论》**（1637）。四年之后，他的主要著作**《第一哲学沉思集》**（第一哲学即形而上学）出版了，内容涉及上帝的存在和灵魂的不朽。笛卡尔把这本书题献给了巴黎大学神学系，目的并不是为了保护自己避免遭受教会的攻击，而是因为他相信，他的思想能够为宗教事务做一份贡献。尽管如此，他的书还是被列入禁书的名单，新教徒和国家方面都以类似的方式谴责他。1644年，笛卡尔系统地整理了他的思想并出版了**《哲学原理》**。在他的其他著作中，值得一提的还有**《论人类幸福的书信集》**和**《论心灵的激情》**，这两本书都是为伊丽莎白公主而写的，笛卡尔在荷兰流亡期间认识了她。

笛卡尔在数学方面的功绩使他无可辩驳地成为历史上最伟大的数学家之一，尤其是他在解析几何和坐标几何方面的发明。他关于人类认识理想的哲学观以及宇宙空间的观念，都与他对数学的认识有着紧密的联系。

2．基本思想

正如笛卡尔沉思集的书名所显示的那样，笛卡尔思想的两个基本主题就是**上帝和灵魂**，这与奥古斯丁和中世纪哲学并无不同。但是笛卡尔在处理这些主题时所采用的方式与先前的思想家们有所不同，他是按照严格的逻辑分析进行的，因为他的目的就是使哲学变成一种万能数学，变成一种科学，经过严格的推理，一切都可以从最简单的基本概念演绎出来。人为什么要研究哲学和科学？人为什么应该研究哲学和数学？二十三岁时，笛卡尔就在一系列先知式的幻梦中坚信自己终生的事业就是从事哲学和科学研究。他认为（而且我们在这里好像又听到了弗朗西斯·培根的声音）：科学应该有益于全体人类，并能够促进人类的进步，它不仅能够通过技术手段减轻人的劳动强度，还能帮助人实现自我价值。哲学应该为此提供一种牢固可靠的基础，对笛卡尔来说，这只有通过严格的理性方式才能实现，这与人的信仰无关。为此必须寻找一种绝对确定无误的数学方法。如何才能获得确凿无疑的"第一原理"呢？在这里，笛卡尔提出了如下问题：我们如何才能获得可靠的知识？我们的哪些见解和判断具有不可磨灭的有效性？——后来康德在其超验哲学中又重新提出了这个问题。这样，我们先来看一下由笛卡尔所发展出来的独特方法：

> 如若一切认识到的东西都可以从最简单的原理中推导出来，那么我首先必须做的事情就是确定我的出发点的可靠性。那么什么才是可靠的呢？为了保险起见，我一开始最好假定什么都是不可靠的。我将怀疑一切，目的是想看一看，什么东西能够经受得住这种彻底的怀疑。我不仅怀疑从课堂上、从书本里，以及从与人交往中学到的所有东西，而且还怀疑，我周围的世界是不是真实的存在，它是不是我的纯粹的幻觉，或者世界是不是如我所感觉到的那样存在——因为众所周知，我们会为各种感官错觉所蒙蔽；而且对于看来是最为真实可信的东西，对

于数学的基本原理，我也必须产生怀疑，因为有可能我们人类的理智并不适宜于认识真理，并且经常会将我们引入歧途。

所以我就把我以前用来进行证明的那些理由都一律摒弃，认为是虚假的。最后，我觉察到我们醒着的时候所有的那些思想，也同样能够在我们睡着的时候跑到我们心里来，虽然那时没有一样是真实的，因此，我就决定把一切曾经进入我的心智的事物都认为并不比我梦中的幻觉更为真实。可是等我一旦注意到，当我愿意像这样想着一切都是假的的时候，这个在想这件事的"我"必然应当是某种东西，并且觉察到"我思，故我在"这条真理是这样确实，这样可靠，连怀疑派的任何一种最狂妄的假定都不能使它发生动摇，于是我就立刻断定，我可以毫无疑虑地接受这条真理，把它当作我所研求的哲学的第一条原理。

接着我就对我所怀疑的东西进行思考，并且想到因此我的存在并不是完满的，因为我明白地见到，认识比起怀疑来是一种更大的完满性，于是我就思量来研究：我是从哪里得到这个关于比我自己更完满的东西的思想的？我很明显地知道，这应当是从一种事实上更加完满的本性而来的……因为说比较完满的东西出于并且依赖于比较不完满的东西，其矛盾实在不下于说有某种东西是从虚无中产生的，所以，我是不能够从我自己把这个观念造出来的；因此只能说，是由一个真正比我更完满的本性把这个观念放进我心里来的，而且这个本性具有我所能想到的一切完满性，就是说，简单一句话，它就是上帝。

在笛卡尔的心中，上帝的观念就是作为一种无限的、全知全能的本性，这个观念不可能来自人对外界的感知，因为它总是只把有限的自然物显示给人。人也不可能在自身之内造出上帝的观念来，因为，作为一个有限的不完满的本性，人怎么能够在自身之内制造出一种无限的完满的本性的观念呢？这样，笛卡尔就坚定地确信，上帝是必然存在的。

　　笛卡尔在他的思想中引入上帝的概念，这令人感觉有些突然，我们会觉得，这与他极端的怀疑态度并不相符。让我们同样感到突然的是，笛卡尔在引入上帝的概念之后，又令人吃惊地摒弃了他先前所表达的对外在世界的现实性的怀疑。完满的本性必然具有真实性，如果上帝不是真实的，那他就不是完满的。因此，如果说真实的上帝会欺骗我，会用一种迷惑人的骗术，拿我周围的世界来蒙骗我，这根本就是不可想象的事情。

　　可是由此又产生了一个新问题：如果具有真实性的上帝可以确保人能够认识真理，那么正如已被证实的那样，我们又怎么会犯错误呢？

　　由此也提出了一个神正论问题，这个问题曾经被此前的思想家们从伦理学的角度加以讨论，目的是想为万能的上帝作辩护，因为有人因世界上存在着罪恶而对上帝产生了怀疑，如今笛卡尔又从认识论的角度对这个问题重新加以考察。人们曾经试图从伦理学的观点出发来回答这个问题，认为上帝为了创造一个完善的世界，必须给人类以自由，而这种自由正是罪恶的根源所在，因为人类可能会滥用这种自由。笛卡尔也以类似的方式对这个问题作出了回答，他指出，这与意志自由有关。"自由意志会使人肯定这种观念，却否定另一种观念。所有错误的根源就存在于这种意志活动中，而不在观念本身。我们自己有权决定，是正确地还是错误地思想和认识。"只有当我们遵循一种无比确凿和清晰的认识标准，而对其他一切都持怀疑态度，我们才能不犯错误，并从而获得一个正确的世界图景。

　　勾画这样一幅图景就是笛卡尔为自己设定的下一个任务。通过对人的精神及其观念进行仔细地考察，他首先发现上帝的观念，在这里，上帝是一个无限的和非被创造的实体。接着，他又发现两种被创造的实体的观念：首先是精神，是思想，在笛卡尔那里，精神和思想是完全非空间的和非物质的，因为如他所说，"我可以想象我的思想，而不必再去考虑它在空间中的广延"。其次是物质世界，可是物质世界的存在并不像我们所感觉到的那样，我们所感觉到的物质的质，如色彩、味道、温热、柔软等，这些都不能满足笛卡尔对"清晰明确"的标准的要求，和这个理性主义时代的其他思想家一样，他也鄙视人的感官经验，认为那过于模糊不清。"思想着的"理智只有用透彻的、理性的、"数学的"概念表达自身，这才真正算得上是完全有效的认识。物质世界的特点就是其广延性，即它占有空间。因此，在空间中的广延性也就是物质世界的本质。物质就是空间，空间由物质组成，不存在空洞的空间。

在广延的概念中就已经蕴含着运动的可能性——只要存在第一推动者，它不可能来自物质本身，而只能来自上帝。上帝所赋予物质世界的运动的总量会永远保持平衡——这是对能量守恒定律的首次预言！因此，整个物理学可以用严格的数学方式，以广延、运动和静止这三个概念为基础来构建自身。世界万物，包括生命体的发展，都可以用这几个基本概念去做数学的和机械的解释。

于是笛卡尔就尝试去发展这样一种物理学。与此相关的细节部分我们在这里可以略过不提，但是他得出的一个结论我们却应该特别加以注意，这个结论与动物有关。由于笛卡尔将精神概念仅仅限制在思想方面，而在此意义上说，动物是没有思想的，因此动物与精神世界无关。动物是纯粹的机械装置，和机器没有什么两样。当我们鞭打一个动物时，它会喊叫，这就像我们按下管风琴的琴键时它会发出乐音一样。虽然笛卡尔的这个思想前后一致，但是这个观点却是不能令人接受的，它与后来的唯物主义者得出的结论只有一步之遥，在他们那里，人也只不过是一种特别复杂的机器而已。

当然，笛卡尔与那些唯物主义者并不相同，对他来说，广延和思想、肉体和精神在人身上是结合为一体的。如果这两种实体各不相同，那么该如何想象它们两者能够紧密地联结在一种生物物体里面，甚至能够相互影响呢，对于这个问题，笛卡尔并没有作出令人满意的回答，他提出过一种几乎难以令人接受的观点，认为我们身上有一个器官（位于大脑最里面的松果腺），它在肉体和精神之间起调节作用。不过笛卡尔倒是更倾向于认为，这两种实体互不相干，这就像太阳光线在暴风中仍然岿然不动一样，因为光线与暴风是完全不同的性质！笛卡尔后继者的工作就从这里开始了。

3. 笛卡尔主义的影响和发展

笛卡尔思想产生的历史影响是极其深远的，笛卡尔被认为是现代哲学之父。我们在下面的叙述中将会看到，斯宾诺莎和莱布尼茨的伟大思想体系是如何站在笛卡尔的肩上发展出来的。在这里，我们首先要指出的是，笛卡尔思想经过所谓的偶因论者（Occasionalisten）之手而得到进一步发展，也与法国詹森派宗教观念以一种奇特的方式结合到了一起。

（1）我们已经指出过笛卡尔所面临的难题，在他那里，除了上帝，还存在两种截然相反的实体，即没有空间性和物质性的纯粹思想、没有思想的纯粹广延，两者竟在人身上必然存在某种联系。如果我决定要让我的手运动，然后它就运动了。一个在我的心灵中发生的过程如何就成为身体运动的原因呢？当一只鸟在我面前飞过，并且我也觉察到了它，就会在我的思想中产生一只飞鸟的观念，那么物体的运动过程是如何成为思想过程的原因呢？这个问题也就是所谓的心理物理学问题，即关于人的肉体与心灵的关系问题。如果不存在一种因果关系——这种因果关系也的确被笛卡尔排除在外了——那么，正如经验所告诉我们的那样，思维运动和肉体运动又怎么会同时发生并同时出现呢？对此，偶因论的解释是：虽然思维运动和肉体运动之间不存在必然的因果关系，但是两者的同时发生不仅看上去是一个奇迹，而且的确**是一个奇迹**，一个神的奇迹，也就是说，上帝在我产生这样的意志的时候**偶然之中**（拉丁语 occasio，意为偶然，偶因论一词由此而来）让我的手做这样的运动，上帝在飞鸟经过我眼前的时候偶然之中在我的意识中制造出与之相应的观念，如此等等。这样一种看法是过于异想天开了，而且带有某种亵渎神明的味道（因为倘若果真如此，那么上帝将毫无间歇地忙于应付世界上的所有烦琐杂事而永无宁日），但是这样一种假设就完完全全地蕴含在由笛卡尔的基本观点得出的结论之中。

偶因论的杰出代表是阿诺尔德·**格林克斯**（1625—1669）和尼古拉·**马勒伯朗士**（1638—1715）。在许多细节上，他们的观点截然不同，当然偶因论的论点在他们那里也得到了广泛的系统化，不过他们的基本思想仍然是一致的。马勒伯朗士开始将偶因论的原则运用到物体世界内部的进程中。在我们看来好像是因果关系的情况，譬如人的身体，当他推动另一个身体时，另一个身体会因此而动，他认为这也只是上帝的意志偶然介入产生的结果。按照他的观点，身体与心灵之间的变化并非因为它们之间存在相互作用的关系，而是因为上帝在对它们产生影响，身体和心灵发生变化的真正原因是上帝，其中一个方面的变化是另一个方面变化的偶然原因。

（2）柯奈留斯·**詹森**（1585—1638）是鲁汶的一位教授，后来成为伊珀尔的主教，他是法国精神宗教运动的发起人，这个思想运动就以他的名字命名，被称为詹森派。詹森派信徒试图在天主教的基础上重新修订奥古斯丁的著作并使之焕发新的生机，宗教改革者也是从中汲取营养的。他们倡导一种更加深入的和经过净化了的宗教生活，并与当时影响较大的耶稣会会士展开了激烈的斗争。詹森派的活动中心位于王港修道院内，这个教派最有影响力的人物就是宗教思想家布莱斯·**帕斯卡尔**（1623—1662）。

和笛卡尔一样，帕斯卡尔也是一位天才的数学家，他是概率计算的创始人，他也是笛卡尔数学认识理念（即清晰明确性）的坚定拥护者。作为一个头脑冷静、思想敏锐并深受法国怀疑主义和笛卡尔思想影响的思想家，帕斯卡尔从理性出发，他认识到了基督教教义中的矛盾和悖谬，并且用极度尖锐的形式将它表达出来。从另一方面来说，帕斯卡尔也是一个天性笃信宗教的人，他被一种强烈的负罪感和人生虚无感所折磨。他的个性和思想的这一面使他认识到，恰恰是理性和数学思想不能让我们人性中最深切的需要得到满足，而且它也无法回答我们人生中最重要的问题。于是，原来还批评基督教教义中的矛盾之处的帕斯卡尔，一变而成为一个虔诚的苦行主义者并恭顺地屈从上帝的意志，并且极力为人心中的事情而辩护，因为人心有自己的逻辑，如他所言，"人心有它自己的道理，这是理性所不能理解的"。

著名的怀疑论者和批评家比埃尔·**培尔**（1647—1705）也和帕斯卡尔那样接受了笛卡尔的影响，他也是一位富于批判精神和思想敏锐的思想家，但是他缺乏帕斯卡尔信仰中的那种平衡力量。

（3）指出笛卡尔思想内部的几个矛盾之处或许对于批判性地研究笛卡尔不无助益，尽管他的思想出发点富有独创性，尽管他的体系对历史产生了深远的影响，但是这些矛盾从一开始就存在于其中了。笛卡尔怀疑一切的严肃性也是值得我们怀疑的，难道人能够借助彻底的怀疑精神切断他与过去的思想的纽带关系并重新从虚无开始吗？人们的确获得了这样一种印象，正如一位现代批评家所言，笛卡尔"在他自己和读者面前上演了一幕以我和上帝为主角的怀疑论戏剧"[1]，基本来说，他并不是真正怀疑外在世界的现实性和可理解性，如我们所看到的那样，当他为了认识神的真实性的原因而走过了略微有些曲折的道路之后，便急急忙忙开始重建外在现实了。在他的整个思想论证中，经院哲学的特点依稀可见。此外，笛卡尔试图从几个基本概念出发去演绎出整个现实世界，这也已被证明是一条错误的道路。企图为哲学认识赋予数学推理那样的无懈可击性，这的确是一个了不起的想法，但是笛卡尔忽视了这样一个事实，即每一种企图解释我们周围的现实世界的尝试，都不能不考虑我们人类自身的经验因素，除此之外，人作为一种具有生理需求和意欲行动的动物，只有与极为真实的周围世界打交道时，他才能意识到自身。笛卡尔目睹了人类利用机械知识和数学知识解释自然所取得的辉煌成就，这诱使他将机械和数学原理的有效性过分夸大了，远远超出了它们所应归属的范围。在我们下一章将要讨论的经验主义那里，经验作为一种无法规避的思想出发点，它的作用也被极端地夸大了，只有到了康德那里，这两个出发点——经验和纯粹概念思维——之间的关系才得以相互协调起来。

（4）笛卡尔将精神（或思想）世界与物体世界（包括人的身体）彻底地割裂开来，这对后来西方思想的发展造成了极其深刻的影响，但这种影响并非是有益的。受其影响，一种流俗的"唯物主义"形成了，它只承认物质世界的现实性，另一方面，也形成了一种（同样是具有片面性的）"唯心主义"。

（5）对笛卡尔来说，人的身体就是一种机械装置，可以把它比作一台机器。整个生物界也是一种机械装置，不过在人身上还共存着一种（不朽的）灵魂。因为他不承认在动物身上也存在这样一种灵魂——或许这是由于他坚定的宗教信仰，因此他认为，动物是纯粹的自动机。一条因受虐待而哀鸣的狗就如同一架按下琴键就会奏响音乐的管风琴。他之所以得出这样一个令人难以接受的结论，是因为他将灵魂与思想和理智混同起来了，他忘记了还存在其他形式的心灵生活，特别是感情生活，对于这一点，亚里士多德就已经很清楚了。

二、斯宾诺莎

1. 生平

> 当我受到经验的教训之后，才深悟得日常生活中所习见的一切东西，都是虚幻的、无谓的，并且我又确见到一切令我恐惧的东西，除了我的心灵受它触动外，其本身既无所谓善，亦无所谓恶，因此最后我就决意探究是否有一个人人都可以分享的真正的善，它可以排除其他的东西，单独地支配心灵。这就是说，我要探究究竟有没有一种东西，一经发现和获得之后，我就可以永远享有连续的、无上的快乐。[2]*

写下以上这些字句的人当时还不到三十岁，但是我们能够从字

---

* 斯宾诺莎《知性改进论》，商务印书馆，1996年，第18页。

里行间看得出，他已经经历了痛苦的人生命运。我们同样能够看得出，他的精神如此卓然独立，他的内心如此安详自在，因为他——至少为自己——已经寻找到了那个至善！

巴鲁赫·德·斯宾诺莎或（按他自己后来的自称）别涅狄克特·德·斯宾诺莎[*]于1632年出生在阿姆斯特丹的一个犹太人家里，这一家人是从葡萄牙移民过来的。中世纪时，阿拉伯人曾经在西班牙占据统治地位，随着西班牙人对摩尔人的征服、排挤和驱逐，犹太民族在西班牙的经济和文化繁荣到了十五世纪末期也已走向衰落，这种繁荣其实也应归功于中世纪的犹太哲学。犹太人失去了性好宽容的阿拉伯人的保护，他们遭到天主教教会和西班牙政府的迫害。他们被迫面临两种选择，要么选择向基督教世界屈服并接受基督教的洗礼，要么选择流亡。斯宾诺莎的先辈们和大多数人一样，他们选择了后者。斯宾诺莎出生的时候，犹太教区文化在阿姆斯特丹相当繁荣。孩童时期的斯宾诺莎就已经显露出了骄人的天赋，因此他的父亲决定让他成为一个犹太教经师。少年时期，他就开始学习《圣经》、犹太教法典以及中世纪犹太哲学，当他学会了拉丁文之后，旋即开始学习中世纪经院哲学，借此他转向希腊哲学，最后又转向近代哲学，特别是布鲁诺和笛卡尔的哲学。

这种涉猎广泛的学习使得年轻的斯宾诺莎在此基础上建立起来的观念不久之后便与他周围的犹太信徒的观念对立起来，这也是毫不奇怪的事情。他还不到二十四岁，而且还没有发表自己的文章，但是因为他的口头言论，因为他散布所谓异端邪说，所以他遭到了指控并被驱逐出了犹太教区，就我们从保存下来的资料所知，他受到了最为恶毒的诅咒。对于一个生活在异族中间的犹太人来说，犹太教区不仅是他的宗教依靠，而且也是他唯一的真正的故乡，因此，被逐出教会对他来说无疑是一种特别沉重的打击。虽然斯宾诺莎在

---

[*] 别涅狄克特是拉丁语，相当于希伯来语的巴鲁赫。参见斯宾诺莎《神、人及其幸福简论》，商务印书馆，1987年，第2页。

绝望中远远地离开了他们，但是这个事件所造成的后果却永远不可能从他的生活中抹去：一方面，他陷入了无限的孤独之中，这种孤独感只是由于后来与一些卓越人物的书信往来才有所缓和；但是另一方面，他的内心也因此能够保持独立和自由，不带任何个人成见，在当时只有很少的人才能做到这一点。

关于斯宾诺莎后来的全部生平，可以说的事情就不那么多了。他在荷兰各地过着深居简出的简朴生活，先是在莱茵斯堡，然后在伏尔堡，最后他定居在海牙。虽然能够说明他的个人思想的主要著作在他生前只发表了一部，但是他的声誉却传遍了整个欧洲，这一方面是因为他与朋友们的交往；另一方面是因为他与惠更斯和莱布尼茨这样的名人的书信往来。1673 年，斯宾诺莎甚至收到了海德堡大学的邀请，聘请他到那里讲授哲学，但是他婉言拒绝了。年轻时，斯宾诺莎除了学习经典，还学会了磨制光学镜片，这与犹太传统也是相符的，因为一个学者也应该掌握一门手艺。他基本上就是以此来维持生计，不过也因为这种工作，他过早地离开了人世。他患有肺结核病，经常吸入玻璃粉尘无疑使他的病情加重。1677 年 2 月21 日，年仅四十四岁的斯宾诺莎就被死神夺去了生命。在这四十四年里，他用于磨制镜片的时间肯定也和今天大部分从事这个行当的人一样多，但是除此之外，他还完成了另一项事业，就其深刻性和完整性而言，哲学史上很少有人能够望其项背。

2. 著作

上面提到的由斯宾诺莎自己（匿名）发表的著作就是《**神学政治论**》。在我们今天看来，其中关于宗教的言论并不过分异端和富于革命性，但是在那个为信仰而斗争的年代，每一个教派都在满怀激情地捍卫自己的理论和教义，任何异端的言论都可能引发一场信仰风暴，这使得斯宾诺莎最终失去了继续公开发表著作的兴趣，或许这样也更为现实一些。

斯宾诺莎认为，《圣经》并不是专为少数几个上帝的选民而写的，而是上帝给整个民族或者说是给整个人类的启示。但是，这也就意味着，《圣经》的语言必须适应占人类大多数的普通人的理解力。若想让广大民众理解《圣经》，不能仅仅依靠呼唤理性，而是应该激发他们的想象力。所以，那些先知和使徒们也非常自觉地利用象征、比喻和寓言等较为感人的表述方式，因此，他们也会讲述一些奇迹。在斯宾诺莎看来，一个明智的人会认识到，只有遵循宇宙运行的不可改变的伟大规律，人才能最为透彻地看到上帝的力量和伟大，而普通大众则会相信，恰恰是在一般的自然规律被"奇迹"打破的地方，上帝才会显现自身。

我们必须从两种意义上来理解和解释《圣经》。从某种程度上说，它表面上是为大众准备的，用以满足普通大众对带有幻象和奇迹的宗教的要求，而在这表面的背后，哲学家则会从中发现各个民族伟大的精神领袖和人类的思想先驱的深刻和永恒的思想，对哲学家来说，这种表面可能会包含着许多矛盾和错误。两种意义都有其合理之处。

然后斯宾诺莎又谈及耶稣的形象以及基督教与犹太教之间的关系。他指出，必须将耶稣的形象从环绕着他的种种教条中解放出来，这些教条只会导致矛盾和缺乏宽容之心。斯宾诺莎认为，基督并非上帝之子，但他是全人类中最伟大者和最高贵者。斯宾诺莎相信，如果人类能够追随一个在此意义上的救世主及其思想，那么不仅犹太人和基督徒将会联合到一起，而且所有的民族或许也会在他的名义下统一起来。

斯宾诺莎的主要著作**《伦理学，用几何学方法加以证明》**（*Ethica more geometrico demonstrata*）直到他去世都一直被他锁在写字台的抽屉里，在他生命的最后几年里，他一直担心这本书在他死后可能会遗失。事实上，在他去世的那一年里，朋友们就将这本书出版了，而且产生了不容低估的影响。

对于那些在哲学方面没有预备知识的初学者来说，《伦理学》不属于推荐给他们阅读的书目。如它的标题所显示的那样，它是"用几何学的规则"写成的，是按照数学方式写成的著作，有预先给出的假设，有命题、定理、证明、结论等。在斯宾诺莎的前辈笛卡尔那里，我们就已经看到这种对数学的热爱，而且他们都坚信，哲学也必须具有数学思维那样的精确性和绝对有效性。阅读这本书的困难一方面来自他的这种方法；另一方面则是因为他过分简洁的表达方式。众所周知，一本书的"长度"——也就是读者为了理解一本书所要走过的道路的长度——与这本书的页数并不是一回事。斯宾诺莎严格地删除了他文章里的所有多余的词句，他用拉丁语将他终生的思想劳动的精华浓缩进了二百页的书里。因此之故，若想在有限的篇幅内传达它的思想内容的大概也是相当困难的。

　　斯宾诺莎的思想出发点就是**实体**（Substanz）这个概念。这个概念的含义并不是我们今天通常所理解的物质。如果我们能设想一下，这个词在拉丁语中的字面意义就是"位于下面的东西"，这样我们就可以更接近这个词的本义了。斯宾诺莎的这个概念指的是太一或无限者，它居于万物之下或之后，它将一切存在集于一体并包含着一切。实体是永恒的、无限的、自因的。在它之外无物存在。若这样理解的话，那么实体概念就与上帝概念是同义的了，而且作为一切存在物的总称，它与自然概念也是可以等同的。因此，斯宾诺莎的思想一开始就表达了这样一个方程式：

$$实体 = 上帝 = 自然$$

　　实体与"**样态**"（Modus）这个概念是相对的。"样态"并非像实体那样由自身自由而必然（因为必然性和自由在这里是一回事）地组成，也就是说，"样态"是一切被其他事物所规定的东西，我们也可以称之为广义的物质世界，或（有限的）现象世界，在一般的语言运用中，我们称这个世界为自然界。斯宾诺莎对此也很清楚，为了避免误解，他使用了两个自然的概念：即"创造自然的自然"（natura naturans），系指前述第一种情况下包含一切的自然；"被自然创造的自然"（natura naturata），这是对一切有限事物的总称。

因为人类的语言并非可与数学符号世界相比拟的符号语言，而是从未知的远古时代继承下来并有机地发展而来的语言形式，所以，不管我们作出怎样的概念清晰的定义，每一个词总会带有许多未被说出来的意义，它的意义本来就是来自某个词的过去以及人类的思想遗产。因此，在斯宾诺莎那里也出现了如我们在康德那里看到的情况，他常常并不那么严格地遵守他自己确定下来的定义，比如，他称上帝就是"创造自然的自然"，他称大自然"就是被自然创造的自然"。

每一个有限物都是被另一个有限物所规定的。何以如此？斯宾诺莎为了说明他的这个基本概念举了下面一个例子：设想将无限的实体呈现到一个无限庞大的平面上，譬如一张适合于将样态、个别事物和各种图形画到上面去的白纸上。然后我们再把这个平面划分为许多小方块，我们把目光投向其中的一个方块并提出一个问题，即这个小方块是被什么所限定的？那么回答就会是：它是被四周和它相邻的方块所限定的，而不是与之相反，至少它不是间接地被整个平面所限定的。当然，如果事先没有那个大的平面，小方块也就无从谈起。斯宾诺莎想借此说明一个道理，即每一个有限物总是被另一个有限物所规定，但是上帝却不可能是任何有限物的直接原因。

如果有限物不是直接来自上帝，而万有却是来自上帝，那么在作为无限实体的上帝与个别样态之间必然还存在一个中间环节。这个中间环节是什么呢？让我们再回到上面那个例子中去。平面中的某一个特定的正方形是由它四周与之相邻的正方形所规定的，如此类推，以至于无穷，所有可能的正方形合在一起就构成了无限巨大的无所不包的整体，不管这个平面被分割为多少个别形状，而整体却永远保持不变。斯宾诺莎将这所有样态的全部称为"无限的变态"，它是直接来自上帝的。这样我们就获得了一个三级阶梯：无限实体（＝上帝）；所有样态的全部（＝万有）；个别样态。

无限实体（或曰上帝）有两个属性（不管怎么说人类心灵只能

感知到两种）：**思想和广延**。一方面，上帝是无限的广延（也就是说上帝没有形体，因为所有形体都是有限的）；另一方面，上帝是无限的思想（也就是说上帝不是某个特定的或有限的思想）。因为万物都在上帝之中，所以每一个个体都可以从这两方面加以考察：从思想方面，它显现为观念；从广延方面，它显现为肉体。尽管只有两种不同的实体（如笛卡尔所认为的那样），但是我们从两个方面考察的却是一个东西；尽管个体（尤其是人）只是由两种不同实体即肉体和灵魂组成的，但这两种实体也只是同一个事物的两个方面。这个观点在现代人类学那里又得到了进一步的发挥。

　　每个个体都力求维持自己的存在，在斯宾诺莎看来，这与个体的本性是相符的。和每个个体一样，人在这种努力中必然会与其他个体相遇，一方面，他会通过对对方施加影响而积极行动（主动）；另一方面，他会通过接受对方对自己施加影响而消极忍受（被动）。如果他自我保存的欲望得到满足，那么就会产生快乐；如果这种欲望受到阻碍，那么就会产生悲伤。所有这一切，人的行为和人的痛苦以及人的爱、恨和激情，这些都与人的肉体紧密地联结在一起，它们都带有自然的必然性和坚定不移的合乎逻辑性。因此，用冷静的数学般的实事求是的精神审视和分析人的欲望和激情，这不仅是可能的，而且是必要的，如斯宾诺莎所言，"我将要考察人类的行为和欲望，如同我考察线、面和体积一样"。[*]

　　我们通常所理解的意志自由（选择的自由）在其中是没有活动余地的，斯宾诺莎将一个幻想自己能够自由选择和自由决定的人比作一块被抛向空中的石头，这块石头在下落的过程中可能也会徒然幻想自己能够决定它下落的路线和地点。和所有自然事件一样，我们的行为也必须遵循同样的铁律。

　　善与恶的普遍有效的概念也并不存在。凡是有利于个体自我保存的东西就被称为"善"，凡是阻碍个体自我保存的东西就被称

---

[*]　斯宾诺莎《伦理学》，商务印书馆，1995 年，第 97 页。

为"恶"。

那么我们不禁要问，在这个世界上究竟还有没有一种能够指导人们应该如何行为的普遍有效的伦理学原则呢？如果这个世界上的每个个体都遵循自我保存的原则，如果这个世界上的"自由"也只符合最高级的生命体的利益，那么在这样一个世界上试图建立一种伦理学究竟还有什么意义？

斯宾诺莎的回答是，首先，他所说的不存在意志自由并不意味着人对他的行为可以不负责任。由恶行导致的恶果之所以并不那么可怕，是因为它是必然产生的结果。我们的行动是否自由，这并不重要，因为我们的动机就在于希望和恐惧。因此，如果认为我不再给戒律和命令留出地盘，这种断言就是错误的。

事实上，历史上已经有足够的例子证明，许多非凡的人物都度过了堪称模范的一生，尽管他们对人的不自由坚信不疑。但是这个理由仍然不能令我们感到满意。

每个客体的本性都在于追求自我保存，这个原则同样也适用于人类。"每个人都爱他自己，都寻求自己的利益——寻求对自己真正有利益的东西，并且人人都力求一切足以引导人达到较大圆满性的东西。并且一般讲来每个人都尽最大努力保持他自己的存在。这些全是有必然性的真理，正如全体大于部分这一命题是必然性的真理一样。"[3]* 德性不是别的，它无异于人实现他的上述目标的能力。也就是说，德性和权力并无不同。人的自然权力也就是他的这种权力，因为斯宾诺莎说，所谓自然权力也可以理解为自然法则或自然权力。"绝对遵循德性而行，不是别的，只是依照我们固有本性的法则而行。"[4]†

那么，人依循其法则而努力追求自我保存和自我完善的固有本性又是什么呢？接下来是关键的一步，它决定了斯宾诺莎思想的发

---

* 斯宾诺莎《伦理学》，第 183 页。
† 同上，第 187 页。

展方向，他认识到：人就其本性而言是**理性动物**。如果人在理性的引导下追求自己的利益，那么他也就是依循他的本性而行动，而由于理性努力追求理解，因此"指向理解的努力乃是德性之首先的唯一的基础"。[5]* 这让我们想起苏格拉底，他也曾经将德性与正确的认识联系起来。

当然，人也不仅仅是理性动物，此外他还身不由己地受本能、欲望和激情的控制。那么理性和激情的关系如何呢？斯宾诺莎对人的本性当然可谓了如指掌，因此他对人提出了这样的要求，即理性必须克制和压抑激情。而且他了解得更多，"一个情感只有通过一个和它相反的，较强的情感才能克制或消灭"。[6]†

那么理性究竟有什么作用？它的作用倒是有几个。人的个别激情都有一个特性，即它会力求使自己的欲望得到完全满足，它不顾人的其他情感，也不顾整个人的幸福。在激情中，人会完全沉醉于那一刻之中而忘乎所以，他不顾将来会发生什么。假如人完全沉醉于其中，这对他个人的真正利益来说并没有好处。只有当理性能够超越倏忽而过的当前时刻，能够看到当下的行为的未来结果，它才能帮助我们统揽全局并采取正确的行动。作为生命的原动力，欲望是我们不可缺少的。但是理性告诉我们，应该将人身上的各种对抗力量相互协调起来，使它们之间达到一种平衡状态，这样才会真正有利于他建立一种和谐的人格。没有激情，人将不成其为人。但是激情必须经过理性的调整和引导。

理性的能力还不止这些。也就是说，理性本身也可以变成激情，变成感情冲动，并像激情那样对人产生影响！正因为对善与恶的认识本身就能够起到一种情绪的作用，所以就存在这样的可能性，即人能够使他对善与恶的认识成为他行动的准绳。在这个意义上，斯宾诺莎说："在我们为被动的情感所决定而产生的一切行为，也可以

---

* 斯宾诺莎《伦理学》，第 188 页。

† 同上，第 175 页。

不为情感所决定，而为理性所决定。"[7]* 所以说，理性可以通过使自身成为激情从而战胜激情。

最终，理性会继续引领我们走向更高的下一步。让我们再回到前面举的那个例子上去，即那个上面画有各种图形的无限大的平面。有最简单的生物，它们是"第一级别的个体"，我们可以设想用一个正方形来表达它。我们所认识的最为复杂的生物就是人，我们可以设想用一个非常复杂的图形来表示它，并把这个图形画到平面上去，很明显，它本身就包含了许多个正方形。但是，它会与其他大量的单独的正方形相交，而只将一部分包含在自己身上。从广延的角度看，即将它作为物体来看，那么这样一个生物将不会完全控制它的各个组成部分的运动，其他物体会对它施加影响并干扰它。或者从思想的角度看，即将它作为精神来看，这样一个个体会将某些正方形完全包含到自己身上，而另一些则只能是部分地被包含。斯宾诺莎称这种能够完全占有精神的理念是适当的理念，而其余的则是不适当的理念。

在人的欲望和激情中，人会将其他身体作为自己的欲望和激情的对象，因为其他身体同时也会对他产生影响，所以他只能获得不适当的理念，只能获得支离破碎和杂乱无章的理念。这也同样适用于其他身体的感官知觉。

而理性则与此截然不同，特别是它的最高级形式，斯宾诺莎称之为"直觉"。理性只会帮助人们获得适当的理念，理性不会提供对孤立状态下的事物的杂乱无章的认识，理性会将一切事物放到它们永恒的和必然的联系中加以考察。（在此，我们不禁要做几点说明，即斯宾诺莎在这里的表现足以证明他是那个理性时代的真正儿子。个别思想家或个别人无疑是不假思索地作出的假定，却具有了划时代的意义，这无论如何是非常有意思的和富于启发意义的事情。斯宾诺莎不相信人的感官和本能。但是，对于理性及其力量他却深信

---

* 斯宾诺莎《伦理学》，第 215 页。

不疑，他认为，理性能够帮助人们获得纯净的认识及其绝对可靠性。）由于理性能够纯粹和适当地把握事物，因此理性也就能够在事物的合乎规律的必然性上来理解事物。人所理解的某种事物是必然的，是因为他认识到这个事物只能是如此而非其他，而且人也必须肯定它，因此，理解也就是肯定，而肯定不是别的，它就是意欲（笛卡尔也已经认识到了这一点）。我们毫不怀疑地认识到的东西，我们面对它时，就不再觉得它是一个从外面向我们靠近的东西，或者它不是我们意欲的东西，而毋宁说，它就是我们自己赞同、肯定和意欲的东西。我们面对它时不是感到不自由或痛苦，而是感到自主和自由！因此，人只会借此达到更高的自由，而这也是他能够达到的唯一自由，并且他通过认清这一点就能够更大程度上摆脱痛苦。人所认识的一切带有必然性的东西，他也将会理解它，并肯定它。人所肯定的东西也不再是让他感到痛苦的东西，相反，他面对它时会感到自主，亦即自由。

由于一切必然的东西皆为上帝的意志（因为上帝的意志和必然之物实际上就是一回事），所以进一步认识和肯定必然之物也就是不断地增进对上帝的爱，并更加服从上帝的意志。人能够达到的这个最高境界，斯宾诺莎称之为"对上帝的精神之爱"（amor Dei intellectualis）。这同时也就是"对不可改变的命运的爱"（amor fati），两个世纪之后，尼采也试图教导同一种思想，只不过尼采为此付出的是痛苦的代价，他不像斯宾诺莎那样恬然自适。人只有不假思索地献身于必然之物，也就是献身于上帝的意志，宗教以及永恒的幸福才会成为可能。在这个意义上，正如《伦理学》的末段所言，"幸福不是德性的报酬，而是德性自身"[*]。这就是斯宾诺莎指给我们的道路。最后，让我们再听一听他在回顾自己的著作时所说的一段话：

---

[*]　斯宾诺莎《伦理学》，第 266 页。

现在，我已经将我要说的所有关于心灵克制情感的力量，以及关于心灵的自由的意义充分发挥了。由此可以明白看到，智人是如何地强而有力，是如何地高超于单纯为情欲所驱使的愚人。因为愚人在种种情况下单纯为外因所激动，从来没有享受过真正的灵魂的满足，他生活下去，似乎并不知道他自己，不知神，亦不知物。当他一停止被动时，他也就停止存在了。反之，凡是一个可以真正认作智人的人，他的灵魂是不受激动的，而且依某种永恒的必然性能自知其自身，能知神，也能知物，他绝不会停止存在，而且永远享受着真正的灵魂的满足。如果我所指出的足以达到这目的的道路，好象是很艰难的，但是这的确是可以寻求得到的道路。由这条道路那样很少被人发现看来，足以表明这条道路诚然是很艰难的。因为如果解救之事易如反掌，可以不劳而获，那又怎么会几乎为人人所忽视呢？但是一切高贵的事物，其难得正如它们的稀少一样。[8]*

以上我们仅就斯宾诺莎的伦理学基本思想作了简要的讨论，并没有涉及他的政治学思想。但是在此我们至少应该强调他的一个政治观点，即他对国家提出了精神自由（亦即言论和思想自由）的要求。他仍然从理性出发为其寻找根据：当人们结为国家同盟并将权力赋予这个同盟之后，作为国家的公民，他们有多少权力将不再意味着他们就能拥有多少权利，只要是人与人彼此相处，情况就是如此。为了国家的利益，他们放弃了自己的一部分权力，因而也就放弃了自己的一部分权利，但是因此他们也获得了安全。但是国家本身却仍然处于一种所谓的自然状态中，在这种状态下，一切可能的，都是允许的。这个原则适用于国与国之间的关系。条约在多大程度上能够约束国家的行为，这要看遵守条约是否对国家有利。这个原则也同样适用于国家内部的权力，适用于国家与其公民之间的关系。

---

* 　斯宾诺莎《伦理学》，第 267 页。

国家有多大的权力，它就有多少权利。国家能够强制实施的一切都包含在这种权力之中。但是，因为人的宗教和科学信念不能被强迫，所以，如果国家仍然试图反其道而行之，那么国家就超越了它的权力以及权利范围，而且那样做也只能是一种愚蠢的行为。就此而言，赋予公民尽可能多的自由，这对国家来说无疑是明智之举，因为"人们普通的天性是最容易愤慨把他们相信不错的意见定为有罪"[9]*。斯宾诺莎的这些话至今仍然有其现实意义。我们可以相信，斯宾诺莎之所以提出这种思想自由的要求，除了理性方面的因素，他的痛苦的个人经历也是其中一个重要的原因。因此可以说，斯宾诺莎走在了伟大的欧洲启蒙运动的前面，关于这个运动，我们将在下一章里详细讨论。

3. 斯宾诺莎对后世的影响以及我们对他的评价

斯宾诺莎死后，他对后世产生的影响并没有立即充分显现出来。和活着的时候一样，他死后也遭到憎恨和嘲笑，他的思想也被禁止传布。犹太教教会把他开除了，天主教教会也将他的著作列为禁书。即使是开明的皮埃尔·培尔也称斯宾诺莎的思想是奇谈怪论。

至于说到斯宾诺莎与犹太教教会之间发生的冲突，我们必须考虑到以下因素：作为一个少数派宗教教徒的团体，犹太人曾经多次遭到驱逐，因此他们主要是通过共同的信仰才团结在一起的；正因为如此，他们对任何足以威胁他们团结的行为都会作出敏感的反应；所以，他们同样惧怕那些被基督教多数派视为异端或反宗教的观念，这也是合乎情理之事。年轻时，斯宾诺莎就宣称：那些先知们被作为道德导师而受到尊敬，可是他们的学识并不比他们的同时代人更多些。这使得他处境更为艰难。

在德国，斯宾诺莎哲学起初并没有产生多大影响，因为几乎与此同时诞生的莱布尼茨哲学抢占了更大的风头。尽管如此，他的影

---

* 斯宾诺莎《神学政治论》，商务印书馆，1996 年，第 275 页。

响还是超出了表面上所显示的情形，我们可从如下事实看到这一点，即针对斯宾诺莎的思想，人们总是不断地发表一些争论和反驳文章。首先对斯宾诺莎公开表示敬意的人中，在德国，有伟大的诗人和评论家莱辛以及弗里德里希·海因里希·雅各比（1743—1819）；在英国，有诗人柯勒律治。后来，赫尔德和歌德也明确表示，他们信奉斯宾诺莎及其学说。受斯宾诺莎思想影响较深的哲学家主要有叔本华、尼采和柏格森。

下面我们再对斯宾诺莎做一简短评价。毫无疑问，斯宾诺莎的思想也是他人格和命运的体现。没有人能够做到与世隔绝地旁观世界以及他自己的人生，即使像斯宾诺莎这样的人也做不到这一点。斯宾诺莎哲学的一个重要特征也表明了他的出身，我们可以称这个特征是东方式的。斯宾诺莎身上带有一种宿命论的献身精神，尽管这不一定必然会导致他成为一个懒散的袖手旁观的人，但是也很容易使他成为这样一个人。因此，曾有人拿他的学说与佛陀的学说相比。[10] 在他的思想体系里，自然的人类共同生活诸如婚姻、家庭和民族等的价值和意义并没有受到重视，或许这同样应该归咎于他的出身以及他的个人命运。

斯宾诺莎是一个天性以理论为行为导向的人，因此，对他来说，一个人的认识必须与他的行动相一致。他几乎不能想象，一个人确信无疑地认识到的道理，他在行动中却不去实践它。在他看来，认识本身确实就是一种情感冲动。

斯宾诺莎从来都不认为，人有可能会克服他自私自利的秉性，因此他也不认为这是一个值得追求的目标，而且在他看来，一个人会为了另一个人而牺牲自己，这个想法本身就是荒谬的，他的这种观点与他的性格和他遭受驱逐的个人命运以及他孤独的生活不无关系。这使得他的思想与基督教的核心思想区别开来，尽管在其他某些方面两者之间有一些相近之处。

三、莱布尼茨

1. 生平和著作

在德国，三十年战争（1618—1648）给社会表面所造成的破坏使这个国家倒退了许多年，据专业历史学家的看法，这种破坏产生的影响持续了一个世纪之久。即使在思想领域，战争年代的德国也是一片荒芜的景象，只零星地涌现出了几个独立的思想家。尽管持久的战争创伤在德意志民族的心灵里留下了难以磨灭的印记，但是，在思想方面，德国人恢复得还是相当快的，这主要还是仰赖一位伟大人物的功绩，这个人就是哥特弗里德·威廉·**莱布尼茨**。在战争年代精神贫瘠的状况下，他的出现就像一颗耀眼的彗星划破夜空。他是日益展翅翱翔的德国近代哲学的真正奠基者。他的博学多识，他在几乎所有的知识领域内所作出的杰出贡献，在德国都是史无前例的。

1646 年，也就是《威斯特伐利亚和约》*签订前不久，莱布尼茨出生于莱比锡。他早年丧父，童年时就接受了广博的教育，这使他在十五岁时就入大学学习，十七岁时就拿到大学法律硕士文凭，二十岁时就获得了博士学位。他的博士学位是在阿尔特多夫大学获得的，因为莱比锡大学考虑到他太年轻，不允许他博士毕业。随后大学给他提供了一个教授职位，但是他放弃了，后来他也没有再担任过任何一个学术职位。他更为关注的是政治活动，与美茵茨选帝侯的交往激起了他对这方面的强烈兴趣。受选帝侯的委派，莱布尼茨带着他自己设想出的一个计划前往巴黎，他试图去游说法国国王路易十四，想让他把进攻尼德兰和德国的兴趣转移到其他目标上去。莱布尼茨提出的建议是，信奉基督教的欧洲国家不应该再彼此相互消耗战争力量，而应该团结一致去对抗非基督教世界。他建议法国应该首先占领埃及，正如后来的拿破仑一世所做的那样。但是莱布

---

* 《威斯特伐利亚和约》签订于 1648 年，标志着三十年战争的结束。

尼茨没有取得成功，最后有人提示他：“十字军东征已经过时了。”

莱布尼茨在巴黎逗留了四年，他在科学方面取得了更为丰硕的成果。他研究了笛卡尔，阅读了斯宾诺莎《伦理学》的手稿，与那个时代的许多重要思想家建立了联系，其中有惠更斯，据莱布尼茨自称，惠更斯是带领他进入数学殿堂的第一人；有阿诺尔德，他是当时的詹森派领袖人物，除此之外还有其他人。回乡的途中，他还拜访了斯宾诺莎。莱布尼茨整个一生中都在与许多重要人物频繁地书信往来（他有六百多个通信伙伴），对于我们了解他的思想来说，他的书信也是最重要的源泉之一。在巴黎，他发明了微积分，即数学中的无穷小算法，在此之前不久，牛顿也以另一种并不完善的形式发展了这种算法，但是，莱布尼茨当时对牛顿的成绩可能并不知情。

1676 年，莱布尼茨应召前往汉诺威去担任图书馆馆长和宫廷顾问。这座城市成为他的第二故乡，在随后的几十年里，他只是在外出旅行时才离开过那里，当然也因此而使他的故乡的范围得到了延伸，他的旅行目的地主要有柏林、维也纳和罗马。1700 年成立的柏林科学院就是在莱布尼茨的倡议下建立的。在与俄国沙皇彼得大帝的交往中，莱布尼茨向沙皇呈递过许多旨在促进各民族之间的科学和文化交流的计划。在本书第一部分的末尾，我们就曾经提到过莱布尼茨对中国精神世界的了解和高度评价。莱布尼茨的那些伟大计划大部分都没有得以实现，尤其是那个始终萦绕在他心头的想法，即他希望能使基督教的宗教信仰能够重新统一起来，首先是天主教和新教之间，然后至少是路德教派和改革教派之间。1685 年，路易十四废止了南特诏书，并重新开始血腥地迫害法国的胡格诺教派信徒，这是莱布尼茨一生中最感痛苦和失望的事情之一。为了促进他的计划的实施，莱布尼茨写作了神学著作，在其中他特别强调了教派的联合。

莱布尼茨主要是作为国家法学者和历史学者服务于汉诺威的选帝侯，所以，经过多年的资料研究之后，他写出了一部内容丰富的历史著作，这应该是他那个时代最好的历史著作之一。与此同时，他的数学和哲学研究工作仍然继续着。由于兴趣过于广泛，他常常不能善始善终地完成一项工作。关于此，他曾在一封信中这样写道：
"我在档案室里开始了研究工作，搬来了古旧书，并搜集了一些未
经刊印的文稿。我收到许多信件，也不停地给人写回信。但是，在
数学方面我有许多新的想法，在哲学方面我也有许多新思想，在文
学方面我也有许多新观点，我常常不知道应该先做什么。"莱布尼
茨的兴趣多得简直令人难以置信，他既是哲学家、神学家、外交家
和数学家，也是历史学家和图书馆学家，除此之外，他还从事技术
研究，研究钟表、风车和液压机（他发明了一种水泵，并在哈尔茨
山的采矿工作中得到了应用），在矿山上，他还常常作为地质学者
和工程师工作。

　　在人生的暮年，莱布尼茨也和许多效力于诸侯的伟大人物遭遇
了相同的命运，他失宠了。1716 年，他在孤独和愤懑中死去，不过
直到最后一天，他都在伏案工作。在欧洲思想史上，或许莱布尼茨
是最后一位涉猎几乎所有知识领域并取得了杰出成就的人，可是据
他的同时代人记载，最后他也就不声不响地被埋葬了，只有法兰西
科学院给他题写了一篇悼词以表敬意。

　　莱布尼茨的思想，特别是他的哲学思想之所以没有得到应有的
重视，原因主要在于，他自己从来都没有把他的哲学体系完整统一
地表达出来。他的哲学思想大都散见于他的无数信件和短小论文中，
而这些信件和论文有一部分是过了几十年之后才被印刷并与公众见
面。这里主要涉及他的哲学观形成的第一阶段或说准备阶段，即截
至 1695 年这一时期。在第二阶段，他的哲学观日臻成熟，他写了
几篇文章，至少他在其中对他的体系的主要部分做了概括性的讨论。
首先应该提到的是他于 1695 年发表的文章《**新的自然体系**》，其中
的思想他又在《**单子论**》和《**自然与神恩的原则**》中进一步地发挥，
后两本书是他从 1712 年至 1714 年在维也纳期间为欧仁亲王而写
的。在此期间，他又写出了两部带有哲学特征的重要著作，它们
也都带有论战性的意图。《**人类理智新论**》是针对英国思想家洛
克[11]的，在莱布尼茨死后才发表。莱布尼茨最有名的著作是《**神正论**》

（论神的善、人的自由以及恶的起源），他是针对法国怀疑论者培尔而写的，这本书诞生于他与普鲁士王后的交谈之中。后来的研究者试图将莱布尼茨遗留下来的思想碎片拼凑成一个整体，这是一项艰巨的任务，不仅因为他的著作比较散乱，而且还因为他的思想前后矛盾，莱布尼茨从来都没有抽出时间来思考一下他的整个思想体系，他没有做补充说明，或者至少梳理一下他的思绪。他的著作和书信全集自 1923 年始相继出版。在我们的叙述中，我们将仅限于讨论莱布尼茨思想体系的三个核心问题。

2. 莱布尼茨哲学的基本思想

单子论

为了能够更好地理解莱布尼茨形而上学的首要论点单子论，我们最好把它与笛卡尔的实体概念联系起来看，而且是把它与笛卡尔的物体的和广延的实体概念联系起来看。莱布尼茨从两个方面对笛卡尔进行了批判。

笛卡尔认为，一切自然现象都可以用广延和运动的概念作解释，而且可以表达为"运动守恒"原则。莱布尼茨提出了另一种观点：如果我们只从广延角度观察物体世界，那么"运动"也就无异于物体向邻近位置的移动，是空间中的物体相互间的位移。我究竟能不能客观地观察运动呢？显然是根本不可能。运动是一种纯粹相对的东西，物体看上去是运动还是不运动，这纯粹取决于观察者的角度。了解物理学的读者可能会注意到，莱布尼茨的这种观点里已经蕴含着现代物理学中的相对论的萌芽，而且他下面的观点也同样具有现代性，莱布尼茨接着说：运动和**力**的概念是分不开的。力隐藏于运动的背后，并且力也是运动的原因，没有力，运动就像无源之水、无本之木。力（我们可以称之为能量）是真正现实的东西。莱布尼茨利用下面的论据对此做了更为详细的解释：笛卡尔主义者也看到了这样一个事实，运动和静止始终是交替出现的。那么，笛卡尔所认为的"守恒的"运动又在哪里呢？显然，守恒的并不是运动，而是力。一个运动中的物体静止下来以后，运动也就停止了，但是作为力的物体却并没有因此而停止存在，或者说物体并没有停止显现为力。只是在物体中起作用的力现在转化为另一种形式（我们也可以称之为势能）。因此说来，并不存在运动守恒原则，而只存在力的守恒原则。

　　莱布尼茨还从另一个角度，也就是从物体的连续性和可分性的角度批判了笛卡尔的广延性实体观念。数学上的空间是一个连续统，是可以无限分割的。如果我从笛卡尔的纯粹几何学的角度出发，把物体世界看作广延，那么物质就是一种连续统一体，是可以无限分割的。莱布尼茨认识到，物理学意义上的物质与几何学意义上的空间并不是一回事。数学意义上的连续统是一种想象中的观念，它没有现实性。它可以被任意分割，正是因为它是一种观念，是一种**思想中**的观念。现实的物质不能与纯粹的广延性相提并论，这证明了——莱布尼茨也对此特别加以强调——用纯粹广延性概念无法解释物体固有的惰性。而现实只能是由真正的部分组成，并且也绝不可以被任意分割。他看上去要把我们引向古希腊的原子论，或者要把我们引向莱布尼茨时代前不久的法国物理学家和自然哲学家皮埃尔·**伽桑狄**（1592—1655）的原子论，伽桑狄是笛卡尔的反对者，并对古代原子论做了重新改造。

　　但是，莱布尼茨并不满足于古代的原子概念。尽管莱布尼茨极力为机械论自然观（如伽利略的自然观）的合理性做辩护，然而他也试图努力超越这种自然观，并且深信，这样一种自然观的原则并非以自身为基础，而是以形而上学的概念为基础。莱布尼茨将机械论的原子概念与亚里士多德的隐得来希（为万物赋予灵魂和形式的力）概念结合到了一起，于是他就得到了**单子**这个概念，从字面意义上看，这个概念的意思是"单元"，或许他是从乔丹诺·布鲁诺那里借用来的。那么单子究竟是什么东西呢？如果我们把斯宾诺莎的无限实体分解为无数个星星点点的单个实体，这样我们就可以更好地理解它了。实际上，莱布尼茨就曾经说过："如果没有我的单子论，或许斯宾诺莎就是对的。"我们可以从四个方面来考察单子：

（1）单子是**点**。这就是说，存在物的真正本原是点状实体。它并不存在于一种连续统一体之中，这似乎与我们的感官知觉相矛盾，因为在我们看来，物质是一种广延的充塞空间的连续统一体。莱布尼茨断言，这种感官印象是错觉。在这里，自然科学研究的新成果肯定对他产生了影响，刚刚发明不久的显微镜一定是引起了他的注意。显微镜使得人们对物质的深层结构有了更多的认识，而且也为他的观点提供了佐证。

（2）单子是**力**，是力的中心。在莱布尼茨看来，一个物体就是由逐点的力的中心组成的集合体。这不仅为后来的康德和叔本华的批判哲学所证实，而且尤其为近代自然科学所证实。

（3）单子是**灵魂**。逐点的原始实体无一例外是被赋予灵魂的，不过它们也有不同的级别。最低级的单子仿佛处于一种恍惚的或昏迷的状态，它们只有混沌的无意识的观念。较高级的单子，比如人的灵魂，是有意识的。最高级的单子，即上帝，具有无限的意识，是全知全能的。

（4）单子是**个体**。不存在两个完全相同的单子。单子构成了一个完整的连续的系列，从最高级的神的单子到最简单的一般单子。每个单子都有其不可替代的位置，每个单子都以其独有的和唯一的方式反映宇宙，每个单子都是潜在的力，它们从各个侧面反映整个宇宙。就单子是个体而言，单子也是封闭孤立的系统。单子是"没有窗户的"。在单子身上发生的一切都来自单子自身，来自单子的本性，上帝在创造单子之时就已经预选规定好了单子的发展历程，所有单子都来自上帝的原始单子。

前定和谐说

在这个观点上，莱布尼茨又重新回到他的前辈思想家曾经思考过的问题上去了，只是他改换为另一种形式。对笛卡尔来说，存在两个实体，思维和广延。他认为，很难解释清楚这两者之间的关系，尤其是它们在人身上的关系。对莱布尼茨来说，存在无限多个实体，这就是单子。每个单子都有各自的观念世界。整个世界就是由单子及其观念组成的，而所有的单子又共同构成和谐的世界整体。那么，如果每个单子都按照自己的规定性发展，而单子的观念却能相互协调一致，比如我们人类共同在这个世界上生存，并遵循着一定的规律思想和行动，这又该如何解释？单子本身是无法对此给出解释的。我们同样也可以设想，单子被创造出来，但是在它们不同的"世界"之间却不相互协调一致。要想解释这个问题，我们必须从所有单子的本原出发，这个本原就是神。

莱布尼茨用那个著名的"时钟比喻"来形象地解释他的观点，这个比喻实际上也不是他的发明，而是来自前面提到过的格林克斯。我们设想有两个时钟，它们步调一致，没有一点误差。可以从三个方面来解释这种一致性：要么这两个时钟是通过一个机械装置相连接的，一个时钟与另一个时钟在机械上相互依赖，因此它们彼此不会有误差；要么有一个机械师专门看管这两个时钟，他会不停地校准时钟的指针；要么这两个时钟的制作工艺精确无比，因此不可能出现误差。

把这个比喻应用到不同的"实体"上面，这就意味着：首先，实体之间必然相互影响。笛卡尔面临着两难选择，他既不能否认一个显而易见的事实，即他的两个实体之间的协调一致，特别是人身上灵魂与肉体的协调一致，他也不能赞成一种观点，即其中的一方会对另一方施加影响，因为他的两种实体从其概念上说是彼此不同的东西。在这里，偶因论者的第二种假设好像对解决问题有所帮助，他们让上帝来扮演校准时钟的机械师的角色，为了使实体之间能够相互协调一致，上帝会时刻出来干预。但是，对莱布尼茨来说，上述的两条路都行不通，因为他的单子是"没有窗户的"，是彼此孤立的。在他看来，偶因论者的理论像是 deus ex machina*（意外出现

---

*　此系拉丁语，原指古希腊戏剧中用舞台机关送出来的解围之神，引申为意外出现的救星。

的救星），可以帮助他用更自然的方式对此作出解释。于是他就提出了第三种可能性，即上帝在创造单子的时候，对于每一个单子以后的发展历程都预先规定好了。每一个单子的发展都遵循它自己的规律，这个规律在单子诞生的同时就从上帝那里接受下来了。上帝同时还考虑到了单子与其周围的其他单子的关系，并使它们在发展过程能够保持和谐一致。这就是莱布尼茨的前定和谐说。

我们会发现，当然还存在另一种（更简单的）可能性，斯宾诺莎就选择它。对他来说，并不存在两个时钟，也就是说，并不存在被割裂开的两种实体。只有一种神的实体，如果我们看到思维和物体世界之间的发展过程能够保持"和谐一致"，也毫不奇怪，而且也不需要做更进一步的解释，因为两者就是一个实体的两种属性，上帝时而使它显现为思维的属性，时而使它显现为广延的属性。对斯宾诺莎来说，不存在两个时钟，而只有一个时钟，不过这个时钟有两个表盘（或者有更多的表盘，但是我们只看到这两个），而这两个表盘是由同一个机械装置驱动的。

莱布尼茨无法走斯宾诺莎的那条路，要不然那条路可能会把他引向斯宾诺莎的泛神论，在那里，世界在上帝之中，上帝也在世界之中，上帝和世界是一回事。莱布尼茨坚信基督教的有神论，认为在世界之外或在世界之上有一个上帝。因此，他需要那个前定和谐的理论，尽管这个理论很了不起，但是与斯宾诺莎的理论比起来却显得有些不自然。用他自己的话说："这个体系使形体好像（自然这是不可能的）根本没有灵魂似的活动着，使灵魂好像根本没有形体似的活动着，并且使两者好像彼此相互影响似的活动着。"[12]*

神正论

显而易见，莱布尼茨的前定和谐说带有明显的乐观主义特征，而对于他这样一个宗教思想家和立场坚定的基督徒来说，这种乐观

---

*　莱布尼茨《单子论》，81 节。参见《西方哲学原著选读》，商务印书馆，1986 年，第 491 页。

主义不可避免地又使他陷入矛盾之中，因为面对世界上的丑恶的现实他不可能视而不见。莱布尼茨坚信，上帝创造的这个世界是一切可能的世界中的最好的世界。这是由上帝的本性得出的结果。如果这个被创造的世界不是最好的，如果另外还有一个更好的世界，那么，要么上帝还不知道这个更好的世界——这与上帝的无所不知相矛盾，要么上帝没有能力创造一个更好的世界——这与上帝的无所不能相矛盾，要么上帝不愿意创造一个更好的世界——这与上帝的无上仁慈相矛盾。在这个所有可能的世界中最完善的世界上，为什么却存在着如此多的痛苦、不完善和罪孽呢？这就是莱布尼茨的神正论问题。

为了更好地回答这个问题，莱布尼茨将恶划分为三种，形而上学的恶，物理上的恶和道德上的恶。形而上学的恶归根结底在于我们这个世界的有限性，如果上帝创造了这个"世界"，这也是不可避免的。物理上的恶，也就是各种痛苦和忍受，是形而上学的恶的必然结果。因为被创造的东西只能是不完善的（如果它是完善的，那么它就不是被创造的东西了，而是和上帝一样），所以他们自己的感觉也只能是不完善的，所以像痛苦和忍受这些不完善的感觉也就必然存在了。道德上的恶也是如此，一个被创造的不完善的东西必然会有欠缺和罪孽，尤其是当上帝赋予它自由之时。

3. 几点批判意见——莱布尼茨思想的影响和发展

我们前面已经说过，莱布尼茨的体系中显露了一系列内在矛盾。这些矛盾之所以被遗留下来，一方面是因为莱布尼茨的思想总是有头无尾，如果他能够前后一致地发展他的思想，或许这些矛盾是可以消除的；另一方面是因为他奇特的折衷立场，他一边坚守着根深蒂固的宗教信仰，一边又从自己的立场出发急切地沉湎于新的自然科学知识中而不能自拔。在这里我们只想指出他的几个矛盾之处。

关于空间，莱布尼茨一方面认为，世界只是由（无广延）的单子及其观念构成的，此外别无其他。倘若我们的感官认知所显示的是，世界是一个在空间中具有广延性的连续统一体，那也只是一种错觉，因为事实是，它表面上是连续统一体，而实际上则是由点状的单子组成的集合体。这是纯粹的唯心主义，也就等于是否定了空间的现实性；但是另一方面，莱布尼茨又认为，有无数个单子在世界上并存。如此说来，那么这些单子除了在空间中存在，还能去哪里呢？莱布尼茨思想的另一个矛盾在于，一方面，他宣扬前定和谐说，这也就是一种决定论，因为世界的发展历程已经被上帝预先规定了；而另一方面，他又承认人的意志自由，如他的神正论所言。

在莱布尼茨的哲学观和他的基督教信仰之间也存在着矛盾，他不仅坚守着这种信仰，而且针对像培尔那样的怀疑论者，他还想利用自己的学说为基督教做辩护。莱布尼茨在他的神正论中指出，在上帝创世时，人的痛苦就已经预先注定了，因此，他反问道：我们如何知道人的幸福就是世界的唯一的和主要的目的呢？上帝的世界目的并不仅限于世界的一部分，而是扩及整个造化世界，并且这个世界目的也不应该仅仅为满足这被造物的一部分而作出牺牲，不管它是多么高级的造物！这与基督教的思想并不完全一致，在基督教那里，上帝的神圣计划恰恰就是拯救人类。总而言之，在莱布尼茨的思想体系里，拯救的观念并无立足之地。因为，如果上帝一开始就已经如此完美地创造了单子，以至于上帝的任何干预都不需要了，所以，和任何其他的"奇迹"一样，期望通过超自然的神恩的力量获得拯救，这既是不可能的，也是多余的，尽管莱布尼茨仍然断言这种可能性的存在。

从一个更高的层面上调和这些矛盾并非不可能，决定论和自由之间的矛盾，空间的观念性与现实性之间的矛盾，以及其他等等矛盾都在康德的著作中得以澄清了。如果从莱布尼茨的立场出发，这是根本不可能的事情。在我们今天看来，单子的概念（在古希腊哲学中就已出现，莱布尼茨只是换了一种说法），更像是一种与现实不相符的虚构，或者说是一种时代的产物，在那个时代，人们对物质的粒子结构以及生命体的细微构造还不甚了解。

我们不应该因为以上作出的批判而否定莱布尼茨基本思想的伟大以及它产生的巨大影响。莱布尼茨是个全才。他的伟大在于，他使看上去相互对立的东西能够彼此协调一致起来，并能够将其组合成一个整体。他的主要思想——他的体系也是以这些思想为基础的，而且这些思想在莱布尼茨后继者的哲学发展中也占据着重要地位——可被总结如下[13]：1. 宇宙完全合乎理性的思想，亦即宇宙的逻辑规律性；2. 个体在宇宙中的独立的意义的思想；3. 万物完美和谐的思想；4. 宇宙在数量上和质量上无限的思想；用机械论解释自然的思想。

由于莱布尼茨没有将他的思想组织成一个完整的体系，所以他也没有留下一个哲学"学派"。要不是克里斯蒂安·**沃尔夫**（1679—1754）尝试补做了莱布尼茨没有做的事情，把他的思想放到一个体系里，并使之广为人知，那么莱布尼茨的思想在他死后立即就得以产生广泛影响几乎是不可能的事。沃尔夫在虔信派势力的逼迫下放弃了大学的教席，后来又被腓特烈大帝召回普鲁士（哈勒大学）。直到康德时期，"莱布尼茨—沃尔夫体系"一直在德国哲学中起主导作用。沃尔夫的功绩还在于，他在用德语写的著作中（他的其他著作都是用拉丁语写成的）创造了一套哲学术语，此后的启蒙运动时期的思想家们就采用了他的这些术语。

莱布尼茨从来都没有公开执教过。有一个现象值得我们注意，这就是，从 1561 年（弗朗西斯·培根出生）至 1755 年（康德在柯尼斯堡做讲师），没有一个一流的哲学家曾经长期在大学执教过，这一时期的思想家们，要么是世俗世界中的人，如培根或莱布尼茨，他们与王公贵族们交往甚密，要么就像斯宾诺莎那样离群索居。

第五部分

启蒙运动时期的哲学和康德哲学

《自由领导人民》（1830，德拉克洛瓦，现藏卢浮宫）

第一章

启蒙运动

一、英国

1. 英国经验主义的先驱

　　欧洲哲学在近代史的第一个世纪里共发展出三个分支，而我们在上一章里只考察了其中的两个：第一个分支是以笛卡尔和斯宾诺莎为代表的法国和荷兰哲学，第二个分支是以莱布尼茨为代表的德国哲学。其中的第三个分支就是**英国哲学**，虽然对于欧洲思想的发展来说，英国哲学并不比前两者意义更大，但是它们三者的地位也是同等重要的。英国哲学与前两者迥然相异。在十三世纪至十七世纪这一段漫长的时间里，英国人是首先为争取政治自由而斗争的民族，而且也正因为此，他们的势力得以不断地向外扩张，他们也变得越来越富裕，这使得英国人的民族个性也越来越变得更加理性和注重实际。自十六世纪以来，在英国出现了**清教主义**宗教运动，他们要求"清洗"国教内保留的天主教旧制和烦琐仪文，反对王公贵族的骄奢淫逸而提倡勤俭清洁和理性务实的生活，这种宗教运动无疑也对塑造英国人的民族性格产生了重要的影响。

与此相适应，从那时起直至当代，在欧洲的"哲学音乐会"上，英国人一直就坚持不懈地演奏着自己的独特音调：拒绝抽象思辨，坚定不移地坚持认为，经验是一切知识和所有哲学的基础。这样一种从经验出发获得认识并因此试图将所有的科学建立在经验之上的哲学派别，我们称之为**经验主义**。

对以鄙薄经验为病征的中世纪经院哲学最早发起攻击的，就是英国人罗吉尔·培根，他首先发出呼吁，倡导人们将经验作为真正知识的源泉。这也并非偶然，因为，面对认识而强调意志的优先权的邓斯·司各脱也是英国人；其唯名论对经院哲学抽象的概念大厦以有力冲击的奥卡姆的威廉也是英国人；弗兰西斯·培根也是英国人，他进一步发展了罗吉尔·培根的思想，将其发展为一种改革人类知识结构的庞大计划，其目的就是使人类在实践上征服自然。

托马斯·霍布斯也是属于这个行列的一位思想家，在本书第四部分的第一章中，我们就已经将他作为一位政治思想家做过评价。霍布斯也反对抽象思辨，他实事求是地将哲学定义为从结果到原因和从原因到结果的知识。对他来说，哲学的目的就是预见到知识的作用并把知识应用于改善人类的生活。霍布斯以伽利略为榜样，可以说，他已经完全站在了现代物理学思想的基础之上。而且他也可以被看作首先将新的机械论解释自然的方式应用于所有哲学领域的哲学家。霍布斯因此得出了一种彻底的唯物主义的结论，而且，由于他的思想远远地超越了他的时代，这些都极大地阻碍了他的哲学思想在英国被承认和传播。

此后的英国哲学开路先锋从他们那一方面为伟大的欧洲启蒙运动拉开了序幕，其中我们必须提及的一个人就是艾萨克·**牛顿**（1643—1727），他不仅把哥白尼、开普勒、伽利略、惠更斯等人所取得的成就继承下来并加以发展，而且还将其联合为一种庞大的统一体。除了做出大量的新发现，牛顿的功绩还在于他把自由落体和运动的物理定律应用到新的天文观测之中，并证明了使苹果落向地球的力和使天体围绕其轨道运行的力是同一种力（即万有引力）。

在科学的工作方法上，牛顿的成就在于，他将经验归纳的思想与数学演绎的思想非常成功地结合到了一起。在当时的英国，牛顿绝非一种个别现象，他只是一系列杰出的自然科学家中最出类拔萃的一位，他们都是英国皇家科学院（1660 年成立）的成员。罗伯特·**波义耳***（1627—1692）也是其中的主要代表人物，他是近代化学的创始人。

人越深入地探寻自然的奥秘，他就会变得越谦卑和恭顺，牛顿身体力行地验证了这句话。在这方面，他很像伟大的德国人开普勒。文艺复兴时期的许多自然科学家，如乔丹诺·布鲁诺或帕拉切尔斯，他们面对新时代所取得的科学成就而欢欣鼓舞，并且也变得自高自大起来，自以为已经揭开了大自然的最深层的奥秘，与他们不同，牛顿自始至终都将这样一条信念铭刻在心：人的心灵所能认识的真理只是冰山一角。最后，他用下面一段话总结了自己一生从事科学研究的心得："存在与知识就像是一片广阔无垠的大海，我们越往前推进，海平面就会变得越来越一望无际。每一项科学研究的胜利，本身也就意味着还有上百个未知的领域等待我们去发掘。"

2．洛克

英国哲学在十八世纪经历了一个伟大时代，这一时期涌现出了三个里程碑式的人物，其中的第一位为整个英国近代哲学奠定了基础，而另两位虽然以他为出发点，但却选择了与之截然不同的道路，这三个人物就是：洛克、贝克莱和休谟。

约翰·**洛克** 1632 年出生于索莫斯郡的林格通。经过全面的学习之后——他特别是学习了自然科学、医学和国家理论，他结交了阿什利勋爵（他就是后来的莎夫茨伯里勋爵）。洛克一家几代人都与勋爵家有交情，他们曾经做过家庭教师、顾问和医生。洛克的人生命运与他恩主多变的政治命运紧密相关，当勋爵在台上时，洛克

---

* 波义耳是牛顿的同时代人，其主要著作有《怀疑派化学家》《形与质的根源》和《本性论》。

曾经获得了一个官职，但是当这位保护者倒台后，洛克旋即又失去了他的职位。之后，洛克在法国南部逗留了四年之久，当莎夫茨伯里重新荣登内阁高位之后，洛克也得以重返故里。可是好景不长，没过多久，莎夫茨伯里又倒阁了，于是洛克就跟随他去了荷兰。从1683年至1688年，勋爵一直面临着政治迫害的危险，并因此而隐蔽地生活着。当威廉·冯·奥兰治于1689年登上英国王位后，洛克便随莎夫茨伯里重返英国。之后，洛克担任主管贸易和农业的高官达十一年之久。他于1700年退职，此后又在他的一位贵族朋友的庄园里生活了四年。从这时开始，他在整个欧洲声誉鹊起，并与许多重要的思想家交流思想。

洛克为他的主要著作取名为《人类理智论》，他于1670年就已经开始构思，但是二十年之后这本书才发表。这本书外在形式上的特点是，它的语言简单，引人入胜，每个受过教育的人都能读得懂。和之前的笛卡尔一样，洛克也不愿意使用那种内行人才理解的学术语言。他用下面的谦虚的话来介绍自己的著作："我发表这本书，目的不是想教导那些思维敏捷和高瞻远瞩的人，在那些人面前，我自己也只是一个学生。因此，在这里我想提醒他们，他们不要对这本书期望过高，我在这里只是把自己粗浅的思想写出来，而且它也只适合像我这样的人来阅读。"

洛克的思想出发点就是他的如下认识，他认为，每一种哲学考察首先应该从考察人的理智的能力出发，从考察人的理智所能达到的界限出发。人不应该任由自己的思想驰骋于事物的广阔的海洋之上，好像一切都是他的当然的和不容置疑的思考对象。和在笛卡尔那里一样，洛克的思想出发点也是一种彻底的怀疑论，但是他怀疑的方式与笛卡尔的方式截然不同。因为，笛卡尔坚信，我们可以通过推理的方式，用精确的数学来解释世界。洛克对此提出了质疑，他怀疑人的理智是否能够做到这一点。在开始真正的哲学思想之前，首先检查一下思想的方式及其可能性，此前的许多哲学家也曾经这样做过。但是，洛克是第一个以完全认真的态度对待这个问题的人，因此，他也是第一个**批判**哲学家，是现代认识批判的真正先驱。

因此，洛克的方法与法国式的方法截然不同。笛卡尔的怀疑态度并没有阻止他从一开始就接受一个带有某种特性的上帝概念。与笛卡尔不同，洛克从一开始就指出，在人类历史上，在不同的民族那里，上帝这个概念并非自古以来到处都有。也就是说，我们必须对全部人类的意识（包括人的五花八门的印象、意志冲动和观念等）进行一次批判性的清查，目的在于能够进一步确定：观念和概念是如何进入人的意识的？依照观念的起源，这些不同的观念到底有多大程度的确定性？

对于第一个问题可能有三个答案（如笛卡尔所确定的那样）：我们意识中的观念，要么是从外面进入意识的，要么是来自外面的观念材料通过思想本身而构造出来的，要么这些观念是人与生俱来的，亦即观念是天赋的。洛克这本书的整个第一部分都是在试图证明，**没有天赋观念**（No innate ideas!）。儿童以及那些野蛮人的精神状态显示出，根本就没有什么时时处处都存在的观念、概念或理论上的和实践上的基本原则。恰恰是理论上的思维规律，如同一律和矛盾律，它们的抽象的特点就已经表明，它们是人类精神经过漫长的历史发展之后的产物。这也同样适用于人类的道德戒律。意识的全部内容只能是来自前两个源泉，即外在的和内在的经验，在其中，内在的经验源自外在的经验。在获得经验之前，意识中根本一无所有，它就是一张尚未写上字的白纸，一块**白板**（tabula rasa）。如此一来，洛克就站到了莱布尼茨的对立面，因为莱布尼茨的单子是封闭的，这样，他必然也就会接受天赋观念论。

洛克在第二卷书中深入地证明了，一切观念（它始终是指最广泛意义上的意识的内容）都来自经验。他将观念做了如下的划分：

A. **简单观念**。他称简单观念（与复杂观念相对而言）是我们的思想的最简单的组成部分，是印象的简单图像。

（a）**外在经验**是进入意识的简单观念的源泉。外在经验是第一性的；人首先要做的事情就是，熟悉他周围的世界。

洛克认识到，经过知觉进入意识中的东西从来都不是物（实体）本身，而是**质**。和其他哲学家一样，他也将质区分为第一性质和第二性质。

第一性质的观念包括广延、物体的形相、坚实性（不可入性）、数目、运动以及静止等属性。这些属性始终存在于物体之中。我们没有理由认为，在这种关系中，物体与我们所知觉到的不一样。在现实性与知觉之间，存在着一种直接的和可理解的关系。

第二性质的观念包括颜色、滋味、气味、温度、声音等属性，这些属性不会始终被人的身体感觉到，而只是在某种特定的关系中偶尔才被人的身体感觉到。如果一个人的身体是热的，他会感觉到冷，而且一个人感觉到的颜色也会发生变化，诸如此类。显然，在人的身体内，并不存在与那种在简单的和可理解的关系中的质相适应的东西，如像在第一性质那里那样。当然，身体内必然存在一种力量，它能够在我们体内唤起第二性质的印象，洛克认为（后来的物理学和知觉生理学也证明了这一点），这种力量能够使我们认识那些不能直接感知到的物质的最小微粒。但是，他又指出，一种最小微粒所形成的运动如何就能在我们体内造成一种"热的"印象或"绿的"印象呢，这仍然是不可思议的事情。

（b）洛克称**内在经验**（反射）是印象，当意识不是从外部接受印象，而是仿佛反观自我并观察他自己的内部活动时，这种印象就产生了。内在经验又可区分为认识（知觉、回忆、区别、类比）和意愿。

（c）外在经验与内在经验可以**共同起作用**，这尤其表现在人对快乐和痛苦的感觉上。

B. **复杂观念**。理智通过将简单观念集合到一起就构成了复杂观念，这就像将字母组合到一起就组成了词语一样。不管是组合字母，还是组合观念，其组合的可能性几乎是没有界限的，但是，不管组合出多少词语，字母也不会增加一个，同理，不管组合出多少复杂观念，简单观念的数量也不会增加一个。洛克将复合观念分为如下三种：

（a）**样式**：包括数量、空间、延续等。

（b）**实体**：上帝、精神和物质。

（c）**关系**：属于这一类的有同一与差别、原因与作用、时间与空间这些概念组。

由于复杂观念只有通过在理智中的组合才能产生，因此，基本说来没有什么现实的东西能够符合它。这尤其适用于一切形式的一般概念。在这里，洛克以唯名论为出发点。洛克的第三卷书讨论的是语言，他详细地证明了，那些意指一般事物的语词在现实中没有其对应物。很多人认识不到这个事实，这是大部分错误的根源所在。

就复杂观念只能存在于理智之内而言，还有一个例外，这就是**实体**概念。在一种内在的压力之下，洛克接受了如下的观念，即必然存在一个真实的实体。关于它的本质我们当然无话可说，我们至多可以承认，存在有思考能力的实体和没有思考能力的实体。洛克给出的基本解释是，物体的和精神的实体，两者都是不可理解的。如果我们说，实体有思想或有广延，这实际上等于什么也没有解释，我们恰恰需要对此作出解释：实体是如何思想的，以及实体是如何广延的。但是要对此作出解释又是不可能的。

我们在这里只是简略地叙述了洛克思想的纲要，读者或许已经发现，他的大部分论点都没有经过真正仔细的思索和论证。譬如，洛克在三个不同的地方（在第一性质中，在样式中，在关系中）讨论过时间和空间问题，关于这两个"观念"的作用，显然他最后也没有搞清楚。但是，他的著作不管怎么说也是一次伟大的尝试（就其外在形式而言也是如此，这篇论文长达一千页），他试图以严格分析和实事求是的态度解释人类意识的内容。

洛克的认识论只是他全部著作中的一部分，他关于教育、政治、宗教哲学以及伦理学的观点也具有同等重要的意义。在后面一节里，我们将重新回过头来述及他这方面的思想，不过我们首先要叙述的还是洛克的后继者（贝克莱），在他那里，上面概略提到的洛克的思想也得到了继续发展。

3. 贝克莱

贝克莱于 1684 年（或 1685 年）出生在南爱尔兰，从外表上看，他的生活没有霍布斯或洛克的生活那样动荡。他在都柏林完成大学学业后就留在了大学中任教，之后，他游历了整个欧洲，并且还到了西西里，他甚至还在美洲新大陆度过了几年的时光，他计划在百慕大群岛建立一个殖民地，这个殖民地不仅要给土著人带来文明和基督教，还要给欧洲人树立一个简朴自然的生活的榜样。返回爱尔兰后，贝克莱在克洛因做了十八年的主教。1753 年，贝克莱在牛津去世。

二十四岁时，贝克莱就已经发表了他的《视觉新论》，这是一篇非常精彩的心理学考察。在二十五岁上，他发表了他的主要著作**《人类知识原理》**。后来，他采用对话的形式通俗地表达他的哲学。

贝克莱承袭了洛克的思想，但是他在洛克那里发现了两个矛盾之处，这两个矛盾来自同一个溯源：洛克认为视觉、听觉、嗅觉和味觉这些感官知觉的质是主观的，因而是第二性的。而广延、坚实性、运动这些也是通过感官（触觉）感知的属性，他却认为它们是第一性的，并且认为，这些属性是通过一种精准地符合我们的印象的现实特性产生的。第二个缺少逻辑性的地方是：洛克断言，没有什么现实性的东西能够对应在理智中形成的复杂观念，但是实体却被从中排除在外了。

贝克莱排除了这些矛盾，他无一例外地遵循一个原则：我们感觉和认识到的**一切东西**，不管是通过外在还是内在感觉感知到的，不管是第一性的还是第二性的属性，也不管是简单的还是复杂的观念，这些都只是**我们的意识中的现象**，都只是我们的精神的状态。后来，叔本华的那句话"世界是我的表象"也表达了与贝克莱同样的认识。

　　因此，在第一性和第二性的属性之间划分出一条界线是没有道理的。这不仅是针对色彩和气味说的，而且也是针对广延和坚实性以及实体说的：它们都只存在于人的知觉心灵之内，在我们之外一无所有。一个事物不过就是意识中的一种恒常数目的感觉而已。事物的存在就在于它被感知（esse est percipi），更恰当的表达是：存在即被感知，或者说，"**存在即能够被感知**"[1]，因为贝克莱并不认为，当我走进旁边的空房间并看到那里的那把椅子时，那把椅子才（重新）存在。在这个我们称之为世界的世界上，唯有思想的心灵和在其中存在的观念存在。这样一种观念可以被称为彻头彻尾的**唯心主义**，它只承认精神及其观念的存在，但是却否认在此之外还存在一个现实世界。

　　如果一切都只存在于思想的心灵中，那么，我在天上见到的太阳，我在夜里梦见的太阳，以及我在这一刻随便想象的太阳，这之间有何区别呢？贝克莱的理智是过于健康了，以致他一概否认了这之间的区别。在他看来，其中的不同仅仅在于，那个真正被见到的太阳会进入**所有**的心灵之内，而那个被梦见的太阳则只存在于**一个**（即我自己的）心灵之内，那个被随意想象的太阳也只存在于一个心灵之内，只不过，只有当我**愿意**想象它时，它才存在。

　　在真正见到太阳的第一种情况下，太阳的观念能够均衡和持续地存在于所有的心灵中，这又是如何产生的呢？一个存在于心灵之外的"真实的"太阳——撇开根本不存在这样一个太阳的情况不谈——不可能因此就是它产生的原因，因为人总是只能给出他自己拥有的东西，但是，如果认为太阳拥有概念或观念并且能够把它们输入人的心灵中，对于这样一种说法，即使是那些相信有一个真实的太阳的人也不会接受。只有在本身就存在观念的地方，观念才能从那里进入心灵，这也就是说，观念只能是来自一个思想的心灵，即来自**上帝**。

　　因为上帝是公正的，也并不专断，所以他赋予**所有的**心灵同样的观念，又因为上帝是恒久不变的，所以他**始终**以同样的方式给所有的心灵赋予观念。上帝把太阳的观念注入我的心灵，在此意义上说，这个太阳的确是一个"外在于我们的"东西，是一个"自在"之物。即使我闭上眼睛，它也仍然存在，而且它也存在于其他心灵之内，因为上帝也以同样的方式给其他心灵赋予了和我一样的观念。至于说在我们的观念中存在着恒常性和合乎规律性，其根源仍然在于上帝的秩序性和恒常性，在这里也存在着误区，人们误以为这就是"自然规律"。这无非就是一些规律，上帝依照这些规律将所有心灵中的观念联结起来。我们的以自然规律为基础的期待，即期待同样的观念将来也会在相同的合乎规律性的结果和联系中得以再现——譬如，"闪电"的观念后面必然紧接着"雷鸣"的观念——是建立在我们对上帝的意志的恒常性的信念之上的。

因为上帝高高地在我们之上，因为上帝的思想对我们人来说是不可理解的，所以我们不可能预先知道这些规律，或通过逻辑推导发现这些规律。我们必须通过观察，通过**经验**来认识它们。就此而言，贝克莱将唯心主义与英国**经验主义**联系到了一起。

4. 休谟

英国启蒙运动哲学贡献出了三颗耀眼的明星，其中洛克来自英格兰，贝克莱来自爱尔兰，而第三位，即大卫·休谟则来自苏格兰。休谟1711年出生于爱丁堡。在法国逗留的几年期间，他写出了他的主要著作《**人性论**》，那时他才二十六岁。这本书于1740年在伦敦出版，但是为了引起公众对它的注意，休谟不得不撰写了一系列的小论文。在此期间，他曾经受英国的多个政要的私人委托在欧洲做旅行。经过改写之后，他将该书又分为两卷出版，八年后又重版。其中的第一卷《**人类理解研究**》对我们来说更为重要。休谟曾经两次试图申请一个大学里的教职，但是都没有成功。后来，他只好接受了爱丁堡图书馆馆员的职位。这份工作使他产生了对历史的兴趣，并写出了他的那部著名的《**英国史**》，这本书使他出了名，并且他也因此而富裕起来。接下来，他就过着功成名就的生活。他被派往巴黎做英国驻法国大使馆的秘书，在那里，他结识了许多重要的思想家，特别是与卢梭交往甚密。后来，他又在英国政府里充任副国务大臣，负责外交事务。在生命的最后几年里，休谟深居简出，在自己的朋友圈子里过着富足而自由的生活。当他知道自己得了不治之症后，面对死亡，他非常坦然，也没有考虑过彼岸世界里的事情。休谟于1776年去世。

和几乎所有的同时代人一样，休谟对宗教战争也记忆犹新，同时他也目睹了自然科学的迅速发展，因此，他也试图为人类知识寻找一种可靠的基础。他是第一位为此目的而提供出一套较为完善的**人类经验理论**的人。

休谟也承袭了洛克的思想。休谟思想中的新东西首先在于，他对简单观念做了更为细致的划分。休谟认为，通过外在和内在的知觉在人心中产生的感觉、情绪和感情就是"印象"（impression），通过回忆和幻想在人心中产生的对印象的摹写就是"观念"（ideas），在他那里，观念这个概念是比较狭义的，而在他的前辈那里，观念具有更为宽泛的意义。印象是第一性的、原初的，它既来源于外在知觉，也来源于洛克意义上的内在知觉。休谟的这种区分并不等同于洛克的区分，他实际上是在洛克的区分上横穿了过去。

休谟也和洛克一样认为，复杂观念是通过简单因素（印象和观念）在头脑中的结合而形成的，但是，休谟所做的分析比洛克更为细致，他考察了复杂观念产生的关系和原则，简单因素的结合就是依据这种原则而形成的，这就是观念联想原则：

（1）相似性和相异性原则。数学这门科学就是根据这个原则而形成的，也就是说，它只与观念的联合有关。所有的数学原理都来自这种理智的联想活动，因此，这种源自理智的原则是普遍有效的并且可以得到证明。

（2）时空的接近性原则。

（3）因果关联性原则。

在所有不以观念联合而以事实为研究对象的科学中，也就是在数学之外的所有科学中，都需要这样一种具有真理价值的认识，也就是说，这些科学都直接溯源于印象。

根据这样一种标准，休谟对一系列科学（特别是哲学）的基本概念做了考察，看看它们是否符合这些要求。遗憾的是，记忆和想象力——人的所有较高级的精神生活都以此为基础——在观念联合中可能会产生错误。有时会出现这样的情况，我们会把某些错误的观念归咎于错误的印象，或者把错误的印象归咎于错误的观念，形形色色的错误都是基于这个过程而产生的。比如说，所谓的记忆错误之所以产生，是因为我现在的一个观念（按其定义来说，观念就是通过回忆而产生的印象的反响）来源于一个错误的印象，又因为印象是观念的真正起因，但是它却在我的记忆中消失了。类似的情况也会发生在感官错觉中，不过这种错觉都是因人而异的，它与个人的经验有关，因此对于科学研究没有多大意义。但是有一些错觉可能会在我们大家身上发生，这就是弗朗西斯·培根所说的那种"人类本性上的错觉"。休谟发现，迄今为止的科学和哲学的一般概念就是建立在这种错觉之上的。

首先是实体概念。如果我从一个物体中抽取出所有的我通过印象而获得的质，那么还剩下什么呢？洛克的回答是：在质的背后是一个真实的和起作用的东西，亦即实体。这个实体在我们的心中唤起印象，不过这种印象只是直接的和可理解的原初印象。贝克莱则回答说：（除上帝之外）剩下的只有**虚无**。存在的无非就是心灵及其印象。在这个问题上，休谟和贝克莱的意见完全一致。他说，除了质，不存在隐藏于其后的能够向我们传达印象的其他实体。但是休谟又接着说：那么，一个实体的观念究竟是如何进入我们的心灵的呢？在休谟看来，人的想象力不可能以多种多样的形式将印象以及由印象导出的观念联系起来。实体的观念必然来自某种印象！休谟说，不过它不可能来自外在知觉（即洛克所说的外在经验）——因为外在知觉只能提供质以及质的关联，别无其他——而是来自内在知觉，来自理智的自我观察活动。它来自我们感觉到的一种内在强迫，这种内在强迫使质的印象与其载体（根基）发生关系。在我们精神上的这种（心理）强迫的知觉就是印象，实体概念便是由它而来，而我们却错误地认为实体概念来自外在知觉。在名词的构成中，它找到了自己的语言表达。

这首先关涉**物质**实体。在休谟看来，这也同样适用于思想实体，即**精神**。在对这个问题的进一步批判上，休谟超越了贝克莱。我们没有多少理由从某种外在印象的恒久联系中推断出一种以此为基础的物质实体，我们同样也没有多少理由从认识、感觉和意志的内在印象的恒久联系中推断出一个精神实体，一个灵魂，一个不变的自我，把它作为精神实体的载体。

那么我们不禁要问：对于这样一种关于"世界"的观点来说，究竟还有何物依稀尚存？真是少得可怜。在贝克莱那里，当一种认为意识之外还存在一个现实世界的观念被毁灭之后，至少还剩下思想的心灵及其观念。但是，对休谟来说，当他用批判的硝酸水使精神实体的概念分解之后，就只剩下了一个东西：这就是观念。在意识中，只有现象的流动，但是这些现象却没有独立的现实性。这样一种观念的流动，虽然在某些方面看它显示出了一定程度的频繁性和恒常性，但是，就我们所能认识到的，事实上并非必然如此，同样也可能会显现为其他的偶然出现又随即消失的情形。（这让我们又回想起佛教的思想，它也否认一种恒常的我的存在，而只承认持续不断的观念的流动。）

休谟针对迄今为止的形而上学和认识论的第二个基本概念即因果性也进行了批判，他认为，在我们的观念联系中也没有必然性，不管怎么说，没有绝对的必然性。在这方面，他取得的成就要比他在实体概念批判方面取得的成就大一些，而且他的思想也更具有独创性，因为休谟在这里无法以他的前辈们的思想为出发点。对于一般的思想来说，因果性意味着什么呢？当我们观察自然中的变化（一个运动或一个动作）时，我们往往把它与第二个与之有时空关系的变化联系起来看，第二个变化好像是在第一个变化的作用下产生的，好像前者是后者的必然结果。我们怎么会接受这种必然联系呢？只有当我们能够证明印象之间是有因果关系和必然联系的，因果观念才有真理价值。存在这种印象吗？休谟的回答是否定的，在外在知觉中并不存在这种印象，其存在的可能性和在实体概念那里一样少。我所能知觉到的一切（除了质）都是某种感觉的并存和演替（Koexistenz und Sukzession）。比如说，我可以观察一个静止的弹子被撞击后的运动过程，如果我严格地局限于我所观察到的情形，那么我所能够看到的就只能是一个从 A 到 B 的相继过程。知觉所能告诉我的始终只是"**在此之后**"（post hoc），而永远不会是"**因此之故**"（propter hoc）。并不存在能够证明必然的因果联系这个概念的正确性的（外在）知觉。当我**第一次**观察一个变化过程时，我根本不知道，其中是否存在一种因果联系，这也可能只是两种变化的"偶然"巧合而已。当我总是在一种时空联系中观察两个变化的同一个情形，我必然会产生这样一种观念，即这两个变化之间存在着一种内在的和必然的联系。这纯粹是一种内心的强迫，也就是一种心理必然性，而非客观必然性，是一种纯粹的**习惯**（类似于在实体概念那里的情形），当我的知觉把这种习惯看作（内在）印象的时候，这种习惯就使我在头脑中产生因果关系的观念。

因此说来，我们关于自然现象的知识，关于知觉到的现实之间的关系的知识——这也是科学研究的内容——从严格意义上说并不是知识。我们总是期望事情的发展会从甲到乙，这是因为迄今为止的经验告诉我们，乙总是跟随甲而来的。我们不知道，但是我们相信，未来的发展就是如此。迄今为止的大量观察结果当然也证明这种"相信"是完全有道理的。休谟也认为，对于**实际应用**来说，被批判的概念也包含着它的适用性和正确性。休谟也并不心存幻想，他并不想推翻我们机械论的思想中的那些根深蒂固的观念，他不认为自己的批判哲学在这方面能够取得成功，或者说也不应该取得成功。一旦哲学家停止思考并返回到日常生活当中，他自己也会屈服于这些传统观念，正如天文学家那样，虽然他知道地球围绕着太阳旋转，而不是与之相反，但是在日常生活中，他仍然会说"太阳升起来了""太阳落下去了"或"太阳挂在天上"。

休谟的全部论证并不是针对健康的人类理性的——反正他的生活表明，他无非就是一个异想天开的理论家而已——而是针对那些**独断主义的哲学家**的，针对那些妄自尊大的形而上学家的，他们总是自以为能够无所不知，而不知道人的认识能力是有限的。休谟的怀疑主义给这些人以毁灭性的打击。伟大的康德自己也承认，只是通过休谟的思想，他才得以从"独断主义的昏睡中"幡然猛醒。

休谟赋予科学其应有的权利，数学作为对我们观念的量的关系的分析学说，它甚至具有绝对的确定性，虽然事实科学没有数学那样的确定性，但是它们也有一种高度的或然性。对此，休谟发展出了一种详细的或然性理论。在当代自然科学中，严密的因果性理论逐渐被或然性理论所取代，这种思想的复活是休谟所没有预见到的。

5. 启蒙运动时期的英国宗教哲学和伦理学

迄今为止，我们仅仅从认识论和形而上学方面考察了英国启蒙运动哲学及其代表人物，因此我们得到的是一个很不完整的画面。为了让这幅画面完整起来，我们还必须简短地考察一下启蒙运动哲学与宗教的关系以及它在伦理学和社会学方面的思想。人类高傲地宣告，他的理性已臻成熟，"人类走出了自己混沌未开的未成年期"——如康德解释启蒙运动时所言，这种认识在各个方面都对善于思考的人产生了影响。我们想强调指出三种观点。

（1）人们不仅曾经试图使宗教与人类理性达成一致（经院哲学也已为此做过努力），而且还试图从理性出发建立宗教本身，也就是要创建一种**理性宗教**，这将会使人类认识的整个大厦达到一个光辉的顶峰。这样一种思想潮流与英国所谓的**自然神论**的宗教运动有着紧密的联系。自然神论这个词指的是，虽然一个作为世界的原始本原的上帝是被承认的，但是上帝干预现存世界运行的可能性则被否定了。因此，对自然神论者来说，不存在奇迹，也不存在天启。

宗教真理的真正源泉是理性而非天启。在启蒙运动时期的英国，这种思想得到了广泛的传播，实际上，它可以追溯到同时代的霍布斯以及赫伯特·冯·**柴尔波利**（1582—1642）那里。

对于传统基督教的态度并没有因此而不加考虑地被确定下来。虽然许多思想家提出，要从理性出发建立宗教，并对天启的思想展开批判，但是他们又认为，（被正确理解的）基督教是一切宗教中最合乎理性的，持这种观点的人中也包括洛克，他在其《基督教的合理性》一书中就此问题做过讨论。站在他们的对立面的是那些"**自由思想家**"（这个词就来源于那个时代），他们认为基督教并非合乎理性，而且他们也与之展开了斗争。还有一批持折衷态度的思想家，他们的立场介于这两种极端思想之间。在叙述法国的启蒙运动时，我们还将遇到这些错综复杂的问题。

（2）站在理性立场上的思想家们对传统宗教展开了**批判**，他们或从传统宗教的整体入手，或从其部分入手，这主要是看情况而定，也就是说，要看他们在多大程度上认为传统宗教与理性相矛盾。就此问题，他们认为，人应该对传统宗教做**历史的**考察，而且要尽可能不带任何先入之见。大卫·休谟在其《宗教的自然史》和《自然宗教对话录》中从两个方面对传统宗教展开了大胆的攻击。其中的第二部著作是在休谟死后才发表的。对于传统的大众宗教——不仅仅指基督教，休谟持一种蔑视的态度。他的主要思想可概述如下：为了能够合乎道德地行动，一个有独立思想的人并不需要什么特别的宗教动机。对他来说，道德的动力来自理性。没有独立思想的大众大概需要通过宗教来增强他合乎道德的行为的愿望。然而，令人遗憾的是，这样的人对纯粹的宗教思想和对理性思想一样麻木不仁。因此说，要么是纯粹的理性宗教占主导地位，这样一来也就不需要其他宗教了，因为宗教的实践伦理方面（这对休谟来说也是唯一重要的事情）与以理性为基础而建立的道德基本上是一回事；要么是宗教与狂热和迷信混为一体，这在普通大众那里也是不可避免的事情。果如是，那么道德的作用也就成大问题了，追逐狭隘的功绩、虚假的虔诚和表面的圣洁，以宗教的名义迫害异教徒以及其他各式各样的颠倒是非的行为便会层出不穷，其结果是，有宗教比根本没有宗教还要糟糕。英国刚刚经历的宗教战争所造成的可怕的破坏对休谟产生了深刻的影响，这是他产生上述思想的主要原因。

研究"神迹信仰"和传统的"上帝之证"是休谟宗教哲学思想的主要内容。[2]

"神迹"——在宗教的背景下——"是违背自然规律的，因为它被认为是神的某种特殊的意志行为的结果。"在什么条件下，我们才能允许相信"神迹"呢？一言以蔽之，我们如何才可以相信一个描述"神迹"的人呢？而这种人又大都来自过去。这要取决于证人的可信性！一个事件越不可信——一个自然规律的短暂失效不言而喻也会极端不可信——我们对证人的可信性就要求越高。证人撒谎（或自己弄错）肯定要比破坏一种自然规律更加不可能。

对休谟来说，传说中的"神迹"不符合这个标准。怀疑会使人因为期待（期待获得拯救）而太容易被蒙骗。如果上帝创造了一个奇迹，目的是强调基督教信仰的可信性，难道上帝就没有认识到，他这样支持一种宗教，同时不是在诋毁另一种也以证明他的"神迹"为己任的宗教的声誉吗？

传统的试图证明上帝存在的证据并不能使休谟信服。对他来说，本体论的证明（即认为上帝的存在必然产生自一种完善本性的概念）是不值得讨论的。他认为神学上的证明（即认为自然有其合目的性和秩序）是值得考虑的，但也不是那么绝对必要。能够建造机器的人所作的造物主的比喻难道不是太牵强附会了吗？为什么世界的创造者恰恰是一个唯一的上帝呢？这个世界上的贫困、痛苦和不幸难道不是显而易见的吗？这与上帝的善和上帝的全能又怎么会不自相矛盾呢？

（3）由于宗教观念发生了变化，这样就产生了对**宗教宽容**的要求。为此，约翰·洛克于 1689 年在他著名的《论宽容的书信集》中首次发出了呼吁，人们把这看作启蒙运动的真正开始。

　　与英国思想的这种完全注重实用的特征相适应，**伦理和道德哲学**上的阐释在英国启蒙运动思想中占据着重要地位。在这个领域内产生了内容丰富的文献，我们只想强调其中的几个具有代表性的人物及其思想。

　　首先要提到的是安东尼·阿什利·库珀，**莎夫茨伯里**勋爵（1671—1713，他的家庭曾是洛克的恩人）。他的主要思想集中于对宗教的道德价值的阐释上，前面我们已经提到过休谟这方面的思想，但是莎夫茨伯里提出这种思想在时间上要比休谟早。他的思想是，人的道德原则的建立不应该以宗教为依据。他不仅反对从宗教中推导出道德原则，而且他也同样反对从个人的外部，从外在原则、社会关系、流行观念、公共意见或纯粹理性中推导出道德原则。莎夫茨伯里试图在牢固不破的人性中寻找道德的根源，对于这一点他深信不疑。道德无非就是人对一种和谐生活的追求，它是存在于每个人身上的自然天性。来自人的自然天性的道德确定性要大于宗教所能赋予他的道德确定性。我们可以直接感觉到，什么是道德上的善。但是，对于上帝是什么以及上帝的命令如何，我们就不那么确定了。人与生俱来的道德感就是判断宗教观念有无价值的标准——这要看它是增强还是削弱人的道德感！这种观点与教会的观点是完全背道而驰的，因为在他们看来，凡是善的东西都来自上帝的启示。

　　大卫·**休谟**也把他的注意力更多地放在哲学的实践和伦理方面，而不是认识论方面。关于道德与宗教的关系，休谟基本上是继承了莎夫茨伯里的观点。和莎夫茨伯里一样，他也反对将道德建立在理论理性之上。他之所以如此，是因为，按他的观点，激情是我们的行为的唯一源泉，若认为（理论）理性能够决定我们的意愿和行为，这纯属幻想（这与笛卡尔和斯宾诺莎是多么不同啊！）。和莎夫茨伯里一样，休谟也认为，道德的源泉在于人的一种特殊的道德感。与莎夫茨伯里不同的是，他将道德判断从行动着的人身上搬到了周围人即**旁观者**身上。当人单独一人时，他不知道自己是否美，同理，当人单独一人时，他也不知道自己的行为是否是好的。人的一切道德行为都关涉他周围的人，每一种道德判断都产生自我们自己与其他人的**同感**，也就是我们会设身处地为有判断能力的旁人着想。

休谟的这个思想通过亚当·**斯密**（1723—1790）而得到了发展，他的《道德情操论》使同感——集体感——成为他的整个伦理学的基础。斯密坚信，良心的声音只是别人对我们自己的判断所发出的回声。斯密作为著名的《国民财富的性质和原因的研究》*（1766）一书的作者要比他作为一个道德哲学考察者更为有名，这本书是所谓的古典国民经济学的主要著作。

二、法国

1. 英国启蒙思想传入法国

整个十七世纪下半期，法国都是在路易十四的统治之下。众所周知，这一时期法国对外势力的扩张和辉煌战绩是以国内各民族力量的过度紧张和内部空虚为代价的，其消极影响扩展到社会的各个领域，并且成为后来的法国大革命的最重要的诱因。这一时期，法国古典文学经历了前所未有的繁荣（高乃依、拉辛、莫里哀、拉封丹），但是在科学和哲学领域内法国人却没有取得与之相称的成就（笛卡尔已经于1650年去世）。在十七和十八世纪，法语成为整个欧洲的宫廷和有教养阶层使用的语言，法语的这种臻于完善或许也意味着，它已经为法国成为十八世纪欧洲社会和思想发展的主导力量准备了条件。其真正的动力则是来自英国。路易十四时代，法国精神生活的特点是文化上的自给自足，路易十四死后，法国人开始对英国文化产生了浓厚而热烈的兴趣。人们开始研究英国的国家和社会状况，研究英国的自然科学和哲学。人们开始认识到，在社会和精神发展方面，英国已经实现了许多目标，而法国才刚刚起步。于是，英国发展出来的思想便如汹涌的浪潮纷纷流入法国，并由法国流向整个

---

* 简称《国富论》，严复最早译为《原富》。

西欧。启蒙运动成为一种欧洲运动。经由法国人"**发现英国**",这简直可以被看作十八世纪初欧洲思想史上的重大事件。

当然,由于民族个性和历史条件不同,启蒙运动在欧洲的每一个伟大民族那里都有各自的特色。下面我们将要讨论的法国启蒙运动与英国启蒙运动的不同之处主要在于一点:法国启蒙运动更为**激进**。英国思想始终是与传统紧密相连的,即使在启蒙运动时期也是如此。尽管他们对历史上的宗教进行了批判,但是大部分思想家对宗教还是持一种积极的态度,不管他们这是凭感觉,还是出于理性的考虑。在法国,教会作为宗教的代言人与旧有的社会势力关系密切,因此,与传统决裂的形式就变得更加粗暴,并且它所产生的后果也更加严重。当然,在法国,这种严重的后果也是渐渐才显示出来的。

不言而喻,法国的启蒙运动也有自己的先驱和开拓者。笛卡尔的追随者,怀疑论者和批评家皮埃尔·**培尔**就是其中之一。在没有受到英国思想影响的情况下,他对宗教进行了批判性的和历史的考察,并且也坚定地认为,人的道德观念不应依赖宗教。首先把英国思想介绍给法国人的是孟德斯鸠和伏尔泰。

2. 孟德斯鸠

1721 年,《**波斯人信札**》在巴黎出版了,书中描述的是两个年轻的波斯人在法国的旅行经历。在给家人写的信中,他们研究并批评了法国的社会、国家和宗教状况。通篇都是针对当时法国的国家专制主义、宗教的不宽容和社会风尚的普遍放荡所作的精彩绝伦和尖锐的讽刺。在戏谑和嘲讽的背后,却隐藏着对法国社会秩序的基础所作的严肃和激烈的抨击。书中说,法国人拥有一个"巫师",他(指路易十四)高高在上,他可以让人们无缘无故地互相残杀;另外还有一个"巫师"(指教皇),他可以让人相信,三就等于一,人们吃的面包不是面包。这本书写得妙趣横生,常常一语双关,让人读来爱不释手。在文采飞扬的表面背后,表达了一种基本思想:资产阶级的德性是社会安定和自由的前提条件。书的作者就是查理·路易·德·塞孔达·**孟德斯鸠**男爵（1689—1755），也就是说，他是一个贵族。通过继承遗产，并且还通过娶了一位殷实的新教家庭的女儿，他过着富足的生活。尽管他是法国大革命的开拓者之一，但是他并非一位革命者。

孟德斯鸠的第一部著作就已经证明，他是一个危险的社会批判者，不过只是在英国逗留之后，他的世界观才得以成熟，其中也形成了一些真正积极的内容。从那时起，他的明确的目标就是要让自己的祖国和整个欧洲都以英国为榜样发展自己。经过几年的历史研究之后，他写出了两部主要著作：《罗马盛衰原因论》和《论法的精神》，后者包含三十一卷书。

以上两部著作都以丰富的历史材料为依据，总的来说，表达了同一个基本思想：在历史上，与人民的幸福安康息息相关的关键因素并不是某一个统治者的个人意志和独裁，而是整个社会和国家状况的本性。国家和法律不是专制统治的工具，也不是可以任意篡改的；毋宁说，国家和法律制度的形式依赖于一个国家的自然和历史条件，如土壤、气候、风俗、教育和宗教都是决定性的因素。与相关民族的民族个性和历史发展状况最为适宜的制度就是最好的制度。因此，没有一种抽象的和到哪里都能适用的最好的国家理想和模式。

一旦谈及与国家制度相关的政治**自由**时，上述的信念并没有妨碍孟德斯鸠明确地表达出自己对某种特定的国家制度的偏好，在古代各民族中，他更喜欢**罗马人**，在新近的国家中，他更喜欢**英国人**的国家理论和政治实践。英国的**权力分立**对于实现政治自由比其他任何地方都更为有利，孟德斯鸠最为关注的问题也就是权力分立。权力分立的理论构想并非孟德斯鸠的首创，基本上说，这是他从约翰·**洛克**的国家理论那里借用来的，不过他也对其做了一些修改。洛克曾经提出，国家的行政机关与立法机关应该严格分离，国家的君主作为行政机关的所有者不应该将自己置于法律之上，而应该受到由议会制定的法律的约束，这样，个人的自由和财产就免于受到国家权力的任意侵犯。在以上两种权力划分的基础之上，孟德斯鸠又提出了第三种权力——**司法权**。他并没有特别强调，行政权和立法权不允许统一起来，而是说，应该保证司法权与前两者之间的相互独立性。如果不这样，那么独裁统治和自由的毁灭就是不可避免的后果。

3．伏尔泰

　　弗朗索瓦·马利·阿鲁埃（笔名为伏尔泰）的著作有九十九卷之多，如果我们带着一个问题去阅读这些书籍——伏尔泰有哪些新的和独创性的思想丰富了人类的哲学宝库，那么我们在其中几乎找不到有哪些话是前人没有说过的。但是，我们也找不到像伏尔泰这样把话说得那么动听的第二个思想家，尤其是，没有人能够像伏尔泰那样热情激昂和坚忍不拔地表达自己的思想，并且还取得了如此辉煌的成就。为此之故，人们在哲学史上为伏尔泰保留了一席之地。

　　伏尔泰于1694年出生在一个富裕的家庭里，他父亲是个公证员，在二十一岁时，伏尔泰去了巴黎。到巴黎后不久，他就获得了一个才华横溢却又行为轻率的名声。路易十四死后，法国当局为了节约开支将宫廷马厩里的一半马匹都出卖了，于是有一句话闹得满城风雨，据说这话是伏尔泰说的，大意是说：与其出卖马匹，倒不如把皇宫里满朝的驴子的一半都赶出去。这些话，以及其他的一些讽刺诗都被归在了伏尔泰的名下，其中部分确实出自伏尔泰之手，而另一部分则非他所言，不管怎么说，这使他与当朝的统治势力首次发生了摩擦。摄政者将他投进了巴士底狱，不过很快他又被释放了。

　　此后不久，伏尔泰写的第一部悲剧《俄狄浦斯王》上演了，这部悲剧为他后来的富足生活奠定了基础，在他整个的一生中，他用令人惊奇的技巧让他的这笔资产保值并增值。不管怎么说，他越富有，他也就变得越来越慷慨大方。

　　后来，伏尔泰在巴黎的文艺爱好者和作家云集的优雅沙龙里度过了八年时光。而在这第八个年头上，伏尔泰与当权者的第二次冲突又发生了，这一次的后果更为严重。在一次社交聚会上，伏尔泰对一位贵族说了一句不中听的话，虽然并没有太大的侮辱性，但在当时的观念里这就是出言不逊了。这位贵族雇了几个流氓无赖，在一天夜里突然袭击并殴打了伏尔泰。伏尔泰要求与他决斗，决斗并没有发生，因为他的对手有个当警察局局长的亲戚，在他的指使下，伏尔泰又一次被投进了巴士底狱，而且只有在一种条件下他才能够获释，那就是他必须离开法国到英国去。伏尔泰去了英国，为了报仇，经过化装他又回了一次法国，但在朋友们的劝说下，他最终还是在英国留了下来。

在一年之内，伏尔泰不仅掌握了英语，而且还了解了那个时代的英国主流文化。英国作家和哲学家能够无所顾忌地公开发表自己认为是正确的看法，这种思想自由以及政治自由的气氛令伏尔泰赞叹不已。这里没有巴士底狱，一个正直的市民也不会被贵族们任意地拘押起来。在《哲学通信》中（这本书开始只以手抄本流传），伏尔泰把英国的这种自由与他的故乡里那种腐败的贵族统治以及与之相关的僧侣制度做了尖锐的对比。我们必须考虑的一个事实是，那时的英国已经完成了自己的"资产阶级革命"。第三等级，即资产阶级已经取得了在国家之内理应得到的地位。而法国离它的资产阶级革命还有半个多世纪之遥。因此，伏尔泰所做的尖锐对比就像是革命的导火索，尽管伏尔泰本人并没有意识到这一点。牛顿的著作只是在伏尔泰于1738年发表了《牛顿哲学原理》之后才为法国人所了解。接触到牛顿的万有引力定律之后，伏尔泰面对浩渺宇宙的宏伟壮观就更加肃然起敬了，这种感情始终伴随着他，使他成为一个相信上帝的人（他称自己是个"有神论者"），尽管没有使他成为一个基督徒。

伏尔泰又返回巴黎过了几年，但是他关于英国人的书信集（即《哲学通信》）却迫使他再次逃亡。有人在他不知情的情况下把他的通信印出来并散播了出去。巴士底狱再一次威胁着他。伏尔泰躲进了他的女友夏德莱侯爵夫人在西雷的城堡庄园里，这位夫人也是个学识渊博的人。这座庄园由于伏尔泰的长期逗留而成为一个社交和思想交流的中心。在这里，他除了创作出一系列戏剧作品（如《扎伊尔》《穆罕默德》和《塞米拉米斯》），还写出了非常成功的小说。这些小说并非一般的小说，虽然它们在形式上极具消遣性，但是伏尔泰的真正目的却是为了攻击宗教狂热和迷信，这里所说的迷信，在伏尔泰眼里实际上就是当时法国人所理解的宗教。伏尔泰在他的戏剧作品中就已经开始与宗教迷信展开斗争，只是过了很久之后他才真正严肃热情地对待这个问题。在其中的一篇小说中，伏尔泰描述了一个印度人来到法国后改信基督教的故事，他阅读了《新约》，但是他总是对教会的教义和要求感到不满，因为这些与他在《新约》中读到的并不一致。在另一篇名为《米克罗梅加》的中篇小说中（以《格列佛游记》的形式写成），有一个几千尺高的巨人来到了地球上，他与一个地球上的哲学家攀谈起来。当他听说，自古以来，人类就相互残杀，战争连绵不断，而且正在此时，"就有十万名头戴高帽的傻瓜正在与另外十万名头戴缠头布的傻瓜相互厮杀"，这个巨人听后便轻蔑地喊道："你们这些倒霉蛋！……我倒是有兴趣来帮帮他们，我只消踩上三脚，这些像蚂蚁堆般的可笑的杀人狂就会全部玩儿完。"哲学家对他说道："这倒不用你劳神费心，他们完全有能力自我毁灭。你能相信，在十年之后，这些讨厌的东西还能有十分之一存活在世上吗？"哲学家下面的话听起来倒更像伏尔泰自己的口吻："此外，该受到惩罚的并不是这些人，而是那些道德败坏的野蛮人，他们在自己的宫殿里饮酒作乐，而让数百万人去流血牺牲，然后又为他们的战绩而设宴庆贺。"

伏尔泰与普鲁士国王腓特烈二世书信往来长达十多年之久，其间腓特烈曾多次向伏尔泰发出邀请。当夏德莱侯爵夫人去世后，腓特烈再次发出了邀请，伏尔泰终于接受了他的邀请。三年内（1750—1752），伏尔泰一直是腓特烈宴席上的贵宾，除伏尔泰之外，宴席上还有其他法国思想界的头面人物点缀其间。腓特烈和伏尔泰彼此之间相互赞赏。关于波茨坦给他留下的第一印象，伏尔泰激动地写道："十五万士兵……歌剧、戏剧、哲学、诗歌、威严和恩宠、身材魁梧的大汉和缪斯女神、军鼓和提琴、柏拉图式的飨宴、社交聚会、自由。"[3] 尽管如此，他们俩还是绝交了，发生在伏尔泰与国王之间的并非无可指摘的金钱交易和言语冲突致使他们最终反目。

伏尔泰仓皇逃离柏林，在法兰克福，他被腓特烈委派的人拘留了一个星期，在进入法国边境时，他遭到了盘查并再次被驱逐，这样，重返法国的路也被堵死了。于是，他就转道前往瑞士，并最终在菲尔奈找到了一个栖身之所。伏尔泰再次遭到法国驱逐的原因是，他在柏林发表了他的著作《论各民族的精神与风俗》（简称《风俗论》）。在西雷时，他就开始为侯爵夫人写作这部著作，侯爵夫人和伏尔泰意见一致，她认为此前的历史"几乎只是一片混乱，一大堆既无联系又无下文的琐事，千百次没有解决任何问题的战争"。伏尔泰并不想罗列一大堆无关紧要的历史事实。他想从大处着手考察历史，他试图寻找一种简化的原则，这个原则应该能够为整体赋予一种意义。他发现了这个原则，这就是，以叙述国王、战争和屠杀为中心的历史将被以叙述社会运动和社会势力、文化和思想进步为中心的历史所取代。"我想写这样一部历史，它应该确切地描述，人们在家庭圈子里的生活是什么样子，他们都掌握了哪些技艺……我研究的对象是人类精神的历史而非无关宏旨的个别细节，对于伟大的统治者们的故事我并不感兴趣……但是我想知道，人类从野蛮状态过渡到文明状态都经过了哪些阶段。"[4] 伏尔泰的著作为人们开辟了一种观察历史的崭新视野，在处理异域文化和宗教时，他表现得极为慷慨大方。伏尔泰是首先关注遥远的东方世界如波斯、印度和中国的西方人之一。欧洲看上去不再是整个世界，而是一个与其他文明世界地位平等的精神世界，犹太教和基督教与世界上的其他宗教也是平等的，因此它们也就丧失了其至高无上的地位。也正是由于这一点，这部著作激起了某些人的愤慨。和孟德斯鸠一样，伏尔泰也从外在资料出发，并逐渐把关注的目光投向历史的真正的内在动力，他以一种现代科学的精神撰写了一部**历史哲学**。

伏尔泰在菲尔奈的流亡使这个小城变成了欧洲的一座精神之都。各国的王公贵族和学者或亲自前来拜访伏尔泰或与他书信往来，丹麦和瑞典国王以及俄国女沙皇卡捷琳娜二世都向他表示敬意。腓特烈大帝也写信要求和他重归于好。除此之外，还有无数来自各个阶层的人来向伏尔泰求助，伏尔泰几乎都向他们一一提供建议或帮助。

在这种成就感和一片赞扬声中，伏尔泰的内心却被一种深刻的悲观主义情绪占据了，这一方面是因为他自己被法国驱逐的个人经历令他深感失望；另一方面，1755 年发生了里斯本大地震，共造成了三十万人死亡，这使他感到非常悲伤；再则，此后不久又发生了七年战争。由于这次地震，伏尔泰写了一首诗：

> 那个无所不知的神该如何对此作出评价？
> 他一言不发：命运之书对我们关闭着。
> 不管人探求什么，他都不会去探求自己；
> 他永远不知道自己从哪里来，
> 也永远不知道自己往哪里去。
> 我们这些充满痛苦的尘埃，
> 都将要在泥土里安然入睡，
> 死亡和命运的嘲弄将会把我们吞没……
> ……在这个虚无和丑恶的世界上，
> 只有那些成群结队的病态的傻瓜们还在奢谈何为幸福……[5]

他的哲理小说《老实人》也表达了同样的悲观主义情绪，就在今天，这本书也仍然值得一读，而如今人们已很少再去阅读伏尔泰的原作了。这本书的写作风格极其风趣，在内容上，它是对莱布尼茨观念中的"最好世界"的辛辣讽刺。

伏尔泰一生的重要功绩还在于，他为《百科全书》作出了杰出的贡献，关于此，我们在这里只简短地提及一下，因为我们在下一节中还要对它进行详细讨论。有很长一段时间，伏尔泰都是它的主要撰稿人之一。后来他又转向写作自己的《哲学辞典》了。这本书涉及了所有能够想得到的主题，当然也少不了伏尔泰那独特的优美文风和准确的表达方式。

伏尔泰六十五岁了，但是最艰巨的斗争还在等着他。在虔信天主教的城市图卢兹，一个信仰新教的市民遭到了不公正的指控，理由是他杀死了自己的儿子，目的是想阻止儿子改信天主教。这位父亲被抓了起来，遭到酷刑后不久就死了。其他还活着的家里人也被驱逐，于是他们就前来求助于伏尔泰。在 1761 年至 1765 年，还发生了很多起类似的事件，伏尔泰对其都有所耳闻。这种不公正深深地震惊了伏尔泰，使他从一个善于交际的怀疑主义者和温和的嘲讽者转变成一个愤怒的斗士，他利用一切可以利用的煽动性言论对基督教和基督教教会发起了猛烈的攻击。"Ecrasez l'Infâme!"（砸烂那些无耻之徒！）成了他反复使用的格言，他把矛头指向所有教派。在此期间，他写了《论宽容》一文，文中说："基督教历史上血腥争端的根源就在于其烦琐的不可捉摸性，在新教四福音书中却不见它的任何踪迹。""一个生来独立自主的造物有什么权力强迫另一个同样独立自主的造物按照他的意志去思想？"[6]

继这篇文章之后，一大批各种体裁的宣传册子和政论性檄文就从伏尔泰笔下蜂拥而出，它们都带有同样的煽动性，并且被广泛散播。它们是"最可怕的思想武器，而它们都出自一人之手，这个人就是爱嘲讽人的伏尔泰"。[7]

尽管如此，我们也不可以认为伏尔泰是个无神论者。虽然他对历史上的正统宗教展开了攻击，但是他也同样反对无神论，他坚信一种理性宗教的必要性。"如果上帝不存在，那么我们也要创造一个上帝出来。但是整个自然都在向我们昭示，上帝是存在的。"

伏尔泰将迷信和宗教截然区分开，他用热情洋溢的语言赞美耶稣以及耶稣在山上对门徒的教训，他说耶稣为人类以他的名义而犯的罪而深感痛苦。伏尔泰为自己创立的宗教取名为 Deo erexit

Voltaire（伏尔泰造上帝）。在《哲学辞典》里关于有神论者的一篇文章中，他用下面一段话作为自己的信仰自白："有神论者（相当于我们今天所说的自然神论者）是这样一个人，他对一个善的、强有力的和创造万物的最高实在的存在深信不疑……他不会投靠任何一个教派，因为它们都自相矛盾。他说的话大家都能听得懂，而其他教派彼此却不能相互理解……他认为，宗教既不在于无法理解的形而上学的观念，也不在于虚假的表演，而在于对上帝的崇敬，在于公正。做善事，这是他的宗教演习；献身于上帝，这是他的教义。"[8]

晚年时，伏尔泰在**政治**上持一种审慎的态度，因为与教会的斗争使他感到身心疲惫，对于在理论上改变世界的可能性，他也越来越感到怀疑。或许他还期望能够通过理性逐渐改善人类，并且能够为法国人争取到英国人已经拥有的那种自由。在法国实际发生的那种彻底的社会颠覆——这首先应该感谢伏尔泰为此付出的努力——是伏尔泰几乎无法预料到的，对此他的观念太过保守，他对大众自己掌握自己命运的能力还太缺乏信心。他似乎更倾向于一种和平的渐进式的改革，如他所说："我所看到的就是，革命的种子好像已经撒播下了，它迟早有一天会到来，但是我却不可能荣幸地成为它的见证人了。"[9]

伏尔泰终究也没有等到革命爆发的那一天。1778 年，八十三岁的伏尔泰重返巴黎，他受到巴黎人的热情欢呼，那情形宛如一次凯旋，几乎没有哪个国王曾受到过这样的礼遇。就在这凯旋期间，在革命爆发的前夜，死神不期而至。临死前，伏尔泰留给他的秘书一篇书面遗言："我在祈祷上帝中死去，我对朋友满怀挚爱，对敌人也并无憎恨，但是我对迷信却心存鄙视。伏尔泰。"

4. 百科全书派和唯物主义者

"科学的时代已经来临，宗教和哲学只好退避三舍！"这一句豪言壮语就写在《百科全书，科学、艺术和工艺详解词典》的序言里，这套丛书共二十八卷，在 1751 年至 1772 年陆续出版。这句话代表着作者们的一种精神，他们试图利用科学和理性的武器把世界从旧势力的统治下解放出来，从而开创一个更自由和更幸福的时代。百科全书应该将时代的全部知识囊括进来并对其加以整理。不过它不应该仅仅是一面知识的镜子或一部现代百科全书式的工具书，它同时还应该是一种强有力的武器，能够针对那些被他们认为是陈旧过时的东西发起攻击。这整部百科全书主要是两个人的功绩，他们就是狄德罗和达朗贝尔，当然其他合作者也为其作出了许多贡献。

德尼·**狄德罗**（1713—1784）知识渊博，才华横溢，拥有永不枯竭的文学创造力，在同时代人里，只有伏尔泰能够与他比肩。和伏尔泰一样，狄德罗思考和写作的对象几乎无所不包，他也几乎掌握了所有的文学形式。狄德罗的思想发展迅速地发生着转变，他从信仰天启的有神论转向怀疑主义（《一个怀疑论者的漫步》），然后又转向伏尔泰式的理性宗教（《哲学思想》），最后又转向坚定的唯物主义（《对自然的解释》等）。

让·**达朗贝尔**（1717—1783）是一个著名的数学家，在哲学和文学方面也有很深的造诣，他是百科全书的另一位编辑。达朗贝尔为整部百科全书写了序言，在其中，他阐明了这部百科全书的编写立场和目的。

国家和教会极力抵制百科全书的出版，在强大的压力下，达朗贝尔被迫退出了编辑工作，由狄德罗独自继续，坚持不懈地为之努力。狄德罗一人就撰写了一千多个条目，尽管再三遭到查禁，百科全书还是发行了一万多套，并且很快就被翻译成了多种文字。它成为欧洲受教育阶层的最常用的工具书，它对人们的思维方式也产生了重大的影响。在思想领域内，除了伏尔泰和卢梭的著作，百科全书是为1789年法国大革命准备的最重要的工具。

在宗教论战中，伏尔泰一方面尖锐地攻击了基督教和教会；另一方面他也严厉谴责无神论和无宗教信仰，他的斗争也正是在一种真正理性宗教的名义下进行的。百科全书的立场也不是彻底地反对一切形式的宗教和信仰，毋宁说，它对宗教持一种怀疑主义的态度。

不管怎么说，由于害怕通不过当局的审查，百科全书的出版者任意地做了删改，去掉了那些过于锋芒毕露的棱角，狄德罗对此大为不满。狄德罗自己也出于同样的考虑，在"灵魂"和"自由"这些容易引起审查机关怀疑的条目中，他不得不稍微克制一下自己，不过他又在另一些不那么引人注意的地方表达了自己的真实思想。在宗教问题上，狄德罗本人的确持一种怀疑的和审慎的态度，如他在《对自然的解释》的最后一段中所表达的那样："我从解释自然开始，我也以对自然的解释结束，在大地上，自然的名字就是上帝。我不知道，你是否就是它；但是我要想，就好像你在注视着我的灵魂；我要行动，就好像我在你面前漫步。在这个世界上，我对你一无所求……看哪，我是这样的，我是永恒的和必然的物质的一个必然的组成部分，或许我就是你的造物。"这让我们想起伏尔泰（在《密克罗梅加》中）借一个人物之口表达自己的意思："愿上帝（如果有上帝的话）怜悯我的灵魂（如果我有灵魂的话）。"

与此同时，在法国还涌现出了一批唯物主义者，他们以毫不留情的极端主义作风对宗教和信仰展开了攻击，其批判的精神近乎一种狂热，这种狂热也不亚于他们与之展开斗争的宗教狂热。我们在这里只想述及其中最重要的唯物主义者。于连·奥弗莱·德·**拉美特利**（1709—1751）是个医生，也是个自然哲学家。因为他发表了过激的言论，先是被法国驱逐，逃亡到荷兰，后来又被荷兰驱逐，接着，他在弗里德利希大帝——他企图在自己身边纠集所有的自由思想家——的召唤下去了普鲁士宫廷，伏尔泰讥讽他是"御用无神论者"。拉美特利的基本思想大都写进了他的主要著作《人是机器》中：把存在物割裂成两种实体（如笛卡尔所做的那样），一个是广延的物质，一个是思想的心灵，这是错误的。不存在机械论者所称的那种死的物质。我们所认识的物质只能是运动的和具有某种形式的。物质运动的原则蕴含在自身内部。这有两个结果：首先，不需要假设一个作为推动世界的原则的上帝，世界是自我推动的，运动来自世界自身。假设一个上帝对于科学地认识自然是不利的。其次，也不需要在人身上假设一个特别的思想实体，一个精神或一个灵魂。思想只是身体的一种自然功能，它与身体的其他功能并无不同。

在实践上，拉美特利以上述思想为基础，他利用所有可以利用的尖刻的讽刺手段针对一切形式的宗教信仰展开了最为激烈的斗争。在他看来，宗教是人生的真正祸根，它比不道德的行为还要坏。在无神论者的国家变成现实之前，世界不可能实现幸福。在伦理学上，拉美特利对负罪感和忏悔这样的宗教基本事实嗤之以鼻，认为这是人在毫无意义地自寻烦恼。他建议人们尽情地去追求尘世的"幸福"，也就是无所顾忌地去追求感官享乐。1770 年发表的《**自然的体系**》也宣扬唯物主义理论，但是它没有拉美特利那样的轻佻和玩世不恭，而是带有极大的严肃性和绝对的合乎逻辑性。这本书的作者就是迪特利希·冯·**霍尔巴赫**男爵（1723—1789），他来自德国的普法尔茨，靠继承来的遗产长期在巴黎生活。他的著作成为"法国唯物主义的圣经。"

拉美特利、霍尔巴赫以及同时期较少独创思想的阿德利安·**爱尔维修**（1715—1771）在有一点上是一致的，他们都拒绝笛卡尔包含两个实体的二元论，而是主张**一元论**，而且是**唯物主义**的一元论。只有物质是存在的。这条真理就足以解释一切。每一种企图在物质之外寻找另一个独立的精神原则的形而上学都是错觉、错误和幻觉。所以，每一种宗教也都是欺骗，而且是有意识的和故意的欺骗，是神甫的凭空杜撰和欺骗。"遇见第一个傻瓜的第一个流氓无赖就是第一个神甫。"科学的任务就是要戳穿这个窒息人和折磨人的宗教骗局。他们真正乐观地深信，只有真正的"**启蒙**"，才能把人类从各种偏见的沉重压迫下解放出来，从而开创一个更美好的由理性主宰的普遍幸福的时代。

5. 卢梭

生平、著作、基本思想

以上我们叙述的法国启蒙运动只是其中的一个方面，他的另一个方面的代表人物就是卢梭。如果说，上述的启蒙主义者对理性评价过高，凡是非理性的东西——一方面是人的欲望和激情；另一方面是高于理性的需求——他们又太过于低估，而在卢梭身上这些特征肯定是不存在的。

卢梭在他的《忏悔录》中带着一种前所未有的"露阴癖式的"坦率讲述了他的生平，他的一生充满矛盾冲突和内心斗争，他为激烈的情感所摆布，他总是神情不安，他是一个极为不幸和严重精神变态的人。卢梭于1712年出生在日内瓦，他的父亲是个钟表匠，母亲在他出生不久就去世了。十六岁时，他中断了学徒期的学习，从日内瓦逃到萨瓦。他在一个年老的贵妇家里度过了很多年，这位老妇人成了他的"妈妈"兼情人。*她也让卢梭这个加尔文派教徒改信了天主教。卢梭在取得文学上的最初成就后（关于这我们下面马上还要讲），他时而在巴黎生活，时而又到法国的其他地方居住，在此期间，总是有富裕的贵族朋友和乐善好施者接济他。在日内瓦，他获得了公民权，并重新改宗入了加尔文教。后来，他与一个下层女子结了婚。在大卫·休谟的陪伴下，他还去了英国。从英国返回法国后，他始终觉得有人在追踪迫害他，这种感觉后来发展成一种受迫害的妄想狂。他于1778年在法国去世。

1749年，狄戎科学院发起一项有奖征文活动，题目是"（文艺复兴以来的）艺术和科学的复兴能否促进和提高人类的道德风尚"。这个问题就像一个火花，它激发了卢梭把他在乡间孤独的沉思中积累的思想表达出来的写作欲望。和狄德罗商谈后，卢梭于1750年发表了**《论科学与艺术》**作为参加这次活动的征文。他的文章获了奖，并一下子成了令人瞩目的作家。对于艺术和科学是否促进了人类的道德和幸福这个问题，卢梭的回答是斩钉截铁的"否"。卢梭对**文化的价值**问题展开了讨论，虽然他的文章缺乏学术文章的那种严密逻辑性和科学性，但是他的文风热情洋溢，因此他的语言更

---

* 系指华伦夫人，关于卢梭与她的关系可参阅卢梭《忏悔录》中的描述。

能打动人。文明的好处究竟在哪里呢？在卢梭的时代，人们正在为此而高歌。难道民众不是正在贫困和奴隶般的不自由中忍受痛苦吗？难道人类的生活状况不是比动物的更恶劣吗？这一切都是人类的偏见使然。艺术和科学并不是进步的标志，而是衰落的征象。博学多识有何用？因为正是文化的优雅精致才造成了社会不公。如果每个人都坚守着鄙陋的自然德性，那么哲学又有何用？历史证明，精神的发展总是与道德风尚的衰退联系在一起的。但是，有很少的几个未被过分自负的人类文化污染过的民族却能够通过他们的德性而建立幸福的生活，并且成为其他民族学习的榜样。卢梭大声疾呼："万能的上帝啊，把我们从祖先的所谓开化状态拯救出来吧，让我们再回到纯朴、纯洁和贫困的状态中去吧，这些是能够增进我们幸福的唯一财富。"

卢梭的文章以及由此引发的讨论促使狄戎科学院提出了第二个有奖问题：人类的不平等是如何产生的，它是以自然法为根据的吗？卢梭写出了**《论人类不平等的起源和基础》**（1753）用以回答这个问题。他将人类的不平等划分为自然的或肉体的不平等（如人在年龄、健康状况、体力和心灵天赋上的不平等）和道德的或政治的不平等，这是以人的相互协调或宽容为基础的。那么第二种不平等的起源是什么呢？

卢梭首先描绘了一幅"自然状态下的"理想化了的画卷。与霍布斯认为的那种人与人之间只有相互争斗的观点不同，在卢梭那里，这种自然状态是一种真正的天堂般的状态。在这种状态下，人人都是健康的，因为大自然已经将那些病弱者淘汰了；人的德性纯朴自然；两性之间的关系是纯粹动物的和简单的；人与人是彼此孤立的、独立的，没有人必须服从别人；没有工业，没有语言，没有思想。因为"如果自然规定我们是健康的，那么我几乎就可以认为，反思的状态就是一种违背自然的状态，能够思想的人就是一种退化的生物。"

如何才能实现这个理想的状态呢？因为缺乏详细的与之相关的

历史资料，因此哲学必须填补这个空白。"第一个人想起来用篱笆围起一块土地并这样宣称：这个属于我。然后他找到一个头脑简单的人相信了他。这个人就是文明社会的真正创始人。如果当时有人拔除木桩，填平壕沟，并向人们大声疾呼：不要相信这个骗子的话！要是你们忘记了这些果实和土地都是属于大家的，那么你们就毫无希望了。——那么会避免多少犯罪、战争、谋杀、卑鄙和可恶的事情啊！"[10]（在这里，卢梭距离下一个世纪里普鲁东说出那句后果严重的话"私有财产就是盗窃！"只有一步之遥。）一旦可用的土地被分割了，那么其中一个人的地盘的扩大必然是以另一个人的地盘的缩小为代价的。主人与奴仆、暴力与抢劫就出现了。人类就变得贪婪、野心勃勃和阴险恶毒起来。

因此而导致的战争和残杀不可能永久持续下去，于是"富人们"就想出了主意，他们向自己的邻人们说："让我们联合起来吧！这样我们就可以保护弱者，压制那些野心勃勃的人，就能够保障人人都能拥有属于自己的财产。与其用我们自己的力量来对付我们自己，倒不如把这些力量联合成一种更强大的势力，让这个势力按照贤明的法度保护所有参与联合的成员，抵御共同的敌人，使我们能够永远保持和睦。"[11] 于是，由于那些易于轻信别人的人接受了富人们的建议，因此国家和法律就产生了，这给那些弱者添加上了新的枷锁，却给富人们创造了机会，使不平等的状态永远保持下去，起先以法律的形式建立起来的统治很快就蜕变为独裁统治。

私有财产的产生是人类的第一大不幸：它制造了富人和穷人。任用当权者是人类的第二大不幸：它制造了统治者和被统治者。权力蜕变为独裁是人类的第三大不幸：它制造了主人和奴隶，对奴隶来说，屈服就是他们唯一的义务，在这里，人类的不平等达到了顶点，这是极端的退化。更有甚者（而且这也完全背离了自然法），一个孩子竟然能够统治成年人，一个傻瓜竟然可以凌驾于聪明人之上，少数富人沉迷于奢靡淫乐的生活，而大多数饥肠辘辘的人却过着朝不保夕的生活。

于是，人类就从自然状态进入一种与自然法背道而驰的状态。怎么办？难道就没有出路和回归的可能性了吗？卢梭试图用他的《**社会契约论**》对此作出回答，这是他最著名（但并非唯一）的政论作品。"人是生而自由的，但却无往不在枷锁之中。"*但是，创建如下一种状况必然是可能的：人的自然的、不可出让的和牢不可破的自由能够与国家权力的范围协调一致，这种权力是国家维持秩序所不可缺少的。权力本身永远都不会造就公正。不管历史上是否真的曾经有过社会契约，但是一种公正的统治必须建立在**协议**和自愿赞成的基础之上。这种协议就是社会契约。社会中的每一个成员都力所能及地贡献出自己的一份力量，作为共同意志领导下的社会公共财富。由此而产生一个作为公共人物的精神共同体，即**人民**。人民是最高统治权的唯一代言人。

但是如何才能确定公民的最高意志（即公意）呢？通过投票表决。"但是人们会问：一个人怎么能够是自由的，而又被迫要遵守并不是属于他自己的那些意志呢？反对者怎么能够既是自由的，而又要服从为他们所不曾同意的那些法律呢？我要回答说，这个问题的提法是错误的。公民是同意了一切法律的，即使是那些违反他们的意愿而通过的法律，即使是那些他们若胆敢违反其中的任何一条都要受到惩罚的法律。国家全体成员的经常意志就是公意；正因为如此，他们才是公民并且是自由的。当人们在人民大会上提议制定一项法律时，他们向人民所提问的，精确地说，并不是人民究竟是赞成这个提议还是反对这个提议，而是它是不是符合公意；而这个公意也就是他们自己的意志。每个人在投票时都说出了自己对这个问题的意见，于是从票数的计算里就可以得出公意的宣告。因此，与我相反的意见若是占了上风，那并不证明别的，只是证明我错了，只是证明我所估计是公意的并不是公意。"[12]†

---

*　卢梭《社会契约论》，商务印书馆，1994 年，第 8 页。

†　卢梭《社会契约论》，第 140 页，

贯穿在卢梭所有著作中的一个基本思想就是：人性本善，只是在社会的不良影响下他才变坏了。基于这种思想，卢梭必然也就特别重视正确的**教育**。这也表明了他的基本思想倾向，他在其教育小说《**爱弥尔**》中表达了他的这种思想。在一些个别地方，卢梭承袭了洛克的思想主张，但是其中的核心思想却完全是卢梭自己的独创，而且他的这些思想也产生了持久的影响，乃至今日的教育学也仍然受其影响。他认为，成长中的青年人必须远离不良文化的影响，问题的关键就在于，让蕴含在每个人身上的那种善的自然天性能够以自然的方式发展成熟，因此，教育的责任是一种**否定的**责任，教育的责任就在于排除那些可能会干扰人的天性自然发展的一切不良的社会影响。

《爱弥尔》中还包含着一篇《**一个萨瓦牧师的信仰自白**》，卢梭在其中阐述了自己的**宗教**立场。他的宗教立场不仅远离了宗教的启示信仰，而且与上一节中提到的唯物主义者的那种带挑衅性的无神论也相去甚远。不仅如此，伏尔泰的那种理性宗教也和卢梭不沾边。卢梭的宗教完全建立在**感觉**之上。感觉告诉我，有一个上帝。要想对此了解更多，既无必要，也不可能。"我依照上帝的伟业来沉思上帝。我越努力探究他的无限本质，我就越觉得他的本质不可思议。上帝存在，知道这一点对我来说就足够了。我对上帝越不理解，我就越崇敬他。我在上帝面前谦卑地说：'万物之主啊，我存在，是因为你存在。我不间断地沉思你的本源，目的是能够认识我自己的本源。运用我的理性的最恰当的方式就是让我的理性服从你的意志。'" [13]

卢梭的影响

卢梭与启蒙运动。当伏尔泰读过卢梭的《论人类不平等的起源和基础》之后，他写信给卢梭说："我收到了你的反人类的新书，谢谢你。在使我们都变得愚蠢的计划上面运用这般聪明伶巧，还是从未有过的事。读尊著，人一心想望四脚走路。但是，由于我已经把那种习惯丢了六十多年，我很不幸，感到不可能再把它捡回来了。"[14]*

实际上，再也没有比这两位思想家之间的意见分歧更大的了！在表面上他们之间就已经存在着明显的不同：这一边是圆滑的、精于世故的和机巧风趣的伏尔泰，他是一个以拥有文化为自豪的知识分子，虽然出身为资产阶级，但是他在贵族社会里却能够如鱼得水；另一边是情绪不安、笨手笨脚和喜欢感情用事的卢梭，他是一个无法安心过市民生活的人，他所有的孩子刚出生不久就被他送进了育婴堂，他渴望逃离文明世界而返回到一种梦想中的"自然的"世界中去，由于他用直言不讳的语言表达感情，这深深地刺痛了他那个时代某些人的心。

两人之间的显著区别还表现在：当伏尔泰听到里斯本地震造成的灾难后，他发表了一首诗，而卢梭的回答则是：人类自己罪有应得！要是我们不在城市而在乡间居住，那么就不会有那么多人死于非命了；要是我们不在房子里居住，而是风餐露宿，那么我们也就不会被倒塌的房屋砸死了！

卢梭不仅与伏尔泰思想对立，而且与他那个时代的其他相信理性和进步的思想家思想对立。卢梭产生影响与他们是同时的，他们都是在法国大革命发生前的最后五十年内从事写作。不过他们之间也有某些共同之处。卢梭将"理性"和"自然"等同起来，这在整个启蒙运动时期的思想中是非常独特的。显而易见，卢梭的"自然"是真正人工的和做作的，在人工的程度上，它丝毫不亚于花园里被修剪过的矮树篱，在做作的程度上，它丝毫不亚于那个时代过于烦琐的宫廷礼节。卢梭的伊甸园般的自然状态与我们所了解的原始部落中的自然状态相去甚远。他的"自然的"教育也要求人们把成长中的人与周围的社会环境人为地隔离开，而今后他也不得不在这样的环境中度过一生。总而言之，那是类似于当时贵族府邸整洁的花

---

* 参见罗素《西方哲学史》下卷，商务印书馆，1996年，第229页。

园里的一种田园牧歌式的风景。当然，我们也听到了卢梭强烈渴望真正未经雕饰的自然状态的弦外之音。西方文明已经发展到了这样一个地步，以至于让人要激烈地表达出他的一种感情，西格蒙德·弗洛伊德后来称这种感情是"文明的不满"。

与英国的休谟和稍后德国的康德一样，卢梭是启蒙运动的最后一位天才，他同时也是启蒙运动的最尖锐的批判者，他超越了启蒙运动本身。

卢梭与法国大革命。在大革命爆发的十年前，卢梭在他的最后避难所爱弥农别墅里接见了一个崇拜他的羞怯的年轻大学生，他自称是来自阿拉的马克西米连·罗伯斯比尔。——当路易十六在狱中读到伏尔泰和卢梭的著作时，他说："这两个人把法兰西给毁了。"他说得没错，因为从他的角度所理解的"法兰西"是那个君主制的旧法兰西。——"波旁王朝本来是可以支撑得住的，"后来拿破仑说，"要是他们对笔墨文字严加监督的话。"法国的共和宪法就是以《社会契约论》为蓝本而起草的。"自由、平等、博爱"的战斗热情就是从卢梭的革命性的激昂情绪中得到了鼓舞。当然，人们会问，卢梭是否真的赞成事实上所发生的那种革命。这倒无关紧要，因为不管怎么说卢梭的思想加速了革命的爆发。卢梭也预言了革命发展过程中所暴露出的悲剧性的内部冲突，即革命以高喊自由的口号开始，却以不宽容和专制独裁而结束。虽然卢梭竭力申明，但是他所主张的坚定的个人主义必然与他的个人主义服从公意的粗暴要求之间存在着不可克服的矛盾，以至于在卢梭的国家里，任何与国家宗教相敌对的行为都要受到死刑或流放的处罚。

卢梭与后世。在广泛的意义上说，法国大革命及其精神结果对于后世只产生了一半的影响，这与卢梭的两面性也是相符合的。另一方面，多愁善感的卢梭也是十九世纪里针对十八世纪的精神展开的一场"反运动"的前锋。**狂飙突进运动、浪漫主义**以及各种各样的宗教革新运动都以他为自己的思想先驱。**歌德和席勒**这两位狂飙突进运动的发起人也对卢梭推崇备至。

而且**康德**也表示："我天性爱好研究，具有强烈的求知欲。有一段时期，我相信这本身就可以提高人类的尊严。是卢梭纠正了我。这种自高自大的优越感消失了。我学会了尊重人类。"[15] 在十九世纪后期，卢梭的思想遗产又重新复活了，而且是朝着两个完全不同的方向发展：其中的一个方向以弗里德里希·**尼采**为代表，在他的著作中也同样包含着对文明的价值的怀疑和批判，包含着卢梭所渴望的那种"纯朴的道德"，包含着他对过分精细的理智的鄙视。显而易见，和卢梭一样，尼采的敏感和复杂的思想家天性正是这种过分精细的文化的产物。其中的另一个方向以所谓的乌托邦式的早期社会主义和卡尔·**马克思**的革命的社会主义为代表，他们发展了卢梭的社会批判思想。不难看出，马克思对建立在私有财产基础上的资产阶级社会的批判是出于同卢梭类似的考虑和感情。此外，马克思的社会主义完全可以引用卢梭的如下句子："就国家对它的成员而言，国家由于有构成国家中一切权利的基础的社会契约，便成为他们全部财富的主人；但就国家对其他国家而言，则国家只是由于它从个人那里所得来的最先占有者的权利，才成为财富的主人的。"[16]*

三、德国

除了在英国和法国，启蒙运动也在德国风起云涌，不过德国的启蒙运动有它自己的特点，这与德国人的个性和德国的社会背景密切相关。整体来说，德国启蒙运动在对待宗教的态度上没有法国启蒙运动那么无所顾忌和激进，这当然也与当时德国的社会背景不无关系，众所周知，十八世纪的启蒙运动在德国并没有发展为可与法国大革命相比拟的普遍的社会变革。

与论述西欧启蒙运动相比，我们在这里只给德国启蒙运动留

---

* 卢梭《社会契约论》，商务印书馆，1994年，第31页。

出了较小的篇幅，之所以如此，倒不是因为德国启蒙运动的意义不太大（尽管法国启蒙运动，尤其是十八世纪法国启蒙运动，从整体上说对欧洲的历史影响要大一些，而且它对法国人的思想和个性所产生的持久和强烈的影响也是德国启蒙运动无法与之相比的），是因为我们对第一个伟大的启蒙运动的代表人物莱布尼茨已经有所认识，而且我们在下一章里还要专门论述康德，在康德那里，启蒙运动达到了它的顶峰和终结。在莱布尼茨和康德之间的德国启蒙运动思想家可以说并不属于欧洲意义上的哲学家。

与伏尔泰的那种优雅华丽的文笔和卢梭那种革命性的热情相比，德国启蒙运动时期的哲学文献则显得有些学究气，平淡无奇，枯燥乏味，几近于老气横秋。除了与上述的历史背景有关系，这还与德语语言本身有关，作为表达哲学思想的工具，德语在当时还没有发展到像十八世纪的法语所达到的那种精细和完善的程度。只是到了歌德的时代，德语才发展到这个阶段。在此之前用德语写作的哲学家大都使用许多外来词，而且他们为了找到一个恰当的词也是绞尽脑汁。从某种程度上说，康德也在此列。

德国启蒙运动哲学的这个特点也并非仅仅是一个弱点。我们在上一章里曾经提到的思想家克里斯蒂安·沃尔夫，正是由于他的学究气，由于他清晰的合乎逻辑的思维方式而被康德称为德国"缜密思想的创始人"。沃尔夫首先在哈勒执教，后来由于受到教会势力的排挤而离开了那里，他去了马堡，并在那里取得了巨大的成就。腓特烈大帝上台后，又非常崇敬地立即把他召回哈勒。在康德的主要著作发表之前，沃尔夫的哲学在他活着时和他去世后（他死于1754年）都一直在德国大学独领风骚。尽管他的哲学在个别地方有另辟蹊径之处，但就其内容来说，他的思想基本上是莱布尼茨思想的体系化、发展以及在所有知识领域内的运用，因此我们在这里就不再详细论述他的哲学。但是，沃尔夫对德语作出的功绩是我们必须提及的。沃尔夫都是用德语执教和写作，至少在他活动初期是这样。通过他，德国科学和哲学才逐渐学会自由地使用自己的母语。

至今在德国仍然使用的哲学术语大部分都是他创造的。

　　普鲁士的**腓特烈大帝**（1712—1786）也间接地影响了德国启蒙运动，他将德国的和外国的学者召集到他的宫廷里，要不是他，英国和法国的启蒙思想也不可能对德国思想产生那么强烈的影响，不仅如此，这位"无忧宫里的哲学家"*本人也是德国启蒙运动的主要思想家之一。十九世纪时，人们将他的著作结集出版，加起来有三十卷之多，其中有许多政论文章。他对哲学的理论方面（形而上学和认识论）不太感兴趣，他更感兴趣的是哲学的实践方面。在他漫长的当政期间，他曾经试图将他的基本原则付诸实践，尤其是他的无条件履行义务的道德信条和胸襟开阔的宽容的宗教和文化政策，因此人们称他的统治是"开明的专制主义"。他于 1740 年发布的指示已闻名于世："宗教必须宽容，国家应该时刻注意，不要让一种宗教损害另一种宗教，因为每个人都有他自己获得幸福的方式。"腓特烈曾经支持过沃尔夫，也支持过伏尔泰、拉美特利以及其他法国思想家，这我们在前面已经说过。腓特烈在位期间，康德也因此而享有充分的思想自由。关于国家与其统治者之间的关系，腓特烈的观点也是家喻户晓的："君主是他的国家的第一仆人。"这与路易十四的"L'Etat c'est moi"（朕即国家）的名言形成了鲜明的对照。当然，腓特烈在他的那句话里不仅说他是"仆人"，而且还特别强调了他是"第一"仆人。因此，他的统治既是开明政治，同时也是一种专制主义。

　　从广泛的意义上说，腓特烈的思想特征同时也是康德之前的整个德国启蒙运动的思想特征：他们更为关注的不是建立独创的新哲学体系；他们的历史功绩主要在于强调了实践和道德理性的重要性，并且即使他们的这种观点并没有直接导致革命性的变革，但是它也对德国的思想和实践生活产生了深刻的影响。这些特征也显现在高特霍尔德·埃弗拉姆·**莱辛**（1729—1781）的身上，或许他是这一

---

* 无忧宫（Schloss Sanssouci）是腓特烈在波茨坦的宫殿。

时期德国启蒙运动的最重要的代表。他既是诗人，也是思想家和哲学家。尽管当时几乎没有第二个德国人比腓特烈二世与莱辛的思想更接近，但是莱辛却从来都没有真正接近过国王，因为国王一直都对莱辛抱有成见，这主要是伏尔泰从中作梗，因为他曾经与年轻的莱辛发生过争执。其中另外一个原因是，虽然腓特烈能够兼收并蓄地对待那个时代的思想潮流，但是对于自己国家内部的真正重要的思想，他却常常视若无睹。

莱辛在柏林的朋友圈子里还有两位德国启蒙运动的重要思想家，他们是摩西·**门德尔松**（1729—1786）和弗里德里希·尼古拉（1733—1811）。在与莱辛相关的人物中，最后值得一提的还有赫尔曼·萨缪尔·**莱马鲁斯**（1694—1768），他是一位针对《圣经》的启示宗教展开尖锐批判的思想家，并且也是一位自然神论的理性宗教的捍卫者。莱马鲁斯死后，莱辛整理出版了他的《上帝的理性崇拜者的辩护》。

莱辛自己也强烈反对不自由和不宽容，而宣扬人性和宗教宽容，他的理想中的人物智者纳旦就体现了他的这种思想。莱辛认为，这是历史上各民族在宗教的名义下产生的仇恨和狂热所造成的。但是，与激进的法国启蒙主义者不同，莱辛并不是好坏不分一概否定。尽管有那种令人失望的认识，但是他却试图在人类的历史中寻找一种意义。他于1780年发表了他的主要哲学著作**《论人类的教育》**，在其中，他表达了人类社会由低级阶段逐渐向高级阶段发展的思想。历史上的宗教就是这条道路上的各个阶段。伟大的宗教创始人教导人类，真理必须是逐步才能获得的。宗教和政治作为最重要的教育工具会帮助人们逐步地掌握理性和获得爱。当然这个不断前进的过程是永无止境的（与相信人类的生理器官的不断进化相比，莱辛更倾向于相信人类灵魂的进步）。人类永远都不可能达到他理想中的终极目标。同样，人类也不可能追求到终极真理。

对德国启蒙运动的概述我还不想就此结束，因为还有一个人物值得一提，他就是克里斯蒂安·**托马修斯**（1655—1728），他是哲学家和法学家，他的主要功绩在于使德语成为德国大学的课堂用语，他筹建了哈勒大学，他结束了对巫婆的审判，这多半要归功于他勇敢反对这种荒唐行为，总之，他是一个真正的"启蒙者"。托马修斯在1690年以前就开始产生影响：他于1687年首次讲课时就开始使用德语。1691年，他同样是用德语出版了他的《论理学入门》。新近的研究者认为，托马修斯是德国启蒙运动的最早代表之一，而且他的思想也不再仅仅是对英国和法国启蒙思想的反映，而是扎根于德国本土的精神生活中。[17]

四、对启蒙运动的评价

让我们对启蒙运动再作简短的回顾。伟大的启蒙思想运动几乎席卷了整个欧洲，就其哲学基本观点而言，它可以被划分为不同的发展分支：

理性主义——相信理性的力量（带有乐观主义色彩），主要以笛卡尔和斯宾诺莎为代表；

经验主义——相信经验是一切认识的基础，主要以洛克及其英国的后继者为代表；

怀疑主义——对人类认识所能达到的范围表示怀疑，其主要代表人物是培尔；

唯物主义——其代表人物有霍尔巴赫、拉美特利和狄德罗；

自然神论（Deismus）——以柴尔波利和伏尔泰为其主要代表，在其他语言中他有时被误解为théisme*。它介于一神论（相信一个人格化的神是世界的造物主和主宰，他通过启示对人说话）和无神论（断然否定神的存在）之间。自然神论者认为，上帝创造了世界，但是上帝并不干预世界的进程（因此既不存在神迹，也不存在神的启示），所以有人指责说，自然神论者发明了一个"无所事事的上帝"。

---

* 法语，意为一神论。

　　在人类历史上，几乎没有一个时期曾经像启蒙运动时期的哲学那样对公共意见和社会发展产生过如此强烈的影响。虽然启蒙运动的理想在法国大革命期间曾经历过血腥的恐怖，好像要以破灭而告终，但是哲学家们对理性、自由、宽容和人道的追求在经过人类漫长的努力之后最终还是得以实现。这些理想的实现应归功于人类取得的如下成就：废除了刑讯，结束了对女巫的审判，人道地对待精神病患者，废除了残酷的肉体刑罚（如车裂或五马分尸），废除了奴隶制，实行权力分立（特别是立法权的独立），结束了宗教战争，废止了审查制度（因而带来了言论自由）——简言之：正如 1776 年美国独立战争和后来的 1789 年《人权宣言》以及如今的美国宪章中所表达的那样，人权逐渐得以实现。

第二章

伊曼努尔·康德

一、生平、个性、著作

我们的叙述渐已接近一个新时代的开端，在这一时期，西方哲学的发展在康德那里达到了一个高潮和转折点，即使康德的许多敌对者也不得不承认这一点，而且这样的情形也是史无前例的，因为发生的这一切都是由于一个人的思想成就所产生的影响而引起的。1781年，德国启蒙运动的伟大诗人和最重要的批判者莱辛溘然长逝，就在这同一年里，康德发表了他的第一部重要著作，即《纯粹理性批判》，这标志着欧洲启蒙运动达到顶峰并进入了一个更高的阶段。

伊曼努尔·康德于1724年4月22日出生在柯尼斯堡（普鲁士），他的父亲是个马具匠。（父亲还把自己的名字写成Cant，这一家人可能是苏格兰血统。）他的父母（尤其是母亲）是虔信派教徒，这个教派提倡真正的感情上的虔诚，而不仅仅拘泥于宗教条文。他在柯尼斯堡的弗里德里克学校学习了七年，后来他说，他对学校的课程基本上没有多大兴趣，他真正感兴趣的领域是自然科学和哲学。1740年，他进入柯尼斯堡大学学习，先是学习神学，不久就因为对哲学和自然科学的兴趣而放弃了神学学习。他在柯尼斯堡附近的贵族家里做了九年家庭教师以维持生计，在这段时间里，他不仅熟谙了人情世故，还获得了细致的哲学知识。1755 年，他获得硕士学位，并留在大学里做编外讲师。过了十五年之后，他才获得讲授逻辑学和形而上学的教授资格，他担任这个职位直到生命终止。

他在大学里任教四十年，他不仅仅讲授这两门课程，还讲授数学、自然地理学、人类学以及自然神学、伦理学和自然法权。康德是一个受人欢迎和爱戴的教师。他在做讲师期间，赫尔德正在柯尼斯堡上大学，他在一封信中这样称赞康德："他血气方刚，总是那么兴致勃勃，他生来就为思想的额头里装满了坚不可摧的快乐和喜悦，思想丰富的谈吐源源不断地从口中流出，他有取之不尽的风趣、机智和变化无常的思想，听他讲课简直就像轻松愉快的享受。他能调动起学生的情绪，使我们愉快地学会自己思考问题。"就和讲授哲学问题一样，康德也能够在地理课上栩栩如生地谈论那些陌生国家和民族的风土人情，尽管他一生中几乎都没有离开过柯尼斯堡。

康德的生活从表面上看平静无波，并且一成不变。这与康德生来身体羸弱有关，他个子矮小，体弱多病，身材有点畸形，一边的肩膀比另一边高，由于他清醒地意识到了这一点，为了能够保持身体的健康，他持之以恒地恪守自己制定的生活规则，给自己设定了明确的人生目标。通过这种努力，他能够健康地活到高龄，并最终基本上实现了自己的人生目标。康德严格地过着极其有规律的生活，关于此，同时代人的书信和报道中都有记载。他总是五点起床，然后立即投入工作。从七点到九点，他在大学里讲课。九点至下午一点，这是他用于个人研究的主要工作时间段，他的科学著作大都是在这段时间里完成的。接着是午餐时间，进餐时康德几乎总是有客人陪伴，他更喜欢接待的客人都是普通市民而非学者。午餐是用来完全放松自己的，往往要持续好几个小时，席间会谈论各种各样的话题。接着是散步，同样是按照精确的时间，而且也非常具有规律性。散步之后，他又开始工作，晚上十点准时上床睡觉。

康德非常严格地遵守自己设定的日程表，据说柯尼斯堡的市民可以根据他的活动来校准时钟。一位传记作者说："起床，喝咖啡，写作，讲课，吃饭，散步，一切活动都按他自己规定的时间表，邻居们都非常清楚，当伊曼努尔·康德身穿灰色外衣，手拿西班牙式藤杖走出家门并漫步走向菩提树小林荫道的时候，这时正好就是下午三点半。如今这条被称为哲学家之路的小林荫道就是因康德而得名。他每天都要在这条路上走八个来回，一年四季永不间断，当阴天或者天上的乌云预示着将要下雨的时候，人们就会看到他的老仆人朗培尔谨小慎微地跟在他的身后，腋下夹着一把长柄大雨伞，如同一种天意的象征。"[1]

海因里希·海涅这些略带讥讽的描述，以及其他一些关于康德个性的逸事，都与康德的年龄有关。老年康德是一个热情好客的主人，因为他的谈话妙趣横生，所以他也是一个备受欢迎的客人。他与那些偶尔居住在柯尼斯堡的俄国高级军官交往频繁，他们大都是来自波罗的海东岸国家的德意志血统的人。[2]

他的主要著作问世以后，康德立即就声名远扬，而且在他活着的时候他的名气就已经超越了德国国界。人们纷纷向他表示敬意。来自柯尼斯堡之外的许多聘请都被他一一谢绝了。虽然在生命的最后几年里，他的思想创造力已经渐渐消退，但是，当他于1804年2月12日溘然长逝时，来自社会各阶层的人还是纷纷前来拜谒他的故居，目的是再看一眼这位伟大人物。城市、大学以及居民们为他举行了隆重的葬礼，这对于柯尼斯堡这座安静的城市来说还是前所未有的事情。

为了便于读者对康德哲学有一个概括的了解，我们首先把康德最重要的著作简单地列述如下。所列的书目仅仅包含下文将要涉及的康德的著作：

1755年，《自然通史与天体理论，或根据牛顿定理试论整个宇宙的结构及其力学起源》；

1756 年,《物理单子论》;

1766 年,《视灵者的幻梦》;

1770 年,《论感觉界和理智界的形式和原则》;

1775 年,《论各种不同的人种》;

1781 年,《纯粹理性批判》;

1783 年,《任何一种能够作为科学出现的未来形而上学导论》;

1784 年,《从世界公民的观点撰写世界通史的想法》;

1785 年,《道德形而上学的基础》;

1788 年,《实践理性批判》;

1790 年,《判断力批判》;

1793 年,《论纯粹理性范围内的宗教》;

1795 年,《论永久和平》;

1797 年,《道德形而上学》;

1798 年,《学科间的纷争》。

康德于 1793 年曾经表示要编辑出版一套自己的著作全集,但是最终未能实现。直到二十世纪时,普鲁士科学院才出版了一套十八卷本的《康德全集》。

二、前批判时期

1. 康德的自然科学著作

《纯粹理性批判》发表以前的这段时期,或者说,康德思想真正开始形成以前的这段时期被称为康德思想发展的"前批判"时期。从他的第一部著作发表(1747)到他写出自己的博士论文(1770),在这几十年内他也是一位多产的作家,他这一时期的作品——其中的大部分我们在这里并没有列举出来——大都是涉及自然科学问题。康德的著作涉及火、火山、自然地理学、风的理论以及里斯本大地震。牛顿物理学是他的思想基础,对他来说,牛顿物理学是精密自然科学知识的一个典范。

首先应该提到的是康德的《**自然通史与天体理论**》。康德在其中阐述了一种关于宇宙形成和行星运动的理论假说。牛顿认识到并计算出了引力对于天体运行所产生的影响,但是太阳系的形成问题他却没有解决。他明确地指出,人不可能对此作出自然的解释。在他看来,天体的循环运动是两种力量作用下产生的结果,一种是吸引力,对于这种力我们可以用机械的方式作出解释,另一种是排斥力,它阻止行星在重力的作用下冲向太阳。牛顿认为,对于这第二种力我们只能做这样的解释,造物主自身已经赋予天体这种运动规律,使它们在某种程度上能够逃逸太阳的追赶。

康德提出的假说认为,这两种力我们都可以用机械论加以解释。他假定了一种宇宙的原始状态,在这种状态下,物质的最小微粒均匀地分布于空间之中。由于这些最小微粒在密度和引力上都各不相同,于是,那些密度较大因而引力也较大的物质微粒就会将那些密度较小因而引力也较小的物质微粒吸引过去。在引力的作用下,较轻的微粒会呈直线型移向较重的微粒,并在那里集结成一团。但是,在移动的过程中,它们会与其他微粒相撞,会被撞开,改变自己的运动方向,从而产生运动方向的偏移。从最初的混乱无序的运动中,会逐渐形成一种运动的均衡,从而达到一种最低程度上的相互制约。于是就形成了圆周运动。那些呈圆周运动的微粒的一部分被太阳吸引了去,围绕太阳旋转。其他微粒组成了行星。它们离太阳越近,密度就越大,体积就越小。

康德试图用这个假说来表明,为了解释从混沌无序的原初状态如何形成一个和谐的宇宙整体,人们并不需要假定一种超自然的力量,这一切都可以用物质的吸引和排斥的规律加以解释。至于那弥漫于空间中的原初的物质微粒又是如何产生的,在康德看来,任何自然的解释对这个问题都失灵了。在这种情况下,我们必须假定一个造物主,他创造了物质,并赋予它们力量,使它们有能力从混沌无序的原初状态构造出一个有秩序的宇宙来。[3]

几十年之后，法国数学家和天文学家比埃尔·拉普拉斯（1749—1827）在对康德的理论毫不知情的情况下也得出了与康德非常类似的结论。从此以后，这种宇宙形成的假说就被称作**康德—拉普拉斯理论**。

康德的另一部著作**《物理单子论》**[4]包含着具有前瞻性的自然科学思想。如它的书名所显示的那样，康德继承了莱布尼茨的单子概念。宇宙形成于最小微粒的运动，康德试图更进一步确定这种最小微粒的本质。他将它们的本质定义为"充满空间的力"。也就是说，物质具有物质性和不可穿透性，物质的本质就是**力**。没有"材料"，只有力（能量）！康德的这一思想在当代物理学中又获得了一次伟大的复兴，当代物理学不仅在理论上认为，"物质"只是能量的一种特殊形式，而且还在实践运用中清楚地证明了，物质能够转化为能量，反之亦然。

我们还想提一下康德的第三部自然科学著作，即**《论各种不同的人种》**。康德用一种自然史的观念来代替纯粹的自然分类描述。他在其中表达的思想使他成为进化论思想的开创者之一，这一思想在十九世纪时已被广泛接受。"自然史……将要描述地球的变迁、地球上的造物（植物和动物）的变化，这些变迁或变化都是自然历程的必然结果；它还要描述由这些变化而来的原始物种的原始类型的变异。它或许会将一大批看上去各不相同的物种归列为同一种属，并且将今日如此详细地描述自然的学科分类转变为一种便于理解的自然体系。"[5]

2. 批判问题的形成

让我们回到哲学本身！在大学学习期间以及工作的初期阶段，康德在德国所见到的占统治地位的哲学体系就是莱布尼茨—沃尔夫哲学体系。如果我们用简短的词语来概括它，那就是**理性主义**，在方法上则是**独断主义**。之所以称它为理性主义，是因为它是一种理性哲学，它相信：我的理性对世界的论断是真实的。从（天赋的）

理性原则出发能够获得关于世界的正确认识，而且也不必借助于经验——这一点很重要。对于理性主义者来说，经验并不是认识的基础和界限，因此，他们也没有理由怀疑一种形而上学的可能性，这种形而上学作为一种超越经验和超越感性的科学而存在。况且理性主义者也创立了这样的形而上学体系。他们采用的是独断主义的方法，也就是说，不做事先的批判性检验，也不管理性是否有能力在不依赖经验的前提下获得超验的确定性认识。康德的老师克努岑就是一个沃尔夫主义者，在老师的影响下，康德到 1760 年左右也一直是一个莱布尼茨—沃尔夫体系的追随者。

　　然后便发生了思想的转变。康德被从"独断主义的昏睡中"唤醒了，而唤醒他的人就是英国的**经验主义**哲学家约翰·**洛克**和大卫·**休谟**。洛克曾说：没有感官经验，理智中就一片空白。这是彻底的经验主义。只有经验（包括外在的感官经验和内在的自我观察的意识活动）才是我们的认识的源泉，而且也是认识的界限。对于这种经验主义来说，因为经验不为超验提供任何根据，所以超验科学意义上的形而上学则是不可能的。

　　康德开始怀疑理性主义的正确性，因而也开始怀疑旧的意义上的形而上学是否是可能的，这种怀疑尤其表现在《视灵者的幻梦》一书中。在朋友们的请求下，康德与瑞典通神学家和视灵者埃曼努尔·**斯韦登伯格**（1688—1772）展开了辩论，康德利用了这一辩论，使它成为与独断的形而上学"幻梦"的一次清算。关于这两者，康德说，虽然他们的想法是可行的，但是他们的思想却与某些疯子的幻觉有些类似。他告诉人们，那些人（一旦离开可靠的经验的基础）是如何按照严格的逻辑方式获得最稀奇古怪和出人意料的原理和体系的。康德与独断的形而上学分道扬镳了，他关于沃尔夫哲学说的一段话已经明确地说明了这一点："如果我们观察一下某些思想界的空中楼阁的建筑家……那么我们必须忍耐他们的说法中的矛盾之处，耐心等待这些先生们从幻梦中醒来。"[6] 他的整篇文章都带有类似的嘲讽语气："机敏的胡迪布拉斯本来应该让我们自己来解开这个谜；因为照他看来：如果一股季肋部的风呼啸着吹进内脏，那么要看它朝哪个方向吹，如果它朝下吹，出来的就是大粪，如果它朝上吹，就会出现幻象或者显灵。"[7]"也许有人会问，是什么动机促使我去研究这种无聊的琐事，这等于是在继续传播荒诞的故事，一个理智健全的人是很难去听它的，更不用说还把这些荒诞不经的东西放到哲学研究著作中去……愚蠢和智慧之间的界线是如此之模糊不清，以至于由于在其中的一条道路上走得时间太长了，也难免有时会沾着另一条道路的边。"[8]康德说，像斯韦登伯格这种"视灵者"是应该被送进精神病院的，但是问题不仅在于这些"视灵者"，那些思辨的形而上学的信徒与"视灵者"并没有什么区别，他们也常常陷于幻想，把自己的想法当作事物的真正秩序，只不过一个是感性的梦幻者，一个是理性的梦幻者而已。在这里我们看到，康德与旧的形而上学已经分手了，当然还有些恋恋不舍，因为他承认自己曾经对它情有独钟，"命运驱使我爱上了形而上学，尽管它很少对我有所帮助"。在这里我们也看到，康德给形而上学下了新的定义：形而上学是关于人类理性界限的科学。康德又接着说："只不过我在这里还不能精确地确定它的界限。"

康德接下来的任务就是确定这个界限。一边是理性主义，一边是经验主义，谁是正确的呢？康德说，为了作出区分，我必须事先做点在我之前还没有人做过的事情：我必须对人类思维器官的整个结构进行重新考察。只有当我弄清楚了，作为我们知识源泉的思维器官，它的工作方式的有效范围和界限在哪里，然后我才有充分的权利作出判断，形而上学是否可能，它可能是什么样。也许得出的结论是，理性主义和经验主义两者都不正确？或者，它们各自都在有限的范围内是正确的？"我的目的是要说服所有那些认为形而上学有研究价值的人，让他们相信把自己工作暂停下来非常必要，把至今所做的一切东西都看作不曾做过，并且首先提出'像形而上学这种东西究竟是不是可能的'这一问题。如果它是科学，为什么它不能像其他科学一样得到普遍、持久的承认？如果它不是科学，为什么它竟能继续以科学自封，并且使人类理智寄之以无限希望却始终没有实现？不管是证明我们自己的有知也罢，无知也罢，我们必须一劳永逸地弄清这一所谓科学的性质，因为我们不能再在目前这种状况上停留下去。"[9]

康德用了十五年的时间专心思考这个问题，这表明：首先，这个问题非常难；其次，康德对这个问题思考得非常细致和耐心；再次，显然康德既不想也不能对争论的双方感到满意。1770 年，康德发表了《论感觉界和理智界的形式和原则》，在其中他对于这个问题做了初步的解决。但是又过了十一年之后，也就是康德五十七岁那年，他才发表了令世界震惊的《纯粹理性批判》。

三、纯粹理性批判

1. 特点、结构、基本概念

"我敢说，没有一个形而上学的问题在这里没有得到解决，或至少为其解决提供了钥匙。"[10]*

一部对自己提出如此要求的著作，用康德自己的话来说，我们也可以要求它满足如下两种条件：结果的绝对确定性和阐述的明晰性。对于前者，康德把评判的权力留给读者和后世；对于后者，康德说，他已经操了足够的心，为此用了大量的**概念**。此外，康德一开始也感觉到**直观**对于明晰性的必要性，也就是需要引用例证并作出具体的解释。"但我马上看出我将要处理的那些课题之巨大和对象之繁多，并觉得这一切单是以枯燥的、纯粹经院的方式来陈述就已经会使这本书够庞大的了，所以我感到用那些仅仅是为了通俗化的目的而必要的实例和说明来使这本书变得更加膨胀是不可取的。"[11]†

---

* 康德《纯粹理性批判》，第 1 版序，人民出版社，2004 年，第 4 页。

† 《纯粹理性批判》，第 6—7 页。

康德只是草拟了这样一个框架，但是为了阐明自己的观点，他还是写了一部鸿篇巨制——该书第二版有 884 页。我们能够设想用几页的篇幅来介绍它的内容吗？这是根本不可能的事情。但是我们可以尝试从如下几点上对它有一个初步的印象：它的特点和结构，它讨论的三个基本问题，康德特殊的研究方法，康德回答问题的思路。

康德的主要著作不仅属于世界文献中内容最丰富者之列，而且也属于最难理解者之列。康德自己也意识到了它的难以理解，他称自己的"纯粹理智概念的演绎"——这也是第一批判的核心内容——"是所从事过的形而上学事业中最难的"。[12]* 在面对紧迫的理性批判的困难时就去求助于所谓的"良知"（普通人的理智）——如那个由托马斯·里德（1710—1796）创立的苏格兰哲学学派针对休谟所做的那样——"等到考察研究和科学都无能为力时（而不是在这以前）去向良知求救，这是新时代的巧妙发明之一；用这种办法，最浅薄的大言不惭之徒保险能同最深刻的思想家进行挑战，并且还能招架一番。不过，人们只要稍微做一点考察研究，就不会去找这个窍门。而且，认真看起来，向良知求救就是请求群盲来判断，群盲的捧场使哲学家为之脸红。"[13]† 康德也完全尊重普通人的理智，但是"凿子和槌子可以在木工中使用，对于铜刻，这就要用腐刻针"[14]‡。

对于想研究康德的读者，我们提一点建议，希望他首先去读一本内容较为详尽的入门书，以便于为进一步研究康德做准备，[15] 然后他也不要急于开始阅读康德的批判著作，而是应该先熟悉一下康德的语言，作为进入他的批判的思想世界的准备，去阅读他较为浅显的前批判时期的著作，比如他的**《任何一种能够作为科学出现的未来形而上学导论》**，康德在发表《纯粹理性批判》之后不久就写

---

*   康德《任何一种能够作为科学出现的未来形而上学导论》，商务印书馆，1995年，第10页。

†   同上，第8—9页。

‡   同上，第9页。

了它，他自己就把它看作《纯粹理性批判》的主要思想的一个简化缩写本。除了前言和导论，《纯粹理性批判》主要由两部分组成：一、先验要素论，这也是该书的主要部分；二、先验方法论。先验要素论又分为两部分：先验美学讨论感性的能力；先验逻辑讨论思维的能力。逻辑又分为两部分：先验分析论讨论人的知性；先验辩证论讨论人的理性。

我们在这里试着对康德使用的几个概念做一下解释。在此，我们可以跟随着康德自己的思路。

康德所说的"批判"并非我们今天所说的评价意义上的"批判"，而是审查、检验和划定界限。

人的一切认识都是从经验开始的，康德将经验主义者的这句话放在批判的开篇。如果没有事物触动我们的感官，并激发我们的理智活动，那么我们该如何认识事物呢？从时间上看，经验先于一切认识。但这并不是说，一切认识都来源于经验。也有可能，我们所说的经验本身就是某种复合物，是外部印象和我们自己添加进去的某些东西的混合。批判的分析必须把这两种东西分离开。我们必须考察，是否在我们的经验之前存在某种东西，即我们是否拥有**先天的**（a priori）知识。经验的知识始终是后天（posteiori）获得的（也就是来自经验）。纯粹知识是先天的知识，我们在其中没有混入任何经验的东西。

我们如何才能区分开这种纯粹知识和经验知识呢？有两种可靠的特征：**必然性**和严密的**普遍性**。经验永远都不会给出严密的必然性。经验始终只是告诉我们（如休谟所言），某物被这样或那样创造了，但是它不会告诉我们，某物必然会被这样创造。经验不会给它的定理赋予严密的普遍性。利用经验我们永远不可能超越一种相对的普遍性，我们只能说：就我们目前所观察到的来看，这个或那个定理还没有例外。如果一个定理带有绝对的必然性和严密的普遍性，那么它必然是来自先天的认识。比如，这同样适用于下面的定理：每种变化必然有其原因。休谟已经认识到，一个必然的和普遍的定理不可能来自知觉。他说：一个定理不是必然的和普遍的，而只是一种习惯的产物，康德接着他的话说：一个定理不是必然的和普遍的，但是它也不可能来自经验！

将**分析判断**和**综合判断**区分开来，这对于康德哲学是至关重要的。判断是一个主项与一个谓项之间的逻辑联系。分析指的是"分解"或"剖析"。当我说一切物体都具有广延性，或者说球是圆的，那么我在谓项中所说的东西已经包含在主项的概念之中了，因为"物体"这个概念就包含着"广延性"这个特征，"球"这个概念就包含着"圆"这个特征。这就是分析判断。综合指的是"联系"或"组合"。当我说这个球是金质的，在这里我给"球"这个概念添加了它本身并不包含的某种属性，因为球不需要都用金子做成。在这个概念里我所添加的东西——金色的特征——就是来源于经验。如果我不是凭自己的知觉确信这个球是金质的，那么我就不可能作出这个判断来。

这就意味着，综合判断只能是后天形成的，它来自经验。一个这样形成的判断当然不会是普遍的和必然的。但是像"每种变化都有其原因"这样一个具有普遍性的定理该如何解释呢？如我们所说，经验永远都不会使我有理由将它作为普遍的和必然的。这个定理是综合的，因为我可以将变化的概念做任意的分解，我在时间中只发现变化，但是却不能发现变化与原因之间必然联系的因素。而这个定理是普遍的和必然的。难道也存在先天的综合判断吗？康德的回答是肯定的。

通过进一步的观察我们会发现，不管是人的一般理智还是科学，其中都包含大量的这种先天的综合判断。首先，**数学**判断就是综合判断。康德举了一个非常简单的例子：7+5=12这个定理是个先天判断，因为它必然有效，而且没有例外。那么它是分析判断吗？也就是说，"12"这个概念里是不是就已经包含了7加5的概念呢？康德说：不。当我们再去考虑更大的数时，我们就会清楚了。如果我不借助于直观，也就是运算，我不可能从7654和3674这个数的纯粹观念中得出一个正确的结论。非常奇怪的是，虽然这个定理是借助于直观得出的，但它仍然是先天的，也就是说，它并不依赖任何经验。只有当存在某种**纯粹**的独立于经验的直观时，这才是可能的。这对于其他纯粹的数学定理也同样适用。其次，**自然科学**也包含先天的综合定理。再次，形而上学至少也是由这种定理组成的，因为它的目的就是想提供超越经验的认识。这样我们就面临着纯粹理性批判的主要问题：**先天综合判断是如何可能的？**

因为数学、自然科学和形而上学中包含着这样的定理，所以它又涵盖以下几个问题：

纯粹数学是如何可能的？

纯粹自然科学是如何可能的？

形而上学——只要它还被称作科学——是如何可能的？

解决这些问题是一门特殊科学的任务，康德称这种科学是"纯粹理性批判"。纯粹理性指的就是那些能够被先天认识的原则。康德之所以称他的书为**批判**，因为它不是想提供一种纯粹理性的完整体系，而只是想对纯粹理性做批判的判断，对它的根源和界限加以规定。关于问题的提出以及这本著作的题目，我们就说这些。为了能够更好地理解上述的划分，我们还必须弄清康德在其中所使用的概念的意义。康德所说的"先验的"一词指的是先于经验的认识形式，以别于认识的内容和材料。他说："我把一切与其说是关注于对象，不如说是一般的关注于我们有关对象的、就其应当为先天可能的而言的认识方式的知识，称之为先验的。"[16]* 先验哲学就是一切纯粹理性原则的体系。先验的（不可与那个含混不清的概念"超验的"相混淆）并不是指"超越经验的"或"超出一切可经验的"，而是指"先于经验的"。

划分为先验感性论和先验逻辑论是基于如下的认识，即人的认识有两个来源：感性直觉和理智。这两者都要去考察，它们在多大程度上包含先天的因素，而且感性要先于理性。在康德那里，

* 《纯粹理性批判》，第19页。

Aesthetik 这个词是按照其本意被使用的，也就是说，康德使用了它与感性有关的部分，它不是我们今天通常所说的"美学"，而是"关于感性的学问"。

2．先验感性论

这个题目的意思是：对感性认识能力的先验考察。感性是我们自身固有的一种能力，它受作用于外部事物的影响（刺激）。借助于感性，对象被给予我们，且只有感性才给我们提供**直观**，也就是说，直观就是个别对象的直接表象。乍看起来，一个这种个别表象，比方说一朵玫瑰花，在我们分析我们的认识过程时，它是不可再被继续分析的最终的东西了，但是，经过必要的考察后我们会发现，情况并非如此，我们有不同的感官知觉，在我们的认识过程中会有多种感官知觉参与进来。在上述例子中，我们的嗅觉会传达花的芳香，视觉和触觉会传达花的形状和颜色。感官知觉只向我们提供**感觉**，这些感觉则只是我们获得"玫瑰花"这个表象的原材料。在我们身上还有另外一种东西，它会**整理**我们获得的那些感觉，而且是通过特定的方式进行整理：在一种空间和时间的统一性中。个别表象并不是原始的材料，而是已经经过加工了的材料。在我们的思维中被整理过的那些东西，它们自身并不再是来源于感觉经验。

空间

如果我愿意，我可以撇开一切经验的东西不考虑。我可以不去想玫瑰花的气味、颜色以及诸如此类的事情。但是，有一点我却不能撇开不谈，也就是事物在空间中的广延性。空间的观念是先天的。空间无外乎一种形式，我们的外感官的一切现象都是在其中被表象出来的。空间并不黏附于对象本身。是我们将空间的观念加在了"物"的上面。人的感觉器官就是这样被设置的，我们所感觉到的东西都必然显现为在空间中并列的形式。注意是显现！当感官提供某种感觉时，必须有从外部影响感官的某种东西存在。关于这种外在的东西我们不用多说什么了。这种外在的东西只能以某种形式向我"显现"，如它所传达给我的感官的那样，这个界限我是永远不可能逾越的。关于现象背后的东西，关于**物自体**（康德也称之为Noumenon）我却一无所知。

在这种限定的条件下——就是说物只能作为现象被我们所知觉，至于它的其他属性我们永远都不可能知道——空间观念从严格意义上说就是普遍的和必然的。所有人的感性结构都是相同的，对所有的人来说（至于在其他动物那里情况如何，我们不得而知），凡是显现给他的东西，都只能是在空间的形式中显现的。在这个意义上，康德可以说："空间具有经验实在性。"这就是说，对于所有作为外在对象显现给我们的东西，空间都具有客观有效性。至于物自体是否在空间之中，我们不得而知。因此康德可以接着说（这与前述的并不矛盾）"空间具有先验的观念性"，也就是说，一旦我们将一切经验的可能性的条件都抛开，那么空间就是虚无。因此，空间是我们的外感官的纯粹先天的直观形式。

时间

和空间一样，时间也是先天被给予的。时间是我们的内感官的纯粹形式，是我们内在的感性直观的纯粹形式。让我们观察一下我们自身不同的心灵状态（感情、意志冲动和想象），虽然它们之间各不相同，但是有一点是共同的，这就是：它们都在时间中流逝。时间并不来自它们其中的某一个，时间是条件，如果没有时间，我们不可能对它们有任何经验。时间是普遍的和必然的，时间是我们内在直观的先天给予的形式。

一切外在的东西也只能是在我们之中以观念的形式被给予的。由于时间是我们的观念的必然形式，所以时间不仅是我们的**内在**直观的形式（正如空间是外在直观的形式），而且完全就是我们的直观的形式。"一切现象……都是在时间之中的，并且必然地处于时间的关系之中。"

时间也具有经验实在性，就是说时间对于显现的一切（外在的和内在的）事物都具有绝对有效性，它具有先验的观念性，也就是说，时间不适用于物自体。

数学的可能性

空间和时间以先验的形式存在于我们之中，数学的可能性就是以此为基础的，因为数学只与空间和时间的规定性有关。

几何学研究空间关系。比如说，几何学教导我们，直线是两点之间的最短距离。这是一个综合的定理，因为直线概念分析的结果只能是质量而非大小。我必须借助于直观，但是我不需要等待经验！因为我从一开始就——先天地——在我自身之内拥有空间的观念。这就使得我有可能形成这个先天的综合判断。和我一样，每个人在他自身之内也都具有相同的空间直观形式。几何定理的普遍性和必然性就是以此为基础的。

算术是用来计算的。但是计算基本上也就是计数，就是说，它以时间的先后顺序为基础。由于我在我自身之内就拥有作为纯粹感性形式的时间，而且所有的人也都和我一样，所以算术也不需要借助于经验就能够纯粹以内在的时间直观为基础而得出具有普遍必然性的定理。

批判的第一个问题，即纯粹数学是如何可能的，就这样被解决了。

3. 先验分析论

问题

知识是如何得以实现的？洛克曾说，在没有感性认识之前，知性中一无所有。莱布尼茨又加上了一句话，没错，除了知性本身！康德也用一句简短的话回答了这个问题，但是关于这个问题的详细阐述却构成了纯粹理性批判中最长和最难的一段。

康德一开始就说，一切思想、一切概念都来自通过直观被给予我们的对象。没有直观的概念是空洞的。如果我们的认识能力的两个"来源"之一即知性不是在空无的空间中四处摸索的话，那么它始终是与感性相关的，感性为知性提供直观的材料。但是感性同样也是与知性密切相关的。感性为我们提供直观，即感觉，直观仿佛是按照感性的先天的形式被初步地整理过了。如果没有知性，纯粹直观就是"不可理解的"。如果没有概念，直观就是盲目的。

因此可以说，感性和知性在认识过程中是相互影响的。就如同感性按照其先天的形式整理感觉一样，知性现在也开始继续整理感性所提供的材料。知性将这些材料提升为概念，并将这些概念结合为判断。

知性的这种连接的活动就是众所周知的**逻辑**的对象，对此我们在其创立者亚里士多德那里曾做过详细论述。这种普遍逻辑自亚里士多德以来基本上就没有发生过变化，康德基本上也没有改变它，但是康德心里所惦记的并不是普遍逻辑的问题，即我必须如何将概念连接起来，以便于我能够获得正确的判断等，康德思考的问题是：我们的知性究竟是如何获得概念的？我们的知性能够构成概念，这些概念又与某个特定的对象相关联并与这个对象相一致，这一切究竟是如何实现的呢？（因为这正是"认识"的意义所在。）这就是康德创立的先验逻辑所讨论的问题。

范畴

知性思考或连接或联系知觉，具有不同的形式，这种形式是先验的，而不是来自经验，所以被称为知性的纯粹概念或范畴。知性表现于判断中，实际上，知性就是判断能力，思维就是判断。因此，思考的方式就是判断的方式，要发现这种判断的方式，我们必须分析判断，检查判断所表现的形式。因此通常逻辑已经做了这项工作，到那里去检阅，会对我们有帮助。判断的逻辑表可以引导人去发现范畴。判断表中有多少可能的判断，就有多少心灵的纯粹概念或范畴。论述这一课题的那部分逻辑叫作先验分析论。

如果我们抽掉一般判断的一切内容，而只关注其中的知性形式，

那么我们就发现，思维在判断中的机能可以归入四个项目之下，其中每个项目又包含三个契机。它们可以确切地表述如下：[17]

1. 判断的量
全称的

特称的

单称的

2. 判断的质
肯定的

否定的

无限的

3. 判断的关系
定言的（直言的）

假言的

选言的

4. 判断的模态
或然的

实然的

必然的

对于这十二种判断形式，我们各自给出一个例子：[18]

全称判断：凡人都有一死。

特称判断：有几颗星是行星。

单称判断：康德是一个哲学家。

肯定判断：这朵玫瑰是红色的。

否定判断：那朵玫瑰不是红色的。

无限判断：这朵玫瑰是没有香味的（不管它在通常情况下如何，它被排除在有香味的玫瑰之外，但是它究竟属于哪一类却没有限定，于是便存在无限的可能性，因此这个判断是无限判断。）

定言判断：这个三角形有一个直角。

假言判断：如果三角形有一个直角，那么它的另外两个角就是锐角。

选言判断：一个三角形要么是直角三角形，要么是锐角三角形，要么是钝角三角形。

或然判断：这朵玫瑰今天可能开花。

实然判断：这朵玫瑰今天会开花。

必然判断：这朵玫瑰今天肯定开花。

这些判断形式显示了我们的思维的基本形式，它们也必然是概念形成的基础。我们只需要到这十二种判断形式的每一种背后寻找与之相应的概念，就拥有了所有概念的基本形式，康德称之为**范畴**。比如当我们在知性中有一个基本概念"现实性"时，显然只能作出全称判断，而一个否定判断则是以"非现实性"的概念为基础的，诸如此类。将这一原则应用于十二种判断形式，便得出了如下的**范畴表（纯粹知性概念）**：[19]*

1. 量的范畴

单一性

多数性

全体性

2. 质的范畴

实在性

否定性

限制性

3. 关系的范畴

依存性与自存性（实体与偶性）

原因性与从属性（原因和结果）

协同性（主动与受动之间的交互作用）

4. 模态的范畴

可能性——不可能性

存有——非有

必然性——偶然性

---

* 《纯粹理性批判》，第 71 页。

　　一个对象的概念是如何形成的呢？首先，通过感性的先天的形式从感觉中产生时空中的直观。然后知性再按照十二个范畴将直观连接起来。这样就得出**经验的**概念（由直观的材料构成）。当我们将感性和知性的纯粹形式，即空间、时间和范畴连接在一起，就会得出**纯粹的**概念。康德并没有对这些概念进行系统的探寻和整理，而且也没有给这些范畴下定义，"在这部著作中，我有意避免了对这些范畴下定义，尽管我有可能得到这些定义"[20]*。

纯粹知性概念的演绎

　　摆在我们面前的更为主要的问题是：先天的范畴，即先于一切经验而存在于知性中的范畴如何可能与经验的对象有关，以至于我借助于这些先天的形式能够认识对象呢？康德在**纯粹知性概念的先验演绎**中对这个问题做了回答。

　　让我们以因果性为例。经验论者洛克说：当我们发觉两个事件之间有因果联系时，我们在这里会认识到一种力量，这种力量在"实在的"物（实体）之间起作用。怀疑论者休谟说：我们根本就不可能发觉事物间的因果联系，我们总是只能发觉到相继发生的事件。因此，因果性原则根本就没有客观有效性，它只是一种习惯性的思维方式。康德说：因果性原则不是来源于知觉，休谟在这一点上完全正确。也就是说，因果性原则来自知性。而且这对于一切经验都具有普遍必然的有效性！这是如何可能的呢？除此之外别无其他可能：因为一切经验都是这样产生的，即知性将它的思维形式铭刻在由感性提供的材料上（在其中作为一种因果性的"关系"），显然，我们在一切经验中也必然会再遇到这种形式！

　　就像范畴对于感性的先天形式空间和时间不适用一样，范畴对于物自体也不适用。但是，对于**显现**给我们的"物"来说，范畴却具有普遍必然的有效性。在我们的经验中永远都不会出现与因果性

---

* 《纯粹理性批判》，第 74 页。

不一致的情况，因为一切经验首先要借助于范畴通过知性的塑造活动才得以实现。

先验的判断力

在范畴中，我们已经认识了先天的形式，知性在整理直观材料时便是利用这种先天的形式。但是知性又是从何得知这十二种范畴的哪一个能够应用于那些杂乱无序的材料上去呢？知性有一种能够使其作出正确选择的能力，康德称这种能力为**判断力**。

范畴和材料之间的联系就在于，所有直观的五花八门的材料都从属于一种普遍的形式，即**时间**。因此，每一种范畴都对应于一个时间的图型。当然这只是说明了判断力的功能，康德关于这种"纯粹知性概念的图型法"的细节解释我们在这里就略过不提了。

自然科学的可能性

批判的第二个基本问题是：纯粹自然科学是如何可能的？这个问题也通过先验分析论而得到了回答。就和纯粹数学是可能的一样，纯粹自然科学也是可能的。

我们把现象的合乎规律的秩序称为自然，称它的规律是自然规律。但是自然之所以具有合乎规律的秩序，是因为我们的知性能够把现象按照蕴涵于其中的准则联系在一起。人是自然规律的制定者！由于"制造"（虽然不是"创造"）自然的是我们自己的思想，因此我们可以说，不是我们的知识依照对象，而是对象依照我们的知识！

康德的这一观察结果意味着一次革命，它的作用并不亚于哥白尼的思想对天文学产生的影响。康德自己就以此为例："向来人们都认为，我们的一切知识都必须依照对象；但是在这个假定下，想要通过概念先天地构成有关这些对象的东西以扩展我们的知识的一切尝试，都失败了。因此我们不妨试试，当我们假定对象必须依照我们的知识时，我们在形而上学的任务中是否会有更好的进展。这一假定也许将更好地与所要求的可能性、即对对象的先天知识的可能性相一致，这种知识应当在对象被给予我们之前就对对象有所断定。这里的情况与哥白尼的最初的观点是同样的，哥白尼在假定全部星体围绕观测者旋转时，对天体运动的解释已无法顺利进行下去了，于是他试着让观测者自己旋转，反倒让星体停留在静止之中，看看这样是否有可能取得更好的成绩。"[21]*

4. 先验辩证论

当我们回顾以上所讨论的事实并尝试回答批判的第三个问题，即（作为超越感性的科学的）形而上学是如何可能的，这个问题的答案会是否定的，甚至可以说是毁灭性的。作为普遍性和必然性的知识的科学的界限也就是可能的经验的界限。我们是局限在现象世界之中的。

但是，"人类理性在其知识的某个门类里有一种特殊的命运，就是：它为一些它无法摆脱的问题所困扰；因为这些问题是由理性自身的本性向自己提出来的，但它又不能回答它们；因为这些问题超越了人类理性的一切能力"。[22]† 在人的身上潜藏着一种不可遏止的欲望，它试图超越时空中的现象世界。何为灵魂？何为世界？何为上帝？如果我们想获得一种令人满意的人生观的时候，我们就不能干脆把这些问题撇到一旁。对此，我们的理性是如何行动的？大自然是否在此赋予我们一种追求永远无法满足的东西的欲望呢？

康德在先验辩证论中接近了这个问题（他真的只是接近了这个问题，他并没有详尽地回答这个问题，因为这已超出了理论理性的范围）。如果说我们曾经说过，我们应该将"理性"与知性区别对待，那么还应该再补充一点，这里所说的"理性"是狭义上的，与这部著作的题目中所指的理性有所不同。那里所指的理性包含人的一切精神或心灵力量，而这里所说的理性是指"理念的能力"——区别于作为直观能力的感性和作为概念能力的知性。

根据以前所说的，我们在这里也不会错误地认为，康德所说的"理念"必然与柏拉图所说的理念会有何不同。在理性批判的序言里，康德就确切地指出，柏拉图敢于将自己置于理念的空中楼阁之上，虽然他在那里不再可能找到支撑。

理性在感性和知性之上构筑起一个更高的楼阁。根据其逻辑应用（首先还将理念排除在外），理性是"推断的能力"。知性生产出概念，并将概念与判断联系到一起。理性将判断与结论联系到一起。理性能够从一个或几个原理中推导出一个新的原理。[23] 理性的这种连接活动的结果是什么呢？就和知性能够把直观的各种各样的材料整理为概念一样，理性也能够把概念和判断的各种各样的材料重新整合起来。也就是说，理性能够在我们的知识中建立起一种更为广泛的统一性。

从理性的这种统一活动中完全能够产生出一种愿望，它不仅想把多样性变成相对的统一性，而且还想建立起完全的统一性。理性将要追求一种绝对物。理性的这种追求是受某种"起主导作用的理性概念"引导的，它就是**理念**。

康德也称理念是"调节性的原则"。意思是说，和知性能够朗照感性一样（使感性直观变成可理解的概念），理性也以类似的方式引导知性。但是其中有着重要的区别：理性只赋予知性**应该**如何行为的规则，因此它是"调节性的原则"。

那么有何种理念呢？它们又是如何形成并产生作用的呢？如判断形式表所显示的那样，存在三种可能的关系，它们将定律连接到一起。与之相适应，理性也发展出三种理念。从范畴的绝对联系中产生出一种成为我们一切观念之基础的思维主体的绝对的统一，即**精神**理念，或**心灵**理念。

从假设的有条件的联系中产生出一种愿望，它试图从有条件的现象的无限系列达到这所有现象的无条件的统一，即达到**宇宙**理念，或**世界**理念。从对立的排斥的联系中产生出一种一切思维对象的绝对统一的理念，一种最高本质的理念，即**神学**的理念，或**上帝**的理念。

关键问题是，这些理念都还只是**应当如此**的准则。它们仿佛是在我们内心中设立的无限高远的目标。心灵的理念对我说：你**应当**将一切精神现象如此联系起来，**仿佛**它们建立在统一的基础之上。世界理念对我说：你应当将一系列有条件的现象联系到一起，仿佛世界建立在无条件的同一性之上。上帝的理念对我说：你应当这样想，仿佛一切存在物都有一个最初的必然的原因，也就是必然有一个神性的创世者。在这三条道路上，你应当努力使你的整个认识中达到一种系统的统一性。[24]

在这个领域内，纯粹理性批判也只能做到这一点。它表明，所谓的理念只在**思想上是可能的**，也就是它并不包含内在的矛盾，或者说在运用理性时我们必然会得出这样的结果。但是我们在这里无论如何也不要把思维和认识相混淆，并且也不要以为一种可能的经验会与它们相符合。

不过，人还是很容易受到这方面的诱惑。如果他屈从于这种诱惑，理性就会陷入无法解决的矛盾之中（二律背反）。理性就成为"诡辩的""辩证的"。康德费尽心力试图详细说明，如此产生的矛盾是无法解决的，尤其是当问题涉及神学理念的时候，以及当神学总是试图重新用理性证明上帝存在的时候。但是，我们既不能用理性证明上帝的存在，又不能用理性否定上帝的存在。对于其他理念也是如此。

那么该如何对待形而上学所获得的一切知识呢？康德自己就说："因此我不得不悬置知识，以便给信仰腾出位置。"[25]* 这就是说，康德为我们的（理论上的）理性规定了界限。这个界限正好就位于可能的经验知识中止的地方。对于超出这个范围之外的事情，理性就无能为力了。这有两种含义：理性**不能证明**一般的形而上学的理念如上帝、自由和不朽——对康德来说，这一切正是他的研究的唯

---

* 《纯粹理性批判》，第 2 版序。

一目的，其他一切都只是达到此目的的手段而已 [26]——但是理性也**不能反驳**它。因此，这就为信仰留出了地盘。

"但人们会说，这就是纯粹理性超越经验界限之外展望前景所达到的一切吗？除了两个信条就没有别的了吗？这些事不需要向哲学家们请教就连普通知性也能做得到的啊！……然而，你真的盼望要有这样一种涉及一切人类的、应当超越普通知性而只由哲学家揭示给你的知识吗？你所责备的这一点，正好是前述主张的正确性的最好证明，因为这揭示出人们一开始不能预见到的事，即大自然在人们无区别地关切的事情中，并没有在分配他们的禀赋上有什么偏心的过错，而最高的哲学在人类本性的根本目的方面，除了人类本性已赋予哪怕最普通的知性的那种指导作用，也不能带来更多东西。" [27]*

四、道德与宗教

《纯粹理性批判》让康德出了名。许多人尤其是康德的反对者们，都认为它是康德的唯一重要的著作。难道不是这样吗？康德不仅仅是个认识论的理论家，而且也是一个真正的哲学家，一个努力试图认识整个世界的思想先导。只有当我们能够像对待他的第一批判那样，以同等认真的态度对待康德的其他伟大著作，我们才能深入地认识康德思想的全部。当然我们在这里不可能对这些著作详加论述，但至少我们应该认识到这一点。

1. 实践理性批判

人是一种思想的动物，作为这样一种动物，人会在**理论上**利用他的理性。但是人也是一种行为的动物，作为这样一种动物，人也会在**实践上**利用他的理性。康德主要在两部著作中讨论了理性的实践方面的问题，这两部著作是《**道德形而上学的基础**》和《**实践理**

---

* 《纯粹理性批判》，第 628 页。

性批判》。其中前者是后者的准备，他在后面一部著作中对这个问题做了系统而详尽的探讨。

几个基本概念

自律与他律。我们应该如何行为？我们的意志应该由什么来决定？有两种可能性，要么我们的意志是由**寓于我们自身之内**，寓于我们的理性之中的法则所决定的，在这种情况下，理性是**自律的**；要么我们的意志是由外在于我们自己、外在于我们的理性的某种东西所决定的，如果是这样，那么我们的意志就是由一种异己的规律所决定的（即**他律**）。

在康德看来，迄今为止的哲学都犯了一个错误，也就是说它试图把伦理学发展为一种关于正确行为的学说，但是它却到我们自身之外寻找决定我们的意志的根据。哲学家们都设定了一种"至善"的目标，要么说它是"幸福"，要么说它是"完善性"。他们试图为我们指明一条通达这种至善的道路。这就是他律。通过这种方式我们不可能获得普遍必然的有效原则。人如何才能获得他所追求的至善，说到底这是一个**经验**的事情。一种真正普遍有效的原则只有通过**理性**才可获得。

准则与法则。理性是否自己就能决定意志，对于这个问题，我们必须像解决纯粹理性批判问题那样，通过相同的方式解决它："先天综合判断是如何可能的？"——也就是要通过对理性能力的**批判考察**，通过实践理性批判。通过这种考察我们首先会看到，在我们的理性中就存在着许多不同的基本原则，它们就以决定我们的意志为目的。

只决定**个别人**的行为的原则，康德称之为**准则**。如果我打算不再吸烟了，这只关涉我个人，这与别人是否吸烟无关。与此不同，那些决定**每个人**的意志的原则，康德称之为**实践法则**。

假言命令与绝对命令。理论理性的原则有一种**强迫**的特征，它会说：**理应如此**。实践理性有一种**倡导**的特征，它会说：你应该如

此行为。它倡导我们如何做，但并不强迫我们如何做。它就像是一道命令，我们既可以执行这道命令，也可以不理睬它（当然自己要为此承担后果）。所以康德称实践法则为**命令**。

一种这样的命令既可以是有条件的，也可以是无条件的。譬如，"你想长寿吗？那么你就必须保持健康的体魄"。这句话就是一种命令，它可以是针对每个人的。如果他损害自己的健康，那么他就会生病和死亡。但是对我来说，只有当我特别在乎长寿，这句话对我才有用。这样的定理就叫作**假言**命令。它是普遍有效的，但是有条件的。与之相反的是另一种定理，它也是普遍有效的，但它是无条件的或**绝对命令**。显然，一种普遍有效的命令只能是以绝对命令为基础。

下面的图表是对上述观点的直观表达：[28]

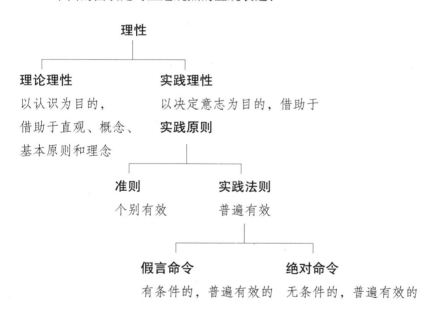

基本思想

绝对命令。一种绝对命令能够被找到吗？一切能够使一个对象成为决定意志的根据的原则都不可能产生出普遍有效的实践法则。倘若对一个理性动物来说存在普遍的实践法则，那么这种法则也只能是这样的原则，即它所包含决定意志的根据不是由客体或物质对象决定的，而是由纯粹形式决定的。但是，如果我从一个原则中——比如你应该做这个做那个，你应该追求这个追求那个——拿掉客观对象，那么还会剩下什么呢？剩下的就是：**一种普遍法则的纯粹形式！**

于是我们就找到了能够成为普遍有效的伦理学原则的基本原则：赋予你的意志以普遍立法的形式！这样康德就得出了实践理性的基本法则："要这样行动，使得你的意志的准则任何时候都能同时被看作一个普遍立法的原则。"[29]*

这一法则适用于任意一种东西，这正是因为它纯粹形式的特征。当我还在犹豫不决是否应该从别人手中抢过我所渴望的东西的时候，我需要问一下自己：我能够希望所有的人都去偷盗吗？如果那样的话，每一种私有财产，包括我所追求的财产，都是不可能的。当我在某种特定的情况下对于是否应该说真话感到左右为难时，那么我也只需要问一下自己：我能够希望所有的人把说谎当作他们的原则吗？

在这里我们必须避免产生一种误解。也就是说，康德并不想"独创"或者"设立"一种道德原则。康德并不想把绝对命令的要求强加于人，而是**考察**我们的实践理性的工作方式，并且发现这种绝对命令就是一种普遍原则。只要我们能够倾听我们自己内心中的良心的声音，并试图传达良心的纯粹的原则，那么任何人在任何时候都能够和康德一样发现相同的原则。

自由。虽然我们不是**必须**遵循普遍的道德法则（绝对命令），却**应该**遵循它。可是我们真的**能够**做到这一点吗？只有我们也有可能满足这样的绝对命令，就是说只有当我们能够**自由地**遵循这种绝对命令，那这种绝对命令在我们自身之内的存在才有意义。这也就是下面这句话的意义：你能够，**因为**你应该！就此而言，实践理性

---

* 康德《实践理性批判》，人民出版社，2003年，第39页。

会迫使我们把意志自由看作令人信服的东西（而理论理性则永远不可能证明它）。

一种法则的纯粹形式不是感性的对象，因此它不属于现象世界（现象世界中的事物彼此之间是存在因果关系的）。如果一种意志能够由这种纯粹形式所决定，那么这种意志也必然会独立于现象世界的法则，独立于因果律。一种可以被这种法则所决定的意志**必然**是自由的。

这一切听上去让人觉得，好像意志自由是完全合乎逻辑的派生物，但是它导致的一个结果却是，初看起来它可能是矛盾的。让我们举一个实际的例子，比如说一个人实施了盗窃。盗窃的外在行为是属于现象世界的，但是促使盗窃行为产生的动机、情感、意志冲动同样也属于现象世界，它们在时间的形式中显现给我们。在现象的范围内，一切都是符合因果律的，一个事物是（在时间上先于它的）另一事物的必然结果。由于我们对于已经失去的时间无能为力，所以我们对于导致某种行为产生的原因也无能为力。事实上，任何一种行为都可以从它的外在和内在的（精神）条件上"做解释"，也就是说，凡事都有前因和后果，它**必然**会发生。但是道德法则却说，应该放弃盗窃行为。只有当盗窃行为**能够**被放弃，当行为者能够自由地选择是盗窃还是不盗窃时，这才有意义。在自然机械论和自由之间的这种表面上的矛盾如何能够在同一个行为中得到解决呢？我们一定记得康德在《纯粹理性批判》中所说的，因果律只对那些受时间决定的东西才有效，也就是对作为现象的东西才有效，这也适用于行为的主体。对于物自体来说，因果律就是无效的，这也同样适用于行为的主体。倘若人也把自己看作是一种物自体，那么他也会把自己的此在看作是**不**受时间决定的，看作是不服从于因果律的。这就是说，在我们的道德行为中，我们超越了作为现象的物的范围，而进入了一种超越感性的世界。在这个世界里，我们是自由的，而且道德律的要求也是正当的。

善与恶。人应该如何行为，这并不遵循"善"的原则，而是遵循道德律，道德律会告诉他应该如何行为，然后才会产生善的东西。善是道德意志。"可以毫无限制地被认为好的，只有好意；除此以外，无论在什么地方，在世界以内，甚至在世界以外，都无法想出什么别的来。"[30]* 这是由一个人内心的态度所决定的！一个人帮助另一个人，这是因为他喜欢那个人，或者他认为这个社会期望他这样做，他所做的也正是道德律所要求的。他的行为具有**合法性**。但是他这样做并不是出于**义务**，而是出于其他动机。他的行为缺乏**道德性**。

义务与爱好。"义务，你这崇高伟大的威名！"[31]† 在这句名言里，康德对义务高唱起了赞歌，这种激昂的热情在康德那里是很少见的。道德律的崇高在其中的表现是，我们是被强迫的，我们的行为并非出于爱好，甚或是与我们的爱好相违背的，我们的行为纯粹是出于道德强迫。

结论。只有当我们（尽管只是匆匆地）穿越了康德的纯粹理性和实践理性的王国之后，我们才能真正理解康德在他的第二批判的卷尾所说的那些话的寓意。人是两个世界里的公民！在现象世界里，他是什么，以及他做什么，这一切都是处于必然联系中的整体世界里微小的组成部分；但是，与此同时，他又属于一个超越感性和超越时空的崇高的自由王国。"有两样东西，人们越是经常持久地对之凝神思索，它们就越是使内心充满常新而日增的惊奇和敬畏：我头上的星空和我心中的道德律……前面那个无数世界堆积的景象仿佛取消了我作为一个动物性被造物的重要性，这种被造物在它（我们不知道怎样）被赋予了一个短时间的生命力之后，又不得不把它曾由以形成的那种物质还回给这个（只是宇宙中的一个点的）星球。反之，后面这一景象则把我作为一个理智者的价值通过我的人格无限地提升了，在这种人格中道德律向我展示了一种不依赖于动物性、

---

* 康德《道德形而上学的基础》，第一节。见北京大学哲学系外国哲学教研室编译《西方哲学原著选读》下卷，商务印书馆，1986 年，第 309 页。

† 康德《实践理性批判》，第 118 页。

甚至不依赖于整个感性世界的生活。"[32]*

2. 纯粹理性范围内的宗教

以上两个批判的结果是否已经"解决了"宗教的问题呢？根据这两个批判得出的结论，试图通过知识来证明上帝存在的信仰，这样一种独断论不管怎么说是不可能的。知识永远只能局限于处于空间和时间中的物。

尽管康德认为，从知识上为宗教提供证据是不可能的，但是他同时又试图从**行为**上为宗教提供证据。自由、不朽、上帝——理论理性对于这些问题是无能为力的，至多只能视之为调节性的理念，并为信仰留出地盘。而实践理性却能走得更远：它能够促使我们信仰自由、不朽和上帝。从我们自身之内的绝对命令中产生出**自由**的确定性这样一个事实已经证明了这一点。

我们同样感到确定的是，的确存在**不朽**，虽然我们不能证明它。道德律要求我们，通过最高幸福的最高德性而使自己的人生变得高贵和有尊严。如果我们不带任何先入之见地观察世界的运行，那么我们就会清楚地看到，尘世的人几乎不可能达到使我们获得完美幸福的最高德性的状态。为了达到这种状态，我们就必须成为纯粹理性的动物并且挣脱感性的羁绊。我们接着还会看到，每个人所分得的幸福的程度与他的幸福的尊严的程度（也就是与他的德性）几乎永远不能相符。如果我们内心中的道德律告诉我们，并要求我们，不要一味去追求尘世的幸福，而是应该依照道德的绝对性去行善——也就是去追求德性——那么对于那些有德性的人来说必然就有一种在来世生活中的公正的补偿。

实践理性也为我们提供了理论理性所不能提供的**上帝**存在的确定性。如果没有对自由、不朽和上帝的信仰，那么坚持不懈的道德行为就是不可能的。谁要是能够合乎道德地做事，那么他的行为就

---

* 《实践理性批判》，第 220—221 页。

已经表明，他是信仰自由、不朽和上帝的——虽然他在理论上可能对此持否定态度。合乎道德的行为就是在实践上对上帝的肯定。[33]

关于道德和宗教的关系，我们清楚地看到，在康德那里，道德是原初的，宗教是对道德的补充。那么宗教对道德究竟还能有哪些补充呢？宗教是对作为神圣律令的我们的义务的认识。义务通过道德律已经被确定了。宗教能够说明这些义务是上帝放入我们的理性之中的。宗教用神意的崇高性为义务蒙上了一层面纱。

宗教在内容上与道德是相一致的。只有一种唯一的道德，怎么可能会存在不同的宗教呢？历史上产生了不同的宗教，这是因为人们试图用各不相同的信仰原则来补充（唯一的）宗教王国，这些信仰原则都是神意的体现。如果我们想从历史上的宗教中剖析出纯粹（道德的！）实质，那么这些宗教就必须接受道德理性的检验，然后我们就能够区分什么是真正的宗教，什么是虚假的宗教。

康德的《纯粹理性范围内的宗教》就是对这一问题所做的考察。所谓纯粹理性范围之内是指：首先，不能逾越纯粹理性批判所规定的界限，其次，要把只能是信仰对象的东西看作可被证明的知识。此外，康德还得出结论，认为基督教是唯一道德完善的宗教。这本书主要讨论了以下四个问题：

（1）论寓于人心中的善与恶的原则，或论人性中的极端的恶；

（2）论善与恶的原则为争夺对人的控制权而进行的斗争；

（3）论善的原则战胜恶的原则，以及在世界上一个上帝之国的建立；

（4）论善的原则统治下的宗教机构，或论宗教和僧侣制度。

在康德看来，进行这样的考察不仅是允许的，而且正是一种义务。康德（和他之前的其他哲学家一样）也坚信，他的宗教哲学考察就是为宗教服务的，他觉得做宗教的代言人就是自己的天职。

当康德的这本书发表的时候，普鲁士的统治者已经不再是腓特烈大帝了（他在位时，康德可以充分地享有思想的自由），而是弗里德里希·威廉二世，这是一个无足轻重的统治者，对启蒙思想怀有敌意。威廉二世下令设立了一个特别的审查机关，目的是监督那些神职人员和教师，并抨击和禁止任何偏离正统教会思想的行为。康德从他们那里受到了如下的内阁令：

> 首先代表普鲁士国王弗里德里希·威廉陛下向您致以亲切的问候。
>
> 尊贵的、学识渊博的、亲爱的、忠实的朋友！我们的陛下早就已经怀着很大的不满得知，您是怎样滥用自己的哲学歪曲和贬低《圣经》和基督教的某些基本原理，正如您在尊作《纯粹理性范围内的宗教》中所做的那样……我们要求阁下认真地承担自己的责任，并期待您以后不要再犯类似的错误，以免失去皇上对您的恩宠，您更应该做的是，履行自己的义务，利用你的威望和才华，帮助我们的陛下去更快地实现他的意愿；倘若您仍然一意孤行,则必将招致不愉快的处置。望阁下三思而行。
>
> 奉仁慈的国王陛下的圣旨。沃尔纳敬上。

在答复政府的书信中，康德承诺，"作为国王陛下最忠实的臣民"——他的言下之意是，仅在现在的国王在位期间履行自己的这一诺言——在自己的演讲和著作中将不再发表任何关于宗教的言论。当时康德已经年过七旬,他已经说出了自己想说的话。国王死后，康德在他的《学科间的纷争》中又能够率直和自由地表达自己的思想了。

五、判断力批判

1. 问题

我们之所以把康德对宗教的考察紧接着他的实践理性批判来论述，是因为对康德来说，宗教直接源自道德。但是我们在这里实际上是提前了一步。康德的"批判事业"并没有随着第二批判的结束而结束。在转向"教条的东西"[34]之前，他想通过对人类心灵的所有能力的全面批判来巩固他的思想体系的基础，因此他不想放过任何领域。紧随《实践理性批判》之后——在写出论宗教的著作之前——便是他的**《判断力批判》**。

判断力批判是康德批判哲学的最后完成。如果我们从远处观望康德的前两个批判所建立起来的思想大厦，我们自己也可以推测出这批判的整个体系还需要补充些什么内容。我们会有这样一种感觉，即两个世界（人作为它的公民）——一个是自然界（现象世界），另一个是自由世界（物自体）——迄今为止仍然是孤立地并列存在的。我们可以继续推测，来找出连接着两个世界的东西，也就是说，人自古以来所禀赋的三种"能力"，康德到目前为止只考察了其中的两个：纯粹理性批判考察了人的思想和认识，实践理性批判考察了人的欲望和行为。而我们身上的那种被称为感觉和幻想的东西，在康德迄今为止的批判体系里尚无立足之地。

判断力批判填补了这一空白。和另外的两个批判一样，判断力批判也是康德整个思想体系中的不可缺少的组成部分。如果我们忽视了这一部分，那么我们对康德思想的认识就是不完整的，而且还可能会得出错误的认识。如果我们能够把这一部分纳入考察的范围之内，那么针对康德的许多指责也就会不攻自破。我们下面所做的论述目的只有一个，就是在不考虑一切细节的情况下，表明康德在何种意义上填补了上述的空白，他又是如何始终如一地发展他在前两个批判中所确定下来的思想路线的。

乍看起来，这第三部考察人的感觉世界的著作的书名"判断力"的批判肯定会让读者感到费解。所以我们首先要弄明白它的含义。一个要作出（法律）"判决"的法官会做什么呢？他会求助于法律条文以解决当前的案件。他会把一般的法律条文应用于个别的案件之中。或者话也可以反过来说：他会为当前的案例寻找与之对应的法律条文（亦即归纳）。他会为特殊案例寻找普遍的法律。由此我们就得出如下关于"判断力"的定义：判断力就是把特殊思考为包含在普遍之下的能力。

　　这也是康德给判断力下的定义。如果普遍的东西（规则、原则、规律）被给予了，那么把特殊归摄于他们之下的那个判断力，康德称之为**规定性**的判断力。规定性的判断力是理智的能力，它使我们能够将（先天存在的普遍的）范畴正确地运用到特殊直观的内容上去。在此意义上，我们也在纯粹理论理性的范围内为它找到了相应的位置。但是如果只有特殊被给予了，判断力必须为此去寻求普遍，那么这种判断力就是**反思性**的。反思性的判断力只能作为规律自己给予自己，而不能从别处拿来。

　　那么这一切与我们的感觉有什么关系呢？在感觉上，我们通常的做法是：我们会把一个对象——确切地说是一个对象的观念——与我们自己内心中的一种标准联系起来。在这里提出的批判问题和前两个批判中所提出的问题是完全相同的：对于我们的感觉来说，究竟有没有一种普遍的和必然的——先天既有的——标准？

　　我们的所有感觉都是愉快的或不愉快的感觉。如果某种东西满足了我们的内在需要，那么我们就会感到愉快。如果我们的需要得不到满足，那么我们就会感到不愉快。在最为一般的意义上说，需要也就是目的。于是我们就接近了**合目的性**这个概念。关于一种感觉经验的表述总是具有一个形式，它隶属于一种合乎目的的想象的对象。

　　当我吃某种合我口味的东西时，我会有一种愉快的感觉，这正是因为这个吃的东西对于满足我的需要来说是"合目的性的"。如果换一个时间，当我根本就没有胃口的时候，这同一种吃的东西也可能会令我反胃。这种愉快的感觉是纯粹主观的，它是由我当时的心情和需要所决定的。因此，对于情感判断来说，不存在一个普遍的标准。

　　但是在其他领域方面，我们的情感判断或许会具有普遍的标准呢？**美学**（Aesthetik）所讨论的就是这样的领域。如果我觉得某个东西好吃，我不可能要求别人也必须觉得它好吃，而当我认为某个东西美的时候，我却会提出要求，希望别人也同样会喜欢这个东西——虽然没有像在理论认识判断和道德判断那里那样坚决。这样就产生了一个使命，康德的判断力批判的第一部分就是用来完成这个使命的：即**审美**判断力批判。（在这里，Aesthetik 这个词与第一批判中所说的 transzendentalen Aesthetik，即先验感性论，是有区别的，它指的就是我们今天通常所说的美学。）

但是另外还有一个更为宽广的领域，在其中我们始终要说到"合目的性"这个问题：它就是**有机生命**的王国。我们在关于生命自然的判断中到处都会遇到的合目的性原则，与审美的合目的性原则是不同的。美的事物之所以能够在我的心中唤起愉快的情感，是因为它与我心中的审美情感达到了和谐一致。当我考察一个生命有机体的合目的性的结构时，我所感觉到的满足并不是一种情感的满足，而是一种**理智**的满足，这里所说的合目的性是指，对象的形式不是与我心中的某种东西达到和谐一致，而是与它自身内部的某种东西，与它的本质，与它预定的目的达到和谐一致。这就是**客观的**合目的性。

若没有合目的性原则，我们就无以考察生命自然。在考察无机物时，比如一块石头，我可以不考虑它的整体而只关注它的某一部分。石头是由它的个别部分组合而成的。在考察生命体时，我就不能只考虑部分而不考虑整体。有机体永远都不是由个别部分组合而成的，有机体的某个部分是这个有机体的整体外形和功能的不可分割的组成部分，只有从整体上看，部分才是可能的和可以理解的。

让我们拿它与制作一件衣服做比较。按照预先设定的计划，衣服的个别部分对于衣服的整体来说是合目的性的。如果我想更好地理解生命有机体，那么我就只能通过类比把它设想为由人类智慧按照计划实施的产物，把它设想为一种按照计划而设立的合目的性的整体。通过类比我们得知，这个合目的性的机构必然溯源于某种智慧，但是关于这种智慧我并不能通过经验而有所了解。或许我必须根据合目的性的观点，根据我们的反思的判断力的原则对它作出判断，因为在这里我面临着一个界限，纯粹机械的（理论理性所能够作出的）因果律的解释在此失效了。

当然我们会尝试对此作出因果律的解释，在康德看来，这也是我们应该做的。康德之前的生物科学已经做了这方面的尝试，康德之后的生物科学在这方面也取得了日益辉煌的成就。

以事物的客观合目的性为考察对象的思考方法被康德称为**目的论的**思考方法。因此，**目的论的判断力**批判构成了判断力批判第二部分的主要内容。

2. 对三大批判的总结

如果我们接着去探讨康德的审美判断力批判的深刻思想，去探讨他对美和崇高的概念，对娱乐、天才和不同艺术门类的特征以及对生命自然的考察，那也是很吸引人的——这些内容都已经成为后来的哲学美学的基础，我们并没有循着这条路走下去——也考虑到我们在导论中所提出的基本问题——目的是想突出最为基本的东西，并为简短地和总结性地回顾一下康德的三大批判腾出一点地盘。

认识、欲望（行为）和判断（直觉的和理智的）是我们的理性能够对被给予的东西表达自己看法的三个途径。[35]

（1）**纯粹理性批判**考察纯粹体系化的认识的可能性，并试图弄清楚理性在认识中的作用。它发现，我们的认识能力可分为两种，一种是感性的（感官知觉的）能力，这是一种较低级的能力；另一种是理性的（思维的）能力，它是一种较高级的能力。纯粹理性批判将认识的先天的成分确定为：

① 直观、空间和时间的先天形式。它们能够将人对于空间和时间统一体的感觉概括起来。

② 知性的形式：范畴和与之相适应的判断形式。它们为直观赋予概念并将概念结合为判断。

③ 理性的调节性原则（理念）。它们没有认识上的（基本）功能，但是它们能够将知性引导到认识的更高的联合和统一。

（2）**实践理性批判**考察始终如一的道德行为的可能性并试图弄清楚理性在道德行为原则中的作用。它发现，我们的意志（欲望能力）也可分为两个层次：一种是纯粹感性的欲望，这是一种较低级的能力；另一种是实践理性，这是一种较高级的能力。实践理性批判将决定意志的先天成分确定为：

① 绝对命令，一种普遍法则的纯粹形式，它是道德行为的普遍的和必然的原则。

② 实践的确定性，即认为存在意志自由、不死和神圣的道德秩序，道德理性的永恒任务就是为实现上述目的而努力。

（3）**判断力批判**考察对自然现象进行（情感上和理智上的）判断的可能性（这种判断是从合目的性的观点出发的），并试图弄清楚理性在这种判断中所起的作用。它发现，在这里我们也被给予了两种形式的能力：一种是愉快和不愉快的感性知觉，它是较低级的能力；另一种是反思的判断力，它是较高级的能力。判断力批判将合目的性的先天原则确定为理性在这种判断中的作用。

我们选择了上述公式化的形式来概括康德的批判思想，目的是强调康德三大批判在结构上和思想上的严密的平行关系。[36] 在这三大批判中，康德都是在寻找普遍性和必然性，换言之，就是寻找我们整个思想活动中的**合目的性**——它受到经验主义和继之而起的怀疑主义的威胁。在这三大批判中，康德发现：世界是合乎规律的——**但是**，世界的规律来自**我们自己**，是我们把规律加在了世界的身上。如果我们想去发现世界的规律，那么我们就不应该到世界之内去寻找规律，而必须到人的精神中去寻找！自然的规律来自我们的认识能力的先天形式。行为中的合乎规律性（的可能性）源自我们的欲望能力的先天原则。一切都按照目的作出判断的可能性都源自我们的反思的判断力的先天原则。

下面的几点总结性的意见或许能够说明判断力批判的特殊意义和地位：

（1）只有判断力批判能够使我们在世界之中辨明方向。对于判断力的正确运用来说，普遍性和必然性是必不可少的，"所以人们所理解的健全理性指的也就是这种能力"[37]。

（2）判断力是理论理性和实践理性、自然世界和自由世界之间的纽带。一方面，它帮助理性用体系化的目的论的眼光来考察自然；另一方面，它也帮助实践理性，通过把所发生的事情放到一个目的论的框架内来考察，把世界的道德和理性的最终目的作为一种道德和宗教信仰。

（3）判断力活动的结果就是人自身的实践理性远远优先于理论理性。理论理性只告诉我们事物的严格的或曰盲目的合乎规律性，而实践理性却能够迫使我们相信，好像一切事情都有一个更高的（在理论上无法认识的）道德的最终目的。即使是在认识的范围内，判断力也能够使我们如此来判断自然现象，好像我们在自己的实践行为中反正必须要以它为条件似的。

（4）直觉和天才植根于判断力中。在纯粹天才和"伟大才智"以及天才之间，康德做了明确的区分，天才就是那种自由的和罕见的自然禀赋，在他身上，想象力和理性非常幸运地融为一体，这是不可模仿的，通过这种想象力和理性的结合，"自然赋予艺术以规则"。

（5）判断力借此将自然和自由两个世界之间的鸿沟弥合了，并给予我们作为理性动物的人的统一概念（接受这个概念也是我们的天性中的一种无法消除的内在需要）。

（6）存在着一个界限。我们必须牢记的是，判断力的原则来源于我们自身。我们不能把事物作为合目的的来**认识**，而只能对它做一种相应的**判断**。

六、后批判时期

1. 主要著作

"就此（用判断力批判）我就结束我的整个批判工作。我将立即着手学理上的工作，目的是在我年事渐高的情况下尽可能多地赢

得一点有用的时间。"[38] 康德并不把他的"批判工作"看作是他的
哲学的全部，而是把它看作必要的前期准备工作，看作是一种对工
作场地的清理和牢固基础的建立，由于别人并没有对此作出相应的
准备工作，所以他不得不把自己生命的主要精力花费在了这上面。
康德的第二个同样重要的任务就是，在那个经过批判而被清理了场
地并巩固了基础的地基上建立他的真正的思想大厦，也就是在那个
已经划定了界限的范围之内，就世界、人和上帝等问题表达出自己
的系统的思想。这也就是康德"后批判时期"著作的主要目的。我
们将列举其中最重要的，不过我们将要较为详细地讨论的则只是其
中的两部。

康德首先讨论的仍然是**宗教**问题。在一个事先已经被批判地确
定了的范围之内，一种肯定的宗教看上去能够是什么样子呢？我们
已经对康德的与此相关的文章做过评价，但是，《道德形而上学的
基础》以及他的第二批判也已经为道德行为领域确立了范围，在这
个范围之内，一种积极的**道德理论**是能够得以完成的。《**道德形而
上学**》就是为完成这一道德理论而写的。康德在写作《**世界公民观
点之下的普遍历史观念**》期间就已经勾画出了自己的历史哲学的基
本路线。康德的哲学提纲《**永久和平论**》讨论了上述两部著作中的
一部分问题。

康德只在一些讲座中讨论过**教育理论**，后来人们把他的这方面
的思想整理后出版了。

2. 道德形而上学

如果我们再回想一下在导论中所提到的康德的三个问题，那么
就第二个问题而言，康德至此为止所说的并不能令我们满意。虽然
康德在第二批判中已经说明了道德行为及其普遍法则的可能性，但
是我们还想知道，对于个体的行为来说会从中得出什么样的结论。

人类的一切行为都有两个方面，一种是外在的和法律的行为，
它受某种外在的法律的约束；一种是内在的和道德的行为，它源自

行为者的独立的意志。与之相适应,《道德形而上学》也分为两部分:"权利科学的形而上学"和"道德科学的形而上学"。

权利科学

"问一位法学家'什么是权利?'就像问一位逻辑学家一个众所周知的问题'什么是真理?'同样使他感到为难。"[39]* 要回答这个问题,我们不能看它在这里或那里、在这个时代或那个时代是否被视为法律,而是应该寻找普遍的标准,并用这个标准去衡量,那个被看作"权利"的东西是否也是公正的。"可以理解权利为全部条件,根据这些条件,任何人的有意识的行为,按照一条普遍的自由法则,确实能够和其他人的有意识的行为相协调。"[40]† 这就是权利的一般定义。权利科学的前半部分讨论的是私人权利(私法),我们在这里就跳过这一部分,而转向它讨论**公共权利**的后半部分。

这一部分首先讨论的是**国家的权利**。"国家是许多人依据法律组织起来的联合体。"[41]‡ 和孟德斯鸠一样,康德也在国家中划分出了三种权力。"立法权,从它的理性原则来看,只能属于人民的联合意志。"[42]§ "文明社会的成员,如果为了制定法律的目的而联合起来,并且因此构成一个国家,就称为这个国家的公民。根据权利,公民有三种不可分离的法律的属性,它们是:(1)宪法规定的**自由**,这是指每一个公民,除了必须服从他表示同意或认可的法律,不服从任何其他法律;(2)公民的**平等**,这是指一个公民有权不承认在人民当中还有在他之上的人,除非是这样一个人,出于服从他自己的道德权力所加于他的义务,好象别人有权力把义务加于他;(3)政治上的**独立**(自主),这个权利使一个公民生活在社会中并继续生活下去,并不是由于别人的专横意志,而是由于他本人的权利以

---

* 康德《法的形而上学原理》,商务印书馆,2002年,第39页。

† 同上,第40页。

‡ 同上,第139页。

§ 同上,第140页。

及作为这个共同体成员的权利。因此，一个公民的人格所有权，除他自己而外，别人是不能代表的。"[43]*

如果一个国家的宪法与康德所确立的普遍的权利原则不相一致时，那该怎么办呢？有没有反抗的权利？有没有**革命**的权利？没有！"有时候，更改有缺陷的国家宪法是很有必要的。但是，一切这样的变更只应该由统治权力以**改良**的方式进行，而不能由人民用**革命**的方式去完成。"[44]†

不过，对于法国大革命，康德作为同时代人却满怀同情！他对于法国大革命所表现的态度使反动统治者弗里德里希·威廉二世大为不悦，这丝毫也不亚于康德对待宗教的理性立场给他造成的不悦。当康德从报纸上得知法国爆发了革命并建立了共和国时，他激动得热泪盈眶，并对朋友说："现在我可以像西蒙那样说：主啊，当我目睹了这幸福的一天之后，你终于让你的仆人获得了安宁。"[45] 十年之后，康德在《学科间的纷争》中提出了"人类是否在不断的进步中走向完善"这个问题，他认为法国大革命"是我们这个时代的一个能够证明人类道德倾向的事件"[46]。革命的恐怖和残酷并没有改变他对于革命的积极评价："在我们眼前正在进行的这场革命是由富于才智的人民发起的，这场革命可能会成功，可能会失败，也可能会充满灾难和暴行，一个思想健全的人即使想到它会带来美满的结局，也不会下决心再重新做这样一次代价如此高昂的试验，但是，我要说，在所有目睹了革命的人的心中（即使他本人没有被卷入这场游戏之中），都会激起一种同情，这种同情类似于一种热情，而要表达这种热情则可能会带来危险，这会促使我们对人类的道德天性进行思考。"[47]

康德从国家权力又过渡到**民族权利**。民族权利的诸原理是："（1）国家，作为民族来看，它们彼此间的外部关系——同没有法律的野

---

* 《法的形而上学原理》，第 140—141 页。
† 同上，第 152 页。

蛮人一样——很自然地处于一种无法律状态。（2）这种自然状态是一种战争状态，强者的权利占优势。虽然事实上不会老是发生真正的战争和持续不断的敌对行为，虽然也不会对任何人做出真正的不当的事，可是这种状态本身就是极端不当……（3）民族的联盟，依照一项原始社会契约的观念，它是为了保护每个民族免受外力侵犯和进攻所必须的结合，但这并不干涉它们内部的一些困难和争论。（4）在这个联盟中的彼此关系，必须废除一个有形的统治权力，而在文明的宪法中，必须规定这种权力。这种联盟只能采取联邦的形式。"[48]*

　　康德尤其对**战争**的权利感兴趣。"要决定什么是构成战争期间的权利，是民族权利和国际法中最困难的问题。即使想去描绘这种权利的概念，或者在没有法律的状态中去设想出一项法律而又不至于自相矛盾，这都是非常困难的。西塞罗说过：'在武器之中，法律是沉默的。'根据某些原则去进行战争的权利必定是合理的，只要这些原则始终能够使得各个国家在它们彼此的外部关系中，摆脱自然状态进入一个权利的社会。"[49]† 因此，独立国家之间的战争既不可能是惩罚性的战争，也不可能是摧毁性的或征服性的战争。

　　理性要求我们超越任何状态的战争。所有民族对于一个和平社会的理性观念不是一种博爱的理念，而是一种公正的原则。因为，"事实上，道德上的实践性从我们内心发出它不可改变的禁令：**不能再有战争**。所以，不但你我之间在自然状态下不应该再有战争，而且，我们作为不同国家的成员之间，也不应该再有战争，因为，任何人都不应该采用战争的办法谋求他的权利。因此，问题不再是：永久和平是真实的东西或者不是真实的东西……问题是，我们必须根据它是真实的这样一种假定来行动。我们必须为那个可能实现不了的目的而工作，并建立这种看来是最适宜于实现永久和平的宪法。"[50]‡

---

* 《法的形而上学原理》，第 179—180 页。

† 同上，第 183 页。

‡ 同上，第 192 页。

持久的和普遍的和平就是权利科学的真正目的。因此，作为公共权利的第三部分的 **"世界公民的权利"** 就超越了民族的权利的范围。

民族联盟和永久和平的思想始终萦绕在康德的脑海里，所以他在自己的哲学规划《永久和平论》中又对这个问题做了进一步的探讨。这部哲学规划包含六项预备性条款和三项正式条款以及对于建立永久和平状态的所必需基本法律原则，其中也有康德自己的解释。康德对它们的表达是如此简洁明了，所以我们对此几乎可以不做任何评论，而只是把它们复述如下：

走向永久和平：预备性条款

（1）凡缔结和平条约而其中秘密保留有导致未来战争的材料的，均不得视为真正有效。

（2）没有一个自身独立的国家（无论大小，在这里都一样）可以由于继承、交换、购买或赠送而被另一个国家所取得。

（3）常备军应该逐渐地全部加以废除。

理由是：因为他们由于总是显示备战的活动而在不断地以战争威胁别的国家，这就是刺激各国在备战数量上不知限度地竞相凌驾对方。同时由于这方面所耗的费用终于使和平变得比一场短期战争更加沉重，于是它本身就成为攻击性战争的原因，为的是好摆脱这种负担。

（4）任何国债均不得着眼于国家的对外争端加以制订。

（5）任何国家均不得以武力干涉其他国家的体制和政权。

（6）任何国家在与其他国家作战时，均不得容许在未来和平中将使双方的互相信任成为不可能的那类敌对行为，例如派遣暗杀者、放毒者，违反投降条约，以及在交战国中教唆叛国投敌，等等。

正式条款

（1）每个国家的公民体制都应该是共和制。

理由是：如果（正如在这种体制之下它不可能是别样的）为了

决定是否应该进行战争而需要由国家公民表示同意，那么最自然的事就莫过于他们必须对自己本身作出有关战争的全部艰难困苦的决定〔其中有：自己得作战，得从自己的财富里面付出战争费用，得悲惨不堪地改善战争所遗留下来的惨状；最后除了灾祸充斥，还得自己担负起就连在和平时期也会忧烦的、（由于新战争）不断临近而永远偿不清的国债重担〕，他们必须非常深思熟虑地去开始一场如此之糟糕的游戏。相反地，在一种那儿的臣民并不是国家公民、因此那也就并不是共和制的体制之下，战争便是全世界上最不假思索的事情了，因为领袖并不是国家的同胞而是国家的所有者，他的筵席、狩猎、离宫别馆、宫廷饮宴以及诸如此类是一点也不会由于战争而受到损失的。因此他就可以像是一项游宴那样由于微不足道的原因而作出战争的决定，并且可以漫不经心地把为了冠冕堂皇起见而对战争进行辩护的工作交给随时都在为此做着准备的外交使团去办理。

（2）各个民族的权利应该以自由国家的联盟制度为基础。

（3）世界公民权利将限于以普遍的友好为其条件。

这就是说，应该有一种一般的访问权利，每个人都应该有权以友好的方式访问另一个人，并与之进行社交和贸易活动——仅此而已！"让我们拿这来对比一下我们世界这部分已经开化、而尤其是从事贸易的那些国家的不友好的行为吧；他们访问异国和异族（在他们，这和进行征服等于是一回事）所表现的不正义性竟达到了惊人的地步。美洲、黑人大陆、香料群岛、好望角等等，自从一经发见就被他们认为是不属于任何别人的地方，因为他们把这里的居民当作是无物。"这些话是特别明确地针对那些帝国主义列强来说的，"这些列强干了许多事情来表示自己虔诚，并且愿意被人当作是正统信仰的特选者，而同时却酗饮着不正义就像饮水一样"*。

---

* 以上均出自康德的《永久和平论》，见康德《历史理性批判文集》，商务印书馆，1991年，第98—118页。

这些就是康德关于走向永久和平的条款。我想让读者自己对此作出判断，看看这些条款在联合国时代是否仍然具有现实意义。

道德原理

道德原理的第一部分论及人**对于自己**的义务。"人对于自己"的义务在他自身之内是不是一种矛盾呢？看来是的。义务的概念就包含着一种强迫的成分。其中必然有一个承担义务的主体，此外还有一个被赋予义务的主体。但是，由于人一方面是一种感性动物（纯粹自然物，人作为现象）；另一方面人又是具有道德自由的理性动物（人自体），人对于自己的义务也就意味着，作为道德自由的人和作为感性动物的人为自己设定道德法则。

首先，人所拥有的这种对于自己义务是一种纯粹动物性的义务。这种义务叫作**自我保存**。自杀是一种犯罪，自残（自愿地对自己的肉体和精神施暴）也是一种犯罪。通过无节制地饮酒而达到的自我麻醉也属于犯罪行为。

其次，作为道德动物，人对于自己也有义务。这种义务就叫作诚实和自尊。与之相对的是说谎、吝啬（并非指的是对财物的贪恋或者吝啬，而是说他对自己的自然需求非常漠视）和虚伪的谦卑（卑躬屈膝）等恶习。

再次，人天生也有义务做自己的良心的法官。

但是，人对于自己的所有义务中的首要律令就是：**认识你自己**！"涉及你的义务——你的良心——要判断某件事情是善还是恶，你不能以你的肉体的完善性为原则……而是应该根据道德的完善性为原则"——"道德的自我认识，即试图对自己的难以究诘的内心深处的道德原则进行考察，这是一切人类智慧的开始。"[51]

此外，"宗教自由"也是人对于自己的一种义务，因为上帝的观念来自我们自己的理性。

道德原理的第二部分讨论人**对于其他人**的义务。

其中首要的就是**爱**的义务。包括乐善好施、知恩图报、富有同情心。与之相反的是仇恨他人、令人厌恶的妒忌心、忘恩负义和幸灾乐祸。

人对于他人的第二个义务就是**尊重**的义务。人之为人本身就是一种**尊严**。因为人不能被他人当作纯粹的手段来利用，而必须始终也被看作是一种目的。这就是人的人格尊严，它使人高于其他动物。有损人的尊严的恶习包括傲慢自大、诬蔑诽谤（恶意中伤）和讥笑嘲讽。爱和尊重是与**友谊**紧密相连的，因为从其完善性来看，这是两个人在相互爱和尊重中合二为一。

在与人交往中，平易近人、健谈、彬彬有礼、热情好客都是道德的纯粹附属物，虽然它们本身只给人一种美好的类似道德的假象，但是它们也非常有用，因为它们能够在我们心中唤起一种追求，即尽可能地使现实与美好的假象更接近。

我们看到，实践理性的起初看上去有点形式主义的和内容空洞的原则其实是能够应用到整个现实生活中去的。在康德的论述中，他不断列举出的实际例子以及他时常提出的极为令人伤脑筋的"决疑论的问题"就已经表明了这一点。

不过我们也看到，康德在这里不断地谈论的只是义务。我们可能会以为，好像康德只想板着面孔大谈道德的严肃性，而厌恶所有自然的和无拘无束的快乐。情况并非完全如此，康德在结语中论述"道德苦行主义"（道德文化）时所持的态度也已经表明了这一点。对康德来说，道德规范的结果就是，过度快乐的情绪也要遵从义务的原则。人如果只是强迫自己尽义务，而不能从中获得乐趣，那么这是没有内在价值的。所以，康德除了摆出**斯多葛主义者**的格言——你要习惯于忍受偶然遇到的痛苦，同时你也应该为缺少偶然的愉悦而深感遗憾——他还把**伊壁鸠鲁主义者**的快乐心情拿出来加以特别地强调。因为，谁能够比一个尽自己义务的人更有理由获得愉快的心情呢？所以，康德是反对那种苦行僧式的禁欲主义的。自杀和自虐的目的是想借此来赎罪，但是这并非道德上的忏悔，"这不仅不会引起与道德相伴而生的快乐，反而会引起对道德戒律的隐秘憎恨”[52]。

3. 结语

1798 年，康德在一封信中这样写道：“我的命运就是为思想而劳作，我虽然身体康健，却感觉如同瘫痪了一般：一想到摆在自己面前的那未竟的哲学事业，我的心中便生出坦塔罗斯式的痛苦，不过我并不是毫无希望的。”[53]

康德希望能够如完成自己的三大批判那样创造一个包罗万象的完整的思想体系，但是他未能如愿。从他的遗作中我们能够看出，他计划创造一个**先验哲学体系**，这个体系应该是无所不包的，从人的理性天赋来看，凡是关于上帝、宇宙和人的问题（这些都是形而上学所无法回避的问题），人都是能够表达自己的见解的。[54]

或许我们可以为康德的整个思想大厦加一个如下的总标题：“理念体系中的先验哲学的最高点。上帝、宇宙和在宇宙之中尽自己义务的人。”[55]

七、对康德的批判和评价

1. 几种批判观点

人们对一个思想体系提出反对意见，往往是因为它缺乏内在逻辑性。

首先，人们对康德的**宗教思想**提出了批判。我们在这里列举出几个代表性的意见：“康德就像一个杂耍艺人，他从一顶空帽子里（从义务的概念里）变出了一个上帝，变出了不朽和自由。”[56]“在康德那里，我们就像是在一个集市上。那里是应有尽有：意志不自由和意志自由……无神论和有神论。”[57]“但康德却揭露了思辨神学的无根据，在另一面反而没有触动通俗神学，甚至在淳化了的形态中，作为以道德感为支柱的信仰还肯定了通俗神学。这种信仰后来却被搞哲学的先生们歪曲为理性的领悟，为上帝意识，或为悟性对于超感性之物，对于上帝的直观等等；而康德在他破除陈旧的，为人所尊重的谬误却又看到这事的危险性时，反而只是以道德观点的神学临时支起几根无力的撑柱，以便赢得走避的时间，不为危房的倒塌所伤。"[58]*

一位传记作家描述了康德在利用他的纯粹理性批判而将宗教置于死地之后，和他的老仆人兰培一起出去散步，他发现，那位老人的眼睛里满含着热泪，"于是康德就怜悯起来，并表示，他不仅是一个伟大的哲学家，而且也是一个善良的人，于是，他考虑了一番之后，就一半善意、一半诙谐地说：'老兰培一定要有一个上帝，否则这个可怜的人就不能幸福——但人生在世界上应当享有幸福——实践理性这样说——我倒没有关系——那么实践理性也不妨保证上帝的存在。'"[59]†

这些反对意见所表达的是同一种声音。康德在写给摩西·门德尔松的一封信中所说的话在某种意义上也为此提供的佐证："尽管我对自己的许多思想深信不疑，但是我却永远也没有勇气把它们说出来，对此我也感到满意；不过如果我没有思想，我也永远不会乱说。"[60]

如果我们把康德视为伪装的无神论者，认为他只是在说出最后的结论面前而感到胆怯，这或许对他是不公平的。从青年时代到老年，康德的所有言论都表明，他对宗教确实有一种需要。对于康德的整个批判事业，我们必须这样来理解，正如康德自己所说：通过悬置知识，而给信仰腾出地盘。

其次，人们对康德的**政治思想**提出了批判。特别是，康德一方面对法国大革命表示欢迎；而另一方面又对革命提出了指责。著名的法学家费尔巴哈（他是哲学家路德维希·费尔巴哈的父亲和画家

---

* 叔本华《作为意志和表象的世界》，商务印书馆，1994年，第694页。

† 此段引文是海涅在他的《论德国宗教和哲学的历史》中的一段话，见张玉书编选《海涅选集》，人民文学出版社，1984年，第303页。

安瑟尔默·费尔巴哈的祖父）在他于 1789 年发表的《反霍布斯》
一书中就特别指出了康德思想的这一问题。

最后，人们对康德的**物自体**提出了批判。康德不厌其烦地再
三强调：第一，一切经验的唯一的原始材料就是被给予的感性直观，
我们只能认识作为现象的事物；第二，我们的感性和理性是在先天
的形式中加工这些材料的，先天的形式——空间、时间和范畴——
只在现象世界中才有效，在此范围之外它就毫无意义。康德是如何
想到物自体的呢？他是经过如下的考虑：如果感官向我们传达感觉，
那么在我们自身之外肯定存在某种能够影响感官并刺激感官的东
西。关于这种外在的东西，我们不可能知道很多。但是，"肯定有
某种东西存在"，这是一种从原因（物自体）到结果（感觉）的推论，
是一种因果性的结论，是一种范畴（因果性）的应用。它是超越现
象世界之外的。

康德在世的时候，雅各比和舒尔策就已经对康德的物自体提
出了异议，并且这个问题也引起了人们的注意。康德并没有得出如
下结论：我们所能获得的首先就是感觉；至于是否存在某种引起感
觉的东西，对此我一无所知。如果是那样的话，意识就完全在自身
之内兜圈子了。如果是那样的话，他也不可能以"**人自体**"（homo
noumenon）为根据，为他的道德和宗教以及自由的信念找到根据。[61]

2. 康德对哲学的意义

在这本简短的哲学史入门书中，我用了这样长长的一章来讨论
一个哲学家，这样做是否合适，只能让读者自己对此做判断了。在
做判断的时候，他不仅要考虑到康德在欧洲哲学发展中的地位——
康德之后几乎没有一种哲学思潮不受康德思想的影响；他还必须注
意到，"十九世纪哲学史主要就是对康德思想的接受、传播、斗争、
改造和重新接受的历史"[62]。

这不仅是针对那些没有创造力的哲学模仿者来说的，关于他们，
席勒有言：

就像是有一个富人，

要喂养一大群乞丐！

当国王要建造宫殿时，

那些打零工的人就有活干了。

　　这也是针对那些十九世纪的大哲学家来说的。从某种程度上说，他们所有人都至少把一条腿踏进了康德的思想世界里，所以我们在这里就可以把对康德哲学对后世的影响的展望省略了。对于他们所有人以及对于今天的哲学家来说，有一点是共同的：谁若想在哲学方面创立某种独立的新思想，就不可能心安理得地回避康德的批判哲学。"哲学将再也不可能像从前的纯朴时代那样幼稚了，因为有了康德，哲学必须变得更加深刻。"[63]

第六部分

十九世纪的哲学

《雨、蒸汽和速度》（1844，J. M. W. 特纳，现藏英国伦敦国立美术馆）

导 论

在选材和划分篇幅方面，我们越接近当代就越感到难以作出恰当的取舍。一个在科学社会主义理论中找到了自己的精神家园的人可能会把卡尔·马克思看作是十九世纪哲学戏剧舞台上的主角；另有人则可能把叔本华和尼采看作是十九世纪哲学的中心人物；而一个康德主义者可能会认为，康德以后的所有哲学都已经偏离正道，于是，为了继续贯彻和发展康德哲学，到了十九世纪下半期便形成了一种回归康德的思想运动。

哲学的情况是如此，除了哲学，其他人类精神生活方面的情况也是这样。每个精通音乐的人都不会怀疑，在贝多芬和瓦格纳出现之前，亨德尔、巴赫、海顿和莫扎特这些名字标志着音乐发展的高峰。但是谁能断定，一个未来的音乐评论家会把哪个当代音乐家的名字放在这一系列伟大音乐家的名字后面？

因此，我们的标准就只能是：在选择十九世纪的哲学材料时，我们不是按照某位哲学家所代表的观点的特征，而是按照某个思想流派，在这个思想流派中再按照我们所能认识的这种思想的重要性等级进行选择。

康德哲学的结果就是二元论。在他那里，人是两个世界里的公民。一个是现象世界，还有一个是自由世界。康德的认识论也可被称为二元论。一方面是作为原材料的既有的可感世界；另一方面是具有先验直觉能力和划分范畴功能的自我，人把他的这些能力运用于原材料便会获得对世界的认识。

在康德哲学体系的两个方面中，如果人们根据情况分别选择其中的一个方面，那么就必然会形成两种截然不同的思想派别。如果他把注意力放在自我的积极的和创造性的活动方面，认为"世界""自然"及其规律的产生取决于自我的这种能力，那么这样就会形成一种以自我意识、以创造性的自我为中心的思想派别。这个自我继康德之后便进入了一个自由的王国，它在道德和宗教中得以自我实现。这种自由又在历史中得以自我实现，历史在康德那里就已经被看作是一个伟大的进化过程，它正朝向一个实现自由的目标不断地迈进。这个以创造性的自我、自由和历史为主题的思想派别就是**德国唯心主义**。

另一方面，康德还证明，知识，特别是科学只能在现象世界中才是可能的，超越现象世界的形而上学不可能存在。如果人们把注意力放在康德思想体系的这一方面，那么哲学的任务就仅限于一种综合，一种对科学知识的综合。这就是十九世纪哲学的第二个思潮：实证主义和唯物主义。

（我们在这里想说明一点，以上的两个分别以康德思想的一个方面为依据的思想派别都彼此忽视了对方。）

可以说，上述的两个派别都是用一条腿独立于康德哲学之中，当然还可能存在第三种态度：既不承袭康德哲学，又不发展康德哲学，而是拒斥康德哲学。这种拒斥是针对康德哲学体系的"理性主义"精神的，因而也是针对构成康德哲学基础的整个启蒙运动的理性主义精神的，其依据就是存在于人身上和世界之内的那些非理智的、非理性的和直觉的力量。这种拒斥还可以是针对康德思想中蕴含的那种对秩序的追求，也就是针对康德的个体服从于普遍的必然法则的思想，其依据是个体的权利和自我价值。这种拒斥还可以是针对自培根和笛卡尔之后一直占统治地位的机械论的和静态的世界观，其依据是一切生命发展的那种非机械论的和富于生命活力的特征。

所有这一切都是**浪漫主义**的反抗，当然这只是对这个运动的非常笼统的和简单化的称谓；这也是一群所谓的**宗教哲学家的**反抗，他们旋即以康德的反对者出现；后来，这也成了所谓的**生命哲学**的反抗。

所有这三个思想流派都站在了康德的对立面。前面的两个流派都以康德哲学体系的一个方面为出发点，后来却背离了康德；第三个流派从一开始就处于康德哲学体系之外。如果我们回到康德自己的立场上来，那么这三个流派看上去就都误入了歧途。十九世纪哲学发展的历程就是这样，当这三个思想流派出现以后，一批哲学家就在新康德主义的旗帜下开始了向康德哲学的批判性复归。下面的章节划分也基本上以这个发展过程为依据。

第一章

浪漫主义与德国唯心主义

一、康德哲学的最初接受与发展——宗教哲学家

与其说浪漫主义是哲学家的事情，倒不如说它是诗人、艺术家和"天才"人物的事情。弗里德里希·**席勒**（1759—1805）这位康德的重要学生在他继续发展康德哲学的过程中就已经表现出了浪漫主义倾向。席勒集诗人和哲学家的天赋于一身。随着年龄的增长，他对哲学的兴趣有些消退，或者更确切地说，他的哲学思想完全融入了他的诗歌创作之中。席勒的最重要的哲学著作有《**哲学通信**》《**论秀美与尊严**》《**审美教育书简**》《**论素朴的诗和感伤的诗**》。席勒主要在伦理学和美学方面发展康德的思想。在伦理学方面，席勒试图把康德那里的义务和爱好之间的矛盾在"美的灵魂"的理想中加以解决。在美学方面，席勒认为，艺术和审美在整个人类的道德教育中起着重要作用。德国的另一位伟大诗人约翰·沃尔夫冈·冯·**歌德**也是康德的一个崇拜者，虽然他在世界观和人生观方面比席勒离康德更远。歌德的哲学思想主要散见于他关于**自然科学**的著作中，如《**格言与沉思**》，当然更多的是在他的伟大的诗作如《**浮士德**》，

以及他的近乎自传体的著作《威廉·麦斯特》和《诗与真》中。因篇幅所限，我们在这里不可能过多地评价作为哲学家的歌德。我们只想指出，歌德对世界和自然的看法是，物质和精神（肉体和灵魂、直观和思想等）如斯宾诺莎所说的那样是同一个永恒的神性的两个方面，它只是被人的意识所感知而已。

当然，康德哲学的反对者都是这样的一些人，他们无视康德的批判性研究而固执地站在独断主义的形而上学或传统的宗教信仰的土地上停滞不前。对于哲学史来说，那些以康德哲学为前提条件后来又转而反对康德的人是值得我们关注的。这些人中除了已经提到过的舒尔策，主要还有三个人，其中有两位是康德的东普鲁士同乡，这三人之间都有私人交往，他们被统称为"**宗教哲学家**"——虽然这容易引起误解，但是在某种意义上说这又是正确的，因为他们都以宗教信仰为依据。

第一位是约翰·格奥尔格·**哈曼**（1730—1788），因为他的著作晦涩难懂而被称为"北方的巫师"，歌德对他评价甚高。他是强烈地反对启蒙运动理性主义的代言人之一，他指责康德的理由就是，康德也没有逃脱理性主义的樊篱。他尤其指责康德把我们的认识能力划分为感性和理性两个方面。为了克服这个矛盾，他以语言为依据，在语言中理性获得了感性存在。语言不是一种对僵死的事物关系的称谓，而是一种民族精神的生动的表达，这种思想在哈曼那里起着重要的作用。于是，这又触及了另一个哲学主题，这个主题不仅在这三位宗教哲学家那里占据中心位置，而且在十九世纪的历史发展过程中它还逐渐发展为一个越来越重要的学科即语言学，其创始人就是威廉·冯·**洪堡**（1767—1835）。哈曼自己在语言中找到了连接理想主义和现实主义的纽带。对他来说，语言是一把万能的钥匙。"因此我几乎可以设想，我们的全部哲学与其说是由理性倒不如说是由语言组成的……我们仍然还缺少一种理性的语法。"[1]历史之谜不是用理性而是用语言才可破解的。何谓理性？"理性无异于一个盲人预言家，他的女儿给他描述鸟的飞行，他根据她的描述作出预言。"[2] 哈曼对理性所持的怀疑态度与他对主观的宗教信仰所持的确定性态度是相矛盾的。在他那里，基督教是一种神秘的宗教，试图去证实它或试图去否认它同样都是愚蠢的，我们只有在确定的信仰中才可领会它。在宗教哲学家中，哈曼是个神秘主义者。

第二位宗教哲学家是弗里德里希·海因里希·**雅各比**（1743—1819），他是一个学识渊博和较有影响的作家，他曾经在日内瓦研究过卢梭，对斯宾诺萨和康德哲学了如指掌，除了哈曼和赫尔德，他还与歌德和门德尔松过往甚密。雅各比也赋予语言一种特别重要的意义。在评价康德时，他说："现在还缺少一种语言批判，它将是一种对理性的元批判。"[3] 在某些思想方面，费希特与雅各比意见一致。

第三位宗教哲学家在影响上远远超过了后面的两位，它就是约翰·高特弗里德·**赫尔德**（1744—1803），来自东普鲁士，后经歌德介绍成为魏玛的高级大臣。和席勒一样，赫尔德也兼具诗歌与哲学天赋，只不过在他身上不是哲学方面的兴趣逐渐让位于诗歌创作，而是随着年龄的增长哲学方面的兴趣逐渐占据了主导地位。赫尔德最重要的哲学著作有《人类的历史哲学观念》《人性促进书简》《理智与经验，理性与语言，对纯粹理性批判的元批判》。这些书名就已经表明了赫尔德的主要历史功绩的两个方面：对**历史**和**语言**的哲学考察。

赫尔德不像康德那样具有批判的和体系化的头脑。但是，他具有一种特别的天赋，能够直觉地领悟一个民族的精神、历史和语言中的特别的、独特的和富有生命力的因素。赫尔德搜集并翻译了希腊、罗马、东方及欧洲其他民族的民间抒情诗，他到处都能发现独特的民族性的东西。他做的这些工作对于东欧诸民族的民族感情的不断觉醒产生了不可估量的影响。

赫尔德在"观念中"勾画了一幅关于自然演化的绝美的历史画卷，他以宇宙为出发点，认为地球是繁星中的一颗行星，首先在这颗行星上诞生了生命，然后又在生命中诞生了人。赫尔德是以康德的对立面为出发点的，虽然他在人性中也看到了人类及其历史的终极目的，并且因此而重又接近了康德。赫尔德世界观的新颖之处就在于这样一种思想，即历史上的每个时代和每个民族都在自身中拥有它的目的。赫尔德所说的"发展"的意思并不是那种推陈出新式的发展，在他看来，一切都直接来自上帝，来自永恒的和无限的万物之根源，一切都以自己的方式反映上帝的本性。

赫尔德和哈曼一样也攻击康德哲学中的二元论，即感性和理性的区分，义务和爱好的区分，思想的形式和内容的区分，尤其是理论理性（证明上帝的观念是无法证实的）和实践理性（通过它使被驱逐的上帝重新返回）的区分。对赫尔德来说，这是一种"理性的故弄玄虚"，它既不能使人获得确定的真理，也不能使人达到真正的道德境界。

在赫尔德那里，语言也占据着中心位置。他倡导一种哲学，这种哲学要紧密地依靠语言和语言的研究成果——当然他本人并没能实现这样一种哲学理想。但是，我们还是可以从康德的这三个对手的这种显而易见的意见一致中得出结论，这就是，康德的思想至少因此而获得了一种补充，如果还谈不上改造的话。

作为神学家和哲学家的弗里德里希·丹尼尔·恩斯特·**施莱尔马赫**（1768—1834）终究也是一位宗教哲学家。施莱尔马赫与浪漫主义者特别是与弗里德里希·施勒格尔关系非常密切。他的最有名的著作是《**论宗教**》，写于1798年至1800年，当时施莱尔马赫在柏林任传教士，后来又成了新建的柏林大学的神学教授。对施莱尔马赫来说，宗教不是思想或行动，而是直觉体验或感情。宗教是对无限者的感觉和审美鉴赏。虔敬就是对某种至高无上者的一种绝对依赖的感情，这样的依赖感就直接向我们表明了上帝存在的确定性。这种与无限者的直接的感情接触是至为重要的，除此以外，那些教义、神圣经文以及对个体不朽的信仰都是次要的事情。人的一切行为也都应该合乎宗教感情。宗教感情应该伴随人的所有活动。一个怀着这样的宗教感情而行动的人就是康德伦理学意义上的那种坚决服从自我约束律令的人，即使他迷失方向也在所不惜，施莱尔马赫自己就宁愿做这样的人。

在宗教观方面，施莱尔马赫从某种意义上也可被看作是康德哲学的发展者。他极力主张把知识与信仰截然区别开来，他的这一思想也融合进了他的人格和著作之中。他赋予基督教信仰以正当的权利，他也同样赋予独立的科学研究以正当的权利，目的在于使宗教信仰不至于阻碍科学研究，而科学研究也不至于阻碍宗教信仰，他因而为十九世纪德国新教教义的发展指明了方向。

二、费希特

1．生平和著作

"一个人选择什么样的哲学取决于他是一个什么样的人。"费希特的这句话或许适用于每一个人，适用于每一个哲学家，而且尤其适用于他自己。据他的一个同时代人说："着魔似的费希特狂热地相信意志的创造力。"他本人也不厌其烦地说过，他只认识一种需要：那就是行动，在自我超越中发挥自己的创造力。为了理解费希特的著作，我们除了要了解他生活的那个时代的历史背景以及产生他的哲学的社会状况，我们还应该考虑到费希特的这样一种人格特征。约翰·高特利普·**费希特** 1762 年出生于上劳塞茨的拉门瑙。费希特家境贫寒，又因家里子女太多所以上不起学，一位贵族赏识他的才能，便出钱资助他进了普夫塔学校，后来又资助他去耶拿和莱比锡读大学。当这位施主去世以后，费希特的生活来源也就因此而中断，于是，此后的几年内他就不得不用做家庭教师挣来的钱勉强糊口。当他正由于窘困的生活而处于绝望的边缘并濒临自杀的时候，有人在苏黎世给他提供了一个工作机会，于是他就立即动身，徒步前往。两年以后，他重返莱比锡，一次偶然的机会使他对康德哲学产生了兴趣并开始研究康德。这对他的思想发展起了决定性的影响。多年以后，他还承认，尽管那时他生活极度贫困，但是，由于有康德哲学，他觉得自己是地球上最幸福的人之一。他立即就作出了决定：去见康德，去柯尼斯堡！

为了让康德对自己产生兴趣，费希特在几天之内就写出了他的论文《试论一切天启的批判》。康德帮助他发表了这篇论文。因为是匿名发表的，所以起初大家都认为这篇文章是出自康德之手，是他们正在翘首以待的康德的神学著作。当康德公开了事实真相以后，费希特就一举成名。他收到了耶拿大学的聘书。生活的外部冲突以及那一篇使他被指责为无神论者的论文《论我们对神圣的世界秩序的信仰的基础》——著名的"无神论之争"就是由此引起的——不久以后就使他不可能再在耶拿待下去了。费希特去了柏林，在那里他受到了欢迎，从此以后，他便全心全意地为普鲁士效力了。

费希特被认为是历史上最杰出的演说家之一。和其他大演说家一样，他是在付出了巨大的努力并经过勤奋的练习之后才获得了这种才能的。他在柏林举办的讲座引起了巨大的轰动，当时的奥地利使臣梅特涅侯爵就是他的一个热情听众。1806 年，普鲁士战败，之后费希特便跟随国王去了柯尼斯堡，后又从那里去了哥本哈根。1807 年，费希特又回到了已经被法国人占领的柏林。第二年冬天，他在柏林发表了他的著名的演说《告德意志民族书》。他在演说中号召全部德意志民族——不分何种宗族和等级——进行一次道德革新。和康德一样，费希特一开始对法国大革命也是热烈欢迎的，他于 1793 年发表的文章《向欧洲各国君主索回他们迄今压制的思想自由》就已经表明，他是热情地捍卫法国革命的。但是，当拿破仑把皇冠戴到了自己的头上，窃取了革命的胜利果实，并企图称霸欧洲的时候，费希特就将拿破仑看作是历史上最为丑恶的人。他在自己的讲座上公然当着法国监视者的面大声呼吁德意志民族应该奋起反抗拿破仑的统治。"他本来是能够成为人类的一个救星和解放者的，而如今他却变成了上帝手中的一条鞭子；但是我们当然不能就这样脱下衣服把赤裸的脊背摆到他面前任由他去凌辱，在上帝面前向他贡献牺牲并大喊着：啊，我的主人！我的主人！然后脊背上渗出鲜血。不，我们要夺过他手中的鞭子，把它砸烂。"

在 1810 年柏林大学创立的过程中，费希特起过决定性的作用。解放战争开始后，他鼓动听众去投笔从戎。他本来希望能够成为一名随军宣传员，但是未能如愿。不过，年过五十的费希特还是自愿参加了陆军训练。费希特 1814 年死于伤寒，这个病是他在野战医院做护士的妻子传染给他的。

2. 费希特哲学的基本思想

费希特哲学体系的基本思想都包含在了他的两本著作里，**《论知识学或所谓的哲学的概念》** 和 **《全部知识学的基础》**（两者都发表于 1794 年）。"知识学" 这个概念与康德的 "超验哲学" 基本上是一个意思，费希特曾经称赞康德的 "超验哲学" 是具有划时代意义的。"知识学" 的意思是：一切特殊科学都以具体的事物作为研究对象，而哲学则把知识本身作为自己的研究对象。因此，哲学是科学的科学，知识的知识，所以叫它 "知识学"。

在费希特看来，只存在两种前后一致的哲学体系。哲学所要解释的总是经验的东西，即我们对于事物的观念。我们可以从事物中推导出观念。于是，便产生出一种感觉论或唯物论，不管怎么说这是一种独断主义。或者我们从观念中推导出事物，于是便产生出唯心论。至于一个人会做何种决定，这要取决于他的最内在的个性，也就是我们在前面引述过的费希特的那句话，"一个人选择什么样的哲学取决于他是一个什么样的人"。如果一个人喜欢独立自主并且内心中充满行动的渴望，那么他就会选择唯心论，如果一个人天性不积极主动，那么他就会选择 "独断主义"。究竟费希特将会选择哪条道路，我们当然就可想而知了。

但是对费希特而言，唯心论在纯粹理论上是唯一的前后一致的思想体系。就是说，如果我们从事物的存在出发，那么我们就永远也解释不了，究竟为何存在意识。（唯物主义者们对此有不同的看法。）但是，如果我们从思想出发，那么我们就可以从思想中推导出我们对于事物的观念以及我们的经验。

照此而言，什么是哲学的第一原则呢？思想的主体！"**自我设定自身**。"这就是费希特哲学的首要原则和他的知识学的出发点，这就是说：自我是自身的依据，自我设定自身。如费希特所说，万事之初是**有为**，是行动。思考你自己！这一个要求构成了哲学的开端。因此而产生了理性。理性自身也是创造的行动。太初有为！

我们再进一步加以考察就发现，费希特对康德并列提出的理论理性和实践理性是不满意的。虽然康德称两者都为"理性"并解释说，理性本来是个统一体，理论理性和实践理性必然是同根共生的。特别是在判断力批判中，康德就已经明确表示，实践理性要优先于理论理性。但是费希特并不满足于此，他认为，理论理性也是行动。从上述意义上说，他的哲学是唯心论，是不折不扣的实践唯心论。超越个体的理性——在康德那里其中包含先验的形式——是思想着的意识的行动。

那么经验从何而来呢？显然，费希特对于康德的物自体的观点是持否定态度的。他的态度也是他思想出发点的一个合乎逻辑的结果：经验源自自我。但是这又怎么可能呢？感觉上的特性是，我们好像是被一种陌生的力量触动了（康德认为这就是自在之物对我们产生的影响）。这种"陌生的""外在的""非我的"——如费希特所说——原始的自我表现并不是一种有意识的自我表现（若如此，那么从外面而来的那种感觉就永远不会发生），而是一种无意识的，或更确切地说是一种潜意识的、自由的和无理由（即不受因果关系决定的）的过程。这样，自我就在自身之内制造了一个非我，一个陌生的对立物。

但是为什么会这样呢？为什么自我不能孑然一身呢？这个问题只能从理论上而不能从实践上依据传统的观念予以回答。自我的最为内在的本质就是纯粹的、无休止的行动。自我的这种规定性就决定了，只有当自我能够遇到阻碍和反抗时，他才能有事可做。由于在他自身之外无物存在，这样他就必须自己为自己创造一个能够实现自身价值的对象。自我为自身设立一个障碍，目的是让自己从上面跨过去。非我是被设定的，以便于使工作和斗争成为可能。

我们看到，费希特本来只是打算去弄清楚康德哲学的，但是当他能够弄清楚康德哲学的时候，他却已经另辟蹊径了。如果他还算是一个康德主义者的话——如人们所说的那样——那么他肯定也是其中最独特的一个。

3. 实践运用

伦理学

"世界"——我们的观念、感觉和欲望冲动的总称——虽然源自自我，但是它是源自一种潜意识的行为，如此一来，它就不是以我的意识和我的自觉的意志为转移的。在这个意义上说，它是我的一个真正的障碍。但是，面对这个障碍我应该如何行动，这取决于我自己。我可以向它投降，向它屈服，任由它决定我的命运——这种惰性对费希特来说是"人性中的极端的恶"——或者，我可以努力去摆脱它，在内心中摆脱一切外在的影响，从而按照我的自我的最内在的本性行动。自我就是一种"被安上了眼睛的力量"。虽然彻底摆脱一切外在的影响是一个极其遥远的目标，但是去实现这个目标却是人的使命。如此来说，人生就是一种不断地剔除外来残渣的净化过程，虽然这些残渣是他为了完成自己的使命所不可缺少的，但是，摆脱它并最终获得自由又是他义不容辞的责任。这样，人就会逐渐接近这样一种状态，他最终能够面对那个浩渺无际的宇宙大喊道："你是可变的，而我却不是，我将会完好无损地傲然挺立在你那一片狼藉的废墟上。""当那些在我头顶上闪烁的千百万颗星星发出最后的一线微光并长久地寂灭以后，我自岿然不动，我仍然是我自己，就像我现在的样子。"

国家

费希特的道德思想——导源于他的个体的社会责任理论以及他

的著作《**伦理学体系**》（1798）和《**论人的使命**》（1800）——与康德的道德思想是不同的，其主要区别在于，费希特比康德更加强调人的**实践**责任，即更加强调人作为一个**社会群体**的成员的责任。

这也特别表现在他的**政治学**中（1796，《**以知识学为原则的自然法权基础**》；1800，《**封闭的商业国家**》）。在上面提到的著作中，费希特继续始终不渝地发展他的国家理论，他首次在德意志土地上提出了一种关于**社会主义**国家体制的理论。"只要国家能够保障我的自由不会受到侵犯，能够保障国家制定的法律本身的有效性不会受到阻碍，那么国家就能够完全保障每一个公民的合乎道德的基本权利，保障他在这个社会团体之内只要力所能及地劳动就可生活无忧。"[4] 只有当国家不放任人们以自由竞争的方式占有社会产品，而是由国家掌握社会劳动的分配权，按照每个公民的劳动量来分配国家所得，那么这样的国家体制才是可能的。此外，由国家自己控制进出口也是非常必要的。所以，费希特称之为"封闭的商业国家"。

在费希特看来，国家不仅在国民的经济生活中居突出的地位，而且它在文化和**教育**领域里的作用也是相当重要的。国家必须使自己成为教育的主人。就像国家在经济生活中能够通过有计划的组织来治理混乱无序一样，国家也能够通过把青年人教育成真正的人和国家公民而避免"教育的混乱无序"，这要通过国家教育者根据统一的计划加以实施。

像费希特这样一个以自我为中心并且主张自我的无限自由的人，在社会实践上为什么又主张社会限制呢，这种思想对于他那个时代来说是非常激进的，如果有人对此感到奇怪，那么他也应该想到，那个极端个人主义的卢梭在他构想的国家宪法里也要求一种高度的国家控制。在其他的某些哲学家那里以及在某些政治运动中也出现过类似的情况，这是一个非常耐人寻味的历史和心理现象。

宗教

在宗教哲学方面，费希特也远远地超越了康德，除了上面提到的那一部让他不得不离开耶拿的著作，他的宗教哲学思想还写进了《走向幸福生活之途径》（1806）中。康德曾经要求人们，为了履行自己的义务可以不顾尘世的幸福。但是他也问过这样的问题：我可以希望什么？依据他的"幸福的尊严"的概念，理性会强烈要求得到公正的补偿，他从中得出结论，认为在彼岸世界有一个最高裁判者会作出公正的裁决。叔本华嘲笑他说："康德的道德就是，先是高傲地拒绝幸福，然后又伸出手去接受幸福递过来的小费。"[5]

费希特与康德不同，他认为，在道德原则意义上对完美的强烈追求就是幸福。"幸福"就是完成一项任务后的那种快乐的满足感。谁如果想到其他地方去寻找幸福，那么他在无限的未来生活中永远也不会接近目标。

除了尘世中完成义务后可体验到的幸福，不可能还存在一种特别的彼岸幸福，同理，这个世俗的世界秩序之外也不大可能另外存在一个上帝，在这个世俗的世界秩序中，自我就是在不断地追求完美的过程中获得幸福的。"那个充满活力的和富于创造性的道德秩序就是上帝本身，我们不需要另外一个上帝，我们也不理解另外一个上帝。"——"作为一种特殊的实体的上帝的概念是不可能和自我矛盾的：应该允许我们坦率地指出这一点并杜绝那些陈腐的废话，这样才能产生一种视快乐为正当行为的真正的宗教。"[6]

因此，费希特被指责为无神论者就是不言而喻的事情了。

三、谢林

1. 生平、思想发展和主要著作

弗里德里希·威廉·约瑟夫·**谢林**和他那个时代的许多天才人物一样，也是一个牧师的儿子，父亲是施瓦本人。谢林于1775年出生于莱昂堡。早熟的谢林年仅十五岁就进入了图宾根大学神学院，在那里，他与他的同乡荷尔德林和黑格尔结下了友谊，除了学习神学，他们还共同对古希腊罗马文化产生了浓厚的兴趣。除了康德，费希特也是年轻的谢林特别关注的哲学家。费希特刚刚发表《知识学的基础》，二十岁的谢林就写出了几篇与费希特的基本思想类似的文章，而且他的表达形式比费希特本人更加完美。其实，那时他已经和费希特发生了分歧，因为同样令他钦佩的斯宾诺莎的思想更加适合他的口味。

谢林在莱比锡逗留了较长的一段时间，这成了他后来与费希特彻底决裂的主要因素，因为他在那里得以广泛接触自然科学领域内的突飞猛进的发展，而自然科学始终是费希特所陌生的。谢林迅速地吸收了化学、电学、生物学和医学方面的新知识，在他的著作《**关于自然哲学的一些观念**》（1797）和《**论宇宙精神**》中，谢林立即就把他学到的自然科学知识放进了一种自然哲学体系之中。他的这些著作引起了歌德的注意，并且使二十三岁的谢林受聘为耶拿大学的副教授。

在耶拿，谢林与浪漫派诗人和思想家组成的小圈子交往甚密，其核心人物就是弗里德里希·**施勒格尔**和奥古斯特·**施勒格尔**两兄弟、**蒂克**和**诺瓦利斯**。谢林和比自己大十二岁的已经离婚的卡罗琳娜·施勒格尔结了婚。他热情地参与了这个浪漫派小圈子并和他们进行了频繁的精神交流，在这个交流过程中，他既是一个接受者，又是一个慷慨的赠予者，因此他甚至可以被看作是德国真正的浪漫派哲学家。在耶拿，谢林写出了《**自然哲学体系草案**》（1798/1799）和《**先验唯心主义体系**》（1800），还有《**我的整个哲学体系的阐述**》（1801年，未完成）以及《**论学术研究方法讲演集**》（1803）。这些著作表明，谢林深受自然科学和浪漫主义的影响，他已经彻底地背离了费希特并且开始形成自己的世界观，当然还没有形成一种体系化的精雕细琢的形式，而且他也始终没有达到思想上的精雕细琢。后来，他总是不断地改变自己的思想脉络，总是有新的构思——他也公开发表了这些思想雏形，但是并没有最后完成。对哲学史来说，他关于自然哲学的思想仍然是他全部著作中最为重要的部分，所以，我们在下面的叙述中也主要关注他的这方面的思想。

在沃尔茨堡（谢林自 1803 年始在那里教书），在埃尔朗根，最后在慕尼黑（自 1827 年始），谢林在思想上可以说是完全另辟蹊径。他离自己本来的思想出发点康德和斯宾诺莎越来越远，他和费希特分道扬镳；他的朋友兼大学同学黑格尔本来对谢林是大为赞赏的，这时也离开他走自己的路去了。他的第一任妻子的死亡也使他与原来的浪漫派圈子更加疏远起来。对这一时期的谢林起了决定性影响的人物就是天主教思想家弗朗茨·冯·巴德尔（1765—1841）。

谢林沉迷其中的那个精神世界是法国人路易·克罗德·德·圣马丁的那个具有浓厚宗教色彩和神秘主义倾向的精神世界，通过他谢林又接触到雅各布·波墨的著作。巴德尔本人是个医生、地质学家、哲学家和神学家，他是康德的主要敌手之一，也是一个精神运动的领袖人物，他们反对启蒙运动，反对康德割裂知识和信仰，他们倡导神学与哲学的融合，要求无条件地向基督教信仰回归。

巴德尔在他的著作中并非简单地主张向宗教的复归，他的意思并不是让宗教信仰重新取代科学知识并且使哲学再变成神学的奴仆。在他看来，那种认为每一种科学知识的进步都会对宗教信仰构成威胁的观点是错误的；同样，那种认为离开宗教教义就能获得真正的哲学的观点也是一个巨大的迷误。一种真正的道德是不可能仅仅建立在人的独立自主之上的。人的思想法则和道德法则只有以上帝的法则为法则才是可能的。人的思想和知识是上帝的思想和知识的一部分。因此，巴德尔在政治上坚决反对法国大革命也是顺理成章的事情。他的理想就是一种普遍的（天主教的）、跨国界的、教会国家的大同社会。这样，巴德尔在政治上就与神圣同盟和欧洲的保守势力站到了一条战线上，他们极力反对革命，反对社会变革。

谢林的《关于人的自由的本质的哲学研究》（1809）和他后来的著作如思想片段《宇宙年龄》（1813）都带有神秘的宗教色彩，这已成为谢林后期的思想特征，他的后期哲学是一种"神秘和启示的哲学"。

1841 年，富有浪漫主义思想的国王弗里德里希·威廉四世把年迈的谢林召到了柏林，"他不是作为一名普通的教授，而是作为一个被上帝选中的被赋予历史使命的哲学家，国王希望能够借助他的智慧、经验和人格魅力来提升自己"。这就是说，国王的初衷是想让谢林能够成为与当时在柏林思想界占统治地位的黑格尔相抗衡的一股力量，但是结果却事与愿违。

在谢林失望地离开讲坛之前，他也吸引了一些听众，其中就有那时还年轻并且默默无闻的巴塞尔历史学家雅各布·**布克哈特**。虽然青年布克哈特当时还为浪漫主义而兴奋，但他同样也具有理性思想，谢林的那些令人费解的哲学思辨到底给他留下了什么印象，他在一封信中是这样描述的："我旁听了他的几节课，我觉得他像是一个诺斯替教派信徒……[7]因此就像一个令人恐惧的庞大怪物……我时刻在想，那简直就像是一个长着十二条腿的亚洲巨神蹒跚而行，他用十二只手臂从脑袋上摘下六顶帽子。"[8]谢林于1854年在拉加兹疗养地去世。

由于谢林的思想具有多面性，许多截然不同的思想流派如生命哲学、存在主义以及马克思主义都能从他那里获得某种理论依据，并尊他为自己的思想鼻祖。[9]

2. 同一哲学的基本思想

谢林在耶拿时期的思想体系被称为同一哲学。他的思想的这一部分成为连接费希特和继谢林之后的黑格尔之间的纽带，黑格尔超越了前两者。所以我们应该对此加以详细的考察。

什么是同一哲学？在完全摒弃了康德的自在之物的费希特那里，我们所称的"自然"不是完全独立的和自在的，而只是自我的产物，自然之所以存在，是因为自我需要一个借以实现自己的对象。谢林把这种关系颠倒了过来，在他看来，不是自然是精神的产物，而是精神是自然的产物！谢林在自然和自然科学方面的研究工作无疑对他产生了一定的影响，而费希特的思想体系在这方面是欠缺的。哲学的任务是——费希特在他的知识学里也曾提出了这一任务——

求知，也就是解释主体与客体的同一问题。但是我们不能像费希特那样问：世界或自然是如何在自我中，在精神中成为可能的？而是应该问：自我和精神是如何在自然中成为可能的？只有一种可能性，因为自然原本就是精神，是我们的精神的精神，因为自然和精神，现实和理想，在最深层的意义上来说是**同一**的。

3. 自然

我们若想从自然的角度理解精神或者说理解一切生命，我们就不能把自然仅仅看作是一种僵死的和机械的东西，就不能仅仅把它看作是一种原子的聚合，而应该把它看作是一个统一的整体，其最内在的本质就是一种充满活力的原始力量。

自然就是一种永恒的活动。那种原始力量——绝对物——显现为个别现象之中，其表现形式可分为两类：其一，客体和现实占据优势（狭义的自然）；其二，主体和理想占据优势（精神和历史）。在第一类中，最后的结局是僵死的物质，在第二类中，最后的结局是精神在哲学和艺术中的自我实现。但是，在所有的个别现象中都不会是只出现一种情况，因为两者并不是相互对立的，而是同一的，问题仅在于数量的多少而已。

在德国的精神历史上，不仅仅是在自然科学领域内，而且在艺术领域内，谢林的这种非凡的思想都产生了积极的促进作用——当然这种思想可追溯到斯宾诺莎那里，也就是把精神完全归入自然的范畴，在自然中见到精神的无意识的活动，在精神中见到自然的自我意识。谢林在他的一首诗中用一种比他的所有理论文章都更为优美和晓畅易懂的方式表达了他的这一思想，在此，我们选录如下：

> 自然必须依偎在法则之下，
> 静卧在我的脚边。
> 尽管在其中蛰伏着一个庞然巨怪，
> 但是它的感官却已变得僵滞，

它既不能从那狭窄的甲壳中逃脱，
又不能挣脱那捆缚它的铁索镣铐，
虽然它常常抖动羽翼，
奋力展翅并扭动着，
在僵死的和充满活力的事物中，
竭尽全力却也无济于事。
渐渐地它学会从小处着手，
它首先产生了思想，
寓居于一个小矮人的躯体之内，
他被命名为人类孩童，
那庞然巨怪与他相逢。
从酣然沉睡和焦虑的梦乡中醒来，
几乎无法认识自己，
他惊异地睁大眼睛，
仔细地打量着自己。
旋即他又渴望
融化进大自然的怀抱，
可是一旦脱离了自然，
他就永远不可能再重新返回，
他将注定在自己的那个世界里，
终生忍受孤独的煎熬。
他在焦虑不安的梦中可能担心，
那个庞然巨怪会振作精神腾空飞跃，
就像那个古老的魔鬼，
会在愤怒中吞噬自己的亲生骨肉。
不要以为，他已经把自己的出身全然忘却，
不要以为，他在拿幻象进行自我折磨，
他可以对自己说：
我就是上帝，我把世界拥入我的怀中，

我就是神，我在宇宙万物中穿行。

从黑暗的力量的最初悸动，

到生命琼浆的首次涌流，

力量与原料不停地相互作用，

诞生出第一朵蓓蕾，

放射出第一束光，

那光划破夜空就如同第二次创世，

就如同宇宙的千万只眼睛

不分昼夜地照亮天空，

一股鲜活的力量不断地上升，

令大自然重新青春焕发，

这是一种力量，一种脉动，一种生命，

一种阻抑与挣脱的交替变化。[10]

4．艺术

　　谢林在美学方面的思想表明，他是富于浪漫主义精神的。对他来说，艺术是能够将世界和自我、现实与理想、自然的无意识的和有意识的作用完美和谐地融合起来的。通过理论的途径我们是无法认识这种和谐的，这种精神与自然的和谐统一我们至多只能通过"理智的直观"，通过知觉才能领悟。但是，艺术作品是一种人的有意识的创造，而且说到底是一种自然的无意识的创造冲动的结果，艺术作品能够以一种完美的形式表达这种和谐统一，这同时也证明了同一哲学的基本思想。

　　"所以，艺术是哲学的真正的和永恒的工具，而且与此同时也是哲学的证明材料，它会不停地提供哲学本身所不能提供的新证据，也就是通过有意识的行动和创造表达出无意识的自然的同一性。因此，艺术是哲学家所能达到的最高境界，因为艺术仿佛向哲学家彰显了至高无上者，仿佛在一种熊熊燃烧的火焰中达到了永恒的和原始的结合。我们所说的自然是一首用神秘和美妙的语言写成的诗，如果我们想读懂这首神秘的诗篇，那么我们就必须在其中经历各种精神的艰难险阻，因为它总是诡异地迷惑我们，总是试图逃逸我们的追踪。通过感性世界观察我们所梦寐以求的幻想世界，也就只能如同通过知觉语言或通过扑朔迷离的雾霭观察世界一样。"[11]

四、黑格尔

1．生平和著作

格奥尔格·威廉·弗里德里希·**黑格尔**于 1770 年出生在斯图加特，他和谢林以及荷尔德林都是施瓦本人。由于他们都学习哲学，尤其是古希腊罗马哲学，还由于他们都对法国大革命表现出了极大的热情，这样他们三个人就在图宾根大学神学院结成了盟友。黑格尔对古希腊文化的热爱持续了一生，关于此他后来写道："希腊这个名字对于欧洲有文化修养的人，特别是对于我们德国人来说，会令人产生一种家园之感……科学和艺术，凡是能够满足我们的精神生活，使精神生活变得有价值和有光彩的东西，我们知道都是来自希腊。"[12]

与比自己年轻五岁、早熟并且天赋甚高的谢林相比，黑格尔的才能起初并不是那么引人注意。黑格尔是一个发展相对较为迟缓并且能够持之以恒的人，但是他也是一个能够深入钻研的思想家。过了很长的一段时间以后，他才认为他的思想已经达到成熟并且可以公开发表了。从那时起，黑格尔著作中的基本思想就保持了始终如一的统一性，而谢林在这一点上给读者的印象就过于反复无常了。

在法兰克福和伯尔尼，黑格尔辛辛苦苦地做了几年家庭教师，当黑格尔的父亲去世并给他留下一小笔遗产之后，他就可以听从内心的召唤去选择自己的人生道路了。经谢林推荐，他在耶拿大学取得了大学执教资格。当时，席勒在那里做历史学教授，费希特和谢林讲授哲学，浪漫派的主要人物蒂克、诺瓦利斯、施勒格尔也都以耶拿作为活动中心，简言之，耶拿是那时德国的文化中心，只是不久之后，当柏林大学的地位开始上升的时候，耶拿才失去了其往日的光彩。

从 1801 年到 1806 年，黑格尔在耶拿大学执教，而且与谢林的关系也很密切。当 1806 年普鲁士在耶拿战役中失败的时候，黑格尔刚刚完成了他的第一部重要著作《精神现象学》。

为了躲避战乱，黑格尔离开了耶拿，走时带上了他的手稿。不过，在离开耶拿之前，还发生了一件令他终生难忘的事情：他亲眼见到了拿破仑。"说实在的，那真是一种奇妙的感觉，我见到了这样一位非同寻常的人物，就在这里，他骑在马上，他征服了世界，并统治着世界。"

黑格尔做了一段时间编辑，然后又在纽伦堡当过一个中学的校长。在这里，他完成了他的第二部伟大著作，《逻辑学》（三卷本，1812—1816），这部著作为他赢得了海德堡大学的哲学教席。在海德堡，黑格尔写出了他的《哲学全书》（1817）。

几年之后，黑格尔应邀前往柏林。普鲁士早就吸引了黑格尔，在他的就职演说中，黑格尔就强调说，普鲁士可以通过自己在精神方面的优势而与其他各国列强分庭抗礼。黑格尔在柏林获得了很高的威望并产生了广泛的影响，虽然他的讲话并不那么完美和顺畅，但是国家的首脑人物还是被他深深地吸引了。黑格尔成了"普鲁士的国家哲学家"和公认的德国哲学领袖。他的学生也都掌管着大学的教席。黑格尔学派获得了空前的霸主地位，在这方面，康德是望尘莫及的。

黑格尔不仅仅讲授哲学的基本原理，他还讲授法哲学、艺术哲学、宗教哲学、历史哲学以及哲学史。直到他 1831 年去世的时候，他还发表了《法哲学原理》。他的其他大部分讲座都是由他的学生们在他去世以后整理出版的，这在他的著作全集中占据了很大的一部分。1971 年，一套新版的《黑格尔全集》已经问世。

2. 黑格尔哲学的一般特征——辩证法

黑格尔的著作是哲学史上最为晦涩难懂的文献之一，一位美国的批评家这样写道："它们是令人费解的伟大著作，因为文体简洁而抽象，因为里面充斥了大量的哲学术语，还因为他对所有的哲学原理所做的过分夸张和谨慎的界定，这一切都使他的著作变得更加晦涩艰深。"[13]叔本华写道："读者（通过康德）被迫认识到，晦涩的东西不一定总是毫无意义的，于是那些无意义的东西就以晦涩的陈述作为一种掩护了。费希特在这方面是第一人……谢林也不甘示弱……而最为厚颜无耻的赤裸裸的胡说，拼凑空洞的和疯狂的词组，以前只在疯人院里才能见到的事情，如今终于在黑格尔的身上发生了。"[14]至于是什么动机使得叔本华如此夸张，我们在进一步了解叔本华的人格特征以及他的个人命运之后就会明白了。之所以说这是一种极端夸张，是因为黑格尔的著作和康德的著作一样，它们也证明了，"晦涩的东西并不总是毫无意义的"。不过有一点是应该承认的，当一个事先没有心理和知识准备的读者第一次阅读黑格尔的著作如《精神现象学》时，面对黑格尔的那些令人头晕目眩和眼花缭乱的概念堆砌，他会感到不知所措的。

为了回避困难，我们可能只想选择黑格尔著作中那些容易理解的部分，比如他的历史哲学，在其中他举出了一些具体的历史事实，因而比他的著作中的那些较为抽象的部分如逻辑学就更为直观一些，但是这样做是不妥当的。如果这样做，我们不仅不能对黑格尔的体系有一个完整的认识，而且还会获得一种错误的认识。黑格尔著作的整体特点以及他之所以仍然能够对当代产生一定的历史影响，并不是因为他能够把他的那些原则应用于个别的历史材料之中，而是因为这些原则本身就是他的著作中的精华部分，他将这些原则应用于整个存在之中，应用于世界历史之中。在下面的叙述中，我们将尽力避免黑格尔式的冗长的表达方式，目的是试图阐明黑格尔哲学的两个基本要素：即由黑格尔发展出来的技艺精湛的辩证方法以及由此而形成的他的整个思想体系的统一结构。

黑格尔辩证法的直接历史先驱——除了黑格尔给予高度评价的赫拉克利特的对立统一思想——就是他的前辈费希特和谢林的思想，在前面叙述费希特和谢林的章节中我们没有涉及他们的这方面的思想，目的是想在这里把他们放到一起加以讨论。

在费希特的知识学中，当他试图从一种最高原则中推导出整个世界的内容时（对费希特来说，这与意识的内容具有同等的意义），他的出发点是，第一步，自我设定自身。但是，仅仅有自我的设定并不能发展出宇宙整体，还缺少一种起推动作用的因素，还缺少一种促成发展的条件，也就是缺少自我的对立物。因此，费希特又指出了第二步，自我设定非我。紧跟着第一个设定（正题）之后就是第二个设定（反题）。自我与非我并不能作为相互排斥的对立物永远存在下去，还需要第三个命题，在其中正反两题的作用将受到一定的限制，它们将不再相互排斥（合题）。

谢林在他的自然哲学中特别强调了对立性这个概念，他试图证明，不仅仅在人的意识中，在自然中，比如磁和电现象，能动的进程是在同性相斥和异性相吸的作用下才会实现的。

黑格尔在充分肯定费希特和谢林的历史功绩的前提下又超越了两者，黑格尔与费希特的辩证法的不同之处主要在于，黑格尔特别强调了合题这一概念。在费希特那里，合题的作用在于使正题与反题在相互限制的作用下相互抵消。在黑格尔那里，合题不是限制正题和反题，而是"扬弃"（aufgehoben），这个德语词含有三重意义，一个意思是"废除"（比如废除一项法令）；第二个意思是保留（比如我为你保留某个东西），在这个意义上，不是消除某个东西，而是在一个更高的层面上使某物得以保存；第三个意思是"举起"，就是说，在一个更高的层面上，正反两题将不再显现为相互排斥的对立面。（顺便提一下，我们在前面叙述印度佛教哲学的辩证法时也已经指出了它与黑格尔辩证法的不同之处。[15]）

要想举出能够表明这种三级辩证模式的意义和益处的实际例子并不困难。我们都有过这样的经验，在日常生活中和在科学研究中，当我们在对某个人或物或事件作出自己的判断时，我们往往会从一个极端走向另一个极端，也就是从正题走向反题，为了获得一个不偏不倚的结论，我们必须在两个极端之间寻找一种妥协。这表明，我们的思想也要经历一个辩证的过程。但是，事物的真正的发展是否也遵循这个原则呢？在历史的发展过程中，难道不是经常出现"理性的愚蠢和善良的不公"的现象吗？历史上某个新出现的运动不是常常首先迅速地发展起来而后又突然发生骤变并走向相反的一面吗？在这个过程中，原来相互对立的力量在一个新的阶段达到了一种平衡，在这种平衡中，两个极端的方面都保存下了某些东西，但是，这些保存下来的东西已经不再是原来的了。

黑格尔哲学的特点就是，它不仅把辩证法看作一种逻辑学，看作我们的思维形式，而且还把辩证法看作一种本体论或形而上学，看作现实世界的自我运动的真正形式。此外，它还想证明：我们的思想的自我运动和现实世界的自我运动基本上（甚或完全）是同一个过程。

3. 哲学的三级结构

尚在青年时期写出的《费希特和谢林思想体系的区别》中，黑格尔就表示，这篇文章已经孕育了他未来哲学的萌芽。他称费希特以主体为出发点的哲学是**主观唯心主义**，称谢林的在自我中见到自然，在自然中见到无意识的创造精神的同一哲学是**客观唯心主义**。黑格尔自己后来的立场是介于他们两者之间的，他走的是一条综合之道。他通过超乎于争论双方之上的方式来裁决他们的争论。继主观唯心主义和客观唯心主义之后，黑格尔提出了**绝对唯心主义**，在主观精神和客观精神之上高高站立着**绝对精神**。

事实上，谢林也曾经自以为能够达到一种"绝对"的观念。但是，黑格尔却在两方面对他提出了指责，他认为，在谢林那里，绝对物"好像是从枪膛里射出来的东西一样"。谢林仅仅满足于在一种天才的理智的直观的基础上突然引入绝对物，而没有说明，精神是如何根据辩证的原则一级一级地逐步上升最后达到绝对的。在谢林关于自然和精神的对立性的思想中，黑格尔显然更偏重他的精神方面。对黑格尔来说，整个世界的进程是精神的自我发展。哲学的任务就是在思考中观察这个自我发展的过程。

根据辩证法的原则，这种自我发展要经过三个发展阶段，哲学的结构也是由此决定的。在第一阶段，世界精神处于一种"自在的"状态，观察这一阶段的哲学原则我们称之为**逻辑学**。在第二阶段，世界精神是处于"自我显现的""自我异化的"和"他在的"状态，精神以空间和时间中的自然的形式显现自身，**自然哲学**就是用来观察这一阶段的。在第三阶段，也就是最后阶段，精神又从自我显现中返回到自身，精神处于一种"自在自为的"状态，与此相适应的就是哲学的第三级，**精神哲学**。

逻辑学

黑格尔在他的《逻辑学》的开头就说，他的这部书的内容就是"对上帝的阐述，是要表达上帝在创造自然以及有限精神的过程中，他的永恒的本质是如何的"。在黑格尔那里，逻辑学是与传统意义上的逻辑概念完全不同的东西。迄今为止作为思维的形式和规律的逻辑学在黑格尔的逻辑学里只占据一部分地位。作为整体的逻辑学并不是只为了考察我们人类思想的形式和内容，而是为了考察精神、理念和永恒无限的自在存在的状态。

概念、逻辑原则、范畴不仅仅是思维的法则，而且还是客观实体。（在经院哲学的共相之争的意义上，黑格尔应该是个"现实主义者"。）它们不仅包含了我们的思维的结构，而且还包含着宇宙的逻辑结构。当然也只是一种结构框架！因为它们只是在思想中表达宇宙的本质，只是作为一种思维的东西。但是，当我们从一个概念中推导出另一个概念的时候，我们并不是从我们自身中构建出这个概念，我们仿佛只是旁观者，我们只是跟随着这个概念的自我发展，这就如同一个研究自然的科学家只是客观地旁观自然形态的自我发展，或者一个历史学家只是客观地考察历史进程的自我发展。

黑格尔严格地按照前后一致性原则从一个出发点开始而发展出他的全部的逻辑学。我们在这里不想叙述他的逻辑发展的细节，而只是考察一下他的逻辑出发点。最普遍的同时也是最为空洞的概念就是"存有"。那么，在最普遍的形式中的"存有"是什么呢？我们的目光所及，到处都只是某种特定的（而非普遍的）存有。但是，一种能够消除一切规定性的存有从根本上说就是虚无。它不是一种真实的东西，而只是一种一般的思想，所以也就是"无"。这样，我们就从"有"过渡到"无"。这样，在系统地分析一个概念的过程中，我们就总会发现下一个。在生成的概念中，黑格尔不仅在"有"与"无"之间引起了矛盾，而且他还走得更远，他以此为出发点发展出了一整套的概念，直到最高的概念"绝对精神"。

必须指出的是，同一律、矛盾律以及一切形式逻辑的核心，在这种辩证逻辑的方式上根本就不可能构成最高的原则。矛盾并不能被排除，相反，每一个有限的现象都似乎已经表明，它从自身出发并超越自身就必然会遇到自己的对立面。向对立面的过渡并不能完全消灭自身。意欲称为一种逻辑或科学的思想是无价值的，而且这种思想也没有能力把在现实自身中存在的矛盾纳入自己的思想并消化之，而且在其中也不可能发现更高的统一性，因为只有这样，思想才能对富于生命活力的发展作出正确的判断。

自然哲学

黑格尔的天性不可能把他引向外在的自然王国，他的整个研究方向已经表明了这一点，他更为关注的是"精神"的王国（在这里，精神被理解为自然的对立面），是人类本身及其社会和历史，简言之，是我们今天所称的与自然科学相区别的人文科学或文化学。黑格尔在伯尔尼做家庭教师的时候，面对艾伯塔斯山秀美的自然风光他表现得无动于衷，大自然似乎触动不了他的神经。而康德就与他不同，尽管康德从来都没有见过艾伯塔斯山，但是，当他面对繁星密布的夜空时，总会陡然心生敬畏之情，并引起他对宇宙的沉思冥想。

所以，黑格尔的自然哲学是他的整个思想体系中最薄弱的环节。在这里，他仍然承袭了谢林的思想。谢林本人也不是一个经验主义的自然研究者，他也总是试图把他的哲学原则生搬硬套到现实自然中去。不过，谢林在自然科学领域内还是具有相当渊博的学识，这样就避免了他会作出某些过于武断的结论。黑格尔就不具备这样丰富的自然科学知识，此外，他还是一个非常喜欢建立体系的人，他总是试图从一个原则出发推导出一切。所以，毫不奇怪，当经验现实与他预先设定的体系不相符合的时候，黑格尔就不惜削足适履了，而且他还站在自己的哲学立场的高度，甚至居高临下地蔑视那些拘泥于经验现实的人。

尽管如此，黑格尔对自然的研究也是他的整个思想体系中的一个重要的和不可缺少的组成部分。自然是与"自在存在"相对的一个"他在"的王国。这是什么意思呢？"自在"是一个逻辑学的或数学的概念，它是一种绝对的和无条件的东西，是一种无限的和永恒的东西。那么处于时空内的事物又如何呢？比如，空间中的一个点就其本身而言毫无意义，它从自身出发观察空间中的其他点时，它与这些点并没有什么区别。唯一决定它在空间中处于那个点上的东西就是它的处境，也就是它与其他点的关系。它与其他点的"不同之处"也仅仅由此决定。因此，它的意义就是"他在"。

空间和时间中的所有物体和力量莫不如此。

精神哲学
高于自然的精神王国亦即精神哲学也被划分为三个阶段。

主观精神。黑格尔把精神的第一阶段称为"主观精神"。主观精神的思想研究的是个体的人的生活。只有在人的身上——在动物身上还不具备这种能力——精神才意识到自己。凡是一般逻辑概念中被认为是作为思想而存在的东西，都是人通过将其放入自己的意识之中而获得的。在这里，精神就是"和自己相处"或"自为"。更确切地说，在这里，精神开始从"出离自己的存在"状态过渡到"自为存在的"状态。之所以说它开始，是因为精神在个体的人那里还不是真实的和完全"自为的"。人虽然是个自为的存在者，即他是一个特定的不可混淆的个体，他的确定性并不仅仅由于他的"他在性"，但是，人同时又是一种种属生物，他是作为一个种属的样本被考察的，他属于自然的一部分并且被他的"他在性"所决定。

客观精神。我们今天仍然使用客观精神这一概念，我们会说：一个精神产物，比如一个思想体系，一种理论，一部著作，不仅仅是一种"心灵的"东西，不仅仅是包含在创造它的人的心灵之内，或仅仅包含在另一个正在专注于它的人的心灵之内，它更应该被看作一种能够脱离开个体心灵而单独存在的"客观的"精神产物。这一概念的运用虽然导源于黑格尔，但是它后来也偏离了黑格尔的本意。对黑格尔来说，客观精神也可被称为伦理学。在他看来，客观精神的世界就是家庭、社会和国家的世界，也是历史的世界。在家庭、社会和国家中，个体的主观精神进入了一个更高的客观秩序的领域，因而他也进入了超个体原则的范围之内，也就是进入了伦理学的范畴。

在黑格尔关于客观精神的学说中，他的历史哲学是最为有趣的部分，我们将在后面再对它特别地加以考察。

绝对精神。蔓延在主观精神和客观精神之上的是绝对精神。只是在这里，精神才从"他在"完全返回到自身，精神才是"自在自为的"。绝对精神的世界又被分为三个等级：艺术、宗教和哲学。

在客观精神的范围内，在历史生活中，主观精神与客观精神之间，也就是个体与超个体的社会力量之间的紧张关系依然存在——毋宁说驱动历史发展的原动力也正在于此——但是，在艺术作品中，自我和解的精神，主体与客体却显现为一种完全和谐的状态，绝对理念以纯粹的形式呈现出来。虽然我们在这里不可能详细地探讨黑格尔的哲学美学思想，但是应该指出，这些思想表明了黑格尔对艺术的深刻理解，而且他对这个哲学分支的后来的发展起了决定性的影响。比如说，弗里德里希·提奥多·**菲舍尔**（1807—1887）的美学思想就是完全建立在黑格尔的美学思想之上的。

宗教是处在艺术之上的——这与谢林有所不同。艺术是在外在感性形式中显露出和谐，宗教则是在人的内心中显露出和谐。哲学是第三种形式，也是最高的形式，绝对精神就存在于其中。因为，即使在宗教中，绝对物仍然没有思想的纯粹概念的形态，它还仍然被感情和观念所困缚。哲学将艺术中的直观的东西和宗教中的观念的和感情的东西转化为思想的纯粹形式。精神完全返回到自身。

4. 历史哲学

黑格尔把历史看作对他的客观精神思想的补充，这令人感觉有些奇怪。在他那里，历史被限定为理性在国家生活中的发展，历史对他来说是政治的历史。作为绝对精神世界的艺术、宗教和哲学似乎是永远位于历史之上的。我们觉得——而且这对于批判地考察黑格尔是至关重要的——若想正确地理解整个历史，我们就必须认识到，艺术、宗教和哲学并不构成一个不受时代限制的绝对的世界，它们是在历史之中发展的；我们就必须同时考虑到艺术、宗教和哲学与政治和社会历史之间的关系以及所有这些领域之间的相互影响。黑格尔在他后来的关于历史哲学的讲座中也的确吸收了上述见解的某些成分，但是，他的整个体系中的历史观却没有因此而发生较大的改变。

在黑格尔生活的时代，几乎没有一位思想家能够和作为历史哲学家的黑格尔相比，无论他对自然多么缺乏直觉的理解，在对历史的理解方面，他还是有天赋的。他学识渊博，目光敏锐，他能够认识到历史中的本质性的东西以及其中隐藏着的内在联系，又由于能够坚持不懈地对他的辩证法模式加以灵活运用，他勾画出了一幅自成一体的宏伟的历史画卷。

我们在这里还想强调一点：黑格尔是采用何种方式处理个体与社会力量之间的关系的。我们知道，对黑格尔来说，道德领域是在客观精神中才开始出现的。个体存在的意义和价值并不是由他自身决定的，而是由个体所身处其中的社会力量，主要是国家所决定的。

不是个体在行动，而是世界精神在行动，个体只是它的工具。那些伟大的历史人物之所以伟大——这个问题一直吸引着黑格尔，我们只消回忆一下他与拿破仑的会面就足够了——并不是由于他们的人格特征、能量、热情、预见性和智慧，因为，世界精神常常也会利用那些不值得尊敬的和软弱的人来实现它的目的。他们身上体现了历史的必然性，体现了"时代的精神"，这也是事实。对这些人物的道德判断不应该按照一般个体生命的标准加以衡量。"负罪感对于伟大的个性是一种荣耀。"因此，黑格尔用一种蔑视的眼光看待那些将个体幸福视为人生和社会目的的人。"世界历史并不是幸福的土壤，幸福的时代就犹如空白的纸张。"

个体的行为往往会与世界精神的意图和目的相违背。个体纯粹是为了满足自己的目的而行动，比如自我权利的扩张。显然，在这里黑格尔与康德是截然对立的，因为在康德看来，个体道德人格的独立性是至高无上的，黑格尔与浪漫派的历史观也是相对立的。比如赫尔德就认为，每一个民族都是上帝的精神的一个侧面体现。对黑格尔来说，个体、民族和时代只是整个世界历史进程中必然经历的阶段。当然是必然的！个体和民族走进历史，其历史使命就是把世界历史的令牌不停地传递下去。但是，就在他走进历史并开始对历史产生影响的时刻，他就与世界历史理性相适应了。因为历史是客观精神的自我发展，所以，直到他的那一时刻成为历史的东西也就是在这一时刻所必然发生的东西，同时它在这一时刻也是"合理的"东西，也就是说，它是符合世界历史的理性的东西（而非符合单独的个人的理性，对个体来说，或许很多东西都是"不合理的"！）。

在这个意义上，黑格尔就可以说，凡是现实的，都是合理的，凡是合理的，都是现实的。

5. 对黑格尔的评价和批判

我们想着重从四个方面对黑格尔展开批判性的评价。

（1）我们首先在认识论方面对黑格尔提出异议。虽然我们看到有一条思想的主线，它从康德出发，经费希特和谢林，然后到达黑格尔，但是，在这条主线的末端，黑格尔却远远地偏离了康德并超越了康德所设定的界限。黑格尔将本来是我们的思维原则的辩证法原则视为存在原则本身，这导致他产生一种错觉，他认为，这整个经验的现实世界可能就导源于思想的自我运动的法则。如果认为思想的法则就蕴含在不断出现的矛盾发展过程中以及克服这些矛盾的过程中这一观点是正确的，如果又认为真正的发展也是在矛盾的发展过程中以及克服这些矛盾的过程中发生的这一观点也是正确的，那么，这两者之间就存在着本质的区别：即在逻辑矛盾和现实矛盾之间存在着区别。一个定理的逻辑对立面我们总能够运用逻辑推导出来，但是，对于一种现实的现象我们就不能运用逻辑推导出它的现实的对立面。如恩斯特·荣格所说，一个定理可以被驳倒，但是一挺机关枪就不能被驳倒。

由于黑格尔忽视了这之间的区别，这就导致他低估经验知识的价值。所以，当有人指出他的体系和现实之间的矛盾时，他就回答说："现实之中的矛盾就更加厉害了！"在黑格尔的历史哲学中，之所以没有出现这样明显的矛盾，正是因为黑格尔在历史领域内不仅具备可靠的觉察能力，还具有了极为丰富可靠的历史事实方面的知识。

（2）黑格尔产生的影响是巨大的，尤其是在历史科学领域内，在这个领域内他是有优势的，在这个领域内他的辩证法也得到了最为成功的运用。他在这方面的主要功绩在于，他用他的辩证法给科学赋予了一种原则，这个原则使历史进程中的矛盾被纳入思想之中成为可能。

从黑格尔开始，并且也通过黑格尔，历史哲学以及哲学史都在哲学的王国里占据了重要的地位。哲学的历史也遵循其发展过程的理性原则，它表明，当今哲学是以往哲学发展的必然结果。对黑格尔来说，哲学的历史在某种程度上印证了他的体系的正确性。如果我们能够正确地观察哲学的历史，那么我们就会发现，在扬弃了既往哲学中出现的所有矛盾之后，当今哲学在一个更高的统一体中把过去的哲学综合到了一起。因此，黑格尔就自然会把他的哲学看作全部哲学的必然结束。

（3）黑格尔对后世的主要影响并不在历史哲学和科学方面，而在社会思想和政治思想方面以及历史本身。黑格尔在晚年越来越倾向于一种观点，认为历史的发展和哲学的发展总会到达一个终点。到达那个最高点以后，虽然我们还可以继续向前进，但是我们却不可能再超越它。这样，在别人眼里，而且黑格尔也自认为，他是普鲁士的国家哲学家，他与占统治地位的反动势力结为同盟，称当时的普鲁士国家是世界历史理性的最高智慧的体现，称自己的哲学是整个哲学发展的顶峰。事实上，起源于法国的革命浪潮在欧洲造成社会动荡之后，人们开始渴望安定和平的生活，黑格尔的思想与当时的这种时代精神也是相符合的。在黑格尔看来，一种历史的终结状态已经出现，在这种情况下，思想的任务只在于纵观历史并对历史有一个真正清醒的认识。"只有当黄昏时分，密涅瓦的猫头鹰才开始展翅飞翔。"

这表明，黑格尔的上述思想是与他的辩证原则相违背的。读者从黑格尔的著作中所获得的"理性的狡计"，与黑格尔的"主观精神"所想的"理性的狡计"，可谓大相径庭。

黑格尔没有认识到，辩证法在历史中更多的是一种革命的原则而非保守的原则。他没有认识到，在当时的普鲁士，世界历史的目的肯定还没有达到，因为历史的目的应该是使一种（在专制政体下的）单一的自由逐渐过渡为全体的自由。历史事实表明，在黑格尔的时代刚刚开始的工业化所造成的深刻的社会矛盾不久便引发了激烈的冲突，并且使得整个十九世纪和二十世纪的世界局势动荡不安。而且在哲学自身的内部——按照辩证法原理！——黑格尔学派不久也分裂为左右两派。卡尔·马克思将黑格尔的辩证法成功地应用于他自己的思想之中，其所引起的社会震荡是史无前例的。

第二章

实证主义、唯物主义、马克思主义

一、法国的实证主义：孔德

1．精神状况

十九世纪上半期，为了争夺革命的胜利果实，法国的各派势力展开了较量。这一时期的几个最主要的阶段是：拿破仑于1815年彻底失败，1830年和1848年法国革命，1852年路易·拿破仑改法兰西为帝国并称帝。政治上的极右组织形成了反动的和复辟的势力，他们企图使历史的车轮倒转，企图承袭革命前的教会和君主专制统治。崇尚自由的资产阶级形成了中间势力，为了捍卫革命的果实，也就是说，为了维护和巩固第三等级的社会地位，他们不得不与左右两面的势力进行斗争。右面是反动的复辟势力，左面是处于上升时期的第四等级的那些在西欧工业化时代开始提出自己的社会要求的心怀不满的广大群众，

在哲学思想中，也存在着与之相对应的三种倾向。法国的浪漫派在精神生活方面是与政治上的右翼势力相适应的，可以说，他们在很大程度上迎合了政治上的反动势力的审美趣味。其主要代表人

物是约瑟夫·德·**梅斯特里**（1754—1821），在他看来，法国革命严重地割裂了历史的延续性，它背离了天主教传统，因此必须与之进行坚决的斗争。弗朗索瓦·皮埃尔·**梅因·德·比朗**（1766—1824）代表着哲学思想上的中间派。左派势力的要求首先以所谓的空想社会主义的形式出现，空想社会主义是与卡尔·马克思创立的科学社会主义相对应而言的。最杰出的空想社会主义者有克罗德·亨利·德·**圣西门**（1760—1825）、夏尔·**傅立叶**（1772—1837）和皮埃尔·约瑟夫·**普鲁东**（1809—1865）。

　　这一时期法国最重要的思想家首先是圣西门伯爵的一个学生，他就是奥古斯特·孔德。他的思想世界，或者确切地说，他的思想的出发点是属于左派势力的，因为孔德经历了一个思想的发展过程，在某些方面，他是站在社会的中间阵线上的。不管怎么说，他的思想出发点是与德国唯心主义的精神世界截然不同的。

2. 孔德的生平和著作

　　奥古斯特·孔德于1798年出生在蒙佩里埃的一个正统的天主教职员家庭里，二十岁的时候，他就已经对自己将来的人生计划了然于胸。他草拟并发表了《**为重新组织社会的必要的科学工作计划**》（1822），但是外部的社会状况使得他的这项计划的实施变得极为困难。尚在1824年他就已经在他的《**实证哲学体系**》中首次将他的思想详尽地公之于众，但是，一场精神疾病把他送进了精神病院并使他濒临自杀的边缘。康复之后，他开始在私人圈子里讲授他的思想体系。他在巴黎综合技术学校得到了一个教书的职位，但是不久之后便又失去了它。一直到死（他死于1857年），他都是依靠做私人数学教师挣来的微薄收入勉强维持生计，不过主要还是依靠那些崇拜他的朋友和门徒的接济，其中就有英国的约翰·斯图亚特·穆勒。

　　就是在这样艰难的条件下，孔德在1830年至1842年创作了他系统的和重要的六卷本著作《**实证哲学教程**》。完成了这项工作之后，他的精神状况重又陷入了危机之中，并且他的婚姻关系也破裂了，这时，他结识了一个名叫克罗蒂尔德·冯·沃克斯的女人，她把他从这种悲惨的境地中拯救了出来。不过，与她的紧密关系促使孔德的思想发生了持续的转变，过去的那个坚定的理性主义者现在又发现了心灵和感情的力量。孔德的观念的转变反映在他后期的著作中，如《**关于建立人类宗教的社会学论文**》（1851—1854）和《**实证主义的基督教教义问答**》（1852）等。我们下面对孔德的重要思想的阐述将基于前面提到的他的六卷本著作。

3. 实证主义原则

孔德所采用的实证主义这个名称就已经表明，他是摒弃形而上学的。实证主义的原则就是从实在的、确实的和"实证的"东西出发，它排斥一切虚妄的、无用的、不确定的形而上学的东西。那么，什么是"实证的"和确定的东西呢？现象！实证主义把哲学和一切科学都限定在现象世界之内。我们所能够做的事情就是，首先，我们必须接受那个以现象的形式而存在的既定现实；其次，我们要遵照一定的原则对这个既定现实进行整理；再次，我们要根据已经认识到的规律去预见未来，并以此作为自己的行动指南。Savoir pour prevoir!（为了预见而求知！）这是一切科学研究的意义所在。弗朗西斯·培根也持这样的观点，孔德就把他尊为自己的伟大导师。

追问一个事实的"本质"或追问它的"真正的"原因是没有意义的。我们只能接受这个事实并考察这个事实与其他事实之间的关系。人们试图确定某个事实之所以产生的条件，并根据类推法把两个类似的事实相互联系起来。在前一方面，我们把那种恒常不变的关系称为概念，在后一方面，我们则称之为规律。

那么"解释"究竟意味着什么呢？孔德提出这一问题。比如说，重力是什么？"尽管人们试图确切地知道，宇宙间的这种引力以及地球上的物体的重力究竟为何物，但是，即使是那些伟大的人物们也只能是用一个东西去解释另一个东西，他们要么说，引力只是一种普遍的重力，要么说，重力只是地球的引力。我们所能做的也只是这样的权衡……没有人要求再往前走一步。"[1]

这是一种无所顾忌的同时又是令人沮丧的结论，他把从洛克
到康德的所有认识论理论家们的努力无情地否定了。positiv 这个
词在德语和法语中都可以做各种不同的解释。我们称实在的东西
是 positiv，其反面是非实在的；我们也称有益的和有用的东西是
positiv，其反面是无益的和无用的；此外，确凿无疑的确定的东西
我们也称之为 positiv。如孔德自己所指出的那样，以上的三种含义
对实证主义来说都是适合的。实证主义不仅遵循实在的既定事实，
不仅遵循社会的实用性原则，实证主义还遵循毋庸置疑的确定性原
则，它与过去的那些形而上学的无休止的争吵是格格不入的。

4．思想发展的三阶段论

实证主义给哲学赋予了新鲜的内容，这就是孔德的三阶段论。
他认为，人类的思想发展必须经历三个阶段，不管是就单个人的思
想而言，还是就整个人类的思想而言都是如此。根据孔德的理论，"我
们所有的认识都要依次经过三个不同的阶段：神学阶段，或曰虚构
阶段；形而上学阶段，或曰抽象阶段；科学阶段，或曰实证阶段"[2]。

在**神学阶段**，人类的精神试图探索万物的内在本性、最初原因
和最后目的，一言以蔽之，人们相信能够获得绝对的知识，于是人
们就去追求这种绝对的知识并自以为能够拥有它。人们不是根据模
拟推理的原则解释事物的真正的变化过程，而是按照自己的逻辑，
认为事物的每一个变化过程的背后都存在一种特殊的生命意志。

神学阶段本身又可细分为三个阶段。在最原始的阶段，人认
为每一个客体都是有生命和灵魂的（**泛灵论**）；在第二阶段，人把
万物及其变化都归因于一种超自然的力量，认为每一种自然现象背
后都有一个主宰的神灵——海神、火神、风神，等等（**多神崇拜**）。
在神学阶段的最高阶段，人用一个唯一的至高无上的神取代了众多
单个的神，于是便产生了**一神论**。

形而上学阶段只是神学阶段的一个变相。在这一阶段，人们用

抽象的力量、概念和实体代替了超自然的（众神的）力量。如果人们能够认为所有单独的实体都是一个唯一的可称之为"自然"的普遍实体的造物并视其为一切个别现象的根源，那么，在这里也就达到了一神论的最高阶段。

在第三阶段，即在**实证阶段**，人们终于认识到，一切意欲获得绝对的——不管是神学的还是形而上学的——知识的企图都是徒劳的。他不再探索宇宙的起源和目的，不再求知隐藏于各种现象背后的内在原因，取而代之，通过观察和运用理性思考，他努力去认识存在于既定现实中的内在规律性。在实证阶段，"解释"也就只意味着，从个别现象中推导出普遍规律。如果人们在这一阶段能够用一个唯一的实在解释所有的个别现象，那么，孔德理想中所追求的最高目的也就实现了。（比如万有引力理论，比如爱因斯坦的统一场理论。）

首先，这种三阶段论适用于人类的整个思想的发展。其次，它也适用于每个人的个体发展。"我们每个人回忆自己的历史时，岂不记得自己在主要的看法方面，曾经相继经过三个阶段，在童年时期是神学家，在青年时期是形而上学家，在壮年时期是物理学家吗？"[3]

最后，它也适用于个别科学门类。所有的科学最初都充斥着神学概念，后来又被形而上学的思辨所统治，最终便达到了成熟的实证科学阶段。

5．科学的阶梯结构

哲学的任务及其功用

如果考察一下孔德的所有著作，我们就会发现，它们也明显地带有我们所熟悉的那种法国精神所独有的特点。在孔德的眼里，哲学与科学在地位和任务方面是没有区别的。个别科学不断发展，变得越来越专业化，当科学进入纯粹科学的实证阶段，科学的细致划分就变得尤其必要和有用。在神学和形而上学阶段，还存在某种高于个别科学的一般性原则。在实证阶段，我们会发现，知识的过于专业化则会产生有害的影响，我们对世界的认识会变得支离破碎，我们的世界观会缺乏一种统一的完整体系。克服这一弊端的途径并不是从这种科学的分工再倒退回从前的那种状态——科学的分工对于知识的进步是非常必要的——而是要进一步完善这种科学的分工方式，也就是把对一般原理的研究作为一种重要的知识领域。因此，（实证）哲学的任务就是将各个特殊领域内的每一个新发现都应用于一般理论的研究之中。

这样一种实证哲学也是能够澄清我们思维的逻辑规律的唯一工具。它将为整个教育事业的改革提供必要的基础。因为，普及教育的前提不应该是对个别科学的专门研究，而应该是对所有个别科学的综合研究。此外，这种知识的综合反过来也会促进个别科学的进一步发展。有些问题需要通过许多个别学科的专业人士的共同合作才能解决，这里就是他们的活动场所。最终，这种实证哲学还可以消除存在于不同观点之间混乱无序的精神状态，并且还能够为社会的理性的改革提供坚实的基础，从而避免革命性的社会动荡。

我们可将这种特点称为法国思想中百科全书式的特征。在德国，如我们在上一章中所看到的，哲学思想几乎始终都是按照一个方向发展的，也就是把哲学研究的任务和范围限定在个别科学之外。英国的思想则是始终以人的外在和内在经验为依据的，因而它自然就更接近心理学。在法国，人们通常认为，哲学的任务就是把时代的所有科学知识综合到一起。关于这一点，我们可以拿培尔和伏尔泰的词典以及法国的大百科全书作为例证。

科学的分类

若想合理地划分科学的门类，我们就必须按照科学研究的事实和现象进行自然分类。但是，所有可被观察的事物的变化过程都是有局限性的，每一个类别的科学研究又构成了另一个类别的科学研究的基础。科学的排列顺序是由从简单到复杂这个规律所决定的，因为越简单越一般的规律，其适用的范围就越广。

所有的事物首先可分为无机物和有机物。显然，只有当我们认识了无机物以后，才能去研究有机物，因为在生物体中显露出了无机世界的所有化学变化过程。

对无机物的研究又可划分为两个部分：天文学的任务就是观察宇宙的一般的发展过程。物理学和化学的任务则是观察地球上的无机物的变化过程。其中物理学方面的研究应该比化学先行一步，因为化学变化要比物理变化错综复杂得多，化学是以物理学为前提的，反过来就行不通。

在有机界也存在两种情况的划分。首先存在着生物个体的发展变化，这些发展变化是在不同的生物种属之间发生的，而且生物种属之间的发展变化要更为复杂。因此，我们首先必须从研究个别生物入手。这也是生物学的任务。对生物种属的社会生活的发展变化的研究则是社会学的任务——孔德的科学就是建基于其上的。"社会学"这个词也是孔德首创的，它由拉丁语 societas 和希腊语 logos 两部分组成。在孔德看来，社会学是科学的阶梯结构中的顶峰。只有当排列在它前面的科学门类发展到相应的成熟阶段时，社会学才有可能得到发展。

至此为止，我们会发现还缺少两门科学：数学和心理学。它们的位置应该在何处呢？如同在笛卡尔和牛顿那里一样，孔德也认为，数学是整个哲学的基础。数学的两个组成部分，即抽象数学（或分析数学）与具体数学（几何学和力学）都应该居于整个科学的阶梯结构的首位。数学原理是最简单、最一般和最抽象的，并且它不依赖于其他任何科学门类。在孔德的科学分类中，没有心理学的位置。他认为，根本就不可能存在一种心理科学。因为，虽然人的心灵能够观察其他事物的发展变化，但是心灵却不能观察自己。或许他的情欲倒是更容易被观察到，因为人身上负责情欲的感官和负责思想的感官是不同的。在思想的时候，观察的感官与被观察物必须保持一致——那么所谓的观察又能从何谈起呢？如果我们想认识我们自己的思想的形式和方式，我们就必须在实际应用中研究它，在它被用于个别科学的过程中去研究它。

在孔德看来,存在如下的科学类别:**数学、天文学、物理学、化学、生物学和社会学**。

6. 社会、国家和伦理思想

在几乎所有的科学领域中，孔德都可以从以往所取得的辉煌的科学成就中获得理论依据，但是，社会学是他的首创。因此，社会学也是他的研究重点，他的主要著作的第四卷至第六卷研究的内容就是社会学。孔德非常成功地创立了一个新的学科体系，这门学科通过他并在他之后产生了巨大的影响。在孔德的著作中已经孕育了构成后来社会学的观念、原理和方法的萌芽。孔德把社会学划分为社会静力学和社会动力学，社会静力学研究社会事实、社会存在的规律和社会秩序，社会动力学研究社会的演化和进步。

孔德的社会学同时也是历史哲学。孔德和黑格尔一样也占有了大量的历史事实并将它们纳入他的体系之中，孔德的三阶段论与黑格尔的辩证法在形式上也有某些相近之处。虽然孔德在晚年几乎不再阅读别人写的书籍，但是，由于他具有非凡的记忆力，所以他以前读过的书也已经足够他用了。

孔德的历史哲学研究的内容除了国家、法律和社会的发展，还有艺术、宗教、科学和哲学的发展。他的三阶段论在这里又得到了应用。每个思想的阶段都与某个社会形态相对应。社会中对神权的信仰对应神学阶段，封建主义是这一时期的主要表现形式。宗教信仰的衰败时期对应思想的形而上学阶段，在社会中它表现为革命性的社会变革，法国大革命就是它的前奏，它标志着形而上学战胜了神学。实证阶段的使命就是在革命的废墟上建立起一个稳固的社会新秩序。在社会生活中起主导作用的将不再是对超自然的神的信仰或对抽象的形而上学原理的信仰，而是专业人士或专家们的理性的科学认识。实证哲学家或社会学家的建议将是国家的精神生活的最高准则，他们将掌握国家的教育权力。政府将不再负责国家的经济事务，这项任务将由银行家、商人、企业家和农民组成的经济学专家委员会来承担。因为工业劳动组织作为实证阶段的社会形态是与神学阶段的封建主义相适应的。科学和经济将是未来社会中的主导势力。

在革命的过渡时期，个体的利益高于全体的普遍的利益，在实证阶段，全体的普遍的利益高于个体的利益。由此我们接近了孔德的伦理学以及他的后期著作中的思想。如果我们能够对社会和历史进行科学的考察，那么我们就会发现，在超个体的社会和历史关系中，个体服从全体是非常必要的。

只有当上述的认识能够被普遍接受，只有当个体甘愿为全体作出牺牲，只有当利他主义成为人的行为准则，实证哲学所追求的那种理性的社会秩序才有可能变为现实。不过，个体不应该仅仅为某一个国家或集体而献身，而应该为全体人类而献身，孔德把这一理想提升为一种宗教崇拜。这是一种对人类的顶礼膜拜，这种新的人类宗教在外在形式上与宗教迷信有些雷同，如一位批评家所言："这是一种纯粹的天主教教义，只是没有基督而已。"它的基本原则就是："爱是原则，秩序是基础，进步是目的。"

首先，孔德对他所创立的社会学产生了影响，此外，他还对法国的历史写作产生了影响。在哲学方面，英国受他的影响较大，我们下面就讨论英国的实证哲学。

二、英国的实证哲学

1. 精神状况

只要我们回顾一下从中世纪至洛克和休谟的英国思想的特点，那么我们对于孔德的实证哲学在英国引起的反响比在他自己国家的大就不会再感到奇怪了。弗朗西斯·培根极力主张，人的一切知识应该建立在经验的基础之上，其最终目的是征服自然；洛克的经验主义，大卫·休谟的怀疑主义和一切以实践为先的思想，还有英国民族性格中固有的那种对形而上学思辨的厌恶以及英国人的讲求实际的理性思想，这一切都为孔德的实证哲学被英国接受创造了适宜的精神条件。虽然英国的资产阶级革命已经过去了很长时间，虽然英国也参与了反对拿破仑的战争，但是，与法国不同，英国的哲学发展并没有受欧洲大陆革命浪潮的多少影响。不管怎么说，启蒙运动在英国并没有导致政治和社会的彻底变革。像爱德蒙·伯克（1729—1797）这样的政治活动家批评革命是"具有破坏性的实验……祖辈们的全部智慧加起来或许总比如今的几个哲学家们的思想更具真理性"。伯克对德国的改革家施泰因男爵产生了巨大的影响。

英国思想的发展幅度并不像在法国那样大，因为，与欧洲大陆相比，英国的精神氛围相对较为宽容。虽然英国在工业化的进程中居于领先地位，而且由此带来的社会弊端和矛盾最先也是在英国尖锐地突现了出来，但是日益增强的左派和工人阶级的力量并没有像在欧洲大陆那样被迫走上革命的道路。尽管马克思的经济学研究是以英国的经济体制为蓝本的，但是英国的社会政治思想并不宣扬革命，而是试图将社会进步的思想融合进旧有的个体自由的自由主义原则之中，这也是直到二十世纪为止英国社会主义的特点。

之所以说英国为孔德思想的传播准备了肥沃的土壤，还因为在孔德之前英国就已经出现了一位与孔德的思想比较接近的思想家，他就是边沁，十九世纪英国伟大的实证主义者穆勒和斯宾塞是他们的直接后继者。下面我们将只讨论英国的实证主义，因为实证主义是这一时期英国思想的主要代表，而以威廉·汉密尔顿（1788—1856）、托马斯·格林（1836—1882）和亨利·西季威克（1838—1900）为代表的反潮流我们就略过不提了。

2．边沁和穆勒

杰里米·边沁（1748—1832）的理性的和实用主义的思想很容易让人觉得他与中国古代哲学家墨子的思想如出一辙。"兴天下之利，除天下之害。"这是墨子的格言，边沁的格言和他并无二致。

边沁的学说是一种纯粹的**功利主义**哲学（Utilitarismus），而且是一种社会功利主义。如果我们为人类的行为设想一个普遍有效的目的，而且这个目的也确实符合大多数人的利益，那么这个目的也就只能是，最大程度上使尽可能多的人感到满足。边沁称这个目的是"最大多数人的最大幸福"。每一个人都追求自己的幸福，但是他必须认识到，如果他自己的追求同时也符合大多数人的普遍利益，那么这对他自己也是最为有利的。

边沁和孔德的思想以及英国经验主义的传统在约翰·斯图亚特·**穆勒**（1806—1873）身上汇合到了一起。穆勒在三岁时就已开始学习希腊语和拉丁语，十岁时学习微分学，十二岁时写出了他的第一本书，十七岁时建立了一个"功利主义协会"，不久之后便开始了他辉煌的记者生涯。可是，当他二十岁的时候，由于精神过度紧张，他的健康状况陷入了严重的危机之中。穆勒战胜了疾病，很快他就恢复如初，并开始钻研孔德的哲学，关于孔德哲学他写了一本书。穆勒终生都衣食无忧，不过他也非常乐于为别人慷慨解囊，这一点他和孔德以及我们下面将要讨论的他的同时代人斯宾塞非常相像。穆勒后来还担任过一些政治职务，他曾经是下议院议员。

穆勒的主要哲学著作是《**演绎与归纳逻辑体系**》（1843）。由于斯宾塞和穆勒的哲学非常相近，而且斯宾塞的影响超过了穆勒，所以我们在这里就不再详细地讨论穆勒的思想体系了。我们只强调他作出突出贡献的部分。

穆勒主要是试图为实证主义提供一种坚实的心理学、逻辑学和认识论基础。对他来说，心理学是基础科学并且也是哲学的基础。心理学研究人的意识的事实，也就研究我们的感觉世界及其相互联系。逻辑学的任务就是，把那些偶然的观念联系与那些持久的、合乎规律的观念联系区别开来。因为经验是认识的唯一源泉，所以归纳逻辑就是唯一可靠的认识方式。穆勒主要发展了归纳逻辑法。

在穆勒那里，自然科学从人文科学中分离了出来，在十九世纪的历史进程中，尤其是在德国，自然科学获得了长足的进步。穆勒把心理学、伦理学和社会学都划入人文科学的范畴，他把历史学划入自然科学的范畴，这就是说，他向历史学提出了精确性的要求。

在伦理学方面，穆勒试图在边沁的功利主义基础之上寻找一种个体与全体之间的平衡。他是从心理学角度观察问题的。人追求的唯一目的就是获得快乐，而能够给人带来快乐的东西我们称之为"有价值的"。准确地说，我们所追求的东西并不是那个物质对象本身，而是通过它而带来的那种快乐的感觉。但是，由于某个特定的对象通常具有产生快乐的作用，所以我们就通过联想以为这个对象本身是有价值的。所谓"有价值的"东西无非就是那些能够给我们带来快乐的东西。这就意味着，我们的价值判断，我们对道德行为的判断，严格说来是没有一个普遍的标准的，它是可变的并且取决于人的具体经验。

穆勒也是一个重要的国民经济学家和社会学家。他在这方面的主要著作有《**政治经济学原理**》（1848）和《**论自由**》（1859）。穆勒在其中倾向于一种维护个体自由的社会主义。

3．斯宾塞

达尔文与进化论

十九世纪中期，一种普遍进化的思想似乎已经开始酝酿，黑格尔在其中起了重要的作用。这种思想开始对个别科学产生重大的影响，它不仅为生物学，而且也为地质学开拓出了崭新的视野。不过对于哲学以及一般的社会意识具有特别重要意义的还是生物学的发展。生物科学成为十九世纪下半期对哲学思想起决定作用的理论背景，一大批重要的思想家，特别是斯宾塞和尼采都受其影响，这与一个世纪前心理学对英国的经验主义者和穆勒产生的影响非常类似，在这之前数学也曾经对笛卡尔、莱布尼茨以及其他思想家产生过巨大的影响。[4]

英国人查尔斯·**达尔文**（1809—1882）是第一位将生物进化的思想运用到生命科学研究中的人，他的主要著作是《**物种起源**》

（1859）和《人类的由来》（1871）。

达尔文的进化论是以生物可变性（变异性）、遗传和繁衍后代等生物学事实为依据的。生物之间为了自我繁衍便展开了"**生存的竞争**"，那些由于不利的个性特征而在斗争中失败的物种则不可能继续繁殖后代并逐渐走向灭绝。只有"适者"才能生存，他们通过把自己的优良特征遗传给后代而使种群得以保持。在漫长的时空演化过程中，在**自然选择**的条件下，生物的种、属和科等便形成了。尤其是，生物会以这种方式从较低级的形式逐渐发展为较高级的形式。人类就是从低级的形式逐渐发展成今天的这种高级生物的。

不言而喻，即使这一理论只是作为一种或然性的假设，它的重要意义也远远超出了生物科学的领域。譬如，这一理论所持的观点与上帝从虚无中创造万物的宗教学说是截然相反的。进化论对于哲学的重要意义在于，它为人们开辟了一个新的观察问题的角度，自然的合目的性也可以通过因果机械论的方式加以解释：最能适应生存条件的有机物也就最适宜存活和繁殖，并通过自然选择从低级形式向高级形式进化，而那些不能很好地适应生存条件的"不适宜生存的"物种就会被逐渐淘汰。

达尔文进化论的出现及其传播被认为是十九世纪后期人类思想史上最为重要的事件。"进化"成了一个富有魔力的词，人们以为用它可以揭开所有难解之谜的谜底。达尔文进化论中给人印象最深的是，他不仅提出了一种普遍的进化原理，而且还把实际的生物进化过程用非常直观的形式表达出来。在这样的一种印象的影响下，进化论思想开始左右自然科学和人文科学的发展，而且各门学科也通过它开始相互接近起来。我们在这里再简短地考察一下英国的进化论与黑格尔的进化论的不同之处。如果我们把黑格尔的观点——即认为自然中的进化只能是一种理念的变化发展——撇开不谈，那么，黑格尔的进化思想与英国进化论还存在如下区别：在黑格尔那里，进化是一个辩证的**飞跃**过程，它从一个极端转向另一个极端，并在一个更高的层面上继续发展，也就是说，它在某种程度上是一种变动不居的革命性进程；在英国人那里，进化是一个不易被觉察到的**渐变**过程。我们会发现，英国的社会状况及其发展也是这样的一个渐变过程。

达尔文的最著名的德国学生就是恩斯特·**海克尔**（1834—1919）。他的普及性哲学著作《**宇宙之谜**》赢得了众多的读者。海克尔在书中对"**二元论**"的基督教世界观提出了尖锐的批评，认为他们在自然与神之间，在物质与意识之间树立起了一道屏障；他信奉的是一元论，认为人并不是与自然对立的或优于自然的，而是自然的一部分，上帝和世界是一回事，因此他的这种思想也可被称为泛神论。他试图用真、善、美的理想取代上帝、自由和永生的理念。

今日流行的所谓**生物发生基本规律**这个概念就是从海克尔那里来的：个体发生是对种系发生的一种简要表达，也就是说，单个生物从胚细胞到一个完整个体的形成的进化过程就是它的祖先从原初进化至今的整个过程的缩影。

歌德、黑格尔和孔德就个体的精神发展也说过同样的话。

斯宾塞的生平和著作

赫伯特·**斯宾塞**于 1820 年出生在德比郡，他是十九世纪英国最有影响的哲学家，直到三十岁以前，他基本上没有接触过哲学。他曾经做过钟表设计师、铁路及桥梁勘测者和工程师，设计出无数的新发明。他具有非凡的观察力。在实践过程中，他的头脑中慢慢地积累了大量的经验事实。此外，他还做过记者，做过一段时间《经济学家》杂志编辑。这样，他就能够与时代的精神潮流保持着较为紧密的接触。

在他的《人口论》和《进化假说》中，斯宾塞——比达尔文早许多年！——表达了进化思想，并且对后来通过达尔文主义而闻名于世的名言"**物竞天择，适者生存**"产生了影响。在他的《**心理学原理**》（1855 年发表，同样在达尔文之前，因为达尔文是在 1858 年才首次将他的研究成果在林奈学会上公开的）中，斯宾塞就把进化原理运用到了人的精神发展方面。他指出，人的直觉形式及其思想范畴是人在适应周围环境的进化过程中产生的。因此，他的观点与创立于二十世纪的"进化认识论"中的思想非常接近（我们将在本书的最后部分对此加以详细讨论）。随后他又写了一篇论文《**进步的规律及其原因**》，在其中他也将进化的思想提升为一种普遍的历史发展原则。

当斯宾塞于 1858 年把他此前发表的那些即兴之作概括地通览了一遍之后，他的那些原则的统一性就不由自主地在他的脑海里清晰地显现出来。当他与此同时也了解到达尔文的思想的时候，他就决定写作一系列著作，在其中，他要把进化论的思想应用于所有的现象世界，不仅应用于生物学，而且还应用于天文学、地理学、社会和政治史以及伦理学和美学，他要向人们阐述从原始混沌到人类高度文明的宇宙整体的演化过程。在他继承了一小笔遗产之后，并且还有众多的朋友以及追随者预先订购他将要写出的著作，他认为在经济上已经获得了足够的保障，于是他就开始着手他的工作了。但是，首批著作问世以后却遭到了激烈的批评，以至于许多原来的订单被纷纷取消了，斯宾塞的经济来源以及他的勇气终于枯竭。约翰·斯图亚特·穆勒的慷慨解囊使斯宾塞重新振作了起来，后来他还受到美国朋友的帮助，这样他就重新开始工作并将这工作坚持到底，直到最后完成了他的十卷本的重要著作《**综合哲学体系**》（1862—1896）为止。他立即就取得了巨大的成功，他的书很畅销，并被翻译成其他语言，甚至开始获得经济收益。斯宾塞经历了声誉鹊起的巅峰和无人问津的低谷，他于 1903 年去世。

斯宾塞的性格已经明显地表现在他的著作之中。斯宾塞终生过着独身生活。在他身上既没有一点儿诗意的气息，也没有英国人特有的那种幽默感。他离群索居，除了他的几个朋友，他很少与外界接触。当他不得不接待难以推辞的来访者时，他会事先堵上自己的耳朵，然后泰然自若地静听他们的发言。他对事物的非凡的理解力是与某种固执的原则联系在一起的，他的思想中一般只接受那些能够支持他的理论的事实。他很少去阅读别人写的科学著作。

在政治上，斯宾塞是一个典型的英国式的"持不同政见者"，就是说，他是一个无党派人士，在表达自己观点的时候，他会同时去冒犯所有的党派。

由于斯宾塞是一个哲学上的无师自通者，他的著作的外在特征表明，他具有一种非同寻常的能力，能够把错综复杂的关系条分缕析地表达清楚。他之所以能够产生巨大的影响，其部分原因就在于此；另一个原因是，斯宾塞有一段时间曾经是一位能够代表"时代精神"的哲学家。"他能够把握时代的脉搏，自但丁以来没有人能够做到这一点。"[5]

进化的规律

斯宾塞在他的综合哲学的第一卷中阐释了他的体系的一般基础，这首先是对实证哲学所作的重新解释，他采用的方式和孔德类似。斯宾塞指出，宗教的和形而上学的世界观都以同样的方式陷入不可调和的矛盾之中。宇宙是如何诞生的？无神论者认为，宇宙是无始无终的，它的存在没有任何原因，有神论者则认为，宇宙是神创造的，这两种答案都是我们的理性所无法接受的。什么是"物质"？物质能否被任意地和无穷地分割？我们对一个物质对象的真正"实质"究竟能够认识多少？我们的思想说到底只是在我们与既有的现象世界打交道的过程中才产生出来的，因此，我们不可能超越现象世界获得最终的绝对真理。所以，我们应该把那些不可能认识的东西放到一边，去认识那些我们能够认识的东西，也就是去认识那个显现于我们眼前的现象世界。哲学的任务就是把我们对世界的认识加以系统地完善。

或许这是一种富有说服力的实证主义观点，不过这种观点却引起了神学家和形而上学哲学家们的不满，所以，当这套书的第一卷刚一出版，就遭到了他们的愤怒攻击。

为了系统地完善对世界的认识，哲学需要一种统一的原则。物理学的一般原理，如能量守恒定律、运动的持续性、自然规律的恒定性以及我们在自然中随处可见的运动的节奏，等等，这一切都可以追溯到力的守恒这个一般原理那里。但是，这是一种静力学原理，它解释不了自然中的生成和消失的永恒变化。**进化规律**就是现实的动力学原理，斯宾塞对进化下的定义是："进化是物质的集结，在这种集结的同时伴随着无休止的运动；在这个过程中，物质由相对不确定的、分散的同质状态过渡到相对确定的、凝聚的异质状态，而其间所消耗的运动也经历了相应的转化。"[6]

　　这是什么意思呢？我们还是用斯宾塞自己的话来解释吧："宇宙中的星体从原始云中诞生，地球上的海洋和山脉的形成，化学元素通过植物的转化，有机物通过人的转化，胚胎中的心脏的形成，出生后骨骼的生长，感觉和记忆与人的认识和思维的结合，人的认识与科学和哲学的结合，由家庭发展为氏族、部落、城市、国家和'世界联盟'，这一切都是物质的集结，由分裂的部分聚合到一起，成为团体和整体。这种聚合当然会伴随着个别部分的轻微骚动，比如国家的权力增强以后必然会限制个人的自由。事物之间相互依赖和相互联系，形成起保护作用的关系网，并且对整个生命产生促进作用，在这个过程中也会形成形式和功能的较大的确定性。原始宇宙云是无定形的、模糊的，但是在其中却能形成椭圆形的行星轨道，形成轮廓清晰的山脉，形成各种形式和特征的生物体，等等。聚合在一起的物质的各个部分不仅是由物质的自然本性和功能所定的，而且也根据其自然本性和功能相互区别开来。原始宇宙云是同质的，就是说，它们是由相同的微粒组成的；但是很快它们就会分别变成气态的、液态的和固态的物质材料；地球上绿草茵茵，白雪皑皑，还有碧水潺潺的江河湖海；成长中的生命从相对同质的原生质中形成生物的各种不同的器官，如消化器官、生殖器官、运动器官和感觉器官；地球上的原始语言逐渐发展成五花八门的地方语言；一种单一的科学发展为上百种科学门类；一个国家的民间诗歌发展成上千种形式的文学艺术；人的个性不断发展并且性格各异，每个种族和民族也都形成了自己独特的文化特征。"[7]

除了这个聚合过程，还存在一种相反的过程，它由聚合走向分散，由复杂走向单一，最终不可避免地会达到一种平衡状态。但是由于同质的物质的不稳定性，因此很快又会开始新一轮的循环过程。

这些例子已经概略地表明，斯宾塞是如何把他的原理运用到个别科学中去的，而且是按照他的排列顺序：生物学、心理学、社会学、伦理学。斯宾塞的心理学是一种虽然篇幅非常庞大，但是在细节上却很容易引起争议的尝试，他是从遗传学和进化论的角度考察人类的思想活动的，我们略过他这方面的内容，目的是再去了解一下他的社会哲学和伦理学。

人类社会

斯宾塞对社会科学作出的贡献一点也不亚于其创立者孔德。叙述性的历史著作只能为真正的人类社会的科学研究提供一些原材料，这种科学研究必须找出历史发展的一般规律及其内在联系。摆在这样一种社会科学研究面前的困难并不比其他科学少，甚至比其他科学的困难更多，因为人类社会在一切现象中是最为复杂的。斯宾塞在写作他的系统的社会学著作以前就搜集了大量的事实材料作为依据，他把这些用于以后研究的材料也分为八卷单独公开发表了。

斯宾塞将社会比作一个有机体，认为一般的进化原则也适用于社会这个有机体，之后他又专心致志地研究人类的精神领域，特别是宗教。他指出，根据聚合的原则，人的原始鬼神信仰（多神教）也会逐渐发展并融合为一种统一的一神教信仰。

宗教之所以在人类社会生活中占据中心地位，主要是因为人的外部生存环境恶劣造成的，比如长期处于不安和恐惧之中。在野蛮的社会中主要就是战乱，只要人类社会中充满暴力抢劫，缺乏正常的生活秩序，那么公共生活就是混乱不安的。国家绝对的强力统治，明显的阶级划分，父系社会中家族长老的绝对权威以及妇女的从属地位，这些都是黩武主义社会的表现形式。在社会发展过程中起关键作用的变化并不在于表面的不同国家体制的更迭，不管是君主制，还是贵族统治，还是民主制，问题的关键在于，应该用和平的和工业化的社会形态逐渐取代暴力的和战争的野蛮社会形态。国家的专制制度和军人统治应该消失，种种社会限制应该松动，个人自由和民主应该占据统治地位，妇女应该获得解放。随着向工业社会的过渡，人类的兴趣也逐渐远离宗教而转向世俗生活。

在斯宾塞看来，英国在这种社会发展过程中走在了所有国家的前列。法国和德国还仍然被军国主义和专制主义所困缚，所以他们仍然把大部分公共资金用于军备竞赛，而不是用于对工业和商业的促进。

在斯宾塞眼里，社会主义也属于陈旧的专制主义社会形态。在这里，斯宾塞暗指俾斯麦的国家社会主义倾向。他指出，在这样的一种福利国家中，存在着两种危险：第一，倘使国家按需分配社会的劳动果实而不是按劳分配，就会违背自然竞争的原则，就会阻碍社会的发展，在几代人之内社会就会走向衰落。第二，如果国家试图在所有细节上控制极为错综复杂的经济有机体，这必然会导致国家经济的瘫痪和政府极端的官僚主义——虽然按照供需原则进行自我调控并不是最为理想的方式，但是这至少能够保障经济有机体的正常运转。如果是这样，那么国家经济就会出现一种前景暗淡的僵滞状态，那么就会出现一个蚂蚁和蜜蜂的社会。斯宾塞警告说，在国家社会主义体制下，"按照个人意志行事的国家领袖就不会遇到全体工人的联合抵抗，他们的权力就会不受限制地不断膨胀并最终达到专横跋扈的地步……如果劳动者的领导地位被官僚阶层所取代，那么我们要问，他们会怎么领导呢？我们不会得到满意的答复的……在这种情况下，就会产生一种新的贵族阶级，为了养活他们，人民就必须付出艰辛的劳动，等他们的政权巩固以后，他们会比过去的任何一个贵族统治更为嚣张。"[8] 由于害怕他极力推崇的个人自由会丧失，斯宾塞坚决地反对社会主义，但是另一方面，他对自己极力称赞的英国社会中存在的明显的社会弊端也不是视若无睹的，因此他就试图在自由和社会计划的必要性之间寻找一种中庸之道，也就是在同业协作的基础上进行自由组合。这样，全体成员就都有参与决定权，在此基础上，强制性的合作就过渡为如下状况，不再是个人利益完全服从国家利益，而是国家利益应该服从个人利益，并且人们将不再是为了工作而生活，而是为了生活而工作。

在伦理学研究中，斯宾塞拿出大量的事实用以证明，道德概念也不是一成不变的，道德标准在不同的民族和不同的时代中是不同的。在军国主义的社会中，好战的德性是被称赞的，但是在工业社会中，在民族福利的获得不是依赖抢掠和征服而是依赖社会生产率的社会中，这种德性则被认为是卑鄙无耻的。日耳曼征服者的那种好战的德性的残渣余孽对于建立一个自由与和平的欧洲构成了巨大的阻碍。

在这样的社会中，国家的职责就是保障社会公正。为了维护他的自由权利，斯宾塞从来都不会麻痹大意，他觉得每一项国家法律都是对他的自由的令人无法容忍的侵犯。他对国家机构如此不信任，以至于他从来都不把自己的手稿托付给邮局，而总是亲自送去印刷。强调个人自由与斯宾塞在伦理学方面所倡导的 sacro egoismo（神圣利己主义）是相一致的。个体追求自己的幸福——在社会允许的限度内，也就是在权利均等的条件下——必须以全体的幸福为先决条件。

评价

一种如此包罗万象的体系在细节上必然会存在一些薄弱环节，我们在这里对此暂且不去理会。如果对斯宾塞做一个整体评价，那么我们会发现他有两个观点存在比较突出的弱点。

首先是他的自然观。斯宾塞坚决反对宗教和形而上学世界观的独断主义，但是他自己的哲学也是一种独断主义，而且从根本上说，他的哲学存在的缺陷并不比前两者少。如果想建立一个哲学体系，我们就必须清楚什么是可以认识的，什么是不可认识的，但是我们却不可以和斯宾塞那样简单地对此加以判断。斯宾塞并没有牢记他自己所崇拜的同乡弗朗西斯·培根对哲学家提出的忠告，也就是应该特别注意那些与自己的理论相违背的事实。斯宾塞对于事实有一种非凡的洞察力，但是他首先不是让事实自己说话，而是把它们立即纳入他的进化论的框架之中。

其次是斯宾塞的社会学理论，尤其是他对当代社会状况的评价。在细节上暴露出来的所有缺陷基本上都有一个共同的根源，在斯宾塞生活和写作的时代，由于英国处于和欧洲大陆相对隔绝的地理位置，所以当时英国的政治状况比较稳定。这就促使他相信工业社会的和平特征。此外，由于经济上的优势和在军国主义时期的海外扩张，当时的英国形成了自由的政治经济环境。这促使他相信，每一种形式的国家侵略对于社会有机体来说都是毫无意义的和有害的。斯宾塞怀着一种乐观主义态度相信，工业时代是和平进步的。但是其间发生的两次世界大战表明，工业国家也是可以变成军国主义的。

斯宾塞并没有认识到，工业社会中的社会矛盾也是非常尖锐的，在自由经济占主导地位的英国，对社会下层的剥削程度一点也不比封建社会制度下的剥削程度小。我们下面将讨论卡尔·马克思，他特别关注阶级剥削现象并以此作为他的思想认识的出发点。为此我们必须先返回德国，并对黑格尔去世以后的德国社会状况加以考察。

三、黑格尔学派的分裂和德国唯物主义的产生

1. 精神状况

我们已经指出过，黑格尔的辩证历史哲学具有两面性，它既有保守的一面，又有革命的一面。对黑格尔自己来说，他自己所处的那个时代以及他自己的哲学已经达到终结，这也就表示，自从拿破仑战争结束以来，德国的社会发展开始出现停止或倒退的迹象。但是就在这种情况下，那些只是暂时被掩盖和遏制的社会和政治矛盾有可能会重新爆发出来，同样，在哲学思想方面看似达到的最终统一也会被新的矛盾和对立打破。

此外，个别科学的迅猛发展——不管是人文科学领域，还是黑

格尔自己并不能驾轻就熟的自然科学领域——迫切要求人们对近乎一统天下的黑格尔哲学加以修正。最终便出现了这样一个局面，个别科学开始强烈地对抗来自黑格尔以及哲学本身的精神压制。

黑格尔的反对派一方面来自所谓的历史学派或浪漫派，我们可称之为"右翼反对派"。历史学派的代表人物主要是法学家**萨韦尼**和历史学家**兰克**，他们反对黑格尔把一切历史现象——社会、法律、国家——都看作一个辩证的发展过程的观点。兰克说，"历史中的每个时代都是直接面向上帝的"。这种观点与浪漫主义的观念不谋而合，在他们看来，所有民族和所有时代都只是对上帝的一个侧面的表达形式。历史学家们当然也很在行地看到，黑格尔非常轻视纯粹的历史事实，他认为历史事实本身没有多少内在价值，在他那里，一切都必须服从他的目的论的框架，整个历史发展都会走向一个最终目的。

在黑格尔学派内部也形成了一个右翼，即保守的老年黑格尔学派，他们极力维护黑格尔唯心主义哲学体系中保守和落后的方面，为历史在政治和宗教领域中的特殊地位而辩护。

黑格尔的反对派另一方面来自"左翼"，他们的出发点主要有两个，一个是精密自然科学。实证主义的自然研究取得了辉煌的成就——其中取得了较为突出成就的有罗伯特·**迈耶**和**赫姆霍尔茨**，这使得人们越来越重视纯粹的事实，与此相适应，人们也越来越轻视哲学的和宗教的抽象推论。连同对宗教的怀疑和敌视，实证主义和唯物主义也开始抬头。

另一个出发点就是前面已经提到的历史和社会状况。两种因素最终合到一起，唯物主义成为左派哲学。

在黑格尔学派内部也形成了一个"左翼"*，他们立即就远远地偏离了黑格尔，在这一点上他们与右翼是相似的，但是与右翼不同

---

* 即青年黑格尔派，主要代表为施特劳斯（1808—1874）、布鲁诺·鲍威尔（1809—1882）、爱德加·鲍威尔（1820—1886）和马克斯·施蒂纳（1806—1856）。

的是，左翼保留了黑格尔辩证法原则中的合理成分，这也毫不奇怪，因为左翼代表着推动历史前进的力量。

2. 施特劳斯和费尔巴哈

围绕宗教问题展开的矛盾冲突首先通过两个人的著作而公开化了，他们是大卫·弗里德里希·施特劳斯和路德维希·费尔巴哈。这两位思想家的个人命运极其相似，他们都由于自己的思想观点而被排斥在正常的学术生活之外，他们都离群索居，以自由作家的身份过着贫困的生活。他们都以黑格尔为出发点，不同的是，施特劳斯终其一生并没有完全与黑格尔决裂，在政治观点上他甚至更倾向于黑格尔右派，而费尔巴哈从一开始就与黑格尔彻底决裂了。

他们两人的著作在德国引起了一场激烈的争论。这场争论所波及的面非常广，而且对德国的意识形态产生了巨大的影响。这场争论之所以一触即发，是因为它也受到针对宗教传统的资产阶级启蒙思想的冲击，就如同我们在一百年前的法国，即伏尔泰所处的时代所看到的那样。其不同之处仅在于，首先，德国的资产阶级到了现在才开始致力于他们的迟到的且不太成功的 1848 年革命，因此也就推迟了冲突的爆发时间；其次，用于攻击宗教的思想武器——不管是哲学的还是语文学的或自然科学的——在此期间由于科学知识的进步而变得更加犀利了。

大卫·弗里德里希·**施特劳斯**（1808—1874）是神学家，他的第一部引人注目的著作是《**耶稣传**》（1835）。他利用**历史**批判的论据对基督教信仰展开了攻击。他指出，基督教福音书是没有历史真实性的，它们是神话，是文学创作，因此只具有象征性的意义。施特劳斯的第二部著作《**发展中的基督教信仰及其与现代科学的斗争**》（1840）也同样对基督教教义的细节展开了批判。在他的著作《**新旧信仰**》（1872）中，施特劳斯极力主张一种泛神论。对于"我们还是基督徒吗？"这个问题，他的回答是断然否定的；而对于"我们还有宗教吗？"这个问题，他的回答却是肯定的，不过这是一种信仰进步和文明的乐观主义的尘世宗教。宇宙取代了基督教的上帝，面对宇宙我们应该怀着一种无限信赖和绝对谦卑恭顺的感情，我们也可称之为"宗教情感"。

路德维希·**费尔巴哈**（1804—1872）是一个著名法学家的儿子，他首先利用心理学这一工具对宗教展开了批判。他的主要著作有《**基督教的本质**》（1841）、《**宗教本质讲演录**》（这是在1848年革命那年应海德堡大学生之邀所作的系列讲座），以及《**神谱**》（1857）。

费尔巴哈从人的本性，即人的利己主义和渴望幸福的观念出发，来说明宗教的起源。"人信仰上帝，不仅仅因为他具有这方面的幻想力和情感，还由于他对幸福的渴望……他自己实现不了但又渴望实现的愿望，就让上帝去帮助他实现，从根本上说，上帝就是人的真实愿望的变相表达……如果人没有愿望的话，即使他有想象力和情感，也不可能有宗教和神灵。人有多少不同的愿望，就会有多少不同的神灵，人的愿望各不相同，就像每个人都各不相同一样。"

因为大自然为人的愿望的实现设置了重重障碍，所以，人为了使自己感到满足，就在盲目的自然本性之上为自己设想一种爱护人的人格化的东西，它可以保护人免遭伤害并帮助人实现自己的愿望。"能够在上天的保护下闲庭漫步，那是一件多么惬意的事情啊！可是一旦失去了信仰，当人遭受大自然的狂风暴雨和电闪雷鸣的袭击时，他又会变得多么绝望和无助啊！"

但是，企图在一种幻想的宗教中实现自己的愿望，这只是人类的天真的梦想。人必须从中幡然猛醒，并且开始通过现实中的实际行动去实现他在宗教中只能依靠幻想才能实现的愿望，这是一种美好的、幸福的、摆脱了自然的野蛮和盲目的偶然性的自由状态。实现这个目的的手段就是通过修养和文化制服自然。

费尔巴哈并没有参与1848年革命，因为他从一开始就认为这场革命是一种没有头脑和毫无结果的行为。他觉得自己是几百年之后才会产生影响的一场革命的同盟者。"问题不再是上帝的存在与否，而是人的存在与否；问题不再是上帝是否与我们在一起，而是我们人类能否相互平等；问题不再是人如何在上帝面前坚持正义，而是人如何在人面前坚持正义；问题不再是我们如何向上帝供奉圣餐，而是我们该如何养活自己；问题不再是我们该如何服从上帝和国王的意志，而是该如何服从人自己的意志。"[9]

四、马克思

1．生平和著作

卡尔·马克思 1818 年出生于特里尔，父亲是律师，也是一个犹太教教徒，卡尔还是个孩子的时候，就同全家改信了新教。年轻的马克思先是在波恩大学读法律，后来又转至柏林大学，但是与此同时，他也被黑格尔哲学所吸引。他的博士论文（耶拿，1840/1841）就是关于后亚里士多德哲学的，这个主题在当时的历史背景下也具有现实意义，因为当无可争辩的哲学大师黑格尔死后，德国哲学的状况与亚里士多德死后希腊哲学的状况非常相似。哲学发展到这样一个最高的而且看似已经到达终结的阶段，接下来会怎么样呢？在这篇博士论文中，马克思后来的思想发展已经初露端倪。

可是，马克思一开始就根本不可能潜心于学术研究，因为那时他已经明显地倾向于黑格尔左派，所以他非常向往的学术生涯的大门就向他关闭了。当弗里德里希·威廉四世上台执政以后（1840），德国就出现了一种反黑格尔主义的倾向。马克思成了一名记者，并于 1842 年升任科隆一家左翼资产阶级民主刊物《莱茵报》的主编。当局对该报的持续不断的审查迫使马克思辞去了这一职位。他决定流亡，在此以前他与年轻的女友燕妮·冯·维斯特法伦结了婚，她出身于普鲁士贵族家庭，她的哥哥后来成了普鲁士的内政部部长。

马克思首先在巴黎生活，并在那里出版了《德法年鉴》。在该刊的第一期上，马克思发表了**《〈黑格尔法哲学批判〉导言》**一文。在巴黎，马克思结识了弗里德里希·恩格斯，他们之间的友谊持续了一生，还成了并肩战斗的同盟者。弗里德里希·**恩格斯**（1820—

1895）是一个纺织厂厂主的儿子，和马克思一样，起初他也是个青年黑格尔主义者，后来成了马克思最亲密的合作者。在恩格斯的支持下，马克思在几十年的流亡生活中才得以继续他的科学研究工作。

由于受到普鲁士政府的追逼，马克思从巴黎辗转前往布鲁塞尔。在这里，马克思与恩格斯合作出版了《**德意志意识形态**》（1845）。这本书的第一部分主要是讨论费尔巴哈的学说，马克思和恩格斯吸收了费尔巴哈对宗教的批判思想。该书的第三部分主要讨论德国思想家马克斯·**施蒂纳**（1806—1856）的学说。施蒂纳在他的《**唯一者及其所有物**》中极力为一种极端个人主义做辩解。此外，马克思在布鲁塞尔还与法国空想社会主义者**蒲鲁东**展开辩论，马克思用《**哲学的贫困**》（1847）讽刺性地回应蒲鲁东的《**贫困的哲学**》。但是，马克思和恩格斯在此期间还是比以前更积极地投入国际政治运动之中。他们加入了"共产主义者同盟"，受其委托，他们撰写了《**共产党宣言**》（1848）。《共产党宣言》后来成了一种马克思主义的社会主义的经典著作。

德国的 1848 年革命促使马克思和恩格斯迁往科隆，他们在这里主编《新莱因报》长达一年之久。革命失败后，马克思被送上了法庭，后又获释，但是重新遭到驱逐。他返回巴黎，但是继续遭到驱逐，不得不前往伦敦。他一直在那里生活，直到最后去世。

记者生涯和现实政治把马克思带到了活生生的社会现实之中，于是，他就开始系统地研究国民经济学。1859 年，马克思发表了他在这方面的研究的第一项伟大成果《**政治经济学批判**》，这本书的思想内容后来又写进了马克思的主要著作《**资本论**》的第一卷，马克思在 1867 年才最后完成这本著作。在此期间，所谓的第一国际成立了。马克思是这一组织的精神领袖。第一国际的组织工作以及日益恶化的健康状况使得马克思不可能再继续完成另外两卷书的写作。马克思于 1883 年在伦敦去世。恩格斯分别于 1885 年和 1894 年出版了《资本论》的第二卷和第三卷。

2. 黑格尔与马克思

辩证唯物主义

黑格尔的哲学体系构成了马克思的哲学思想的出发点——在这里我们只考察作为哲学家的马克思，而不考察作为政治家的马克思。后来，这个体系经过与费尔巴哈的哲学、法国的革命思想特别是法国的空想社会主义以及英国古典国民经济学相互融合，这样，欧洲思想的三大主流就在马克思那里汇合到了一起。

为了理解马克思哲学的出发点，搞清马克思和黑格尔的关系是十分必要的。除了上述的著作，本世纪二十年代在德国才被发现的马克思的一篇文章是很有启发意义的，这篇文章的题目是**《政治经济学和哲学》**（**《1844 年经济学哲学手稿》**）。[10]

对于马克思与黑格尔的关系，我们可简述如下：马克思保留了黑格尔的辩证法；不过，他又在其中补充了与黑格尔完全相反的内容，他转了一个一百八十度的弯，在马克思看来，他这是把黑格尔颠倒了的东西重新再颠倒过来。这是什么意思呢？马克思在辩证法中发现了革命的原则，其基本思想就是：世界并不是一个完成了的东西的集合体，而是一个不断变化的过程。不存在最终的和绝对的东西，而只有不断地生成和消亡。马克思最伟大的学生列宁将这个辩证发展过程描述如下："发展似乎是在重复以往的阶段，但它是以另一种方式重复，是在更高的基础上重复（'否定的否定'），发展是按所谓螺旋式，而不是按直线式进行的；发展是飞跃式的、剧变式的、革命的；'渐进过程的中断'；量转化为质；发展的内因来自针对某一物体，或在某一现象范围内或某一社会内发生作用的各种力量和趋势的矛盾或冲突；每种现象的**一切**方面（而且历史在不断地揭示出新的方面）相互依存，极其密切而不可分割地联系在一起，这种联系形成统一的、有规律的世界运动过程，——这就是辩证法这一内容更丰富的……若干特征。"[11]*

---

* 见《列宁全集》第 26 卷，人民出版社 1988 年 10 月第 2 版，第 57 页。

这种辩证发展过程是马克思从黑格尔那里搬过来的，但是，马克思并不像黑格尔那样用一种理想主义的世界观解释这个辩证发展过程，而是用一种唯物主义的世界观解释它。我们知道，在费希特那里，我们称之为"世界"的一切，看上去只是思想主体创造的"非我"；在黑格尔那里，我们所称之为"自然"的一切，只是显现为"他在"状态的理念。对黑格尔来说，理念是真正的和唯一的存在，物质只是理念的显现形式。马克思认为，思想与存在的关系问题正是所有现代哲学的基本问题。什么是本原的东西？物质是精神的产物呢（唯心主义）还是精神是物质的产物呢（唯物主义）？马克思用下面的话表明了他的立场："在黑格尔看来，思维过程，即他称为观念而甚至把它变成独立主体的思维过程，是现实事物的创造主，而现实事物只是思维过程的外部表现。我的看法则相反，观念的东西不外是移入人的头脑并在人的头脑中改造过的物质的东西而已。"[12] *

马克思在这个问题上是直接承袭费尔巴哈以及十八世纪法国唯物主义的，马克思对他们提出了两点批评：第一，旧的唯物主义是非辩证的和静态的，因而是非历史的。它没有马克思所主张的那种辩证的能动性，因而不能正确地解释发展现象。第二，旧的唯物主义太过抽象，他们离开人的社会关系而孤立地看待人的本质，在马克思看来，重要的是要把辩证唯物主义原理运用到人的社会生活中去，而且不仅要在理论上认识社会或解释社会，还要在实践上改造社会！

我们还要在马克思与黑格尔的关系问题上耽搁一下，因为这对于系统而完整地理解马克思的思想发展是非常必要的。这一点特别明确地表现在上面提到的那一篇长期不为人知的关于国民经济学与哲学的文章里。与辩证唯物主义的基本思想一样，马克思在写作《资本论》的很久以前就已经在心里酝酿着这个思想，只是在《资本论》里才充分地发挥了他的思想。

---

* 见《马克思恩格斯全集》第 23 卷，人民出版社 1972 年 9 月第 1 版，第 24 页。

自我异化与自我实现

人不应该被看作抽象的东西，而应该被作为具体的生物看待，就是说，人是处在社会环境里的生物，而且人尤其是**劳动的**生物。人是"自我生产的动物"，黑格尔其实也已经看到了这一点。黑格尔将劳动视为人的本质，这是马克思所特别赞赏的。[13] 但是，由于黑格尔从理想主义的观念出发，认为一切都是理念的自我活动，因此，劳动对他来说也只是抽象的思维活动，而不是感性对象意义上的活动。在这个意义上，劳动恰恰是使人"**自我异化**"的那个东西。在劳动中，人创造一种异己的东西，他将自己的本质对象化。这种异己的东西不仅作为一种独立的存在，还会控制人并阻碍人实现其真正的使命。这个使命就是自由。这首先表现在国家现象中，国家现在已经成为社会的当然目的。这与人类社会的真正理想是相矛盾的，因为国家不应该是一种与人相对立的陌生的官僚机构，而应该帮助人实现其自我价值并成为一个真正的公民，马克思称之为"真正的民主"。

这个思想成为马克思后来全部著作的基础，它分为三个辩证发展阶段：

（1）**认识**：认识人类集体的真正理想；认识迄今为止的人类历史是一种人的自我异化的历史。

（2）**批判**：在人类集体理想方面和人的真正使命方面衡量社会现实。批判的任务就在于，指出社会现实中存在的矛盾，并努力克服这些矛盾以促进社会的进步。

（3）**行动**：理想与现实必须协调一致，理想必须转移到现实中去，马克思称之为"通过实现理想而扬弃哲学"。这就是说，在黑格尔那里，理想被抛弃以后会重新返回自身，但是与此同时还遗留下一个被理想所抛弃的现实。自我异化的扬弃并非在"理想中"实现，而是在现实中实现。如果这个扬弃得以实现，那么作为与现实相脱离的哲学也就成为多余的了。所以，哲学通过理想的实现将会被扬弃并在这种扬弃中实现自我。

在进一步考察上述马克思思想发展的三个阶段之前，我们还想做一点补充说明，在哲学出发点上，显然马克思不仅仅吸收了黑格尔的辩证法，他的思想中还隐藏着很多黑格尔的成分：

（1）和黑格尔一样，马克思也认为整个世界历史是受一种统一的原则支配并且不断走向一个最终目标的发展过程。

（2）马克思和黑格尔都认为，在这个发展过程中，真正变为现实的东西也是"合理的"，也就是说，它表达了整个过程的必然的发展阶段。

（3）虽然马克思用现实主义的和唯物主义的观点认识现实世界，但是，就如同两位社会主义的马克思研究者所说的那样，[14] 马克思还心怀"一种理想的信仰，他相信理想和现实以及理性和现实最终会达到真正的和完全的统一。"

3．历史唯物主义

将辩证唯物主义运用到社会生活中去，这意味着什么呢？列宁说："既然唯物主义总是用存在解释意识而不是相反，那么应用于人类社会生活时，唯物主义就要求用**社会存在**解释**社会意识**。"[15] * 这就是说：对唯物主义来说，物质是唯一的现实，人的思想意识只是物质现实的反映。同样，在社会生活中，社会存在就是唯一的现实。社会意识——观念、理论、观点等——只是社会现实的映射。如果想认识社会生活中起促进作用的力量，我们就不应该去考虑那些观念和理论，因为它们只是现实的映象，是"意识形态的上层建筑"。我们必须寻找社会生活的物质基础，因为人的思维方式是由人的生活方式决定的。

那么，哪些是社会生活中真正的从某种程度上说是"物质的"基础呢？当然，外部的地理条件以及人口的增长和密度都属于社会生活的物质基础，但是这两者并不是决定性的因素。它们还不足以

---

* 《列宁全集》第26卷，第57页。

解释，在一个特定的国家的某个特定时期，为什么恰好是这种特定的社会形式占主导地位。

起决定作用的是物质财富的**生产方式**。

在物质财富的生产过程中，有两种因素相互影响：一方面是物质的**生产力**。在马克思看来，其中包括原材料、生产工具、劳动者的技能和经验。马克思关于生产力的思想涉及自然力以及改造自然所需的物质工具，简言之，也就是涉及人与他的生产的自然条件的关系。

人类并不是只作为孤立的个体改造自然，毋宁说他们始终是协同作战的。因此，他们是处于一种特定的处境和关系之中的。这种在生产过程中形成的人与人之间的关系，马克思概括地称之为**生产关系**——这在很大程度上与财产占有关系是相一致的。

从整体上看，生产方式永远都不会是静止的。生产方式的改变总是取决于生产力的发展，取决于新的生产资料的开发，特别是取决于新的生产工具的发明。生产力的改变也总是需要劳动的社会结构的改变，即生产关系的改变。生产关系迟早都必须适应生产力的状况。否则，生产过程将会受到阻碍，就会出现危机。但是，这种适应最终必然会发生。

在历史上，随着生产力的不断发展，人类社会便从原始社会过渡到奴隶社会，从奴隶社会过渡到封建社会，再从封建社会过渡到资本主义社会。所有这些阶段都是历史发展的必然阶段。每一个阶段与前一个阶段相比都是一种进步。

但是，在这整个体系中，有一点是共同的，也就是说，生产关系在每一个社会阶段都是这种情况，生产力、土地和机器等都是为社会的某个个人或团体所占有。在奴隶社会中，奴隶主主宰着他的奴隶们的生死命运，他可以任意地剥削奴隶们的劳动。在封建社会里，地主占有土地的使用权并且以农奴制度的形式占有劳动者的使用权。农业和手工业中生产力的进步需要与之相适应的生产关系，因为复杂的生产过程也需要某种程度的智力，而且劳动者也有必要对于生产本身产生一定的兴趣。剥削的程度并没有因此而减低。在资本主义的生产秩序中，制造者单独占有物质的生产资料。雇佣劳动者在这里是"自由的"，他的"自由"有双重含义：他的人身是独立的，但是他也不占有生产资料，因此他为了生活而不得不像出卖商品那样出卖自己的劳动力。工业的发展需要一群智慧的自由雇佣劳动者，这里也仍然存在剥削。

因此，迄今为止整个人类的历史也就是一部阶级斗争的历史——如《**共产党宣言**》的篇首所言。

在人类社会中，除这种生产方式的基础之外的一切政治的或法律的关系和秩序、观念、理论、艺术、哲学以及宗教，所有这一切都只是意识形态的上层建筑，它会随着经济基础的改变而改变，或缓慢，或迅速。因而，每个阶级都有自己的意识形态。理论斗争只是社会阶级斗争的反映。上升时期阶级的进步的意识形态会与统治阶级的反动的意识形态展开斗争。

4. 资本论

为了认识社会发展的一般规律并预见其未来的发展，马克思观察了自己那个时代周围的社会秩序，为此他深入地研究了资本主义社会的经济基础和生产方式。他把他的研究结果写进了《资本论》。我们在这里不可能细致地讨论他这部内容广博且比较艰涩难懂的著作中关于国民经济学的细节。我们在这里只想指出，马克思是如何将他的历史唯物主义观点运用到资本主义的社会秩序中去的。

在马克思那里，阶级斗争的现象似乎是过于简单化了，对他来说，好像基本上只存在两个对立的阶级：占有生产资料的资产阶级和只拥有劳动力并被资本家剥削的无产阶级。剥削是通过所谓的**剩余价值**来实现的。工人用他的劳动创造剩余价值，他只能拿到有限的工资。他所得到的劳动报酬也就刚好是资本家用以雇用他作为劳动力所需的费用。因为他不得不出卖自己的劳动力，所以他也就必须接受这个条件。他所生产的剩余价值就这样流入了资本家的腰包。

资本主义生产方式就已经为一种新的**社会主义**的社会秩序准备

了必要的条件。生产力和资本主义所有制之间的矛盾征兆就是资本主义经济中周期性出现的经济危机。迅猛增长的生产力和落后的生产关系之间产生了矛盾。在资本主义社会中，大量的工人聚集在庞大的企业里，这个生产过程带有一种社会化特征，它因而危及自己的——以生产资料私有制为基础的——基础。生产过程的社会化特征要求生产资料的社会化与之相适应。

生产力和生产关系之间的统一必须通过生产资料的社会化，通过剥夺私有财产才能得以实现，在此以前生产资料是归资本家个人所有，现在它应该归社会所有。

无产阶级的历史使命就是完成生产资料社会化的革命，因此，在无产阶级完成这项任务之后将不会再用一种新的阶级斗争来代替旧的阶级斗争。由于生产资料归全体社会所有，社会主义社会中将不再存在阶级斗争和剥削。未来社会将是一个**无阶级**的社会。

无产阶级革命的任务就是要实现这样一种无阶级的社会状况。所以马克思认为，他在实践上的任务就是要组织和促进这场革命，就是要联合和教育无产阶级为实现这一目标而奋斗。

5. 意义和影响

马克思的思想对历史产生的巨大影响是有目共睹的，对此我们就不必多说了。需要强调指出的是，马克思主义在后来的发展中形成了两个方向：一个是社会民主党的"逆向"社会主义（至少在欧洲大陆是如此，英国社会主义的基础并不是马克思主义），他们主张通过渐进的改革来实现社会主义的秩序；另一个是通过1917年俄国革命在苏联获得政权的革命的共产主义，它以列宁主义和斯大林主义的形式经历了一个在意识形态上与苏联的历史发展相适应的发展过程。**列宁主义**是对马克思主义的发展和补充，可分为两个方面：一方面，列宁把马克思主义运用到了俄国的特殊国情中；另一方面，他又发展了无产阶级革命的理论和策略，当马克思主义在一个国家已经取得胜利以后，这也是非常必要的。**斯大林主义**是在苏维埃政权进一步巩固的过程中以及苏联与其周遭环境进行斗争的过程中发展出的一种共产主义形式。随着斯大林的去世，马克思主义和列宁主义经历了一场新的思想运动，这首先是由于苏联的政治氛围已经告别斯大林时期的那种僵化的统治而开始变得活跃起来，另一方面是受了中国共产党关于社会主义理论讨论的影响。

马克思首次认识到经济基础在人类社会生活中的重要作用，首次认识到人类历史上阶级斗争这个事实，以及它对于文化和思想发展所产生的重要影响。马克思的反对者也不否认这是一个重要的认识，马克思在这方面的功绩是伟大的和不可磨灭的。

就像在所有新的伟大思想认识那里经常发生的那样，马克思也被自己这个思想认识完全支配了，他把这个思想认识作为解释世界的唯一依据。如果撇开人们在认识论上对马克思的思想体系提出的异议不谈——每一种其他的唯物主义一元论也都遭受到了同样的批评，马克思的认识并没有错，只是把这种认识提升为一种唯一决定性的和绝对化了的世界观则会引起人们的异议——那么对马克思主义进行哲学批判的主要观点仍然有以下几种：第一，如果我们把人类的精神现象和价值，尤其是宗教和艺术只看作经济基础的上层建筑和映射，这是不合适的，未免过于武断；第二，这种认识的片面性——马克思对资本主义社会制度的敌视也加剧了这种片面性的程度——也使他只看到实施彻底的革命颠覆活动这唯一的一条出路，在这个问题上，他从乐观主义的信念出发，认为这种革命颠覆活动和生产资料的社会化就足以消除人类的自私自利和剥削现象；第三，自马克思主义产生以来，不管是在资本主义国家，还是在马克思主义占统治地位的社会主义国家，社会的发展并没有像马克思所预言的那样。

我们在本书的最后部分还会接着讨论马克思主义哲学在二十世纪里的发展状况。

第三章

叔本华、克尔凯郭尔、尼采

一、阿图尔·叔本华

1. 生平、个性、著作

叔本华生于 1788 年，死于 1860 年。三十岁的时候，他就已经写出了自己的主要作品。当我们考察他的生活和作品的时候，我们又往时代的前面追溯了一步，追溯到前两章里讨论一般欧洲哲学发展的时期。不过，这种后退是毫无疑虑的，其中原因有两个：其一是，叔本华的思想经过了长时间的默默无闻之后，到了 1850 年以后才引起人们的注意并产生影响。其二是，叔本华根本不可能像浪漫主义者与黑格尔或唯物主义者与马克思那样被看作某一特定社会阵营里的代表人物。曾有人试图将叔本华列为德国小资产阶级哲学的代表人物，但是他的哲学与这种归类又几乎不太相符，他的哲学后来产生影响，这种现象充其量只能用社会发展规律来解释。

叔本华的精神世界是完全自成一体的，在整个欧洲的精神状况里他显得尤其与众不同，尽管他与德国唯心主义接触颇多，尽管他与康德有着紧密的联系并且亦可视其为康德的最重要的学生。若想更清楚地理解他的哲学，我们必须考虑两个方面的因素：即叔本华的**个性特征**和他所接受的古代**印度哲学**的影响，当时西方的读者所能接触到的印度哲学也只有昂奎梯尔·杜培龙[1]的很不完全的译本。要想理解叔本华的哲学，我们必须首先了解叔本华这个人，不仅仅要了解他的并无多大波折的外在的生命历程，还要了解他的性格特点。费希特说，一个人选择什么样的哲学取决于他是一个什么样的人，这话也完全适用于叔本华。阿图尔·叔本华是但泽的一位大商人的儿子。1793 年，儿子出生五年之后，父亲携家迁往汉堡。少年叔本华在勒阿弗尔他父亲的一个商业朋友家里度过了从九岁到十一岁的童年时光。在那里他精通了法语并且暂时把他的母语忘得几乎一干二净。父母出外旅行时也带上少年叔本华，他们游历了比利时、法国、瑞士和德国。壮丽的大自然，尤其是大海和阿尔卑斯山给叔本华留下了终生难忘的印象，叔本华的后期作品中明显地流露出了这种影响。在英国逗留的六个月期间，叔本华完全熟悉了英国的语言和文学。直到生命终结，他每天都要阅读《泰晤士报》。按照父亲的愿望，十六岁的叔本华在汉堡学习商业理论，尽管这完全违背自己的意愿，因为那时他对科学就已经表现出了浓厚的兴趣。

不久之后，叔本华的父亲去世。这使得比父亲年轻二十岁的母亲约翰娜·叔本华决定迁居魏玛，她在当时是个小有名气的女作家。她在魏玛的居所变成了一个文化和社会活动中心。歌德、维兰特、施勒格尔兄弟以及许多其他社会名流都是她的座上宾。于是儿子放弃了他的商业生涯，在很短的时间内，他就在哥达和魏玛的私人学校里掌握了进入大学所必需的知识，尤其是古典语言知识。

叔本华先是在哥廷根读了两年大学，然后又去柏林大学上了两年。保存下来的大学听课笔记本表明，除了哲学和语文学课程，他还修读了化学、物理学、植物学、解剖学、生理学、地理学以及天文学。这位大学生在他的笔记本里写的讽刺性评语表明，他面对那时的哲学教师们尤其是费希特时是带着一种嘲讽式的优越感的。关于费希特的知识学，叔本华写道，称其为空洞的知识或许更为恰当。

1813 年,叔本华完成了他的博士论文**《论充足理由律的四重根》**并获得了博士学位。解放战争爆发后,叔本华所表现出的短暂的爱国主义热情很快便冷却下来。回到魏玛之后,年轻的叔本华与歌德关系密切起来,歌德邀请了叔本华一起研究色彩理论。此外,叔本华还在这里通过一个东方学家首次接触到了古代印度文化。

叔本华对母亲的那种自由放任的生活方式越来越感到气愤,两人之间的争吵也变得越来越频繁。虽然叔本华并不和母亲住在一起,最终的绝交还是很快就发生了。当他把自己的博士论文交给母亲时,她不无嘲讽地说:"这或许是一本写给药剂师看的书吧。"他回敬道:"当你的书在废物间里都找不到的时候,我的书还会有人在读。"她反唇相讥:"到那时,你的书或许早已绝版了吧?"其实两人说得都有道理。叔本华从此离开了母亲,并且再也没有和她见过面。

他离开魏玛,然后去德累斯顿住了四年。在那里,他写出了**《论视觉与色彩》**(1816),以及他的主要作品**《作为意志和表象的世界》**(1819)。

之后,他去罗马、那不勒斯和威尼斯旅行了两次。叔本华靠他从父亲那里继承的一份遗产为生。由于他生活节俭并善于理财,这份遗产让他享用了终生。这样,他就不仅不用为生活所迫而去工作,而且也不用和那些以教书为职业的教师们那样为了保住自己的饭碗而不得不去迎合国家的或某种世俗的观点,后来他也对那些哲学教授们进行了大肆的贬损和谴责。

但是,他自己首先却努力想成为一个大学教授。1820 年,他在柏林取得了在大学执教的资格。这位自视甚高的未来的讲师,在他启程前往意大利旅行时就在一首诗中写道:"后人将会为我竖立一块纪念碑!"他故意把他的讲座安排在和著名的黑格尔的讲座同一时间,他期望听众都会跑去听他的讲座。结果事与愿违,前来听课的学生寥寥无几。于是,一个学期之后,叔本华就气愤地退出了这种较量。之后的十年,他是在意大利、德累斯顿和柏林度过的,不过他没有再讲过课。当 1831 年柏林发生霍乱时——黑格尔染疾而死——叔本华急忙逃离柏林，他来到美因河畔法兰克福并在这里定居下来，他在这里一直待到去世。

叔本华的主要著作《作为意志和表象的世界》受到彻底的冷落长达二十年之久。该书问世过去十六年之后，出版商告诉他，这本书第一版的大部分都被当作废纸卖掉了。尽管如此，叔本华还是决定，要出版该书的修订增补版，此修订版于1844年问世。他一生著述并不多，写的其他几本著作是《论自然中的意志》（1836）、《伦理学的两个基本问题》（1841），其中包括两篇论文《论意志自由》和《道德的基础》，还有《附录和补遗》（1851）。叔本华在今天广为流传的著作是由一些主题各异的短文组成的《人生智慧箴言》。这本书能够清楚地表明叔本华的思想和写作风格，但并不是他的思想体系的入门书。这一部趣味盎然的通俗作品带给叔本华的所有稿酬只是十本免费的样书。

叔本华的遗传天性以及他的人生命运都给他的性格打上了烙印，这在他的基本思想和思想体系的每一个细节中都有明显的反映：据叔本华自己所言，他的性格是父亲的遗传，而他的才智是母亲的遗传。这对他来说倒是事实。他的父亲是个性格严厉并略显固执的人，自负而且不屈不挠，是一个共和主义者，尽管腓特烈大帝为他提供了优厚的条件，但他还是拒绝留在普鲁士为国王效忠。因此，当但泽被普鲁士占领之后，他毅然迁居到德意志帝国直辖市汉堡。母亲是一个有才智的、活泼的女人，天性有点轻浮浅薄，因为婚姻不幸，丈夫死后她迁居魏玛，家里整日宾客盈门。叔本华与母亲之间发生的争吵在很大程度上影响了他后来对女人的评价。

一方面是热情的本能生活和强烈的意志；另一方面是清醒的理智，对自然之美以及人生痛苦的深刻洞察——这是叔本华性格中始终在相互斗争的两个主要因素。在他的哲学中，我们又见到了他的这两种因素，在他看来，世界一方面是意志，是盲目的欲望；另一方面是表象，是观念和认识。在叔本华的一生中，他花了大半时间和那始终困扰着他的感性直觉做斗争，这反映在他否定意志的理论和他对世俗生活的幸福和享受抱有的悲观主义的鄙视。

叔本华是个天才。对此他有清醒的意识并且常常挂在嘴边，这不免都会让读者感到有些难为情。他毫不谦虚，"谦虚和假装的自卑有何不同，在这个充斥着对优越性和丰功伟绩满怀可鄙的妒忌的世界上，人们借助于它企图乞讨谅解"[2]。叔本华在他的主要著作中明确表示，在他看来，只有康德哲学是真正严肃的哲学，在康德和他之间，哲学史上再也没有什么值得一提的事情了。在该书的序言中，他要求读者首先去读一下他的其他著作，此外，事先还要熟悉康德哲学并尽可能地了解柏拉图哲学和印度哲学，然后再第二遍读他的书，而且读第一遍时需要特别的耐心。但是，假如读者不适合阅读他的书也没关系。"我现在可以推脱责任的办法就是提醒这位读者，即使他不读这本书，他也应该知道一些其他办法能够让这本书派上用场，这本书与别的书相比也毫不逊色，他可以用这本书填补他的图书室里空着的地方……或者，他还可以把书送给他的学识渊博的女朋友，让她摆到她的梳妆台或茶桌上去。要不然，还有一个更好的办法，他可以写一篇书评，这也是我特别要奉劝各位的。"[3]

三十岁的叔本华在给出版商的信中谈起他的书时写道："我的著作是一种新的哲学体系……是一种最高级的相互关联的迄今为止尚未在任何一个人的头脑中出现过的思想体系。我坚信，这一本书……将会成为今后一百本书籍诞生的源泉和诱因。"[4]

在鄙薄人世和与人类的斗争中，叔本华始终强烈地希望能够获得荣誉和赞赏。何为荣誉？只不过是我们的本性在另一个人的头脑中的一种映射。"再者，众人的头脑是一个很不幸的舞台，一个人的真正的幸福不可能在这个舞台上获得……至多只能获得一种幻想中的幸福。在这个公众荣誉的殿堂里聚集了多少乌七八糟的人物啊！将军、大臣、江湖医生、骗子、舞蹈者、歌手、百万富翁和犹太人；在那里，这些人身上的所谓优点要比他们的智慧受到更多的称赞。"[5]但是，叔本华却悄悄地渴望获得这种赞赏。荣誉问题始终在他的头脑中萦绕着。只有这样，我们才能明白，为什么他总是不知疲倦地对自已和对别人解释说，他自己的荣誉迟早会到来。他援引利希滕贝格的话："当一个人的头和一本书相撞并发出了空洞的声音时，那发出空洞声音的并不会总是书吧？""这样的著作就像一面镜子：当一只猴子向镜子里观望时，怎么会期望能够反照出一个圣人来呢？"[6] 他又问："当一个演奏技巧名家听到观众们的热烈的掌声后，他了解到，台下除了一两个耳聪目明的听众，其他人全是聋人，他还会觉得观众是在赞赏他吗？"[7]

叔本华有幸在他的有生之年看到，他坚信他的著作具有不朽的价值这一点最后得到了证实。大约自 1850 年开始，人们对他的著作表现出的沉默终于被打破了。尤其是继 1848 年革命之后，德国以及欧洲表现出的失败情绪为人们接受叔本华的悲观主义世界观奠定了精神基础。一股悲观主义浪潮席卷了欧洲文坛，黑格尔学派的统治地位已摇摇欲坠。叔本华所妒忌和憎恨的那些黑格尔主义哲学教授们已经不再是他的障碍了。然而，首先向叔本华哲学敞开大门的并不是那些大学。从事各种不同职业的人，个别学者和朋友，尤其是尤利乌斯·弗劳恩施黛特首先广泛地传播了叔本华的哲学。叔本华的思想主要也对艺术和艺术家产生了深刻的影响。理查德·**瓦格纳**的音乐，尤其是他第一阶段创作的音乐，充满了叔本华的悲观主义精神。瓦格纳给叔本华寄去了他的《尼伯龙根的指环》的样稿，里面写有对叔本华的赞美之词。来自世界各地的学者和崇拜者或登门拜访叔本华或给他写信。

正在变得越来越衰老的哲学家贪婪地阅读着人们写的所有关于他的文章。他也变得越来越爱好交际和随和了，与过去相比真是判若两人。但是，正当他沐浴在一片赞扬和敬佩的温暖阳光之中的时候，死神不期而至。1860 年，他突发心脏病而死。他立下遗嘱，把他的所有财产都遗赠给了慈善机构。他的墓前竖着一块黑色大理石墓碑，上面只镌刻着他的名字。

2. 世界作为意志和表象

年轻的叔本华把他的全部哲学思想写进了他的主要著作，这是一种天才的成就。他写的其他作品只是对这一著作的评论或在细节上的扩充。如叔本华自己所言，这本书基本上只包含一个思想。"尽管我费尽心力，可是，除了用这整部书，我还是不能发现什么快捷方式来传达这一思想。"在叔本华看来，这一思想是迄今为止所有时代的人们在哲学的名义下徒然寻找的东西。依照人们的观察角度而定，这一思想表现为形而上学、伦理学和美学。但是它是一个有机的整体。书的题目已经恰当地表达了这一思想：世界是意志和表象。我们试图解释清楚他的这一思想——我们的考察也仅限于此。

世界作为表象

"世界是我的表象"，这句话是叔本华这部书的开场白。如果存在某种先验真理的话，那么这应该就是了。对于叔本华的这一命题的第一部分我们并不陌生，因为它和康德的学说并无二致，在康德看来，世界万物对我们来说只是现象。叔本华称康德的学说是走入他自己的哲学王国的敲门砖。康德哲学对一个有思想的读者产生的作用犹如一次为盲人做的白内障手术：他首先学习睁眼看世界。康德的最大贡献在于，他区分开了现象和物自体。这和柏拉图表达的基本上是同一个真理，即显现于感官的世界并非真实的存在；这与柏拉图用山洞所作的象征性比喻是同一个意思。[8]这和印度吠陀哲学里表达的也是同一个真理，即可见的世界是一个空洞的现象，一层面纱，一种幻觉，简言之，是摩耶（Maya，虚幻）。

尽管叔本华特别强调了康德的贡献，但是，在一些细节问题上，他还是对康德哲学提出了大量的批评。作为他的主要著作的结尾，他把他的那些个别不同意见收集到一切，都写进了他的《康德哲学批判》。针对康德哲学的批判，主要是按照叔本华自己的所有思想和作品所需要的对称结构展开的。这种做法也是康德自己所为，为了获得对称效果而安装上一扇"假窗户"，比如在范畴学和判断形式中，将现存的东西强行安置在普洛克鲁斯忒斯之床上＊，但是我们还是把叔本华与康德的认识理论相偏离的东西搁置一边，只是讨论两位思想家的主要不同之处，这个关键性的问题起着承前启后的作用，它导引出叔本华基本命题的第二部分。

这个问题就是"物自体"。叔本华学会了我们前面提到的舒尔策的那种确实难以反驳的反对意见，[9]康德通过因果推论出物自体，亦即通过运用范畴学推论出物自体，在康德自己看来（而且叔本华也持同样的观点），这种推论只在现象世界范围之内适用。不过，在这里这种因果推论是无条件的，对叔本华而言也是如此。对他来说，因果性是空间和时间形式之外的另一种形式，康德的所有其他"范畴"都可追溯到它那里去。但是，从世界作为表象出发，不可能超出表象而到达物自体。

尽管世界是表象这一命题是无可辩驳的，但是，如果只把世界作为表象却是片面的。这也表现在，如果我们苛求一个人相信整个世界纯粹只是他的个人想象，那么他会不由自主地对此表示反对。

在康德看来，并不存在形而上学。康德所理解的形而上学是在他之前的那种作为超出经验范围的科学的独断主义哲学。但是，如果说形而上学的源泉无论如何都不会是以经验为依据的，他们的基本原则绝不可能是从外在或内在的经验中得来的，难道这不是一种完全错误的观点吗？为什么我们不是通过透彻地理解世界来寻找世界之谜以及我们自身存在之谜的答案，而是到另一种先验的既定存在中去寻找呢？如果是这样，不就意味着，我们干脆就不可能在世界之中找到世界之谜的谜底吗？但是，我们没有理由从一开始就毫无根据地堵死我们所有问题的最重要的认识源泉——外在和内在的经验。只有透彻地理解世界本身，我们才更有可能找到问题的答案。

＊　希腊神话中强盗普洛克鲁斯忒斯开设了一个黑店，拦劫行人，将投宿者一律安置在一张床上，身高者，截其足，身体矮小者，则将其强行拉长，以适应床铺的长度。比喻生搬硬套地强求人适应某一个模式。

我们必须做的只是将外在的和内在的经验在某个恰当的点上联系起来。这也就是叔本华的方法。它既不是康德以前的独断主义方法，但也不是像康德那样对形而上学加以完全否定。他走的是一条折衷的道路。那么，这个我们必须取得联系的"恰当的点"究竟是什么呢？

世界作为意志

我们不可能从外部把握事物的本质。无论如何探求，我们也只能获得一些概念和名字。这就像一个绕着房子转圈的人，他不得其门而入，看到的始终只是房子的外墙。能够使我们进入世界内部的唯一门径就存在于我们自身内部，存在于个体之内。个体以两种完全不同的形式而存在：一种是作为表象，在一切现象的因果关系中，作为客体中的客体，以一种理智的直观形象而存在；与此同时，他又以一种完全不同的形式，即以一种每个人都熟悉的形式而存在，我们名之曰**意志**。[10]

意志的行为和肉体的行为并不是有因果关系的两种不同的东西。它们是一个东西或曰同一个东西的两个方面。肉体的行为只是意志的客体化，也就是说，是意志的行为的直观表达。肉体是在空间和时间中客体化了的意志。

这个认识是一切可能的认识中的最为直接的认识了，它不可能导源于其他的认识。它是真正的**哲学真理**。

这个真理首先适用于人。人的本质并不在于思想、意识和理性。我们必须清除掉这个古老的特别是哲学家们的错误。意识只是人的本质的表面。不过，我们也只能清楚地认识意识，这就像我们只能清楚地认识地球的表层一样。我们的清醒的思想只是一潭深水的水面。我们的判断通常并不是通过把清楚的思想按逻辑原则联系在一起而形成的——尽管我们总喜欢这样说服自己或别人。我们的判断是发生在黑暗的意识深处的，就像食物在胃里的消化一样，判断几乎是在无意识中发生的。思想和判断的产生使我们自己也感到惊奇，我们的意识深处的思想的产生原因也恰恰令我们百思不得其解。推动我们的理智的仆人就是居于我们神秘内部的意志。意志就像一个强壮的盲人，他把一个视力正常却四肢瘫痪的人扛在了肩上。人看上去像是被从前面拉着走，而事实上，他是被从后面推着走的。人是被无意识的生命意志驱动着的。意志本身是完全不可改变的，就像一种连续不断的固定低音，它以我们的所有表象为基础。我们的记忆也只是我们的意志的女仆。

我们所称的人的性格也是由人的意志决定的。意志塑造人的性格就像它塑造人的肉体一样。因此，一切宗教都预言一种对人心的优越性即对善良的意志的彼岸报答，而非对人脑的优越性即卓越的理智的彼岸报答。

人的所有清醒的感官功能都会感觉到疲劳，都需要休息，唯独人的意志是永远不知疲倦的。如人的心脏跳动和呼吸功能这样一些无意识的活动永远都不会感到疲倦。睡眠只是暂时地夺取了我们的有意识的生命。睡眠就是一段我们暂时租借来的死亡。不仅人的本质是一种意志，以此类推，存在于我们周围的空间和时间中的所有现象的本质也都是意志的客体化。首先是有机的生物具有意志，但是那些无机的自然现象背后也隐藏着意志。推动行星运转的力，使物质相互吸引和相互排斥的力，都是一种无意识的世界意志。

在生命的王国里，生命意志的最为强烈的表达形式就是自我繁殖的欲望。这种欲望甚至要超过对个体死亡的恐惧。一旦为自身的延续而担心，生物就会为自身的繁殖和种族的存活而操劳。在这里，意志几乎是独立于认识的。如果说人的认识能力是存在于大脑中的，那么人的性欲、真正的意志中心和大脑的对立极则是存在于人的生殖器官之内的。

叔本华有关**性爱的形而上学**的论述是他的著作中最为著名的部分。和一切民族和一切时代的诗人一样，这个不厌其烦被歌颂的主题在叔本华那里也占据着十分重要的地位。使两个不同性别的个体相互吸引的那种不可抗拒的力量就是种族求生存的生命意志。爱情只是一种自然的假象，种族保存才是其真正的目的。叔本华试图依据人在选择性爱对象时的行为表现对此进行更为详尽的解释。他认为，人选择性爱对象的目的就是为了种族保存，每个人只喜欢选择他自己所缺少的东西。而且问题还在于，通过选择正确的性爱伴侣使个体偏离种属类型的错误得以纠正。所有的性行为都带有片面性。因为存在不同的雄性和雌性强度，所以，只有当一个男人的雄性强度和一个女人的雌性强度相吻合时，两个人才能达到最佳的和谐程度。一个最富有男性特征的男人会选择一个最富有女性特征的女人作为伴侣，反之亦然。"在这里，个体的行为是无意识的，他遵从一个更高的目的，即种群的繁衍，这对于种群的延续是必要的。"[11]

因为情欲是由幻想而产生的，而在这种幻想中，个体把本来是对于种群的保存十分重要的事情误以为是只对自己非常重要，所以，当种群保存的目的一旦达到，个体的幻想也就即刻消失。女性的美貌是诱使她达到种群保存这一目的的最重要的手段，当繁殖生育的目的达到之后，大自然也就让女性的美貌迅速消失了。个体会发现，美貌是一种对种族意志的欺骗。"如果彼得拉克的情欲得到了满足，那么他就不会写出那么多的赞美诗来，这就像那些鸟儿一样，下完了蛋以后，它们也就停止了鸣叫。"[12]尤其当人们出于爱情而结婚之后，就会对此有所醒悟。

个体的性爱被证明只是种族延续的工具，同样，每一个个体的本质也在于此，因为一切超越时空的意志在时空中的客体化显现也只有通过个体才有可能表达出来。个体只是一种不断变换的物质形式，物自体是意志。

这种认识也被用于历史的解释。隐藏于万物背后的世界意志是不可改变的，如果对历史做哲学考察，我们就会发现，虽然世界上有不同时代的不同种族、不同服饰和不同习俗，其实他们都是同一种人类。人总是同一种人，历史总是同一种历史，没有进步也没有发展。历史的循环是事件发生的象征。一切时代的智者都说出了同样的真理，而一切时代的傻瓜都做出了同样的蠢事。

意志是自由的吗？作为整体的世界意志是自由的，因为无物能够限制它的存在，个体的意志是不自由的，因为它受制于整体的世界意志。

我们在此把叔本华的形而上学与德国唯心主义者的形而上学做一简短的比较——叔本华总是不厌其烦地指责他们是"吹牛大王"和"江湖骗子"。事实上，在很多方面，叔本华与费希特和谢林并没有多大的不同，尽管他自己不承认这一点。

其共同之处在于，叔本华和其他唯心主义者们一样，并没有在康德划定的范围内驻足不前。他也有自己的形而上学，他也和费希特、谢林以及所有神秘主义者一样都在自我之内发现了揭开宇宙之谜的门径。费希特也把自我的本质确定为"意志"，谢林也在自然和精神中认识到了这种无意识的创造力的作用。令人奇怪的是，叔本华却坚决否认他与他们有相似之处。他贬损的人正是那些和自己同根共生的人。当然，叔本华说得对，在一些重要问题上，他与他们有着根本的分歧。因为，对于那些唯心主义者来说，最终的绝对物是精神，是遵循既定目标自我发展的理性，但是，对于叔本华来说，最终的绝对物是盲目的意志，是一种反理性的和非理性的宇宙本原。世界既不是逻辑的，也不是不合逻辑的，而是违背逻辑的。理性只是非理性的意志的工具。叔本华引发了一场后果严重的观念突变，他打破了自文艺复兴以来在西方思想中占统治地位的固有观念——即认为世界是一个和谐的整体。他使乐观主义开始向悲观主义过渡。如果我们考察一下叔本华对此在的评价，以及这种评价对人类行为带来的后果，那么一切也就不言自明了。

3．世界的痛苦及其解脱

人生即痛苦

和青年佛陀一样，年轻的叔本华也被人生的痛苦深深地触动了。

意志是无限的，而意志的满足却是有限的。沉溺于欲望和愿望之中，我们永远不会享受到持久的幸福和灵魂的安宁。一个欲望获得了满足，随即又会产生新的欲望。当我们消除了一个痛苦之后，满以为可以松一口气了，可是新的痛苦又接踵而至。根本来说，人生的真正现实就是痛苦。快乐和幸福只是一种消极的东西，也就是说，是痛苦的暂时缺席。

凡是我们拥有的东西，我们并不知道珍惜。只有当我们失去它之后，才认识到它的珍贵价值。我们在此不可能用很大的篇幅重述叔本华关于人生痛苦的透彻见解，而只能列举他的几个关键性论点：

困乏是始终伴随人生大部分时光的一种痛苦，当困乏暂时消除之后，一种新的痛苦又随即而来，即**无聊**。一个星期之内我们有六天用于劳作，第七天则要忍受无聊的厌倦之苦，我们的整个人生也正是如此。此外，人不可避免的命运就是**孤独**，末了，人都是孑然一身。

争斗、战争、残酷的灭绝、吞噬以及被吞噬，这就是人生。动物界和人类社会都是如此。戏剧家们除此之外也不知道还能写些什么，当剧情进展到一个虚构的幸福结局的时候，他们就急匆匆地落下了帷幕。乐观主义是一种对不可名状的人生痛苦的苦涩的嘲讽。叔本华带领我们穿过医院病房和外科手术室，穿过监狱和刑讯室，走进战场和法庭，走进所有悲惨的阴暗处所。"但丁描写地狱的素材若不是取自我们这个现实世界又能取自何处呢？不管怎么说，我们这个现实世界也真的变成了一个人间地狱了。可是，当他开始描述天堂和天堂里的欢乐时，他却面临着一个棘手的任务，一个难以克服的困难，因为我们这个世界上并不存在这样的素材。"[13] 人生是不值得过的。这是一桩入不敷出的交易。况且，我们的生命也正在马不停蹄地奔向死亡，年轻时，我们认识不到这一点。那时，我们正在爬山的途中，殊不知在山的另一面，死亡却在静静地窥伺着我们。一旦我们跨过人生的中年，就会像一个退了休的人，他不再靠利息生活，而开始动用他的本金。我们走路就像是一种延缓了的跌跤，我们的生命也就像一种延缓了的死亡。

那么究竟有没有一种逃离苦海的出路呢？认识能力并非出路，恰恰相反，生命等级越高，其痛苦也就越强烈和显著。从植物到低等动物如蠕虫和昆虫，再到具有完善的神经系统的脊椎动物，他们对痛苦的敏感程度一个比一个更高。而对于人类来说，认识得越清楚，痛苦也就越大；天才承受的痛苦最大。

当痛苦超过了能够承受的界限，那么失去了理性的疯狂也不失为一种舒适的解脱。

自杀也并非一种出路。自杀只是消灭了意志的个体化现象，但并没有消灭意志本身。（这表明，叔本华的人生观与印度的哲学思想有着许多相近之处，他似乎也相信灵魂的转世，因为，他的那些话表明，自杀也是徒劳的，因为，人死后他的意志会附着在一个新的身体里重新复活。）

尽管如此，还是有出路的。叔本华甚至指出了两条出路。一条是美学的，另一条是伦理学的。前一条出路是一种暂时的解脱，后一条出路则是持久的。第二条出路等同于佛陀的出路。

解脱的美学途径：天才与艺术

在康德看来，现象的背后是物自体，他含混地但充满预感地说出了这一推论。在柏拉图看来，倏忽即逝的可见的物体背后是永恒的原始化身，即理念，叔本华接受了这两种思想。他把康德的物自体看作意志，把柏拉图的理念看作永恒的意志显现于其中的永恒的形式。

我们能够认识到现象背后隐藏着什么吗？只要我们的理智仍然是意志的奴仆，我们就不能。我们必须挣脱意志的羁绊，并从而挣脱欲望个体的羁绊——这是意志在时间和空间中的必要的表现形式。这是可能的吗？对动物来说这是不可能的，对人来说这是可能的，尽管这只是个例外。人的身体构造已经说明了这一点，人的头颅突出于他的躯干之上，尽管它是从躯体里长出来的，被躯体驮载着，但是，他并不完全听命于躯体的摆布。

人可以成为纯粹的无意志的认识主体，赋予他这种能力的认识方式就是**艺术**，即**天才的作品**。艺术是对物的观察思考，它不受制于因果性和意志（这让我们想起康德说的"无关利害的愉悦"）。因为这时人的思想完全专注于对客体的静观，所以天才就具备了这种超越自我的观察能力。天赋的创造性是一种完美的客体性，天才具有纯粹的观察能力，具有"澄明的宇宙眼"，而且他的这种能力并不是稍纵即逝的，他有足够的时间把他观察到的用艺术的方式重新表达出来。

普通的人，"像工厂里制造出来的那些大自然的造物"，他们是没有这种能力的。从他们的面部表情上就可看出，他们是被欲望驱使着的，而天才的脸上显露出来的却是纯粹的认识力。

当然，天才往往会忽视近在眼前的普通事务，他可能会因为只顾遥望天上的星星，而被近旁的石头绊倒。但是，由于他能够完全沉醉于自己忘我的创作热情，全神贯注地创作他的作品，这无疑也是一种安慰和精神补偿，至于其他也就无关紧要了。

叔本华也指出了天才与疯狂的近邻关系，他认为，两者之间只有薄薄的一墙之隔。他的这一观点后来经过意大利人切萨雷·**龙勃罗梭**（1835—1909）的一本题为《**天才与疯狂**》（1864）的书而产生了广泛的影响。

虽然天才本身有这种纯粹的观察能力，不过其他人在较低的程度上也具备这种能力。否则，天才的艺术作品怎么会被人接受和欣赏呢？

当我们在欣赏艺术作品的时候，艺术会把我们从意志的奴仆劳役状态下解救出来，我们的心境会变得平静和超凡脱俗起来，伊壁鸠鲁称这种状态为出神入化。"在那一时刻，我们从可恶的意志的压迫下解脱出来，从欲望的牢笼里逃脱了出来，伊克西翁的转轮终于停止了转动，为这安息日我们该举杯庆贺。"[14]

接下来再考察美和崇高以及个别艺术，考察一下大自然和艺术中的美与崇高对那些最为敏感的人产生的影响。

有一种艺术类型与其他各门艺术迥然不同，它就是**音乐**。在音乐中，我们见不到如在其他艺术中的那种对理念的模仿。但是，为什么音乐却能够对人的心灵产生如此强烈的作用呢？音乐是意志自身的直接反映，因而它也是世界本质的直接反映。人与万物的最为深层的本质也都显现于音乐中。我们的意志渴求着什么，获得了满足之后，又继续渴求。旋律是一个基音的连续变奏，这就如同意志的变化多端的渴求，最终这种渴求会返回到和谐，返回到满足。

这样，我们就可以把自然和音乐看作同一个事物，即一种无限的世界意志的两种表现形式。在音乐中，我们本性中的所有秘密活动就像一个熟悉但又无限遥远的仙境一样在我们眼前一掠而过。不过，音乐并不是人生的最终解脱，只不过是他的一个美好的安慰。为了获得最终的解脱，我们必须从艺术所表现的游戏性态度过渡到真正的严肃态度。

解脱的伦理学途径：意志的否定

要阐明叔本华指出的第二种途径，也就是获得解脱的真正途径，我们不必浪费过多的口舌。它基本上就是古代印度思想的翻版。

叔本华自己对此也很清楚。他的哲学目的就在于，把许多人的直觉认识和那些伟大的宗教教义及其神圣使徒的人生感悟转变为一种概念化的知识，转变为一种澄明的认识。近在我们眼前的就是基督教，在真正的基督教中，渗透着否定尘世的精神。捧起你的十字架！抛弃你所有尘世欲望！在德国神秘主义者那里，这种精神表达得最为绝妙。在古代印度思想家的著作中，这种否定生命意志的精神则发挥得更为淋漓尽致。一切想让基督教精神传入印度的企图都是徒劳的，这就像拿起鸡蛋去碰石头。相反，印度的思想却越来越多地传入了欧洲，并且引发了西方思想的彻底改变。

蓄意弃绝意志的禁欲苦行只是一种手段，其目的在于，彻底地消灭意志，换句话说，也就是达到圣人们所描写的那种"心醉神迷""出神入化"或"完全献身于上帝"的状态。这个目的用一种更委婉的表达或许更好些，即如佛教中所表达的那样，名之为"**涅槃**"。

"如果我们把目光从我们自己的贫乏和偏见转向那些超脱于世

界之上的人们……那么，展示在我们面前的就不是欲壑难填的渴求……就不是构成我们人生之梦的那些永远不知餍足的欲望，而是那高于所有理性的平静如水的心境，如平静无波的大海，深沉的宁静，那么怡然自得，不为外物所动，如拉斐尔和克莱乔所描绘的那样，其面部表情所传达出的那种光彩就足以成为一种完全可靠的福音了。"[15]

4．结语——评价

> 没有造物的精神
> 能够进入大自然的内心。

阿尔布莱希特·冯·**哈勒** *用以上这句话准确地表达了康德关于自然之谜的立场。歌德用如下的诗句回应他：

> 没有造物的精神
> 能够进入大自然的内心？
> 啊，你这个庸人！……
> 不要用这样的话
> 来蒙骗我们。
> 我想：我们所处的地方
> 正是大自然的内心。

叔本华在他的代表作的扉页上写着歌德的诗句："大自然是否可被探究？"

叔本华探究大自然内部奥秘的方式是一种神秘主义的方式，是一种印度式的神秘主义方式。梵、世界灵魂、世界意志、我、人的灵魂、

---

* 阿尔布雷希特·冯·哈勒（1708—1777），瑞士生理学家，被称为"近代生理学之父"。他用十年时间撰写了八卷本的《生理学纲要》。

人的意志，说的都是一种东西。妨碍我们认识这个东西的东西就是虚幻的面纱，即表象世界。使我们获得解脱的途径就是，挣脱尘世欲望的羁绊，最终进入梵的境界或进入涅槃世界。

如果我们还想再在这篇结语中附加几句评语的话，那么我们打算和本书的其他篇章一样，再向读者指出几点需要注意的地方，这对于更好地理解叔本华也是必要的。叔本华所做的一项对后世产生持久影响的功绩是，他让哲学睁开了眼睛去探究人的意识深处的隐秘世界。所有时代的伟大诗人都对此有所认识和预感，在西方科学史上，只有到了叔本华才真正打开了通往无意识哲学或心理学的大门。

或许读者会对叔本华的哲学提出不同意见，或许他也能够很容易看得出，叔本华的思想与他的个性特征及其所处的时代有着紧密的关系。叔本华关于女人、爱情、儿童和婚姻的所有观点与他个人的人生经历不无关系，他一生中从没有过自己的家庭，没有获得过母爱，没有享受过家庭的幸福，也很少真正享受过一种正常的职业乐趣，他没有一种社会归属感。叔本华关于女人的许多见解从细节上说非常正确，他的观察力甚至都到了令人惊讶的地步，但是，他的观点是带有片面性的，只适用于某种类型的女人，因此，这种真理是不完全的，或者说，他只说对了一半，所以，这种真理也就是一种半截子真理。他所有的人生追求，即试图摆脱痛苦并渴望过一种没有纷扰的安逸生活，正好反映了一个讨厌社交生活和逃避一切社会责任的郁郁寡欢的遁世者的谨小慎微和自私自利。难道所有的幸福都是消极的吗？一个人经历了辛辛苦苦的庸碌一生，当他面临死亡时，难道他就不会心存恐惧吗？

最后，或许我们更应该提出一个哲学的合逻辑性问题：如果这个世界的本质只是盲目的意志，那么，在这个世界上，理智怎么仍然能够战胜意志呢？那么，什么能够赋予人这种征服意志的力量呢？难道这不就意味着，除了盲目的意志，还存在另外一种力量吗？

二、索伦·克尔凯郭尔

1. 哥本哈根的苏格拉底

索伦·克尔凯郭尔的表面生活历程不必费多少笔墨就可勾勒得出来。1813 年，他出生在哥本哈根的一个富裕的商人家庭里，他排行第七。十七岁那年，他就进入哥本哈根大学，十年以后才完成了他的神学考试；此后不久，他便以一篇题为《论苏格拉底的讽刺概念》的博士学位论文进行了答辩，这个题目显露出他思想中的两个相互纠缠在一起的特征：信奉苏格拉底和讽刺。

父亲一直是克尔凯郭尔内心生活中的重要角色。母亲和他的五个兄妹在几年之内相继死去。这几年的不幸遭遇使虔信宗教的父亲深感绝望——他认为，这是对他早年曾经不敬上帝的惩罚，但是他没能像《圣经》中的那个肖布那样坚强，他经受不住沉重的精神压力——这种绝望和忧郁的情绪对克尔凯郭尔的童年产生了深刻的影响。1838 年，父亲去世，并给他留下了一笔数目不小的遗产。但是，儿子却从来都没有想过要使这笔财产增值，他只知道怎么花钱。他仍然住在父亲留下的房子里，过着一种纨绔子弟式的生活，他常常整个晚上在大街上闲逛，经常有满街游荡的年轻人跟在他后面嘲笑他其貌不扬的外表；他也时常去剧院看戏或参加社交晚会。对于一个出于兴趣偶尔著书立说的心地善良的私人学者来说，这样的生活使他看上去像是一个无所事事的有钱人。

在他的第一部书发表之前，发生了一段插曲，这件事曾经弄得满城风雨，而且也对克尔凯郭尔的个人命运产生了重大的影响：1840 年，他和比自己年轻十岁的（时年十七岁）蕾基娜·奥尔森订了婚，一年之后，他无缘无故地解除了婚约，并去了柏林，目的是到那里继续学习。经过了一阵近乎令他绝望的内心斗争之后，克尔凯郭尔得出结论，为了完成一项任务，他必须放弃爱情和婚姻，上帝把这项任务托付给了他，他是从千百万人里头挑选出来的一个人，每一代人中只有那么两三个人才能获此殊荣，世上像他这样的人真可谓是凤毛麟角，他将会造福世人。

　　克尔凯郭尔的外部生活很快就可叙述完毕：为了印刷他的著作，他花掉了继承来的财产。1855 年，他四十二岁，仍然没有从事任何职业，他的精神斗争也达到了一个高潮。一天，他在大街上突然昏倒，并且很快就离开了人世。与此同时，他的财产也耗费精光了。或许他已经意识到了自己将要面临的贫困生活，死亡使他幸免了。但是，自从与蕾基娜分手之后，事情就已经很明显了，虽然外表看上去他过着一种似乎平静无波和离群索居的生活，但是，他的内心生活却充满戏剧性的冲突和绝望的挣扎，此外，他还过着一种高度紧张的精神生活，并创作出了大量的作品。他似乎是有意要蒙骗周围的人，因为，克尔凯郭尔把他的表面生活作为一种保护罩和面具，他的真正的自我躲藏于其后。这就是说，与蕾基娜分手之后——在内心深处他一生都对她保持着始终不渝的忠诚——他试图给蕾基娜和周围的人制造一种假象，让人以为他是一个轻浮和庸碌无为的人，目的是使他的恋人觉得，和一个不值得爱的人分手是没有必要那么伤心的！

　　当他的书公开发表时，克尔凯郭尔也为自己戴上了面具。1843 年，《**非此即彼——一个生命的残片**》（作者维克多·埃里米塔）出版了。除了使用假名，这本书还有更令人迷惑之处，因为书中还描写了两个连虚构姓名的作者自己也不知其名的男人。他还以约翰内斯·德·席楞提奥的笔名出版了《**恐惧与战栗**》。1844 年，他接着又以维基留斯·豪夫尼西斯的笔名出版了《**恐惧的概念**》，1845 年，出版了《**人生道路诸阶段**》，作者署名是希拉留斯·布赫宾德，1846 年，《〈**哲学片段〉的非科学的最后附言**》出版时，作者署名为约翰内斯·克里茅斯。1848 年，他用自己的真名发表了两篇宗教小册子，之后却又重新使用笔名出版他的著作《**致死的疾病**》（1849）和《**基督教训练**》（1850）。

　　这种捉迷藏式的游戏究竟为何？难道是为了制造陌生化效果而使用的美学手法？难道克尔凯郭尔真的想在哥本哈根隐藏他的作者

身份？事实上，他并没有这样的考虑。他有意识地采用这种方式，并且在他的假名被揭露之后，他也仍然坚持使用原先的笔名——比如，他要求引用他的文章的人仍然注上他的笔名而不是真名，他也拒绝为以笔名发表文章的作者所持的观点承担责任——因为，他认为这种间接的表达方式是唯一真实的；因为，对他来说，当人把他认识到的客观真理和知识直接传达给别人时，这就不是真正的真理。如此为何？克尔凯郭尔的这一论断几乎是对迄今为止的所有哲学的一种迎头痛击，这一论断也把我们引进了他的哲学思想的核心部分，与苏格拉底类似，他的思想也总是以对话或与别人交谈的形式表达出来的（尽管克尔凯郭尔与苏格拉底意见相左），其目的并不在于要传导给那个谈话对象某种教条式的确定的知识，而是要启发他自己提出问题并思考问题，让他自己去寻找自己的真理——或者，像苏格拉底那样，使他最终能够认识到自己的无知。

2. 存在主义思想家与基督徒

克尔凯郭尔是诗人也是思想家，是一位富于创造力的天才作家，在柏拉图和尼采之间，只有很少的几位哲学家能够享有这样的称号。他的一本著作的副标题就是"辩证的抒情诗"，这个标题也同样适用于柏拉图的那些精彩的对话。但是，柏拉图是用个人交谈的方式和抒情诗般的语言传达普遍性的思想，而当读者第一次打开克尔凯郭尔的著作时，他可能会怀疑自己手里的那本书是不是一本哲学著作。克尔凯郭尔讨论的根本就不是普遍性的道德问题。在《非此即彼》中，他像一位诗人那样说话，就是说，他所讨论的问题都是个人的问题，是一些特定的个人之间的特定的问题。显而易见，作为思想家的克尔凯郭尔在表述自己真正的思想时无异于一个诗人，他对一切普遍的和抽象的概念持怀疑的态度。在他看来，几乎所有的哲学家都有一种共同点，他们只讨论带有普遍性的大问题：追问人生的意义（不是我的人生而是所有人的人生），探求真理和普遍有效的行为原则。康德就认为，伦理学的本质要求伦理学原则具有绝对的普遍有效性。讨论此类普遍性的问题自然也就被认为比讨论这个或那个人的生活实际问题更为重要。人们以为，只要获得了普遍有效的原则，那些个别的问题也就会迎刃而解了。每个人都可以在这些普遍性原则中发现适合自己的结论。

克尔凯郭尔发现，生活中的现实问题总是某种实际的个别问题。问题并不是：人应该这样做还是那样做？而是：我这个特定的人在某种特定的情况下应该这样做还是那样做？这类问题就是"存在"问题。哲学只有关注这类问题才有意义。客观的思想对于主体及其存在是漠不关心的，而思想主体作为存在者却非常关注他的思想，因为他存在于这些思想之中。只有真正面对存在的认识才是根本的认识。

黑格尔的综合理论对他产生了什么影响呢？对立面的统一总是在抽象和理念中实现的，但是，在现实生活中，矛盾不是仍然一如既往地继续存在吗？在道德范围内，我们不是总得作出"非此即彼"的极端抉择吗？

在这个意义上说，存在与人们通过职业、收入和食物而实现的外在的生存保障没有关系，存在更多的是单个人不可思议的最内在的个体实质，如一位神秘主义者所言，是"自我"。用克尔凯郭尔《致死的疾病》中的话来说，自我就是一种与他自己发生关系的关系，也就是说，在他所处的关系中，他与他自己发生了关系。克尔凯郭尔在其他地方进一步发挥他的这一思想，并把人的个体存在看作一个变化过程，是瞬间的存在，人的一生就是由无数个瞬间的存在组成的变化过程，其可能性既是无限的又是有限的。因此，人的存在也就是一种历史性的存在，时间性和自我的"紧张状态"是人的基本特征，直至个体死亡才告结束。

从这一个侧面，我们掌握了克尔凯郭尔思想的一极，我们可以称之为克尔凯郭尔的人类学，他的思想的另一极则是蕴含在他的基督教信仰之中的。如果克尔凯郭尔隐匿在不同的假名之下，过一种地地道道传统的只图眼前的审美享受的生活，那么他也是想借此表明，人远离人群之后会重新变成单独的个体，但不是自为的个体，而是"上帝面前的个体"。令克尔凯郭尔大为反感的事实是，他那个时代的人都是基督徒，但是却没有一个人是真正的基督徒。这是克尔凯戈尔极为憎恨和反对的一种不诚实的状况。上帝通过耶稣基督显现于尘世之上的信仰，与这个温和浅薄的小市民的教会世界有什么相干？在这个教会世界里，尽管那些规矩老实的市民接受了洗礼和坚信礼，并在教堂里举行了婚礼，但是他们内心深处对神却没有真正感动。成为基督徒就意味着与自己的父母和尘俗的一切断绝关系，他是被挑选出来过一种极端的生活的人。为了使做真正的基督徒成为可能，就必须震撼并揭露当下那个肤浅的基督教教会。

克尔凯郭尔最终以一种极其冷酷无情的严肃态度展开了针对基督教教会的斗争。在他生命的最后两年里，他通过报章和自己的传单——他不再隐姓埋名——对基督教教会发起了攻击，他给这些文章冠名为《瞬间》。"如果你不去参加惯常的礼拜仪式，你就会不断地减少你的罪责：因为你没有参与那种愚弄上帝的游戏，事实上，那只是假冒的基督教信仰。"他现在用这样的语调说话。但是，他从来都没有敢说自己是为了基督教信仰而战斗或称自己是个基督徒。基督教对他来说如此高不可攀，以至于他不敢自诩为基督教真理的见证人或它的殉教者。"假定我是个牺牲品，那么我也不是基督教的牺牲品，我只是想成为一个诚实的人。我不可以称自己是基督徒，我想要的只是诚实正直，为此我甘愿冒险。"这个为了上帝而苦思冥想和战斗的怀疑主义者怀着这样坚定的信念去世了，他没有改变立场，也没有在垂危的卧榻上乞求教会的抚慰。医生们诊断不出他患了什么病。他活着的时候总是带着一副面具隐藏起自己并尽力远离他人，目的是避免误解——他似乎是向人们慷慨地赠予他的意见、思想和安慰，他也同样试图避免后世对他的误解和滥用。在题为"忧郁"的日记中，他写道："在某一诗篇中曾描写过一个富人，他花费了很多气力积攒了一笔财富，但是，他不知道该把这笔财富遗赠给谁，而我，作为一个有才智的人，将要遗留下一笔数目不小的财富，哎，我知道，谁将会继承我的遗产，他们就是那些对我厌恶至极的人，迄今为止，他们在这个世界上都是继承了一些较好的东西，而且今后还会这样：我说的是那些讲师和教授们。"

在一篇附言中，克尔凯郭尔又补充道："即使这位'教授'读了我写的这些东西，也仍然不可能使他善罢甘休，他不会受到良心的责备，不，不会的，他仍然会把我拿到课堂上去讲授。"

3．克尔凯郭尔的影响

克尔凯郭尔思想和写作的冷峻的严肃态度和极度的冷酷无情，再加上他的语言的咒语般的力量以及他那令人眼花缭乱的各种笔名，人们可能会以为，所有这一切不仅足以在哥本哈根的教会和社会统治势力中引起短暂的轰动，而且这种精神爆炸的火光也完全能够映照到那个世纪周围国家里的哲学生活和精神气候并使之发生改变——更有甚者，克尔凯郭尔不管怎么说也在伟大的德意志邻国之内找到了自己的精神家园，不仅在黑格尔的著作中，而且在康德、谢林、费希特的著作中，在路德的德国神学中以及在德国文学中。但是，让我们倾听一下克尔凯郭尔死后几十年内欧洲主要语言文献中发出的声音，我们几乎听不到对克尔凯戈尔的呼声的一丁点儿回响，简直一句话也没有。或许原因之一就是，克尔凯郭尔是用他的母语思考和写作的，这种语言在丹麦以外的地方即使在知识分子圈子里也几乎不被人理解，尽管这种语言是产生克尔凯郭尔著作的必要条件——因为若离开了他的母语土壤，他怎么可能写出那些深刻、细腻和复杂的著作来呢？若是半个世纪以后克尔凯郭尔还没有产生影响，那么人们甚至可以称之为一种灾难。所幸的是，首先在德国，临近1890年时出版了涉及他的宗教斗争的第一部文献，然后，又出版了他的书信集、日记、著作单行本，自1909年开始首次出版了他的著作全集。之后就出现了转机，就克尔凯郭尔这样伟大的斯堪的纳维亚诗人所能产生的影响而言，在他活着的时候本来就应该达到这样的成就：他的著作的德文译本产生了广泛的影响，自二十世纪二十年代起，克尔凯郭尔的名字越来越频繁地出现在英国、美国和法国文献中。

　　而且不仅仅是他的名字，理解和接受克尔凯郭尔的时机好像也突然之间成熟起来。以卡尔·**巴特**（1886—1968）、弗里德里希·**高迦登**（1887—1967）和鲁道夫·**布尔特曼**（1884—1976）为代表的辩证神学多半是建立在克尔凯郭尔的学说之上的，而且非常明确，如巴特的第一部重要著作《罗马书释义》（1919）中所显露出来的那样。二十世纪哲学中凡是与存在主义哲学和原教旨主义本体论有关的一切，若没有克尔凯郭尔是不可想象的，我们后面述及这些哲学时还会详细讨论这一点，在这里只是略略一提。"存在哲学"这一名称已经与克尔凯郭尔的"存在思想家"明显地联系起来，而且名实都是相符的。"孤独""被抛状态""荒谬""恐惧作为人的基本生存状态"：这些从加布里埃·马塞尔到阿尔伯特·加缪再到后来的思想家那里经常出现的概念都早已经在克尔凯郭尔那里出现了，加缪的名字也已经明确显示，克尔凯郭尔已经对当代文化的精神氛围产生了深刻的影响，其影响表现在现代艺术和诗歌创作中，特别是1945年以后的戏剧文学中。一旦摆脱了克尔凯郭尔的宗教外衣的束缚或者与鲜明的无神论（萨特）相结合，那么这些思想动机就会变得更加尖锐和极端。

　　对于那些寻找宗教慰藉和追问哲学真理的人来说，克尔凯郭尔摧毁了他们所有可以依靠的根基，他把他们重又抛回那种个体存在的不确定的悬置状态。他以天才的预见性为两次世界大战中人类将要经历的那种不可理喻和不可遏止的灾难做了重要的精神准备。这样，他就显得像是一个伟大的破坏者，在这一点上只有弗里德里希·尼采能够与他相比，他们都举起斧头砍向两千年人类文明的大厦的根基。因此，克尔凯郭尔也受到指责，有人说，他对他那个时代的教会的愤怒的攻击严重地威胁到了教会的生存，若没有教会的支持，那么这个世界上的宗教也就几乎不可能长期维持下去；类似的指责也来自哲学界，认为克尔凯郭尔极端的"存在"主体性从根本上排除了人在认识和行为过程中的共同性，也就是真正地排除了主体之间相互理解的可能性。此外，人们不禁要问，若站在一个罗马斯多葛主义者的立场上来看，一个人要是终生不渝地钻研他自己的"存在"，那么人的某种弱点是否就会随着他的最终的死亡而显现出来呢，那么他是不是也没有承担起作为一个在世界上与他人共处的人所应承担的义务呢？尼古拉·哈特曼也表达了类似的意见，他认为克尔凯郭尔的思想是一种处心积虑的自我折磨，他始终把目光限定在自我反省之内，着魔似的冲向个体的死亡，并为死亡赋予一种形而上学的意义，但是，若以冷静的态度对此加以考察，在一种较大的范围内，就是说在宇宙的广阔背景下，个体的形而上学意义无论如何都显得不相适宜，因为他是那么渺小和微不足道。

以上的陈述已经足以表明，在克尔凯郭尔的问题上人们的意见是有分歧的。不过我们可以说，凡是接触过克尔凯郭尔思想的人，没有人能够从这种精神历险中完好如初地返回来。总体来说，在克尔凯郭尔之后，世界已经变得面目全非了。历史上只有很少几个伟大人物如苏格拉底或康德才有如此殊荣。

三、弗里德里希·尼采

1. 生平及其主要著作

如果我们将叔本华看作康德的学生和后继者，而他却形成了一种完全不同的可以说是与康德哲学完全对立的哲学体系，那么我们同样也可以如此看待尼采和叔本华的关系。不过，将尼采哲学和叔本华哲学放在一起或稍微往后编排都是比较合适的，因为——且不看叔本华对尼采有多大影响——两者的共同点都在于，他们与理性哲学家们背道而驰：尼采哲学也是一种意志哲学。

尼采的一生是人类精神历史上最大的悲剧之一。"像尼采这样为他的天才付出如此高昂的代价者实为罕见。"[16]

弗里德里希·威廉·**尼采**于 1844 年出生在吕岑附近的吕肯的

一个新教牧师的家庭里。据传说，这一家人是波兰的一个行政官的后裔。尼采五岁时就失去了父亲，他在一种完全女性化的和宗教信仰虔诚的氛围中长大，于是他变成了一个敏感的性格比较柔弱的男孩，但是，那时他就已经试图通过坚定的自我克制和磨炼来克服性格上的弱点。这样，我们就认识了尼采性格的两个基本特征。

在著名的普夫塔寄宿学校里，尼采为他对古希腊文化终生难舍其爱的偏好奠定了基础。此后，他在波恩和莱比锡学习古典语文学。在莱比锡，他结交了著名的语文学家艾尔温·**洛德**（1845—1898，因其作品《灵魂，古希腊人的精神崇拜和对永生的信仰》而享誉学术界）。

在莱比锡，尼采遇到了除家庭和古典文化之外对其一生起决定影响的第三种精神力量。他在一家旧书店里发现了叔本华的代表作，他一口气读完了这本书，完全被这位忧郁的天才所倾倒。在这之前，尼采就已经接触了散发着叔本华精神气息的理查德·**瓦格纳**的作品。"自从听了《特里斯坦》的钢琴片段那一刻起，我就变成了一个瓦格纳信徒。"尼采非常钟爱音乐，"若没有音乐，人生对我来说就是一个错误"。他懂得如何在钢琴旁通过长时间的自由幻想深深地持久地打动听者的心。尼采在莱比锡遇见了瓦格纳，并成了一个瓦格纳的热情崇拜者。

在此之前，尼采曾经被征服兵役，但是不久便因骑马时受伤而提前退伍。尚在大学学业结束之前，尼采就已经发表了几篇语文学类的小文章，于是，经他的老师黎彻尔的推荐，尼采接到了巴塞尔大学的邀请并前往该校任古典语文学副教授。在瑞士期间，尼采遇见了历史学家雅各布·**布克哈特**（1818—1897）、神学家弗朗茨·**奥沃贝克**（1837—1905）并重新见到了理查德·瓦格纳，他当时正住在特里布森的湖畔别墅里。

在巴塞尔的幸福的教书生活被1870年的战争打断了。尼采作为卫生员参加了战争。因染上了严重的痢疾，他不久便又离开了军队。自那以后，尼采就再也没有完全健康地生活过。

1872 年，尼采的著作《源自音乐精神的悲剧的诞生》发表了。尼采发现，在古希腊的生活和艺术创作中存在着两种极端对立的力量，他称之为狄奥尼索斯精神和阿波罗精神，这当然有些简单化。为便于理解，我们最好把狄奥尼索斯精神解释为一种心醉神迷的状态，它是一种无形的原始意志，在音乐中它能够被直接表达。阿波罗精神则是一种节制的与和谐的力量。

1870 年之后德国对外势力的上升是造成尼采持批判态度和心存忧虑的诱因。《不合时宜的沉思》（1873—1876）包含着尼采的鞭笞时弊的思想。其中第一部分是对德国"知识庸人"的典型人物大维·弗里德里希·施特劳斯的一种清算。著名的第二部分《历史对于人生的利弊》则是针对历史知识的大量堆积所造成的真正的人的生活所面临着的窒息的危险。在第三部分《教育者叔本华》和第四部分《理查德·瓦格纳在拜罗伊特》中，尼采把他自己崇拜的大师赞誉为一种高贵文化的教育者。

对瓦格纳大加赞扬之后不久，尼采便与之关系破裂，这就发生在他作为客人参加拜罗伊特音乐节期间。尼采指责瓦格纳的主要原因是，瓦格纳在他的《帕西法尔》中向否定生命的基督教理想屈服了。

与瓦格纳的关系破裂标志着尼采的思想发展从第一阶段向第二阶段的过渡。他背弃了自己过去一直崇尚的理想和他所敬仰的大师。对于艺术和形而上学，尼采开始持一种批判的态度。他想从科学中寻找解脱并试图去接近一种自然主义的实证论。他的《人性的，太人性的：一部献给自由精神的书》（1878—1880）证明了这一点。这部书是题献给伏尔泰的。这期间尼采的身体状况首次出现崩溃的征兆。1876 年，尼采就不得因病休假一年，不久之后，他便提前退休，巴塞尔为他提供了终身年金。1879 年，尼采与死神擦肩而过。身体复原之后，他写了《朝霞》（1881）和《快乐的科学》（1882）。

在《查拉图斯特拉如是说》中，尼采描述了一个自我发展的人所要经历的三个人生阶段：对权威和大师的依赖——摆脱他们，为自由而战（消极的自由）——最后转向自己的价值观和终极目的（积极的自由）。对尼采本人来说，人生的第三阶段开始于 1883 年，这一年他开始写《查拉图斯特拉如是说》。自从离开巴塞尔之后，尼采大部分时间都在上意大利、热那亚、威尼斯、都灵和法国的利维拉度过，而到夏季他多半是在上恩加丁的西尔斯·马利亚度过，那个地方是他特别喜爱的。1882 年和 1883 年的冬天，他是在拉帕罗的海湾度过的。在环绕海湾的漫步途中，在俯瞰大海的高岗上，尼采的主要作品的人物形象在他的心中酝酿成熟，查拉图斯特拉"突然向我袭来"。[17]

尚在创作查拉图斯特拉这一尼采哲学思想的诗化形象期间，尼采心里就产生了一个计划，他将用一部四卷本的作品对其系统地加以阐述。这部书的名字应该是《权力意志：重估一切价值的尝试》（或类似的书名——尼采留下了几个不同的表达形式）。尼采最终并没有完成这部作品。这部书是在他死后依照他的笔记作为遗著出版的，因此，它保留了残缺不全的特点，不仅仅在语言形式上，而且在思想上也给人以支离破碎的印象。（从语言上讲，尼采的所有后期作品都只是一些片段思想和格言的汇编。）

1886 年发表的《善恶的彼岸：未来哲学的序奏》应该是这部作品的一个导言。由于早期作品的再版工作和 1887 年写作《道德的谱系》，尼采主要著作的创作被迫中断。

在这些年里，尼采变得越来越孤独。早年的朋友中几乎没有一个人愿意沿着他新开辟的道路继续追随他，他写的书也几乎无人理睬。自《查拉图斯特拉如是说》的最后部分开始，他找不到一个出版商愿意出版他的作品，他不得不自费出版自己的书。在这种围绕着他的可怕的沉寂之中，尼采变得越来越孤高自傲，他的语调也变得更加激烈和高昂。

1888 年，尼采的创作进入了一个新的旺盛时期。但是，这种过度的创作热情已经是将要来临的危机的前兆。尼采写出了《瓦格纳事件》，和他的另一篇文章《尼采反对瓦格纳：一个心理学家的档案》一样，它们都是一种尼采与瓦格纳之间的关系的痛苦的清算。他发表了《偶像的黄昏》以及《反基督者》，两者都是对基督教的猛烈攻击。最后，他在这一年的最后几个月里写出了他的自传《瞧，这个人》。在给丹麦学者勃兰兑斯的信中——他正在举办关于尼采哲学的讲座，这是尼采产生影响的最初标志——尼采就他的这部自传写道："我带着一种玩世不恭的态度讲述我自己，这将会具有世界历史意义。这本书就如同一种谋杀，它对被钉十字架者毫不顾忌；针对基督教的一切，它爆发出电闪雷鸣般的轰击……我向您保证，两年之后，我们的整个地球都会发生痉挛。我对于人类是一种灾难。"[18]

　　人们可能会想，如果外界更早一些认可尼采的话，那么尼采也许就不会那样疯狂地创作他的后期作品了。不管怎么说，对尼采的肯定还是来得太迟了，而疾病无论如何也在所难免。为"重估一切价值"而付出的旷日持久的和孤独的努力使尼采在肉体上和精神上都已经精疲力竭。他几乎完全失明。最后几年里的所有作品都是在他以一种异乎寻常的顽强毅力和病魔做斗争的过程中完成的。1889年初，尼采在都灵得了一种麻痹性休克，这或许是他早年的一种梅毒感染引起的。从两天的昏迷状态中醒来之后，他给不同的朋友以及身居高位的要人寄发了信，信的内容既杂乱无章又离奇古怪，这使得他的朋友奥沃贝克匆忙赶来，看他究竟发生了什么事情。后来，奥沃贝克以感人的笔触向我们描述了他重新见到尼采时的那一刻以及尼采的令人震惊的状况。[19]

　　尼采先是被送往巴塞尔，后又被送至耶拿的诊所进行治疗。他的母亲照料着他。在母亲以及后来他妹妹伊丽莎白·弗斯特·尼采的富于牺牲精神的照料下，尼采在一种神志不清的状态下又活了十二年。1900年，死神的来临终于使他获得了解脱。

2. 尼采哲学的一致性和特点

　　在尼采的哲学中发现一致性和贯彻始终的联系是不那么容易的。他的作品给人的第一印象是一种天才的格言（就形式而言）或警句（就内容而言）的汇编，即使是创作旺盛时期的作品也是这样，而绝不仅仅是他1888年神志清醒的最后一年里写出的作品，或许在这一年里，那即将发生的精神错乱已经给他的作品投上了阴影。有人在新近发表的关于尼采的注解文章里发觉，在尼采的思想里存在着一种联系、秩序和一致性，存在着一种尼采终生为之殚精竭虑的中心哲学主题——这一观点只是一种假设，但是还缺乏足够的证据。[20] 在此需要说明的是，今日之哲学——自本世纪二三十年代发表了大量的论及尼采的文章之后——已经开始广泛地研究尼采并越来越强烈地意识到他在思想史上所具有的非同寻常的意义。卡尔·雅斯贝尔斯发表了一部题为《尼采及其哲学思想导读》的书；马丁·海德格尔在他的大量的讲座和文章中讨论尼采并于1960年出版了两卷本的尼采问题专辑。

那么就让我们从一个侧面去接近尼采的作品吧！但是我们不可期望就此能窥其全貌。我们就从一篇引文入手，同时也可把它作为尼采那热情洋溢的语言和富于精湛技巧的文笔的一个范例。这是尼采的遗著《权力意志》中位于末尾的一段：[21]

　　你们也知道我头脑中的世界是什么吗？要叫我把它映在镜子里给你们看看吗？这个世界是：一个力的怪物，无始无终，一个坚实固定的力，它不变大，也不变小，它不消耗自身，而只是改变面目；作为总体，它的大小不变，是没有支出和消费的家计；但也无增长，无收入，它被"虚无"所缠绕，就象被自己的界限所缠绕一样；不是任何含糊的东西，不是任何浪费性的东西，不是无限扩张的东西，而是置入有限空间的力；不是任何地方都有的那种"空虚"的空间，毋宁说，作为无处不在的力乃是忽而为一，忽而为众的力和力浪的嬉戏，此处聚积而彼处消减，象自身吞吐翻腾的大海，变幻不息，永恒的复归，以千万年为期的轮回；其形有潮有汐，由最简单到最复杂，由静止不动、僵死一团、冷漠异常，一变而为炽热灼人、野性难驯、自相矛盾；然而又从充盈状态返回简单状态，从矛盾嬉戏回归到和谐的快乐，在其轨道和年月的吻合中自我肯定、自我祝福；作为必然永恒回归的东西，作为变易，它不知更替、不知厌烦、不知疲倦——：这就是我所说的永恒的自我创造、自我毁灭的**狄俄倪索斯**的世界，这个双料淫欲的神秘世界，它就是我的"善与恶的彼岸"。它没有目的，假如在圆周运动的幸福中没有目的，没有意志，假如一个圆圈没有对自身的善良意志的话——你们想给这个世界起个名字吗？你们想为它的一切谜团寻找答案吗？这不也是对你们这些最隐秘的、最强壮的、无所畏惧的子夜游魂投射的一束灵光吗？**——这是权力意志的世界——此外一切皆无！**你们自身也是权力意志——此外一切皆无！*

为了获得一个理论基准点，我们不禁要问：尼采在此阐发的世界观和我们所熟悉的哲学史上的哪一位思想家和哪一个流派有相同之处呢？他的思想渊源来自何处？为寻找问题的答案，我们必须返回到遥远的过去，返回到那个尼采本人所熟知并自感与其思想相投的哲学家那里，这个人就是赫拉克利特。在尼采这里和在赫拉克利特那里一样，世界是一个生成与流逝、创造与毁灭的永恒过程——仿佛深邃的海洋，在其中，一切有限之物产生并成为有形之物，然后重又消亡和流散，在其中蕴含着一种原始的力量。

赫拉克利特吗？需要返回如此遥远的过去吗？这是否意味着，尼采对思想史上自赫拉克利特至十九世纪之间发生的一切都置之不理，难道苏格拉底、柏拉图、亚里士多德、基督教以及西方哲学都被他束之高阁了吗？其实不然，尼采脱离他们，并摆脱了他们。事实是，他认为自那以后哲学已误入歧途。他满腹狐疑，他试图摧毁所有遗留的东西并以一种前无古人的极端方式重新开始。当然他不想再继续使用那些遗存的概念语言——他甚至要与它们做殊死搏斗。尼采那"生动的"思维和话语产生的原因即在于此。

---

* 尼采《权力意志》，商务印书馆，1991年版，第700—701页。

如尼采所言，世界的本质是意志，更确切地说，是权力意志。他补充说："此外一切皆无！"这是何寓意？这句话里蕴藏着尼采对一切"形而上学"的挑战：这是向一切哲学和宗教尝试的挑战，他拒绝一切试图证明在我们这个所谓的"世界"之旁、之后和之上还存在另外一个"理想"世界的观念。"上帝死了"，这一句经查拉图斯特拉之口说出的话是尼采思想的简洁表达形式。"永恒的观念""物自体""彼岸世界"，这一切皆是幻觉，是彩色烟雾和幻想，但却绝非有益的幻想！它们究竟从何而来？"这是病弱者和行将就木者的幻觉，他们蔑视肉体和大地并凭空杜撰出天堂和救赎的血滴"，查拉图斯特拉如是说。[22]

在这一段引文里蕴含着某种新东西，即一种评价或价值判断，而且是依照成对的概念，如疾病与健康、消极颓废与精于世故。这也是尼采的一个特点，即把一切存在问题看成是价值问题或将其转变为价值问题。如果我们只是在最庸俗的生物学意义上去理解他的这些概念，那么这对尼采来说是不公平的。无疑，作为传统价值的毁灭者和新价值的创造者的尼采，以及作为对一切价值进行重估者的尼采，在尼采思想里所显示的这一面，相对而言更容易被人理解和接受，或许是太容易了，以至于人们将其哲学的另一面置之脑后。就让我们在此条件下看一看尼采的价值表。

3. 使用锤子从事哲学思想的哲学家

尼采"使用锤子从事哲学思想"。他毫无顾忌地砸碎了在他看来是错误的旧有价值，并且同时又建立起了新的价值和理想。"若想成为一个善与恶的创造者，他就必须首先是一个价值的毁灭者。"我们首先考察一下尼采作为毁灭者和批判者的一面。他的这一面，人们用七个"**反**"来表示。[23]

尼采是**反道德的**。有主人道德也有奴隶道德。"善"这个词有两种不同的含义：在主人那里，"善"意味着灵魂的崇高的和高傲的状态，这里，"善"的反面是"坏"。主人意义上的"坏"意味着：

一般的，平凡的，庸俗的，无价值的。与此相反，对庸俗大众来说，"善"意味着：和睦、和善、善良、怜悯；这里，"善"的反面就是"恶"。"恶"是一切被庸俗大众所鄙弃的价值：与众不同、大胆放肆、反复无常和危险。简言之，对主人来说几乎一切"善"的东西在奴隶那里都变成了"恶"。[24]

在历史上，奴隶道德的反叛起始于犹太人。他们的先知们将"奢华""不信神""恶""残暴""肉欲"这些概念融为一体并给"世界"这个词赋予一种消极的价值。这种一切自然价值和等级关系的彻底翻转是一种来自低等的穷途末路者的精神复仇行为。于是，那些悲惨的、穷困的、软弱无力的、痛苦的、患病的和丑陋的东西便以"善"的形象出现，而关于"善"的那些高贵的价值取向如高雅的、美丽的、强有力的、幸福的等却丧失了其主导地位。[25]

由于在奴隶道德的统治下备受压抑的那种坚强和健康的天性无法向外宣泄，所以他不得不去寻找秘密的新的满足途径，于是他转向内在自我，这就是一切"良心不安"的根源所在。强壮的人将会变成一个被捆缚在社会道德的牢笼之中自残自虐的动物。因而人类便患上了极其可怕的疾病，即人类的自我折磨。[26]在宣扬同情和怜悯并已成为犹太奴隶道德的继承者的宗教教理之中，人们会听到那些失败者们自我蔑视的声嘶力竭的叫喊。[27]

尼采是**反民主的**。今日欧洲的一切道德皆为群居动物的道德。在政治和社会活动中，民主运动是其明显的表现。[28]那种英国式的、小家子气十足的、以最大多数人的最大幸福为人生要义的观念是十分可笑的。

尼采是**反社会主义的**。社会主义理想便是一种人向彻底的群居动物全面退化的理想。[29]什么是文明的衰落？"不客气地讲……就是那些尚带有自然天性的人，野蛮人……食肉者，那些还拥有百折不挠的意志力和渴望权力的人，向那些软弱的、有教养的、温和的、或经商或饲养牲畜的人种以及那些陈旧没落的文化倡导者俯首称臣，在这种文化中，奄奄一息的生命力发出回光返照式的耀眼的光。"[30]

一切生命的本质在于占有，侵犯，压迫，征服弱者，冷酷无情，把自己的意志强加于人，并吞或榨取。"人们四处都在大肆聒噪……'剥削的特征'将要消亡的未来社会的状况：在我听来，好像人们正在期望发明一种能够摒弃掉所有感官功能的生命似的。"[31]

尼采是**反女性的**。女人在男人丧失其真正男性特征的社会中退化了，并且也抛弃了其最为女性化的本能直觉。女人追求经济上和法律上的独立，即妇女解放便是这种退化的表现。[32]

尼采是**反理智主义的**。就和在叔本华那里一样，对尼采来说，意识、理性、理智只是一种表象，它们都只是意志的奴仆。我们的感性器官根本就不是为"理性"而设的。它是一种概念的和简化的器官，其目的在于为维持生命而去夺取和占有外物。[33] 我们不应高估意识的作用。人的大部分行为是在无意识中完成的。人的直觉"在迄今为止被发现的所有智慧中是最富于智慧的"。人的大部分有意识的思维也应被认为是一种本能的直觉行为，甚至哲学思想也不例外。哲学家们以为，他们能够用冷静的逻辑获得真理。但是，在其背后总是一种直觉的判断和需要。[34]

蔑视肉体，视其为敌人，这是荒唐的。认为在一具腐烂的尸体里能够诞生出一个美丽的灵魂也同样是荒唐的。[35]

尼采是**反悲观主义的**。如果所有时代的智者们及至叔本华都对人生下了同样的结论："人生乃虚无"，那么，这究竟证明了什么？证明他们英雄所见略同吗？或许更能证明他们都带有某种生理缺陷吧？"或许他们都双腿发软、行动迟缓、跟跟跄跄了吧？……或许人间的智慧就像一只乌鸦，一点腐尸的气味就能使它欢欣雀跃呢？"[36]

这等智者们都不过是一些人生颓废者，这在苏格拉底身上是再清楚不过了。他出身于下等平民，他对人生的嘲讽是其对社会不满的一种表达，是出于贱民的妒忌。[37] 谁要是说人生毫无价值，他实际上是在说：**我毫无价值**。

所有这一切导致了尼采哲学的**反基督教的**特征。基督教是一切颠倒了的自然价值的总称。基督教是对自然的否定，是对自然的亵渎，是反自然的。基督教自一开始就是人的感性生活的死敌。"基督教的上帝概念——作为病态的上帝……作为精神的上帝——是最为堕落的上帝概念之一……上帝蜕变为生命的对立面，难道我们不能代之以对生命的永恒肯定和赞美吗？"[38]

基督教是对统治者和高贵者的憎恨，是对精神、高傲、勇气、感官和一切欢乐的憎恨。基督教使这个世界——人所拥有的唯一的世界——变成了无边苦海并为它设置了一个难以企及的"彼岸世界"。基督徒并不是去思考怎样使人的生活激情精神化和神化，而是企图根除人的生活激情从而也就根除了生命的根基。

"对此我可以结束我的考察并宣布我的判决。我强烈谴责基督教，我控告基督教教会是最为可怕的罪犯……基督教教会毫无例外地败坏了一切，它使每一种有价值的东西都变得毫无价值，使每一个真理都变成了谎言，使每一个诚实正直的灵魂都变得卑鄙无耻。有人还胆敢在我面前称赞它的'慈爱的祝福'吗？"[39]

4.价值的重估

"真正的哲学家是发号施令者和立法者。他们说：'理应如此！'人的何去何从首先由他们决定。"[40] 尼采无所顾忌地摧毁了一切价值，他宣布"上帝死了"，与此同时，他也提出了人类的新目标：

众神已死：那么我们让**超人**生。

看吧，我教导你们何为超人！
超人是大地的意义所在 ......
我恳请你们，我的兄弟，要忠实于大地，
不要相信那些和你们谈论超脱尘世的希望的人！
这些人是投毒者，不管他们对此清楚与否。
他们是人生的鄙视者，行将就木者和自我毁灭者，大地已厌倦了他们：那就让他们去吧！[41]

当尼采的查拉图斯特拉满腹学识地从孤寂的山上下来，走进人们中间时，他将他的教导馈赠给他们。

人是连接在动物和超人之间的一根绳索，他的下面是万丈深渊。

走过去是危险的，停在中途也是危险的……人的伟大之处在于，他是桥梁，而非目的：人的可爱之处在于，他既是一种过渡又是一种毁灭。

我爱那些个不知生的人，因为他们是跨越者而非沉落者。

我爱那些个伟大的蔑视者，因为他们是伟大的崇拜者和射向彼岸的渴望之箭。我爱那些个人，他们不是首先到繁星后面寻找原因，从而沉落和成为牺牲品，而是把自己供奉给将要诞生超人的大地。[42]

超人是知晓上帝之死的人。他清楚，一切理想的彼岸纯属妄想，他把自己交托给大地和生活并对此持一种愉快的肯定态度。他知道，这个世界是"狄奥尼索斯式的"世界，在存在的源泉中永恒轮回；他承认人的一切创造性的尝试，赋予其价值，获得一个立足点，尽管在威力无比的时光流逝中一切皆为徒劳；他也知道，他自己就是这个世界的一部分，是"权力意志"的一部分而非其他，他对此有清醒的意识，并能够承受得住这一最深刻且难以解决的人生矛盾。尼采称这种与肤浅的和幻觉的知识相对立的知识为"悲剧性的智慧"。

与尼采的另一种最令人难以理解的思想即永恒轮回的思想相比，超人思想毕竟还是比较能够让人接受的。在前面引用的格言式作品"权力意志"中，永恒轮回的思想已初露端倪。尼采总是只用一种暗示的和譬喻式的方式表达他的这一思想，这主要体现在他的

《查拉图斯特拉》第三部中。尼采试图将时间与永恒合二为一，"万物消逝，万物复归，存在之轮常转不息"。尽管形形色色的存在者不可测度，但却并非是无限的。不过时间是无限的。因此，每一种物的组合都有可能曾经在某个时候已经臻于完成；进而言之，这种组合曾经无数次地臻于完成。这种对万物复归、永恒轮回思想的表达和肯定是人所能想出的最为强烈的表达形式。"这就是生命吗？"我欲对死亡如是说："好吧，那就再来一遍。"[43]

啊，人哪！请注意！
听那深沉的午夜在诉说着什么？
我沉睡，我沉睡——
我从深沉的梦中醒来——
世界是深沉的，
比白日所想得更为深沉。
她的痛苦是深沉的——
欢乐——比内心的痛苦更为深沉：
痛苦说：去吧！
可是所有的欢乐都要求永恒——
——深沉的，深沉的永恒！[44]

5．对尼采的评价

孤独者尼采。尼采是一个"意欲超越自我并因而走向毁灭的人"——如查拉图斯特拉所说。那可怕的孤独，以及这位孤独者针对统治千年的旧有价值展开的斗争所造成的令人窒息的压力，使他精疲力竭并最终让他沉迷于更为惬意的精神错乱之中。在发疯的两年之前，尼采在一封信中写道："要是我知道应该怎样对你解释我的孤独感那就好了！在活人中间还不如在死人那里更能找到志同道合者。这真是难以言表得可怕啊。"[45]

是的！我知道我来自何处！

我不知餍足，

如燃烧的火焰直至殆尽。

我碰到的一切都会发光，

我会让一切都变成煤炭：

毫无疑问我是火焰！[46]

诗人尼采。尼采是德语世界里最伟大的诗人之一。《查拉图斯特拉》是一部经典诗作。尼采的诗歌创作达到了完美无缺的地步，譬如：

不久前，我站在桥上，

褐色的夜幕低垂，

远处传来歌声悠扬：

金色的水珠

涌动在颤动的水面上：

游船，音乐，灯光——

在暮色中摇曳，如醉如痴……

我的心如琴弦，

被无形的手拨动，

悄悄地奏响一首船歌，

陶醉于五彩缤纷的欢乐。

——可有人在屏息静听？……[47]

尼采并不是一个富于批判精神的理性的哲学家。他并不想证明，他在向人们宣告或昭示一种新的信仰。他所钦佩的在法国人那里表现出的艺术作品中的节制、和谐与矜持，即阿波罗精神并非他的事情。这对作者提出的要求是，"一旦作品开口说话，作者就应该闭口缄默"。但是对尼采来说，字里行间里的说话者仍然是他自己。

心理学家尼采。尼采具有天才的心理学家般的敏锐的洞察力。

他主要是一位能够洞察隐秘事物和无意识的心理学家（他的认识先于许多现代精神分析学的理论）。他显示了无与伦比的揭秘才能：在人的理想和偶像的背后，在哲学、形而上学、宗教和道德的"永恒真理"的背后，认识其隐蔽的和可疑的动机，认识人的自欺和欲望、错误和激情——简言之"人性的，太人性的"东西。这尤其表现在他的创作中期即他的"启蒙"时期，上述作品便是创作于这一时期。

德国人尼采。一个像尼采这样具有如此深刻的、多层面的复杂天性的人是很难用三言两语说清楚的。人们必须呼吸他的作品中的精神和空气。我们既可以把尼采看作浪漫主义者，也可以把他看作反浪漫主义者，既可以把他看作德国人，也可以把他看作反德国人，既可以把他看作基督徒，也可以把他看作反基督徒——因为这是发生在同一个胸膛里的战斗，这是他的天性中旗鼓相当的两面之间的兄弟相争，这场战斗他一直坚持到生命的最后。他与德意志民族特性的内在关系也是如此，他的许多思想与德国人的本性和命运息息相关。在那些他似乎已远离德意志民族特性的地方，他恰恰因为反对德国特性和超越德国特性而更是一个显而易见的德国人。

基督徒尼采。人们并非没有将"尼采的心理学成就"（路德维希·克拉格的一本书的书名）尤其是他揭示隐藏的矛盾、冲突和动机的艺术应用于尼采本人身上——而且也应用于他对基督教的态度上：据尼采自己所言，他出身于一个虔信基督教的家庭是他的一种荣誉，基督教在他的心目中从来都不是一件普普通通的事情。他称彻底的基督徒是最高贵的人，他以真诚之心对待这种人。尼采自言："若说我不是一个颓废派，其实这话也可以反过来说。"[48]或许他也可以这样说："若说我不是个基督徒，其实这话也可以反过来说。"

"在德国人中间，谁能像这位绝对立场坚定和无所畏惧的无神论者那样，在内心深处也要不停地去应付基督教对他产生的影响呢？如尼采在《瓦格纳事件》中所言，'基督徒欲摆脱自己'。谁会比尼采更像一个狂热的、无望的和英雄主义的苦行僧式的基督徒呢？

直到发生精神错乱之前，骨子里是一个真正基督徒的尼采从未停止过他的内心斗争。"[49]

尼采激烈的反基督教精神是他与占据自己心灵的基督教精神进行顽强斗争的结果。"就在尼采精神崩溃的前几天，他的一次神经质的发作曾引起大街上许多人的围观。站在他的出租马车前的那匹疲倦的老马激起了这位伟大的鄙视同情者的强烈的同情心，他抱着那匹马的脖子失声痛哭起来。"[50]

预言家尼采。在近代思想家中，没有人能够像尼采那样对未来具有如此敏锐的洞察力。他看到，成长中的人类文明正在开始衰落，他也看到，不同文化之间的接触和交流将会越来越频繁；他看到，人的世界观、社会秩序和道德法则正在变得更具相对性，他也看到并预言欧洲虚无主义的来临以及与此相关的人的价值观和生活秩序的失落。他也看到，在既有的秩序发生崩溃之后，人类面临的任务是，必须自己重新设计自己的人生并赋予其新的价值，而且这种新的价值标准将会在世界范围内适用。

"这就是下一个世纪里那些伟大的灵魂所要肩负的艰巨使命。"

尼采与后世。尼采是一个才华横溢的作家和修辞学家，技艺精湛的心理学家，辛辣尖刻的批评家和论战性小册子的作者，总之他是一个充满人格魅力的人物。所有这一切使得我们很难透过这浅层面具管窥他的哲学思想的核心本质。时至今日，在尼采去世近九十年之后，历经对尼采进行的各种各样的阐释阶段以及这一过程中产生的误解，人们清楚地认识到，我们只有把尼采看作一位思想家并能够深刻领会他的思想，这对尼采来说才是公平的。只有这样，人们迄今为止对尼采所做的阐释至多也只能是还算正确或部分正确，而且并不少见的情况是，当一个注释家是有名望的独立思想家时，他在阐释尼采作品时往往会掺入自己的观点。确实，尼采和叔本华、哈曼、海德尔以及歌德（在某些方面）一样，都非常注重感情、直觉、意愿和"生命"，因而我们可称之为生命哲学家及其开拓者。确实，"这位西尔斯·玛利亚的哲学家首次为'生命'一词赋予了美妙和欢乐的缤纷色彩"。[51]

　　确实，与叔本华相比，尼采的学说带有乐观主义和英雄主义特征。确实，尼采是一个具有天才预见性的文化诊断医生和文化批判者，他的某些预言已经应验了。如果想细致地研究尼采并从而得出自己的结论，就必须清楚这一点：尼采的作品自很长一段时间以来，经过他的遗作管理人之手，尤其是经过他的妹妹伊丽莎白·**弗斯特·尼采**之手，被蓄意篡改和歪曲了。到了由考里和孟逊纳利编辑的《尼采全集》问世之后，尼采作品较客观真实的原貌才被还原（除了尼采遗留下的许多片段形式的作品）。二十世纪最后十五年里出现的"尼采学"证明了人们对尼采的研究还是相当活跃的。在当代重要的思想家中，马丁·海德格尔对尼采做了较深入的研究。近年来，许多法国作家也非常关注尼采。新近对尼采所做的研究和阐释使尼采的生活及其死亡之谜更为明朗化了。[52]

第四章

新康德主义

一、对康德的批判性思考

1．概论

经过将近六十年默默无闻的孤独的发展之后，那个来自柯尼斯堡的伟大的苏格兰人 [1] 于 1781 年用他的著名的《纯粹理性批判》震动了"在独断主义中酣睡着的"世界。从那时起直至今日，"批判哲学"一直保持着其那时就已取得的霸主地位……叔本华哲学随着浪漫主义潮流的兴起……而名噪一时；1859 年之后，进化论又独占鳌头，到了十九世纪末，尼采的那种令人耳目一新的反偶像崇拜的独特思想占据了哲学的舞台。但是，这一切都只不过是表面上的次要的思想活动，在这下面，康德主义的汹涌的浪潮仍然在不断地滚滚向前。[2]

称康德之后的哲学是纯粹表面的思想活动，这或许过于夸张了，不过上面的那段话也基本上概括了十九世纪末和二十世纪初的哲学发展的大致方向。人们开始认识到，虽然费希特、谢林、黑格尔这些体系构建者以及赫尔巴特、弗里斯、实证主义者、叔本华都是以康德哲学为基础的，但是这个基础也并不是那么牢固，哲学远远地偏离了康德的批判立场。

在唯心主义者那里，康德哲学中关于自我的自发性思想，关于思维的创造性思想致使人们在实践经验过程中只看到了创造性的自我而忽视了这样一个事实，即外在于我们的感官和内在于我们的感官的那个"既有的"现实世界并不是由自我创造的。与此相反，实证主义和唯物主义则是只把握住了"既有的"现实世界而忽视了康德的超验论考察的结果。叔本华的形而上学将意志看作我们的自我的最为内在的本质，并且以此类推用意志来解释整个既有的世界，在这里，叔本华利用了康德的物自体的概念，而且毫无疑问是滥用了它。

回归康德的运动是由三个人发起的，其中第一位来自自然科学领域，他就是重要的自然科学家赫尔曼·冯·**赫姆霍尔茨**（1821—1894），他特别强调，自然科学需要自己的基本概念。他认为康德哲学能够胜任这一任务。第二位是弗里德里希·艾伯特·**朗格**（1828—1875），他写有著名的《**唯物论史**》，这本书分两部分，分别讨论康德之前和康德之后的唯物主义。朗格试图证明，"唯物主义"作为一种自然科学研究的原则是必不可少的，但是，如果我们要在其上建立一种形而上学或认识事物的深层本质，那么唯物主义就是不合适的和力所不能及的。朗格指出，"物质"本身就是我们的理性的一个概念。第三位是奥托·**李普曼**（1840—1912），他在其《**康德及其追随者**》（1865）一书中呼吁人们回到康德那里去。他站在康德批判哲学的立场上逐个地考察了康德之后出现的主要哲学思潮，在每一章的末尾，他都提出了如下的要求："必须回到康德那里去。"

继这三个人之后，在德国以及欧洲的其他国家里出现了康德主义的繁荣复兴，产生了卷帙浩繁的康德研究文献。虽然新康德主义不久便分裂为许多不同的"学派"，但是这个哲学运动还是有几个共同特征的：

（1）"理解康德就意味着要超越康德"——新康德主义者文德尔班说的这一句话或多或少地适用于所有的新康德主义者。没有人仅仅满足于把康德的学说重新搬出来或让他为自己说话，所有的新康德主义者都试图在某个方向上发展康德的思想。

（2）新康德主义者对康德提出的批评主要集中在他的物自体上，李普曼就认为，康德关于外在于时空的物自体的观点纯属无稽之谈，它是康德之后哲学之所以误入歧途和引起误解的主要根源。

（3）我们在叙述康德哲学时就已经明确表示，如果我们仅仅把康德看作一位认识论理论家，那是不公平的。康德的主要愿望是成为一个实践家和伦理学家。许多新康德主义者的视野过于狭窄，他们的目光只盯在康德的认识论问题上以及与此相关的康德的功绩。

2. 马堡学派

面对新康德主义带来的那些不计其数的富有独创性的头脑及其著作，我们几乎都不可能逐一列举出来，当然就更不可能对他们各自的特殊功绩作出正确的判断。前面提到的三个人物主要是提出了回归康德的号召，他们并没有提出非常系统的思想。新康德主义的真正创始人是赫尔曼·**柯亨**（1842—1918），在他的三部著作《**康德的经验理论**》《**康德对伦理学的论证**》和《**康德对美学的论证**》中，柯亨首先考察了康德批判哲学的三个主要部分，然后他也与这三个主题相对应，分别用三部著作《**纯粹认识的逻辑**》《**纯粹意志的伦理学**》和《**纯粹感情的美学**》发展了康德的思想。这种发展的基本倾向就是彻底地取消物自体。柯亨摒弃了物自体和现象的二元论，他也摒弃了作为两种平等并列的认识形式的直观和思维的二元论。他认为直观也是一种思维的形式。不存在这样一种"既有的"原材料，每一种感觉和直觉也都是一种思想性的东西。

认识是一个无限发展的过程，它永远都不可能完全达到的目的就是对对象世界的彻底的理性认识，也就是通过一种普遍有效的客观的东西替代一切主观的东西。这也同样适用于伦理学，在人类的欲望和行为当中，也存在一个无限发展的过程，其目的就是不断地克服主观自我，在一个完美的法治国家里不断地实现客观道德理性。柯亨也认识到，在艺术的发展过程中，人们也是坚持不懈地追求一种纯粹客观的感觉的规律性。

后来被称为马堡学派的思想家们和在马堡生活并产生影响的柯亨是一脉相承的。保尔·**纳托普**（1854—1924）以他明晓易懂的阐述方式而成为马堡学派的真正代言人。纳托普的观点基本上和柯亨是一致的，他尤其承袭了康德的认识论，他致力于批判性地考察自然科学、心理学和教育学的基础。

这成了后来的一系列对个别科学进行批判性的基础研究的出发点。法哲学家鲁道夫·**施达姆勒**（1856—1938）对法学进行了批判性的基础研究；其他人，如卡尔·**弗棱岱尔**（1860—1928）对马克思主义进行了批判性的基础研究。阿图尔·**黎波特**（1878—1946）认为对于这种基础研究来说批判哲学是非常必要的。如同有人会问"纯粹的自然科学等如何是可能的呢？"这种问题一样，黎波特也提出了这样的问题："批判哲学如何是可能的呢？"一位批评家就此问题写道："这个'批判哲学如何是可能的呢？'的问题又如何是可能的呢？"

一般来说，哲学家们对于这些基础研究领域的兴趣要比科学家们的兴趣大。有人说，随着胡塞尔和海德格尔的出现，新康德主义也就到了尾声；不过另一种说法也是对的：新康德主义是通过国家社会主义而结束的，或者干脆说，新康德主义的代表人物要么是已经去世，要么因为是犹太人而遭到诋毁，倘使他们1933年还有职位，也被驱逐出德国了。马堡学派的最后一位杰出思想家恩斯特·**卡西尔**的命运就是如此，他出生于1874年，是柯亨在马堡的学生，先后在柏林和汉堡任教授，被迫离开德国流亡，先是去牛津大学，后又去哥德堡大学，最后辗转来到纽约继续执教，并于1945年在那里去世。卡西尔的主要著作有《**近代哲学和科学中的认识问题**》和《**符号形式的哲学**》。卡西尔著作的特点是，书中充满大量的经过加工的历史数据，他的观察视角远远超出了专业哲学的范围，尤其注重自然科学的研究——卡西尔为其奠定了认识论的基础，即使是艰涩的思想他也能够用明晓易懂的语言表达出来。

卡西尔的新康德主义老师与康德的关系——从康德出发是为了超越康德——在某些方面和卡西尔自己与柯亨以及纳托普的关系是类似的。对他们来说，认识和科学认识在本质上是同义的。此外，卡西尔还对所谓的人文科学和文化学进行了研究；他也将语言、神话和宗教思想以及艺术直觉纳入哲学研究的范围，视其为与科学相对的另一种独立的世界。他最后在国外（部分用英语）发表的著作如《**人论**》和《**国家的神话**》尤其是这种情况。

卡西尔的思想是从新康德主义——其繁荣时期大约在 1870 年至 1930 年——中发展而来的，他的思想不仅在时间上属于二十世纪，而且在本质特征上也属于二十世纪，卡西尔将他的批判工作的中心从意识和认识问题转移到了语言问题上，他的理论依据就是二十世纪初——特别是通过瑞士人斐迪南特·德·索绪尔（1857—1913）的研究——才开始作为精密科学出现的语言学。

符号这个概念可被看作卡西尔的中心概念。在卡西尔看来，我们永远都不可能直接把握和重现真实的东西，我们始终需要一种象征或符号的体系作为中介。卡西尔的这个思想已非常接近现代**符号学**，其创立者中较为杰出的一位就是美国人查尔斯·**莫里斯**（1901—1979）。

在叙述二十世纪哲学之前，我事先在这里补充几句话用来解释符号学的含义。符号学这个词是从希腊语 sema（符号）引申而来的，我们今天所理解的符号学是一个一般的符号体系理论——所谓一般是指，这个理论不仅包括自然形成的语言（作为最重要的体系），而且还包括人造语言（其中包括国际辅助语言如世界语等，还有出于科学研究目的而构造和通行的语言），此外还包括用于计算机的程序语言，图像符号（如交通标志、表意符号），艺术和宗教中的象征符号，最后还有动物王国里用于相互沟通的语言体系。

莫里斯的主要著作《**符号理论的基础**》（1938）是以弗雷格和佩尔策以及美国的实用主义和维也纳学派的思想为基础的。符号学所考虑的基本问题就是符号的特征，即其所代表的意义（如文字表示语音，乐谱表示音乐声调，绿灯表示"可以通行"）。符号，符号所代表的事物，还有使用符号者（既作为发送者又作为接收者），它们共同构成了一个"符号三角关系"，在这些角点之间形成了各种各样的关系。

语义学是符号学的一个分支，它是专门研究符号（Symbol）与所指对象（Designat，Denotat）的关系的。值得我们注意的是，在用文字这种"语言符号"表达事物时，（口头或书面）语词与它们所指称的（现实的或思想的）对象之间并不存在一种直接的关系，这种关系更多的是通过概念传达的。

著名的小说家翁贝托·**艾柯**是博洛尼亚大学的符号学教授，较为内行的读者会发现，他的文学作品中就包含许多涉及符号学的内容。

3．西南德意志学派

新康德主义的第二个重要学派西南德意志学派从一开始就与马堡学派不同，这个学派的主要活动地在海德堡，它的两个领袖人物就是威廉·**文德尔班**（1848—1915，他是洛采的学生）和海因利希·**李凯尔特**（1863—1936，他是文德尔班的学生）。如果说文德尔班是这个学派起决定作用的推动者，那么李凯尔特则是其体系的创立者。李凯尔特的主要著作有《**自然科学概念形成的界限**》《**文化科学与自然科学**》和《**哲学体系**》。这个学派的两位思想家的基本思想是一致的。

就像李凯尔特著作的题目所标明的那样，这个学派并不以纯粹自然科学为研究对象。他们所关注的主要问题是人文科学以及如何独立地建立人文科学和正确地划分人文科学与自然科学的界限。文德尔班认为，人文科学和自然科学的主要区别在于，自然科学研究一般规律，与此相反，人文科学研究特殊的、唯一的和个别的事物。

在研究方法上它们之间也是不同的。

这个学派的另一个特征与他们的兴趣转向文化和文化学是密不可分的。如果文化学——其中最重要的是历史——探索和描述特殊事物，那么其必要的前提条件就是要在大量的个别现象中作出选择，而这种选择——如果不过分武断的话——也要遵循一个标准。这个标准的依据也只能是对象的**价值**。价值这个概念被用于哲学是通过鲁道夫·赫尔曼·**洛采**（1817—1881）实现的，和古斯塔夫·提奥多·**费希纳**（1801—1887）一样，在转向哲学研究之前，洛采也是个自然科学家。从洛采开始，价值这个概念在哲学中占据了一个中心地位，它不仅对于人文科学研究的方法来说是不可或缺的，而且也是一切人类行为和认识的基础。超验价值不是来源于人的既有经验，其中包含应当如此的成分，它是真理、道德和美的范畴中的理想原则。如果一个判断"真正"符合价值原则，那么它就是正确的。如果一个行为"真正"符合价值原则，那么这个行为就是好的。这样的价值是超越时代的，它们不依赖任何既定的经验而普遍适用于所有时代。这样的价值既没有肉体的存在，也没有精神的存在——在精神行为中，我们只专注于那些既有的价值。它们的存在就是"价值"。

价值是通过人类精神的客体化而得以自我实现的：科学、国家、法律、艺术、宗教。李凯尔特将价值的范围进行了细致的划分，在他看来，逻辑学具有最高价值，其次是美学（美），神秘主义（神圣、万有），伦理学（善、德性、人的集体意识），性爱（幸福、爱的合一、献身精神）和宗教（神圣、虔诚）。

只有将这些价值综合在一起，才会有完美的人生。如果一个人只从中选取一种价值并将这种价值看作主导人生的唯一标准，那么他的世界观也只能是片面的。

试图将两个新康德主义学派的学说综合为一个整体的思想家就是布鲁诺·**鲍赫**（1877—1942）。

二、相近的哲学思潮——俄国哲学一瞥

新康德主义作为批判性的哲学思考，一方面是对唯心主义抽象思辨的反动；另一方面是对唯物主义的自然科学世界观的反动。与此同时，新康德主义也是对十九世纪的欧洲特别是德国思想界中所表现出的那种普遍的"历史主义"倾向的表达。和那个时代的艺术中为了复兴过去时代的艺术风格而进行的一系列尝试一样，在哲学领域，首先人们对哲学史又产生了浓厚的兴趣——其中值得一提的人物有库诺·菲舍尔（1824—1907）和约翰·爱德华·厄德曼（1805—1892），其次人们也热衷于复兴过去的思想体系，或者直接承袭这些思想体系。在这些尝试中，新康德主义是最为重要的一个流派，除此之外，还有**新费希特主义**、**新黑格尔主义**、**新弗利斯主义**，以及扎根于天主教土壤中直接承袭1879年罗马教皇通谕的**新托马斯主义**。新康德主义除了在德国，主要是在法国流传，其代表人物是查尔斯·**雷诺维叶**（1815—1903）。在英国和意大利，出现了新唯心主义学派，除康德之外，他们主要承袭的是柏拉图和黑格尔。英国的代表人物是弗兰西斯·赫伯特·**布拉德雷**（1846—1924）和伯纳德·**鲍桑葵**（1848—1923）；意大利的代表人物主要是贝内蒂托·**克罗齐**（1866—1952），克罗齐的主要著作是《精神哲学》，他写的关于美学和历史哲学的著作也很有名。克罗齐是个学识渊博的思想家，他不仅研究哲学，而且在历史、艺术史、文学批评、国民经济学和政治学方面也有很深的造诣。自1903年后，克罗齐就一直在他自己创办的刊物《批评》（*La critica*）上发表他的观点。他的哲学是对黑格尔思想、实证主义和实用主义的综合，其中黑格尔的思想构成了他的思想基础。

新黑格尔主义在意大利的另一位重要代表人物是乔凡尼·**金蒂雷**（1875—1944）。在法国，可以与克罗齐比肩的影响较大的新唯心主义思想家是莱昂·**布伦茨威格**（1869—1944），他的重要著作有《判断的方式》《精神生活导论》《数学哲学的阶段》《西方哲学

中意识的进步》以及《理性与宗教》。

在这篇简要的述评中，我们还应该提到弗拉基米尔·**索洛维约夫**（1853—1900），他是俄国出现的最重要的思想家之一，在共产主义思想和苏维埃政权之外，他对俄国思想的贡献是巨大的。在德国，他以精湛的语言艺术和他的天才作品《**反基督者的自白**》享誉天下；自1953年后，他的哲学著作出版了德文版的全集。索洛维约夫的基督教哲学思想融合了形式上的西方思想和俄罗斯宗教信仰。

在提到俄国思想家的时候，细心的读者也许会提出这样一个问题：为什么在本书中很少涉及俄国的思想发展？这当然不是因为俄国思想的发展历史不属于欧洲思想史的范围。毫无疑问，在文学和音乐领域内，俄国人作出了杰出的贡献，而且在数学和自然科学领域俄国人也有突出的成就。但是，俄国人在哲学方面的成就与此相比就逊色多了。虽然自彼得大帝（1672—1725）以后，俄国向欧洲敞开了大门，虽然重要的欧洲思想运动——启蒙运动、德国唯心主义、浪漫主义、唯物主义、马克思主义——都输入俄国并产生了反响，但是，我们几乎看不到一种来自俄国的思想反过来对中欧和西欧产生过重要的影响——例外的情况是，列宁和斯大林对马克思主义做了补充。

在西方，至少自康德以后，著名的思想家大都是大学教授，而俄国的大学——其整个教育体制都是如此——则是持续地受到国家的（以及与之关系密切的东正教教会的）监护，因此，独立的思想在这里不可能得以自由发展。甚至在很长时间以内，康德的著作都是禁书。独立的思想至多只能在文学或某些内部刊物中表达出来，所以，那些伟大的文学家如**陀思妥耶夫斯基**和**托尔斯泰**，以及那些评论家关于人和世界的深刻思想只有在文学作品中或报刊中才有表达的可能性。

十八世纪俄国的一位杰出思想家葛利高里·**斯科沃罗达**（1722—1794）精通德语、拉丁语和希腊语，他很快就与教会权威发生了冲突，在他活着的时候，他的大部分著作都没有公开发表。曾经在莱比锡

大学上学的哲学家和自然科学家**拉吉舍夫**（1749—1802）也遭到
俄国的驱逐，他甚至被那个所谓的开明君主叶卡捷琳娜二世判处了
死刑（后又被赦免）。这样的例子不胜枚举，比如彼得·**恰达耶夫**
（1794—1856），他是谢林的追随者，普希金的朋友，他于1836年
在一本杂志上发表了一篇《哲学通信》，他在其中批评了他家乡的
思想贫瘠的状况。该刊物因而被查封，编辑遭流放，在沙皇的授意下，
文章的作者恰达耶夫被宣称为精神病患者并被置于警察和医生的监
控之下。

俄国作家的大量作品都不是在俄国而是在国外发表的，这毫不
奇怪，因为这些作者——要么是自愿，要么是被迫——都是在流亡
中生活的。俄国沙皇统治时期是这样，到了共产主义专制时期也是
如此。我们举十九世纪的两个例子：亚历山大·**赫尔岑**（1812—
1870），他常常被称为虚无主义者；米盖尔·**巴枯宁**（1814—
1876），他先是一个黑格尔主义者，后来又成为一个社会革命家、
无神论者和无政府主义者。再举二十世纪的两个例子：**洛斯基**
（1870—1965），他创立了自己的体系，在某些方面继承了前面提到
的索洛维约夫的思想；尼古拉·**别尔嘉耶夫**（1874—1948），他是
个"激进的贵族和浪漫主义者"，主要思考伦理学和哲学人类学问题。

在苏俄马克思主义内部，形形色色的修正主义和正统的共产主
义占据主流。斯大林统治时期，任何偏离党的路线的企图都很容易
招致杀身之祸。大约自1960年开始，在消除斯大林影响的过程中，
西方思想家如莱布尼茨、斯宾诺莎、洛克、休谟、尼古拉·哈特曼、
维特根斯坦和伯特兰·罗素的大量著作首次有了俄文译本。[3]

第七部分

二十世纪哲学思想主流

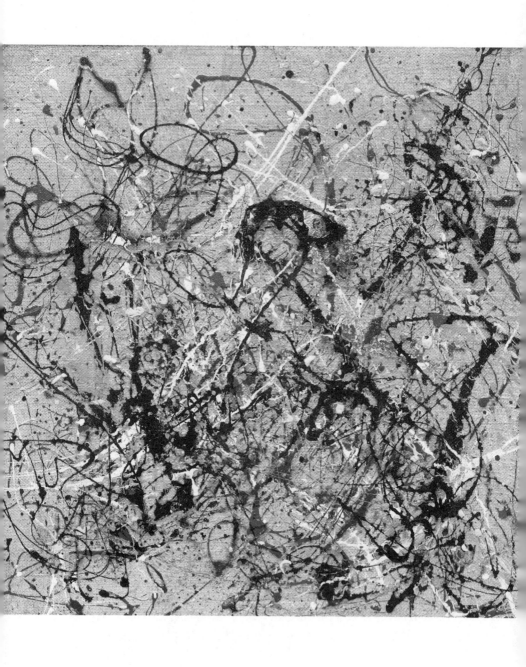

《滴画 18 号》(1950,杰克逊·波洛克,现藏美国古根海姆博物馆)

一个崭新的时代

　　二十世纪给人类带来了毁灭性的战争、迫害、颠覆、种族屠杀、原子弹、具有威胁性的人口膨胀以及环境污染，与此同时，科学也经历了前所未有的繁荣，科学的繁荣不仅使人类的知识呈几何级增长，而且还强烈地动摇和改变了我们的世界观的基础。

　　这样的论断可能使大部分读者首先想到物理学的进展。事实上，**数学**的发展为物理学的革命做了必要的准备。直到十八世纪，伟大的哲学家如笛卡尔和莱布尼茨都是富于创造性的数学家，他们的数学知识都领先于时代，而到了十九世纪，数学和哲学之间的关系开始松懈起来。黑格尔、叔本华、克尔凯郭尔、尼采都不是数学家。十九世纪下半期数学领域内取得的丰硕成果，如俄国人**罗巴切夫斯基**、匈牙利人**波尔耶**、德国人**高斯**和**黎曼**关于非欧几里得几何的理论，以及高特洛普·**弗雷格**在逻辑学和数学方面的具有划时代意义的成就根本就没有引起哲学家们的注意。在康德那里，基于欧几里得的传统的空间几何观念还是理所当然的，在现代几何学理论中，它则被认为只有在特殊情况下才是没有矛盾的。只是当现代数学——尤其通过相对论——在物理学中得到实践应用之后，它才对哲学产生了影响。(其创始人对此几乎没有任何预见,高斯是个例外,他预见到,我们观念中的先验空间与物理学中的空间是有区别的。)

现代物理学的转变主要是以马克斯·**普朗克**的量子理论(1900)和阿尔伯特·**爱因斯坦**的相对论(1905,《狭义相对论》;1916,《广义相对论》)为标志的。波动力学(**德布罗意、薛定鄂、狄拉克**)、量子力学(**海森堡**)和基本粒子物理学标志着现代物理学的进一步发展。不必详尽深入地阐述这些理论的内容,我们用简短的几句话来概括一下现代物理学的宇宙观的基本变化,这样读者就能够获得一个大致的印象。

十九世纪的物理学和建基于其上的所有哲学的基础是:人们认为最后的不可分割的物质单位是原子;人们接受一种严格的决定论,认为一切自然进程都是受一种严格的因果律决定的;人们认为物质是存在物的最后和最简单的要素,并且试图借此来解释一切现象。在世纪之交,所有这些观念都被动摇了:

物质这个概念变成了问题。自从物理学进入原子理论之后,人们就认识到,原子根本就不是物质的最后不可分割的组成部分,物质的构成是极其复杂的。为了解释这个复杂的结构,物理学不得不求助于一系列数学公式。"唯物主义"为宇宙整体提供一种简单的解释已变得再也不可能了。物质本身也需要加以解释,因为物质的概念与能量融合到了一起,物质只是被看作能量的外在显象。

宇宙的基本粒子组成成分不能理解为纯粹的物体组成成分。在特定的观察条件下,电子在某个地方显示为点状结构,在另外的条件下则显示为在较大空间区域内向外延展的波状结构。

宏观物理学在表达其物理定理时可以把观察的主体忽略不计,微观物理学则不能这样。微观物理事件不是完全客观化的,每一个观察在这里都是对事件进程的一种侵犯。

因果律问题也被重新提出来加以讨论。因果律在微观物理学范围内必须被统计概率所取代。

空间和时间对艾萨克·牛顿来说是一切事件的不可动摇的背景,

自爱因斯坦和赫尔曼·**闵可夫斯基**（1864—1909，数学家）以来，这种观念就不再适用了，空间和时间构成了一种四维的连续统一体。"同时"这个概念在宇宙范围的大尺度上变得毫无意义了。

天文学和已经变成精密科学的宇宙学——尤其自艾德文·**哈勃**（1889—1953）发现星系逃逸和宇宙膨胀以来（爱因斯坦等人已经以数学的形式对此加以证明）——彻底改变了我们的宇宙观，过去最大胆的推想都难以想象到这样的变化。利用现代天文望远镜，特别是利用以哈勃命名的围绕地球旋转的哈勃天文望远镜，我们能够观察纵深达几十亿光年的宇宙空间，从而能够观察宇宙的过去。我们的银河系是由平均大小与我们的太阳相当的约两千亿颗星体组成的，而银河系又是几百万个类似的星系之一。宇宙的年龄被大约估计为150亿年。不过问题是，我们的宇宙观的改变是否引起了哲学家们的足够重视。

生物学逐渐占据了物理学的地位而成为一种主导科学，这不仅因为达尔文的具有划时代意义的认识——其观点遭到来自教会的强烈抵制——逐渐地被普遍接受，而且基因科学和行为科学研究也强烈地影响了我们关于人的观念，这种影响也仍然在持续着。

西格蒙德·**弗洛伊德**（1856—1939）的《梦的解析》的发表（1899）也对世纪之交的心理学产生了强烈的影响——这与普朗克和爱因斯坦的思想对物理学产生的影响类似。那时，心理分析或精神分析学先是通过弗洛伊德，尔后通过他的学生及其追随者得以发展，瑞士人卡尔·古斯塔夫·**荣格**（1875—1961）是其中较为突出的代表人物。时至今日，弗洛伊德的理论仍然是引起争议的。但是毫无疑问，弗洛伊德发现了人的无意识世界及其在人类心灵生活中所起的巨大作用，这一重要事实深刻地影响了二十世纪的世界观、人类感情和人的形象，并且也对文学和艺术创作产生了深刻的影响。

现代语言科学或称**语言学**也从世纪之初开始——特别通过斐迪南·德·**索绪尔**（1857—1913）——获得了巨大的进展，哲学面对语言学所取得的成果也不可能视而不见。而且事实上可以略带夸张地说，语言已经成为二十世纪哲学思考的主题，至少在二十世纪下半期是这样的。

技术的进步和科学发现并行不悖，这是自然科学不断进步的结果。人类已经能够离开地球并且向我们的太阳系的遥远区域发射宇宙探测器。计算机和智能机器人的问世给社会和经济带来了深刻的变革。在所有这一切之上则高悬着对整个人类构成威胁的生存危机，因为自从发现了铀的核裂变之后，人类发明并积存了大量的核武器。

迄今为止，人类历史上还从来没有出现这样的危险。除此之外，今天还出现了另外一种威胁，这是人口爆炸、原料和能源枯竭以及人类生存的自然环境的破坏造成的。

哲学对这一切问题都展开了讨论。哲学尝试作出的回答则是五花八门，并且有些也是自相矛盾的。至少在如下一点上他们开始达成一致的意见：

杰出的思想家及其创建的学派和流派出现以后，哲学在其整个历史发展过程中一直保持着各个流派的独立划分状态。在二十世纪里，源自实践的科学所取得的硕果是如此之累累，以至于单独的某个人若试图把他生活的时代全部包容进他的思想范围之内（如黑格尔那样），则必然是会失败的，除非他能够认识并领会所有这些成就。但是，由于现在可供使用的知识几乎不可能一览无遗，而且正在与日俱增，所以，单独的个人若想无所不知则是力所不能及的，因此，团队协作以及不同研究领域之间的合作是非常必要的。这样，我们就可以预见到，当今以及未来的哲学几乎不可能再通过某个杰出的思想家及其思想体系而划分为各个流派。某个主题或问题以及前沿科学知识所提出的任务将是今后哲学研究的重点，这一切必须通过哲学家和相关的“专业人士”的合作才能实现。就此而言，如今许多人所要求并为之付出努力的**“哲学的科学化”**将会逐渐变为现实。

在本书最后部分的章节划分中，我考虑到了上述的实际情况。在处理最后两章的第一章时，我仍然沿用通常的做法，按某个哲学家或某个同属一派的思想家群体划分章节。在处理第二章时，我是按不同研究领域的学者——包括哲学家和专业科学家——所研究的不同主题或问题范围划分章节的，我的叙述将不再依循年代顺序或学派，而是依循问题范围。事实证明，这样的处理是成功的。

第一章

二十世纪上半叶的思想家和流派

一、生命哲学和历史主义

1．概述

以前人们曾经用"生命哲学"这个名字来称呼叔本华和尼采的哲学。如现代生命哲学家格奥尔格·**西美尔**所言，叔本华和尼采把十九世纪的启蒙主义理性从它们的宝座上推了下来。其年代大约可确定为 1880 年至 1950 年的现代生命哲学是针对启蒙运动和理性主义的一场大规模逆反运动的组成部分，而且也是浪漫主义的延续。生命哲学家认为，我们借助纯粹的思想不可能真正把握和理解活生生的生命实在。理性一方面是生命哲学的奴仆；另一方面又是它的敌人。

所有现代生命哲学家的共同之处在于，他们都或多或少地意识到并明确表示，他们是站在叔本华和尼采的肩上的。此外，他们还有相同的基本思想和一系列共同的本质特征，我们可列举如下：[1]

这些思想家们都是"能动主义者"。在他们那里，运动、变化和发展比一成不变的存在更有意义。

他们认为现实世界是**有机的**。他们大部分都以生物学为出发点。

他们特别喜欢**非理性**。概念、逻辑原则和先验的形态对他们来说都是作用有限的方法论工具。他们更偏爱直觉、直观、凭感觉领悟和领会以及体验。

在认识论方面，他们是**非主观主义者**。对他们来说，世界不仅仅存在于我们的头脑之内，而且在我们的意识之外还存在着一个独立的客观现实世界。

他们大都是**多元论者**，就是说，他们不接受一种唯一的基本原则，而是两种，即"生命"及其对立物，或者更多种。

2. 柏格森

现代生命哲学的第一位推动者就是法国人亨利·**柏格森**（1859—1941）。他的四部重要著作是：《**论意识的直接材料**》（1889），其德文版的书名为《**时间与自由意志**》；《**物质与记忆**》（1896）；《**创造进化论**》（1907）和《**道德和宗教的两个来源**》（1932）。柏格森所有著作的共同特点是，语言极其优美和清晰，书中包含大量的形象比喻和例证；从内容上讲，它们都具备牢固的自然科学所有分支的知识基础。这也是柏格森能够取得非凡成就的原因之一。

除叔本华之外——其世界作为意志和表象的双重观点与柏格森非常相近——柏格森在法国也有自己的思想先驱，只不过在重要性上柏格森远远超过了他们。最初，柏格森是以斯宾塞的思想为出发点的。柏格森一开始是想进一步深化斯宾塞的思想体系，但是最终却导致他与斯宾塞彻底地分道扬镳。在法国，柏格森的主要批评者和对手就是于连·**邦达**（1867—1956）。

空间与时间，理性与直觉

柏格森以空间和时间的关系为出发点。在康德那里，空间和时间从本质上说是我们的直觉体验中的两种同等重要的形态。在柏格森看来，它们有着本质的区别。

空间本身是均质的，它是一种同类点的整体。我们可任意地从一个点转移到另一个点。事实上，自然科学所观察到的始终是这样一种空间。自然科学所称的运动只是物体在空间中的前后次序。所谓的测量时间实际上也只是测量空间中的变化。

时间不是均质的，它是一种一去不复返的序列。在时间之内，我根本不可能任意地从一个点转移到另一个点。每一时刻都是新的，一次性的，不可重复的。时间是一种独一无二的不可分割的流变，它与自然科学所称的时间有着根本的区别。空间是不变的存在，而时间不是不变的存在，它是变动不居的。

与空间和时间相适应，在人身上也存在两种不同的认识能力。

理智可列入空间一类。理智的对象是不变的东西和空间中的东西，是物质。在这个范围内，理智具有真正的认识能力，因为它与物质是本质相连的（这一点与康德不同）。理智是行动着的人的感觉器官，是制造工具并改造自然的生物的感觉器官。但是，理智不可能理解真正的时间和纯粹的绵延。当理智转而思考时间时，它会把它与空间中的物质相适应的观念转嫁到时间身上。理智会把时间切成碎片，它会把时间分割成能够数得清的和可以测算的计量单位，因而会远离时间的真正本质。

我们只有通过直觉才能领悟纯粹的绵延。今天的人们已经太过习惯于运用理智，以致我们很难再摆脱理智的束缚，用纯粹直观去感觉时间的生生不息、绵延不绝的流动。与理智相反，这种直觉并非服务于人的实践活动，它是人观察和认识世界的感觉器官。

由于理智是为实践服务的，所以从事哲学思考只有运用直觉才行。这必然会产生一种必要的逻辑证据的匮乏。哲学家能够把自己通过直觉认识到的东西用直观的生动的形式表达出来，但是哲学家并没有能力再帮助别人达到和他同样的直觉力。

生命冲动

当哲学家沉思围绕着我们四周的生命海洋之时，他会认识到，一切现实都是一种变化过程。从根本上说，只存在变化、活动和行动。而且这种运动可分为两类，一类是生命的上升运动；另一类是物质的下降运动。这是两种迥然不同的世界。试图用理性去解释生命的本质是毫无意义的，不管这种解释是机械论的还是目的论的。譬如，像眼睛这样的复杂器官难道是通过一系列偶然的变异而产生的吗？尤其是，我们该如何解释，在生命的进化过程中，完全独立的各不相同的生物旁系怎么会演化出非常相似的器官呢？而且是通过完全不同的方式。如果认为这样的富有目的和复杂的器官构造是通过一种盲目的变异和自然选择过程而形成的，那么这种想法无论如何也只是天方夜谭（这与达尔文的理论是相违背的）。生命的发展不是取决于物质及其机械原则，或者毋宁说恰恰相反，它是拒绝惰性和偶然性的，生命会向更高的更冒险的和更自由的形式发展。

生命是在物理和化学力量的相互作用下发展的，它的发展轨迹就如同我们在观察一个圆圈的一小段时那样，我们看到的那一小段线是直的，而事实上，生命的发展轨迹是曲折复杂的。意识也并不依赖于肉体，哪里有生命，哪里就有意识。但是，只有人才有直觉，才能够认识自己的生命，并能够沉思自我。重要的是，我们要"侧耳倾听那深邃的生命之奥秘，并且要借助于一种理智的精密计算来把握生命的脉动"。

道德与宗教

在柏格森的道德和宗教哲学中也有两种类似的相互对立的因素。

道德分为两种。一种是**封闭的**道德，它由社会压力而产生，不是关涉个人的。与之相适应的行为几乎都是无意识的和凭本能直觉的。它的目的是维护社会风尚，因此，它总是涉及某个特定的人类团体。另一种是**开放的**道德，这种道德是关涉个人的，它独立于社会，富有创造性。只有在杰出的人物身上，在圣者和英雄身上，这种道德才有所体现。它源自对生命根本的直接领悟并在爱中包容整个生命。

　　宗教也分为两种。由于人这种社会动物缺乏一种能够维持他们的社会关系的本能直觉，由于人的理性在维持他们的社会关系方面起着一种相反的作用，因而大自然就用理性的"臆想"帮助人类维护他们的社会关系。人类凭借想象创造了许多神话传说，用以把人类与生命个体连接在一起。人通过理性认识到，他是会死的。他通过理性认识到，若想实现他的目的，他就必须跨越许多无法预测的艰难险阻。大自然会帮助他来承受这个痛苦的认识，它借助于幻想制造友善的神灵。这种"静态"宗教在人的生活当中的功能与本能直觉在动物那里的功能是相似的，它起一种制约的、保存的和宽慰的作用。

　　由此而言，动态宗教（神秘教）是一种与之完全不同的宗教，它在希腊人那里开始萌芽，在印度人那里以沉思冥想的形式出现，在基督教神秘主义者那里达到了完成。这种动态宗教起源于对难以企及的东西的预感，起源于向生命之流的回溯。只有那些个别的非凡人物才具有这方面的能力。倘若那些神秘主义者依据对别人来说难以理解的个人经验而断言，生命之流的源头就在上帝那里，上帝就是爱之神，世界就是神之爱的外显，在人的身上燃烧着一种不朽的神之微光，那么，即使哲学对此无法加以证明，人也仍然应该心怀感激地把它作为一种启示来接受，因为只有人这种具备神秘通灵能力的万物之灵长才有这样的禀赋。

3. 活力论——格式塔理论

　　汉斯·**杜里舒**（1867—1941）是德国新活力论的代表性哲学家，我们把他放到生命哲学里讨论主要是出于以下原因：首先杜里舒的哲学是以生命为出发点的（他做过二十年的动物学家），其次杜里舒的哲学是一种有机的哲学。由此出发，杜里舒的思想倾向倒是更接近那个时代的形而上学，即客观存在哲学，我们将在这一章的另一节里讨论其代表人物。

　　在观察生命的过程中，机械论和活力论之间的对立斗争在希腊人那里就已经发生了。其中德谟克里特就试图用原子的机械的相互作用来解释整个宇宙,而亚里士多德则用一种特殊的生命之力即"隐德来希"解释生命现象。在近代哲学中,从笛卡尔到拉美特里的"机器人",机械主义的世界观仍然占据主流。康德试图划清这两种世界观的界限并且认识到, 一种目的论的世界观是必不可少的。浪漫主义是一种活力论,浪漫主义思想是充满活力的和有机的。十九世纪的自然科学伴随着达尔文的进化论以及有机化学领域内取得的突出成就而重新倾向于一种机械论的世界观。

在德国,汉斯·杜里舒是以活力论的代表而闻名的, 他的主要著作有《有机哲学》《秩序学》《现实理论》《形而上学》和《心理玄学》。

杜里舒在海胆上面所做的动物学实验是促使他的思想产生的重要诱因, 这些实验表明, 一个被分割的胚胎并不是形成生命体的一部分器官,而是形成多个完整的生命体,即使微小的生物也是如此。对杜里舒来说,从部分中形成整体的生物再生能力是不可能用机械论的观点加以解释的。整体因果性是生命所特有的。杜里舒用亚里士多德的"隐德来希"称呼这种不可见的、无法把握的力量。

杜里舒并不满足于此,为了对生物学做哲学的解释,他创立了一套思想体系,内容涉及逻辑学、伦理学和形而上学。

杜里舒伦理学的首要前提就是对生命的肯定,生命是有机的并且是精神生活的工具。由此必然会得出结论,生物之间的行为规范就是互不伤害和厮杀。在国家中,在人类发展过程中,在道德意识的事实中,也有类似有机生物中的那种整体特征。尽管并不十分确定,但是这也接近了这样一个结论,即是说,在现象世界的背后存在着一种"隐德来希",一种宇宙整体的灵魂。

二十世纪的科学和哲学通常倾向于从整体上观察世界,人们认识到,整体是可塑的。在心理学领域里,这个思想尤其通过所谓的**格式塔心理学**以及普通**格式塔理论**而得到发扬。普通格式塔理论的创立者是克里斯蒂安·冯·**艾伦菲尔斯**男爵(1859—1932),他于

1890 年发表了一篇名为《关于格式塔质量》的论文。格式塔心理学的创立者是马克斯·**维特海默**、沃尔夫冈·**克勒尔**和库尔特·**考夫卡**。

在哲学领域内值得一提的是赫尔曼·弗里德曼（1873—1957），他是一位研究形式问题和格式塔理论的思想家，他给生物学的硕果累累的发展带来了新的活力。他的主要著作有《**形式的世界**》《**科学与象征**》。

4. 德国的生命哲学和历史主义

德国的生命哲学所关心的并不是生物学问题，而是历史问题，在这方面也出现了为数众多的代表性人物。德国的生命哲学与所谓的历史主义有着紧密的关系。自黑格尔和浪漫主义以来，德国历史科学的蓬勃发展为历史主义思想运动的出现起了推波助澜的作用。历史在这里成了哲学思考的中心问题。西奥多·**利特**在人类的历史特性中看到了一种具有形而上学意义的根本目的。对生命的历史考察很容易产生一种价值相对主义。人们认识到，一切事物的形成与消亡都是在特定的历史条件下发生的。这就可能导致人在面对自己时代的那些必须要做的事情时会表现得优柔寡断。德国生命哲学的精神导师尼采（在他的不合时宜的考察中）就针对这一点以及那种令人倍感压抑的历史知识的堆砌进行了激烈的批评。

我们在这里把德国的生命哲学家和真正意义上的历史主义思想家放到一起加以讨论。

路德维希·**克拉格斯**（1872—1956）来自以诗人斯蒂芬·乔治为中心的文人圈子，他的伟大功绩主要在于科学的笔迹学和性格学研究，而且他这方面的功绩要比他在哲学上所取得的成就具有更为持久的影响。克拉格斯把人的肉体看作灵魂的外在现象，把灵魂看作肉体的知觉，因而肉体和灵魂就是一种知觉和表达的紧密关系。克拉格斯主要是从他的老师麦奇奥·**帕拉基**（1859—1924）那里获得灵感的，帕拉基是一位学识渊博的思想家，他于 1901 年——也就是在爱因斯坦发表《狭义相对论》的好几年之前——就已经在他的论文《时间与空间的新理论》中表达了相对论的基本思想。克拉格斯接受了他的"**间歇性意识**"的学说,根据他的学说,持续不断的流动的生命过程只能被人的断断续续的意识不完整地把握住。这使人想起柏格森的观点。

克拉格斯在他的主要哲学著作《**作为灵魂的敌人的精神**》中明确地表明了他的立场。肉体和灵魂是生命机体的密不可分的两极,而精神就像楔子一样是从外部挤进来的,它插在肉体和灵魂之间,意欲使肉体和灵魂一分为二并将生命扼杀掉。尚未被与生命为敌的精神侵害的灵魂所体验到的世界是一连串的图像,是被赋予了灵魂的形象。精神却把这个连续的图像之流搞得支离破碎,并将灵魂的体验肢解为彼此分离的"对象"。科学,特别是机械主义的自然科学,最为强烈地破坏着这些连续的图像,精神对生命的扼杀作用暴露无遗。精神对于生命是一种陌生的超时空的力量,它是对生命的侵犯。在这场精神与灵魂之争中,克拉格斯激情洋溢地站在了灵魂的一边,站在了生动的无意识的生命一边,借此来对抗灵魂的敌人,对抗精神、心灵、感情、直觉、头脑、理性以及智力。精神产生的结果就是有意识的行为,每一种这样的行为都是"对生命的谋杀"。克拉格斯提出的口号是:回到自然的无意识的生命中去!

几乎被人遗忘了的文化历史学家约翰·雅克比·**巴霍芬**(1815—1887)的关于母权和原始宗教的著作,通过克拉格斯而重新产生了影响。

赫尔曼·**凯瑟林**伯爵(1880—1946)是一个来自波罗的海东岸的古老的德国家庭的后裔,著名的斯坦贝格男爵就是他的祖先。这个家族名字所带有的那种闻名于世的历险精神也传给了凯瑟林,他称自己是个"雇佣兵","喜欢非同寻常的、多彩的、变化多端的和富于挑战性的生活。"[2] 他几乎走遍了整个世界,在他的《**一个哲学家的旅行日记**》中,他描述了自己游历印度、中国、南太平洋和美洲的见闻,这是我们这个时代最为生动的哲学著作之一。

和克拉格斯一样,凯瑟林也强烈地反对纯粹的理性主义文化。

他是一个崇尚创造性直觉的人，但是他并不反对精神，而是试图将精神与灵魂重新结合为一体，从而指出一条完美的途径。在这个意义上说，他想赋予哲学更多的东西，亦即"智慧人生"。

格奥尔格·**西美尔**（1858—1918）和凯瑟林一样也是个非常博学多才和修养很高的作家。生命之间形成的张力就是西美尔的生命哲学研究的中心问题，其"客观内容"就是人的文化，包括法律、道德、科学、艺术和宗教等。西美尔指出，虽然这些客观的文化内容有它们自己的规定性而且甚至可能会站在生命的对立面，但是它们都是从生命自身中产生出来的。因为生命同时又总是赋予比生命本身更多的内容，或者如西美尔所言，超验性是生命内在固有的，这就是说，生命超越其生命基础属于生命的本质。西美尔在这方面的最重要的著作是论人生观的四篇形而上学文章。西美尔同时也是一位重要的社会学家。

历史学家和历史哲学家奥斯瓦尔德·**斯宾格勒**（1880—1936）通过发表引起轰动的著作《**西方的没落**》而闻名遐迩，他的名气比西美尔要大得多。和柏格森一样，斯宾格勒也坚信空间和时间的世界具有本质的区别。有一种空间逻辑，它的原则是因果律，它是自然科学研究的范围。此外还有一种时间逻辑，这是一种有机逻辑，一种命运逻辑。它教导人们从历史中把握世界。

斯宾格勒具有观相术士般的敏锐目光，他能够看清历史发展的形式和内在联系。对他来说，世界历史不是一个持续发展的过程，而是各自独立的文明的序列。每一种文明都是一个有机体，是一种最高级别的生物体，是一种特殊的精神表达。文明和生物一样，它也会成长、繁荣和衰亡。世界历史的比较形态学（格式塔理论）可以看清每一个文明的生命历程。如果将它运用到我们西方的"浮士德式的"文明中去，那么得出的结论就是，我们的文明已经进入一个停滞的阶段，而且正在走向没落。斯宾格勒的其他著作与他的《西方的没落》比起来就逊色多了。

威廉·**狄尔泰**（1833—1911）属于相对较老的一代人，但是他的影响和斯宾格勒一样也一直延续至今。狄尔泰的思想发展是从实证主义出发的，它最后发展为一种对生命和历史的非理性认识，从而反映了十九世纪的思想发展过程。因为现实就是生命，只有把现实看作从生命到生命的运动，它才可能被理解，仅依靠理性是做不到的，除此之外还要依靠我们的情感的力量。人文科学，特别是作为人的自我反思的历史科学对于认识现实世界是极其重要的。"人只有通过历史才能了解人是什么。"狄尔泰强调了人文科学在逻辑学和认识论上的意义，并且指出了人文科学相对于自然科学的独立性和特殊性，他在这方面作出了巨大的贡献。

狄尔泰的历史主义不可避免地把他引向了相对主义。"人的观念的相对性就是历史世界观的最后结论，一切都是在过程中流动的，无物长存。"[3]

在我们这一段简短的叙述中，狄尔泰被放在了其他思想家的后面，但是必须强调指出的是，在德国的生命哲学家里面，狄尔泰产生的影响是最为持久和深远的。一大批近现代思想家都受过他的影响，其中包括恩斯特·**特勒尔奇**（1865—1923）、埃德华·**施普朗格**（1882—1963）、埃里希·**罗特哈克**（1888—1965）、汉斯·**弗莱尔**（1887—1969）、西奥多·**利特**（1880—1962）以及西班牙哲学家胡塞·奥特加·**加塞特**（1883—1955）。

二、实用主义

在这一部叙述哲学史的书中，我们第一次踏入美国的土地，去考察一下那里的思想发展。虽然在政治上美国已经脱离欧洲大陆很久了，但是美洲新大陆在艺术、科学和哲学方面对欧洲的精神依赖性却一直保持着。只是到了十九世纪末二十世纪初，美国才在这些领域内开始有了自己的声音。哲学方面的第一位发言者就是威廉·詹姆斯，他是美国实用主义的创立者，也是第一位具有世界意义的美国哲学家。

1. 威廉·詹姆斯

威廉·詹姆斯于 1842 年出生在纽约，他是作家亨利·詹姆斯的哥哥。关于这兄弟两人有这样的记载：作家亨利对人的内心世界的了解和他的心理学家弟弟一样好，学者威廉和他的作家哥哥一样也写得一手好文章。威廉·詹姆斯在法国读大学，之后，从 1872 年起直到他退休（1907），他都是在哈佛大学教书。他先是教解剖学和心理学，他于 1890 年发表的《**心理学原理**》是他最有名的著作之一。后来，他的兴趣转向哲学。他的最重要的哲学著作有《**信仰意志**》《**宗教经验之种种**》《**多元的宇宙**》《**真理的意义**》。

詹姆斯哲学思想的主要的——并非唯一的——特征就是"实用主义"。这个词是从希腊语 pragma（行动、行为）引申而来的，与我们今天使用的"实践、实用"这些词意义相近。詹姆斯自己给它下的定义是："这是一种不考虑第一事物、原则、范畴和假定的必然性的态度，它所关心的是最后事物、结果和事实。"实用主义的特征就是它的特殊的真理概念。实用主义不像经院哲学和古代形而上学那样，它不关心事物的最终"本质"（詹姆斯也坚决地拒绝德国唯心主义的抽象思辨），它也不关心事物的最初起源，它把目光投向前面。它只关心一个观念的"现价"是多少？在詹姆斯那里，美国的那些典型的表达方式随处可见，如利润、用处、功劳、结果等。"经受住实践结果考验的就是真理。"詹姆斯的真理观是从美国人查尔斯·**皮尔士**（1839—1914）的一篇论文那里获得启发而来的，在此意义上，皮尔士可被看作詹姆斯的先驱。实用主义这个概念是皮尔士从康德那里借来的。

詹姆斯的思想体现了美国人的那种直接的现实主义的和讲求实际的生活态度。如果把实用主义运用到哲学中去，这意味着什么呢？对哲学也不应该提出这样的问题：这合乎逻辑吗？这符合事实吗？而应该问：这种哲学在实际运用中对我们的生活和利益究竟有何意义？如果哲学——即使它再合乎逻辑再有说服力——不能满足人的宝贵的愿望或者让他非常失望，如果哲学与我们内心的希望和兴趣不相符合，如果哲学在实际生活中，在斗争和工作中，在自然中经受不住考验，那么，人们就永远都不会接受这种哲学。"逻辑和说教并没有说服力；夜晚的浓雾弥漫在我的心中……我反复地思索哲学和宗教的意义。也许它们在课堂上被证明是对的，但是在广袤的云海里，在奔腾的河流中则不尽然。"[4]

这也同样适用于宗教，"假使人们相信有一种宗教能够帮助人过上一种更为美好的生活，那么相信这种宗教对于我们来说确实是很好的，前提是这种信仰没有碰巧与人的其他更为性命攸关的利益相冲突"。

显而易见，实用主义的真理观与西方传统的真理观是相矛盾的，与西方哲学特别是康德哲学所确定的真理观是不一致的。

在詹姆斯的思想中，除了实用主义的因素，至少还有另外三个重要特征：

第一个特征我们可称之为"**物力论**"。宇宙不是已经完成了的静态的，而是永远变化的。我们的思想也是一种永恒的流变，一种相互关联的体系。

第二个特征詹姆斯自己称之为"**多元论**"。我们不可能用一种原理来解释世界。现实世界是由许多个独立的体系组成的。宇宙"不是单一的宇宙（Uni-versum），而是多元的宇宙（Multi-versum）"。我们的这个世界就是各种对立的力量相互争斗的战场，人类的意志和力量拥有广泛的用武之地。每个人都必须参与进来。古代民族的多神信仰就是世界多元化特征的体现，多神信仰总是一个民族的真正的宗教，而且今天仍然如此。多元论和多神教比任何一种一元论和一神教都更为合理。

第三个特征也是一种典型美国式的对一切可能性都敞开大门的**怀疑主义的无偏见态度**。谁敢断言，他的认识方式是我们人类的认识方式中的最为有效和最为正确的？"我本人坚决否认这样一种信仰，即认为我们人类的经验是宇宙中的最高形式。我倒是更倾向于这样一种观念，即我们与整个世界的关系几乎和我们的宠物狗和宠物猫与我们的关系是同样的，它们是我们的起居室和书房里的成员，它们也参与到一个连它们自己也不知其所以然的场景里来。在神奇的历史进程中，它们都只是匆匆过客……在万物的轮回流转中，我们也只是匆匆过客。"

2．约翰·杜威

美国实用主义的第二位伟大代表人物约翰·**杜威**（1859—1952）所赋予实用主义哲学的形式从某种意义上说比詹姆斯的思想更具"美国味"。杜威首先是个教育学的社会改革家，他的那部被翻译成德语的著作《**民主与教育**》（1916）至今在美国的教育事业中仍发挥着重要的影响。杜威的最主要的哲学著作有《**理论逻辑研究**》《**伦理学**》《**创造的智慧**》《**哲学的改造**》《**人的本性和人的行为**》。

有些特别的是，杜威在他生命中的重要时期都不是在更为欧洲化的美国东部度过的，他一直长期在美国的中西部生活。詹姆斯是个虔诚的信奉宗教的人，他的哲学虽然带有实用主义的倾向，但是仍然使人觉得他是在为哲学和宗教做辩护。与此相反，杜威只关心自然科学和实际经验，他剔除了一切超越自然科学和实际经验的东西。思想是行为的工具。思想只具有工具的价值。因此，他的哲学也被称为**工具主义**（Instrumentalismus）。

成长和发展是杜威世界观的关键词。它们也是伦理学的标准。人生的目的不是达到一种最终的完美境界，而是在一个永恒持续的过程中不断地向更完美、更成熟和更精致迈进。

3．实用主义在欧洲：席勒，魏欣格尔

在欧洲，实用主义主要是在英国产生了广泛的影响。斐迪南·**席勒**（1864—1937）是其代表人物。他的主要功绩在逻辑领域。他最重要的著作是《**人道主义**》（席勒就是这样称呼实用主义的，因为在他看来实用主义的一切都是关涉人的）以及《**形式逻辑**》。读者自己就会发现，如果用欧洲哲学的标准来衡量的话，那么美国实用

主义的基本思想根本就不是什么新东西。詹姆斯自己就给他的《实用主义》一书起了个副标题："为几个古代思想智慧取一个新名字。"

在尼采那里，还有在恩斯特·马赫、维特根斯坦、维也纳学派以及鲁道夫·卡尔纳普那里，读者也将会发现与实用主义相近的思想。

倘若把实用主义者看作这样的人，他认为认识的目的不是为了追求真理，而是为了获得现实的成功，那么，我们完全有理由把那个如今几乎被人遗忘了的思想家汉斯·**魏欣格尔**（1852—1933）划归于实用主义者的行列，通常他都是被看作新康德主义者。事实上，正如他对《纯粹理性批判》所做的纪念碑式的评论所显示的那样，他确实是个"康德通"。在新康德主义运动中，魏欣格尔的这篇康德评论以及由他创办并且自 1896 年开始出版的期刊《康德研究》对于复兴康德思想是立下功劳的。

魏欣格尔的最重要的著作有一个长长的书名：《**仿佛哲学，人类的理论、实用和宗教的虚构体系**》。事实上，魏欣格尔写这本书的时候才二十五岁，可是过了三十五年之后（1911）他才将它公之于世。

如这本书的标题所显示的那样，魏欣格尔的中心概念就是虚构，他的哲学因而也被称为虚构主义（Fiktionalismus）。虚构的字面意义就是"杜撰、编造、（纯粹的）假设"（在英语中它指文学中的小说"fiction"）。在科学中，人们称虚构是一种假设，其或然性和不可能性是人尽皆知的，尽管如此，人们仍然用它作为一种辅助概念，而且它也的确起一定的作用。对于虚构这个词还有一种较为恰当的语言表达，即"似乎"。但是，我们也不要把虚构和假说相混淆。假说也是一种假设，对于它最终的真正价值我并不需要确信，但是，我期望这个假说能够通过实验最后得到证实，被证明是正确的，或者被证明是错误的而被舍弃。对于虚构的东西我就不会有这样的期望，我从一开始就知道它是假的或是矛盾的，尽管如此我仍然使用它，而且会非常成功。

我们还记得，康德在他的著作中的一个重要的地方就曾经使用过"似乎"这个表达方式，即在解释理性、心灵、宇宙和上帝的观念时使用过它。

魏欣格尔发现，在我们的思想和行为当中，我们始终会把这个方法运用到各个不同的领域中去，譬如，在数学中无限小的概念，尽管它是有矛盾的，但也不可缺少。在自然科学、法学、国民经济学、历史学中也有无数类似的假设。又比如，伦理学中的意志自由在逻辑上就是无稽之谈，尽管如此，它仍然构成了我们的道德和法律秩序的基础。在宗教中也是这样，我们仍然保留着那些虚假的和得不到证实的假设，就因为我们觉得这些假设"可爱"，也就是说它们是实用的、有用的并且是必不可少的。

于是，魏欣格尔提出了这样的问题：我们究竟是如何从错误的假设当中获得正确的结果呢？他又回答说：思想具有合目的性的有机功能，思想最初只是用于生存斗争的工具，它是为生物的自我保存服务的。思想并不是为思想本身而存在的。在进化过程中——根据"工具超越目的"的规律——思想最终成为一种为思想而存在的理论思想，成为纯粹"认识"的目的，可是思想本来并不是为此而生的，所以对此也是勉为其难。

思想是一种艺术。逻辑学是思想的艺术理论。除了逻辑学的正规的方法和技巧规则，还有"艺术概念"，非常规的思想方法，也可以说是诀窍，在生存斗争中这些诀窍被证明是合目的性的。其中最重要的诀窍就是虚构。

虚构的世界渐渐地成为一个非现实的自在自为的世界，虽然这整个"虚构的"世界是非现实的，但是它也不是无价值的。恰恰相反，对于人类的较高级的精神生活，对于宗教、伦理、美学、科学来说，这个非现实的"虚构的"世界甚至比"现实的"世界更为重要。魏欣格尔因此而得出一种完全改变了的真理概念，"真理"就是可预言性，就是一种经验的可预测性，我们由此而获得希望，并且根据它来正确地调整我们的实际行为。如果虚构的世界实现了它的目的，那么它对于我们来说就是"真实的"。对于生活来说，真理的意义就在于它的实用性。根本就不存在另一种衡量真理的"客观"标准。魏欣格尔与美国实用主义的共同之处现在看来已经是再清楚不过了。

无疑，二十世纪末的"时代精神"非常强烈地受到了实用主义的影响，这不仅仅是在美国，欧洲也受到了它的影响，其他的工业国家也不例外（达尔文的进化论退居次要地位）。实用主义的思想观点显然在生活实践中得到了验证，这在真正实证主义哲学的意义上来说是对其价值的最完美的确认。

三、新本体论和新形而上学

二十世纪的哲学思想运动——如我们在本章的开篇所说——并不是按先后顺序相继发生的，它们大部分都是并列发展的。就此而言，我们可以称二十世纪的哲学是一种"**多声部世纪**"里的哲学（这是库尔特·**霍诺尔卡**的一本研究二十世纪音乐的书的书名）。

我们下面将要讨论的思想运动大约涵盖1890年至1950年这段时期。我想重点讨论一位思想家，虽然他不是这个思想运动的"发起人"，但是他的著作却突出地代表了这个思想流派的基本特征。

1. 批判本体论：尼古拉·哈特曼

尼古拉·哈特曼（1882—1950）出生在里加，他曾在马堡、柏林和哥廷根教书，是个备受人尊敬的教师。他一开始是个新康德主义者，不久之后他便另辟蹊径。他几乎对所有的哲学流派都进行了深入的研究，其中也包括我们将要在下一节中叙述的现象学。

哈特曼的主要著作有《**认识的形而上学纲要**》(1921)、《**伦理学**》(1926)、《**精神存在问题**》(1933)、《**本体论基础**》(1935)、《**可能性与现实性**》(1938)以及《**实在世界的结构**》(1940)。上述著作中的后面三部构成了哈特曼本体论哲学的体系。哈特曼的《**本体论的新方法**》是一本入门性的书，其基本内容可概括如下：

新旧本体论

从亚里士多德到经院哲学的旧本体论是从如下原理出发的，它认为决定事物内在本性的是一种普遍有效的东西。我们可称之为共相实在论，它主张一切个别事物都导源于最高的共相，并且因此而试图超越经验现实。

康德的批判认识论作为其发展的顶峰最终摧毁了这种本体论的基础。这批判的结果不能再被搁置一旁，一种新本体论必须是**批判本体论**。这主要是说，新本体论不能从先验的概念和方法出发，存在的范畴不能被先验地认识。

问题是，存在的范畴——倘使它与我们的认识范畴相一致，并且在某种程度上看也似乎如此——是否确实导源于我们的认识范畴。但是，这是不可能的，因为我们恰恰不知道认识范畴在多大程度上与存在范畴相一致。除此之外，我们还缺乏对我们的认识范畴的直接知识。人对自然的认识总是直接面向自然对象的，人对认识本身的反思则是认识后来的发展阶段。虽然认识范畴以我们的认识为基础，但是认识范畴并不是最先而是最后被认识的。与此相反，本体论则是自然认识的延续，毕竟康德也不是从判断形式的图表中推断出范畴的图表，而是从他对对象的渊博知识中推断出范畴，只要他那个时代的科学所能认识到的知识，他都加以利用。因此可以说，不存在对于范畴的先验认识。

我们必须走另一条道路，也就是采用从内容中推断出结论的方法，也就是以科学认识的全部成果以及人类在其他领域内的全部经验为依据，并且以分析的方法从中剖析出存在的范畴。这种方法就叫作范畴分析。关涉现实性概念的几个基本错误必须从一开始就加以避免。首先，我们不要把现实性与物质性相混淆。人的命运、历史事件以及其他许多事情都不是物质性的，但是，它们仍然是极其现实的，它们在人的生活中都具有非常强烈的现实意义。其次，我们也不要把现实与呆板的存在等同起来，恰恰相反，一切现实都是处于不断的运动之中的，因此，要想确定存在也就意味着必须确定变化中的存在方式。再次，我们必须清楚这一点，即在每一种范畴理论中都会残留一些非理性的因素，即使是众所周知的因果性原则，我们对它的最内在的本质也不可能一览无遗。最后，我们也不要把范畴与其构成物及其多样性相混淆，物质的东西，植物、动物、人类等共同构成了一个由低到高的存在等级，但是，这每一种构成物本身也已经包含了不同的存在等级，我们需要首先对其进行剖析。

哈特曼的"批判本体论"认识实在世界的方式，与所有以前的本体论所采用的方式有两点区别：第一，对哈特曼来说，实在世界既非不能被完全认识，也非能够被完全认识，毋宁说，它只可以在某种限度内被认识，或许甚至可以说，它不被认识的程度比它被认识的程度要更大一些；第二，哈特曼试图避免哲学通常所犯的那个错误，即当一种哲学原理在某个存在领域内被证明是正确的时候，人们就不加思考地把这个原理运用到其他领域中去。

在本世纪的另外两位思想家那里也产生了一种批判本体论的认识论萌芽，我们在这里也应该提一下他们的名字：埃里希·贝歇尔（1882—1929）和埃洛伊斯·文策尔（1887—1967）。

实在世界的结构

在实在世界中，整个存在是由四个主要阶层构成的。分别由有形的物质和生命体组成的两个较低的阶层共同构成了外在空间世界，在其上面是一个非空间性的世界，也分为两个阶层，一个是灵魂现象的阶层，一个是精神现象的阶层。

这些阶层必须从本体论上加以确定，首先要确定它们固有的范畴，其次要确定它们之间的关系。如果能够证明某个范畴是一切阶层所共有的，但又不仅仅限于此，也就是将这个范畴置于物质性的实在阶层之下来考虑，那么这些范畴就可被称为基本范畴。

做这样的分析必须要有批判的精神而且也要小心谨慎，我们不能把一个阶层的范畴不假思索地套用到另一个阶层那里去。在最低的阶层（物质）那里被认为是正确的东西对于认识生命和精神来说是远远不够的，唯物主义的缺点就在于此。同样，精神范畴也不适于对物质范畴的把握，这也是黑格尔所犯的错误。中间阶层，即由生命体构成的阶层，也不允许把他们的范畴任意地套用到其他阶层那里去。虽然这样跨越界限便于人们用一种原则解释世界，但是我们却不能因此而获得一个真实世界的完整图像。

当然，打破范畴之间的界限也不是不可以，但是世界的统一性——此外也不应该先入为主地以此为先决条件——并不仅仅在于一种原则的统一性，世界的统一性也可以是一种结构的统一性和一种连贯的秩序。

以上仅仅是几点预备性的说明，范畴分析本身也是一门完整的科学，因此在这篇简短的叙述中不可能说得清楚，不过我们可以把最重要的几点归纳如下：

基本范畴可穿越存在物的所有阶层，它是存在物各阶层之间相互联系的纽带。借助于它们，世界的某种统一性特征便有可能昭然若揭。这一类基本范畴是：统一性和多样性，一致性和矛盾性，对立和范围，基本要素和结构，形式和物质，决定性和依赖性，等等。这些基本范畴的每一种会从一个阶层转变为另一个阶层。譬如，决定性在物质的范围内具有因果关系的形式，决定性在生命体的范围内就表现为另外的形式，它表现为部分功能的彼此合目的性，表现为整体的自我调节能力，表现为生命个体的可再生性，这个过程是由遗传系统控制的。心灵活动的决定性形式几乎还是个未知的领域。在精神存在的阶层，决定性的形式则表现为目的性，包括人的所有道德愿望和行为的有意识的活动都具有目的性。价值的决定性是精神领域内的另一种形式。另一方面，独立性也是每一个存在阶层中的重要因素，这是一种"范畴的创新"，它构成了每个阶层的独特性。

在对基本范畴和个别阶层之间的关系进行细致的考察之后，哈特曼总结出了如下的五个"划分阶层的规律"：[5]

1. 在叠加在一起的所有存在阶层中，较低阶层的范畴总是会再现于较高阶层的范畴中，但是，较高阶层的范畴却从来都不会再现于较低阶层的范畴中。范畴之间的跨越只会是从低到高，而不会从高到低。

2. 范畴的再现也总是有一定条件的。不是所有较低阶层的范畴都会在较高阶层的范畴中再现，也不是所有较低阶层的范畴都能够毫无困难地延伸到一切较高阶层的范畴中去。这种再现在某个阶层也可能会中断。

3. 从较低阶层跨越到较高阶层的过程中，再现的范畴也会发生转变，它会被较高阶层的特性所消化吸收。

4. 较低阶层的范畴的再现永远都不会影响较高阶层的范畴的独特性，这种独特性总是因一种范畴创新的加入而产生，这种范畴创新则是因新形式的范畴的出现而形成。

5. 存在形式的递增序列并不构成一种连续性。当范畴创新的因素在这个序列的许多特定的切入点上同时加入新范畴的时候，存在阶层则会明显地相互远离。

哈特曼也以类似的形式列举出了个别阶层中的一系列依赖性。毕竟也存在一些涉及范畴之间联系的原则。旧形而上学中的一系列偏见借助于这种阶层分析的方法就可以被消除。比如那个引起争议的问题：世界是由物质决定的还是由精神决定的？这个问题本身就是错误的，存在的分层结构则避免了这种一般化的矛盾。

哈特曼又以透彻的分析方法对存在的各个不同范围做了进一步的划分，这在某些方面带有现象学的特点。在他的自然哲学中，又划分为无机存在和有机生命；在他的精神哲学中，又划分为主观世界和客观精神，如他所认为的那样，语言、道德和法律都属于客观精神的范畴。尽管哈特曼的这种划分方式与黑格尔的有些类似，但是哈特曼得出的结论却与黑格尔不同，甚至可以说恰恰相反，之所以如此，是因为在哈特曼的阶层划分学说中精神对于物质来说是次要存在的东西，因而精神也是较弱的和缺乏持久性的东西。对哈特曼来说，在通过范畴分析而获得的划分阶层的规律中，存在物各阶层之间的独立性、依赖性、相互依赖性或惰性最终显露出了世界的统一性特征。当然,在哈特曼那里,世界的统一性并不表现为一种(在通常的"一元论"意义上的)统一性的原则,不过或许可把世界的统一性看作一种有秩序的结构,对我们人类来说,这个结构在我们的认识界限之内也是可以被认识的。然而,哈特曼认为,在这个只能被部分地认识的结构统一体的后面,试图去寻找一个在终极原则或人格化上帝的意义上的"宇宙终极因",那根本就是毫无意义的事情。

人:决定论与自由

在日渐尖锐的矛盾中,考察人的旧有的思维模式已经不再适用。人是集全部阶层结构于一身的,只有认识到这一点,我们才能把握住人的本质。此外,我们还应认识到,这同一个阶层结构也在外在于人的实在世界的结构中存在着,所以说,如果不理解世界,我们也不可能理解人,同样,如果不理解人,我们也不可能理解世界。

自由问题在阶层分析的光照下似乎也完全改变了颜色。决定论与自由在每一个阶层都有不同的意义。过去解决这个问题的所有尝试都是从决定论或非决定论的错误观念出发的,决定论不能与自由达成一致,非决定论不能与自然规律达成一致。这样,我们就总是会遇到不可克服的矛盾。康德作出了天才的选择,他撇开非决定论来理解自由,他认为,若想将决定论与自由融合起来,人们就必须假定,在由因果律决定的世界之外还存在一个自由世界。

因果决定论完全可以在一个更高的范畴阶层上与自由达成一致。简单地思考一下就可得知,恰恰这种因果关系可以通过一种更高的级别而"转变形态"。因果过程对于结果是漠不关心的,可以说它是盲目的。每一种新加入的成分都可能改变过程的方向。看似牢不可破的自然的因果关系甚至为人类对它的干预提供了条件。因为,一旦人类看清了这种规律性并努力使自己适应它,那么人就可以操纵这个过程的发展方向。假如宇宙万物不是由因果律决定的,那么人就不可能实现任何目的,因为他无法选择能够帮助他在因果的道路上实现目的的工具。

即使不厌其烦的提示很有可能会使读者生厌，但是我们在这里还是想再重复说一遍，上述的观点也只是从哈特曼思想世界里截取的一个片段而已。

评价

在一篇题为《**哲学思想及其历史**》（1936）的学术论文中，哈特曼指出，迄今为止的哲学史基本上是一种构造许多伟大的哲学体系的哲学世界观的历史，而不是一种讨论哲学的基本问题的历史，而且对于在解决哲学基本问题过程中逐渐积累起来的意义深远的思想成果也没有给予应有的重视。对哈特曼来说，在哲学发展史上，思想体系和学术观点根本就不具有什么深远的意义和真正的重要性，毋宁说，具有更为深远和重要的意义的倒是哲学所犯的错误和它的失误，以及它出于自己思想体系的考虑而削足适履地对事实进行的歪曲，简而言之，是那些成问题的东西，或者用康德的话说是"一种科学的发展所缺乏的摸索精神"。在哈特曼看来，谁要是以这种方式把哲学的历史处理成思想体系的历史，那么他给出的就是"很多土而很少金子"。这里的金子是指那些经过许多世纪逐渐积累起来的经久不衰的思想成果，这样的成果只有通过对客观问题进行严谨的和实事求是的分析才能获得。

遵照这样一种观点，哈特曼自己当然也不是一个"体系思想家"。与此相对应，谁要是想研究哈特曼，那么他既不能简单地接受也不能简单地拒绝哈特曼的观点，首先，他必须研究哈特曼对他自己研究的大量客观问题所作的回答。不过值得注意的是，这位思想家始终要求人们从实际出发，从"问题的整个范围"出发，并且他也是按照这样的要求去做的，可是，他自己却又恰恰爱好无所不包的思想，甚至可以说是"包罗万象"，[6] 因为哈特曼涉猎了经验世界的所有领域以及哲学的所有分支。显然，在科学变得极度专业化的时代，即使一个像哈特曼这样的天才也不可能同时在科学的所有领域内都游刃有余。不过在生物科学领域内，哈特曼走在了他那个时代的前沿。

哈特曼的哲学没有形成任何"学派"，几乎没有一个思想家可以被看作他直接的学生和后继者。他的影响之所以迅速缩小，倒不是因为他遭到了正面的反对或"反驳"，其主要原因是，随着第二次世界大战的结束，"时代精神"已经对他不感兴趣，并且开始转向另一种思潮，主要是转向存在主义。但是，哈特曼并不是孤军奋战，我们也可以把他与一个通常被称为"新形而上学"的较大的思想运动联系在一起，在哈特曼之前就已经产生影响的一些思想家也可被列入这个思想运动之中。

2. 新形而上学

除哈特曼之外，属于这个思想流派的思想家都具有如下共同特点：[7]

（1）形而上学这个概念不应该被理解为，它试图"超然于物理学之上"或超然于自然和经验之上，不应该被认为，它背离经验并醉心于空洞的抽象思辨。相反，尽管过去的形而上学确实试图超越物理学和自然科学，但是今天的形而上学家却都是经验主义者。他们都从**经验**出发并拒绝先验的知识。当然，与新实证主义不同，他们的经验并不仅仅局限于外在的感官经验，除此之外，他们还承认一种**理智的**经验。

（2）他们的方法不是直觉的（如在生命哲学和现象学那里），而是**理性的**、理智的。

（3）这种形而上学所追求的目标就是从根本上把握存在。他们所关注的不是纯粹的现象，不管现象背后还有什么都统统撇开（如在新实证主义那里）；他们所关注的不是发展过程，不是只可经验的生命之流（如在生命哲学那里）；他们所关注的不是本质，不是客观实体（如在现象学那里）。他们是本体论，是**存在哲学**。他们试图直接地把握存在，因而他们在整个思想方向上是属于一个现实主义的和注重具体事物的思想运动。

（4）这个世纪的形而上学具有一种综合的、**包罗万象**的特点。这有双重含义：首先从历史的角度看，它包含那些对迄今为止的哲学产生影响的思想家及其思想，包括古希腊哲学、经院派、前康德形而上学以及近代哲学。康德的批判主义也并不被看作复兴形而上学道路上的绊脚石。这种形而上学是经由康德的，当然也会超越他。

其次，新时期形而上学包罗万象的特点还表现在，它试图囊括全部存在及其最终原则。有关现存事物发展阶段的报道，既不会被忽略，也不会被过分强调。人们试图避免以前的那种片面的绝对化。

有三个人物应得到较为详尽的评价，他们中一个是德国人，一个是澳大利亚人，还有一个是英国人。

或许是巧合，这个德国人与尼古拉·哈特曼同姓，他叫埃德华·冯·**哈特曼**（1842—1906）。他死后的声誉经久不衰，这主要是归功于他的"青年之作"《**无意识哲学**》（初版于1868年，后多次再版，并增至三卷本）。这本书的核心概念是曾经在谢林那里出现过的无意识。对哈特曼来说，无意识是存在的最后根据，是"在物质和意识后面并与之相等的第三种存在"，是世界本质的基础、根源和具有决定性意义的统一性。哈特曼仔细研究了无意识在物质、动植物、人体、思想、爱情、感情、艺术创造、语言和历史中所起的作用。

哈特曼把他的著作看成是对黑格尔和叔本华思想的综合，其中黑格尔的因素占据较多的成分，黑格尔的世界精神和叔本华的意志都包含在他的无意识之中。这个概念在哈特曼那个时代已极为流行，这主要是通过谢林的学说。如今每个人都知道，西格蒙德·**弗洛伊德**及其后继者在无意识的世界里发现了一个神奇的新大陆，哈特曼应该被看作这个思想运动的先驱。

当然，诗人作为人类灵魂的伟大鉴赏家早就已经在这个无意识的王国里畅游了，并且从中汲取创作灵感，显然，他们也认识到了无意识的存在。如**让·保尔**（即约翰·保尔·弗里德里希·李希特，

1763—1825）所言："如果我们忽略了那个广阔无垠的无意识世界，忽略了那个真正意义上的内在新大陆，那么我们的自我意识的疆域将会变得非常狭窄。我们的记忆就如同巨大而广袤的地球，它旋转着，只有几个被照亮的山峰才能够在我们的意识里凸显出来，而其余的整个世界却隐藏在阴影之中。"

完成了这部"青年之作"以后，哈特曼数十年如一日地精心研究了几乎所有的个别哲学领域：认识论、宗教哲学、伦理学、美学、自然哲学、心理学以及语言哲学，而且他也发表了一系列著作，其中也有广为流传的作品。他反复强调说，"无意识哲学"并不是他的整个体系里的唯一一块基石，若想认识和评价他的整个思想体系，就必须了解他的全部著作。

哈特曼在世的时候，他后来的著作中没有一部能够抵得上他的第一部著作所产生的影响。只是在他去世以后，情况才有了些改变。近来人们较少把哈特曼看作形而上学家，而更多地把他看作认识论思想家。他与此相关的主要著作**《先验实在论的批判基础》《认识论的基本问题》《范畴学》**为他的批判本体论奠定了基础，在二十世纪，特别是在自然科学家那里，批判实在论已经赢得了它的发展土壤。从某种程度上说，批判实在论是处于一种单纯的实在论——它将既有的东西干脆就作为实在的东西来接受——和康德的超验唯心论之间的。批判实在论与单纯的实在论之不同在于：首先，它清楚地意识到，被感知的东西只是意识里的东西，还不是"实在"；其次，它（和康德一样）把现象世界和自在世界区别开来。但是，与康德的唯心论不同，它是实在论，它不认为实在的外在世界（自在世界）是不可认识的。就此而言，埃德华·哈特曼与其同名者尼古拉·哈特曼应获得同等的荣誉。

萨缪尔·亚历山大（1859—1938）出生在澳大利亚，他一直在英国生活和讲学。他的主要著作于1920年发表，书名是**《空间、时间与上帝》**。亚历山大的哲学吸收了各种不同的精神营养，除了上述新形而上学的一般特征，我们想在下面特别强调他的两种思想。

空间—时间。宇宙的基本要素是空间和时间。这也是亚历山大形而上学的基本概念。空间和时间是一个统一的整体，把它们分开来是一种概念化。实在是由空间—时间点组成的。空间—时间也是形成其他所有东西的材料。我们看到，他的这一思想与相对论极为接近，因为在相对论那里，空间和时间是一个"四维的连续统一体"，物质和万有引力与空间"弯曲"是有联系的。亚历山大的思想并不是依赖于物理学而产生的，这也表明，相对论也不是直接来源于其创立者的头脑，而是在科学和哲学的发展过程中产生的。

存在的等级。我们之所以提及亚历山大的这一思想，是因为他的这一思想虽然在名称及内涵上与尼古拉·哈特曼的有些不一致，但是整体来说它们的形式却极为相似，而且这也是当今形而上学的明显特征。

有四种不同的实在等级。其中"范畴"是涵盖所有等级的，在亚历山大看来，时空性就是属于这个等级的。"质"是一个或多个等级所特有的。最低等级的质也会出现在较高的等级中，但是反过来则不可以，存在的较高等级中显露出比较低等级更为新颖的和不可预见的质。当然，这种从低到高的过渡是连贯的和连续的。究竟较低等级是如何过渡为较高等级的，对此我们不得而知。

阿尔弗雷德·诺特·**怀特海**（1861—1947）是数学教授，他做这份工作直到六十三岁为止。他和罗素合作发表了著名的三卷本著作**《数学原理》**，后者曾经是他的学生。他到了晚年才开始研究哲学，所以他的这部著作是一种具有重要意义的准备。"他的著作是迄今为止对自然科学的成果所做的最完美的哲学处理。"[8] 他的另两部著作**《科学与近代世界》**（1925）和**《过程与现实》**（1929）为他的形而上学奠定了基础。这两部著作都是他晚年在哈佛教书时发表的，从那时起他开始真正转向哲学，其中前一部书读起来比较容易一些。[9]

3. 新经院哲学和新托马斯主义

十九世纪后半期，天主教信仰越来越受到迅速发展起来的所谓实证科学特别是自然科学的威胁，或更确切地说，这种威胁倒不是直接来自这种实证科学所取得的成果本身，更多的是来自以这些成果为出发点并且与宗教学说为敌的哲学。在教会内部，那些所谓的天主教现代信徒试图调和宗教与哲学之间的矛盾，但是，更多的人则拒绝做这种努力，因为他们担心这样一来宗教信仰的根基就会受到动摇。

教会的上层对此作出了两种不同的反应。一种反应是，他们断然拒绝天主教现代信徒的做法，1910 年，教皇庇护十世作出规定，所有神职人员在被授以更高的圣职以前必须宣誓反对天主教现代信徒，其中有大量为巩固教会基本教义所做的誓言，而与教会教义相违背的观念则受到坚决抵制。另一种反应是，教会的上层呼吁教徒们要进一步加强天主教的精神力量，号召他们要以中世纪思想、经院哲学特别是托马斯·阿奎那的著作为基础努力复兴基督教哲学。教皇列奥十三世于 1879 年所做的通谕是这场思想运动的一个里程碑。

首先在意大利，其次是在其他国家里的天主教范围内，教徒们响应了这一号召。他们决定重新出版托马斯的著作，他们设立了一个托马斯学会，在罗马以及其他地方也都相继建立起托马斯研究中心，修会的神职人员也参与其中，人们对古代流传下来的基督教哲学又纷纷产生了浓厚的兴趣。

对历史和思想体系的兴趣也在持续不断地相互影响和相互促进。这种兴趣一开始就转向中世纪基督教哲学的实质性内容。为了真正理解中世纪基督教哲学，人们又必须追溯它的源头，也就是要从广度和深度上研究基督教哲学的历史发展。细致认真的历史研究又推动了一种新的客观化和体系化哲学思想的产生。

献身于这项工作的人大多是从事历史方面的研究，另一些人则从事思想体系方面的研究。属于前者的有德国耶稣会会士弗兰茨·埃尔勒（1845—1934）、克莱门斯·包穆克尔（1853—1924）、马丁·格拉卜曼（1875—1949）以及法国人埃田奈·吉尔松（1884—1978）。

属于后者的有康斯坦丁·**古布勒特**（1837—1928）、约瑟夫·茅斯巴赫（1861—1931），还有法国的多明我教徒勒基纳尔·玛丽·加利高–**拉格朗**（1877—1964）以及德国的耶稣会会士埃利希·**普利茨瓦拉**（1889—1972）。法国人雅克·**马里坦**（1882—1973）也许是其中最有名的一位，他在二十四岁时改信天主教，后来成为新托马斯主义最有影响的人物之一。

　　新托马斯主义主要是指承袭托马斯·阿奎那的思想运动。就像托马斯是中世纪基督教哲学家中最重要的人物一样，新托马斯主义也是近代天主教哲学中最重要的并且也是传布最广的思想潮流。所以人们有时把"新托马斯主义"和"新经院哲学"作为同义词看待，但是两者并不完全一致。有些思想家从奥古斯丁那里承袭下来的成分要比从托马斯那里来得多，而有些思想家则是从邓斯·司各脱的思想或者从"新经院哲学家"苏阿雷茨的思想出发。因此，新经院哲学是个较为宽泛的概念。

　　另一方面，在托马斯主义的内部也存在一些不同的思想流派，不过整体上说这个学派带有一种值得我们注意的封闭性。努力维护一种古老的传统，这在许多思想运动中并不少见，托马斯主义的思想家们也是这样，他们为此也写了大量的专题论著和评论集。最长的托马斯评论集是用拉丁文和法文写成的，竟长达好几十卷之多。这个学派在法国巴黎、瑞士弗赖堡、意大利米兰、德国以及英语国家都有活动中心。

　　在认识论方面，这个学派主要是讨论康德的思想以及其他唯心主义学说。一般来说，他们在这方面更倾向于一种批判实在论。

　　这个学派的中心议题是作为存在学说的形而上学。他们的中心概念就是"能力"和"行为"，或者说是可能性与现实性。在他们的思想中既有亚里士多德对材料和形式的基本区分，也有我们在其他形而上学家那里已经熟悉的存在的等级结构理论，即认为存在是由相互叠加并可跨越界限的等级组成的，其中精神位于最上层——精神是非物质的，它独立于时空中的物质秩序。

从一般特征上来说，新托马斯主义与怀特海以及尼古拉·哈特曼的哲学都属于**存在**哲学，因此，将新托马斯主义放到这一章里来叙述也是合情合理的。

四、现象学

1. 现象学的产生

二十世纪哲学与生命哲学和实用主义一样大都带有一种抛弃康德的倾向，在这个世纪的上半期繁荣起来的现象学也是如此。抛弃康德也表现在人们向康德以前的思想家如经院哲学家、斯宾诺莎和莱布尼茨的复归。虽然现象学的创始人胡塞尔并不是完全没有受到新康德主义的影响，但是真正给他指明方向的老师却是弗兰茨·**布伦塔诺**（1838—1917），布伦塔诺起先是一位天主教牧师，离开教会以后，他仍然与经院哲学以及他的老师亚里士多德保持着紧密的精神联系。由于许多思想家都是直接承袭了布伦塔诺的学说，这样他后来就成为十九世纪最有影响的哲学家之一。不仅胡塞尔是从他那里出发的——其现象学被看作存在主义的土壤，而且与现象学有密切关系的阿莱克修斯·**迈农**（1853—1920）的"对象理论"也是从布伦塔诺的思想中汲取营养的。

另一位思想家伯恩哈特·**波尔扎诺**（1781—1848）产生影响比布伦塔诺要早一些，他是哲学家和数学家，同样也是一位康德反对者，而且也是通过胡塞尔才被人了解的。胡塞尔特别强调了他的一个基本思想，即逻辑学不依赖于心理学。逻辑规律与思维意识的过程是不一致的，它更多的是一种超越时空的真理，是一种自在原理。现象学所关注的就是这种观念的客观实体，现象学是一种**本质哲学**。

2. 埃德蒙·胡塞尔

埃德蒙·胡塞尔是本世纪一位较有影响的哲学家，他于1859年出生在普罗斯尼茨（迈伦），先是在哈勒和哥廷根教书，然后从

1916 年直到 1928 年退休，他一直在弗赖堡大学任教。由于他的犹太血统，晚年他遭到恶意诽谤。尽管胡塞尔在青年时期受其指导教师托马斯·**马萨瑞克**的影响而改信了新教，但是这也于事无补。他于 1938 年去世，从而免遭纳粹迫害的最终厄运。胡塞尔所受到的教育是做一名数学家，他曾经做过著名数学家 K.Th. **魏尔施特拉斯**的助手。他写的第一本书《**算数哲学**》遭到哥特卢普·弗雷格的激烈批评，他指责胡塞尔的"心理主义"，说他一方面模糊了逻辑学和数学之间的界限；另一方面模糊了逻辑学和心理学之间的界限。胡塞尔的第一部重要著作是《**逻辑研究**》，正好发表于世纪之交（两卷本，1900/1901），人们常常把这本著作与普朗克、爱因斯坦和弗洛伊德的里程碑式的著作并列放在一起。胡塞尔的核心思想是非常明确的，他拒绝逻辑学中的心理主义。威廉·狄尔泰称这部著作是"自康德以来哲学的第一次伟大进步"。

我想首先再列举一下胡塞尔的其他主要著作。1912 年，他创办了《哲学与现象学研究年鉴》，其中的第一篇文章就是《**纯粹现象学和现象学哲学的观念**》（1913），它可以被看作这整个学派的基础性著作。不过确切地说，这本著作分三部分，其中第一部分题为**"现象学导论"**，第二和第三部分后来经胡塞尔助手的整理于 1952 年才发表。1929 年，胡塞尔发表了《**形式逻辑和先验逻辑——试评逻辑理性**》。

希特勒统治时代对胡塞尔来说是不利的。他的下一本著作《**欧洲科学的危机和超验现象学**》约三分之二的篇幅只能在贝尔格莱德的一本流亡者刊物《哲学》上发表（剩下的部分在他死后才得以发表）。

在写作上述两本著作期间，胡塞尔又撰写了《**笛卡尔的沉思**》，如书名所表示的那样，这本书首先以法文版问世（1931），德文版是在他死后于 1950 年才出版的。这本书的命运与政治迫害并无关系，因为胡塞尔于 1929 年在巴黎做讲座，他是应法国人的请求首先以法文发表这本著作的（把该书从德文翻译成法文的两位译者之一就是德高望重的哲学家伊曼努尔·**莱维纳斯**，该书的德文版就此耽搁下来，因为当时他正在研究马丁·海德格尔的著作。海德格尔已经接替胡塞尔做了弗赖堡大学的教授）。胡塞尔的上述著作并没有一种完整的"体系"，与此相反，哲学研究对胡塞尔来说就意味着高度的使命感，他努力追求一种科学认识的基础，这种科学认识应该建立在严密科学的基础之上。由于他对科学持一种绝对诚实负责的态度，所以他总是不厌其烦地自我纠正错误并毅然从头开始他的研究工作，有一次，他称自己是个"永远的新手"。胡塞尔的思想始终在变化之中，自从 1950 年在卢汶（位于比利时）开始陆续出版他的著作全集以后，这一点就更为彰明较著了。他的著作全集是本世纪哲学史上的一个里程碑，当然这些著作并不是那么容易懂，这不仅仅是因为胡塞尔的思想总是在发生变化，而且主要还由于他终生所追求的那种极度精确和严密的科学态度。他留下了 45000 页速记手稿。

什么是现象学呢？现象学一词是从希腊语 phainesthai（自我显现，彰显）的动词不定式那里引申来的，分词 phainomenon 意思是"自我显现的东西"，而且哲学史上自古以来它就与"显现于感官和意识的东西"是同一个意思。

在这个意义上，康德把显现出来的东西放到了物自体（希腊语 nouomenon）的对立面。（"现象"一词在口语中还有"引人注意的、不寻常的现象"的意思。）在哲学中，"现象学"主要是被赫尔德尤其是黑格尔使用。

胡塞尔在他的《观念》（1913）的导言中解释说，他将要建立的现象学不是事实科学，而是本质科学。为了认识本质，需要一种特别的态度。我们必须将习以为常的认识态度"悬置起来"，而将整个为我们而存在的自然世界"**加括号**"*。我们称这个步骤为

---

* 德文 einklammern，意思是将我们关于世界的种种观念放到括号里，存而不论，也就是将历史上遗留下来的传统哲学的观点悬置起来，这就是所谓"现象学的悬置"。

epoche（重音在词尾的 e）*，也就是说要撇开整个存在的现实世界而进入"纯粹意识"的世界。

读者可能期望胡塞尔能够在他的三卷本代表性著作中列举一些实例，能够向人们展示一下该如何运用他的方法以及运用这种方法将会得到什么结果。但是，在胡塞尔那里我们几乎找不到令人信服的例子，而他的学生如马克斯·舍勒却做到了这一点（参见下一节）。他们非常认真地响应了胡塞尔所倡导的**"回到事物本身去"**的号召，然而他们放弃了他**"先验地"**提出来的方法，**"现象学"**在他们那里干脆就是一种实事求是的、无任何偏见的和方法精确的思维方式。

3．马克斯·舍勒

胡塞尔的思想产生了至为深远的影响，受他影响最深的就是马克斯·舍勒，他于 1874 年出生在慕尼黑。舍勒的博士论文导师就是鲁道夫·**奥铿**（1846—1926），他在第一次世界大战时期享有很高的声望，并于 1908 年获得了诺贝尔文学奖，除了亨利·柏格森（1927 年获奖），他是唯一的一位获得诺贝尔文学奖的哲学家。（1964年的该项奖授予了让·保尔·萨特，但是他拒绝领奖。）舍勒执教于耶拿、慕尼黑和科隆。最后，他接到了美因河畔法兰克福大学的聘请，但是在正式上任之前，他就于 1928 年去世了——这是德国哲学的最大损失之一，对犹太学者的驱逐和迫害除外（舍勒也有一个犹太血统的母亲）。

舍勒的主要著作，特别是他的**《伦理学中的形式主义与质料的价值伦理学》**（1913—1916）是在柏林写成的，他有时作为一名自由作家在那里生活。第一次世界大战之初，他表现得像一个热情的国家主义者，偶尔也接受一些外交性的任务。战争后期残酷的血腥味使他变成了一个反战者，他放弃了新教信仰而改信天主教。他的**《论人的永恒》**（1921）表达了这一时期他内心的转变。在科隆期间，

---

*　epoche 是古希腊怀疑派哲学家使用的一个词，指中止判断或将判断悬置起来。

他的兴趣转向社会学并且写了《知识的形式与社会》（1924）。在他生命的最后几年里，舍勒远离了基督教信仰而倾向于泛神论，他潜心于对自然科学问题的研究，他的那本篇幅短小但意义深远的著作《人在宇宙中的位置》（1928）明确地说明了这一点，在后面的一章里我将详细讨论他的这本书。

博学多才的舍勒觉得自己在精神上与尼采、柏格森和狄尔泰非常相近，至于他的工作方法，据他自己说则是采用了胡塞尔的现象学，这种工作方法通过舍勒传到了德国以外并且得到了认可，如西班牙的胡塞·奥特加·加塞特（1883—1955）就接受了他的方法，德国诗人和思想家（如歌德、尼采和狄尔泰）能够在西班牙和南美洲（他曾经在那里过了十年之久的流亡生活）广为人知，加塞特可以说功不可没。

舍勒对于伦理学作出了意义深远的贡献，这明显地表明，他不仅把"洞察本质"的现象学方法运用到了认识论领域（如胡塞尔），而且还把它运用到了伦理学中，运用到了价值领域中。价值（洛采将这一概念引入哲学中）有其独立的存在（它与物质的存在不同），我们能够直接把握价值，而且不是通过理性，而是通过感觉。价值的本质是不可改变的（可改变的是我们的知识以及我们与知识的关系）。价值也是有等级之分的，价值的最低等级是感官的愉悦，在其上面的价值就是生命感、高贵和平庸，更高一级的价值就是精神价值、认识、真、美、正义，最高一级的价值就是宗教和神圣。

舍勒的这种"唯物论的价值伦理"与康德是背道而驰的，他指责康德的伦理学是"形式主义"，而且他把感觉从伦理学中排除了出去。

在社会学中，舍勒考察了社会状况与知识和科学发展的关系（《知识的社会学》）。他将知识划分为功能知识、教育知识和幸福知识。他也认识到了社会状况（比如阶级的分层）与占主导地位的思维方式之间存在着紧密的关系，但是他否认马克思和恩格斯所持的那种认为唯有社会存在决定社会意识的观点。

舍勒对人类感情生活的考察，特别是对同情和爱与恨的考察就是运用现象学方法的一个很好的例子。舍勒考察了三个领域：第一，同情，又可细分为相互同情（比如共同悲伤），情绪相互感染（比如在人群之中），"感情合一"（比如与心爱的人或与大自然）；第二，爱与恨，在这里，人的精神之爱、自我的灵魂之爱和激情之爱是不同的；第三，"异己的我"，舍勒在这里考察了在儿童的自我概念逐渐形成的过程中"你"所扮演的角色。

舍勒在他生命的最后时期又转向对人类学的研究，他撰写了一本篇幅较小的著作，可惜最后并没有完成。他从哲学的角度思考人的本质以及他在宇宙中的位置。关于此，我们将在本书的下一章中加以讨论。

除舍勒之外，受胡塞尔思想影响较大的思想家还有亚历山大·**普芬德尔**（1870—1941）和海德葳·康拉德–**马蒂乌斯**（1888—1966），萨特和海德格尔也对胡塞尔进行了深入的研究。

五、存在主义哲学

1. 概述

第二次世界大战之后，存在主义哲学曾经在很长一段时间内被认为是时代的哲学。虽然这个时代已经成为过去，但是为了寻找存在主义的源头，我们必须再追溯到克尔凯郭尔那里去。[10]

我们在克尔凯郭尔那里看到，他对**个人**及其**具体境遇**极为关注，这也是所有存在主义哲学的共同特征。克尔凯郭尔认为，**恐惧**是存在的基本状况，人是**孤独**的，人的存在就是一种不可避免的**悲剧**，这也几乎成了存在主义共同关注的问题。

所不同的是他们的**宗教**经验，克尔凯郭尔的上述思想就是来源于他的宗教经验的。对他来说，这种基本的宗教经验在逻辑上是无法把握的，它是一种"飞跃"，通过这种飞跃的个人获得了信仰，并成为一个"基督徒"。这种飞跃超越了所有的理性，它是向荒谬和悖论的飞跃。

在存在主义哲学家中，继克尔凯郭尔之后的就是法国哲学家加布利埃尔·**马塞尔**（1889—1973），据马塞尔自己说，他的基本思想在他读到克尔凯郭尔的著作以前就已经形成了，这表明，克尔凯郭尔的影响源于二十世纪的一种思想深层的需要。在哲学思想的个人化和非体系化方面，马塞尔和克尔凯尔戈尔也极为相似。他把他的思想写进了他的《形而上学的日记》（1927）。

此外，存在主义哲学家中也有虔信的基督徒和无神论者。当代"辩证神学"的代表人物卡尔·**巴特**（1886—1968）也与克尔凯郭尔有着紧密的联系。

克尔凯郭尔是第一个但不是唯一的一个存在主义哲学的精神先祖。在西班牙思想家米盖尔·德·**乌纳穆诺**（1864—1936）那里也有与此相近的思想，生活在法国的俄国流亡哲学家尼古拉·亚历山大洛维奇·**别尔嘉耶夫**（1874—1948）、俄国作家**陀思妥耶夫斯基**（1821—1881）、德国诗人勒内·玛丽亚·**里尔克**（1875—1926）以及弗兰茨·**卡夫卡**（1883—1924）也都与存在主义思想非常接近。

克尔凯郭尔的几个思想特点是存在主义哲学家所共同具备的：

（1）存在始终是**人的存在**，是特殊存在方式的人的存在。在这个意义上说，一切存在主义哲学都是"人道主义的"，人处于中心位置。

（2）存在始终是**个体的存在**，是以特殊方式存在的**个人**的存在。在此意义上说，所有存在主义哲学都是"主体的"。个体的存在是不可延伸的，个体的存在并非如柏格森所说是超个体的"生命之流"的一个环节。存在主义哲学与生命哲学的主要区别就在于此。

（3）存在主义哲学不用物的标准来衡量人，作为带有特性的物也具备一种固定的本质属性。但是人的本质是不固定的，人首先要使自己成为他是的那个人。因此，我们不能把人归入物的范畴来理解和做解释。

（4）在**方法**上，存在主义哲学家或多或少的都是现象学家，他们也是试图**直接地**把握存在。尽管如此，在出发点和目的上，他们与胡塞尔还是相去甚远。胡塞尔试图探究的本质是一种普遍的、永恒的和客观的本质和属性。具体的存在恰恰是胡塞尔想用"加括号"的方式加以摒弃的（但是，在他思想的最后阶段，他又对"生命世界"进行了特别关注）。

（5）存在主义哲学是**能动的**。存在不是不可改变的存在，而是根据其本质受时间和时间性的约束。存在是**在时间中的存在**。因此，时间和时间问题在存在主义哲学中占据着突出的地位。

（6）虽然存在主义哲学关注个体的人，但是存在主义所理解的个体不是孤立的个体。恰恰相反，由于他们总是在一个具体的境遇中考察人，并且始终认为人是与世界和他人紧密相连的，因此，对他们来说，人永远都不是孤立的。人的存在始终是在世界之中的存在，始终是与他人共在。

（7）由于存在主义哲学思想总是与具体的生活经历有关，所以毫不奇怪，当生活中一个特殊的和令人难忘的"存在事件"发生时，便会促使存在主义哲学家进行哲学思考：在雅斯贝尔斯那里，这表现为人由于死亡、痛苦、斗争和负罪感而陷入走投无路的"边缘状态"，在希特勒统治时期，雅斯贝尔斯本人也陷入了孤立无援的境地（因为他的妻子是犹太人，他既不能教学，也不能发表著作[11]）；在萨特那里，这表现为一种普遍的厌恶感，萨特的一本富于启发意义的小说就叫作《恶心》；在马塞尔那里，这或许表现为类似于克尔凯郭尔的那种宗教体验。所以说，他们的思想也都受到了个人生活经历的影响。

此外，存在主义哲学这个名词在应用上也是有某种先决条件的。萨特称自己是存在主义者，雅斯贝尔斯也使用存在哲学这一名称，但是，海德格尔却反对人们称他的哲学是存在主义哲学，对他来说，分析存在只是阐明存在问题的第一步。因此，我把海德格尔放到单独的一节里加以讨论。

2. 卡尔·雅斯贝尔斯

卡尔·雅斯贝尔斯（1883—1969）创立了一个广博的思想体系，他首先是个心理学家，他于 1919 年发表的《世界观的心理学》是从心理学向哲学的过渡。1932 年发表的三卷本著作《哲学》对于构筑雅斯贝尔斯的思想体系是至为重要的。1931 年发表的《时代的精神状况》也能够较好地代表雅斯贝尔斯的思想特点。

与其他存在主义哲学家一样，雅斯贝尔斯的思想主要也是根源于克尔凯郭尔。在谢林的后期著作中，雅斯贝尔斯也发现了存在主义哲学思想的萌芽。此外，普罗提诺、乔丹诺·布鲁诺、斯宾诺莎和尼采对他也产生了重要的影响，但是对他来说，真正重要的"哲学家"是康德。我们在这里应该首先介绍一下雅斯贝尔斯的几个基本概念以及他的哲学思想的几个特点。

大全

什么是存在？我怎样才能在思想上把握它？我首先把它作为**对象**来思考，对象是某种特定的存在。但是，特定的存在是关涉其他人和关涉我自己的存在，它是在我面前的存在。特定的存在是被限定了的存在，它不是存在的全部。它仍然是处在一种无所不包的存在之中的，一切试图通过一种特定的范畴把握存在的尝试——作为物质，作为能量，作为生命，作为精神——都干脆将出现在眼前的存在的某种特定的方式看作存在本身，这是一种绝对化。但是，存在本身是不可把握的，我能够认识的所有存在并不是全部存在。

对象把我们纳入一个相对封闭的世界之中，这个相对封闭的世界把我们包围起来，它就像是用**地平线**把我们包围住。每一个地平线都能够把我们包围在其中，不管我们朝向地平线走多远，地平线始终跟着我们一起走，它总是出现在我们面前，成为一个新的界限。我们永远都不可能获得一个能够对整个存在一览无余的立足点，存在处于一种半封闭的状态。

雅斯贝尔斯称这种总是在回避我们并且永远都不可能被完全把

握的存在是"大全"。它永远都不会作为具体的东西或作为地平线自我显现出来，它只能作为一种界限被感知。哲学思考的意义就在于超越一切特定的存在去接近大全。在哲学思考的过程中，我们试图超越一切横亘在我们面前的地平线，也试图超越我们自己被限定了的此在，目的是去认识存在是什么，我们自己究竟是什么。这种为达到大全而超越存在的行动就是**哲学的基本任务**。

生存

人们可以尝试借助于人类的各种不同的科学来理解人的存在，（对雅斯贝尔斯来说）新近有三种此类的科学已引起人们的注意，即社会学、心理学和人类学。所有这些科学都能够对人有所认识，但是却不能认识人本身。他们只能认识人的一个有限的片面。

但是，人所能了解的总是比他对自己所认识到的要多，作为"自发的可能性"的人反对仅把自己看作可认识的力量和相互联系的纯粹结果。上述这些科学领域内的专门知识还不够，人只有真正开始利用这些专门知识，它们才有意义。存在哲学使人意识到，他比人们客观意识到的要丰富得多，它唤起人作为存在或作为自我存在的意识。存在不能够用一种封闭的体系里的概念加以描述，但是存在可以被照亮，而且可以借助于自己的范畴。这些范畴主要是自由、交往和历史性。

自由。生存是面对整个世界的存在，它是我们自己的神秘基础，是"内在之中最内在的东西"。哲学语言中所说的生存大概类似于神话语言中所说的"魂灵"。真正说来，生存（Existenz）不是存在（Sein），而是**能存在**（Sein-Koennen）。它始终处于选择之中，始终要作出决定。在每一时刻，它既可能自我保持，也可能自我失落，它是自由的。它不能在"被思想"中实现自我，而只能在行动中实现自我。生存的自由是处于决定论或非决定论问题的一种完全不同的层面上的，它简直就不可捉摸，是"起源于片刻选择的自我创造"。

交往。"没有人能够在孤独中感到极度幸福。""不存在这样的

真理，即我可以独自一人达到目的。"生存得以实现的条件是，它
必须与其他个体在生存状态上处于联系之中。这种联系就叫作交往
（Kommunikation）。但是，我们不可以把这种交往与交谈、讨论、
社交和社会关系相混淆。所有这一切都只是纯粹的此在交往。而且
爱也还不是交往。存在没有真正交往的爱，这种爱是成问题的。但是，
爱是交往的源泉。交往是"爱的斗争"，是一种在生存状态上为他
人的自我开放。

历史性。生存始终是在"处境"（Situation）中的存在，生存
是历史性的。个人会成为什么样的人，这取决于他周遭的处境，取
决于他所接触的人，取决于唤起他的信仰的各种可能性。但是，我
永远都不可能从整体上把握我的处境，因为我所认识的处境总是已
经改变了的处境。我必须认识我的世界，但是我不能拒绝它，我必
须在"历史的沉思中"把握历史时刻的必然性。

但是，历史性并非时间性。历史性具有双重意义：我认识到，
我是在时间中的，我也知道，我自己并不是时间性的。历史性是时
间和永恒的统一。历史性既不是非时间性的，也不是时间性的，而
是一个包含在另一个之中。"在源于原始自由的行动中，在每一种
绝对意识的形态中，在每一种爱的行为中，那尚未被遗忘甚或被强
调的时间性与此同时被打破了——作为决定和选择——而变为永
恒。存在状态上的时间被看作一种在无情的时间中的真正存在的显
现，被看作在永恒中对这一时间的超越。"在这一时刻，时间和永
恒达到了统一——在克尔凯郭尔那里，这一思想就已经萌芽了。

超越

宇宙整体被认识的程度和人的存在被认识的程度都是一样少，
一切对宇宙的认识都有一个限度。宇宙整体是不可把握的。我们到
处都会遇到最终的不可把握性，会遇到康德意义上的二律背反。不
存在终极的认识范围，只有彻底的开放性，准备迎接更新的经验。
宇宙以及宇宙之内的所有事物都被一个终极的绝对大全所包围，雅

斯贝尔斯称之为本来意义上的超越（Transzendenz）。超越"干脆就是大全，是所有大全的大全"。

世界存在的对象是透明的（transparent），它们是"代码"（Chiffren），是象征符号，超越在其中变得澄明起来。

人的存在是此在，存在的整体是纯粹的"世界存在"，它们是相符的；生存和超越也是相符的，因为超越只向生存彰显自己。说到底，自我存在只是关涉超越的。

超越是非对象性的，它干脆就是隐藏起来的。它不可被思想，只能在象征中被把握。（这让人想起"否定的神学"和神秘主义者的"上帝"。）一切都可以是超越的代码和象征符号。

临界处境和最后的失败

有这样的处境，在其中，生存直接自我实现。也有最终的处境，它不可改变也不可回避，这就是临界处境（Grenzsituation）：死亡、痛苦、斗争、罪责。全部生存只有在其中才可自我实现。我们只有进入这样的处境，才能真正成就我们自己。

有这样的"代码"，在其中，超越变得特别清晰并能够直接向我们诉说。最关键的代码就是失败中的存在。等待我们的最终结局就是失败，真正的失败是在意欲永恒的世界建构中发生的，但是他对自己的灭亡有着清醒的认识并怀有勇敢的冒险精神。不过，只有在真正的失败中，存在才可被完全领悟。真正的失败可以成为真正存在的代码。我们看到，雅斯贝尔斯的哲学带有浓厚的悲观主义色彩，这与海德格尔和萨特的哲学是类似的。但是，雅斯贝尔斯的悲观主义与他们的有所不同，因为，在雅斯贝尔斯那里，一切以失败告终的存在的背后是超越，是上帝的永恒和不朽——或许我们可以这样说，尽管雅斯贝尔斯认为每一种关于超越的存在的措辞都是不合适的。

3. 法国的存在主义

在存在主义哲学内部，法国的存在主义形成了一个独立的流派，其主要代表人物是让·保尔·**萨特**（1905—1908）。我们必须把法国的存在主义哲学与德国的存在主义哲学明确地区别开来——它不同于雅斯贝尔斯的哲学，而且雅斯贝尔斯本人也认为存在主义违背了本来的存在哲学的初衷，是一种哲学的"退化"；它也不同于海德格尔的哲学，因为，尽管法国的存在主义受过海德格尔的影响，但是它后来却走了一条自己的路。法国存在主义的另外一个特点是，萨特还具有非同寻常的作家天赋，他能够用小说和舞台剧的形式表达哲学思想。与别人不同的是，存在哲学在这里始终关注的是具体的此在。

　　不过萨特也写了一些理论性的著作，其中最重要的是**《存在与虚无》**。这本著作发表于1943年，正值法国被德国占领时期。这一点对于理解萨特的哲学不是没有意义的。1940年的外在世界处于崩溃的状态，与此同时，人们的理想和信念也处于崩溃的边缘。人们对法国的社会秩序表示怀疑和愤恨，因为它在敌人的进攻下迅速地败下阵来，这就是当时法国社会的主要气氛。另一方面，法国人还有一个共同的愿望，就是要把敌人赶出去。怀疑一切基本的东西，心中也明确地知道摆在自己面前的任务就是反抗，这两者结合在了一起。如阿尔贝·**加缪**所言，人们需要一种"能够将消极的思想与积极的行动结合在一起的哲学"，萨特提供了这样一种哲学。

　　在某些方面，萨特可以被看作海德格尔的学生，他对海德格尔了如指掌。在萨特那里，海德格尔的许多概念又以恰当的法语形式出现了。尽管如此，在一些基本问题上萨特和海德格尔还是不一致的。这首先表现在他们对存在的基本概念的认识上，在萨特看来，存在是一种简单的、纯粹的和赤裸 的存在，是自在，"自在存在，自在是自身，自在是其所是"。下面从他的《恶心》中选出的一段话或许能够较为明确地表达萨特对存在的理解：[12]

　　　　那真令人窒息，在这几天以前，我从未考虑过存在为何物。我和其他人一样，和那些穿着春装在海岸边散步的人一样。我和他们一样也会说：大海是蓝色的，上面的那个白点是一只海鸥，但是，我感觉不到这个存在，感觉不到这个海鸥是一只存在着的海鸥，通常来说，存在是隐藏着的……而现在，存在突如其来地就在这里，如太阳一般清晰分明：存在突然揭开了神秘的面纱，它丢弃了它的抽象范畴的非攻击性外表：它是物自身的材料，这种根源就是从存在中制造的。

存在，简单说就是在此（dasein），存在者在场，它可以被遇见，但是我们却不能把它推导出来。

存在即虚无，从远处来看，它一定会突然把你吞没，停留在你的上面，如同一个静止不动的庞然怪物重重地压在你的心头——此外一切皆无。

现在我们再来关注人！能够确定的是，萨特与雅斯贝尔斯和海德格尔在下面一点上是共同的：与自柏拉图以来的传统哲学相反，他们都认为，人的存在可能性并不是预先规定好了的，人不是某种在那里存在的东西，毋宁说，他首先是“虚无”，他必须使自己成为他是的那个东西，仿佛始终要从虚无中创造自己。他是“被判决为自由的”。萨特的这种论点使他被列入虚无主义者的名单，如我们所看到的那样，这并非完全没有道理。

人是自由的。在这里，（根据阿尔贝·加缪的要求）萨特哲学过渡到了它要完成的第二个任务：“积极的行动”。人可以投身到世界事务之中，在行动中确定自己的价值。“在这个我投身其中的世界之中，我的行动会像惊动山鹑那样惊醒价值。”人的自我实现是在自由谋划（projet fondamental）中发生的，而在此中提升自我时的虚无也会不间断地窥伺着他，他的自由无时无刻不在面临危险，他随时都可能回归到纯粹存在的状态去。“虚无自我虚无化。”——萨特为这个海德格尔的概念创造了一个新的法语动词 neantiser（虚无化）。

显然，对萨特来说，价值并没有自己独立的存在，价值也不是永远有效的，不管我们是否追求它。"我的自由本身就是价值的根据。"萨特赋予人一种非同寻常的责任，人只有通过提升自身才能摆脱虚无并抵御来自虚无的持续威胁。人只能独自承担自己的责任，没有人能够代替他，尤其是上帝也不可能替他承担责任，萨特是个无神论者。但是，人不仅仅要对自己负责，他同时还要对他人负责。"我"与所有的他人处在一个难解难分的关系网之中，"我"与他人的关系是互为主体性的，萨特的伦理学就是来源于这样一种认识，他特别是通过他的戏剧表达了这种观点。正因为如此，萨特从一开始就致力于对社会和政治生活的认识和改造。

针对萨特的主要批评意见是：萨特极端的自由概念忽视了下面一点，人的自由并不是无任何先决条件的和绝对的，而是有条件的和相对的，他的选择也是有限度的，比如，他的种族、性别以及他出生的时间，这些都不是他所能够选择的——海德格尔称之为"被抛状态"（Geworfenheit）。法国存在主义的其他主要代表除了前面已经提到过的阿尔贝·**加缪**（1913—1960），还有**梅洛·庞蒂**（1908—1961）。加缪和萨特一样，除了理论性的著作，他也写了一些小说和戏剧作品，他于1957年获得了诺贝尔文学奖。梅罗·庞蒂的思想深受黑格尔、胡塞尔和海德格尔的影响，他曾经与萨特结为朋友，后来他们却分道扬镳了。在加缪看来，人是生活在一个荒诞的世界上的，对他来说，这个世界是陌生的、不可理喻的和不可认识的。他用西绪福斯来比喻人的处境（《**西西弗斯的神话**》，1942年法文版，1950年德文版）。梅罗·庞蒂的中心概念 ambiguite（字面意义是暧昧、模棱两可）同样也表明存在的荒谬和反逻辑的特点。这两位思想家和萨特一样，他们都曾经致力于社会政治状况的改造并积极地参与了共产主义的活动。

4. 存在主义哲学的其他代表人物

我们至少还想列出三位思想家，其中两位是德国人，一位是意大利人，他们也应归属于存在主义哲学并有各自的特征。汉斯·**黎普斯**（1889—1941）主要以研究逻辑学和语言而著称，他将两者放入具体的境遇关系中，放入思维和交谈着的人的生存境遇中加以讨论。恩斯特·**布洛赫**（1885—1977）从 1938 年至 1947 年作为流亡者在美国写出了他的主要著作《**希望的原理**》，这本书的第三卷到了 1959 年才公开发表。布洛赫是个马克思主义者，回到德国后，他先是在莱比锡大学讲课，后来又离开民主德国，他的上述著作探讨"还不"的问题，探讨这个问题在梦想、期待、未来计划、宗教观念和社会乌托邦中是如何显示的，他把这个问题作为生存原理来理解。

　　尼古拉·**阿巴尼亚诺**（1901—1990）是意大利存在主义哲学的主要代表人物，他的几本著作被称为"实证的"或"唯物主义的"存在主义，德国读者可以读到这些著作的德文译本。

5．马丁·布伯

　　马丁·布伯（1878—1965）出生在维也纳的一个犹太人家庭里，他的祖父是个对犹太历史传统和犹太文学颇有研究的著名学者，布伯在莱姆堡他祖父家里度过了他童年的大部分时光（因为他的父母离异）。布伯先后在维也纳、莱比锡、柏林和苏黎世上大学，并且很早就参加了犹太复国主义运动，更多的是出于对宗教和文化的兴趣而并不带有多少政治动机。他出版了一份较有影响的犹太刊物，从 1924 年至 1933 年他都是在美因河畔法兰克福大学讲授犹太宗教哲学。

　　希特勒上台后的前几年，布伯留在了德国，他和弗兰茨·**罗森茨威格**（1886—1929）在"自由犹太之家"共事，他们也合作将《旧约》翻译成了德文。1938 年，他被迫逃亡，从那时起他一直在耶路撒冷的希伯来大学做教授，其间曾因多次旅行而中断。他为了以色列人与阿拉伯人的相互理解而作出了不懈的努力，二战结束以后，他努力争取与德国思想家和研究机构重新恢复对话。他于 1965

年去世。

布伯之所以广受瞩目，是因为他除了翻译了《圣经》，还出版并注释了虔信主义者的著作，这个犹太教内部的宗教运动首先于 1750 年发生在乌克兰和波兰，虔信主义这个名称是从希伯来语chassidim（虔诚）引申而来的，类似基督教内部的虔信派，他们反对信仰法律，反对决疑论和唯理智论，崇尚神秘的宗教情感并渴慕上帝。他们强调情感的价值，强调虔诚笃信和恭顺，但是他们也强调快乐和积极的爱。他们专心致志地祈祷并思考造物主与世界和造物的统一或和解问题，这让人想起基督教的神秘主义，事实上，十三世纪时德国的犹太教内部就已经发生过一场类似的运动，当时正值德国神秘主义盛行（布伯本人也曾经深入地研究过神秘主义者布克哈特大师）。神奇的拉比这个正义和神圣的化身就是来源于虔信主义，只是后来流于肤浅。这个运动对布伯产生了强烈的影响，他花了五年的时间潜心研究虔信主义流传下来的资料，在此期间他完全置身于尘世的纷扰之外。

布伯的哲学著作表明了他对宗教怀有根深蒂固的虔诚，同时也表明了他对基督教思想的深入研究，他既是个思想的接受者，又是个思想的给予者。第一个标志就是——当然只是表面上的——在布伯的文集《对话原理》（1973 年，其中包含布伯的四篇相对较短的文章）的内容索引里，索伦·克尔凯郭尔的名字被常常提到，布伯对这个极端的基督教思想家进行了深入的研究，这或许也是人们把他划归"宗教存在主义"行列的主要原因（而且也是我在本书中把他放到存在主义这一章里来讲的原因）。在朋友们的眼里，布伯是个正直的和富于人格魅力的人，他们认为，将布伯归入哪个思想派别都有些牵强。克尔凯郭尔被看作存在主义的鼻祖，主要是因为他无条件地把"存在的"个人置于其思考的中心地位，在雅斯贝尔斯那里也是类似的情况，但是布伯与众不同的独特之处是更值得我们关注的。

《对话原理》的书名就已经表明了这一点，当我们读了这本文集里的前两篇《我与你》以及《对话》时，这一点就更加明显了。在《我与你》的开首一段，我们就会发现布伯的语言魅力和特点：

> 根据人行为的双重性，世界对于人是双重的。
> 根据人说出的基本词的双重性，人的行为是双重的。
> 基本词不是单个词，而是对偶词组。我与你这个对偶词组就是一个基本词。
> 另一个基本词就是对偶词组我与它……基本词"我与你"中的"我"与基本词"我与它"中的"我"是不同的。

我与它的关系是人与他周围的物的一种普通的日常关系，是人与物的世界的关系。人也会把他周围的人当作它（物）来对待，而且他通常也是这样做的，他冷眼旁观周围的人，把他们看作物，一种围绕着他的因果链中的东西。

我与你的关系却迥然不同，在这种关系中，人会带着他最内在的全部本性参与进去，双方是以真正"对话"的形式进行交流的。就此而言，我与你的关系中的我，与客观存在的我与它中的关系中的我是不同的（这让我们想起雅斯贝尔斯的生存状态上的交往）。布伯在他的自传性片段中说，根据他个人的经验和观察，他得出了一个能够用"思想的语言"表达出的基本结论，这就是，做一个人就意味着成为与他对照的那个东西。

为了作出正确的界定，我们必须补充说明一点，对布伯来说，与他人的内在交流只是一种反照，这种反照实际上是人与上帝的交流和对话。"延长的关系线在永恒的你中相交。"在布伯看来，基督教的本质在于，它证明了上帝与人之间的对话是可能的。即使有人不信上帝或者嘲笑上帝这个名字，但是，一旦他把他的全部本质放进"我·你"关系中，他仍然是在向上帝诉说。上帝并不会因此而具备人格化的本质并为此而受到贬低——甚至神学家们也会犯这样的错误。但是,上帝能够对我们说话,这也属于神的无数个属性之一。

对布伯来说，基督教，尤其是（受希腊之影响）经使徒保罗之手而改变了形式的基督教偏离了《旧约》的宗教信仰。

倘若我们把"我·你"关系、对话以及交谈作为布伯思想的关键词列出来加以强调，那么，虽然这有些简单化，但并不是歪曲事实。需要在这里再说明的是，奥地利人斐迪南·**艾伯纳**于 1921 年——比布伯发表《我与你》早两年——就在他的著作**《词与精神现实》**中表达了与布伯类似的认识。艾伯纳认为"我的孤独状态"与"你的失却状态"是人类的心灵纷扰和精神疾病的真正根源。从这里引出了一条主线，维克多·冯·魏茨泽克以及其他人沿着这条主线建立了心身医学。

一个人的内心态度是真正的对话的前提条件，关于此，雨果·冯·**霍夫曼斯塔尔**这样写道："那些懂得静静地聚精会神地倾听的人是非常难能可贵的；一个真正的读者能做到这一点也是很少见的，但是最为少见的情况是，一个人能够无条件地接受自己旁边的人的影响，不会由于自己持续的内心不安、虚荣心和自私自利而破坏他对那个人的印象。"布伯为了使他的谈话接近这样一种状态，以便他的心理治疗能够达到更好的效果，他付出了长时间的努力，因为毕竟心理治疗主要是通过谈话来完成的。他告诫人们，不要按照某种特定的体系（比如弗洛伊德体系）去治疗患者，而应该把每一个患者都看作一个特殊的个人，要因人而异对症治疗。

毫无疑问，布伯的思想萌芽并没有充分地发挥和发展起来，至少在哲学思想方面是如此。他可能会在认识论方面取得丰硕的成果，这种认识论必须强调，我们不能以同样的方式把人也看作和"物"一样的认识对象：我们可以把一个物的对象拆开来做分析，但是如果以同样的方式来分析人，我们就会遇到不可逾越的障碍。他可能会在语言哲学或语言学方面，在处理语言现象方面取得丰硕的成果，这就是说，人们在寻找语言的起源时不应该在一个处身于物的世界中并为世界上的物命名的"我"的身上寻找，而应该到交谈的原始处境中去寻找，把语言作为一种交流的工具来看待。最后，他还可能会在伦理学方面取得丰硕的成果，伦理学在这里是作为对自己的行为负责的学说：负责（Verantwortung，这个词的主要组成成分就是 Antwort，即回答）的前提就是要有一个我需要对其负责的对象。当然，人们永远都不会忽视这样一个事实，即布伯的思想是深深地扎根于宗教土壤之中的，对他来说，我与你的关系始终是和人与上帝的关系紧密相连的，而且人与上帝的关系对我与你的关系起着支配作用。

六、存在问题的阐释：马丁·海德格尔

1. 海德格尔其人

在整个西方世界，不仅是欧洲，马丁·**海德格尔**（1889—1976）是迄今为止最有影响的思想家之一，同时他也是最有争议的思想家之一：当海德格尔的立场坚决的反对者指责他的文章晦涩难懂、让人不知所云时，海德格尔避开了所有认真的争论，或者说他又躲进了晦涩之中。有心怀善意的人认为，虽然海德格尔算不上哲学家，但是他或许是个诗人或者语言学家；而海德格尔的追随者们却认为，他的著作是里程碑，他结束了两千多年的哲学发展（而且大部分是错误的发展）并为哲学开辟了一个新纪元。

我想简短地介绍一下海德格尔的人生命运、家世和生活背景，这对于每一个希望进一步了解他的著作的人是很有用处的。海德格尔出生在梅斯基尔希（南巴顿，在西格马林附近），海德格尔对他的阿雷曼故乡有一种亲密的依恋之情（来自柏林的聘请就被他谢绝了），他最喜欢居住的地方就是位于上黑森林的一座简陋的木屋。他称自己的家境"贫寒而简朴"，他的父亲是教堂司事，管理地窖，几乎就拿不出钱供应海德格尔上高中和大学，多亏了天主教教堂的资助他才完成了学业。因此，他选择了在弗赖堡大学学习神学，但是，两年之后他就中断了神学学习，他花了许多年才真正摆脱了他从小到大一直受其影响的宗教信仰。海德格尔又改学数学和自然科学，

后来也是由于得到了天主教方面的奖学金，他又转而学习哲学。他取得大学执教资格的论文是关于经院哲学家邓斯·司各脱的，这使他有资格在大学讲授基督教哲学。这篇论文明显地表明，胡塞尔的现象学方法对他影响很大。胡塞尔于1916年被聘为弗赖堡大学教授，不久之后，海德格尔就成了他的助手。

1923年至1928年，海德格尔在马堡大学做副教授，1928年，他接替胡塞尔当上了弗莱堡大学的哲学教授。

在马堡做教师期间，海德格尔就已经很有名了。女政治学家汉娜·阿伦特（1906—1975）曾经是海德格尔的学生，并且终生与他保持着友谊，她回忆道："他的声名不胫而走，已经传遍整个德国……人们纷纷传说，思想又重新复活了，过去的那些僵死的文化宝藏重又开口说话了，这表明，那些文化宝藏可以表达出与人们的想象完全不同的东西。有这样一位教师，他告诉人们，人可以学习思想。"[13]《海德格尔全集》问世后，人们才对他早期的那些讲座有所了解，因此人们可以确信，海德格尔那时获得声誉是理所应当的。

在弗赖堡期间，海德格尔经历了1933年的希特勒上台，受到一种"民族觉醒"的情绪的感染，他加入了国社党*，并于四月份被选为校长。在他的就职演说"德国大学的声言"中，他公开表述拥护元首的政策。在将近一年的时间里，海德格尔试图遵照元首的政策来领导大学，但是，后来他认识到，他误入了歧途（在一封写给卡尔·雅斯贝尔斯的信中，海德格尔说，他是一个"失败的校长"），尚在所谓的"罗姆哗变"（发生在1934年6月30日）被希特勒血腥镇压之前，海德格尔就辞去了校长一职。

自那以后，海德格尔再也没有发表任何政治意见。1945年，盟军禁止了他在大学的教学活动。从1951年至1958年，他又恢复了正常的教学生活，之后，他只是偶尔在做讲座时才在公共场合露面。

尽管海德格尔很快就认识到了自己的错误，但是他与希特勒政

---

* 国社党是德国国家社会主义工人党的简称，德文缩写音译为纳粹党。

权的短期合作还是受到了人们的广泛讨论，[14] 尤其是在法国。人们不禁要问，海德格尔的哲学与纳粹的"世界观"是否有相似之处呢？不过事实是，海德格尔 1933 年以前及之后的思想都与纳粹的"世界观"相去甚远。

2. 著作概述

海德格尔受克尔凯郭尔的影响较大，他的早期著作在解释人的存在问题上与克尔凯郭尔有许多相似之处（他们都把恐惧作为存在的基本事实），除此之外，海德格尔主要还是受他的老师胡塞尔的影响。1927 年，海德格尔在胡塞尔主编的年鉴*上发表了他的具有划时代意义的著作《存在与时间》的上半部分，但是该书的下半部分却永远付之阙如了，不过，海德格尔原计划在本书下半部分中说的话，在此期间他通过其他大量著作说了出来。其中包括海德格尔的弗赖堡大学就职演讲《什么是形而上学?》（1929），还有《真理的本质》（1930 年的演讲稿，1943 首印）以及《荷尔德林诗的阐释》（1944）。二战结束以后，海德格尔以文集的形式发表了一系列重要著作:《林中路》（1950，其中包括《艺术作品的起源》)、《演讲与论文集》（1954，其中包括《追问技术》《思想是什么?》《筑·居·思》《物》)。接着，海德格尔又发表了《同一与差异》（1957）以及《走向语言之途》（1959）。

很长时间以来，海德格尔都被看作存在主义哲学家，如果我们主要是以他的《存在与时间》为依据，那么这也是有道理的。但是，在此期间，海德格尔的思想发展是有目共睹的，他自己也反过头来对上述著作进行了多次阐释，而且海德格尔也明确地指出，萨特的存在主义是对他的一种误解（显然是富有成效的误解），因此，仍然把海德格尔看作存在主义哲学家就显得不太恰当了。如果人们从一开始就认真严肃地对待海德格尔自己所做的解释，那么上述的观

---

* 即胡塞尔主办的《哲学与现象学研究年鉴》。

点就根本就不可能出现了。海德格尔在《存在与时间》的序言中就说:"具体地探讨'存在'的意义的问题是下文的主要意图,阐释时间的目的是为理解任何一个存在问题提供一种可能的视野,它只是一个暂时性的(或次要的)目的。"从中我们可以得知,"存在"问题是海德格尔自始至终都在不懈探讨的问题,而且这个问题至今也是海德格尔的解释者们最头痛的问题。

在较详尽地认识海德格尔的思想之前,我们还想就他所使用的语言说几句话。"世界化的世界的映射游戏,作为圆环之环化,迫使统一的四方进入本己的顺从之中,进入它们的本质的圆环之中。从圆环之环化的映射游戏而来,物之物化得以发生。"*像这样的句子(选自他的演讲集《物》),尽管其中没有一个"生词",但是听起来却是那么的陌生,这是不是纯粹的故弄玄虚呢?所有时代的思想家,当他们有什么新鲜东西要说的时候,他们也会使用一些新词。海德格尔独特的语词特点就是,他并没有独创出什么陌生的新词,他只是给一些现成的人们习以为常的词语赋予了一种新的意义,这种新的意义只能在他的语境中才可被领悟或者变得豁然开朗起来。谁要是想以海德格尔的方式说话,像他那样教学,或者深刻体悟并逐渐适应他的语言,那么他最好先读一下他的演讲,如《人诗意地栖居》(载入他的《演讲与论文集》),海德格尔在这次演讲中阐释了诗人荷尔德林的语言。

不过我们还是再回到海德格尔的《存在与时间》上来。为了领会海德格尔思想的出发点,我们可以把海德格尔的思想与前面提到的存在主义哲学的几个特征联系起来加以讨论。海德格尔批评(自柏拉图以来的)古典哲学以及西方的基督教哲学,认为他们是依据物的存在方式去认识人的存在的,他们按照理解物的存在的方式来理解人的存在。海德格尔的老师胡塞尔以及继胡塞尔之后的马克斯·舍勒就已经认识到,我们不应该把人的本质作为一种对象、物

---

* 见《海德格尔选集》下卷,上海三联书店,1996年,第1181页。

质和存在物来理解,而应该把人看作一个有目的的行为的实施者（这也就是舍勒概念中的"人"）。对海德格尔来说，这些思想家既没有分清存在与存在物之间的区别，也没有在本体论上给出充分的理由，此外，迄今为止的哲学总是在追问整体意义上的存在者，追问至高无上的存在者，即上帝，但是他们却没有去追问使一切存在者成为存在者的那个东西，也就是没有追问存在本身。这种存在本身并非物，并非存在物，它不是作为一切存在物的源泉的"对象"摆在我们面前。存在问题被哲学忽视了，或者说被哲学遗忘了（海德格尔称其为"存在的遗忘"），因为存在没有被具体化，因为存在被认为是最空洞、最一般和最不言而喻的东西；被哲学所忽视的还有存在物与存在之间的根本区别。海德格尔称这种区别是"本体论的区别"。

　　有一条路可以使我们接近存在，这条路就是，我们要去考察和追问人的存在。海德格尔称人的存在为**此在**（Dasein），因为，在所有存在物中，能够理解"存在"的也只有人，尽管人也并不能够清楚地理解它。为了建立一套关于存在的理论体系，海德格尔考察了人的此在的基本结构。这种"基础本体论"构成了《存在与时间》的主要内容。为了强调这种考察的方式不同于哲学在考察物的存在结构时通常所采用的方式，海德格尔没有像亚里士多德或康德那样称其基本概念为"范畴"，而是称其为"生存论"。海德格尔思想体系的这一部分是最为著名的，而且也是迄今为止影响最广的。

3.《存在与时间》

　　此在从本质上说就是"在世界之中存在"（In-der-Welt-Sein）。这里既不是指两个客体在空间中并列共在，也不是指客体在空间之内的存在，既不是指客体的存留存在，也不是指主体与客体的关系，在世界之中存在指的是此在的一种基本结构。人的此在总是出现在某个特定的、独特的并且与他的愿望相违背的地方，他是"被抛入他的此在"的。因此，被抛状态是一种广泛的基本结构，一种生存状态。

在世界之中的此在的存在方式就是忧虑,如海德格尔所说,就是烦(Sorge)。此在的存在方式就是繁忙、操心。人的这种烦尽管是由于其他东西,由于他周围的存在物,由于"现成在手的东西"(Vorhandene),由于"器具"(Zeug)或"上手的东西"(Zuhandene)而引起的,但是,实质上,烦是由人自己的存在方式引起的。首先,人不得不存在,他别无选择。人的存在是此在,不仅如此,人的存在始终也只是关涉他的这个此在的。存在首先必须寻求自我实现,所以,此在就是"筹划"(Entwurf),或者说,此在就是被抛弃状态下的筹划。人的基本生存体验就是畏惧(Angst)。这种畏惧并不是由于特别害怕其他存在者而产生的,而是由于自己的在世界之中存在,或者确切地说,是由于自己不在的可能性。这种畏惧是一种残酷无情的经验,在这种经验中人完全脱离开了存在,他将与他自己的死亡照面。但是,死亡并不是从外部与此在照面,死亡是归属于此在的:此在就是走向死亡的存在(Sein-zum-Tode)。人的此在的真正意蕴和紧迫性就来源于他与自己的死亡的照面,因为死亡是此在的彻底终结。倘若我们能够拥有无限长的时间,那么就没有什么东西是紧迫和重要的了。通常我们会在(人终有一死)这样一个事实面前闭上眼睛,我们会忘记,面对死亡我们应该实现自己那独一无二的生命的价值。我们会跌入一种非本真的和冷漠的"人"的状态。但是思想能够教导我们认清这样一个事实:死亡会唤醒我们去独自承担自己的生存,死亡会启发我们认识到,自己的决定是不容撤回的,死亡还会唤醒我们在自由和自我负责的条件下过一种真正的属于自己的生活。

对海德格尔来说,为了进一步发掘作为人存在的基础、界限和境域的时间和时间性,考察人的死亡就是问题的关键。时间性是烦的真正意义,时间性是此在的基本事件。此在"在时间中并没有一个终结,此在只是暂时存在"。

关于海德格尔对人的此在的分析我们就说这些,在这一点上他还是比较容易被人理解的。在畏惧中,人与虚无照面,因为所有存在者以及他自己的此在都与他相脱离了。虚无本身站在他的面前，人的存在就是走向虚无的存在。（在这一点上，海德格尔受到了无端的指责，有人认为他在鼓吹虚无主义。）如果超越就是超越一切存在者，那么此在的本质就是"超越虚无"。

再次插入几句话：在超出、超越所有存在者的意义上，超越这个概念与传统的特别是基督教哲学有相近之处。在此意义上，超越将会使有信仰的思想家走向上帝。对海德格尔来说，上帝也是存在者。所以，关于"海德格尔是无神论者吗？"这个问题，我们只好这样回答，当他的问题已经超出了所有存在者所能回答的界限，而且也超出了上帝的界限时，在这个意义上，他是个无神论者。对他来说，追问上帝存在的问题和追问最高存在者的问题是一回事，这其实也就是追问本真存在的问题。但是需要说明的是，在海德格尔的后期著作中，"神圣者"这个概念占据了重要的地位："思想家称之为存在，诗人则称之为神圣者。"此外，在海德格尔较晚期的著作中，尤其是在他对荷尔德林诗的阐释中，"神"被他用作尘世的人的反义词。在那里，世界显现为一种"交叉"，显现为天、地、人、神的四重统一。

让我们再回到存在问题上来。黑格尔曾说："纯粹的存在和纯粹的虚无是一回事。"对此海德格尔说："黑格尔的这句话是有道理的。"这预示着，在海德格尔身上将发生一种思想转折或断裂，海德格尔自己常常称之为思想上的"急转"，而且这也意味着他沿着《存在与时间》的道路继续向前迈进了一步。随着这种思想上的急转，人从一个"虚无的占位者"变为存在的守护者和牧人。也就是说，在虚无中，通过虚无，人体验到存在。虚无是"走向存在者的不"，意思是，完全另一个人面对所有存在者。虚无是"存在的面纱"。

这种通过虚无而部分显露和部分遮蔽的存在（这也是"存在的面纱"这个词的意义）就是海德格尔的基本概念。那个再三被引用的关于自我封闭的源泉的比喻倒是最能说明这里是意指什么，因为它不能在概念上被领会和说明。存在是根本的基础，是统辖一切存在的意义。由于这个存在是非对象性的，它不能通过存在者有说服力的思想而被认识，因此，对海德格尔来说，哲学就这一点而言显然永远都不可能成为一种科学（这种科学始终是与单独的存在者有关的）。毋宁说，哲学是存在的思，它是处于存在的命令和服从中的思想。这样一来，"何为思"这个问题在海德格尔那里就变成"思命令我们做什么"。如果哲学追求"真理"，那么这个真理也不是"正确"或与存在者一致意义上的真理。毋宁说，真理是一种"**无蔽状态**"（Unverborgenheit）。真理是自我掩蔽和自我去蔽的存在，因而理性又回到"审问"中去。"直截了当地说，思是存在的思。这里的第二格具有双重含义，思是存在的思，意思是说思由存在发生并且也归属于存在。思同时是存在的思，因为思属于存在，并听从存在。"（**《关于人道主义的信》**，1947）

　　读者或许会从我们这里对海德格尔思想的简略陈述中隐约获得一个大致的轮廓，他或许还会感觉到海德格尔思想和语言的庄重和严谨，并且他也许还能够嗅到海德格尔后期著作中的一丝气息。海德格尔从自己已经获得的立场出发，接着又去专心致志地探讨一系列问题，他写的那些大量的短小精悍且内容丰富的文章就证明了这一点。海德格尔尤其关注的是语言，对他来说，语言从来都不单纯是一种人类相互理解和交流的工具。在海德格尔看来，语言是一种媒介，"在其中，存在自我澄照并开口说话"。语言是"存在之家"（这里的存在是海德格尔意义上的存在！）并且也是"人类的居所"。如果思想是一种对存在心怀感激的思想，它"在它的说中将存在没有说出的话说了出来"，那么思想就会自觉地去接近写作。思想家和诗人是隔山相望且比邻而居的。从这里我们就能够理解，为什么海德格尔花费了许多年的时间去研究荷尔德林（还有里尔克），为什么他写了那么多阐释荷尔德林的诗的文章。对海德格尔来说，荷尔德林是"诗人的诗人"。在所有伟大的诗人当中，荷尔德林是最纯粹的诗人的化身，是最符合海德格尔理想的诗人。

　　海德格尔的重要思想涉及现代科学的发展（**《科学与沉思》《世**

界图景的时代》)。值得一提的是，海德格尔还翻译了前苏格拉底哲学家（包括赫拉克利特和巴门尼德斯）的著作残篇并对其做了详尽的注释。在前苏格拉底哲学家那里，在哲学的曙光中，海德格尔发现了对存在的理解力；他认为，此后的形而上学丧失并埋没了这种理解力，之所以丧失这种理解力当然并不是由于本来可以避免的错误，而是由于机缘和命运，是因为"受到存在的迷惑"。为了重新揭开存在之谜，为了使古希腊思想家们遗留下的大量断简残篇能够重见天日，哲学的任务就是要拨开两千年以来形成的西方形而上学迷雾。

4. 影响与遗著

在我们这个世纪几乎还没有一位思想家能够像海德格尔这样引起如此广泛的公开讨论，也许维特根斯坦是个例外。其主要原因有两个。

第一个原因：关于海德格尔与希特勒政权的关系总是不断地出版一些新书，尤其是在法国。确实，在希特勒于1933年上台以后，海德格尔受到了当时德意志民族觉醒氛围的感染，在起初的一两年内，他并没有意识到希特勒选择的道路会把德国引向不幸和毁灭。许多值得尊敬的德国人以及他的大部分同胞都犯了和他同样的错误，只是他比其他许多人都更早地认识到了这个错误。

第二个原因比第一个更为重要：正在出版中的《海德格尔全集》使许多海德格尔的鲜为人知的思想得以逐渐显露出来，这为人们认识他的思想轨迹带来了新的光明。这套全集大约会有一百卷之多，截至1998年，其中的大部分已经出版。海德格尔早期的讲演稿如《现象学的基本问题》（1927，全集的第二十四卷）表明，当时海德格尔作为一名杰出教师所获得的名誉是理所应当的。在早些时候，曾经有海德格尔的评论家认为，海德格尔的许多著作至今未能付印，我们所能见到的只是冰山一角，它的大部分仍然隐藏在水面以下，当这些著作的大部分与公众见面以后，我们很可能会对海德格尔进行重新评价。[15] 我想拿 1989 年出版的《海德格尔全集》的第六十五卷作为一个例子，这一卷的书名是**《哲学论文集——论本有》**，写于 1936 年至 1938 年。有些评论家认为，除《存在与时间》之外，这本论文集是海德格尔的第二部重要著作。值得注意的是，这两本著作都没有最后完成。自 1975 年开始出版的《海德格尔全集》的第一部分包含作者在世时已经发表的著作，第二部分包含他的讲座文稿，在海德格尔一百周年诞辰之际（1989）开始出版全集的第三部分，其中包含海德格尔生前未发表的著作及演讲集。这个顺序是海德格尔自己确定的，他希望他的某些讲座文稿——特别是**《哲学的基本问题，"逻辑学"的"问题"选讲》**（1937—1938），作为全集的第四十五卷出版——能够在他生前与读者见面。

如前所述，有人把海德格尔的《哲学论文集》看作除《存在与时间》之外他的第二部主要著作，他在论文集中重新又对《存在与时间》中的中心问题进行了研究。如该书前言中所说："经过了长时间的拖延和压抑之后，我在此重新拾起过去的话题。"这表明，长时间以来（尚在 1933 年以前），海德格尔就一直在思考这些问题，他只是觉得思想还未成熟，还不足以作为通常意义上的"著作"公之于众，认为那还只是一种思路，或思路的开端。《哲学论文集》带有一种暂时性的特点，某些章节经过了较完整的处理，而某些章节则类似于提纲式的工作笔记。

简单介绍海德格尔不是一件容易的事情，因为随着他思想的发展，他越来越强烈和执拗地使用一种与众不同的语言。若想让门外汉去理解他，那就是更为困难的事情，况且海德格尔本人也并不希望人人都能理解他，他只为"少数人"而写作，只为那些"为了沉思存在的高贵和言说存在的唯一性而甘愿忍受孤独的少数人写作"。这可能会使读者气馁，即使他不知道海德格尔曾经在另一个地方说过，哲学若想把明白易懂作为自己追求的目标那就无异于自杀。不过我还是想提请读者注意以下几点。

海德格尔写出针对"世界观"的论辩就已表明他已脱离开了纳

粹（这篇文章的写作始于 1936 年，手稿厚达九百多页）。所谓"世界观"是指，它宣告一种对宇宙的认识，它"既不能过低，也不能过高"，这恰恰也是为哲学所反对的，因为哲学就是建立在问题之上并不断地提出问题。世界观是为大众准备的，它是"阴谋诡计"，它以"宣传口号"作为斗争的工具。与之相反，哲学则植根于折磨人的困境之中，哲学并不想"摆脱这种困境，而是忍受它并去追究它的原因"。

对海德格尔来说，西方哲学大部分都是畸形发展，并没有达到目的（这也是他要回归到哲学之初始的原因），不仅如此，他还带着批判的眼光审视几乎决定我们的思想、追求和行为的西方科学（主要是近代科学，因为中世纪的"学说"和古希腊的"认识"都与此不同）。科学不是"一种根本性真理的建立和维护意义上的知识"。在《科学的原则》的第 76 段中，海德格尔对此做了较深入的说明，下面引述几个片段：

并不存在通常意义上的"科学"。艺术和哲学是"自成一体的"，而科学则必须划分为个别学科。科学的专门化并不是一件坏事情或者一种堕落现象，而是科学的本质使然，因为专门化的科学更能够将存在或存在的一个范围清晰地展现在我们面前。

着眼于某一个学科或紧紧依靠某一种解释方法（即返回到熟悉的和易于理解的事情上去）是（每门）严格科学的先决条件。这是科学取得成功的基础，但也是科学的限度。

因果性序列中的思想（如果……那么……）表明科学的"诡诈的本质"。用这种方式去认识生命是一种错误做法，这个观点既适用于自然也适用于历史。"人们承认'偶然性'和'命运'在历史中所起的作用，这首先证明了因果性思想的独断性，因为'偶然性'和'命运'只是表明人们对历史事件中的那些不易被认识的因果关系还不甚了解而已。一个历史事件可能会有一种完全不同的结局，对此历史从来都不能清楚地作出解释。"科学中存在这样一种倾向，即把科学自身的方式方法看得比学科领域更重要。人们并不想了解，构成某个学科领域的基础的存在物到底有哪些本质特征，而只是一味去寻找"结果"，并且这个结果最好要"直接地符合用途"，就这样，每一个"结果"旋即又会给人们带来新的鼓舞，于是人们就又能够心安理得地继续从事研究。

根据几个关于自然科学（与之相对的是人文科学）问题的原则，海德格尔作出如下预测："随着一切科学追求实用的技术性本质越来越显著，自然科学和人文科学之间的具体区别也越来越小。""作为科学研究和教学机构的大学将会变为纯粹的和'越来越讲求实际的'企业机构。""在大学里，尤其是在一个将要企业化的机构里，哲学将无容身之地，这里所指的哲学是对真理的思索，亦即对存在问题的思索，而不是指那种历史性的和制造'体系'的学问。"——还有更为激烈的言辞："所有这些人等争相追逐的那个隐蔽的目的都是缘于纯粹的无聊，只是他们对此毫不预知，或者根本无力预知。""历史性的人文科学将会变成新闻学，自然科学将会变成机械制造学。"

关于"科学的原则"的内容被编排在论文集的第二部分，标题是"相似之处"。文集的整体结构（这是海德格尔特别喜欢用的词语）是：核心内容由六个部分构成，标题分别为"相似之处、传递、飞越、创建、前景、最后的上帝"。前面还有一篇"展望"，结尾部分则是"存在"。

在"飞越"篇中有如下一段呐喊式的文字：

自然与大地。

自然，经过自然科学之手被从存在中分离出来，技术对自然都做了些什么？技术正在使自然走向其终结或毁灭。那么自然以前是什么样呢？当自然尚在存在本身中休养生息的时候，自然曾经是众神的栖身之所。

从那以后，自然立即就成为一种（人的）存在物，然后就再也得不到"恩宠"，它不得不在所谓科学的蹂躏下忍受煎熬。

最后还剩下"风景名胜"和疗养胜地，而它们也被列为大面积开发的目标，变成大众的消费对象。然后呢？难道就此为止了吗？

大地为何面对这满目疮痍静默无语？

除海德格尔之外，谁在五十多年前曾有这样的先知式的远见？

就在这些精彩的激扬文字之旁，在巨大的"原始岩脉采石场"（海德格尔在"存在"篇首中这样称自己的著作）堆放着许多令人费解的碎片。何为"最后的上帝"？海德格尔对此的答复是："这是指完全另一个上帝，是针对既有的那一个，特别是针对基督教的上帝而言的。"为何海德格尔有时称"上帝"（Gott），有时称"这个上帝"（der Gott），而常常称之为"众神"（Götter）呢？下面一句话究竟是何寓意："转向在呼唤（归属者）与（被召唤者的）归属之间本质性地现身。转向乃是反—转。对向本有过程的跳—跃的召唤，乃是最隐蔽之自识的伟大寂静。"* 这句话的神秘性（意指它的封闭性，也就是将不知内情者排除在其可理解性之外）是否已经到了遥不可及的地步了呢？（卡尔·波普尔称之为不诚实或诡诈，因为哲学家——如黑格尔和海德格尔——使用如此晦涩难懂的语言，以致人们无法明确地理解它的真正含义，因而人们也无法明确地反驳它。）

海德格尔处理他的中心概念"存在"，为了突出这个概念与通行的意义有所不同，海德格尔将 Sein（存在）写成 Seyn 的方式有点类似于否定神学处理上帝概念的方式。关于存在我们不能直接说出什么来，我们只能换一种表达方式，也就是可以说出存在（以及"上帝，那个完全另一个"）**不是**什么。

我对海德格尔的介绍可能过于简短甚或不足，或许会给读者造成这样的印象，与其说海德格尔是个以"难懂""固执己见""晦涩费解"而著称的思想家，倒不如说他是个窃窃私语地讨论存在问题的巫师，尽管如此，我还是希望这篇简短的介绍能够使一些读者鼓

---

* 参考《哲学论稿》，商务印书馆，2012 年，第 432 页。

起勇气，亲自去读一读海德格尔的某一本著作（最好先读一下他的论文集如《路标》或《林中路》）。

5. 海德格尔哲学在法国——介绍几位法国思想家

1945 年以后，海德格尔在德国的声誉和影响不仅没有减退，而且还变得越来越大。尤其在法国，情况就更是如此。主要是让·**博夫莱**（1907—1982）的《**与海德格尔对话**》（1973/1974）使得海德格尔在法国出了名，海德格尔曾在一封信中和他讨论了人道主义问题；在这方面除了博夫莱，还有众所周知的让·保尔·萨特；新近还有雅克·**德里达**（生于 1930 年），他在他的一本新书里对海德格尔的近二十五年内的著作（1927—1953）做了细致的阐释；[16] 此外还有后面将要提到的伊曼努埃尔·莱维纳斯。

让·博夫莱的著作也被翻译成了德语。[17] 他的著作显示出，他是如何阐释大师的思想，他又是如何用一种有趣的方式发展大师的思想。我之所以在这里提及博夫莱，主要是因为他写给海德格尔的信感动了海德格尔，使得海德格尔在二战结束之后能够对博夫莱提出的问题作出详尽的回答，这对于人们进一步了解海德格尔后期的思想（即他的思想转折以后的思想）无疑提供了巨大的帮助。[18]

博夫莱向海德格尔提出的中心问题是："如何恢复'人道主义'一词的意义？"* 海德格尔的回答是：为此人必须首先重新或"从头开始"去认识人的本质，而不要再去走哲学——它在古希腊就已蜕变为形而上学——所走过的老路。这也就意味着要抛弃所有过去的人道主义思想，即萦绕在人们头脑中的那些陈腐的思想，因而也要抛弃存在主义哲学所投下的思想阴影，其中也包括萨特的哲学。迄今为止，所有企图解释人的本质的尝试，不管是马克思的，还是基督教的，或者是萨特的，他们都犯了一个共同的错误，他们都把人放入一种既定的自然、历史和宇宙整体的关系中加以考察，也就是

---

*   见《关于人道主义的书信》，载《路标》，商务印书馆，2000 年，第 369 页。

把人作为存在者，考察人与存在的关系，而不是反过来追问存在与人的关系。事实上，人并不是存在物的主宰，而是"存在的邻居"或看守者。人在开口说话之前应该首先让存在与他攀谈，他应该静待存在对他开口说话。

这里我们又遇到海德格尔的中心概念"存在"（Sein/Seyn）。究竟应该如何理解这个概念，真是仁者见仁、智者见智，就像那些无边无际的文献所显示的那样，解释者们的意见高度不一致。[19]

迄今为止，引起争论的不仅仅是海德格尔的 Sein 或 Seyn，而且还有他对语言所持的态度，在他的思想发展过程中，语言问题越来越占据了中心位置，以至于可以这样说，标志海德格尔晚期思想的简单表达形式已经不再是"存在与时间"，而是"存在与语言"。"不是我们拥有语言，而是语言拥有我们。"语言并非纯粹是人类的工具，而是"存在之家"和人类本质的居所。我们应该细心地静听语言自身对我们诉说什么。思想的本质只能从语言的本质上来理解，但是语言的本质则只能从诗的本质上来理解。在此意义上，荷尔德林对海德格尔来说就是真正的诗人，海德格尔总是不厌其烦地阐释他的诗作（**《荷尔德林与诗的本质》**，1936）。[20]

有两个例证可以说明，人们关于海德格尔的语言哲学思想存在着多么大的分歧。

著名的海德格尔研究者龚特·**沃尔法**（他认识到海德格尔是我们这个世纪最伟大的思想家之一，尽管他的人格并不伟大）指出，人们应该注意到海德格尔产生的广泛的国际影响（仅仅在日本就有上百种他的著作的日文译本），他简练地断定，虽然维特根斯坦是本世纪最富影响的语言哲学家，但是最伟大的语言哲学家则是海德格尔。[21]

与之相反："语言说话"，"虚无虚无化"，像这样的句子是否真的有意义呢？而且，我们是否能够从语言史上或词源学上探究出它们的真正意义呢？浪漫主义者马里奥·**万德鲁茨卡**是个精通很多种语言的人，他对海德格尔所使用的语言（涉及他的《什么叫思想》，

1954）作出了评注。海德格尔曾说"一切令人忧虑的东西都发人深省。那么何为最令人忧虑的事情呢？在我们忧虑的时候显露出什么呢？最令人忧虑的事情显露出，我们还没有思想。我们仍然还没有思想，虽然世界的状况还仍然那么令人忧虑"。对此万德鲁茨卡说："这样的句子简直就像从奈斯特洛伊口中说出来的一般。"[22]（在后面的"语言"一节里，我将不再回过头来讨论海德格尔。）

如果说 1945 年以后法国的哲学争论主要是由德国（以及奥地利）思想家引起的，这种说法也并不过分夸张。在这方面，除了海德格尔，首先还有卡尔·马克思，尤其是他早期的著作（通过他黑格尔也引起了法国人的关注）。二次大战后的前二十年内，马克思主义可以说成为哲学舞台上的主角，不仅仅在萨特那里是这样。路易·**阿尔都塞**（1918—1990）——他的论文集于 1968 年被翻译成了德文，其中有一篇的题目是《**赞同马克思**》——以及罗杰·**加洛蒂**（生于 1913 年）或许是其他许多人的代表。加洛蒂于 1970 年被迫离开了共产党圈子，之后他改信了伊斯兰教，他转而成为马克思主义以及整个西方文明的批判者。尚在共产主义政权在东欧垮台之前，作为法国思想模范的马克思所起的作用就已经结束了。

第三位备受法国思想界关注的德国思想家就是弗里德里希·尼采，其中较有代表性的法国思想家是吉尔·**德勒兹**（1925—1995），他的著作《尼采与哲学》已于 1976 年被译成了德文。

德勒兹作出的另一个重要贡献是，他深入研究并解释了西格蒙德·弗洛伊德的著作。与菲利克斯·加塔利合作，他写出了《**反俄狄浦斯**》（1976 年出德文版）。在法国，研究心理分析的中心人物则是雅克·**拉康**（1901—1981），他本人所从事的职业就是心理分析。1980 年，出版了他的著作的三卷本德文版，在他卷帙浩繁的研究班课程演讲稿中，《**心理分析的四个基本概念**》（1980）被翻译成了德文。

在拉康的推动下，其他法国人也与拉康一起共同承担了德国人所没有完成的任务：考察弗洛伊德著作中的哲学含义和结论。因为在纳粹的统治下，弗洛伊德的著作无法正常出版，他被迫流亡英国。毫无疑问，弗洛伊德的思想和发现彻底改变了人类的形象。用弗洛伊德的观点来看，只有在一种很狭窄的意义上，人类才可被看作理性动物。哲学家们通常将之类比为独立的"理性"的"自我"倒是更像一层坚硬的果壳，它在无意识的海洋里来回摇摆。

读过拉康的人都会自问，他是否正在阅读一个哲学家的著作，当今法国哲学家们的著作也常常给人留下这样的印象。哲学与其他学科之间的界限，特别是与文学的界限正在变得越来越模糊。不久前，受人尊敬的保罗·利科（生于 1913 年）[23] 曾指出这样一种危险，被看作哲学家的一些人终于抵挡不住诱惑，他们在大众传媒和各种会议上频频抛头露面，与严肃的哲学研究相比，他们更注重在广大公众中的影响。关于此利科说，这是一种危险的"**思想泡沫**"。

为了不致造成一种印象，让人觉得法国哲学仅限于阐释海德格尔以及其他几位德国哲学家，我们在此介绍两位完全不同类型的法国思想家。米歇尔·**福柯**（1926—1984）是当代法国最著名的思想家之一，他在德国也很有名，因为他的主要著作已被译成德文。[24] **性**可以作为一部重要的哲学著作讨论的主题吗？为什么不可以呢？性难道不是人类本性中最重要的属性吗？某些哲学家（如叔本华）对这个领域做了详尽的讨论，而另一些哲学家（如海德格尔）则几乎对此只字未提，这难道不是有些奇怪吗？

福柯的著作《**物的秩序**》围绕一个主题展开，作者自己将其视为中心议题，这就是主体。尤其通过笛卡尔的"我思，故我在"，思想的主体占据了哲学的中心位置，在福柯看来，这对于寻找确定性不是一种恰当的出发点，与其说主体是原因和根据，倒不如说它是结果。"主体"更多的是在"坦白的强迫下"产生的，这种强迫自中世纪以来就在欧洲成为一种主要的社会仪式，其表现形式就是在教会范围内和在宗教法庭的审理程序中以及在刑事法庭上的忏悔圣礼和坦白供述（用以取代过去为了确定某人是否有罪而采用的方式，如发誓、辩论或上帝的审判）。"坦白"的范围一直扩及性爱（人必须坦白他的爱情），扩及心理分析（他还要坦白他做的梦），而且也扩及文学（新的文学类型取代了过去的英雄传说和圣徒故事，在其中要以自我省察、忏悔和供认的形式公开真实的自我）。

废黜主体或主体死亡以及"清除主体"，这些词语在其他法国思想家那里也都扮演着重要角色。

当我们把目光转向伊曼努埃尔·**莱维纳斯**（1906—1995）的思想时就会发现，我们进入了一个完全不同的世界。他的许多著作也已被译成了德文。[25] 德国读者刚一接触他的著作时可能会觉得，他与马丁·布伯有些相似之处，其中原因有二：其一，莱维纳斯是在虔诚的犹太教传统环境中长大的，他的父母都是犹太人；其二，和布伯一样，莱维纳斯也将"你"、单独的个人和"他人"放在了他思想研究的中心位置，这样，把他的思想看作一种"相遇哲学"也是较为恰当的。

他的著作都是涉及犹太教、犹太教法典以及弥赛亚主义的（这些著作并没有德文译本），这证明了他的思想限于犹太传统的立场。他的**《他人的足迹》**一书可以作为对其"对话式"思想的证明。

莱维纳斯对海德格尔及其老师胡塞尔的哲学术语非常精熟。自尼采和维特根斯坦以来，思想家们开始对语言失去信任，他们开始对传统的形而上学进行"解构"（这是个当今在法国颇为流行的哲学术语）并对其产生怀疑，这也是莱维纳斯的思想出发点，他怀疑一切，包括有意义的话语、理性和人文主义遗产。但是他又认为，怀疑语言的可靠性并不意味着可以忽视"必须要说的东西"，并不意味着可以用冷淡的态度取代责任。如果问题涉及"他人"，涉及周围的人，那就不应该采取漠不关心的冷淡态度。这个"他人"不应该遭到我的思想的冷落。虽然在我和他人之间存在着一种无法消除的差异，但是这种差异也对我提出了要求，要求我去认识对方并对其承担责任。如果谁把他人看作一幅完成了的图画，那么他也就是把他人降级为一种物品，在必要的时候他就可能将其清理掉。

对他人敞开心扉——这不应该被当作供奉在独断专行的理性圣

坛上的牺牲，同时也要对无限者（即神）敞开心扉。对他人敞开心扉，这还意味着要对他人表达爱。于是，莱维纳斯又转向人性中的女性因素，他歌颂丰硕的繁殖力并指摘许多西方哲学家，尽管他们并不是修道士，但是他们却更倾向于一种禁欲主义的和僧侣般的理想，而在犹太教的传统信仰中，一个信徒会在天堂之门被盘问：你是否已经完成了传宗接代的任务呢？这令我们想起古代印度传统中的理想，一个人在进入智慧的老年阶段之前，也就是在他可能去过一种孤独和清心寡欲的生活之前，他应该首先履行作为一个负责任的丈夫和父亲所应履行的义务。

莱维纳斯始终努力尝试在犹太传统、基督教和"用希腊语言思想的"哲学之间架起一座桥梁。

我们若把莱维纳斯与法国同时代思想家做一比较就可能产生这样一种印象，相对来说，莱维纳斯更为传统或更为保守。可是有人对此提出这样的问题：那么一个现代哲学家甚或一个"后现代"哲学家的责任究竟何在？或许这句话反过来说同样也是合理的，关于这一点，当今的一位德国哲学家（罗伯特·施柏曼）在他1989年发表的一本著作的开篇就说，他希望他的书中并不包含什么"全新的东西"，因为凡是涉及正确人生的问题，真正新颖的可能只是错误的东西。

七、马克思主义的影响和发展

1. 哲学的角色

在二十世纪，由马克思及其同道们发起的政治运动对我们这个星球上的大部分国家都产生了影响。这有两方面的含义，首先，马克思主义或更确切地说是马克思列宁主义成为相关国家内官方唯一允许的哲学；其次，这种哲学学说构成了国家的政治和社会实践的理论基础。迄今为止，还没有一种哲学引发的思想运动能够具有如此巨大的力量。

这整个的思想体系被划分为三个领域[26]：一、哲学（主要包括"辩证唯物主义"和"历史唯物主义"）；二、政治经济学（经济学）；三、科学社会主义理论（国际共产主义运动的理论和策略）。其中哲学占据最重要的地位，它是整个思想体系的基础，是将三个领域联系在一起的纽带，它不仅是一种认识论或方法论，而且还是"方法论和世界观"的综合。所谓世界观就是从整体上阐释人的存在，或者说阐释全部存在，但这里所说的阐释并不是我们通常意义上的探索性的阐释，而是建立在"科学的"基础之上的、最终的、不可更改的、被实践证明了的、无可辩驳的阐释，它是一种信条。毫无疑问，在马克思主义者那里，哲学对于个人以及人类的生活具有无比重要的意义，哲学受到这样高的评价在历史上是绝无仅有的。假如一个"西方的"自然科学家公开表明自己的论点，认为哲学的时代已经基本结束，当今人类所有重要的认识都是来自个别科学的研究成果，那么他可能会遭受到来自马克思主义阵营的迎头痛击。

二十世纪末，所有的一切都表明，马克思主义在苏联强有力的统治时代已经终结，即使在那些马克思主义继续占统治地位的国家里，它也受到了冲击。尽管如此，这个思想运动在历史上所起的无与伦比的作用也仍然值得我们对它加以进一步的考察。

2．物质概念与唯物主义

批判马克思主义的思想家们有时会倾向于用一种不屑置辩的态度（过于草率地）对待马克思主义的哲学基础，即所谓的唯物主义，其理由是：马克思和恩格斯以及后来的列宁——列宁的思想也是马克思主义哲学的重要组成部分——都教导说，"物质"这个概念早就已经不再值得争论了，他们所理解的物质是一种物质实体，物质是由原子组成的，这种原子几乎还是德谟克里特思想中的原子，亦即组成整个自然界的那种恒定不变的、致密的、不可再分割的最后物质颗粒。迄今为止的物理学的发展已经否定了这样的观念。因为我们已经认识到，原子是由更微小的基本粒子组成的——而且大部分是空洞的空间，基本粒子之间的那些极为复杂的力量和相互作用越来越多地被人们发现，尽管如此，我们也只能认识其中的一部分而已。原子核具有放射性并且可以被人工"毁灭"。根据爱因斯坦的著名公式，物质可以转化为能量。"物质"对我们来说是多义的，几乎成为不可理解的东西，成为能量的同义词。批评家们说，在这样的情况下，谁要是仍然教条主义地坚持马克思主义的"唯物主义"，那么他就是否定了几百年来自然科学的发展。

这样的批评意见未免过于轻率了，因为列宁早就已经认识到，如果不能重新表述物质概念，自然科学的发展必然会动摇唯物主义哲学的基础。在讨论德国经验批判主义者恩斯特·**马赫**以及理查德·**阿芬那留斯**的过程中（参见新实证主义一节），列宁就指责他们的物质概念过于陈旧和狭隘。对列宁以及列宁之后的马克思主义者来说，物质"是用以标记客观现实的哲学范畴"。[27] 这样一种物质定义比原先的定义更为宽泛，事实证明，当人们在马克思主义的意义上去解释物质时，它显得特别具有灵活性。

对于辩证唯物主义来说，**运动**是物质的本质。不存在没有运动的物质，也不存在没有物质的运动。这里的运动是指一切形式的变化，不仅仅指物体在空间中的位置变化，它还包括物理的（如电磁）、化学的、生理的变化以及社会的变化过程。

物质的另一个本质就是它的**无限性**。这既是指物质在空间意义上的无限性，也是指物质在时间意义上的无限性。宇宙在时间上是无始无终的，这样一种观点使得马克思主义与现代天文学理论发生了冲突，因为现代天文学认为，宇宙起源于一种"原始大爆炸"，并将在**"热寂"**（Entropiesatz）中走向终结，当然在天文学家和物理学家那里，这一理论仍然存在争议。和时间一样，空间也被马克思主义者理解为客观的和现实的物质存在方式，这当然与康德的观点截然相反，而且今日的大多数非马克思主义哲学总归已经不再坚持这种观点。此外，由于空间和时间是可以想象的存在的唯一存在方式，所以对马克思主义来说，一个外在于宇宙（即在时空之外存在）

的上帝的观念就是荒谬的。值得注意的是，马克思主义还认为，空间和时间并不是完全恒定不变的，它们也会随着物质的发展而发展，这样一来，宇宙中就有可能存在质量不同的时空要素。

整个物质世界——对马克思主义来说就是整个宇宙——构成了一个统一体。事实证明，即使迄今为止的自然科学研究已经深入宇宙的内部，但是它还从未发现任何迹象能够用来反驳具有统一规律性的物质统一性。

因此，今日马克思主义的"唯物主义"并不是所谓的（而且也正是马克思主义者所称之为的）十九世纪的庸俗唯物主义。马克思主义的唯物主义具有双重含义：第一，存在物（也就是物质）是一种不依赖意识而独立存在的实在，或许称这种观点是"认识论的实在论"更为贴切。马克思主义者和"形而上学家"如尼古拉·哈特曼有某些共同之处。第二，从本体论上看，物质是第一性的，我们称之为"精神"的东西只是物质在人的意识中的反映，并且精神是依赖于物质的。

对弗里德里希·恩格斯来说，物质和意识的关系问题是一切哲学尤其是现代哲学的基本问题。马克思主义认为，意识是物质的"产物、机能和特性"。所谓意识是物质的产物是指：意识能力如我们所知只有在具有特定的神经系统的生物身上才会产生，意识是大脑物质的产物。所谓意识是物质的机能是指：如列宁所言，意识过程和正在思维着的大脑中的生理化学过程并不是两种（并行的）过程，而是一种统一的过程，意识仿佛是在其"内在状态"中或在其内部合成的。

3．辩证唯物主义

只有当我们进一步认识了"唯物主义的"另一个基本思想，即把辩证法作为一种普遍的物质运动规律，我们才能真正清楚马克思主义哲学的特征以及它的灵活性和说服力。（除此之外，我们还应该认识到：在马克思主义那里，社会发展的辩证法也被看作人类历史的普遍发展规律，对此我们将在下一节中加以讨论。）

物质的本质在于运动，从整体来看，运动是一个由低级到高级的发展过程，运动使低级的物质现象不断地向更高级更复杂的物质现象发展，使无生命的物质发展为有生命的物质，在高级发展阶段产生了我们所熟悉的生命形式并进而形成了社会形态和与之相关的意识形态。

这种存在物的阶梯结构理论与尼古拉·哈特曼（以及卡尔·波普尔）的思想有某些相似之处。其区别在于，哈特曼认为，在精神层面上存在一个独立的精神领域；其相同之处在于，哈特曼和马克思都认为，在较高级的发展阶段会出现某种全新的东西，一种"绝对前所未有的东西"，它将不可能再返回到原来的较低级的阶段。虽然生命是在化学生理变化过程中诞生的，但是生命又不等同于化学生理变化，而且就其本质来说，它也不可能被从化学生理变化中推导出来。尽管如此，在马克思看来，生命还是起源于一个历史发展过程。

这是如何发生的呢？辩证法可以对此给出合理的解释。我们在黑格尔那里就已经了解到辩证法的思想。[28] 辩证法告诉我们，随着物质的发展必然会产生前所未有的东西，会发生质的"飞跃"。人们用一个形象的时髦词语"本体论的剩余价值"称呼这种"飞跃"。辩证的飞跃必须与"由量到质的突变"这样一个命题联系起来看，因为一切都是在运动和变化之中，存在物的性质的变化首先是以量变的形式出现的。在一定的限度内，运动并不能使物质的属性和性质发生改变。但是当超过一定的程度以后，就会发生突变，就会出现飞跃，从而就会产生在性质上完全不同的新事物。譬如，水被加热时，水仍然是水，但是水被加热到100摄氏度时，水就会变成另一种性质的存在形式。铁被分割成小块，它仍然是铁，但是，当铁被进一步分割并达到一定的限度时（即小到原子状态），那么再进一步分割它就不是铁了。铀在不改变性质的条件下可以被堆积起来，当达到一定的数量以后就会发生核裂变，瞬间发生的链式反应便会导致大爆炸和铀原子的分裂。

　　辩证法也形成了许多分支观点，作为物质发展一般规律的辩证法包含一系列特征。由于在有限的篇幅内很难做到面面俱到，下面我们只好选取斯大林的表达方式作为一种代表性的观点。[29] 斯大林列举出辩证法的如下几个特点：1. 现象之间的一般关系；2. 自然与社会中的运动和发展；3. 发展作为由量变到质变的过程；4. 发展作为对立面的斗争。其中的前三点我们已经谈过了，关于社会的发展我们将在下一节中讨论。

　　何为"对立面的斗争"呢？由于除了物质，不存在任何可能推动物质运动的东西，这样物质的运动就始终是自我运动。我们再回顾一下黑格尔的观点，对他来说，世界进程也是一种自我运动，而且是世界精神的运动。世界精神的运动方式，是一切"积极的东西"、一切"规律"、一切存在物自身之内就已经包含着矛盾和自我否定的因素。对马克思主义来说，世界进程的运动不是世界精神的自我运动，而是物质的自我运动，促使事物辩证发展的矛盾就寓于物质自身内部。这样，矛盾严格说来就是一种逻辑概念：两种观点可能会相互矛盾。现实事物可能并不相互矛盾，而只是相互对立。这里的矛盾是指事物的对立特性，比如吸引与排斥，正与负，同化与异化。如果每个存在物的自我否定是由自己来完成的，那么解决矛盾的形式就是，事物在冲突中发生改变，变易为一种新事物，其中旧的事物立即毁灭并被保存起来（"扬弃"）。根据"否定之否定的规律"，这个新事物又会在新的矛盾冲突中瓦解并转变为一种新事物。

　　与这种发展理论相联系，马克思主义哲学必须解释因果性问题，这也是由于受到了现代物理学研究成果的推动，比如海森堡的测不准原理。马克思主义者仍然坚信因果规律的普遍有效性，尽管他们给"偶然性"也留下了一定的活动余地。

　　与辩证法相联系，马克思主义哲学也对必然性和自由问题进行了探讨。与黑格尔相似，对马克思主义哲学来说，自由就是"自觉的必然性"，也就是说，根据不可改变的规律，一切发生的事情都是必然发生的；倘使人能够认识这些规律，他就能够有计划地让这些规律服务于自己的目的。自由基本上就是"能够利用专门知识作出决定的能力"，从中可以得出结论，随着人对自然的进一步认识，人才能逐渐获得一定程度的自由。马克思、恩格斯和列宁教导说，就如同人能够认识和利用自然规律一样，只有当人也能够精确地认识和利用社会发展的规律之时，人才真正迈出了通向自由的决定性的一步。

唯物辩证法的关键问题在于，它既是逻辑学又是认识论。对黑格尔来说，物质的运动只是一种精神的"转让"运动，所以逻辑学（即关于精神的自我运动的学说）同时也就是关于存在的学说，包括本体论在内，两者恰好相吻合。对马克思主义哲学来说，情况也是如此，因为物质现实是按照辩证规律发展的，而且人的意识（除此之外的意识是不存在的）的发展也只是对物质现实的发展的反映，所以，物质的客观辩证法与意识的主观辩证法不仅并行不悖，而且还恰好相合。

对马克思主义的批评者来说，这是最为关键的问题之一。但是，我们首先还是想指出马克思主义认识论的另一个特征，这个特征涉及"实践"的作用问题。"谁或者什么能够保证，人的思想过程确实能够与现实发展进程相一致？"对于上面这个问题，马克思主义作出这样的回答：实践。这就是说：认识的基础就是人在物质现实中的实践活动。而且从历史的角度看，认识也是随着人的实践活动（即劳动）的逐步发展而发展的，在黑格尔那里，劳动就已经被看作人的本质规定性。实践同时也是认识的目的，这里所说的实践既包括自然领域内的实践，也包括社会生活范围内的实践。

4. 历史唯物主义

"历史唯物主义"和"唯物史观"这两个概念如今基本上是被当作同义词来使用的，其基本定义就是，它是辩证唯物主义思想在人类社会生活中的运用。从历史上看，这样一种解释并不完全正确，因为它说的运用容易让人产生误解，好像首先是产生了辩证唯物主义思想，然后再把这种思想运用到人类社会生活当中去。而事实是，马克思首先认识到，社会发展中起决定作用的因素是物质生产力，并且继黑格尔之后，他首先在社会发展进程中发现了辩证运动的规律。此后，特别是通过恩格斯，"一般"辩证唯物主义才真正产生。

关于历史唯物主义的基本特征我们在本书的第六部分已经做了概括，在这里，我们想重点谈一下这一学说在新的发展过程中所探讨的主要问题，即**经济基础**和**上层建筑**的关系问题。马克思的基本观点是，社会的经济结构——生产力和生产关系及其辩证的相互作用——构成了社会发展的真正基础。在这个基础之上耸立着上层建筑，而且首先是政治和法律的上层建筑，它是直接依赖经济基础的（所以国家和法律无异于富裕的上层阶级的统治工具），其次是以哲学、科学、艺术、道德和宗教为表现形式的"意识形态的上层建筑"。上层建筑的所有形式都是由经济基础决定的，并且它也能够反映社会经济的基本结构，但是，意识形态的上层建筑对经济基础的依赖性并不像政治的上层建筑对经济基础的依赖性那么直接，意识形态并不直接依赖于经济基础，而是直接依赖于社会的政治和法律体制。

恩格斯对马克思的这个基本观点提出了不同的意见，他指出，经济基础只是在"最后关头"才起决定作用，而且它也不是**唯一**起决定作用的因素。上层建筑的不同形式（宪法、法律、政治和社会理论、宗教观）对于历史的发展会产生更大的影响。恩格斯并不否认上层建筑的相对独立性。

在这方面，列宁和斯大林做了更进一步的发展。所谓的修正主义提出了这样的问题："如果历史发展的必然性反正会把我们引向社会主义社会，那么革命又有何必要？"针对修正主义的这种不同意见，列宁明确地强调了意识的决定性作用：历史的必然性不会自动实现，它需要一种自觉的斗争性的努力才能得以实现，这个任务需要无产阶级先锋队来完成。列宁继续解释说，无产阶级不可能自己发展出革命所需要的先进意识（若依靠自己的力量，无产阶级充其量也只能会获得一种"工联主义"即修正主义意识），这种先进意识必须从"外面"带给他们——这正好与下面一个事实相符合，即马克思和恩格斯都不是出身无产阶级，而是出身资产阶级。接着，斯大林又强调了"上层建筑能够扭转乾坤的创造性作用"，当然他所指的上层建筑是社会主义的上层建筑。换言之，一旦社会主义取得了胜利，社会主义事业的进一步实现就主要取决于由共产党所决定的意识形态上的教育工作。

显而易见，马克思主义的反对者们这时会对此提出质疑：具有相对独立性的上层建筑怎么能够产生那么巨大的能量呢？是什么力量能够使它有能力决定和改变社会发展的方向？因为根据马克思主义哲学的基本观点，每一种意识和意识形态都只是现实的和自我运动的物质的产物和反映。

但是，比在这里提出批评意见更为有趣的事情就是去跟踪和观察马克思主义本身的继续发展，去看一看马克思主义的理论家们是如何应对他们在贯彻其基本观念的过程中遇到的难题的。我们可以从下面的（措辞故意有些模糊的）问题开始：假如整个上层建筑是经济基础的反映，假如迄今为止的历史（从经济的角度看）仅仅是阶级斗争的历史，那么我们就很容易得出结论，迄今为止（截至马克思主义的诞生）的人类只能创造有阶级制约性的意识形态。这样一来我们必然会认为（在这里"认为"这个词包含双重含义，既有"假定"的意思，也有"承认"的意思），马克思主义之前的一切人类的精神产物都是有阶级制约性的意识形态。那么，我们又该如何解释迄今为止的人类道德体系呢？值得注意的是，从孔夫子的教导到罗马教皇的通谕，人类的道德体系存在某些相互一致的东西。人类历史上的伟大艺术创造，比如一尊希腊雕像，一座哥特式教堂，一部莎士比亚戏剧，一部贝多芬交响曲，这些是否都是有阶级制约性的呢？它们对于未来社会主义社会的人类是否就没有意义了呢？世界宗教及其教义和道德规定是不是无一例外地与阶级相关呢？"资产阶级"的科学家是不是都透过阶级利益的眼镜看问题，并且他们的思想也都染上了阶级的色彩呢？该如何去解释如语言这样的普遍现象呢？

关于最后一个问题，斯大林在他著名的《语言学通信》中表明了自己的观点。[30] 在这之前，语言一直被看作上层建筑的组成部分，是有阶级制约性的。斯大林提出了不同的意见：语言是一种普通的社会现象，它不属于上层建筑的范畴。毋宁说，语言是"直接与人的生产活动联系在一起的"，因此，语言没有阶级属性。由于这个原因，语言也就不会参与到（由阶级斗争决定的）上层建筑的跳跃式的辩证发展过程中来。更确切地说，语言的发展是连续的、不间断的，就社会方面来说，语言并不是制造社会分裂的意识形态方面的因素，而更像是一种把社会相互联系起来的纽带。

至于说到伦理道德，为了承认人的道德意识是一种一般的无阶级制约性的社会因素，在苏俄并没有出现如斯大林的《语言学通信》所引发的那种热烈讨论。在列宁那里，道德还是完全从属于阶级斗争的利益的，早期的共产主义者也把资产阶级道德与个人主义和自私自利画等号，资产阶级道德与无产阶级道德是格格不入的，而到了 1961 年，苏共就开始承认存在"最基本的一般人类道德标准"，这种道德标准与社会主义的道德要求是相一致的，因为它是人民群众在过去几千年"与社会奴役和道德恶习作斗争"的过程中产生的。所以，"道德恶习"这个概念即使在社会主义社会也仍然具有有效性。

承认经典艺术作品的普遍价值，这也并不表明是一种大的思想进步，因为若否认它们的价值，那也是不合理的。马克思主义解释这种情况说，（与道德类似）这些作品表达了人民群众的梦想与渴望。

宗教在马克思主义经济基础和上层建筑的理论中占有一种孤独的特殊地位。艺术、道德以及哲学和科学在阶级社会中经过阶级斗争的意识形态而变色并被歪曲和扭曲，只有在无阶级的社会主义社会中它们才能真正得以繁荣发展，而宗教就其最内在的本质来说干脆就是事物在意识中的错误反映。因此，在无阶级的社会中，宗教也不会繁荣起来，而只能会作为一种幻觉最终消亡。每一种宗教都是对社会经济基础的反映，而且基本上是一种歪曲了的反映。

　　那么，基督教是剥削阶级的宗教吗？是不是说它是被剥削阶级的宗教更为恰当呢？宗教诞生在古老的奴隶社会，经过封建主义和工业资本主义时代，宗教信仰一直长盛不衰，即使在已经实现了社会主义的国家里宗教也没有彻底消亡，这该如何解释呢？关于这些问题马克思主义作出了如下的回答：原始基督教是奴隶和庶民的宗教，是被压迫者和被剥削者的宗教，其主要特征就是对即将来临的末日审判的期待和为被压迫者伸张正义。后来，基督教又逐渐被做了新的解释，比如在中世纪，宗教成为封建社会秩序的一个缩影：在尘世的等级制度中，国王和贵族高高在上，这与天堂里的等级制度是相对应的，在那里，上帝占据中心地位，在上帝的宝座之旁是一群大天使和小天使。到了资本主义时代，基督教遭受到法国大革命无神论先驱们的首次也是决定性的冲击。剥削阶级把宗教当作压制被剥削阶级的工具，并且有意识地把宗教作为"用来麻痹人民的精神鸦片"。如果说在已经实现了社会主义的社会里仍然存在宗教意识的残余——虽然社会主义经济基础中并没有它们存在的土壤，其主要原因在于，只要社会主义国家仍然被资本主义和帝国主义列强所包围，那么，社会主义国家的人民群众就不可能过上真正幸福满意的生活……

　　作为一个马克思主义者，假如他终于得出结论，认为还存在无法归入经济基础和上层建筑范畴的精神领域（斯大林在关于语言方面的论断就已经迈出了这一步），那么可想而知，接下来在形式逻辑问题上也会得出同样的结论。如今的马克思主义理论家们也不再认为科学的各部门具有阶级制约性。就和斯大林在语言问题上所持的立场那样，马克思主义者们也开始认识到，科学的许多分支与经济基础和生产是直接关联的。就这样，人们在不断发展的过程中认识了显示客观真理的自然规律，其中最主要的是物理学的基本规律。在马克思主义对科学的评价中，似乎呈现出如下一种趋势：他们承认客观认识的存在，认为哲学阐释的认识对象当然也就是科学研究的对象，而哲学阐释往往也会带有阶级制约性。即使马克思主义的反对者对于后一种观点也不可能视若无睹。

5. 批判的社会哲学

在马克思主义理论的基础之上，二十世纪发展出许多引人注意的思想萌芽，然而这些思想萌芽几乎都是在苏联的权力范围之外发展出来的。只要独特的马克思主义思想仍然在共产主义统治的国家内存在，这些思想萌芽就会与占统治地位的正统观念发生冲突。

乔治·卢卡奇（1885—1971）由于写出《历史与阶级意识》（1923年初版，1968年再版）而影响了许多国家的一整代马克思主义知识分子，特别是他的文学理论和美学思想都深入人心，他在1968年的匈牙利起义过程中起了宣传鼓动作用，由于以上原因，他被苏俄驱逐到了罗马尼亚。恩斯特·布洛赫（1885—1977）在美国流亡期间写出了《希望的原则》，这是现代西方马克思主义的主要著作之一。1957年，布洛赫被莱比锡大学哲学史学院开除了，并且他也失去了他的教授职位，之后他去联邦德国做演讲并留在那里，再没有返回民主德国。列契柯·克拉考夫斯基（生于1927年）因于1960年发表文集《别无选择的人》而著名，1966年他失去了华沙的教授席位，之后他去了西方国家。在南斯拉夫，米洛万·吉拉斯（1911—1995）于1954年被免去了他在党内和国家的所有职务并被监禁达十年之久。在非共产主义统治的法国，最具代表性的法国马克思主义理论家之一罗杰·加洛蒂（生于1913年）在发表《社会主义的伟大转折》之后也被法共开除了。

从一个较广泛的意义上说，所有认真对待马克思的思想并从马克思理论出发的思想家都可被看作社会哲学家，因为在他们眼里，人不是游离于世界之外的动物，而是社会动物（这当然也是亚里士多德的观点）。所有并不照搬而是用批判的态度对待马克思的思想的哲学家，因而也可被称作"批判的社会哲学家"。狭义上说，"批判的社会哲学"通常指的是所谓的**法兰克福学派**，也被称为"批判的社会理论"。若再做进一步细分，阿多尔诺和霍克海默可被看作这个学派的鼻祖、创始人和主要代表，虽然哈贝马斯与赫伯特·马尔库塞也应归入其列，但是他们后来却另辟蹊径了。

马克斯·**霍克海默**（1895—1973）出身于犹太家庭，1930年他成为法兰克福大学的社会哲学教授并领导那里的"社会研究所"，同时他也是在法兰克福出版的《社会研究杂志》的主编和主要撰稿人之一。"法兰克福学派"这个名称便由此而来。在法兰克福，霍克海默遇到了提奥多·**阿多诺**（1903—1969），他是一个具有多方面才华的思想家，除了哲学著作，他还写有音乐理论方面的著作，如《**现代音乐哲学**》（1949）、《**音乐社会学导论**》（1962），而且他还是一位杰出的指挥家和钢琴家。他们之间的友谊持续了一生，并且在被迫流亡期间他们也继续保持着合作关系（在纽约，他们又重新组建起在德国已经失去了的研究所），这种合作一直持续到他们返回法兰克福之后（阿尔多诺和霍克海默先后返回德国），而且他们还共同合作撰写了一系列著作。

批判的社会哲学家们的思想或多或少都有共同之处，概括起来有如下五个基本特征：1. 与**马克思**的基本联系（通过马克思而与**黑格尔**相联系）并因而都关注人类**社会**；2. **辩证法**（这个学派的明显特点就是对逻辑实证主义和分析哲学的运用）；3. "**批判的**"思想特点，这里所说的批判，既指批判的思考，也指对周围社会的批判考察；4. 试图把理论思想与**实践活动**相结合；5. 关涉**未来**，亦即关涉希望、期望和不断改变着的目标。

霍克海默的《**传统与批判理论**》（1937）和《**启蒙的辩证法**》（发表于1947年，由霍克海默和阿多尔诺在战争期间共同撰写）可被看作这个学派的代表性著作。在上述的第一篇文章中有如下一段代表其核心内容的句子："批判的理论与最进步的传统理论相比并无根本区别，其根本任务与自身的利益密切相关，即彻底消除社会的不公。"

霍克海默和阿多尔诺的影响超出了学术界的圈子，不管怎样，他们在二十世纪六十年代受到了大学生们的欢迎。学生运动的领导者们都以他们的思想为依据，这部分是正确的，部分则是错误的，因为他们两人并不赞同由"批判的理论"引导出革命的实践。阿多尔诺对此的反应是"重新躲进了象牙塔"，霍克海默对于文化的未来特别是对于哲学的未来则感到心灰意冷。

赫伯特·马尔库塞（1898—1979）曾经是胡塞尔和海德格尔的学生，他被迫流亡并在美国的许多大学做哲学教授（最后是在加利福尼亚大学），他参与了一些研究所和杂志的创建工作，对大学生左派产生了更大的影响。在马尔库塞的著作中（他在杂志上也发表了大量的论文），他的博士论文《黑格尔的本体论与历史性理论的基础》（1932年初版，1968年再版）可以说是他的第一部里程碑式的著作，它表明，马尔库塞当时深受胡塞尔现象学以及海德格尔存在本体论的影响，在更早一些时候，马尔库塞写出了《历史唯物主义现象学论文集》（1928），他在其中试图与马克思主义相结合。在他战后发表的著作中，《欲望结构与社会》（1965年德文版，在这之前首先以《爱欲与文明》的书名出了英文版）以及《单向度的人》（这本书也是首先出了英文版，1967年才出德文版）或许在德国最为著名。

尤尔根·哈贝马斯出生于1929年，他属于另一代人。他的文章对于二十世纪六十年代后半期的德国以及世界学生运动起了推波助澜的作用，不过他对学生运动也提出了批评（《抗议运动与高校改革》，1969）；不仅如此，他的文章也强烈地推动了科学研究的热潮，尤其是引起了关于社会科学的基本问题和方法的持久讨论（《社会理论或社会技术》，1971年出版，与尼科拉斯·卢特曼合著）。

能够表明这种思想的哲学立场的两部重要著作相继问世，它们就是《社会科学的逻辑》（1967）和《认识与兴趣》（1968）。后者围绕以下问题展开：迄今为止，对于康德曾经用难以企及的精确程度探讨过的那个问题——即"如何才能获得确切可靠的认识"——人们是如何作答的？这实际上也是在探讨（已经离开了康德的思想出发点的）现代实证主义的起源问题。

　　哈贝马斯首先对黑格尔的思想进行了考察和批判，黑格尔曾经试图回答康德的问题，虽然他本想从根本上发展康德的批判认识论，而实际上他却把它扬弃了。然后，哈贝马斯又对卡尔·马克思的著作中的认识论问题进行了阐释，对于这方面的内容，哈贝马斯比某些批评他以及追随他的人都更精熟，而且理解也更深刻。在他看来，马克思的思想中蕴藏着解答康德问题的最终答案，只要他能够在康德的先验主体和马克思的人的观念之间成功地架起一座桥梁，那么问题就有可能得到解决。也就是说，他要把人看作征服自然的劳动的动物，看作在其种属发展过程中不断征服自然并不断实现自我的动物。这样一来问题就会明朗化了，因为根本来说认识论和社会理论是相辅相成的。

　　通过孔德，实证主义得到了最有效的发展，特别是通过恩斯特·马赫，它发展为一种科学理论。实证主义将康德提出的问题搁置一旁，这主要是因为它受到了无可否认的科学进步的鼓舞，这种进步在十九世纪已经变得日益明显起来。既然"实证的"科学已经获得了如此明显的进步，那么批判地分析和观察它的方法不就足够了吗？所以，二十世纪的大部分认识论都被科学理论取代了（或者因而减少了），当然其代价就是，认识的概念变得狭隘了，预先提出的问题也被排除在考虑的范围之外。然后，哈贝马斯又透彻地分析了科学认识的自我阐释和批判问题，这些问题是在科学的内部产生的，他主要以查尔斯·皮尔斯的自然科学和威廉·狄尔泰的人文科学为例。该书的第三部分除了讨论尼采和弗洛伊德，还阐述了哈贝马斯自己的观点，其结论就是，要在认识和兴趣之间，在批判认识论和社会理论之间建立起一种紧密的联系，从而发展出一种新的、经过改变了的先验哲学。

　　在早于哈贝马斯的整整一百年前，也就是 1865 年，奥托·李普曼曾经呼吁："必须回到康德那里去！"从而使哲学发展开始进入一个——虽然并不具有划时代的意义——重要的转折时期。如果说我们又在哈贝马斯的著作中依稀听到了这种呼声，这或许有些过于简单化和片面，但也并没有错。所谓"回到康德那里去"当然并不是指将康德以来的哲学发展一笔勾销，尤其不能将今日的自然科学和分析哲学一笔勾销，而只能是指，我们要重新深入研究、整理和理解自那以后的几十年内哲学在康德批判思想的朗照下所取得的思想成果（就康德的判断力批判而言，或许还无人真正彻底领悟它）。正因为此，我从哈贝马斯的著作中选出了这一篇加以讨论。

哈贝马斯于1981年发表的两卷本著作《交往行为理论》可被视为他的主要著作。它涉及的是一种现代社会理论，哈贝马斯在书中把哲学的方法与社会学、社会哲学以及语言哲学的方法结合到了一起。

什么是交际行为？只有当单个行为者（Aktoren）能够相互协调他们的行为时，社会才能存在，而这就要求人与人之间的相互理解和交流。很有可能会由此发展出一种理论，这种理论将会为"正在走向自我衰落的现代社会"提供解决之道，更具体地说就是："寻找一种能够在令人满意的社会状况中真正实现独立自主的共同生活形式。"这真是个伟大的目标！这本书的内容由于其本身所需要的抽象分析而变得非常复杂难懂，再加上哈贝马斯本来就爱好复杂和抽象的叙述方式，所以，谁要是想读这本书，他可能会遇到一些困难。此外，该书还附有大量的注释，这是因为哈贝马斯非常注重细节，他思想严谨，富有责任感，他总是不断地指点读者去参阅其他学者的思想和著作，在这方面，他与海德格尔的那种独白式的（或曰偏执狂的）叙述风格形成了鲜明的对照，即使在脚注里，海德格尔往往也只是让读者去参阅他本人的某篇著作。

6. 与马克思主义告别？[31]

有读者可能会问：关于马克思主义是不是就说这些呢？马克思主义不是已经"完结了"吗？对此我们必须加以甄别！确实，由马克思主义引发的共产主义运动或许已经遭受了严重的历史性挫折，但是，去考察这个政治和历史事件的多方面的复杂原因（其主要原因或许是苏联在与美国的经济和军备竞赛中不可能获胜）也不是我们这本书要涉及的范围。但是我们也不应忽视下面这个问题：受挫的原因是不是应该到理论和哲学身上去找？对此我们做以下几点提示。

首先，我们必须明确指出，试图绝对准确无误地预言世界历史的未来发展，这是一种乌托邦式的冒险之举。并不存在能够预先决定世界历史未来发展的"规律"。卡尔·波普尔也曾经特别强调了这一点，而且并不是在苏联解体之后，而是在（二战期间）苏联的强盛时期[32]。事实上，历史并没有按照马克思所预言的那样发展。

其次，马克思主义者并没有认识到，实行生产资料公有制，没收一切私有财产并使其成为"社会的"共有财产，其结果就是国有化，这也就意味着：官僚将代替经理去操纵国家经济的运转。而复杂的现代国民经济必然会需要一个庞大的官僚机构，与面对单个的"资本家"相比，劳动者面对这样一个庞大的机构会感到更加无助。

同样重要的一点就是，在国家社会主义的体制中并没有预先规定一种起监督作用的势力用来监督国家的权力，特别是还缺乏一种监督力量，亦即还缺乏司法机构独立行使职权原则用以抵制可能出现的国家权力不受监督的情况。

在本章的结尾，我想再做下面三点补充：

1. 我们今天所说的"马克思主义"指的是由马克思创立的精神和政治思潮；其代表人物被称为"马克思主义者"。最初，他们根本就没有用这两个概念来自我称谓，恰恰相反，在无政府主义者（其中有米盖尔·亚历山大洛维奇·**巴枯宁**，1814—1876）与马克思的阵营之间展开的争论过程中（其争论的焦点主要是国家的作用），马克思的反对者们用这两个概念来称呼自己的对手，它们是含有贬义的（近乎一种侮辱性的称呼）。马克思本人曾经在一封信中这样写道："有一点是肯定的：我不是马克思主义者。"（原文是法语。）后来，被指称的人就逐渐接受了这样的称谓。其实，这样的情况在历史上并不少见，比如"哥特式"（Gotik）本来就是一种含贬义的称谓。[33]

2. "马克思主义哲学"在哲学史上占有如此重要的地位，这多少也带有某种讽刺意味，因为马克思（至少在他思想成熟时期）根本就不想成为一个哲学家或建立一种哲学体系；他将自己的著作视为科学、社会学和历史学；他认为，一旦他宣传的革命得以实现，哲学将会消亡。作为科学理论的马克思的思想本来可能会部分被接受，部分被修改，部分被拒绝，部分被反驳。在实际的发展过程中，他的思想遭遇到了不同的命运。在马克思主义运动的共产主义侧翼，他的思想成为一种意识形态，在共产主义占据统治地位的国家里，他的思想成为一种指导原则，没有人敢轻易怀疑它的正确性。

在戈尔巴乔夫宣布实行改革之前，苏联的教条主义体系已经呈现出逐步瓦解的迹象。

3. 自从《共产党宣言》发表以来，已经过去了一个半世纪，虽然共产主义还没有取得最终胜利，但是马克思及其后继者仍然对这一段历史产生了极其深远的影响。马克思不仅在社会科学领域内产生了广泛的影响，这个时代的精神氛围和一般意识形态也如此强烈地受到了马克思思想的影响，以至于马克思主义的思想家（以及普通市民）的世界观都会因之发生改变。由此之故，与本书其他章节的标题不同，我在这一节的标题（"与马克思主义告别"）的后面加了一个问号。

第二章

当今哲学思考的主题和问题范围

　　与本书的其余部分不同，这最后一章并不是按照人物，而是按照专门主题来划分章节的。其中包括五个主题：人的概念——语言——认识与知识——我们应该做什么？——大脑、意识和精神。

　　之所以如此，首先并不是因为，当代思想家在时间上离我们太近，因此我们还不能确定哪些思想家更为杰出，并且会对未来的哲学发展产生决定性的影响；其次也不是因为，随着大学的增多（八十年代时的德国拥有二十所大学，而今天这个数字增加了三倍），大学里的哲学教授职位也相应地增多了（因为大学也变得更大了），因此之故，在当代哲学音乐会里的各种声音的数量也显著地增加起来，而且其中的声音也并不那么和谐一致。

　　其主要原因在于，哲学与科学的关系发生了变化。

　　众所周知，最初的哲学是涵盖当时所有的知识领域的（指的是理论知识，而非农民、手工业者、艺术家和海员等的"实践知识"）。早在古希腊罗马和中世纪时，医学、数学和法学就建立了自己独立的学科。自近代开始，物理学、化学、生物学，简言之，自然科学从哲学母亲的怀抱里挣脱了出来，后来，到了十八世纪和十九世纪，如今被称为人文科学和社会科学的学科如历史学、社会学（孔德曾经是哲学家）、国民经济学（亚当·斯密曾经是道德哲学教授）、心理学以及语言学也获得了解放。

当然哲学家们仍然思考所有这些问题——这是他们的本职工作。除了自然科学，还有自然哲学，除了法学，还有法律哲学，等等。哲学家们当然也必须以各门具体科学所取得的知识为基础，他们至少要了解这些知识，并考虑到这些知识对哲学产生的影响。

另一方面，那些科学家们，即那些科学进步的先锋人物们，也越来越多地遇到他们专业的基本问题，并因而面对过去本来更多的是属于哲学领域的问题。于是，在数学家们之间就产生了一场关于数学基本问题的深入讨论（比如数论）。在物理学家那里，这个过程就更是显而易见的了，特别是自普朗克和爱因斯坦以来，也就是自十九世纪末二十世纪初以来，物理学家们不得不思考那些让人觉得更是哲学问题的问题。什么是时间？什么是空间？两者之间的关系如何？什么是物质？宇宙是如何形成的？为什么宇宙（如艾德温·哈勃所发现的那样）正在不断地迅速膨胀，以至于远离我们的星系正在以接近每秒 300 000 公里的光速逃逸我们的宇宙故乡？对于地球上生命的出现和生命的进化，也存在与之相应的问题。

于是就出现了这样的情况，不管是在某个个别学科中，还是在哲学领域内，一些基本问题被重新提了出来加以研究，当然这些问题也在个别学科与哲学间引起了讨论。哲学家们对此能够作出重要的贡献吗？只要他们对于相关的问题有足够的认识，此外还拥有足够的思想史方面的知识，在科学方法论问题上有判断力，能够在各学科间作对比，那么他们就能够作出自己的贡献。

在专门科学与哲学之间也能够就一些重要的问题展开富于成果的讨论。能够看得出，这样的一些讨论对于哲学家们也是富有启发意义的，这会使他们更加关注具体问题。由于获得了一些更具体的论据，或者获得了一些新的研究结果，他们常常不得不改变或修正自己过去的观点。在二十世纪的哲学家中间，摒弃自己过去的思想并得重新开始的哲学家并不乏其人，卡尔纳普和维特根斯坦就是其中的两个典型例子。

我认为，在本章我将要概略地阐述的五个问题范围内，至少已经显示出了这样一种趋势，即人们摒弃了那种包罗万象的体系，不再试图从"一个观点出发解释一切"，而是依据经验结果，更加注重对个别问题的具体讨论。

一、人的概念（哲学人类学）

1. 概念与历史

哲学人类学是对人、人的本质以及人在宇宙中的位置的反思。这个主题其实由来已久，自从哲学诞生以来，它的基本任务就是对人自身的认识——或许这也是哲学的最重要的任务。伟大的康德曾经说过，哲学应该回答的三个问题（我们在本书导言中已经引述过）可以归结为一个问题：人是什么？

基本来说，到了二十世纪，哲学人类学才作为一个独立的重要的哲学学科发展出来，这其中的主要原因并不在于哲学自身的发展，而在于这时涌现出了一些思想家，他们吸收了关于人类的个别学科的知识，尤其是生物学、心理学和社会学方面的知识，并把这些知识综合到一起，从中得出一些新的结论。以前人类被看作上帝的造物或理性动物，而如今人们通过这种知识的综合得出了结论：人类只不过是我们这颗行星上的居民，是地球生命进化的产物，而且尤其需要强调的是，人又是那么的脆弱、可疑和具有危害性。

如果我们用哲学家的目光或透过科学的眼镜来审视人类，那么我们会清楚地发现，在人类认识自身方面，还有两个更为宽广和神秘的领域是永远不可穷尽的：一方面是人类意识刚刚觉醒时就产生的神话和宗教关于人的一些思想；另一方面是伟大的文学和艺术作品对人的阐释，甚至可以说，这些伟大的文学和艺术作品对人的本质的某些方面的认识比哲学要来得更为透彻。

此外，在早期的人类文明阶段，人作为存在物要高于动物和植物这样一种思想也不是自然而然就产生的；另一方面，把所有人都看作人类的一员也不是自然而然的事情。在古埃及人、古希腊人以及其他一些民族那里，"人"这个词只是针对本民族的成员来说的，希腊人轻蔑地把非希腊人称作"野蛮人"（Barbar），时至今日，这个词仍然保留着它的含义。

从公元前五世纪开始，这种"民族中心论"在古代思想的发展过程中逐渐得到了克服，比如，当历史学家希罗多德（前485—前425）远游异邦并认识了他们的思维方式和文化之后，他就努力为克服自己本民族对非希腊人的种族偏见而斗争。到了智者学派那里，人人平等的思想从某种程度上才真正出现，这不仅仅涉及希腊人和"野蛮人"之间的关系，而且还涉及自由人和奴隶之间的关系——而亚里士多德还曾经试图证明奴隶制是天经地义的事情。坚信所有的人都享有同等的权利，斯多葛派和基督教对此作出了划时代的贡献（当然，直到十九世纪，奴隶制在基督教世界也一直存在）。humanitas（人道或博爱）这个词就是由斯多葛派创造的。但是，每个人都知道，即使在今天，人类的社会现实距离这个理想仍然非常遥远。

Anthropologie（人类学）并不是个新词，它是从希腊语 anthropos（人）而来的。据我们所知，新教人文主义学者卡斯曼于1596年在他的一本书的题目中首次使用了这个词。十八、十九世纪时，它指的是生物学的分支，其主要任务是（通过对头盖骨的测量）对人种的描述、研究和区分，因此，它的研究范围大概与今天的民族学和种族学相近。随着十九世纪进化论的出现，研究人类的起源和发展就成为一个新的课题，它主要以挖掘出的人体骨骼为依据。与此相联系，在我们今天的语言应用中所指的人类学家首先就是一个在这一领域内从事研究的学者。

由于许多种科学都以人为自己的研究对象，于是我们通常称在自然科学领域内研究人类的科学是物理人类学或生物人类学，根据其专业范围，还可以划分为医学人类学、心理人类学、教育人类学等。

至于哲学，如果我们想写一部哲学人类学的详细历史，那么我们就几乎要把西方哲学史上的所有思想家列举一遍，在一部简史中，至少也要提到十八世纪的康德和赫尔德，和十九世纪的马克思和达尔文。

康德把人类学划分为"生理的人类学"和"实用的人类学"。"生理学的人类知识研究的是自然从人身上产生的东西，而实用的人类知识研究的是人作为自由行动的生物由自身作出的东西，或能够和应该作出的东西。"*这样，它就会涉及一些基本的东西。

赫尔德在他的《人类历史哲学的观念》以及他的《论语言的起源》中都曾经表达过他关于人的思想，他的这些思想对于当代人类产生了深远的影响。他的思想主要是来自人与动物的对比，他发现，在许多方面，动物的能力要超过人类——比如在体力、速度、感觉的敏锐、直觉的确定性方面——这样，与动物相比，人就是"有缺陷的动物"，自然赋予他的能力并不完美，与此同时，他又受到召唤，要他从自己的缺陷中走出来，成为他想成为的东西。为此，他被赋予了理性和自由。

卡尔·马克思和查尔斯·达尔文一样，他们的学说极大地改变了人的概念，不仅仅改变了人的科学和哲学观念，而且还改变了大众的意识形态。马克思认为（这一思想可追溯到黑格尔那里）：人的本质是劳动的动物，他被迫劳动，而且是在社会中与他人共同劳动，只有通过这种劳动，他才创造了自己的世界，并最终创造了自身。

达尔文用他终生的科学研究证明了，地球上的生命是在漫长的时间长河中不断地从低级到高级进化的结果，人类就是这种进化的产物，人的祖先就是从动物进化而来的。1871年，达尔文发表了他的《人类的由来》。

最后，西格蒙德·弗洛伊德又将达尔文关于人的特殊地位的

---

* 康德《实用人类学》，前言，重庆出版社，1987年。

相对性的理论推进了一步，他认为，在人的欲望结构和无意识的心灵生活中也存在动物性。如今（在《梦的解析》发表一百年之后），尽管弗洛伊德的某些假说和理论已经受到人们的质疑，但是他的学说仍然持久地改变了人的概念。

2. 舍勒的推动

"人是什么？人在宇宙中的地位是什么？自从我的哲学意识觉醒以来，这些问题就成为我冥思苦索的中心问题，在我看来，这些问题比任何其他哲学问题都更为重要。我从所有可能的角度对这些问题进行了长久的思索，自从 1922 年起，我就把我思索的结果写进了我的一本较大部头的著作中。"

马克斯·舍勒（1874—1928）去世前几周为他的《**人在宇宙中的地位**》一书写了前言，上面的几句话就是从其中引述的。由于那本列入 1929 年计划的书最终并没能出版，于是舍勒的这篇薄薄的不足一百页的长篇论文（作为讲座稿来说它是长的）就成为他哲学人类学思想的唯一表达。但是，它的影响却是深远的，可以毫不夸张地说，它的发表标志着现代哲学人类学的诞生。

像舍勒这样一个人能够勇于面对具体问题，这是一件历史的幸事。他坚信，自己作为一个思想家必须把建立一种"探索人的本质的基础科学"当作自己时代的哲学的迫切任务，对他来说，人的概念是他的思想的基本范畴；此外，正如他的生活以及他的学说所显示的那样，作为一个人，他以一种特有的方式观察着自己的同类；对他来说，哲学思想观点的特点就是认识人的最内在的本质。他面对着一种精神状况，在这种精神状况中，哲学家对于长久以来成为哲学的主要兴趣的认识论感到不满，他不再关心认识论问题，而是关注人本身，在他眼里，哲学的任务不仅仅只是考察人的认识功能，而应该从整体上把人当作一个有感觉、有痛苦、有认识和有行动的人来考察。尤其是自达尔文以来的生物学，自弗洛伊德以来的心理学，自狄尔泰以来的历史学，还有诸如社会学等学科提供了大量的关于人的知识，这就要求人们对这些知识进行综合分析和阐释，除了哲学，哪一门学科能够胜任这项工作呢？舍勒就是首先从事这项工作的人之一。

舍勒认为，在受过教育的欧洲人眼里，"人"这个词可以归纳为三种不同的含义：第一种是犹太基督教传统中人的观念，即把人看作上帝的造物，人是上帝按照自己的形象创造的东西，他是生而有罪的；第二种是可以追溯到古希腊人那里去的人的观念，即把人看作理性动物；第三种就是现代的生物进化论。

"这样，我们就拥有了一种自然科学的人类学，一种哲学的人类学和一种神学的人类学，它们彼此之间互不关心，因此我们没有一种关于人的统一的观念。"因此，舍勒试图从人与动物的关系出发重新确定人的本质以及"人的形而上学的特殊地位"。他从考察生物的精神力量的等级出发，无意识、无感觉和无观念的感情冲动构成了精神力量的最低等级，在植物和人身上都存在这种感情冲动（这让我们想起弗洛伊德的本能冲动理论）。本能是精神的第二种本质形式，它是生物与生俱来的和合乎目的的（也就是说，它是为种群的保存服务的）自然反应，它不是对始终变化的特殊环境的反应，而是对在可能的环境因素的秩序中某种特定的种的典型结构的反应。在这里，舍勒特别提请我们注意法国昆虫学家**法布尔**终生观察昆虫所获得的认识。

从本能的行为中产生出两种新的行为方式，一种是"习惯性的"行为，一种是"智能的"行为，其中所谓的实用的智能倒是更接近本能的和官能的范围。舍勒进一步探讨了德国动物学家沃尔夫冈·**克勒尔**在第一次世界大战期间对类人猿所做的实验，这个实验得出的结论是，这种与人类非常近似的动物是具有"智能行为的"。

可是，如果说动物在这个意义上是"智能的"，它能够适应突如其来的环境改变，那么在动物和人之间难道有什么本质的区别吗？难道它们之间不只是一种等级的差别吗？

对于上述问题，舍勒的回答是：在人的身上有某种远远高于动物的东西，它处于"生命"之外，或者说它是与有机生命不同的东西，它是**精神**，而人是精神在其中显现自身的行为中心。

作为精神的生物，人已经不再受欲望和周围世界的束缚了，他不再依赖周围的世界，或者说，他是"**对世界开放的**"。他不是生活在一个周围世界之中，而是**拥有**这个世界。"人是一个 X，他能够在无限的程度上向世界开放。"另一方面，在那个被作为"对象"而给予他的世界中，仿佛是为了自我防御，他也将自己的精神特性，即个体的精神经历制作成了"对象"：自我意识是除精神之外的人的第二个本质特征。动物也会听和看，但是动物不知道自己会听和看！自我意识能够使人超越因为欲望和周围世界的刺激而引发的短暂的感情冲动，使人拥有"意志"，使他能够不受情绪冲动的影响，而坚定地实现自己的目标，在这个意义上说，人是"能够承诺的动物"（尼采语）。

基于以上考察，舍勒得出了关于人的观念生活的新认识。比如，他得出了如下的认识：只有人才拥有一个知觉和经历的空间，也只有在人这里才发展出一个抽象的空间概念。在此基础上，舍勒提出了他的中心问题：如果说精神能够使人与"生命"疏远，或使人与自己的生命疏远，使人自己的生命屈服于自己，那么，难道精神是一种强大的、与生命对立的，甚至超越生命的力量吗？舍勒的回答非常干脆：不。"原本较低等的是强大的，而最高等的则是软弱的。"世界上最强大的东西是无机物的盲目的能量。在他看来，人类的文明就如同娇嫩的和容易受伤的花蕾，它是短暂易逝的，它的出现也是一种偶然事件。世界的进程就取决于原本软弱的精神与原本盲目的力量之间渐渐地相互渗透和相互作用。

对人来说，这意味着什么呢？人现在看上去像是一个在自身之内蕴含着精神和生命的矛盾体，同时，人又负有使命，他应该参与到精神与原始冲动的相互冲突中去，他是上帝的战友，他应该参与创造世界历史，因此，人的生成同时也是神的生成——德国神秘主义者也曾经表达过类似的思想。

3. 普莱斯纳

除了马克斯·舍勒，还要提到的是赫尔穆特·普莱斯纳（1892—1985），他也是二十世纪哲学人类学的创始人之一，在这个领域内，他和舍勒的地位是相同的，虽然他比舍勒年轻十八岁，但是他的重要著作《有机物和人类的诸阶段》于1928年就出版了，也就是说，是与舍勒的《人在宇宙中的地位》同时出版的。

就舍勒一生的事业来说，我们在这里只谈了他对于哲学人类学作出的贡献，或许这样做也是有道理的，因为人和人格确实也是舍勒思想的中心主题。舍勒的父亲是个新教教徒，母亲是犹太人，因此，作为"半个犹太人"，他的早逝也使他避免了在希特勒统治时期遭受诽谤。可是，普莱斯纳却没能幸免，他的父亲是个犹太人，是威斯巴登的一名医生，于是他就成了纳粹统治的牺牲品。他丢掉了在科隆大学的教授职位，被迫流亡，最终在格罗宁根（位于荷兰）又获得了一个教授职位。德国人占领了荷兰以后，他不得不隐姓埋名。1951年之后，他又重返德国，并在哥廷根大学继续执教。在他的著作中，应该提到的还有《人的条件》，这是一篇散文，原来是为一部世界史写的导言。这篇文章作为哲学门外汉认识普莱斯纳思想的入门作品较为适宜。

普莱斯纳在几位杰出的老师那里学习了哲学和动物学。他经常引用汉斯·杜里舒和雅各布·冯·**于克斯屈尔**（1864—1944）的话，后者主要研究生物与环境的关系问题，是现代行为科学的创始人之一。《有机物和人类的诸阶段》实际上是一种探讨有机生命的哲学，只是在该书的最后部分（第七章）它才转向人类学研究，它的内容浓缩为六十页，因此也不是那么容易读得懂，不过其中包含了普莱斯纳的真正的人类学思想，是一种在动植物的背景下对"人的条件"的分析。

所有的有生命的东西都与它们的环境发生着关系。植物直接依赖其生物圈，与植物相比，动物是独立自由的。但是，动物只生活在此时此地。"动物从它的生活圈子里走出来和走进去，但是动物不是以自己为中心而活着。它在周围环境中经历着某种陌生的和独特的内容，它也能够控制自己的身体，它形成一种自我反射的系统，但是它并不经历着自身。"[1]

在人类的身上却实现了一个较高级的阶段：虽然人从本质上来说也生活在此时此地，但是人是以自我为中心的，而且他也意识到了他的存在的中心性，他拥有自身，他也知道，他自己是可被觉察的，在其中有一个自我，在"自我背后还有一个自身内在性的消遁点"。他的这种本质"使他能够自我疏离，在自己和自己的经历之间挖出一道鸿沟。在鸿沟的两边，一边是他的肉体，一边是他的灵魂，并且同时他又能够超越时间和空间的束缚，于是他就成为人。"[2]

除此之外，人"生活和经历的不是自身，而是经历着他的经历"[3]。

普莱斯纳把人的这种独特的地位也称为"偏离中心的地位"。

人拥有外在世界、内在世界和自己的同类。外在世界包括空间和时间中的对象，内在世界就是他的"心灵"和经历。同类指的就是他的同时代人。

我们再引用普莱斯纳的一段话作为本节的结语："人被置入虚无之中，既无地点，也无时间，人的本质就是不断地自我实现，永远不可能再走回头路，在他的历史命运的安排下，他总是会遇到新鲜的东西，且永无止境。"[4]

4．吉伦

现代哲学人类学的第三部重要著作是阿诺尔德·吉伦的《人——**人的本质以及他在世界中的地位**》，这本书发表于 1940 年。和普莱斯纳一样，吉伦也从舍勒出发，不过他也借鉴了普莱斯纳的分析方法。维也纳的动物学家奥托·**施托希**的研究成果也为他提供了科学的依据，施托希将动物和人做了比较，它发现，动物的运动机能基本上是一成不变的，而人的"会学习的运动机能"则是能够无限变化和发展的。此外，吉伦还参考了荷兰解剖学家**波尔克**的研究成果，波尔克认为，人体器官的特征可以被描述为"生长延迟"，这些特征甚至会伴随着人的一生，类似于胎儿的状态，比如他的身体缺少毛发，头骨隆起，牙齿短小。人与自己的动物近亲大猩猩相比，在很大程度上是生来不健全的和无助的，因此他需要一段长时间的照料和教育，性成熟也相对较晚，在这一段时期，他在很大程度上不是接受自然的影响，而是接受人类自己创造的"人工环境的"的影响。吉伦也从我们时代迅速发展起来的行为科学那里获得了重要的启发，比如动物学家阿道夫·**波特曼**的研究就给了吉伦启示，波特曼发现，人的超乎寻常的学习才能仿佛是大自然的计划的一部分，人类（至少高度文明的人类）的学习才能能够一直持续到高龄，波特曼把人类生命的第一阶段称作是人在母体之外度过的胎儿期，而一些重要的生命机能——感官知觉及其相互配合、运动机能（学习跑步）、交际（学习说话）——都是在人类的环境里通过有目的的学习而获得的。

　　吉伦自己的思想首先在方法上是独树一帜的，他竭力使自己的研究不受那些已经被历史证明是无法解决的问题的干扰。就人而言，肉体和灵魂的问题就属于这种问题，笛卡尔和莱布尼茨就曾经为解决这些问题而做过各种努力。吉伦从美国实用主义者约翰·杜威的"实用主义的"方法那里受到了启发，他把人看作行为的动物，把"行为"看作人类真正的关键问题，从而避免了思想上的二元论，正如我们所看到的那样，舍勒就走向了二元论。人类行为的目的就是改造自然，人类的行为是为自己的目的服务的。

　　如果说吉伦在方法上与舍勒有着本质的区别，但是从另一方面说，吉伦也保留了舍勒的从实际出发的思想作风，也就是说，他也将动物和人做了对比，他得出的结论是：每一种动物由于受到其种属所特有的天生的本能的限制而最终不得不被局限于某个特定的生存范围之内；它的知觉、行为和活动必须与周围的生存环境相适应；在这个确定的范围之内，它能够正确地行动，尽管它也有学习的能力，但是它不可能逾越这个特定的范围。与之相反，人是一种有缺陷的东西，他与生俱来的生存装备是不完善的，在感觉能力、自卫能力和本能直觉方面，人都比不上动物，因此，在一种纯粹"自然的"环境下，人是根本没有生存能力的；为此，人获得了补偿（而且不只是补偿），他拥有"对世界的开放性"，他的感觉能力和学习能力使他不再受本能和生存环境的限制，人的直立行走使他的视野更加开阔，人手的形成以及人的运动机能的适应能力，这一切构成了一个整体系统，使他能够通过有计划的共同的行动去改变外在的与自身相对立的自然，使自己能够在自然环境中生存下去。换言之：由于被人类按照自己的目的改造了的自然事实上已经不再是"自然"，而是"人类的作品"，是"人类文明"，因此，从本质上说，人是一种能够创造文明的生物，而且为了有生存能力，人也必须创造文明，从另一方面说，人又反过来受到他自己创造的文明的影响。于是就产生了一个更为宽泛的文明的概念，它既包括"原始人"创造的武器、工具和屋舍，也包括后来的人类社会中形成的法律、经济和社会秩序。因此可以说，人类社会的组织几乎没有什么是"自然的"和天赋的，尽管某些社会形式如群居、婚姻家庭、社会秩序、私有财产等在我们看来都是再"自然"不过的事情了，但是这一切都是人类创造的东西，因此这些东西也是值得怀疑的，是可以改变的。事实上，今日的人种学的许多观点也表明，在不同的时代和不同的文化圈子里，人类的信念和制度是如此丰富多彩，几乎是"无所不有"。

　　人在几乎缺少遗传本能的情况下也仍然能够生存下去。人是极其脆弱的，也特别容易受诱骗，因此，人会坚持不懈地追求一种共同生活，创造秩序、法律、机构、行为规范，简言之，创造社会学意义上的"社会组织"，只有借助于这样的"社会组织"，人才能够在一个开放的和危险的生存环境中建造一个适合共同生活的秩序，并确保这个秩序能够相对稳定。对个体的人来说，社会组织就像是他的外在的依靠，而且是必不可少的依靠。

　　因此，我们可以把整个文明看作人类在自然界中为自己建造的"巢穴"，以使自己能够在其中栖居。自从人类诞生以来，技术就一直伴随着他，对于人这样一种有缺陷的动物来说，技术是他的生理器官的替代品，而且这种替代品在功能上要远远超过人的所有生理器官。这样看来，"技术"就构成了人作为生物的结构特征。[5]

吉伦对文明和技术所做的解释或许可以作为一种例证，吉伦对人类的感觉世界和语言的分析也可以作为一种给人深刻印象的例证。在吉伦使用的大量概念中，有一个概念叫作"减负"（Entlastung）。在生理器官方面几乎是"一贫如洗的"人（尤其是在儿童时期）被迫无数次地尝试他的感觉、说话、运动、触觉、抓握等的方式和内容，而且通常看上去像是在玩耍一样；他探索周围的世界，并在自身之内建立起一个经验和习惯的系统，其实，要不是他拥有一个自己创造的符号世界，那么这个系统对他并不是都有用处。属于这个符号世界的首先是语言，它能够把人通过感官把握到的事物的无数属性用一个符号表达出来，比如缩减为一个词。对人来说，一个概念如"椅子"或"石头"可以说就是一个标签，它代表着事物的诸如大小、硬度、重量、表面特性、用途等大量的特征。这样，他就可以对他的经验进行"登记注册和排列"，以随时听候他的调遣。语言的这种"减负功能"就由吉伦这样明确地提了出来。

二、语言

1. 回顾

在二十世纪，语言成为哲学研究的主要问题之一，某些观察家甚至说，语言已经成为哲学的中心主题。当然，过去时代的哲学家们也并没有忽视语言这个在一切生命中唯人类所独有的问题。自古以来，哲学家们就对语言进行过思考并就此表达他们的思想。为了能够给出一个较为充分的观念，我们必须追溯到久远的过去。这些哲学家中应该包括柏拉图、亚里士多德、智者派、奥古斯丁、唯名论者、莱布尼茨、意大利历史学家乔巴蒂斯特·**维科**（1668—1744）以及法国的艾迪耶纳·博诺·德·**孔狄亚克**（1714—1780）。

限于本书的篇幅，我们不可能追溯那么久远的历史，并事无巨细地对它描述一番。不过，为了能够理解现在，我们还是应该对过去有所认识，至少我们应该追溯到康德的时代，也就是应该追溯到十八世纪下半期。其原因有二：

首先，在那个时代，人们比以前更清楚地认识到，语言不仅仅是哲学讨论的主题，毋宁说，语言在整个人类的认识过程中都起着重要的作用，即使是康德这个具有批判精神的人，对语言的作用也没有给予足够充分的重视和分析。对康德提出这一指责的正是康德的两位私交，他们也曾给予康德以很高的评价。

其中的第一位就是约翰·格奥尔格·**哈曼**（1730—1788），他对康德推崇备至，为了不伤害康德的感情，他没有将自己的著作《**关于纯语主义的元批判**》（写于 1784 年）发表，这本书在哈曼死后才被公之于世。哈曼不是一个学术圈子里的人，他没有完成他的大学学业，也没有教职，在柯尼斯堡以做翻译和职员为生。他是一个笃信宗教的人，由于他的文章晦涩难懂，常有人称他是"北方的巫师"。他积极地参与了时代的精神生活，与康德交往甚密（康德的《纯粹理性批判》就是在他的推荐下才得以出版），赫尔德以及其他许多文化界的名人都和他成为朋友。歌德、黑格尔以及克尔凯郭尔都对他评价甚高。

哈曼的思想概括起来说就是：我们必须从认识论的批判转向**语言的批判**。"在我看来，重要的问题不是什么是理性，而是什么是语言。""如果没有语言，那么我们根本就没有理性。没有语词，就没有理性，就没有世界。"

约翰·高特利普·**赫尔德**（1744—1803）和哈曼一样，也是一个博学多才的人，著述颇丰。他的《**论语言的起源**》一文获了奖，而且成了当时广为讨论的话题，除此之外，他还写有《**对纯粹理性批判的元批判**》。他的论点是：理性与语言是紧密相连的，原则上说，理性的就是语言的，因此，理性与经验、历史和利益是紧密相连的。

和赫尔德一样，哈曼也没有把他关于语言的思想系统地表达出来，因此，人们觉得称他是语言哲学创始人的先驱更为合适。在回顾他的思想的过程中，我们会清楚地发现，当我们把语言与思想或理性联系到一起，或者将它们同等对待，那么，考察语言本身就非常困难，因为我们要考察的东西同时也是考察时必须使用的工具。

必须追溯到十八世纪下半期的第二个原因是：当时一种独立的语言科学已经开始发展出来，至少是发展出来了一个语言学的分支。学者们虽然知道"古典语言"（希腊语、拉丁语）的语法，从人文主义和文艺复兴运动开始，希伯来语语法也受到关注，但是，关于语言的数量和语言的丰富多彩，欧洲人知道的却非常之少。在很长时间里，人们一直以为，希伯来语作为《旧约》所使用的语言是人类的原始语言，自从建造巴别塔，人类的语言发生混乱，世界上大约出现了七十二种语言。到了殖民地开拓时期，欧洲人几乎占领了整个地球，情况便发生了转变，美洲印第安人和撒哈拉以南非洲的语言多样性开始为人所知；1571 年，通过一个葡萄牙传教士的一本书，汉语才开始为欧洲人所了解，莱布尼茨曾经读过这本书，并从书中受到了重要的启发。

语言学迅速发展的真正诱因则是英国人对印度的占领和统治。英国人威廉·**琼斯**是加尔各答的一个大法官，他致力于研究梵文，这种语言在当时的印度已经不再是一种活的语言，只是在文化或法律领域还被使用，一些重要的法律条文都是用梵文撰写的。1786 年，琼斯在一次报告中说，梵文的构造非常令人不可思议，它比希腊语和拉丁语更加完美和丰富，这三种语言在语法形式和词根上非常相似，这不可能纯属巧合，它们（以及欧洲的其他语言如哥特语、日耳曼语、凯尔特语）肯定有一个共同的起源。

这推动了比较语言学的诞生，弗里德里希·施勒格尔、弗朗茨·波普、雅各布·格林等人开始对印度日耳曼语系展开广泛的研究，这项研究工作至今仍未结束。

今天我们已经知道，地球上至少有 5000 种语言，死的语言和方言还不计算在内。

对于哲学来说,更有趣的倒不是语言的这种多样性,而是所有的语言都有某种共同的本质特征这样一个事实,即所谓的"语言共性",每个儿童,只要我们把他放进某个语言环境里,那么这几千种语言的哪一种他都能学会,而且会把它当作自己的"母语"。

2. 威廉·冯·洪堡

我们前面勾画出的两条线索——语言哲学的萌芽和语言学的诞生——在威廉·冯·**洪堡**(1767—1835)的著作里合并到了一起。洪堡是个知识渊博的人,他曾经做过外交使臣,在柏林的政府机构负责普鲁士的教育改革和柏林大学的建立(1810),根据他的原则建立起来的大学后来成为世界上许多大学效仿的典范,他和环游世界的自然科学家亚历山大·冯·洪堡是亲兄弟,他为自己后来长达几十年的语言研究工作做了充分的准备。年轻时,他学会了希腊语、拉丁语、法语,后来他又学会了英语、意大利语和西班牙语。在巴黎逗留期间,他接触到了给他留下深刻印象的巴斯克语,在欧洲找不到一种语言是与它相近的,它也不属于任何一个语系。他研究了立陶宛语,研究欧洲的各种方言,除此之外,他也研究欧洲以外的语言,如汉语、日语、科普特语、梵语,还特别深入地研究了爪哇岛上的诗人和学者使用的语言(爪哇古语)。

洪堡几乎没有完成和发表一本关于语言的著作,《**论思想和语言**》是作为片段遗留下来的,他的三卷本著作《**论爪哇古语**》也是在他死后才出版的。他的语言哲学入门著作是《**论人类语言结构的差异及其对人类精神发展的影响**》,其中基本囊括了洪堡的语言学思想。

对洪堡来说,哲学的中心问题就是人类学的问题,因此也就是康德提出的"人是什么?"的问题。但是,人只有通过语言才成为人。语言是一种媒介,人的思想、生活和感受都是通过语言实现的。每个人适应周围的世界和在世界上为自己定位都要通过语言来完成。人的世界始终是通过语言来表达的。对洪堡来说,语言不是一种僵死的东西，语言总是在活动之中，基本来说，语言只活在每个人的说话之中，书面文字并不是活的语言，书面文字就形同"僵死的木乃伊"。

洪堡特别强调了语言的富于活力和创造性的特征，他认为，语言不是纯粹的"符号的体系"，语言是一种"民族精神的外在显现"，洪堡的这些思想对后来的许多人都产生了深远的影响，其影响一直持续到二十世纪。

在这里还应该提到一个思想流派，它被称为"萨皮尔—沃尔夫假说"，它与洪堡的思想基本一致，认为语言是一个民族的精神，每一种语言都代表着一种世界观。这个假说也被称为"语言学的相对论"，不过我们不能确定，它的两位创始人萨皮尔和沃尔夫是否读过洪堡的著作（他们对此什么也没有提及）。爱德华·**萨皮尔**（1884—1939）祖籍是德国，是一个人种学学者，他主要研究印第安语言。本杰明·李·**沃尔夫**（1897—1941）原来是一个化学家，后来成为萨皮尔的学生，他研究了霍皮（Hopi）部落*的语言及其世界观，并将它与标准的欧洲语言和世界观做了对比。[6] 其中存在着明显的区别，比如，在时间和数的概念上，霍皮人只把基数1、2、3等应用到在空间中可感觉到的对象上去（如并列站着的树或人），但是并不把基数应用到时间单位上去（比如天）。我们可以同时知觉到许多人，但是却不能同时知觉到许多天。我们每次只能拥有一天，第一天过后第二天才到来，这就像医生给病人看病，他必须看完一个再看下一个。在这里，看病的是同一个医生！也许回来的第二天与第一天是同一天呢？

"萨皮尔—沃尔夫假说"提出的问题并不十分明确。[7] 但是不管怎么说，两种语言之间可能存在的鸿沟是可以弥合的，使用两种不同语言的人可以通过好的翻译相互沟通就证明了这一点，尽管这

---

* 霍皮人原名莫基人（Moki），是居住在美国西部的印第安人部落，其民族语言为犹他—阿兹特克语族的肖肖尼语（Shoshoni）。

种沟通也不是那么轻而易举的。谁要是想继续探讨这个问题，那么他就必须注意到，我们的语言中所储备的词、惯用语和固定搭配大多是来源于一些偶然和必然的奇妙的混合。这条规律适用于每一种自然语言（有计划地被设计出来的人造语言与此不同）。罗马语族语言文学专家马里奥·万德鲁茨卡曾经特别指出了这一点。[8]

3. 激进的语言批判：弗利茨·毛特纳

语言科学发展至此已接近二十世纪初（关于它在十九世纪的继续发展我在这里就不再详述了）。弗利茨·毛特纳（1849—1923）在世纪之交写出了他的主要著作：**《语言批判论稿》**（三卷本，1901—1903）。接着他又写出了**《哲学辞典》**（两卷本）以及**《无神论及其在西方的历史》**（四卷本，1921—1923）。毛特纳在世的时候，是一位广受欢迎的著名作家和记者，作为学者和哲学家，他鲜为人知。他被看作一个自学成才的人，他也这样称呼自己。尽管学识渊博，他却未能成为教授，对一个犹太人来说，这在当时也是困难的。他的著作明晓易懂，因为他使用的是口语化的语言而不是专业用语。不久之后他就被人遗忘了，只是到了第二次世界大战之后，他才因为分析哲学重又被发现。

对毛特纳来说，批判哲学就是语言的批判。他极力为作为认识的工具的语言的价值做辩护，并让我们注意语言的隐喻的特征、语言的相对性和一切思想与语言的紧密联系。毛特纳的《哲学辞典》最初的书名是《此一哲学辞典》，是带有嘲讽意义的：看哪，这就是哲学所能够提供的一切！他觉得自己和使用锤子从事哲学思想的尼采非常相似。

经过对语言进行的尖锐批判之后，还剩下什么呢（当然语言也是毛特纳特别热衷于讨论的主题）？剩下的只有怀疑，怀疑语言，怀疑一切，此外还有深深的绝望。因此，毛特纳与智者派的激进的怀疑论者高尔吉亚是并驾齐驱的。高尔吉亚曾经说过：无物存在。即使有某物存在，我们也无法认识它。即使我们能够认识它，它也是无法被表达的。毛特纳说：有某物存在，但是它却不能被确切地认识，或许它根本就不能被认识。即使它能够被认识，那么它也只能在我们的语言中至多以隐喻的方式被表达出来。因此，在相互理解之间就被划定了不可逾越的界限。[9]

对这样一个彻底的怀疑论者来说，还有没有一种慰藉呢？在上帝那里他是找不到慰藉的，因为"上帝只是一个词而已"（毛特纳在他的《哲学辞典》中的"上帝"这一词条里如是说），它所表达的意思与"神 "或"偶像"并无多大区别。作为一个有名的无神论者，毛特纳在威廉二世统治时期肯定得不到什么好名声。有一次，他称自己是"无神论的神秘主义者"，借以寻找某种心灵的慰藉。

虽然毛特纳的著作是引人入胜的教材，但是直到此前不久，只有在图书馆里它们才能被见到，这与同样是犹太思想家的维特根斯坦形成了鲜明的对比，今天，在研究语言问题的哲学家中，维特根斯坦是声名最显赫且影响最巨大的人物。

4. 语言学的骤变：索绪尔

如果我们只列举几个名字来代表整个漫长的思想史的发展，这肯定是不合理的。若说"二十世纪的物理学是由普朗克和爱因斯坦主导的"，这未免过于简单化了，因为这两位科学家是以前人的研究成果为依据的，他们的同行们也都为量子论和相对论作出了重要的贡献；当然上面这句话也并不完全错。与此类似，如果我们把二十世纪初（也就是说，与普朗克和爱因斯坦同时）语言学的转变归功于一个人或归功于他的一部著作，这也同样不合理，我们所指的这个人就是斐迪南·德·**索绪尔**，他的著作就是《**普通语言学教程**》。[10]

索绪尔是日内瓦大学的教授，他讲授"印欧语系的历史及其比较"。最初，他还跟随着当时语言学研究的主流，也为此作出了重要的贡献。由于一个同事缺勤，索绪尔不得不接替他并主讲普通语言学课程。从 1906 年开始，他开始细致地讲授这门课。因为工作繁重，他并没有打算把他的讲课内容整理成一本书出版。他去世后，几个学生把他们做的课堂笔记整理到一起，并以书的形式发表了，这就是他的唯一著作《普通语言学教程》。

索绪尔的基本思想对人们如何看待语言产生了重大而深远的影响（其影响不亚于托马斯·库恩的《科学革命的结构》[11]）。语言是什么？索绪尔说：语言就是言语活动减去言语。语言（langue）是一个整体、一个系统，而言语（parole）是个别的、境遇的，但是，语言不是言语的总和。语言潜存于一群人的头脑里，或更确切地说，是潜存于一群人的头脑里的语法体系，因为在任何人的头脑里，语言都是不完备的，它只有在结构中才能完整地存在。

每一个语言符号都具有双重特征。在其中，音调形式、能指（le signifiant）和所指（le signifie）被融合到了一起。两种因素的结合不是基于随便某个自然的对应物，而是基于习惯，它是任意的或偶然的。它只是基于习惯和习俗，德语里的 Baum 和法语里的 arbre 指的是同一个东西（树）。所以，在内容和功能上，符号只是被消极决定的：通过它们的相互关系，通过它们在系统中的地位，它们才获得其价值。

科学可以从两种完全不同的角度研究这个系统：一种是同时性（或共时态，synchron），它从事物某段时间内的横断面来进行研究，也就是研究语言的静态结构，另一种是历时性（或历时态，diachron），它从事物发展的过程来研究事物，也就是研究语言从一个状态过渡到另一个状态的现象。在第二种情况下，变化是在时间流逝的过程中发生的（比如发音的变化，意义的变化）。历史比较语言科学研究第二种情况，第一种情况则是由语言学（索绪尔称之为 Linguistik）来研究的。语言学将语言看作具有相对价值的系统，它要遵循某种特定的规则，这就好比棋盘上的棋子，棋子的移动会改变原先的平衡状态，但它最终必须维持一种平衡状态。

索绪尔的著作产生了深远的影响，其影响甚至超越了语言学的范围，受其影响最深的是结构主义，其次是社会学和人类学。

5. 路德维希·维特根斯坦

　　经过漫长的发展之后，语言成为哲学研究的中心主题，但是，在那些对这一发展作出贡献的思想家中，或许没有哪一位能够比路德维希·维特根斯坦（1889—1951）作出的贡献更多。由于他的思想，当代哲学发生了所谓的语言学转向。维特根斯坦活着的时候，他在德语国家里基本上是默默无闻的，直到第二次世界大战结束，德国公众对他几乎一无所知，甚至在哲学辞典里也找不到他的名字，而在盎格鲁撒克逊国家里，特别是在法国，他早就出了名，了解他的思想的人认为，他是我们这个世纪最重要的思想家之一，而且他也是最能代表我们这个时代的精神状况的人。造成这一现象的部分原因是，维特根斯坦的哲学主要是在英国产生了影响；另一个原因是，维特根斯坦自己不仅不去寻找公众，而且还有意识地躲避公众的注意；此外，他的第二个创作时期的著作大部分是在他死后才发表的。[12]

　　维特根斯坦出生在维也纳。他的祖父由犹太教改信新教之后，就从萨克森迁往维也纳；他的父亲因经营钢铁企业而赢得了声望和财富。维特根斯坦兄弟姐妹八个，家里人热爱知识和艺术，作曲家约翰内斯·勃拉姆斯和古斯塔夫·马勒都是家里的常客。一开始，维特根斯坦在柏林夏洛滕堡技术大学学习工程学，后来又转到曼彻斯特大学继续学习。不久，特别是当他读了伯特兰·罗素的《数学原理》之后，他的兴趣就从航空和空气动力学转向数学，接着，他又对数学基本问题、逻辑学和哲学产生了兴趣。于是，他去了剑桥，并从1912年开始师从罗素。在这一段时间里，他的兴趣主要在三个方面：他开始潜心研究哲学思想，花了很多时间在音乐上（他对音乐的兴趣持续了一生，他的著作中就列举了许多音乐方面的例子），经常出去旅游。第一次世界大战爆发时，他正在挪威过着深居简出的孤独生活。他自愿加入了奥匈帝国的军队。

　　在整个战争期间，他把自己的哲学思想写在随身携带的笔记本上。战争快结束时，他在意大利成了战俘，当时他的背包里就装着后来使他出名的《逻辑哲学论》的手稿。在战俘营里，他成功地（通过后来也成为著名的国民经济学家的约翰·迈纳德·凯恩斯）将他的手稿交到了罗素的手里，尽管罗素做了努力，但是这本书到1921年才出了德文版，而且是发表在奥斯特瓦尔德的《自然哲学年鉴》上。1922年，该书的德英双语版出版，书名用的是意大利语 Tractatus Logico-Philosophicus。战争期间写下该书内容的笔记本中有三本被保留下来，并于1961年公开发表。

维特根斯坦把他从父亲那里继承来的一大笔遗产的一部分赠送给了奥地利的一些艺术家和作家（其中也包括勒内·马里亚·里尔克和乔治·特拉克尔），他把遗产的其余部分留给了自己的姐妹，从1920年到1929年，他在奥地利做学校教师，过着极其俭朴和深居简出的生活，后来他又在维也纳的一个修道院里做花园帮工。再后来，经过莫利茨·石里克的引荐，维特根斯坦与维也纳学派有了接触。

1929年，他重又回到自己的哲学兴趣上，或许是因为受到布罗威尔的一次讲座的感染，他去了剑桥，在罗素的激励下，他将自己的《逻辑哲学论》作为博士论文交了上去。他在剑桥讲课，并于1939年获得教授职位。除了在第二次世界大战期间自愿做战地护理，至1947年，他一直在剑桥教书。1951年，他在剑桥去世。

维特根斯坦具有多方面的才能，其中包括音乐（他既能演奏，又能作曲）、技术（他在剑桥曾经设计过喷气发动机）、建筑（他曾经为维也纳的一幢著名别墅提供过设计图纸）、雕塑、数学、逻辑学以及哲学。他的性格很不稳定，变化无常，对于批评意见很敏感；在莫利茨·石里克谨慎的引荐下，他与维也纳学派里杰出的人物建立了联系，他非常注意使自己的哲学观点不至于受到这个学派的批评；作为朋友，他是个非常慷慨大方的人；他喜欢过孤独的生活，因此之故，他于1913年在挪威的一座茅舍里过着隐居的生活，从教学工作中退出之后，他又间或到爱尔兰西部的一座茅舍里去居住一段时间；作为教师，他总能深深地打动听众。1949年，他患上了癌症，从1951年开始，他住在剑桥的一个医生朋友的家里，因为他无论如何也不愿意死在医院里。当他的朋友告诉他，最后的时辰已经来临，他说："好。"

如果我们不把维特根斯坦的学生根据他的讲课笔记整理出版的取名《蓝皮书》的著作算在内的话，那么我们可以说，维特根斯坦哲学活动第二个时期的思想主要就是包含在他的《哲学研究》之中的，这本书于1953年以德英两种文字出版（维特根斯坦写的文章都是用德语写成的）。

维特根斯坦本来决定在他死后再发表这部著作，而他的其他生前发表的著作有些或许也是违背他的意愿与公众见面的。

《**逻辑哲学论**》[13]是一本薄薄的但内容却较为艰深的著作，由一些格言式的句子组成，都用小数的形式编了号，比如5.1就是对5的解释或扩充，5.1.1就是对5.1的解释或扩充，以此类推。尽管这能够让读者一目了然，尽管维特根斯坦（除了概念和数学逻辑的公式符号）大多使用日常语言，但是这本书对门外汉来说，理解起来还是相当困难，其原因是：第一，它是用特别精练的语言写成的；第二，要理解它，读者必须事先了解弗雷格和罗素的学说；第三，虽然维特根斯坦使用的是日常语言，但是他却给它们赋予了偏离日常用法的新的含义。

为了能够让读者对这本书有个初步的认识，我们在这里摘引出它的几个基本论点，用以展现维特根斯坦的整个思想大厦的基本结构：

    1. 世界就是所发生的一切东西。

    2. 那发生的东西，即事实，就是原子事实的存在。（注：这句话可以被看作本体论的论点。）

    3. 事实的逻辑形象就是思想。

    4. 思想是有意义的命题。

    5. 命题是基本命题的真值函项。（基本命题则是其本身的真值函项。）

6. 真值函项的一般形式是：$[\bar{p}, \bar{\xi}, N(\bar{\xi})]$。这是命题的一般形式。

7. 一个人对于不能谈的事情就应该沉默。

（注：这个简洁的句子构成了文章的结尾，后面没有解释。要理解它，我们就必须补充上在它之前的句子。）

6.54 我的命题可以这样来说明：理解我的人当他通过这些命题——根据这些命题——越过这些命题（他可以说是爬上梯子之后把梯子抛掉了）时，终于会知道是没有意思的。他必须排除这些命题，那时他才能正确地看世界。*

维特根斯坦相信（正如他 1918 年在为该书写的序言里所说），他的逻辑哲学论"已经基本上把问题最终解决了"，而且他在其中所阐述的真理"是不可反驳的，并且是确定的"。之后，维特根斯坦完全从哲学界隐退了，他保持沉默达十年之久，而他的著作却在哲学界引起了大量的评论和论争，这主要是由于他的文章的那种确凿无疑的说话方式，那种极端性和难以理解性（艾黎克·斯特纽斯曾对他做过较为清晰和令人信服的阐释，不过他的阐释只有英文版）。当维特根斯坦重新开口说话时，他表示，在此期间，他对自己的《逻辑哲学论》的体系做了细致的审查，或者说他又打破了自己的体系，一个陌生的批评家几乎不可能比他做得更加细致。

正如维特根斯坦为他的《**哲学研究**》写的序言里（1945 年 1 月写于剑桥）所说，是他自己决定要出版这本书的，尽管他对此还有些踌躇，并且觉得他现在所能拿出来的并不是一个完整的东西，充其量不过是一些哲学论述，是"在漫长而曲折的旅途中所作的风景速写"而已。"自从我于十六年前重新开始研究哲学以来，我不得不认识到在我写的第一本著作（指的是他的《逻辑哲学论》）中有

---

* 维特根斯坦《逻辑哲学论》，商务印书馆，1992 年，第 22—97 页。

严重错误"。*这些话证明维特根斯坦作为一个知识分子是非常诚实和有责任心的。

《哲学研究》的正文约有 350 页，维特根斯坦在其中的许多地方并没有给出最终的形式，它的大部分内容都带有对话的特征，要么是思想家自己和自己对话（自己提问，自己反驳自己），要么是他与一个虚构的人物对话。

维特根斯坦抛弃了他在逻辑哲学论中的许多命题，这是显而易见的。比如，他抛弃了他在逻辑哲学论中所搭建的本体论的架构，即认为世界是"事实"和"原子事实"的总和，而且它们像原子那样是彼此独立的；他抛弃了他在逻辑哲学论中所表述的世界与其形象在思想和句子中的明确的联系的思想；他抛弃了逻辑哲学论中那种绝对确定性的理想。在逻辑哲学论中，他认为，凡是能够说出来的，就能够清楚地说出来。而后期的维特根斯坦则认为，语言的词和句通常都是多义的、模糊的、不精确的，这是我们无论如何也改变不了的事实。逻辑哲学论中的维特根斯坦认为，谁要是想清楚地说出自己的思想，他就必须给自己的词和句赋予清晰的意义，意思是说：某个词的准确意义必须经过详细的分析才能得出来。而后期的维特根斯坦则认为：谁要是想知道某个词的含义，他就必须看看这个词是如何被使用的，这是了解这个词的含义的唯一途径。

在这里，我们还要讲一讲维特根斯坦的**语言游戏**的概念，他在《哲学研究》（第 7 条）中说："我也将把由语言和行动（指与语言交织在一起的那些行动）所组成的整体叫做'语言游戏'。"†语言和下棋这样的游戏有些类似，说话者使用词句操作语言就像下象棋的人使用棋子下棋一样，他们都是按照预先确定好了的规则，而且双方的参与者都必须对这些规则非常熟悉，虽然他们并非能够清醒地意识到这一点，而且在语言游戏中，参与游戏者也不一定能够理解完

---

* 维特根斯坦《哲学研究》，前言，商务印书馆，1996 年，第 2 页。

† 维特根斯坦《哲学研究》，第 7 页。

整的和精确的规则；之所以如此，是因为，当人们能够把说话者所处的情景以及某个事件发生的背景都考虑进去，也就是把语言之外的情景作为背景考虑进去，那么语言游戏就可以玩，它也就可以被理解。

通过以上简述，或许我们能够清楚地看到，维特根斯坦在这里提出了一个任务，这个任务（与以前的哲学家提出的任务相比）乍看起来好像并不那么艰巨，但是实际上它却是一种西西弗斯式的劳作，若想把我们的思想从语言的诱惑和迷惑中解放出来，这实在是一种无穷尽的劳动，因为我们都被捆缚在语言的媒介中，我们永远都不可能完全摆脱语言的纠缠。

下面我们再从《哲学研究》的丰富内容中选取几个思想碎片：[14]

语言（并非如维特根斯坦自己在逻辑哲学论中所解释的那样）不是世界的映象；语言有自己的秩序，它使这种秩序接近现实，或者说把这种秩序强加于现实。

我们幼稚地以为，每一个词都有一个与它所称谓的对象相对应的对应物；如果我们找不到一个与之相对应的对象，那么我们就会想象出一种精神性的东西（可把它与毛特纳关于上帝的概念作对比）。维特根斯坦称之为"意指的神话"。

许多概念的意义是模糊不清的，维特根斯坦用"游戏"这个词来说明这一点。

语言绝不只是以命名或描述现实为目的的，我们也使用语言去"请求、致谢、诅咒、问候、祈祷"。现代语言行为理论继承了他的这一思想。

对维特根斯坦来说，哲学具有"治疗性的"目的，传统哲学陷入了语言使用的困境之中，他试图为其拨开迷雾。总之，"哲学的一整片云凝结成了语法的一滴水"*。

---

* 维特根斯坦《哲学研究》，第 339 页。

6．"语言学的转向"

这个鲜明的标题[15]标志着哲学问题的转变，与经验科学中的具体问题不同，哲学的具体问题基本上被看作哲学的语言问题。维特根斯坦被公认为是这一转变中的核心人物。但是，他并非是这一转变中唯一的重要人物，除了他，在他之后或之前，均有显示出这一思想倾向的人。下面我们将介绍其中的几位。[16]

首先应该提到的是乔治·爱德华·摩尔（1873—1958）。虽然摩尔在他漫长的教学生涯中很少发表作品，但是在盎格鲁撒克逊世界里，他仍然被看作二十世纪影响较大的思想家之一。摩尔是一个不太考虑个人利益的人，不爱慕虚荣，他的行为在哲学这一行当里是少见的：他仔细地研究了他的同事们的思想，然后帮助他们澄清观点。为了让一个同事改变自己的观点，他曾经给这位同事写了一封二十页的长信，几乎就是一篇完整的论文，而他却没有想到，如果把它发表就有可能会给他带来名誉和威望。在他看来，哲学的任务就是：分析和澄清观点，以健康的人类理智为根据，去发现日常语言使用中的错误和歧义。因此，他属于语言分析哲学（在英国被称作**日常语言分析哲学**）的创始人之一，他与维特根斯坦的相似之处是显而易见的。

莫利茨·**石里克**是维也纳学派的中心人物，他也曾经表达过类似的观点：凡是关于现实世界的事情，都应该由个别科学去研究。哲学的任务就是去检验和澄清它们所说的。

人们甚至可以不无尖刻地说：当心理学和其他人文学科都成为独立的学科之后，哲学家们就开始面临着失业的危险，于是他们就想出一个主意，把所有科学所发表的见解都当作自己新的研究领域。

鲁道夫·**卡尔纳普**（1891—1970）也是维也纳学派的成员，关于这个学派，我们在"认识与知识"一节里还要详加论述。卡尔纳普曾经在布拉格的德国大学里教书，由于他的犹太血统，他被迫离开欧洲，之后，他去了美国，在芝加哥和洛杉矶找到了工作。因为经过"语言学的转变"之后，认识论的所有问题或大部分问题也就成了语言问题，而卡尔纳普关于语言的思想则涉及这两个领域，所以，我想在这一节里介绍他。

　　和其他维也纳学派的思想家一样，卡尔纳普对传统哲学，特别是形而上学感到极为不满：与人类在数学和经验科学领域，尤其是在自然科学领域内所取得的进步相比，人类在哲学领域内难道有真正的认识的进步吗？当两个数学家争论时，其中的一个数学家可以通过严格的逻辑推理反驳另一个数学家。当两个物理学家对一种理论产生争论时，其中的一个物理学家可以利用他通过观察和试验得出的结论去说服另一个物理学家，指出他的理论的矛盾之处。这样，他就能够迫使自己的对手放弃或修改自己的论点。如果哲学在自己的中心领域不能取得真正的认识进步，如果它只能提出问题，却给不出问题的答案，那么迄今为止的哲学就完全把自己的任务搞错了。哲学的任务不应该是对现实世界表达自己的认识，而应该是去考察科学对现实世界表达的观点是否正确。哲学的任务（用维特根斯坦的话说）就是"寻找观点和问题的意义"。哲学是一种工作，它的目的就在于，弄清楚句子与句子之间的逻辑关系，并将有意义的句子和无意义的句子区分开。

　　什么是有意义的句子呢？在石里克看来，只有当一个论点能够被证明是正确的还是错误的，这个论点才有意义。也就是说，一个句子除了在语法和句法上符合语言规范，它还必须能够被**证实**，即通过经验的检验证明它正确与否。比如下面这个句子："在现象世界背后还有一个物自体的世界。"这个句子就是没有意义的，因为我们不能通过实验来证明这个句子的正确性。与此相反，"恒星 X 有三颗行星"这个句子原则上来说就是可证实的，所以它是有意义的。因此我们可以略带夸张地说，一个句子的意义就在于它的可证实性。

　　如果我们把这一"可证实性原则"或"经验的感官标准"应用到哲学家的学说中去，那么他们的学说就可被分为三组：第一，他们的论点表达的是一种纯粹的逻辑关系，比如，"当一个结论的前提是错误的时候，这个结论就是错误的"，这样的论点是有意义的，是没有矛盾的，但是他对于实在世界却没有表达出什么东西来；第二，如果他们论点涉及的句子可以为经验所证实，那么这些句子就属于自然科学的范围，而非哲学的范围；第三，这是一些关于实在世界的论点，但是这些句子是无法证实的，因而它们是无意义的。

如果把上面的话翻译成康德的语言，那么就会是以下这样的。有分析的论点，它属于纯粹逻辑，因而具有先天有效性。有综合论点（判断），它是可被经验所证实的，它只具有后天的可能性和有效性。先天的综合论点——对康德来说，它的可能性和有效性是形而上学的基本问题——是不可能存在的，因此，康德的问题从一开始就是错误的！因此，康德的理论是空洞的，是应该被抛弃的。

卡尔纳普写的许多文章都是为了证明形而上学的大部分学说都是无意义的。他把这种无意义的陈述分为两种，其中的一种有如下特点，它包含着词语，但是这些词语意义不能被解释清楚，（撇开它出现于其中的那个句子的可证实性不说）作为词语它就是无意义的，比如，"虚无""世界灵魂"或"世界精神"。

另一种无意义的陈述是这样产生的，虽然句子是由一些有意义的词语组成的，但是这些词语的组合却是违背句法规则的，比如，"虚无虚无化"（Das Nichts nichtet，海德格尔语）这句话，"虚无"这个词在我们语言中表达的是一种纯粹否定的东西，是某物的不存在，把它当作一个行为的主体（我们如何能认识虚无？）或认识的主体则是没有意义的。

在整个人类历史上，甚至在今日，为什么形而上学的命题一再地被提出来呢？而且为什么总有人会深受形而上学的影响呢？

其主要原因在于，人们不能明确地区别认识和经历。虽然形而上学几乎不包含可被证明的认识，但是它却可以表达经历，它可以像文学和艺术那样表达（非理性的）"世界感觉"。它的创作者如果能够尝试利用诗这一表达工具，而不是"用概念作诗"，并把本来是诗中表达的东西看作现实的认识，那么他们也许会更诚实一些。

维特根斯坦曾经说，我们仿佛置身于语言之中而无法摆脱语言的束缚，而维也纳学派的其他思想家（其中包括卡尔纳普）则认为，我们完全有可能就语言及其结构表达自己的认识。卡尔纳普发展了一种"语言的逻辑句法"的思想（1934 年，他发表了**《语言的逻辑句法》**一书）。在他那里，表达具体对象的语言被称为是"客观语言"，而表达理论的语言则被称为"元语言"。这本书所作出的重要贡献在于，它使哲学的注意力集中到了语言上面。

卡尔纳普试图在这本书里说明：第一，形式（演绎）逻辑的某些基本概念是纯粹句法的概念；第二，许多哲学争论实际上是源于语言问题，因为人们是用语言研究某个领域或用语言表达某种理论的，他想借此说明，人们可以通过比较的方法考察语言表达的不同方式，并且在必要的情况下可以为此目的而构造出一种新的语言；第三，哲学家们的讨论应该更多地关涉语言而不是实在世界，因此，哲学问题要用"元语言"来表达，也就是要用适合哲学的语言来表达。

基于这样一种认识，卡尔纳普试图努力构造一种全新的语言，这有两方面的含义：第一是要构造一种在符号逻辑中的语言和符号系统；第二是要发明一种用于国际交往的国际辅助语言。从莱布尼茨到皮亚诺，再到卡尔纳普，这些大学者都为此作出了努力。当卡尔纳普二十四岁的时候，他手上拿到了一张关于世界语的传单，这种人工语言的规则和简单深深地吸引了他。他很快就学会了这种语言，并且不久之后就在一次国际世界语大会上很轻松地用世界语发言，并欣赏了用世界语演出的歌德的戏剧作品《伊菲戈涅》。多年里，卡尔纳普经常使用世界语与人交谈或进行科学讨论，之后，他开始从理论上对构造这种人工语言产生兴趣。

卡尔纳普是个知识渊博的人，而且对语言有着浓厚的兴趣，因此，对他来说，在科学逻辑和创造一种世界范围内的国际交往语言之间——至少在心理上——存在着紧密的联系。

正如人们所看到的，卡尔纳普希望能够创造一种尽可能符合逻辑的理想的人工语言，而另一些思想家——如后期的维特根斯坦——则希望以日常语言为基础。英国的吉尔伯特·**赖尔**（1900—

1976）也是一个带有这一思想倾向的代表人物，他的主要著作是《**心的概念**》，[17] 他认为，哲学问题和争论源自范畴的混淆，因此，他试图以身心关系的哲学问题为例，来探讨如何用语言分析的方法消除这一问题。他用日常语言分析的方法证明，笛卡尔的身心二元论就是一种范畴错误或范畴混淆，也就是说，他用适合于描述一种范畴的语言去表达属于另一种范畴的事实，把一个概念放进本来不包括它的范畴中去，身心二元论的实质不是区分，而是混淆，它把本来不属于机械论范畴的心灵的概念放进这一范畴中，用因果关系的语言描述心灵活动，致使心灵与身体纠缠不清。

和赖尔一样，彼得·弗里德里克·**施特劳森**（生于 1919 年）也在语言分析哲学的中心牛津大学执教，他著有《**逻辑理论导议**》《**个体**》《**意义的范围**》等。[18] 阿尔弗雷德·茹勒·**艾耶尔**（1910—1989）也是牛津大学教授，他所著的《**语言、真理和逻辑**》[19] 将维也纳学派的思想介绍到了英国，并把它应用到了英国的分析哲学中。

另外还有两位思想家也应该在这里提一下，一位是美国的威拉德·奥斯曼·**奎因**（生于 1908 年），在论述逻辑学的发展时，我们还要再回过头来讲他；另一位是英国的约翰·**奥斯丁**（1911—1960），在下面一节里，我们还要对他加以论述。

7. 语言行为理论

奥斯丁是牛津大学的一位学者，他认为，语言也可以帮助人们解决真正的哲学问题，语言用法虽然繁多，但是类别却是有限的，对日常语言进行透彻的分析，对语言的各种用法作出细微的区别，这有助于解决哲学疑惑。与日常的实际问题相关联，日常语言所体现的那些区别比"哲学家下午躺在扶手椅上想出来的东西"更为精细和可靠。

奥斯丁之所以享有持久的威望，主要是因为他系统地发展了维特根斯坦的如下思想：语言（除了能够确定和描述原子事实）还能够用来表达"请求、感谢、诅咒、祈祷"，语言既有肯定的（affirmative）

和记述的（constative）功能，也有执行的（performative）功能：
当我说"我向你保证"时，实际上承诺的行为就已经实施了；同样，
当我说"我发誓"时，发誓这个行为也就完成了。奥斯丁采用了**语
言行为**（Speech Act）这个术语。[20]奥斯丁和美国的约翰·罗杰斯·塞
尔（生于1932年，他进一步发展了奥斯丁的思想）对于细致地划
分这种语言行为做了大量的工作。

　　毫无疑问，人们日常生活中所说的很多话就是由这种意义上的
语言行为组成的。说话者并不是简单地表达一种意见或记叙某件事
情，而是想表达诸如请求、感谢、提醒、赞扬、批评、警告、指示、
鼓励、恐吓等意义，或者（在某种语境中）直接表述一种行为：任命、
提拔、颁奖、发誓、宣判等。说来也是令人觉得奇怪，语言学家们
只是到了二十世纪才注意到这样一种日常现象，并开始对它进行研究。

　　语言行为理论必须始终考虑到社会环境的因素。一对将要结婚
的新人在结婚登记人员面前所说的一个简单的词"是"，实际上并
不仅仅是个简单的词，它同时也是一个行为，是一种行为的执行，
我们只有在某种地点和处境中才能理解它的真正含义。所以，语言
行为理论涉及两个知识和研究领域，要明确地给它们划分界限也是
相当困难的：一是**社会语言学**，它研究语言与社会结构之间的关系
（比如在语言集团内某一群人或某一阶层使用的社会方言）；二是**语
用学，**它研究语言与语言使用的处境的关系（在空间、时间和社会
方面）。从语言行为理论中又发展出一个分支，即所谓的对话分析
理论，它假定，说话者的意图、他想要听众理解的意图以及听众实
际上理解的意图是一致的。提出这一理论的是美国哲学家保罗·**格
赖斯**。[21]

8．展望

　　围绕语言这一主题产生了数不胜数的问题和解决问题的方法，
在这里，我想从中选取两个具有哲学意义的思想倾向，一个是由乔
姆斯基提出的语言结构理论，一个是科学对人的大脑中语言形成机

理的研究理论。

美国哲学家诺阿姆·**乔姆斯基**也许是当今世界上最著名的语言学家。早年乔姆斯基写了一篇批判**斯金纳**的《言语行为》一书的文章，[22] 这使他很早就获得了国际声誉，我在这里之所以提到这篇文章，是因为其中已经表达了乔姆斯基的基本思想。斯金纳是以行为主义命名的心理学学派的代表人物，这个学派以哲学上的实证主义和实用主义为其思想基础。行为主义深受俄国生理学家伊万·彼得罗维奇·**巴甫洛夫**（1849—1936，1904 年获诺贝尔奖）所做的动物实验的影响，特别是他做的狗的试验显示出，动物在受到某种刺激的情况下会作出特定的反应。行为主义的基本原则被应用到学习理论、动物心理学和动物训练中，并取得了成功，在上述的著作中，斯金纳也将这些原则应用到了语言中，或确切地说，应用到语言获得中去。

语言获得以及儿童期母语的学习为语言研究者提供了一种特别的机会。我们可以设想，把恩斯特·海克尔提出的生物发生基本规律应用到语言问题中去。观察儿童的语言获得可以让我们有机会研究人是如何开始使用语言的，因为我们几乎不可能去研究在原始人那里语言是如何发展的。斯金纳认为，语言获得是儿童与他的周围环境交流的结果：儿童听到语音后，会去模仿，然后他逐渐地学会理解语言，并利用语言与他人进行交流。

而乔姆斯基则坚决地反对上述观点，他认为，通过这种方式我们将永远不可能理解儿童是如何学会母语的。这个理论中包含着明显的错误，它没有搞清楚输入与输出之间的关系，即在提供给儿童的经验材料与这些材料所产生的东西之间的关系。周围环境能够提供给儿童的语言材料并不多，而且往往还会提供给他一些被歪曲了的错误的语言形式。但是，儿童并不仅仅是模仿他听到的句子，他很快就能够造出他从未听到过的句子——甚至会造出人们从未听过的句子。一旦儿童学会了语言，他就能够造出无数的句子来，或者能够理解无数的他从未听过的句子。在这种能力方面，儿童的智力程度只起很小的作用。这就是语言的创造性和生成性，这种创造和生成语言的能力是人的内在的机能。

因此，在语言学习的过程中，虽然周围环境能够给儿童提供的语言材料很重要，但是一种天赋的素质在这个过程中显然起着更为关键的作用。

这让我们想起，过去的许多哲学家也经常相信有"天赋观念"（innate ideas），乔姆斯基的这种天赋观念说也引起了许多人的讨论。不过我们也不能过高地估计它的价值，乔姆斯基的命题并没有肯定，儿童的某些"观念"是与生俱来的，因为这个过程更多的是在无意识中完成的。毋宁说，这个命题想要表达的是，人与生俱来地具有一种学习人类语言的素质或天赋。

因此，乔姆斯基得出了下面一个结论：这种天赋导致了语言的"共性"，也就是说，人类的所有语言都有共同性。

什么是语言的共性呢？美国的**格林贝格**特别研究了这个问题。[23] 他认识到，要想检验语言的共同性是难乎其难的，因为我们必须为此而去考察人类的约五千种活的语言。

不过能够确定的是：所有的人类语言所表达出的人类思想感情的结构都是相同的，我们的经验、观念和思维结构都是相同的。比如，我们所经验的空间观念上、下、左、右、前、后，时间观念过去、现在、未来、白天、黑夜、清晨、傍晚、昨天、今天、明天等都是相同的，只不过在不同的语言中，人们对于相同的观念会有千百种不同的表达方式。[24]

如果语言共性是"天赋的"，那么，只要我们把一个普通的儿童放到一个合适的环境中，他就可以把人类的几千种语言中的某一种作为自己的母语去学习和掌握。

人一旦掌握了他的母语，那么他就能够利用有限的词语和规则构造出无限数量的句子来，这样一个事实使得乔姆斯基得出了他的"生成转换语法"的理论。

我们下面要讨论的语言问题范围内的观点或许会使其他所有观

点都黯然失色，说的是现代科学对大脑的研究使得我们有可能了解到语言在人脑中的活动机理，使我们知道了大脑的哪一部分以何种方式掌管人的语言能力。

以前，人们关于这方面的知识大多是通过偶然的机会获得的，当一个人的脑部受伤以后（通常是由于事故或战争），在某些情况下，我们能够观察到他的语言能力受到干扰，或完全丧失语言能力。当这个人死后，人们可以通过对他的大脑做病理解剖而了解到，他的大脑的哪一部位受到了伤害或损坏，然后人们就能判断出，受伤的这一大脑分区必定是掌管人的语言能力的。而在健康和正常的人身上，我们却几乎得不到关于这方面的知识，因为大脑里的活动我们是观察不到的。

1861 年，法国的保尔·**布罗卡**给一位丧失说话能力的病人看病（不过他不是没有能力听懂别人说的话）。这个病人的左脑半球的第三脑回的末端受到了损伤，这个区域后来就被称作布罗卡脑区或布罗卡中心。1874 年，德国心理学家卡尔·**维尔尼克**发现了第二个脑区，也是位于左脑，但是更靠后一些，显然，这个区域对于接收和理解语言起着至关重要的作用。后来的研究得出的结果有些差异，但是它证明了布罗卡中心区和威尔尼克中心区在语言获得过程中起着重要的作用。

这两个中心都位于大脑的左半球，这一点很重要。从外观上看，大脑的两个半球的构造并没有什么区别，不过是左右相反的，而且其功能也各不相同。从迄今为止的研究结果看，大部分人的语言中枢位于大脑左半球，只有很少一部分人的语言中枢位于大脑右半球（这些人大多是左撇子）。当一个人在获得语言的儿童期，他的大脑左半球受到损伤，他的大脑右半球则会接替左半球的控制语言的功能。

今天的科学研究对于人们理解大脑损伤与语言障碍或语言能力丧失之间的关系提供了更多的可能性。首先，医生在给病人做手术的时候，可以在病人的颅盖被打开的情况下做试验（即使病人处于清醒状态也不会感觉疼痛），可以通过刺激大脑的某个区来观察病人的反应。其次，人们可以向病人的颈动脉中注射麻醉剂，这样会使他的大脑的一个半球处于麻醉状态，于是人们就可以断定，人的语言功能位于大脑的哪一个半球。

此外，医生在给重症癫痫病患者做手术时也能够观察到人的语言功能的活动，健康人的大脑的左右两个半球都是通过上百万的神经纤维网连接在一起的，在做手术时，医生可以把患者的大脑神经的左右两个网络分开，用以观察大脑的左右两个半球的功能。还有一种观察的可能性，这就是通过二分法的听觉试验，受试者不必是病人或受伤的人，每一个健康的人都可以参加这个实验，受试者戴上耳机，同时向他的左右两个耳朵里传送不同的声音（通常是说话声），通过这个试验，人们发现，人的左右两个耳朵的功能是有差异的，人的右耳的听觉中枢是与大脑的左半球联系在一起的。

新近人们又可以利用图像生成技术观察人的语言活动：利用磁共振X线体层照相术和正电子放射X线体层照相术，人们能够从外部观察大脑的活动——也就是说，不必再将探针插入病人大脑内，这项技术常常用于动物实验。

这一切听起来好像很令人振奋，而实际上我们的研究也只是迈出万里长征的第一步，因为人的大脑是个极其复杂的组织，正如诺贝尔医学奖得主、澳大利亚的脑科学专家约翰·埃克勒斯爵士所说，大脑是"整个宇宙的广阔而奇妙的结构中的最为复杂的研究对象"。大脑中拥有数十亿计的神经细胞，通常，一个细胞会与几十个或上百个神经纤维连接在一起，大脑的每一个活动都会引发上百万的细胞参与进来。而且，语言也是一种极其复杂的研究对象。即使我们不去考虑世界上有几千种不同的语言（并且据估计还有几千种语言已经销声匿迹了），而且我们关于人类语言的形成也几乎是一无所知，撇开这些因素不谈，单单是如下事实就足以令我们大伤脑筋：每一种语言至少会有几千个词，而这几千个词中的许多个词又都有许多种甚至上百种不同的意义（可参照英文词典里 to get 这个词条的解释）。

如果我们计算一下一个学识渊博的人所能掌握的单词的数量，那么这个数目可能会达到一万或十万；如果我们再将全部知识领域内（包括植物学、动物学和化学等）的专业术语再加进去，那么这个数目可能会达到上百万，况且有的人还能够掌握几十种语言。显然，人的大脑能够储存这么多的词语，包括词语的发音和书写方式和意义，当需要的时候，这些词语会被从人的意识里调出来。此外，人们利用这些词语组合成语言的方式几乎是无穷无尽的，只要掌握了这种语言，每个人随时都能够按照语言规则造出有意义的句子来。人能够利用如此多的词语和相对来说却非常少的句法规则组合出无限多的句子来，（在乔姆斯基眼里）人的这种能力是令人惊叹的，这也是语言学最应该作出解释的一点。另外，还有一个令人费解的现象，这就是掌握母语的说话者造句的速度也是快得惊人的，而且，他在说话时还会有几百种肌肉和神经参与进来。如果有人想了解这个过程是如何进行的，那么我们可以给他打一个比方，这就好比我们去问一只千足虫，它在行走的时候是如何协调它的那些个腿的呢？一旦开始思考这个问题，它可能就真的不会走路了。虽然在接受语言的过程中肌肉和说话的神经并不用参与进来（不过许多人在默读的时候也会附带着刺激说话的肌肉），但是，在听的时候，人会使用他的听觉器官，在读东西的时候，人会使用他的视觉器官。这些也都是非常复杂的（不过比研究语言要容易一些）。

我们说了这么多，目的是想说明，尽管人们把最先进和昂贵的灵敏仪器应用在研究中（比如，莱比锡的马克斯·普朗克研究所就有这样一台仪器），而且也有健康的或者带有语言障碍的受试者可供观察，但是，在研究"语言和大脑"这个问题上，我们才刚刚迈出了第一步。人们还打算利用对人脑的研究方法去搞清楚意识的本性和产生原因，这也同样是非常艰巨的任务。在本章的最后一节，我们还要回过头来讨论这个问题。

三、认识与知识

从康德开始产生影响到新康德主义的繁荣，在这一百多年的时间里，认识论构成了哲学的焦点问题。之后，哲学家们的兴趣虽然并没有从认识问题上离开，但是他们的兴趣也发生了一些偏移，并且开始转向两个焦点问题：一个是语言问题，特别是语言在认识中的作用；第二个就是科学问题，在这个范围内，认识取得了越来越多的成就：从认识论发展到科学理论。

在这一节里，我们介绍这种发展的几个重要阶段——不过并不按照编年史的先后顺序。在语言问题和认识问题之间出现交叉也是显而易见，不过我们的讨论最终还是围绕着认识问题展开的。

1. 新实证主义

关于这个概念我想首先做下面几点解释：实证主义（从广义上讲）指的不是一个特定的哲学理论或学派，而是一种哲学或科学理论的基本立场，也就是说，持这种基本立场的人从"既予的东西"（即从感官可以感觉到的自然过程和社会过程的表面现象或从现有的思维概念）出发，并把它不加以批判地绝对化，他们仅仅把既予的东西，把由观察而获得的实证的事实作为一切认识的源泉。在他们看来，客观真实的外部世界是不存在的，因为它在感觉中不能得到证明。

当奥古斯特·**孔德**将实证主义一词引入哲学中的时候，这个词是新的，但是它所指的事情却是旧的。这个词是他从克罗德·亨利·格拉夫·**圣西门**（1760—1825）那里借用来的，他是工业社会和私有财产的批判者，因而也是卡尔·马克思的重要思想先驱。基本来说，所有在思想史上出现的带有如下思想倾向的派别都可以被称作实证主义：除了必须遵循"既予的东西"这样一个一般的假定，它们在下面的观点上也是一致的，即我们对既予东西的认识均来自我们的"感官印象"（也被称作"知觉"，而在我们今天的语言使用中，"知觉"

往往也被当作一种"感觉"，因此可能会造成一些误解）。哲学上的实证主义的特别之处是比较明显的，因此我们也就比较容易认识它的特征：它反对所有持如下观点的人，即认为在可知觉的东西的背后还存在某种本质、形式（如柏拉图的理念）或法则，并且它们也是能够被我们所认识的。也就是说，实证主义始终是拒斥形而上学的。因此，对于实证主义者来说，唯物主义和唯心主义都是应该被抛弃的，因为两者都试图超越实在的本质而表达出普遍的原理（"所有存在物在本质上都是物质的"或"所有存在物基本来说都是观念的东西"），这些都超出了直接既予的东西的范围，因而是不可靠的。

在这里，某些读者可能会提出异议：认为人的认识来自感官经验，这不是经验主义的思想特征吗？我们不是把具有这种思想特征的人称作经验主义者吗？难道实证主义和经验主义是完全相同的概念吗？不。为了弄清它们的区别，我们最好举一个例子：尼古拉·哈特曼（在个别科学上）完全从经验出发，从任何意义上他都应该被看作一个经验主义者。他的"批判实在论"主张，存在实在的东西、客体和过程等，它们是能够被我们所认识的（即使这种认识是有限度的）；也就是说，在此范围内，一个客观的，即不依赖于被感知而独立存在的实在，会与我们的知觉相对应。若站在实证主义的立场来看，这种主张本身就已经是一种形而上学了；它远远超出了直接既予的东西所限定的范围，因此就和康德的如下论点一样，既不可靠也无意义：在我们的经验之外，还存在着超出了我们的认识范围的"物自体"。

我们也可以把大卫·休谟看作实证主义的思想先驱和古典创始人，因为在他那里，除了感官印象和观念，我们一无所知，其中，观念来自感官印象，而且它们也只是保存在记忆里的已经淡化了的感官印象。此外，我们在法国的百科全书派那里也能发现实证主义的信念，奥古斯特·孔德就是一个当然的实证主义者，只是在这一点上他的哲学也不是什么新东西了，而且除此之外，他还特别注重他的学说的实用性，用它来改造人类社会。

　　总而言之，新实证主义这个名字指的是一个哲学学派，其代表人物生活在十九世纪初至二十世纪中期。它也被称为"逻辑实证主义"或"逻辑经验主义"，这个称谓与新实证主义的意义是相等的，它只是特别地表明了逻辑在这个学派的所有思想家那里的重要性。当然，他们在个别问题上也仍然存在一些原则性的分歧。

　　在我们试图描述他们的原则性的分歧之前，让我们首先提一个问题：为什么实证主义在前面提到的这段时间内会发展为一种影响力较大的哲学学派呢？为了回答这个问题，让我们再回顾一下这一时期数学和物理学的一些发展。

　　对于数学的基础来说，尚在十九世纪上半期就发生了一次哥白尼式的转折，也就是说，1826 年至 1833 年，俄国人**罗巴契夫斯基**和匈牙利人**波尔耶**大约是同时提出了"非欧几里得几何"的可能性，在此之前，这个发现已经由天才的德国数学家卡尔·弗里德里希·**高斯**完成了，只是他没有公开自己的研究结果。简短地说，他们经过推论得出，自古以来一直占统治地位的欧几里得几何并非唯一可能的无矛盾的几何体系。欧几里得体系从一般的理智出发，它建立在一种至今仍然被认为是理所应当的假设之上，即认为我们的空间是三维的，在这样一个空间里，两条平行的直线永远不可能相交。非欧几里得体系后来又分别于 1854 年和 1899 年通过伯恩哈特·**黎曼**和大卫·**希尔伯特**而得到了完善。这促使人们对数学基础——特别是那些数学公理体系——的有效性重新作深入的思考。在那些从哲学上和科学理论上对这一新问题进行深入探讨的思想家中，法国数学家亨利·**彭加勒**（1854—1912）是较为杰出的一位。

　　彭加勒的同乡埃米尔·**波特鲁**（1845—1921，主要著作有《**自然法则的任意性**》）则走在了彭加勒的前头。他的主要论点是，自然法则绝不会必然像我们所见到的那样，它可以是完全另外的样子，这个论点对经院派哲学家和康德都像是当头一击。彭加勒得出的结论是，数学公理不是绝对意义上的真理，而是根据其简单性和目的性而选择出来的，其结果就是对自然科学认识以及由它所表达出的

"规律"的绝对有效性产生怀疑。这些规律既非正确的，也非错误的，而是有用的——这类似于实用主义者的立场。

物理学也经历了类似的发展。自从赫尔曼·冯·**霍姆赫尔茨**指出了为认识论提供新的和更好的证明的必要性以来，物理学家们自己开始寻找一种尽可能简单的理论基础。鉴于非欧几里得几何，霍姆赫尔茨否认它是先验的基本原则，而把诸如这种几何公理看作经验原则或假说。他的学生海因里希·**赫尔茨**则把物理学的认识看作一种符号体系，看作外在事物的形象体系。罗伯特·**迈耶尔**试图把科学认识限定在一个事实对另一个事实的恒定的数值关系的确定上。**柯尔欣豪夫**则认为，力学的唯一任务就是用完善的和简单的方式去说明运动。从上述的举例中我们会看到，自然科学家们变得越来越谦虚了，在设定科学研究的目标时，他们变得越来越小心谨慎了，并且对独立于经验世界或试图在经验世界之外获得有效性的原理也越来越持拒斥的态度。

在**哲学**方面，恩斯特·**马赫**（1838—1916）和理查德·**阿芬那留斯**（1843—1896）是两个思想倾向十分相近的人，列宁曾经在他的《唯物主义与经验批判主义》一书中深入讨论了马赫的思想，马赫对声学、光学、力学、热动力学以及科学史也作出了贡献。他们都认为，科学的理想就是剔除科学中的一切"形而上学的成分"，正确的科学方法就是"简单化的说明"。马赫可以被看作新实证主义者的维也纳学派的思想先驱，他们的一个组织就被命名为恩斯特—马赫协会。这个协会所倡导的"统一科学"最初就是由马赫提出来的。在他看来，一切概念和原理的目的就是**思想节约**，就是通过相同经验的融合而达到的观念节约。阿芬那留斯特别反对形而上学的"虚假问题"，这些虚假问题阻碍了思想节约的实现。

至此我们就已经可以推想，被概括地称为新实证主义的理论有哪些共同的原则：

1. 自然科学，或者说每一门科学的任务应该局限于对观察到的现象进行可靠、精确和尽可能不矛盾的描述。倘使从中得出了科学定律，那么这些定律也不是用来"操纵"现实的自然进程的，这些定律只是我们人类的"发明"，是我们思想的有意义的构造物，在思想节约的意义上，这种思想的构造物能够使我们的描述变得更加简单和理性。

2. 如果说新实证主义对所有形式的形而上学都下了驱逐令，那么这也只是事情的不利的一面。但是为了弄清楚为什么这种对形而上学的谴责在极端性上超过了过去的任何时候，我们就必须接着去认识迄今仍未触及的一种思想发展趋势：在新实证主义哲学家的圈子里，或者说在哲学学派的相互协作中，逻辑占据了前所未有的重要地位。遗憾的是，对于不具备专业的数学知识的门外汉来说，若想继续跟上它的思想发展则是不大可能的，他只能跟着走开始的几步路。

2. 新逻辑

连贯地追寻逻辑的历史发展并非本书的计划。在论述科学逻辑的创始人亚里士多德的时候，我们曾经较详尽地讨论过逻辑问题，在其他地方，我们对它只是略微提及了一下。亚里士多德之后的那个世纪只是部分地发展了亚里士多德的思想，比如经院哲学，但是几乎没有给它补充什么重要的新东西。亚里士多德创立的体系中有时也被掺入一些虚假的东西，有人把它或者与本体论和形而上学（如在黑格尔那里）或者与心理学（比如在十九世纪）混合到了一起。自从现代的以计算和测量为基础的自然科学——而且自然科学在数学中发现了适宜的认识工具——日益上升以来，逻辑学甚至变得声名狼藉起来，它被看作一种钻牛角尖的没有多少用处的形式主义。

到了二十世纪，历史研究重又发现了亚里士多德的功绩。特别是哲学又把逻辑学从那种混乱的观念中拯救了出来。对于克服逻辑学中的"心理主义"，埃德蒙·**胡塞尔**作出了重要的贡献，为此他写了**《纯粹逻辑导言》**（1900），这是世纪之交的一部重要著作，它和西格蒙德·弗洛伊德的《释梦》以及马克斯·普朗克的《量子论》

具有同等重要的意义。胡塞尔首先指出，对思想过程和思想行为的真实过程进行研究是一个心理学的事情，它们是通过各种规则（比如思想联想）而被连接在一起的；而对思想内容的关系进行研究则是另外一种完全不同的事情，这里所说的思想内容是指那些"意向性的东西"，它们彼此之间处于一种严格的、合乎规律的、完全独立于思想过程的真实过程的、逻辑的关系之中。为什么这种思想内容与"心理的"思想过程完全不同呢？对此，胡塞尔只给出了一种（与柏拉图的观点极为相似的）回答：思想内容是永恒的、无限的、独立于其实际"被思想"而存在的"意义单位"——它如此独立，即使终有一死的人过去不会、现在不会、将来也不会去思想它，它自身也仍然是永恒存在的东西。虽然胡塞尔因此把逻辑学从心理学的束缚中"解放"了出来，但是其代价是，他不得不承认永恒的、无限的，或者说柏拉图式的意义单位以及与之相应的规律的存在。

新逻辑放弃了这一思想，这是因为它基于如下简单的认识：虽然每个人的每个思想过程都有独立的逻辑规律，但是这些规律却不可能永远存在于人的一切思想之外，毋宁说，逻辑是人的"陈述"及其有效性和"真值"的科学——这个观点甚至可以说是以亚里士多德为依据的，而且这个观点也是对以下简单事实的肯定，即为了客观地显露自身并从而成为逻辑考察的对象，每一个为人所思考的思想必须利用一种语言表达形式。

对于新逻辑的发展，许多思想家都作出了贡献，其中包括英国的乔治·**布勒**(1815—1864)和美国的查尔斯·桑德斯·**皮尔士**(1839—1914)。但是我们可以说，在耶拿大学任教长达三十三年的德国数学家和哲学家高特洛普·**弗雷格**（1848—1925）为这门新科学——有时它被称作逻辑学，今天人们一般把它称作数理逻辑或符号逻辑——的建立奠定了最重要的基础。弗雷格发表的主要著作有《**概念文字——一种模仿算术语言构造的纯思维的形式语言**》(1879)、《**算数基础——对数的概念的逻辑数学考察**》(1884)、《**算数的基本**

规律》（两卷本，1893 年和 1903 年）。

在弗雷格漫长的学者生涯里，外界对他的学术成就几乎一无所知，他甚至不得不自费出版他的《算数的基本规律》，只是在罗素和怀特海于 1900 年在为他们的划时代的著作《数学原理》写的序言里提到他们的主要思想应归功于弗雷格之后，他才引起人们的注意。在德语国家里，弗雷格在 1945 年之后才作为哲学家而为人所知并得到承认。

符号逻辑自形成以来正日益成为一门独立的科学，它不像其他所有的实际科学那样是一种"理论"，也就是说，它不是一种通过规律而结合在一起的关于对象世界的陈述体系，而更像是一种（人造的）语言。它制造出一套符号体系，连同使用这些符号的规则。但是，由于在构造这种语言时，并没有对个别的符号做解释（比如一个方程中的 x），所以我们最好称这种数理逻辑是一种语言骨架或框架（正如鲁道夫·卡尔纳普在他的 1960 年发表的《符号逻辑及其应用导论》一书中所言）。只有在应用逻辑领域内，这些符号才被填充了内容。在过去的几十年里为数学奠定新的基础的过程中，新逻辑首先得到了这种应用；后来它在其他知识领域——主要在自然科学领域——也得到了应用。

当一位科学大师需要写一部内容极其丰富的书时，如果他试图用一页或者两页纸写出书的内容，那是根本不可能的事情。作为逻辑联系的符号在亚里士多德的逻辑学中就已经得到了应用，比如 ã（源自拉丁语的 affirmo，意思是"我肯定"）和 ẽ（源自拉丁语的 nego，意思是"我否定"）。它们表示谓项之间的关系。人们写出 A ã B，用于表达：A 适用于所有的 B。（哺乳动物这个谓项适用于所有的狗。）人们写出 A ẽ B，用于表达：A 不适用于任何 B。在命题逻辑中，人们使用 p、q、v 等符号，用于简短地表达任何一个陈述（也就是一个完整的命题）。通过这种命题的结合可以组成新的复合命题。在日常口语中，人们通常用"和"来表达这种结合，用符号表示就是：p & q；而符号 p v q（v 来自拉丁语的 vel 即"或"）

表示的是"或"。可以在符号的上方加一个横杠，用以表示对一个命题的否定，如：p̄。

在日常口语中，如果我们想把命题结合到一起并判断出，一个通过"和""或"或者其他逻辑连词如"如果……那么"连接起来的逻辑组合是否有意义和可行，我们会按照相关命题的内容来调整自己。如果涉及命题的结合，那么严密形式化的符号逻辑则只关注这些命题的唯一特性，即所谓的**"真值"**（Wahrheitswert），也就是命题的真与假。当 p 和 q 各自都是真的时，p & q 两项结合在一起才是真的，如果 p 和 q 中的其中一项是假的，那么 p & q 也只能是假的。而对于 p ∨ q 这个命题变项来说，只有当 p 和 q 都是假的时，p ∨ q 才是假的，换句话说，即使 p 和 q 中只有一项是真的，或者两项都是真的，那么 p ∨ q 都会是真的。也就是说，复合命题的真值依赖于命题函项的真值，这种关系也叫作**"真值函数"**（Wahrheitsfunktion）。我们可以用**真值表**的形式直观地表达这种关系，这种真值表在数理逻辑（即所谓的"命题计算法"）中起着重要的作用。下面是"联言判断"p & q 的真值表：

	p	q	p & q
1.	真	真	真
2.	真	假	假
3.	假	真	假
4.	假	假	假

可读作：当 p 和 q 两项都为真时，p & q 是真的（第一栏）；当 p 是真的，q 是假的，那么 p & q 就是假的（第二栏）；当 p 是假的而 q 是真的时，p & q 也是假的（第三栏）；当 p 和 q 都是假的时，那么 p & q 肯定是假的。

命题变项 p ∨ q 的真值表如下：

	p	q	p v q
1.	真	真	真
2.	真	假	真
3.	假	真	真
4.	假	假	假

假如一个命题是由两个以上的命题函项组合而成的，那么真值表也会相应地变大。具有同一个"真值列"的命题形式，人们称之为**等值**（äquivalent）。

命题结合的另一个简单形式是用箭头来表示的，这（部分地）相当于日常语言中的"如果……那么……"。所以，p → q 我们可以读作"如果 p，那么就 q。"对于纯粹以真值为表现形式的符号逻辑来说，只有当 p 是真的，而 q 是假的，这个命题才是假的。其结果是，如果把它转换为日常语言，它在许多情况下就变成无意义的了。举例来说，假定"欧洲是一个大陆"是 p（真命题），"鲸是哺乳动物"是 q（也是真命题），那么 p → q 就可以读作："如果欧洲是一个大陆，那么鲸就是哺乳动物。"这种一般被表述为"从每一个其他命题中都能得出一个真命题，不管它是真还是假"的悖谬常常是数理逻辑受到批判的起因。

自 1880 年以来，人们开始对数学的基础展开批判，并进而形成了波及面甚广且富有成果的讨论，这种批判和讨论是与数理逻辑的发展同时进行的——不仅仅是同时进行的，而且彼此之间也产生了影响，因为一方面，数理逻辑产生自一种追求，即比过去更为严格地检验和证明数学公理体系的无矛盾性；另一方面，数理逻辑也被当作一种用于批判和建设的工具。

一场特别坚决而彻底的批判是由荷兰数学家路易岑·艾伯特·扬·布劳维尔（1881—1966）发起的。由他创立的思想流派被称作**数学直觉主义**。从无限这个概念出发，布劳维尔不仅摒弃了传统数学的一系列基本原则，而且也摒弃了传统逻辑的基本原则。对布劳维尔来说，并不存在"有效无限"意义上的无限（实无限），而只存在可能的无限（潜无限）。比如：有"无限"多的整数，但这并不是说，在一个理想的世界里确实作为客体存在着无限多的数（以至于一个圣灵能够对它们进行巡视），而只是说，从一个既有的数进展到一个更高的数，这始终是可能的。

作为一个极富独创性和博学多才的人物，布劳维尔对其他许多问题都发表了自己独到的见解（他早期的一部著作就叫作《生命—艺术—神秘主义》），他的批判思想促使数学家们努力去奠定更为牢固的科学基础。在这个方面，大卫·希尔伯特和伯特兰·罗素作出了特别的贡献。就和在笛卡尔以及莱布尼茨的时代那样，在罗素那里以及在他之后的许多二十世纪哲学家那里，数学与哲学重又紧密地结合到了一起。

3. 从罗素到分析哲学

伯特兰·亚瑟·威廉·**罗素**（1872—1970）至今仍然是西方世界里的最有名的并且拥有最多读者的哲学家之一。罗素首先是作为一个数学家而出名的，而且他也是一个为了建立一种新的数学基础而试图动摇旧有的数学基础的人。他和阿尔弗雷德·诺特·怀特海——作为哲学思想家的怀特海后来走的路与罗素完全不同，因此我把他放在了"新形而上学"一节里加以讨论——共同写出了《**数学原理**》（1910—1913 年出版），这是最重要的数学基础研究著作之一。

罗素成为公众人物主要是因为，在第一次世界大战期间，他公开阐明了自己的坚定不移的和平主义立场，并且因此而被送进了监狱，不过不久他就被释放了。他是一个典型的英国式的持不同政见者，他执拗地反对那些占统治地位的传统观念和偏见，直到晚年他仍然保持着自己的这一作风。

青年时期的罗素曾经热衷于一种柏拉图主义的数学，并认为在经验现实之外或之上，人能够直接认识观念或共相，而到了后来，

他在思想上又明确地向新实证主义靠拢。他的一系列著作代表了他
的思想的发展，他的著作几乎涉及所有的哲学领域：逻辑学、认识
论、自然哲学、宗教，特别是还涉及如何正确地建立人类社会。罗
素最重要的著作是他晚年写成的《**人类的知识**》（1948 年，德文版
于 1955 年出版）。

罗素并没有创建自己的思想体系，而是针对个别问题做单独的
考察，而且他的意见也并不总是前后一致的。这与他的怀疑主义的
立场不无关系，也就是说，在他眼里，唯一有效率的认识工具只能
存在于自然科学之中。哲学必须依靠自然科学提出问题，而不是依
靠道德或宗教，道德和宗教只能研究那些精密的自然科学所无法解
决的问题，在这方面它最多也只能提出问题，而不能解决问题。年
龄越大，罗素的实证主义和怀疑主义的立场就越加坚定，凡是不能
被实证主义认可的知识领域都是他极力反对的。

罗素曾经把他的关于"事实结构"的理论称为"**逻辑原子主义**"，
这是一种多元论的宇宙观。在罗素看来，原子事实是个别的感觉材
料，原子事实构成了世界，或者说感觉材料构成了世界。事物是由
感觉材料构成的，它只是一种逻辑的虚构，感觉材料才是唯一实在
的东西。原子事实彼此之间只是逻辑地联系在一起的。这就意味着，
罗素已经背离了他过去的那种柏拉图式的观念，并对世纪之交英国
哲学中的理想主义思潮展开了猛烈攻击。弗兰西斯·赫伯特·**布拉
德雷**（1846—1924）就是这一思潮的代表之一，因为他认为，在事
物之间存在着属于它们自己的本性的"内在联系"。而在罗素看来，
既没有物质，也没有精神，也没有一个"我"，而只有感觉材料。
如果把这种观点应用到道德和宗教上去，也就意味着，自然科学（我
们的知识的唯一源泉）只能认识感觉材料，此外别无其他。对于信
仰上帝或不死，自然科学不能提供任何证据。宗教也是可有可无的
东西，甚至可以说它是一种祸害。只有那些还没有完全长大的人才
会去信仰宗教。

对于道德来说，情况有所不同。罗素认为，存在着一种超越于

现存的自然之上的价值秩序。但是真正的道德必定与迄今为止的基本上是建立在迷信观念的基础之上的道德完全不同。理想的生活就是一种由**爱**来引导并求助于**知识**的生活。

作为我们这个世纪的一个有影响力的和自成一体的哲学学派，新实证主义的出现主要是与一个学者团体联系在一起的，这个团体的成员于 1929 年在维也纳崭露头角，他们以"科学的世界观"为宗旨，并自称"维也纳学派"。这个学派诞生于由莫利茨·**石里克**（1882—1936）主持的一次讨论课。石里克是这个学派里的重要人物之一，后来被一个大学生谋杀了。

自 1930 年起，维也纳学派就拥有了自己的定期出版的机关刊物《认识》，这份刊物于 1938 年停刊。在这一年里，纳粹德国吞并了奥地利，这使得维也纳学派的活动在德国的土地上不可能再继续下去，因为它的大部分成员都有犹太血统。这个团体的大部分成员被迫流亡，其中有奥托·**纽拉特**（1882—1945）和当时在柏林大学任教的汉斯·**赖欣巴赫**（1891—1953），还有鲁道夫·卡尔纳普，在关于语言的一节里我们已经讨论过他。

当维也纳小组以这种方式解散的时候，它已经通过自己的出版物和在欧洲许多城市频频举行的国际会议而赢得了声誉，并激起了热烈的反响。于是，那些流亡到英国和美国的学者们又继续开展了他们的科学研究工作，并于 1939 年开始出版自己的新刊物《联合科学期刊》。这些人的流亡对于德国的精神生活来说是一种无法弥补的损失。只是到了第二次世界大战结束很久之后，他们的思想和著作才在德国（联邦德国）为人所知，并开始对德国思想产生巨大的影响。

维也纳学派几乎都是由学者组成的，他们不仅在哲学方面，而且在科学领域也具备坚实的知识基础。比如，汉斯·**哈恩**、卡尔·**门格尔**、库尔特·**哥德尔**都是数学家，奥托·纽拉特是国民经济学家和社会学家，菲利普·**弗朗克**是物理学家。维特根斯坦的《逻辑哲学论》的大部分曾经在维也纳小组里被朗读过和讨论过，由于维特根斯坦本人过于羞怯和敏感，所以在人多的场合他一般不参加讨论，不过他的思想对这个学派却产生了深刻的影响。

在柏林的汉斯·赖欣巴赫以及华沙的阿尔弗雷德·**塔斯基**（1902—1983）周围也聚集了一个思想与之接近的团体，塔斯基和波兰的其他几位学者一样，也在逻辑学方面作出了开创性的工作。[25]

活跃在西方许多国家里的哲学运动——这些运动大部分是由维也纳学派开创的——在英国、美国、斯堪的纳维亚、荷兰、以色列等国的学者们的共同努力下而获得了进一步的发展，同时，他们在某些方面也修正和超越了维也纳学派原初的思想。因此，人们普遍采用了如下的做法，即把"维也纳学派"这个名字限定在1938年之前这段时间内，而对于这个学派后来的发展人们则一般采用一个集合名词"分析哲学"，有时也简单地采用"基础研究"这个容易引起误解的名字。

在这里，我们之所以把分析哲学作为一个集合名词，是因为这个概念无法被明确地加以界定。对有些人来说，它几乎等同于"日常语言哲学"；另有人则把罗素、维也纳学派以及维特根斯坦都归入分析哲学之列；除此之外，还有另外一种判断标准：凡是与现代逻辑有关的哲学都是分析哲学。

在前面的一节里，我们已经清楚地看到，这个学派在几个领域内都取得了特别的成就和有趣的结果。首先，他们极大地发展了符号逻辑理论，并对这种新的工具加以充分利用。其次，他们还将哲学家们的注意力引导到语言现象上来，并在这方面获得了新的见解。此外，他们还就哲学的任务和作用阐述了一个重要的思想，他们认为，哲学应该获得一个自己的——虽说有所限定但也必须确定的——研究范围，从这个范围出发，哲学应该去帮助所有科学发展出一种精确的、符合逻辑的和无懈可击的语言和概念。换言之，这个学派的思想家思考的问题就是认识问题，而且这种认识是可证明的、确切"客观的"、可传达的、在经验上可证实的。"认识"也是维也纳学派首次与公众见面时提出的口号。这样一种确切的、可证实的、让人觉得"非同意不可的"认识其实就是科学。因此可以说，科学的认识理论，或者说科学理论，就是这个学派所探讨的主要问题之一。

这种科学理论工作首先要做的事情就是努力建立一种新的数学逻辑基础，也可以称之为逻辑数学基础研究。在这方面，一些杰出人物经过毕生的努力取得了许多新的认识，不过，在一些基本问题上他们并没有取得一致的意见。甚至可以说，许多学派的意见是彼此对立的，这特别表现在以**弗雷格**为代表的**逻辑至上主义**、以**布劳维尔**为代表的**数学直觉主义**，以及由大卫·**希尔伯特**创立的**元数学**之间。在这一研究领域作出突出贡献的还有阿隆佐·**邱尔奇**和韦拉德·凡·奥尔曼·**奎因**[26]，奎因也是新逻辑的代表人物之一。

科学理论的第二个领域就是对科学概念构成的考察，特别是对概念的定义和阐释的考察。人们用很少的几个基本原理或公理对一个科学学科中出现的概念加以整理，这种方法也被称为公理法。欧几里得就曾经把这种方法应用到数学中去，卡尔纳普在他的《**世界的逻辑结构**》一书中也作出了令人惊赞的尝试，他将所有知识领域中的概念都放到一个系统的关联之中，从而建立一个由基本概念组成的构成系统，这样各门科学就有了一个统一的基础，科学也将不再分裂为许多互不相关的领域了。

我们将对科学理论的第三个领域——经验的或**经验科学的认识理论**——作较为细致的考察。维也纳学派最初就已经提出了他们的所谓可证实原则或"经验的感觉标准"，关于事实的陈述，若想要被认可为有意义，就必须是"可证实的"。

与此同时，在维也纳形成了一个以"**统一科学**"和"**物理主义**"为主题的思想运动，其代表人物是奥托·**纽拉特**（1882—1945）。因为没有一种科学研究的分支学科能够脱离其他学科而独立存在（比如，对知觉过程的研究必须借用物理学、化学、生理学和心理学的概念和方法；社会学必须使用法学、经济学和宗教学的概念），所以不同学科领域的科学概念必须能够相互通用，这是一个不容拒绝的要求，这也是对一种统一科学（Unified Science）的要求。

因为只有关于物质世界的陈述（而非"内倾性的"陈述，如："现在我非常思念 X"）能够在主体间得到检验和被经验所证实，所以只有"物的语言"（Dingsprache）才能作为一种统一语言的基础，只有物理学才能作为统一科学的基础，这也就是"物理主义"这个概念的由来。他们努力追求的统一科学是一种合乎逻辑的陈述体系，但是这些陈述最终都能够回溯到简单的基本陈述或"纪录语句"（Protokollsaetze），比如，"观察者 X 在 T 时间和 L 地点观察了 P 现象"。

乍看起来，这种要求也是显而易见的，和可证实原则一样绝对必要——不过两者都是行不通的。就物理主义而言，物理学的语言并不是那样万能，以至于它能够表达心理学的基本概念，这一点已经得到了证实。

让我们再回到经验的感觉标准！"桌子上有一块煤。"这个句子是确实的，而且可以得到精确的证实。但是，在科学中却常常涉及一些非常重要的带有极大的普遍性的陈述：涉及假说或定理。譬如，"玻璃不导电。"这个定理能够完全得到证实吗？难道我们能够为此而去检验每一块玻璃的导电性吗？"所有的恒星要么属于 A 级，要么属于 B 级，要么属于 Y 级。"该如何证实这个定理的正确性呢？这是不可能的，因为我们不可能为此目的而去观察整个宇宙。所以说，定理的陈述从原则上讲是不能被完全证实的。

围绕科学认识的基础、方法和界限的哲学讨论——大约从 1960 年开始——发展成一种广泛的思想运动。[27] 此类文章来自世界各地，不过主要是来自英语国家。值得注意的是，与哲学史上的早期年代不同，现代思想家们能够经常会面，在国际会议和论坛上，在著作集里共同讨论问题。一个孤独的思想家旁若无人地构建自己的"思想体系"的时代已经成为过去。下面我们列举几个现代思想家们讨论的主题：特有对象的概念及其关系；自然与人工语言；真理、必然性和自然法则；归纳与演绎；科学认识的进步及其可检验性与可证实性；因果性与可能性；自由与必然性；心理物理学问题。

4. 两个怀疑论者

下面我们再把目光投向另外两位思想家，在科学认识的可能性和界限问题上，他们持一种明显的怀疑主义态度。

1962 年，美国人托马斯·塞缪尔·**库恩**（1922—1996）发表了他的《**科学革命的结构**》[28]的第一版（后来他又对这本书做了修订和增补）。库恩以自然科学历史发展的几个重要阶段（主要涉及哥白尼、牛顿、拉瓦锡和爱因斯坦）为依据，并得出了一个让科学理论家们瞠目结舌的结论：自然科学认识的进步并不是逐步地和持续地进行的，而是在危急的变革（革命）中跳跃式地发生的。

首先，库恩描述了"常规"科学的本质。常规科学发生于科学家共同体中，他们将过去的科学成就和认识作为他们自己的研究活动的背景而接收下来，这些科学成就和认识通常被写进了被普遍认可的教科书里。科学家共同体忙于解答那些普遍流行的而且原则上讲能够被解答的难题。在很长一段时间里，牛顿力学就提供了这样一种科学背景。牛顿力学被作为一种普遍认可的"**范式**"而行使着自己的职责。迄今为止，人们普遍认为科学认识进步的特点就是：平静的发展和渐进的知识增长——这种观点对于"常规科学"的时代是完全适用的。但是，有时却会出现一些与这种范式不相符合的现象，即所谓的反常现象（Anomalien），它需要一种彻底的思想更新，一种全新的理论起点，并最终发生一种范式转变。而这种范式转变不会发生在学者们（即常规科学家）的头脑里，不会有越来越多的旧的范式的追随者去"皈依"新的范式，更多的情况是，从一开始就熟悉新范式的年轻科学家会变得越来越多，而旧范式的追随者则会逐渐消亡。

库恩的论点引起了科学理论家们的激烈争论，特别是引起了卡尔·波普尔及其弟子伊姆莱·**拉卡托斯**（1922—1974）的激烈讨论。而保罗·**费耶阿本德**（1924—1994）则将库恩思想中的理性主义彻底地排除了，他否认科学方法和范式的可比性，并主张一种相对主义的真理观，在他看来，没有绝对真理，因为没有一种理论能够与事实完全相符。

费耶阿本德出生于维也纳，在第二次世界大战期间，他加入了德军，战后入维也纳大学学习，后来又长时间在伦敦、哥本哈根、布里斯托尔和伯克利学习和执教。他的《反对方法》[29] 一书的副标题是："无政府主义认识理论纲要"。他认为，科学发展没有一定的规律，科学理论也没有固定的价值标准，因此，科学研究的原则就是："怎么都行"。谁都可以从事科学研究，而且也不管他采用什么样的研究方法，各种理论和假说都可以并存，它们之间应该彼此宽容。这也就是他所说的方法上的"达达主义"或"方法多元论"。

5．波普尔与批判理性主义

今日哲学的特征——或至少我们在这里讨论的思想流派的特征——就是用客观的标题（问题或学科领域）来划分章节，一般来说要比用人物名称来划分章节更好。这首先是因为哲学的"科学化"，哲学已经不再专注于创建庞大的体系，而更加注重思考具体问题；其次，如今的通信和旅行更为便捷，从而使国际交流和讨论增多，一个思想家因此能够更快地了解别人对他的思想的反应和批评意见，并能迅速地对此作出回应。

但是卡尔·莱蒙德·**波普尔**（1902—1994）却是个例外，从他的著作的多样性、意义和所涉及的问题范围来讲，他都是二十世纪哲学的中心人物之一。波普尔出生于维也纳，和维特根斯坦一样，他也来自一个殷实的、有教养的犹太家庭。后来，他曾经在他的一部哲学著作里详细地记述过自己的生活和思想发展过程，可惜这本书只有英文版。[30] 在维也纳，波普尔曾经与维也纳学派保持着密切的联系，但是他并没有加入这个学派。那时，他深入地研究了马克思主义理论，并曾经短时间对马克思主义产生了好感。此外，在这一时期，他还研读了康德的著作，积极参加音乐活动，并在大学里学习了数学和物理。在奥地利被纳粹德国吞并（波普尔对此有所预见）之前，他就离开了自己的故乡，经英国去了新西兰。二战结束以后，他又返回英国，自 1945 年起，他在伦敦经济学院任教。

波普尔的主要著作有《研究的逻辑》（1934 年出德文版，很久以后又以《科学发现的逻辑》为名出了英文版，后来这本书又经过多次修订再版）、《开放社会及其敌人》（两卷本，1945 年出英文版，1957 年出德文版）、《历史决定论的贫困》（1957）、《客观知识》（1972 年出英文版，1973 年出德文版）。1984 年，他发表了一部著作集《寻找一个更美好的世界》，里面收录了他在二十世纪三十年代的讲演和文章，其内容显示了他的广泛兴趣和对哲学的热爱。

波普尔在许多问题上都发表了自己的深刻见解，不仅包括自然科学认识的基础和基本问题，而且也包括历史和社会学问题，他与许多重要的科学家如爱因斯坦、薛定谔、弗朗克和尼尔斯·波尔始终保持着紧密的思想交流。人道主义、理性主义和批判精神是贯穿于他全部著作中的主线。此外，他的著作也有一种内在的统一性，可是由于篇幅所限，我们在这里不可能对此详加论述。简言之，对波普尔来说，世界历史的发展并没有严密的规律性，它既不是被预先决定的，也不能被完全认识。任何关于历史发展的预言都经不住历史的严格检验，因此也不可能上升为科学的规律。如果我们企图发现历史规律并以此为依据制订出大规模地改造人类社会的计划，这就是违反科学的乌托邦。我们必须认识到，人类的一切知识始终都带有一种暂时的和假说的特点。

关于科学假说或科学理论能否通过证实而一劳永逸地得到确认，波普尔持一种批判的态度。[31] 科学家都是先提出命题，然后再一步一步地检验这个命题的正确性。在经验科学领域内更是如此，科学家首先会提出他的假说或理论体系，然后再通过观察和试验对他的假说或理论体系进行检验。通常人们采用归纳法去证明一个命题或假说，也就是从特称命题到全称命题。但是通过这种方法得出的结论可能是假的，因为无论我们见到多少只白天鹅，也不能证实所有的天鹅都是白的。只要我们见到一只黑天鹅，这个命题就可以被证伪。因此，"评判一个理论的科学性的标准就是它的可证伪性或可反驳性或可检验性"。

在波普尔的激励下，卡尔纳普为命题的可检验性和可证实性提出了一般的规则，[32] 后来他又为此提出了一个基本原则，根据这一原则，一个命题的或然性程度必须得到估价或判断。

这个如此建立起来的科学理论大厦不久之后又被动摇了。美国的尼尔森·**古德曼**（生于 1906 年）[33] 对自然规律这个概念进行了仔细的考察，并提出如下问题：到底有没有一种可以被看作"规律"的确凿无疑的标准。事实证明，迄今为止对这个问题的回答都是不能令人满意的。古德曼认为，只有当人们能够不单单从个别假说出发，而是将其（科学和语言）背景也考虑在内，这个问题才有可能得到解决。古德曼的主要著作有《**现象的结构**》（1951）和《**艺术的语言**》（1968），在其中的第二部著作中，除了归纳推论（在科学实践中，人们总是在不停地运用它）问题，他还特别讨论了（自然科学）规律的概念问题。

简而言之，自然科学的复杂的理论概念不能仅仅依据观察来做阐释。一般来说，我们不可能把"观察语言"转化为"理论语言"。如果我们打个比方，那就是，理论的"楼层"不是在每个地方都以观察为基础，但是它也不是毫无根基地空悬其上，两者在一些重要的地方会通过一些"依附的规则"相互联结在一起。但是理论概念并不是从物的语言中通过逻辑推导而得出的，毋宁说，理论概念是人类精神的自由创造，或者说是幻想，关于这一点，没有人比阿尔伯特·爱因斯坦表达得更为明确和彻底了：

> 我深信，甚至可以断言：在我们的思维和语言表达中所出现的各种概念——从逻辑上看——都是思想的自由创造，它们

不能从感觉经验中归纳地获得。我们之所以不那么容易注意到这一点，是因为我们总是习惯于把某些概念和概念的关系（命题）与某些感觉经验如此确定地联系在一起，以至于我们意识不到有一条在逻辑上不可逾越的鸿沟，这条鸿沟将感官经验的世界与概念和命题的世界隔离开来。比如说，全部的数的系列显然就是人类头脑的一种发明，是人类自己创造出来的一种工具，它使某些感觉经验的整理变得更加容易了。但是，我们并没有办法让这些概念能够从经验中自己长出来。我之所以在这里列举数的概念，是因为它属于前科学的思想，尽管如此，它的构成性的特点仍然是容易看得出的……

为了不至于使思想变成"形而上学"或空谈，有必要使足够的概念体系的命题与感觉经验充分而牢固地联系在一起，鉴于概念体系的任务就是整理感官所经验到的东西并使它变得显而易见，概念体系应该表现得尽可能一致和简约。此外，这种"体系"也是一种（逻辑上的）自由游戏，它是按照（逻辑上）任意规定的游戏规则与符号之间的关系进行的。这既适用于日常生活中的思想，也适用于科学中有意识地和系统地构造出来的思想。[34]

在科学和认识理论方面，波普尔从一开始就没有把兴趣放到研究和巩固既有的知识上面去，而是把兴趣放到了如何获得新知识这个问题上去，也就是说，他更感兴趣的是知识的发现、发明和增长。波普尔始终没有放弃过对这个问题的探讨。1972年，也就是在他首次发表自己的见解过了将近四十年之后，他在他的《客观知识》一书中就归纳问题的解决又发表了自己新的看法，在这里我引述其中的一段如下："解释性普遍理论是真的这一主张能由'经验理由'来证明吗？也就是说，能由假设某些检验陈述或观察陈述（人们可能说这些陈述'以经验为依据'）为真来证明吗？"[35]波普尔的回答是："我对这个问题的回答和休谟一样：否，我们不能。没有任何真的试验陈述会证明解释性普遍理论是真的这一主张。"*但是,有可能会出现这种情况,即某种检验陈述会证明一个理论是错误的。于是科学在许多彼此竞争的理论中做选择时就拥有了一个标准,依据这个标准他就能够把那些被证明是错误的理论剔除掉。原则上讲,他无论如何也不能确定,那些保留下来的理论是否会在将来的某一天被新的检验陈述证明为假的而被淘汰。

那么我们能不能通过归纳获得我们的(探索性的和不确定的)理论呢?也就是说,我们能否通过大量的观察和经验推导出某种理论假说来呢?对于这个问题,波普尔的回答也是否定的。他认为,科学假说并不是以这种简单的方式得以实现的,更多的是通过瞬间的和直觉的灵感获得的认识,这种认识后来又转化为一种在经验上可被检验的假说。在科学史上,这种例子不胜枚举。波普尔否定归纳的有效性,并且也对休谟为归纳法寻找心理学根据的做法进行了批判,在他看来,通过归纳,我们既不能获得必然真理,也不能获得或然真理。不仅如此,"所有的理论都是假说,所有的理论都可以推翻"。但是,"另一方面,我决不认为我们要放弃寻求真理;我们对理论的批判性讨论受寻找一个真的(和强有力的)说明性理论的想法支配着;而我们通过诉诸真理观念为我们的优选辩护:真理起着规则性观念的作用。我们通过消除谬误来测定真理。我们对猜测不能给出证明或充足理由,并不意味着我们不可能猜测到真理;我们有些假说很可能是真的"。†

下面我们再来看波普尔的一个更为有名的论点:关于三个世界的理论。这个理论可以被看作他的本体论的核心部分。波普尔把世界划分为下列三个:第一,是物理客体或物理状态的世界(世界1);第二,是意识状态或精神状态的世界(世界2);第三,是思想的客观内容的世界,尤其是科学思想、诗的思想以及艺术作品的世界

*　波普尔《客观知识——一个进化论的研究》,上海译文出版社,1987年,第8页。
†　波普尔《客观知识——一个进化论的研究》,第31页。

（世界 3）。世界 3 也可以被看作客观精神世界（并不完全等同于黑格尔的客观精神），世界 2 既与物理世界也与精神世界发生相互作用，而世界 1 和世界 3 若没有世界 2 的媒介作用则不可能相互产生影响。（遗憾的是，波普尔并不赞成尼古拉·哈特曼关于世界划分的理论，众所周知，哈特曼认为，还有第四个存在领域，即人的无意识的世界。）波普尔的世界 3 是人的创造物——也就是说，若没有人，世界 3 就不会存在；而且世界 3 是作为一种独立起作用的东西与人相对立的。数和数学的王国也属于世界 3。

关于波普尔的社会与历史的观点（即他涉及人类行为的问题）我将在"我们应该做什么？"一节里做一简述。

在德国，卡尔·波普尔的学说主要经由哲学家和社会学家汉斯·**阿尔伯特**（生于 1921 年）的拥护而得到进一步的发展。阿尔伯特的《**批判理性主义纲要**》（1971）可以作为了解批判理性主义（我们可以这样称呼波普尔及其学派的思想特点）的思想和论证方式的入门书，这本书中收录了作者的五篇文章，其中的第一篇《**批判理性观念**》原本是 1963 年发表在《伏尔泰俱乐部》年鉴上的。

继这本书之后，阿尔伯特又发表了文集《**结构与批判**》（1971）。在其中，阿尔伯特进一步发挥了批判理性主义的思想和论据，而且他还针对其他哲学观念展开了批判。他主要讨论了三个学派：第一，分析哲学；第二，新马克思主义的辩证思想（阿尔伯特是个好争论的人，在书中他针对尔根·哈贝马斯展开了激烈的攻击）；第三，解释学思想。

我们可以把阿尔伯特的论战看作一种用意广泛的尝试的组成部分。在哲学内部的不同思想流派之间，特别是在哲学和经验科学之间，在认识与决定之间，在理论与实践之间，简言之，在我们的思想和行为的不同范围之间，他不是想树起一个屏障把它们分隔开，而是想架起一座桥梁，使它们彼此相连。他明确地指出，哲学家的任务就是为解决这种"架桥的问题"而作出贡献。

6. 解释学

解释学（Hermeneutik）一词来自希腊语的 hermeneuein，意思是宣告、解释或翻译，这个词与古希腊的赫尔墨斯神（Hermes）有关。赫尔墨斯是众神的信使，他不仅仅把神的消息通告给人们，而且还向人们解释神的语言的意义，于是这个词就有了"解释"的含义。在古典时期和中世纪，它主要涉及神学、经典著作和法律文章的解释。1654年，**丹豪瑟**发表了一本名为**《解释学》**的书，在书中，他将神学和哲学的解释学与法学的解释学区分开来。

显然，每一个研读哲学著作——一般来说包括所有精神产品，比如艺术作品——的人从某种程度上说都必须具备理解和解释的本领。所以，这个概念在哲学史上已经有了一个古老的传统：从二十世纪的历史和人文学者威廉·狄尔泰（参见上一章"生命哲学和历史主义"一节），到神学家弗里德里希·丹尼尔·恩斯特·**施莱尔马赫**（1768—1834，他也是一位重要的柏拉图著作的翻译家），再到十八世纪的约翰·马丁·**克拉德纽斯**（《理性言谈与文章的正确解释导论》，1742）和乔治·弗里德里希·**迈耶尔**（《论普通解释艺术》，1757）。

那么，对于哲学家和人文学者来说，解释学只是一种辅助工具或必不可少的方法吗？还是它在哲学上已经形成为一个学派呢？在古代，它属于前者，而到了二十世纪，它就发展为一个独立的哲学学派了，这主要是通过德国哲学家汉斯·乔治·**伽达默尔**[36]（1900年出生*）而实现的。他曾经是马丁·海德格尔和尼古拉·哈特曼的学生，对造型艺术和诗歌颇有研究，主要著作有**《真理与方法》**（1960）、**《科学时代的理性》**（1976）和**《美的现实性》**（1977）。

在伽达默尔看来，解释学或理解是一种极为普遍的现象，因为它不仅对于理解古典著作和精神产品是必要的，而且对于理解人类的一切知识都是最为基本的，理解是存在的基本模式，每一种知识

---

*　伽达默尔于2002年去世。

都必须以"预先理解"（Vorverstaendnis）为基础。他的这一思想主要是来自海德格尔，在《**存在与时间**》里，海德格尔明确地将此在解释为理解，理解是此在本身的存在方式。

因此，对伽达默尔以及许多当代哲学家来说，语言是最主要的问题。因为，我们关于世界的认识无不是用语言表达出来的，人类关于世界的知识都必须借助于语言才能传达出来。人对世界的第一个认识是在学习语言的过程中完成的。但不仅如此，我们的**在世存在的语言性**（die Sprachlichkeit unseres In-der-Welt-Seins）最终表达出了经验的全部范围。

对世界的解释是通过人来完成的，而对世界的理解是一个创造性的过程，它不是静止的，它必须经过不断地检验和修改。在不断地与传统进行对话的过程中，人类过去对世界的认识会逐渐走向完善。

伽达默尔不仅对当代哲学产生了影响，而且对当代神学、文艺学和艺术评论也产生了深刻影响。

7."结构主义"

选择这个题目并不是那么得当，因此我用引号把它括了起来。大约自1980年以来（在美国可能更早），许多各不相同的研究领域都被冠以"结构主义"这个名字，包括精神病学、物理学、数学、生物学以及文艺学等。在德语范围内，保罗·**瓦兹拉维科**（生于1921年）或许是这个思想运动的最著名的代表，他出生在奥地利，后来去了美国的加利福尼亚。他的两个同道，也是同乡，海因茨·冯·**弗斯特**和恩斯特·冯·**格拉瑟斯菲尔特**也在美国产生了影响。1981年，瓦兹拉维科主编出版了《**虚构的现实**》一书，书中收录了由不同作者写出的十篇文章，他们对结构主义的思想世界做了介绍，这个题目本身就已经表明了这个思想流派的核心思想。结构主义者一般都把维科[37]、康德、狄尔泰和维特根斯坦以及薛定谔、海森堡和皮亚杰作为自己的思想先驱。

结构主义者（从各自不同的角度）主要思考的问题是：以我们的感官印象为基础并经过大脑思维的加工，我们以为自己发现的东西就是"现实"，而事实上，它或许就是由我们虚构出来的东西，或许它就是一种我们自己的思想杜撰呢？（瓦兹拉维科解释说，与"结构主义"这个名称相比，他倒是更喜欢"现实研究"这一称谓。）

这里所说的虚构的现实并不是指精神病患者虚构的妄想世界，而是指"普通的"现实，在日常生活中，在科学研究中，我们以为它就是千真万确的现实。

结构主义认为，我们永远也不可能真正认识现实本身。我们最多只能认识现实**不是**什么。当我们观察"自然"，当我们提出假说并依据经验对假说加以修正，当我们就这样逐渐得出自然"规律"并借助于它而发觉自然的稳定性和秩序（甚至能够预见到未来的经验），那么，我们真的就能够知道自然是如何被创造的以及它要遵循哪些规律吗？绝不可能！首先，我们只有一种理论大厦，迄今为止，通过经验它是不能被证伪的——尚不能，但是，我们不能确定，这种情况会不会永远这样保持下去。科学的历史已经告诉我们这一点，卡尔·波普尔也这样认为，美国的一位控制论学者也明确表示，知识的极点就在于，一个假说被证明是错误的。其次，在构建一个有秩序的和有意义的世界（没有它我们将无法生活）的过程中，我们至今只发现了一条可以通行的道路，但是我们并不知道，是否还有另一条更好的道路可以帮助我们达到目的。

让我们打一个比方：当一个人面临着一个任务，他要对那些向他迎面扑来的感官印象进行整理，并对那些他从中得出的结论进行整理，这个人就好比一个船长，他的任务是，在一个有暴风雨的黑夜里要驾船通过一个海峡，但是，关于这个海峡，他既没有航海地图，也没有航海灯塔可以参照，也就是说，他根本就不能确定他的船能不能驶过这个海峡。如果他成功地驶过去了，他的船既没有搁浅，也没有沉没，那么，我们能不能说，他对这个海域的真实构造非常了解呢？当然不能！或许还有另外更好的航线呢？如果按照恩斯特·冯·格拉瑟斯菲尔特的表达方式，我们可以这样说：这个船长选择的航线正好"适合"这个海域，这就像一把钥匙（或一把万能钥匙）适合一把锁，我们只知道，这把钥匙能够派得上我们所希望的用场，但是，我们对于这把锁的构造却一无所知。那个船长选择了一条合适的航线，但是这并不意味着，他选择的航线是这个海域里的最短、最安全和最好的航线。通过这个例子我们会得出如下认识：对于现实，我们至多也只能知道它不是什么。

关于结构主义思维方式的基本倾向我们就说这些。在结构主义的思想先驱中，将伊曼努尔·康德确定为其中最重要的一位或许并不难，因为他曾经说过，现实特别是现实的秩序并不存在于"外面"，而是由我们的认识系统（大脑）构造出来的，或"虚构"出来的。此外，大卫·休谟也是结构主义的先驱之一，他的论点是："如果乙总是在甲之后出现，那么我们就可以得出结论，甲是乙的'原因'"；但是，这是无法证实的，它纯粹是出于习惯，在这一点上，生物学家和行为科学家鲁波尔特·**黎德尔**也持类似的观点。而且，乔治·贝克莱的"存在即被感知"说的也是这个意思。

最后，就"现实究竟有多真实？"（这也是瓦兹拉维科早年写的一本书的题目，内容涉及现象、妄想、错觉和理解）这个问题，我想引用布莱希特的一个精彩的比喻，这是发生在中国的老师与学生之间的一段对话：

老师：给我们讲一下哲学的主要问题！

学生：事物是在我们之外并独立于我们而存在呢？还是在我们之内，并且离开我们便无所依从呢？

老师：哪种意见是正确的呢？

学生：尚无定论。

老师：那么，我们的大多数哲学家更倾向于哪种意见呢？

学生：事物是在我们之外并独立于我们而存在。

老师：为什么这个问题始终得不到最终解决呢？

学生：为了解决这个问题，两百年以来，人们在黄河岸边的密桑寺举办了多次会议。在一次会议上，有人提出了这样一个问题："黄河是真实的呢，还是它只存在于我们的头脑中呢？"但是，会议期间附近山上的雪融化了，黄河里的水开始猛涨并最终冲破了堤坝，洪水把密桑寺连同寺内所有参加会议的人都冲跑了。这样，他们就没有能够为事物是在我们之外并独立于我们而存在这个论点提供出证据，所以这个问题也没有得到最终解决。

8．进化认识论

在我看来，进化认识论是当代哲学的最重要的组成部分，它令人信服地证明了，现代理论和认识是在哲学和科学之间的相互影响下产生的，是彼此之间进行讨论和合作的结果。进化认识论不是某一个人的思想结晶，而是许多学科，特别是生物学（及其分支进化论、遗传学、人种学）、心理学和哲学共同合作的结果。

首先让我们简要地了解一下进化认识论的基本论点。

我们的生活、行为和思想是周围世界的一部分，我们认识到（或者我们以为自己已经认识到），在这个我们周围的世界里，有某种秩序、等级、规律和规则。努力去认识这些东西是我们与生俱来的一种本能需要，因为，作为生物，缺少它们我们将无法维持生存。如果我们把自己的思维中所独有的推论方式、结构和范畴应用到周围的世界中去，那么，我们会由此而获得对于"真实的"世界的正确的（或至少是接近于正确的）认识吗？倘若回答是肯定的，这是不是因为我们的认识系统（感官和思维）适合于正确地反映现实呢？或者是因为，我们的认识系统将规律、秩序和规则强加到了世界的身上呢（但是关于"存在本身"我们却一无所知）？如果在现实世界与我们关于世界的认识之间不存在任何一致性的话，那么就很难解释，在千万年的时间内，我们作为生物能够在这个并不十分友好的世界里坚持存活下来。因此，我们会得出如下结论：我们的认识系统与实在世界之所以能够（至少是接近于）相互配合，是因为我们的感官、我们的大脑、我们的思维在这个世界里的进化过程中能够不断地自我进化，并逐渐地适应了周围的世界。

对我们今天的人来说，以上论点是很容易理解的，但是这个思想对康德却没有产生任何影响，因为，达尔文出生及其进化论的问世都是康德去世几十年之后的事情了。这或许也会让我们注意到，达尔文的思想对于人类产生了何等巨大的影响，他的思想彻底地改变了我们关于周围世界、关于生命和关于自身的认识。进化论对传统世界观是个巨大挑战，特别是对教会是个巨大挑战，当然也包括自然科学和人文科学，正如理查德·**亚历山大**（生于 1929 年）所说，进化论影响的范围波及"音乐、造型艺术、美学、文学、宗教、意识、良心、痛苦、幽默、自杀、抑郁、收养、同性恋、禁欲"。[38]

人是进化的产物，并且人也是人的认识系统所构成的。是谁首先表达了这一基本思想呢？这很难判定。一般都认为卡尔·波普尔是第一人，虽然他的《**客观知识**》[39]一书有一个副标题"一个进化论的研究"，但是书中只有四页是讨论进化主题的（第二部分，第16节），标题是"进化认识论概要"，而且他一开始就确切地表示，"进化认识论"这个概念来自心理学家唐纳德·**坎贝尔**，而这个基本思想在十九世纪的许多生物学家那里就已经出现了。

在这方面，波普尔肯定起了推动作用。人的认识结构（部分地）是由其生物因素所决定的，这一思想在许多生物学家、物理学家、心理学家、哲学家、人类学家以及语言学家那里就已经产生了，当然他们这方面的思想大部分并不十分细致，而只是略提了一下。格尔哈特·**弗尔梅尔**是较为明确地提出这一理论的人，[40]这一点我们从物理学家亨利·**彭加勒**、百科全书式的自然科学家伯恩哈特·**巴芬克**、生物学家路德维希·冯·**博塔兰菲**、哲学家伯特兰·罗素以及生物学家雅克·**莫诺德**的引述中得到了证实。

特别应该提到的一个进化认识论的创始人是康拉德·**洛伦茨**（1903—1989），他是行为科学的先驱，因他的通俗读物而闻名。[41]

他曾经说过简短而精辟的一段话："实在世界的范畴与我们的认识相配，这就像马和草原相配，或鱼和水相配，它们的原因都是一样的。"[42] 在罗伦茨看来，认识系统与外在世界之间的关系，原则上讲，和鱼与水的关系，或一幅画与被画的对象的关系并没有什么两样。

除了洛伦茨，我们还应该提到的是动物学家伯恩哈特·**伦石**和鲁波尔特·**黎德尔**以及心理学家让·**皮亚杰**。通过观察自己的孩子的成长过程，皮亚杰对人的空间、时间、速度和数的概念是如何逐渐形成的进行了研究。对黎德尔来说，整个进化过程就是一个不断获得认识的过程。我们甚至可以把动物也看作"假说的现实主义者"，它们也会通过不断地摸索去认识自己周围的世界。空间和时间的形式——在康德那里，它们先于一切观念——也是（人类及其祖先）进化的产物，这既说明了人的伟大的创造能力，也说明了人的能力的限度。当我们遇到物质的基本粒子或宇宙的整体结构这样的问题时，我们就会认识到，进化的目的并不是让我们去解决这些问题，在进化过程中，这样的问题对于个体以及种群的保存并不是性命攸关的。

进化认识论的思想家们的基本观点大致上是一致的，我们可以称之为"假说的现实主义"。[43] 这也符合卡尔·波普尔极力主张的论点：人不可能获得最终确定的知识。人是有缺陷的，在认识能力上他也是有缺陷的。这个结论也适用于整个科学领域。

对科学认识来说，下面的假设是适用的，这些假设有其必要性，尽管它们的有效性并没有得到最终证实：

（1）有一个实在世界，它独立于我们的知觉和意识。

（2）这个世界是有结构和秩序的。

（3）在实在世界的所有范围之间存在着一种持续的（或似乎持续的）联系。

（4）人和动物个体具有感官印象和意识。

（5）我们的感觉器官会受到实在世界的刺激。

（6）思想和意识是大脑（即一个自然器官的）功能。

（7）科学陈述应该客观，主观陈述没有科学效用。

（8）科学假说应该能够促进科学研究，而不是阻碍它。

（9）经验现实的事实可以被分析，可以通过"自然规律"被描述和解释。

（10）应该避免不必要的假说。（"奥卡姆剃刀"，参见奥卡姆的威廉一节。）

9. 认识的边界

如果说过去的哲学家们思考科学问题时通常考虑的是如何获得较为确定的认识基础和如何采用正确的方法，那么，到了二十世纪，特别是自第二次世界大战以来，哲学家们关心的主要问题则是认识的界限以及科学的意义和目的，一言以蔽之，人们更加关心的是无节制的科学进步的意义、目的和正当性，以及技术的实际应用所带来的问题。

在这个问题上，我们首先想到的是核能或核武器，或许还有基因技术。但是另外还有许多思想事件也成为促使人们逐渐关注科学的界限（和科学的边界！）问题的动因。我想简要地提及其中的几个重要思想事件。

事情最初一般都是不那么引人注目。1930 年，数学家库尔特·**哥德尔**（1906—1978）在维也纳科学院做了一次报告，次年，这次报告的内容以**《论〈数学原理〉及其相近体系的不确定性》**为题发表在一份杂志上。[44] 哥德尔的论点必须放到当时的数学中出现了基础危机这样一个历史背景中来看——特别是我在新实证主义一节里曾经提到的非欧几何。罗素和怀特海的《数学原理》也是在这种背景下写成的。哥德尔认识到，对自然数理论来说，《数学原理》中所说的公理体系包含的原理虽然是真的，但是它在体系的范围内却得不到证实。

在一个更宽泛的意义上，我们会发现，把我们的认识无矛盾地编入一个公理体系中去，原则上是不可能的。对于数学门外汉来说，哥德尔的理论较难理解，但是他的理论却是通往如下认识的一个里程碑，即我们的认识原则上是有限度的。哥德尔的"不完全性定理"认为，科学根本不可能精确完整地描述实在世界。

此前不久，也就是在 1927 年，维尔纳·**海森堡**在量子理论的基础上提出了**"测不准原理"**，这是现代科学认识的另一个里程碑。他指出，在原子（微观物理）范围内不存在精确测量的界限。某个粒子的位置和动量不能同时被测量出来，对其中一个参数测量得越准，由于测量的干扰，另一个参数便会变得更不准。也就是说，我们不可能精确地预测基本粒子的行为轨迹。

我们应该认识到，这里所涉及的问题不仅仅是我们的认识的界限，而且更多地也涉及自然变化过程本身所蕴含的不确定性。因此，因果性这个概念也就被相对化了，一种完美无缺的决定论也是站不住脚的。

上述论点毕竟只适用于微观物理世界，对于宏观物理（比如天体物理）世界来说，一种严格的决定论仍然还是能够被认可的，正如天文学家**拉普拉斯**在他的著名的《魔鬼》一书中所说："如果一个东西能够在某一个时刻认识宇宙所有微粒的位置和速度，那么它肯定也能够认识宇宙的整个未来。"我们还要补充上一句话：倘若这个魔鬼还具备有关自然规律的所有知识，在这种情况下，它不仅能够预测宇宙未来的状态，而且还能测算出宇宙的过去的每一时刻的状态。

爱因斯坦的相对论使得上述论点失去了根基。它表明，对于整个宇宙谈什么"某个特定时刻"是没有意义的，这里所说的同时性这个基本概念也是站不住脚的。

此外，当今的物理学也知道，对未来发展进程作出精确预言的可能性是有条件的。譬如，决定我们太阳系的天体运行的规律是众所周知的。在这里，我们把外星系对太阳系产生干扰的可能性排除在外了。在这个前提下，只要我们能够对现在的太阳系在某一特定时刻的状况作出精确的计算，那么我们或许也有可能精确地计算出它的未来发展。但是即便如此，一种不确定性也是不能排除的，因为微小的计算错误也是难免的，从长远来看，这种微小的计算错误可能导致对整个发展过程的预测错误。这样看来，我们绝不可以把太阳系的运行与一个精确的时钟的运行相提并论，而更应该把它看作一个不精确的时钟，起初的一点细微的干扰也有可能造成巨大的误差，对太阳系来说，甚至会导致"决定性的混乱"。[45]

另一个精确测算（或可预言性）的原则上的界限是由来自波兰的数学家贝诺伊特·**曼德尔布罗特**（生于 1924 年）发现的，[46]他是碎片几何的创始人之一，曼德尔布罗特集合也是以他的名字命名的。[47]*

关于碎片现象，曼德尔布罗特做了如下解释：波罗的海的海岸线有多长？对此我们只能大约给出一个数据（比如以公里为单位）。能不能更精确些呢？用米来表示呢？或者用毫米呢？是不是应该把那些不规则的构造也算在内呢？不管我们选择哪一种标准，总是还会存在一些细微的无法把握的不规则的碎片，它们无法被考虑在内。曼德尔布罗特试图发展出一种应对这种现象的数学方法。

在此我们应该指出的是，如今我们已经很难或不可能再去相信科学万能了。科学的能力是有限的。

而自然本身也为我们认识它设置了障碍。我们能不能完全搞清楚生命的无法估量的复杂性呢？特别是当宇宙的界限正在以接近光速的速度不断地远离我们的时候，我们能否期望解开所有的宇宙之谜呢？

另外的一系列问题或许对公众具有更重要的意义，这就是我们整个人类或整个生物界正在面临着巨大的威胁，而这种威胁就是来自科学知识的技术应用。

在令人产生忧虑的科技发展中，或许"核能"是最令人感到忧

---

* 关于曼德尔布罗特集合可参阅罗杰·彭罗斯的《皇帝新脑》中的解释，该书中文版由湖南科学技术出版社于 1993 年出版。

虑的问题，它已经明显地导致了人们对科学技术的敌意。核能是通过重核裂变而获得的。1938年，奥托·哈恩和弗利茨·施特拉斯曼发现，铀核被中子轰击会发生裂变。原则上讲，这只是通往第一颗"原子弹"的第一步。铀核发生裂变时会释放出巨大的能量，如果铀核裂变后放出一个以上的中子，这些中子又能引起邻近的铀核的裂变，如此不断继续下去就产生了链式反应，而这种链式反应的两次反应的时间间隔只有50万亿分之一秒，因此，如果铀核链式反应一旦实现，那么在极短的时间内就会释放出巨大的能量。如果能够有效地控制裂变速度，使裂变反应自动地持续进行，释放出的能量就可以作为电能为人类所利用，而如果对核反应的速率不加控制，那么就会发生强烈的爆炸，也就是说，它就会变成一种毁灭性的武器，即原子弹。

　　第二种获得核能的方式就是核聚变，即轻核聚合为较重的核。迄今为止，这种能量只能被用作制造武器（氢弹）。几十年以来，在发达工业国家里，人们已经花费了大量的人力物力用于核聚变研究，企图能够从中获得核能源，同时又能避免裂变反应的风险。但是，至今这些国家对于是否建造一个用于发电的核聚变实验装置还没有作出决定。

　　众所周知，核大国拥有的核武器——只需其中的一半——就足以灭绝整个人类的生命，或许也包括地球上的所有生命。而这一切就始于奥托·哈恩斯的那张用于试验的不起眼的小桌子（它并不比一张餐桌大），如今人们就可以在慕尼黑的德意志博物馆里参观这张小桌子。要是当初这种研究就已经被阻止了呢？可是如何阻止？何时阻止？由谁来阻止呢？

　　其他的威胁——长远来看，或许与核武器和核能带来的威胁同等巨大——则来自对自然科学知识的大范围的技术应用所带来的后果：海洋和河流的污染，土壤、热带雨林和大气层（臭氧层）的破坏，无数的植物和动物物种的灭绝，可能发生的基因技术的滥用，最后——虽然听起来有些讽刺意味——还有地球人口数量的猛增，即现代医学进步带来的所谓"人口爆炸"。婴儿死亡率显著降低，许多传染性疾病（如鼠疫和霍乱）都已基本绝迹。即使我们不把其他各种威胁考虑在内的话，单单人口爆炸也足以对人类的基本生存构成威胁。

在这样一种状况下，要求对"研究自由"设置界限的呼声变得越来越高，迄今为止，这种自由为自己提出的理由是：科学服务于纯粹知识，并无其他意图。科学研究的成果是理论上的东西，如果把它应用到实践中去并带来了威胁性和灾难性的后果，这也不能把责任归咎于科学家，而应该把责任归咎于技术专家和政治家。

在关于这些问题的热烈讨论中，另一方面的问题也引起了人们的注意：如今，在纯粹的科学研究（基础科学）与技术应用之间划分出一条明确的界限已经不太可能了。一种新的科学认识一旦被公开，它就有被应用的危险。问题是，该如何阻止科学知识的发展——通过自愿的自我约束吗，通过国家法律的约束吗，还是通过国际条约的约束呢？但是能够禁止人们获得知识和追求知识吗？举一个简单的例子：即使所有的核武器都被消除和禁绝了，并且禁令的实施也受到严格的监督，但是制造核武器所需要的知识却仍然存在；当一场常规的战争爆发时，交战双方就进入一种竞赛状态：看谁能够首先制造并使用原子弹。

1967 年的诺贝尔化学奖得主曼弗雷德·**艾根**就专门思考过上述问题。[48] 他得出的结论是，为了把握未来，我们需要的不是更少的知识，而是更多的知识。谁能保证，地球上的所有国家都能遵守"停止科学研究"的国际条约呢？

我们会期望那些能够作出有充分根据的判断的人物回答如下问题：科学发展已经走到尽头了吗？自牛顿时代至今天，自然科学取得了辉煌的胜利，但是，这种辉煌还会继续下去吗？对于这些问题，他们给出的答案则更多是悲观的。当我们阅读美国人约翰·**霍根**的《**知识的极限——自然科学的胜利与两难困境**》[49]* 一书时就会得到

---

　　* 此为该书德文版书名，其英文原版的书名是 *The End of Science—Facing the Limits of*

这样一种印象。霍根是《科学美国人》杂志的专职记者，他与一大批著名学者就这一问题进行了对话，其中许多人是诺贝尔奖金获得者，可以说，他们至少在英语世界里也是科学前沿的精英人物。

我在这里列举几个例子。1989 年，在美国纽约州的锡拉丘兹大学*举办了一次科学讨论会，会议的议题是"科学的终结"。龚特尔·斯滕特是与会者之一，他是加利福尼亚大学伯克利分校的生物学家，1938 年时他还是个孩子，因为他的犹太血统而被迫离开德国。1969年，斯滕特就已经向人们宣告了他的一个论点：科学正在走向终结，虽然科学在上个世纪取得了巨大的进步，但是正是由于这种辉煌成就，科学才走向了它的终结，在一至两代人之内，科学将处于停滞状态。诸如牛顿、达尔文、孟德尔的划时代的发现，或者弗朗西斯·克里克与詹姆斯·沃森于 1953 年对 DNS† 双螺旋结构的发现，以及随后对遗传密码的破译，对这样的科学成就我们几乎不能再有所期待了。

另一个带有悲观主义色彩的声音则是来自英国哲学家柯林·麦金：我们人类有能力表达出重大问题（如恩斯特·海克尔所言，"宇宙之谜"），但是我们却没有能力解决它。丹麦伟大的物理学家尼尔斯·玻尔曾经怀疑那些试图寻找一种终极的包罗万象的理论的物理学家能获得成功。语言学家诺姆·乔姆斯基作为一个著名的美国社会的激进的批评者和"那些权威们的敌人"，他主张，在理解人性自然和非人性自然方面，我们人类的能力是有限的。科学的成功导源于"客观真理与我们认知空间结构的机缘巧合。之所以是一种机缘巧合，是因为发展科学并非出于自然选择的设计，并不存在什么遗传变异上的压力，使得我们非得发展出解决量子力学问题的能力

Knowledge in the Twilight of the Scientific Age（《科学的终结——在科学时代的暮色中审视知识的限度》）。该书中文版已由远方出版社于 1997 年出版。

* 锡拉丘兹大学（Syracuse University）又译雪城大学，该校坐落于美国纽约州雪城，成立于 1870 年，是一所私立大学。

† DNS 是德语 Desoxyribonukleinsaeure 的缩写，即英语中的 DNA（脱氧核糖核酸）。

不可，我们只是具备了这一能力。它的产生，与许多别的能力的产生，都出自同样的原因：某种没人能理解的原因"。[50]*

这样的例子还可以继续列举下去，然而，也有一些重要的科学家，他们并不认为科学进步已经走向终结或没落，而是恰恰相反，科学正在走向一个顶峰，生物学家爱德华·**威尔逊**就持这种观点，在下一节里我们还要讨论他。当然，倘若这样一个目标将要达到的话，那么，科学进步不也就走到终点了吗？

四、我们应该做什么？

不仅对于终生为之冥思苦想的伊曼努尔·康德或者列夫·托尔斯泰来说，而且对于每一个勤于思考的人来说，这个问题都是人生的核心问题之一。许多人都希望能够在哲学里找到问题的答案，那么，今日之哲学能够给我们提供什么样的答案呢？

可以确定的是，哲学家们对这个问题的回答肯定不会是一致的，或者说，他们的回答可能会大相径庭。维利·**霍赫克裴**于1976年做了一次问卷调查，从他公布的调查结果来看，以上论点是确信无疑的。[51]霍赫克裴向大学里八位年龄不同的哲学教授总共提出了四十个问题，请他们作出简短的回答。在"我们应该做什么？"这个标题下，他提了十个问题。比如：有没有普遍有效的永恒价值？在事实判断和价值判断之间有没有明确的界限？人是自由的还是不自由的呢？（如果他是自由的，那么他既可以做出崇高的事情来，也可以做出卑鄙的事情来。）

他们的回答可谓千差万别，每一种回答都是有道理的，也是值得尊重的，不过，这或许会让那些严肃认真地求索问题答案的人感到不知所措。

这种意见的千差万别，绝不是因为哲学家们对伦理学问题不可

---

* 见约翰·霍根《科学的终结》，远方出版社，1997年，第221—222页。

能或者只能勉强作出解释。对于二十世纪上半期的人类历史来说，或许情况更是如此。但是，这个世纪里的人类灾难：世界大战给千百万人造成的痛苦、各种残暴行为和国际法的破坏、希特勒政权针对犹太人的迫害、美国的越南战争、核武器，以及威胁人类基本生存的自然环境的破坏，等等，这一切都促使人们去重新深刻地思考正义与非正义、善与恶的问题。

在这一节简短的概论中，我并不想首先把重点放在阐述伦理学的一般性的（或理论性的）原则问题上，诸如：我们的行为准则是听从良心的声音吗？或者我们是不是可以通过论证，对这些行为准则作出精确而合理的解释呢？或者我们是不是仅仅需要遵守国家制定的法律就可以了呢？如果我们要判断某个特定的行为方式是不是合乎道德的，是以行为者的意图（“是否善意”）为依据呢，还是以这个行为对于所有当事人造成的后果为依据呢？我更加关注的是一些实际问题，这些问题是当今人类所面临的问题、危险和挑战，因而也是当今哲学所面临的问题、危险和挑战。只要我们能够认识到，这些问题是多么重大和具有威胁性，也就不会感到奇怪，为什么哲学家们的回答是那么不一致，而且政党、政府和教会的意见也是那么的不一致。

顺便说一下，在这篇简短的概论中，我们可以把“伦理”（Ethik）和“道德”（Moral）这两个概念看作同义词，因为，当西塞罗把希腊语中的 ethike（习俗）翻译成了 moralis（风俗、习惯）之后，“伦理”一词才成为欧洲哲学中的一个概念。

1. 生存问题，幸存问题

一般来说，道德决定必须由个人作出。其后果既可能影响少数人，也可能影响多数人，甚至能影响整个人类。根据它影响的数量和范围，我们可以把道德问题划分为如下几种：第一，它只影响少数人，比如夫妻、情侣、朋友、家庭、同事；第二，它影响到较多的人，比如一个企业、一个协会、一个社区、一个地区、一个国家、一个民族；第三，它影响到整个大陆或人类的某个部分（比如发展中国家），或整个人类，甚至地球上的全部生命。

依据这样一种分类，我想就最重要的问题展开讨论，对其中的几个问题我将较详尽地阐述。在直接涉及个别人或少数人的问题中，当然最重要的问题就是人的出生与死亡、生命的开始与终结——特别是堕胎和安乐死的问题。在过去的几十年里，尤其在大多数发达的工业国家中，人们的观念发生了一些变化。直到十九世纪，堕胎一直被认为是一种谋杀，并会受到相应的惩罚。如今，在特定的范围内，堕胎是允许的，而这个范围该如何划定，对此人们尚存争议。从哪一时刻起，一个胎儿可以被看作一个人呢？在有些国家里，对那些重症或患不治之症的病人实施安乐死是允许的（或采取主动的措施结束病人的生命，或放弃为病人提供延长生命的各种措施），而在其他国家里，这个问题则是备受争议的。在同性恋问题上，人们的观念也在发生着变化。如果我们能够在更宽的时间范围内（历史地）看问题，那么这种变化就愈加明显。在古代希腊，同性恋并不是一种禁忌，它被认为是一种普通的行为，在柏拉图的对话（《会饮篇》）中，我们就能看出这一点。如果我们翻阅一本十八世纪的词典，那么我们会发现，同性恋和其他的性倒错行为都被称为"兽奸"；它建议政府应该用死刑去惩罚那些人（甚至手淫也被看作该被判处死刑的行为）。

上述的某个种类的问题直接影响一个人或几个人，这当然并不意味着，这个问题只与那些相关的人有关。其原因有二：第一，只要它触及对所有人都有效的法律秩序，不管它是个别现象，还是普遍现象，它都是与整个社会有关的；第二，每一个道德决定都是以超越个体的道德标准为前提的，根本来说，伦理学中的所有观点都是能够普遍适用的原则，正因为如此，我们不能说：**我**应该做什么？而只能说：**我们**应该做什么？

下面我们再讨论关系到许多人——或者说关系到所有人——的问题。只有某些国家（但是我们不能确切地了解具体有哪些）拥有核武器，但是，这些核武器却威胁到了所有的人。在核能源和基因技术的应用上，也存在类似的问题，尽管人们对其造成的威胁的程度尚存争议。

所有的公民都要求平等的权利，这是每一个国家都要面对的问题：不管是男人与女人之间，还是白人与黑人之间，他们的权利都是平等的，当然也包括残疾人以及少数民族的权利。

自然科学和技术的迅猛发展使得人类行为（不仅仅指战争）产生的影响的程度变得越来越大了，地球上的人口数量也因此而增多起来，于是，我们人类正面临着全新的道德责任问题。我们的自然环境正在受到威胁，热带雨林正在遭到滥砍滥伐，越来越多的动物和植物正在走向灭绝，全球的气候也面临着失去平衡的威胁。人类赖以生存的自然资源（比如矿藏和地下水资源）都是有限的，这些资源的破坏将直接威胁到人类后代的基本生存。工业化给某些国家的人民带来了前所未有的健康和富裕的生活，这种生活是我们的祖先做梦也想不到的；但是，一方面是这种进步；另一方面是人口的迅速增长，这使得发达工业国家与第三世界的发展中国家（至少包括这些国家里的大多数居民）之间的贫富差距变得越来越大。

2. 人与自然

上述的危险加在一起就变成了威胁整个人类的"生态危机"。"人与自然"这个标题就意味着这种危机的核心问题。

我们在这里简短地解释一下"自然"（Natur）这个概念是很有必要的，因为这个概念有许多种含义。让我们（从日常语言分析哲学的角度）提出如下问题：在一般的语言应用中，我们是如何使用这个词的呢？这个词通常指城市以外的地区，特别是动物界和植物界，也指无机界（如山川、无人的景区、房屋、桥梁、工厂、运河、港口、机场等）。在这个意义上，工具、机器、文化和艺术作品都不属于自然的范畴，而且人也不属于自然的范畴，或毋宁说，人与自然是相对立的，他是自然的研究者，是理性动物。

从广义上说，凡是服从自然规律的东西都属于自然的范畴。在此意义上的自然概念包括一切存在物，或者说，它几乎无所不包；（因立场而异）精神世界、灵魂、道德世界、"超自然的东西"、神性的东西则不属于自然的范畴。

第三种自然概念指的是地球上的"生物圈中的"所有生命，包括动物、植物和人。在此意义上，人是自然的组成部分，是自然的一个环节，是生命进化的产物，只有在生物圈中，他才有生存的能力。

这告诉我们：一方面，我们要把人看作与自然对立的东西，他既是自然的观察者、研究者和改造者，也是自然的剥削者和毁灭者；另一方面，我们要把人看作自然的组成部分，看作自然之子，他是生命进化中的自然的造物，他与自然休戚与共。因此，我们也就站在了被称为生态危机的根源之上，人与自然的这种辩证的紧张关系是人的本性中所固有的。

但是，人的本性中所固有的这种特征怎么会突然在二十世纪变成威胁整个人类的危机因素呢？为了能够理解这一点，我们必须考察一下人类的技术，考察一下技术的本质以及它在今天的威力。

索福克勒斯（在《安提戈涅》中）曾经对人大加赞美："有许多强大的东西活着，但是没有什么比人更强大。"他看到人在大海上航行："在灰暗的海面上，咆哮着汹涌的波涛，他驾着船驶向南方。"他看到人在耕地："他也充分地利用大地，用犁铧翻掘大地，年复一年。"对人的赞美同时也是对自然的赞美，是对"永远不会消失、永远不知疲倦的大地"的赞美。索福克勒斯和他的同时代人永远也不会想到，那个被认为是取之不尽用之不竭的自然有一天会遭到人类的严重损坏，甚或彻底破坏。那时的人们做梦也不会想到，人类会把深不可测的大海里的鱼捕杀干净，会用化学药品、重金属和其他有害物质污染海洋。

近代自然科学以及以自然科学为基础的现代技术使这一切成为可能。虽然对自然的理性的研究以及技术的应用使得人类中的一部分人的健康状况和福利得到了改善，但是科技的发展也给人类造成了巨大的威胁，实际上，当弗朗西斯·培根说出他的格言"知识就是力量"时，他就已经为这种发展埋下了种子，只是在刚刚过去的几十年内我们才开始觉察到这种发展的迅猛：资源枯竭、水和空气污染、生物物种灭绝、核威胁，尤其是世界人口膨胀，人口数量呈几何级增长——公元前10000年至公元前8000年时，人类开始定居，人类不再依靠采集和狩猎获得食物，而是以耕种和畜牧为生，那时地球上的人口估计约有四百万。至公元前后，地球上的人口数量增加到一亿五千万。到了十九世纪，世界人口数量突破了十亿大关，而如今这个数目已达五十八亿之多。据预测，到2050年，世界人口将达到九十亿至一百亿。

不论我们通过什么方式计算出地球最多能够供养多少人，有一点是肯定的，地球上的资源是有限的，据推测，人类在二十一世纪就有可能面临资源枯竭的危险。当人类纯粹为了自己的生存而斗争的时候，将要发生什么样的矛盾冲突和残暴事件就可想而知了。与这样一种危险相比，当今世界上的各种争端就显得无足轻重了。

技术是人类的最强有力的工具，同时它也可能是人类的最有害的工具，但是，相对来说，却只有很少的哲学家对技术的本质进行认真的思考，这为数不多的哲学家包括：奥斯瓦尔德·斯宾格勒[52]、弗里德里希·德绪尔[53]、胡塞·奥特加·加塞特[54]、阿诺尔德·吉伦[55]、马丁·海德格尔[56]、维托里奥·荷斯勒[57]、汉斯·约纳斯[58]。

唯独人类发展了技术，这肯定与如下一个事实是紧密相关的，即人是一种"有缺陷的动物"。人好像是过度地补偿了自身的缺陷，他通过利用技术手段使自己成为类似上帝的他自己的世界的造物主（西格蒙德·弗洛伊德称他是"假上帝"）。由于自己的肌肉力量有限，于是他就制造出了各式各样的发动机、吊车、交通工具和机器；由于自己的感官能力有限，于是他就制造出了显微镜、望远镜和宇宙探测器；为了提高自己的智力，他就制造出了计算机；最后，他还利用技术手段去改造自然的生命，特别是借助基因技术，他甚至还有可能禁不住去改造人。

3．人与动物

在人与自然的关系中，本来就已经包括了人与动物的关系，可是我在这里却另辟出一节来专门讨论人与动物的关系，这其中有两个原因：首先，在哲学的历史上，或者说，在我们整个的思想传统中，人们对这个问题一直没有给予足够的重视——当然也有几个值得称道的例外，所以，这个问题相对来说是比较新的；其次，由于当今哲学家们为此作出了特别的努力，公众也逐渐意识到了这个问题的重要性。

我们西方的思想传统主要是来源于犹太基督教和古希腊罗马。关于人与动物的关系这个问题，传统的观念中并没有表现出明确清晰的立场，但是，有一点几乎是毋庸置疑的，即基督教教会及其伟大先师们一直就把动物看作人类的工具和物品，他们对于动物的痛苦是漠不关心的。如《旧约·创世纪》中所言："你们要生养众多的儿女，让他们遍布全世界，统治全世界，管理海中的鱼、空中的鸟以及大地上的所有走兽。"宗教改革家加尔文也认为，动物"生来就是供人们吃的"。托马斯·阿奎那也说过类似的话："动物是为了人才存在的。"使徒保罗也说："上帝关心公牛吗？不。"如果人残暴地对待动物，那么，这也只是因为动物使人变得野蛮了，以至于人也只能以暴制暴。彼得·朗巴尔多也说："人被创造出来是为了上帝的缘故，他就是为上帝服务的，同理，世界被创造出来也是为了人的缘故，它是为人服务的。"

在基督教思想家中，弗朗茨·冯·阿西西是个值得称道的例外。此外还有阿尔伯特·施韦策尔，不过，虽然他提出过"要尊重生命"，但是他所指的生命的具体意义并不十分明确（作为医生，他曾经成功地消灭了许多微小生物，因为这些微小生物对生活在原始森林里的病人构成了威胁）。

当然，同情动物的基督徒历来不乏其人，陀思妥耶夫斯基的《卡拉马佐夫兄弟》中的佐希玛老爹就是一个很好的例子："上帝赐予了动物们无忧无虑的快乐。你不要去打扰它们，也不要去折磨它们……

人啊，别以为自己比动物高一等，它们是无罪的，但是，你这种自以为高贵的东西却毒害了我们的大地。"

如果我们回顾过去，那么我们会看到不同的情景。犹太教并没有将世界上的造物都看作可以由人类随意处置的东西，毋宁说，在他们眼里，人是自然的受托管理者，是自然的"护卫者"，而不是自然的统治者。中世纪的犹太哲学家迈蒙尼德强调指出：其他一切造物并非只是为了人类才存在的，它们是为了自己而存在的。

在古代非基督教哲学那里也存在着不同的观点。毕达哥拉斯及其追随者都尊敬动物，他们是素食主义者，这或许是因为他们相信，人的灵魂不死。但是，亚里士多德的观点却产生了更为深远的影响，他认为，动物服从人类（和奴隶服从主人一样），这是天经地义的自然规律，尤其是罗马法的制定原则也是以这种观点为基础的，它只认识人和物，而在物质对象与动物（即使是较高级的动物）之间不做区别。

动物是值得保护的，人有义务保护动物。但是，在很长的时间里，笛卡尔的学说都一直阻碍着人们认识这一点，因为，在他眼里，世界上只存在两种实体，即物质（它占有空间）和意识（它只被人类所拥有），因此，动物就被看作一种机械装置，是自动机，是没有灵魂的。

在今天的工业国家里，人们的观念发生了转变，这主要应该感谢盎格鲁撒克逊世界里的思想家们。首先应该提到的是杰里米·边沁，他曾经说过一句被经常引用的话："终有一天，每个有生命的造物都将能够争取到自己的权利，而如今这种权力却只能被独裁者掌握在手里。"边沁的意思是说，（自法国大革命以来）每个人都应该拥有人权，不分种族和肤色，由于动物也是有感觉的，所以动物也应该有自己的权利。不管人是否有说话的能力，是否有理智，人都有自己的权利，因此，"问题不在于动物是否有思想，也不在于动物是否能说话，而在于动物是否也能感觉到痛苦"[59]。

此外，在德国，阿图尔·叔本华称赞了亚洲宗教如婆罗门教和佛教的观点，因为他们能够将动物放进自己的学说中加以考虑。叔本华尤其指责了犹太教和基督教，"他们的规则只局限于人类，而把整个动物界排除在外"[60]。

在我们这个世纪里的德国思想家中，马克斯·霍克海默是值得称赞的，他曾经对肉畜的运输过程做过真实而令人震惊的观察和报道。[61]

尽管有人赞成保护动物，并要求国家为动物保护立法，但是在过去的很长时间里，他们的主张几乎没有得到任何反应。到了十九世纪，在大不列颠，人们试图用法律来保护动物的愿望才终于付诸行动。1809年，财政大臣艾尔斯金勋爵在下院提交了一份保护役畜的法律草案，但是这项提案却被多数人否决了。1821年，他又在英国议会提交了一份类似的草案，结果引起了哄堂大笑，因为他把驴子——当时使用驴子运载东西很普遍，并且那些驴子也备受折磨——也写进了这份草案中。1822年通过了第一项关于动物保护的法律，不过它只是针对马和肉畜的，其中明文禁止对它们的不必要的折磨，而驴、猫和狗则不包括在内。关于这个问题，今天人们争论的焦点主要集中在家畜饲养、动物运输、动物试验、动物屠宰，以及排挤野生动物、以体育活动的形式猎杀动物（打猎、垂钓、斗牛、斗鸡）、动物贸易等。

在当代，把人与动物的关系作为伦理学问题加以详细探讨的人主要是一些哲学家。在这些哲学家中，首先应该提到的是澳大利亚的彼得·**辛格**[62]，其次是美国的汤姆·**里甘**[63]，再下一位就是瑞士的让·克罗德·**沃尔夫**[64]。他们和其他思想家一道，使人与动物的关系问题成为哲学伦理学的核心问题之一。阿尔伯特·施韦策尔带着嘲讽的口吻对传统的"以人为本的"伦理学提出了批评，认为那种伦理学已经不再适用，他说，过去的思想家们只是一些勤奋的看守，他们时刻警惕着，"免得动物们窜到伦理学的圈子里来"。

把动物纳入伦理学讨论的范畴，这就意味着，我们承认，人对动物有道德**义务**，甚至可以说，动物对人有自己的**权利**。

如果我们把动物纳入伦理学讨论的范畴，那么就会产生一些重要而实际的问题，在讨论这些实际问题之前，让我们再回顾一下历史，看一看过去的人们围绕动物在全部存在物的秩序中究竟处于何种地位这一问题展开了什么样的讨论。事实上，这个问题与如下问题是密不可分的，即人与动物究竟有何区别？以前，人们总是会问：动物有"灵魂"吗？如果我们相信人的灵魂是不死的，那么，我们必然会接着思考这样一个问题：要么动物根本就没有灵魂，要么动物有灵魂，但是它的灵魂是会死的。

在笛卡尔思想的影响下，上述的观念具有了更为强烈的传染性。笛卡尔教导人们说，人是由一个物质的肉体和一个不占有空间的且不死的灵魂组成的，而动物则是没有灵魂的机械装置。由于宗教信仰的原因，笛卡尔不可能承认动物有灵魂，而且他也认为，动物是没有罪孽的，因此，上帝也不会让他的无罪的造物去忍受痛苦，所以，上帝没有赋予动物以感觉能力。

十八世纪时，法国的一位耶稣会传教士相信能够解决这种进退两难的矛盾，他认为，动物不仅是有感觉的，而且它们必然也是有灵魂的，它们有灵魂，是由于魔鬼或下凡的天使附体——如此看来，它们的痛苦就是有道理的了。在这里，神学的灵魂概念和生物学的灵魂概念被混为一谈。

一旦人们把动物纳入伦理学讨论的范畴，那么，将其应用于实际生活中将有可能产生激进的结果。汤姆·里甘说：

> 我把自己看作动物权利的维护者，看作动物维权运动的成员。这个运动为自己确立了一系列目标，其中包括：
> 完全停止在科学研究中利用动物做实验的行为；
> 完全停止把动物用作以营利为目的的各种商业行为；
> 完全停止以商业或体育运动为目的的各种猎捕动物的行为。[65]

这里所说的把动物用作以营利为目的的商业行为指的不仅是工

业化的大批量的畜养，卢特·哈里森首次谴责了这种行为，[66] 此外，那些自由的野生动物也不应该像那些圈养动物那样遭受束缚和痛苦，对于那些试图为猎杀和吞食"自然"生长的动物而辩解的人来说，他们也应该考虑到：

1. 即使动物过着自由而舒适的生活，但是，它们（在屠宰厂）被杀死也必然是痛苦的。今天在大城市里生活的人所能接触到的动物充其量不过是被端上饭桌的动物肉，或许他也根本不可能去亲手杀死和肢解一只动物，他从未亲眼见过一个屠宰场，而且也从未见过一个里面有一万只母鸡被关在一个狭小的鸡笼子里的畜养场。在实验室里，在运输车上，动物们所遭受的痛苦，他是不可能体会到的，和其他许多事情一样，这样的事情都避开了公众的视线。

2. 人不是非要吃动物肉不可，或许爱斯基摩人可以除外，因为他们周围没有植物可供食用。可以确定的是，一个人（即使他是重体力劳动者）完全能够仅靠吃植物而健康地活着。如果世界上的大部分庄稼不是在被人吃之前先绕道经过动物的身体的话，或许它能够更好地为我们人类所利用。

动物伦理学的结果就是素食主义的生活方式。素食主义运动的某些支持者甚至走得更远，他们拒绝使用任何动物产品，不仅不喝牛奶，不吃鸡蛋，而且也不穿毛、丝绸、皮革、毛皮制成的衣服。他们称自己是"严格的素食主义者"，并希望人们不久之后在吃肉时会产生一种感觉，这种感觉类似于今天我们回顾过去的同类相食时产生的那种感觉。

4. "世界伦理"：世界宗教宣言

在一切时代，大多数人的道德行为的原则、标准、规定和信条都是以他们所信仰的宗教为依据的，或许今天的情况也仍然如此。对于有宗教信仰的人来说，他所信仰的宗教的信条就是最高权威，这些宗教信条依赖着古老的传统——或许这也是它们备受尊重的前提——并通过说教和教育的方式被世代相传。

虽然世界上有许多种宗教，而且信仰和教义的不同也常常成为血腥的战争的原因，但是，这些不同宗教的伦理原则难道就真的水火不相容吗？难道这些宗教的基本原则不是有许多共同之处吗？

基于这样一种认识，人们开始积极地作出努力，使不同宗教的重要代表人物聚到一起，并寻找各宗教之间的共同之处，我们今天可以将这种宗教之间的共同之处称为"世界伦理"。

1893 年，为了纪念发现美洲新大陆四百周年，人们在芝加哥举办了一次世界博览会，博览会期间，还举行了一次世界宗教大会。共有四十五个来自世界各地的宗教团体派代表出席了这次会议，他们进行了平等对话，至少原则上是平等的，因为毕竟基督教教会还是占据主导地位。有一些重要的宗教团体没有出席会议，其中包括伊斯兰教、锡克教和藏传佛教。

一百年之后，也就是 1993 年，还是在芝加哥，世界宗教会议又一次举行了。经过了两次世界大战以及继第二次世界大战之后的"去殖民地化"，基督教教会已不可能再希望使整个人类都基督教化了。相反地，非基督教的宗教因此而进一步赢得了自信和地位。而且，由于移民的增多，特别是在美国，居民中不再是以基督教教徒为主了。在芝加哥，生活着大量的犹太教教徒、佛教教徒、印度教教徒、耆那教教徒、穆斯林以及其他许多宗教信徒。虽然在会议讨论过程中存在一些意见分歧，但是与会者最后还是达成了共识，同意由神学家孔汉思[67]为首起草一份"世界伦理宣言"。在这份声明上签字的除了基督教教会代表（英国圣公会、罗马天主教、东正教和新教），还有印度教、耆那教、犹太教、穆斯林、锡克教和道教的代表。

这份简短的宣言首先指出了人类社会的弊端和人类面临的危险：人类的大多数正生活在不安和恐惧中；地球的生态系统遭到了滥用和破坏；到处是不平等和非正义。大家认为，不同宗教的核心价值观之间存在共同之处。宣言中说：我们吁请所有的人，不管他有无宗教信仰，让我们共同承担起义务，为世界伦理，为相互理解，为社会和谐，为促进和平，为保护自然而共同努力。

下面我再摘录宣言中的几句重要的话："没有一种世界伦理就没有一种新的世界秩序……每个人都必须受到人道的对待……不分年龄、性别、种族、肤色、体力和智力，不分语言、宗教和政治观点，不分国籍和社会阶层，每个人的尊严都是不可转让的和神圣不可侵犯的。"

这是为每个人都能获得**人权**而提出的要求，这也是过去的人们，特别是启蒙运动时期的思想家们提出的理想（当时主要是针对宗教和教会的不宽容而提出的），后来它被写进了美国宪法和法国大革命宣言，并最终被写进了联合国宪章。

宣言中还提出了一条适用于一切生活范围的"金科玉律"，它被作为一种坚定不移的和绝对的行为准则，而且它也存在于人类的许多宗教和道德传统中，它就是"Quod tibi fieri non vis，alteri ne feceris"（己所不欲，勿施于人）。

宣言中还指出，我们有义务建立一个没有暴力和敬畏生命的文明社会，不仅人类的生命应该得到保护，"和我们一起居住在这颗星球上的所有动物和植物的生命都应该得到保护"。宣言还要求人们建立一个稳定的社会和公正的经济秩序，要求人们彼此宽容，真诚相待，并提出了"男女平等"的思想（原教旨主义者，如阿富汗的塔利班，没有在宣言上签字）。

宣言的最后指出，在许多个别的伦理问题上，人们还存在着争议，"从生态伦理到社会伦理，从媒体伦理到科学伦理，从经济伦理到国家伦理"。这些问题都应该在本宣言的基本原则的基础上加以解决。

这是一个令人惊叹的文献，其发起人理应得到高度评价！当然，从某种程度上说，这也只是一项微型计划，因为其中只能包含一些大家能够取得共识的内容。比如，文中没有出现"上帝"这个概念，这是佛教信徒的愿望。

假如相关宗教信徒——或至少是他们的大多数——能够认真地对待这种世界伦理，假如他们能够认真地思考这些问题并在实际生活中遵循宣言中所规定的行为准则，那么，我们的许多理想就会得以实现：人类就会少一些战争，少一些憎恨、压迫和犯罪。可是，诸如生态危机和人口膨胀，这样一些威胁到人类基本生存的危险难道也能够因此被消除吗？这一点是值得怀疑的。

这就要求我们大家还要为消除这些危险共同努力，特别是哲学家，虽然他们不能为克服这些危机采取什么实际的行动（这应该是政治家的任务），不过，或许哲学家们可以为人们指明方向。在下面的几个小节里，我将尝试对一些哲学上的重要的思想流派作概要性的介绍。这些思想之所以纷繁多样，是因为，有些思想家主要思考一些普遍的理论性的基本问题，涉及对每个人都适用的基本义务或对伦理学的最终解释，另一些思想家则主要关心一些社会和国家中共同生活的实际问题，还有一些思想家，他们更关心人与自然的关系的基本问题。

5. 卡尔·波普尔论政治伦理

我们在前面的第三节中曾经介绍过卡尔·波普尔对认识论作出的贡献，第二次世界大战后（大战期间他被迫离开德国前往新西兰），他开始越来越关心历史和社会问题。在这方面，他的思想特征又重新显示了出来，我们可以称之为苏格拉底式的谦逊。在科学理论方面，他强调指出：在人类的认识中，最终的确定性是无法达到的；我们永远都不能"证实"认识，也就是说，我们不能最终证明认识的正确性；我们只能提出命题，并尝试去"证伪"这个命题，也就是去反驳这个命题；我们的命题没有一个是无懈可击的。与此观念相适应，卡尔·波普尔的社会伦理的基本命题就是：任何一种试图为人类社会的发展设计出一套最终的或绝对的方案并期望去实现这一方案的想法都是应该被摒弃的，这套方案必定会失败，而且它会导致自由的丧失。

卡尔·波普尔在他的《开放社会及其敌人》一书中（该书是他于 1944 年在新西兰写成的，并于 1957 年首次出了德文版）详细地阐述了他的上述论点。值得注意的是，这本书是他为纪念康德而写的，因此书中还收录了一篇作者于 1954 年为纪念康德逝世一百五十周年而作的演说词。（波普尔的哲学论断被称为"批判的理性主义"——有时也被称作"理性的批判主义"——带有明显的康德哲学的特征。）此外，波普尔还在他的另一部著作**《历史决定论的贫困》**[68] 中用一种更为严谨的形式阐述了他的这一论点。

卡尔·波普尔所理解的历史主义是这样一种观点（在他看来，这种观点是狂妄的、可鄙的和危险的）：人类能够认识历史发展的基本规律，并且能够根据这一基本规律预测历史发展的未来，并能够从中为政治和社会行为得出正确的指示。事实上，西方思想史的很大一部分都是以某种形式被这一观念所左右，不管是认为上帝的意志决定历史发展方向的"上帝选民论"，还是认为自然界的客观规律决定社会历史发展的"自然主义的历史主义"，还是认为经济规律决定社会发展的"经济主义的历史主义"，它们都深受这种观念的影响。《历史决定论的贫困》第一卷主要针对柏拉图在这方面产生的有害影响展开斗争，第二卷则是针对黑格尔和马克思的。

波普尔说："试图在大地上建起天堂，结果总是造出地狱来。"不仅是自然科学的假说，而且所有的社会学说也都需要经过不断的批判检验。对社会和政治实践来说，这就意味着在不断地批判检验的前提下，实施渐进的和尝试性的改革，要看一看所采取的措施是否在其他地方或在其他人身上产生了不受人欢迎的和出人意料的不良后果。我们应该放弃企图使人人幸福的乌托邦式的理想（这可能会以牺牲某个阶层或整整一代人的幸福为代价），我们更应该关心的是该如何减少人的痛苦。此外，我们也应该积极地关心别人的幸福，我们应该把这种关心的范围限定在自己的家庭或朋友的圈子之内。

虽然科学并不能宣告颠扑不破的真理，虽然国家也不能为自己的人民谋求永恒的幸福，但是，如果我们能够避免或减少伤害（每个人能够在自己的范围之内谋求个人的幸福），那么我们也就应该感到满足了。在此意义上，我们在这里插入波普尔于 1989 年在慕尼黑的一次讲演中所说的话也是较为恰当的：把民主理解为"人民的统治"是一种虚构的空想。不过，民主（当然是西方意义上的）仍然是能够造福社会的，因为，不管怎么说，民主使一个政府通过非暴力不流血的方式（即通过大选）替换另一个政府成为可能。

6. 道德的语言

　　分析哲学的思想家们是从一种完全不同的角度——或者说是从"日常语言哲学"的角度——探讨道德问题的。他们认为，谁若想把哲学问题看作语言问题，那么，他就必须去考察，在我们的日常生活中，道德问题是用什么样的语言形式表达出来的。

　　在分析哲学的初期，维也纳学派很少考虑道德问题，这倒不是因为他们觉得这个问题不重要，而是因为他们怀疑这个问题是否能够被科学地考察，他们也怀疑人们在这个问题上是否能够作出理性的判断。

　　鲁道夫·卡尔纳普认为，诸如"你不应该杀人"这样的句子是一种命令，它不是一种要么对要么错的陈述——即使它的陈述形式是"杀人是可鄙的"。这个句子既不能被证明，也不能被反驳，它不具备认识的内容，它是"非认知的"。

　　故此，道德问题并没有得到回答，而是被搁置起来。即使道德的陈述严格说来没有认识内容——因此它在哲学上可能是无关紧要的，但是它仍然可以用语言分析的方法被考察。带着这样一种认识，这个学派的思想家（特别是英语国家的思想家）在第二次世界大战以后开始关注起道德问题来。其中首先应该提到的是查理·邓巴尔·**布洛德**[69]（1887—1971），他对道德问题以及伦理学理论做了分类，这对于人们熟悉这一较为困难的领域大有帮助；此外还应该提到的是查尔斯·**史蒂文森**[70]（1908—1971）以及理查德·迈尔文·**黑尔**[71]（生于1919年）。

　　史蒂文森思考的问题是，在我们的语言系统中，道德陈述或道德判断的情况有哪些。在这个问题上，他承袭了阿尔弗雷德·茹勒·**艾耶尔**（1910—1989）的思想（艾耶尔于1936年发表的《语言、真理与逻辑》把维也纳学派的思想介绍到了英国）。对艾耶尔来说，只存在两种有意义的陈述：逻辑的陈述（它是同义反复的，只阐释隐藏于假设中的东西）和事实确定。一个道德判断既不是逻辑判断，也不是事实确定。那么它是什么呢？它只表达我们对某一特定行为的赞成或反对，也就是说，它表达的是一种情感。

史蒂文森对这一思想做了进一步发挥：一个道德判断不仅包含某种情感，而且还包含着某种要求，比如，"偷盗是可鄙的"，这个道德判断警告人们不要去偷盗。

黑尔也进一步发展了这一思想：我们的语言不仅是用来陈述某件事情的（维特根斯坦已经指出了这一点），而且也是用来表达某种要求和价值判断的，并且可以用来控制他人的行为。换言之，语言不仅是由陈述句组成的（语言不仅是描述性的），而且是由命令句组成的（语言也是规定性的）。

接着又发生了一次重要的思想转变：一个道德命令并不是一个简单的要我做什么或不做什么的要求，或者这个要求可以由我根据个人的判断遵从或不遵从。一个道德命令包含着一种普遍的道德原则。"你不应该杀人"这句话不仅包含着你不要杀人这个要求，这句话还必须作如下解释："对于我们人类来说，存在着一种普遍的、绝对有效的道德原则。意思是说，我们不允许杀害自己的同类。我遵从这个原则，你也要遵从这个原则。"[72] 遵从这样一种普遍的和绝对的道德原则也就意味着，一个道德命令与一个做还是不做某件事情的纯粹的劝告是有区别的。

这令我们深感惊讶，因为，这样一种思维方式与康德的绝对命令是何其相似啊，虽然它的出发点与康德的截然相反，但是它们却殊途同归。上述这些思想家们（特别是黑尔）的功绩在于，它使得贯穿于英国哲学中的有关功利主义的道德讨论始终焕发出生机和活力。

7. 功利主义[73]

谁要是第一次听到一个功利主义者阐述他的思想，或听到功利主义者相互讨论问题，那么，功利主义者处理道德问题的那种冷静态度或许会让他感到惬意。功利主义者不是去宗教那里为道德寻找理论依据，因为对于那些不信教的人或信仰别的什么的人来说，宗教总归并没有多大的说服力；他们的思想更为理性，他们的理论依据是边沁和穆勒等人所宣告的基本原则：凡是能够给人带来幸福、舒适和快乐并能避免造成痛苦和不快乐的事情就是好的和正确的事情，这就是所谓的"至善"。或者说，快乐就是唯一的善，痛苦就是唯一的恶。问题的关键就在于行为的结果和影响，而非行为者内心的观点。凡是有道德的人就永远不应该是自私的，而是应该始终关心他人的利益和愿望，考虑到这样一种要求，我们必须从幸福和痛苦这两方面出发，作一下权衡，如果甲的少量损失能够为乙带来明显而较多的快乐，那么甲的损失就是值得的。看来，在此基础上，我们总是能够作出合理的决定，并因此而避免各种不同标准的道德冲突。

那么，我们会产生如下疑问：上面所说的幸福和快乐是不是只涉及人的幸福和快乐呢？难道就不包括动物的吗？如果包括的话，包括哪些动物或动物类型呢？就人而言，莫非它指的只是现在活着的人吗？是不是也指人类的下一代或人类的全部后代呢？或许它也涉及那些永远也不能出生的人——他们不能出生是现在的某种行为导致的后果。

此外，我们还存有如下异议：每一种形式的幸福和不幸——不管是自己的还是别人的，不管是过去的还是现在的或者将来的——是不是有可能被评估和测量，以至于我们能够给它们算一笔账呢？有没有一种标准，我们能够根据它对值得追求的东西，诸如健康、财富、美丽、知识和智慧等进行计算，然后再根据得出的结果对它们加以比较呢？我们应该如何对它们进行评估呢？是以金钱作为标准值，还是以虚构的分数作为标准值呢？另外，在有意识地放弃幸福的情况下，某种行为方式是不是具有更高的道德价值呢？

伦理学上的功利主义可谓千差万别，但是功利主义思想家几乎都是以英语为母语的，他们都继承了由杰里米·边沁和约翰·斯图亚特·穆勒所开创的思想传统。应该提到的这类思想家还有亨利·**西季威克**[74]（1838—1900），乔治·**摩尔**[75]（1873—1958）以及当代的美国思想家马克·乔治·**辛格**[76]。

卡尔·波普尔有时也被称作"消极的功利主义者"，这是因为，在他眼里，国家的责任不应该是为人民创造幸福，而是致力于消除社会弊端。又因为他不是以行为者的意志为判断依据，而是以行为者的行为结果为判断依据，所以功利主义有时也被称作"结果主义"。

事实上，功利主义者并不是肤浅的功利思想家，而是思想深刻的严肃的道德思想家，约翰·斯图亚特·穆勒说过的下面一句话就足以证明这一点："我宁愿做一个不幸的苏格拉底，也不愿做一头幸福的猪。"

8. 对话伦理或寻找最后的根据

"最后的根据"这个词应用到哲学中也只是几十年前的事情，不过这个词所涵盖的意义实际上和哲学一样古老：寻找"最后的"、最终的、不可再继续追究的根据——要么是为认识，要么是为道德。也就是说，问题在于，要为道德寻找到一种对所有人都适用的根据，任何人都无法在某种借口的掩护下逃避自己对这种道德所应负的责任。对许多人来说，传统和宗教越来越失去其令人信服的力量，于是，寻找这样一种基础也就显得越来越迫切。[77]

卡尔-奥托·**阿佩尔**首先为此作出了努力，另外还有尤尔根·**哈贝马斯**[78]。阿佩尔的两卷本著作《**哲学的转变**》的最后一节有约八十页之长，它的标题是"交往关系的先验性与道德的基础"，副标题是"论科学时代的理性的道德基础问题"。

为什么我们需要一种理性的道德基础呢？

答：因为一种对地球上的所有人都适用的道德是不能以直觉、宗教和传统为基础的，这是因为，不同的民族、不同的社会和不同的文化都拥有各不相同的直觉、宗教和传统。

为什么这种道德应该对整个人类同等适用呢？

答：因为现代科学和技术的应用对人类行为的影响程度之大是前所未有的。在核武器和核能的时代，一个人或少数几个人的行为可能会对整个人类甚至对地球上的所有生命产生影响。当今的紧要问题更少涉及家庭或邻居这样的小范围，更多涉及政治和社会这样的大范围，或者更多涉及可能会决定整个人类命运的"宏观范围"。这就需要一种对所有人都适用的道德标准，而在今天的日常实践中，涉及国家政治问题时，有人就会拿"国家的实际利益"做借口，企图从某种程度上免除自己所应承担的道德责任。

阿佩尔的中心概念"交往关系的先验性"有什么含义呢？"先验性"这个词可能会让人想起康德，不过，阿佩尔不是和康德那样到实践理性中寻找"最后的根据"，而是到理性的社会中去寻找。谁要是提出自己的权利（比如保护自己的生命、健康、财产和自由的权利），他实际上是在向他人提出要求，要求他人尊重自己的权利。他有义务在他人面前说明自己提出的要求的正当性，或者反过来去面对他人向自己提出的要求。于是，他就进入了一个与他人交往的社会中，进入了一种"对话"中，或者说，进入了一种按一定的游戏规则进行的有意义的思想交流之中。

可以推想，如果这样一种对话能够善始善终的话，其结果不可能与那个"己所不欲，勿施于人"的"金科玉律"相去甚远，也就是康德所说的："要这样行动，使得你的意志的准则任何时候都能同时被看作一个普遍立法的原则。"

如果道德的"最后的根据"能够被找到，这也是非常值得赞同的，不过我们仍然还是有几点疑惑。难道这样一种对话不是过分理想化的幻想吗？因为，在这种对话中，参与对话的双方必须是平等的，而在现实生活中，在具体的情况下，一方可能会凌驾于另一方之上。此外，对话的双方谈话的能力还必须相等，至少也应该彼此接近，也就是说，双方的知识和表达能力必须对等。[79] 不仅如此，对话还需要时间，而生活中的道德问题，不管是涉及个人的疾病或死亡，还是涉及国家的命运问题，它们往往是需要刻不容缓地去解决的问题。

针对对话伦理提出的另一种异议是[80]：参与对话就要求每个参与者都要得到尊重。那么这是否意味着对话首先需要一种伦理规则作为前提条件？而一个重要的问题是：未出生者以及不能说话的造物却无法参与到对话中来。

9. 进化伦理学

在这里，我们必须再回顾一下思想史上的那次革命，即进化论的诞生，它主要是与查尔斯·**达尔文**的名字联系在一起的——这是因为，虽然法国启蒙运动思想家在达尔文之前就已经提出了人类起源于动物的假说，但是，真正系统地论证这一假说的人还是达尔文，而且他还拿出了自己的大量观察结果作为证据。接下来的问题就是：深刻地改变了我们关于人类的观念的进化论对于伦理学究竟意味着什么？围绕这个问题，在生物学家和哲学家中间展开了一场讨论，这场讨论在二十世纪末达到了一个高潮。这场讨论的主题就是"进化伦理学"。[81]

达尔文自己就已经思考过进化论与道德的关系问题。尽管他坚信，"在人与动物的所有区别当中，道德感与良心具有最为深刻的意义"[82]。但是，另一方面，他又认为，人类的道德可能就是从动物王国里普遍存在的"社会本能"中发展而来的。达尔文非常谨慎地说："在我看来，这有极大的可能性：每一种动物或许都具有社会本能（包括父母对孩子的爱），一旦它的智力发展到接近人类的水平，它就会获得一种道德感和良心。"

那么，我们人类的道德莫非就是自然进化的产物吗？并且因此也是"自然的"吗？或者倒不如说，道德是人通过压抑自己的自然本能而产生的结果。达尔文死后，人们围绕这个问题展开了激烈的辩论。托马斯·亨利·**赫胥黎**（1825—1895，他是生物学家朱里安·赫胥黎和诗人阿尔多斯·赫胥黎的祖父）或许是十九世纪时的一位影响最大的达尔文思想的捍卫者，他强调指出，道德对于抑制人的自然本能起着重要的作用。自然的进化过程对道德是不感兴趣的，人作为自然的造物更倾向于为了生存而进行不屈不挠的斗争，并且会无节制地繁殖后代。道德标准不可能是从自然中提取出来的。作为动物的后代的人所喜欢走的路与道德的人所走的路必然是背道而驰的。[83]

　　在观察生命进化的过程中，彼得·阿列克塞耶维奇·**克鲁泡特金侯爵**（1842—1921）得出了完全不同的结论，他是俄国社会主义无政府主义阵营里的代表人物。[84] 在其代表性著作《互助论》*中，克鲁泡特金批判了达尔文主义者，因为在他们眼里，自然就是一个弱肉强食的巨大战场。克鲁泡特金说，自然也为我们提供了大量的合作和互助的例子。我们从自然中得出的结论并不是"一切人对一切人的残酷无情的战争"，而是"不要争斗！""团结起来，相互帮助！"。自然绝不会教导我们非道德主义，毋宁说，善与至善的概念就是从自然中来的。

　　如今和一百年前一样，在进化伦理思想方面仍然存在着两个派别。其中的一个派别就是所谓的人种学学派或动物行为研究学学派，其最著名的代表人物是康拉德·**洛伦茨**（1903—1989）。洛伦茨在群居动物身上看到了一种"道德类似行为"，也就是说，在动物身上也有某些道德行为的特征，比如，在狗的身上，我们就能看到一些良心、忠实、责任和狭义的态度。但是，他同时也指出，人与动物之间也是存在区别的，"在人身上还有来自动物的某种东西，但是在动物身上却没有来自人的东西。根据需要，我们从低级的东西，从动物开始进行关于物种起源的研究，我们会从中清楚地发现人的本质，发现动物界一般所没有的那种人类理性和道德的伟大"。

　　洛伦次还认为，人类社会中的侵犯现象也是从动物那里继承来的，同种之内的相互侵犯，是人和其他高等脊椎动物所共有的一种

---

*　该书全名为 Mutual Aid:A Factor of Evolution（《互助：一个进化的因素》），发表于 1902 年，它是克鲁泡特金用无政府主义观点写成的一部社会发展史。

本能。在许多动物身上存在着某种禁止侵犯的特殊机制，而在人身上，由于发明的武器越来越先进，人的侵略本能也越来越得不到抑制。因此，为了缓和人的侵略动机，我们必须利用一些社会因素如道德、教育、音乐、绘画等，把人的侵略动机引导到对社会有益的渠道上去。

美国的社会生物学家爱德华·**威尔逊**[85]（生于 1929 年）则把伦理学彻底地"生物学化"了，从而剥夺了哲学家的权利。威尔逊发展了一种以生物学为基础的世界观。他认为，人的行为（包括道德行为）的基础是人的遗传基因。要想真正理解人类的本性以及人类所依赖的环境条件，我们就必须对基因这个遗传的物质基础有充分的认识。

下面我想从正反两个方面列举出当代进化伦理学所讨论的几个基本论点，而不再总是指出参与讨论的思想家的不同观点。

正方：地球上的生命是在几十亿年中从简单到复杂、从低级到高级不断进化发展的，人类是几百万年前从动物祖先那里发展而来的，这个假说的正确性基本上是被肯定了的。如果整个地球上的生命，包括人类，都是这种进化的产物，那么，人类的精神和文化成就以及道德概念也必然是这种进化的结果，因此，也必须从进化的角度去理解。

反方：把人的道德的逐渐发展放到生物进化的过程中去研究和认识，这或许是可能的。历史上，一切已知的文明中都形成了自己的道德，而道德也是唯独人类才拥有的东西。认识到这一点或许也有助于让我们理解，人类的道德观念是如何逐渐发展起来的。但是，我们是否因此就能解释和证明道德命令的绝对有效性呢？从"是"到"应该"的飞跃是如何成功完成的？如何才能避免得出从"是"到"应该"的自然主义的错误结论呢？

正方：试图从宗教和形而上学的角度去为道德寻找根据，这既是错误的，也是不必要的。道德是由人创造的，因此，道德也必须注意和考虑到作为自然的造物的人的特征，道德必须具有"人性"。

所以，一种不能满足人的基本要求的冷酷的道德也是毫无意义的。

辩论或许到这里应该结束了，可是下面的问题却没有得到回答：就我们所研究和理解的进化而言，从这种进化中会得出什么样的伦理学呢？在我们看来，无论如何也不应该得出一种自私自利和无所顾忌地为自己的生存而斗争的进化伦理学。此外，把一般的自私与非道德的行为混为一谈也是错误的。人的几乎每一个行为都是自私的，或至少包含着利己主义的成分，而这本身并不是什么可鄙的事情。既有道德上可鄙的利他主义，也有不是出自利己主义的可鄙的行为。即使基督教也只是要求人应该"爱邻人如同爱自己"，但是并没有要求他爱别人甚于爱自己。

在这里又出现了一个问题：如果以自然选择为手段的进化始终对那些极端的利己主义者有利——在为了争夺食物、战利品、巢穴、捕猎区以及性伙伴的斗争中，他们无所顾忌地对待自己的竞争者——那么，这是合适的吗？进化是不是也促进那种合乎道德的利他主义行为呢？达尔文也曾经思考过这个问题，不过他也苦思不得其解：在一个部落或种族中间，那些高贵的、不自私的人比那些贪生怕死逃避危险的人更容易死亡，这样，在进化的过程中，高贵者和有道德的人的数量又怎么能够增多呢？达尔文无法解决这个问题，他最后只得求助于那个从遗传获得的特征的假设。

主张自然选择的机械论者只是在刚刚过去的二十年内才从某种程度上弄明白：谁要是能够战胜自己的竞争对手并成功地将自己的遗传基因传给未来的后代，这就是自然选择意义上的成功。在这里，重要的并不是生殖行为的数量，而是能够成功地达到自己的性成熟的后代的数量。进化意义上的成功也并不意味着这种个体的性成熟，而是意味着个体能够作为遗传计划的载体、作为它的基因的载体。在这个意义上，个体只是基因的一种工具。基因的保存和繁殖才是进化的真正目的。个体的遗传计划隐藏在他的直系后代和他的兄弟姐妹身上。

如果自然选择的计划的目的在于基因，在于"自私的基因"[86]，那么，我们也就比较容易理解所谓的"裙带关系"了，就是说，抚育自己的近亲的后代也有助于自然选择计划的成功实现。在动物界，这种例子也并不少见，特别是在鸟类中。一个放弃自我繁殖的人去照料和抚育自己的亲戚的孩子，这看起来像是一种无私的利他主义，但是在进化的意义上这完全是对他自己有利的，因为他可以借此将接近于自己的遗传基因保存并传递下去。因此我们也就可以理解，为什么在动物世界里，一种利他主义的行为只是出现在近亲受益者的身上，而永远不会出现在同种或同属的动物身上。换言之：人在自己的家庭或小集团范围内会克制利己主义思想，有时甚至会作出自我牺牲，而在这个范围之外，他的行为却截然不同，这种"双重道德"就是从动物那里遗传来的。这样我们也就可以理解，为什么一个人可以是一个无私的父亲（或许他还是一个敏感的艺术和音乐爱好者），但是同时，对待外人，对待那些不属于自己的集体里的人，对待那些不属于自己的阶层、国家和种族的人，他却能够表现得残酷无情。

如果我们承认这是生物进化的明显结果，那么我们就可以确切地说：从基因的角度来看，一切看上去像是利他的动物行为在基因上都是利己的。就此而言，自然不可能教给我们道德。

当然，称基因是自私的，这并非比喻。一个基因并不是一个人，它没有决定的自由，因此，不能对它做道德评价。伦理学所涉及的不是基因，而是人。一个人不仅仅是一个把遗传基因传递给后代的工具。从理论上讲，他是一种更高级别的系统，因此，他具有比低级系统更新的特性。他具有（相对来说）较大的活动空间和较自由的决定权。这些都是道德的前提。一个纯粹被自然规律所控制的生命不能对它的行为承担责任（所以，针对动物的法庭审判会使我们觉得十分可笑）。

当人创造了语言（符号的概念语言）这一工具之后，人在自然进化中走出了决定性的一步，这一工具是其他任何动物都不具备的。[87]（关于语言是如何产生的，我们至今仍然所知甚少。显然，语言的产生可能与两百万年前人脑重量的突然增加有关。）由于语言使得（活着的）人与人之间有可能相互交流，并把他们的知识和经验传递给后代，这样，人类便开始了一次较快速度的发展。与人类的生物进化相比，人类的文化进化的速度要快好几倍。

现在我们可以得出如下结论：只有当我们把进化既当作生物进化来理解，又当作"文化进化"来理解，"进化伦理学"这个概念才有意义。人的大脑以及他的令人惊叹的神经系统使得他能够对自己的未来行为做计划，能够想象并不存在但是有可能发生的情况。这样，人就获得了其他动物所没有的行为空间——我们也可以称之为自由——这使他能够（而且也被迫）产生一种责任感。

人或许是唯一能够在自己的同类中认识到"人"这个道德主体并对他人表示同情的生物，显然，人类的近亲类人猿并不具备这种能力。正如亚当·斯密所言，这种能力就是道德的基础。

10．责任

在本章的最后，让我们再把目光转到实践伦理学上去，看一看今天的人类面临着何种挑战，今天的哲学能够作出何种贡献。我们首先去听一听汉斯·约纳斯（1903—1993）的声音。约纳斯出生在德国明兴格拉德巴赫。他在大学里接受了广泛的教育，而且曾受教于马丁·海德格尔，之后，由于他的犹太血统，他被迫于1933年离开德国，先是去了英国，后来又去了耶路撒冷。不过，1934年，他的著作仍然得以在德国出版。[88] 第二次世界大战期间，他成了英国军队犹太旅中的一名战士。他的母亲死在奥斯威辛集中营里。1945年以后，他先是在加拿大教书，后来又去美国的多个大学里执教。用英语写了一部重要著作之后，[89] 他就决定再用自己的母语德语写一部著作，这就是他的《责任原理》。[90] 这个题目是约纳斯有意识地针对恩斯特·布洛赫的带有马克思主义色彩的《希望原理》而作的。约纳斯的后期著作主要有《技术、医学与伦理》以及《奥斯威辛之后的上帝观念》。[91] 大约自1970年开始，约纳斯通过他的文章和讲演重新在德国受到关注。他对生物学、医学和技术问题进行了深入的思考，并成为一个哲学伦理学学派的代表人物，这个学派特别关注自然保护的问题。

我们在这里可以接着本章的"人与自然"一节的话题继续探讨。人类（当然也包括哲学家们）开始逐渐地意识到（或许已经为时太晚），无节制的人口膨胀以及科学和技术的迅猛发展所产生的巨大影响已经对整个自然——地球上的所有生命——构成了威胁。我们不禁要问：对动物和植物，对生物圈，对整个自然，对地球的可居住性，难道我们人类不负有责任吗？难道这种责任只局限于我们当代吗？难道不包括未来世代的生命吗？

这些问题对于约纳斯写作他的著作起了激发作用。不过，在他之前，澳大利亚的约翰·**帕斯莫尔**已经就此种责任问题做过一次令人印象深刻的演讲。[92] 十九世纪时，美国的**乔治·马什**也曾经指出，人类对于自然生态遭到破坏负有责任。[93] 第二次世界大战之后，阿尔多·**利奥波德** [94] 开始在美国倡导一种把整个自然（地球生物圈）作为相互影响的整体来看待和尊重的伦理学。在美洲被欧洲人占领之前，印第安人的宗教和文化在对待人与自然的关系上好像就显示了这样一种特征。[95]

约纳斯认为，迄今为止的传统伦理学都是以人类为中心的，它只关注人与人之间的关系，人的行为的目的只涉及行为者本身的范围，人对于未来的事情几乎是漠不关心，或者说，人的"道德视野"非常狭窄，只局限于自己周围的和当前的事物。而在今天这个技术文明的时代，面对技术的盲目性和技术对整个人类的生存以及地球上的生命构成的巨大威胁，传统的伦理学就显得苍白无力了。因此，有必要构建一种"远距离的伦理"，让人类的视野变得更加开阔。我们不仅对当前负有责任，而且对未来也负有责任，我们不仅对人类负有责任，而且对整个自然也负有责任。

由于责任总是与力量和能力联系在一起的，而与动物相比，与自然相比，人类被赋予了更大的力量和能力，人类在自然界中处于优势地位，因此，人类也承担着更多的责任。自然界中的其他生物也有生存的愿望和生存的权利，人类有责任去维护它们的这种权利。

另一位当代思想家也曾经明确地提出了一个问题："我们向子孙万代欠下了多少债？"[96] 如果我们今天如此慷慨地消耗不可再生的资源，那么，这势必就会减少人类后代的生存的可能性。这是一个极其重要的实际问题。如果我们肯定自己对后代所承担的义务，那么，我们也必须甘愿为此作出牺牲，甘愿放弃一些奢侈的欲望。

"对尚未出生的人的义务"与对陌生人或"远距离的人"的义务，这是两个非常类似的问题。如果一个民族非常富裕，那么，这个民族牺牲一点自己的利益，去帮助远方的急需帮助的外族人，难道这仅仅是值得称赞的行为吗？难道这不是一种道德的要求吗？不过，问题是：我们所承担的义务到底应该达到多远的（空间上的和时间上的）距离呢？我们能否提出足够的理由来证明，人类根本不存在之处，也就是我们的义务的终结之处呢？如果今天的人都放弃继续繁殖后代，那么，是不是也就没有了我们应该为其承担义务的后代了呢？我们是否仍然有义务去保存人类的种属呢？某些思想家认为，人类的终结也将意味着人类创造的思想、艺术、宗教、道德成就的终结。但是，这种结论不是对每个人都有说服力。

需要特别指出的是，约纳斯并不主张用一种新的伦理去取代所有传统的伦理。他说："我的意思并不是要彻底地革新现有的伦理，像博爱、同情、正义、诚实这样一些道德律令都是应该继续保持的。"但是，伦理必须加以补充，道德的视野必须大大地加以扩展。

约纳斯和其他思想家如维托里奥·**荷斯勒** [97] 关于人类面临的危险所做的诊断是具有说服力的。应该如何补救呢？我们应该做什么呢？

对此，约纳斯说："任何行动必须为人类的长远存在着想，或者任何行动的后果不能对未来的生命造成破坏。"[98] 这是对整个人类提出的责任伦理，而不是针对某个个体，责任伦理要求我们的行动要对自然的未来和人类的未来负责。

五、大脑、意识和精神

在回顾二十世纪的哲学并展望未来哲学的过程中，汉斯·约纳斯指出了一个几乎贯穿于整个西方哲学史的缺陷："由于有一种精神上的优越感，人在某种程度上轻视了自然。"[99] 从最初的柏拉图和基督教哲学到二十世纪哲学，在灵魂与肉体、精神与物质之间，占统治地位的是一种形而上学的二元论。这两种对立的因素就存在于人的身上，但是在人真正属于哪一方面的问题上，思想家们的意见是一致的，在大思想家的眼里，由于人的肉体的脆弱性以及肉体的日常需要，人的肉体的价值要低于精神的价值。

在这种思想的发展过程中，勒内·笛卡尔起了关键的作用。他将一个肉体、物质和广延的世界，与一个意识、思想和精神的世界截然对立起来。肉体的世界成为自然科学的研究领域，而哲学家们则觉得自己是负责研究精神的世界的。胡塞尔的现象学也带有这种片面性，它只研究"纯粹的意识"。即使是把人放到他的日常此在和忧烦中以及对不可避免的死亡的恐惧中去考察的马丁·海德格尔，他也全然不顾生物进化论关于人究竟说了些什么，而把"一种高度精神性的范围，或曰存在（Seyn）"作为自己的思想的重要基础。

回顾过去，我们却也很难理解，为什么笛卡尔的二元论能够如此顽强地占据着思想的阵地。难道笛卡尔就没有发现，酒精或其他的麻醉剂会对人的精神活动产生影响吗？

二十世纪（至少二十世纪下半期）的思想特征是对笛卡尔二元论的背离。一本名为《笛卡尔的错误》[100] 的书的出版就是这一思想转变的标志。这本书的作者是神经病学家**达玛希奥**，他在书中首先讲了菲尼亚斯·加格的故事。加格是美国的一个铁路建设工程的工长，1848 年，他脑部严重受伤，在实施爆破的过程中，一根铁条穿进了他的头部。加格奇迹般地保住了性命，他还能说话，而且还能继续工作，但是，随着时间的推移，他的性格发生了变化。他过去曾经是一个可信赖的和友善的人，而今却变成了一个情绪变化无常的和无法令人信赖的人，变成了一个喜欢吵闹的人和酒鬼。在这件事情上，值得注意的是：他的脑部受伤并没有造成某个机体功能（记忆和语言）的丧失，而是改变了他的人格，造成了他的道德堕落。

根据这个事件以及其他的一些事件，达玛希奥得出结论：不仅人的知觉、认识和意志行为，而且人的情感也会受到神经和化学药物的控制。

他的第二个主要思想是：我们的感官对周围世界作出反应时，不仅仅是周围世界对感官产生刺激后，它就作出反应，在这个过程中，大脑中的个人身体的代表也起着不可替代的作用。"没有一种**化身**（Verkörperung）的形式，精神或许就是不可想象的。"

这样我们就切入了这最后一节所讨论的主题。当代思想发展的方向就是：人们逐渐地认识到了大脑、意识和精神之间的联系。在这个认识的过程中，哲学是无法单独完成任务的，哲学必须与自然科学紧密合作，确切地说：哲学必须与生物学、医学紧密合作，或更确切地说：哲学必须与脑科学或我们今天所称的神经科学紧密合作，其中主要包括神经解剖学、神经生理学、神经病理学和神经心理学。基于这样一种新型的合作，甚至有人也提出了神经哲学（Neurophilosophie）这个概念。[101]

还有几个研究领域也能够在这个过程中发生作用，它们包括控制论和数据处理（或称计算机科学），此外还有所谓的认知科学：知觉生理学和心理学，当然也包括哲学中的逻辑学和认识论。特别是计算机专业人员也应该参与到对人的认识过程的研究中去。

大脑、意识与精神究竟处于何种关系之中呢？首先让我们再对这三个概念做几点说明。

"大脑"所指的意思或许是最清楚的了。据专家称，从人的大脑的结构和工作方式来看，它是迄今为止人类所发现的宇宙中最为复杂的东西。尽管如此，我们每个人也都清楚，大脑是中枢神经系统的最重要的部分，它被脑壳包裹着，它接受感官印象并对这些印象进行分析处理（知觉），它储存（记忆），它控制着机体的活动和反应。

看起来，对意识下定义也是很容易的：它指的是一种状况，它开始于我从熟睡中醒来的那一刻，并结束于我进入睡眠状态或进入麻醉状态或通过其他方式进入无意识状态或死亡的那一刻。但是，若对这个概念做进一步考察，它就变得模糊起来，比如，当我们询问梦的作用或无意识的界限时，我们就会产生如下疑问：我明明知道的某种东西，在这一时刻它却不在我的意识之中，那么，它仍然属于意识的范畴吗？〔西格蒙德·弗洛伊德称之为"前意识"（Vorbewusstsein），我随时都能够把它召唤到意识中来。〕那么，我在孩提时候或在母腹中时的记忆可能储存在某个地方了，但是这些记忆有可能再也无法被回忆起来了，对这种情况我们应该做何解释呢？这或许就是恩斯特·卡西尔把意识概念称作"真正的哲学的帕洛托斯*"的原因，它的意义始终是摇摆不定的。

"精神"（Geist）这个概念过去几乎只为哲学家所独占，它的意义比"意识"更加模糊不清。在希腊语和拉丁语中，它分别被称作pneuma和spiritus，最初的意思是呼吸或气息，后来它又被附加上了基督教的宗教色彩。

如果我们再把"心灵"和"灵魂"（今天，这两个概念带有更多的宗教含义）也考虑进来，那么，对这些概念做区分就更加困难了。吉尔伯特·赖尔[102]认为，对于严密科学来说，精神这个概念是不可用的，因为它的意义太含糊不清。在德语中，Geist（精神）还可以指"幽灵、魔鬼"（英语里的ghost），这个概念更多被用作比喻。在历史发展的过程中，哲学家们曾经把这个概念与许多事物联系到一起，谁若想把所有的联系都一一列举出来，他可能需要专门为此写一本书。这会让我们想到黑格尔、谢林或尼古拉·哈特曼。

当代在主要由自然科学家参与的讨论中[103]，人们看问题的角度发生了改变。也就是说，人们试图去理解人类（以及动物）的

---

* 帕洛托斯是希腊神话中变幻无常的海神，这里指意识这个概念难以捉摸。

精神功能（die mentalen Leistungen，其中的 mental 来自拉丁语的 mens，意思是理智、思想、思维方式、观念、精神，由于这个概念的多义性，人们更倾向于取它的"精神"的含义）。更确切地说，人们试图了解，大脑中的意识是如何形成的？首先提出这一问题的人是弗朗西斯·**克里克**，而且在自然科学研究的基础上，这个目标也是可以达到的。当克里克与詹姆斯·**沃森**一起发现了 DNA 分子结构（DNA 是英语 Desoxyribonucleid acid 的缩写形式，脱氧核糖核酸，它是基因信息的载体）时，他在科学界获得了国际声誉。为此，他们两人获得了 1962 年的诺贝尔医学奖。

由克里克设定的目标真的能够实现吗？要是在过去，倘若有人提出这样一个目标，他可能会遭到人们的嘲笑，因为在他们眼里，这纯属妄想。即使在今天，人们在这个问题上仍然存在意见分歧。持怀疑态度的人认为：大脑是在进化的过程中形成的器官，它会帮助人（以及人的动物祖先）在他周围的世界中辨明方向，并使他在生存和自我繁殖的斗争中取得成功。但是，大脑并不能了解和揭露自身功能的秘密。

另一种怀疑观点认为：意识的一个重要特征（或确切地说，我们的有意识的经历的重要——或许也是最重要的——特征）就是它的个性色彩，它的主观性。当我清晨把鼻子伸到春风里，去闻花儿的芳香；当我在夜里躺在湖畔仰望星空；当我回忆起 1938 年的那个阳光明媚的星期天上午我漫步在柏林选帝侯大街上的情景；这一切都是独一无二的、不可混淆的、只属于我个人的经历。但是，科学从本质上说却并不考察只属于我个人的事情，而是考察那些互为主体性的东西，原则上说，它应该对每个人都有效，而且能接受每个人的检验。在客观既有的、只对科学开放的现实性与主体（我的意识）之间，应该如何建立起一种联系呢？

著名的神经学家埃米尔·都波尔斯·**雷蒙德**也提出了怀疑的观点，他在 1891 年的一次报告中说："即使是拉普拉斯的精神[104]——假如它存在的话，也不可能解释意识的产生问题。"在此之前他还写道："一方面，我不清楚我的大脑中的某些原子的某些运动之间存在着哪些可以想见的联系；另一方面，对我来说还有一个不可否认的事实：'我感觉到疼痛，感觉到快乐，尝到甜味，闻到玫瑰花香，听到管风琴声，看到红色'，其中蕴含着多少难以计数的碳、水、氮、酸等物质的原子运动，这都是我们永远无法理解的事情。我们永远也不可能认识到，意识是如何从这些原子运动的相互作用中诞生的。"[105]

显然，"大脑与意识"问题基本上也就是那个古老的心理物理学问题或身心问题，莱布尼茨及其追随者就曾经专门思考过这个问题。当然，这个问题在二十世纪具有了新的形式，因为人们已不再把这两个领域看作完全分离的两个世界了。在哲学人类学和分析哲学中，在主要由赫伯特·菲格尔重新提出来加以讨论的问题中，[106]"大脑与意识"问题成为争论的焦点。

当代的重要意见之一来自美国哲学家托马斯·纳格尔。下面我想摘引他的文章里的一句经常被引用的话，因为这句话也与这里讨论的问题有关，而且这篇文章也已经有现成的德文本。[107]纳格尔在文章的开首写了一句引人注意的话："若没有意识，精神和肉体问题就没有多大意思了。而若把意识也放进来考虑，问题的解决好像就没有了希望。"

蝙蝠是一种哺乳动物，我们必须承认，它们也有某种形式的意识和经验。不过，蝙蝠的感觉器官与我们所想象的并不一样。他们能够快速和连续地发出（人耳听不到的）高频叫声，它类似于一种超声波回声探测器；当这种叫声碰到周围的物体并发出回声时，它们就能听到回声。它们就通过这种方式迅速判断出周围有什么物体，物体的形状和大小，以及它运动的方向，它们的判断是如此精确，以至于它们能够在黑暗中发现和捕捉到周围飞行的昆虫。

倘若我们试图设身处地去体验这种动物的想象世界和经验世界，那必定会失败的。我们不可能真正了解"做一个蝙蝠究竟是怎么回事"。纳格尔从这个现象中得出如下结论：任何以"还原的"

的方式解释意识经验的努力必然会失败。

是否能够通过还原的方式解释意识，在这个问题上，至今人们仍然存在争议。纳格尔否定这种可能性，帕特里齐亚·邱奇阑*对此持肯定态度，并拿出科学史上的例子作为依据。像进化论和相对论这样的理论，尽管它们与我们心中的根深蒂固的观念或直觉相矛盾，并且它们看上去也像是先入之见，但是最终它们还是得到了承认。

某些科学家（如弗朗西斯·克里克）得出了一种理论，他们试图说明大脑是如何产生意识的，或至少想说明，有意识的知觉是如何产生的。譬如，通过视觉细胞的大量"报道"，大脑中就能构造出一个整体形象，然后就能判断出"它是不是一个有敌意的、危险的食肉动物"。参与活动的不计其数的神经细胞组成了一个神经元的网络，并且能够使它们的行为同步发生。[108]

对于这个问题，数学家罗杰·彭罗斯则持一种完全不同的立场。[109]他坚信，在意识的形成过程中，量子物理的变化起着重要的作用，而且只有当我们成功地将相对论和量子论结合到一起，我们才能够解开这个秘密的谜底。鲁道夫·黎纳斯及其同事则试图从另一个角度解决这个问题，[110]他们认为有一种"振荡子"，在人熟睡的时候，它们会相互脱离，在清醒的状态下，它们又会联结起来。

一个门外汉至少也会试图为自己做判断而获得一种暂时的理论基础。为此，我在下面列举两种论点作为参考。

1. "笛卡尔主义的戏剧"。这个主题词为我们提供了一个富于启发意义的例子，即现代脑科学研究的结果可能与那些我们本能地认为是理所应当的事情产生明显的矛盾：

饭被端上了餐桌。有人将鱼、土豆和蔬菜放到我的盘子里。我看到了这是怎么回事，我也闻到了它的味道。上面冒着蒸汽，这说明饭菜还是热的。我迅速地扫一眼四周就能看出，主人已经开始用

---

* 帕特里齐亚·邱奇阑（Patricia S. Churchland），1943 年出生，美国女哲学家，主要研究领域为神经哲学。

餐了。于是我也拿起刀叉开始进餐。

在这个简单的日常活动中，隐藏着多么丰富的神经元变化过程啊！我们可以想象，在我们的头脑里必定有一种做决定的主管机关，它会负责协调我们的行为。眼睛、鼻子和手的感官印象——经过相应的处理之后——会在这里汇合到一起，大脑会把这些印象与过去的经验做比较，并最终让我们作出决定（"现在开始进餐"），在切开食物并把食物送进嘴里的这个过程中，胳膊和手的运动也要求大量的神经和肌肉群的一种复杂的相互配合。

可是，大脑里的这个人们可以形象地将之想象成类似观察者和发号施令者的中央主管机关并不存在！毋宁说，在大脑里发生着一种脑组织之间的极为复杂的相互协调与配合。如果我们仍然宁愿不辞辛苦地打一个比方，那么就可以说：与其说神经元服从一个独裁者，倒不如说，它们的决定是以一种可以称之为"民主的"方式作出的。[111] 既没有一种"笛卡尔主义的戏剧"，也没有一个观察者。

2."**外与内**"。托马斯·纳格尔是从一个难点上（或许也是最难的难点上）研究大脑与意识问题的，这个困难的问题就是：对于 X 来说，是 X，并且作为 X 有某种经历，这是怎么回事？它摸自己会有什么样的感觉？在这里，纳格尔所指的 X 是一个动物，它的感官组织以及它眼中的世界与人的极为不同。

不过，如果我们不是考虑一个动物，而是考虑另外一个人的话，这个问题依然会存在。（对我来说）我是"我"，这是怎么回事？比如，我正在品尝一种葡萄酒，坐在吧台旁边的我的邻座也在品尝这种葡萄酒，他能够猜测出在我口中这种酒的味道吗？或许他的"口感"与我的很不一样呢？一个我所熟悉的故友知己对一个事物的内心感受我当然是比较容易了解到的，但是，一个陌生人或一个外国人或历史上的某个古人甚或一个大猩猩的内心感受我却不那么容易了解，那么一只蝙蝠，一只蜗牛呢？

或许我们应该认识到，一种生物（在物种上）离我们越远，它眼中的"事物的可感受的特性"，它的知觉、感觉和经历的特殊的、主观的色彩就越不容易被我们所了解；对于人来说，一个人在社会、地理或历史方面离我越远，我也越不容易了解他的主观感受；大自然在进化过程中创造出了各种不同的物种，既创造了人，也创造了一些较高级的动物，它们作为个体都是独一无二的，在遗传基因和命运上也都各不相同，它们对于世界都有只属于自己的并且也只有自己才真正了解的各不相同的"内在的主观感受"。

而这就带来了一个问题，这个问题就是：自然进化的一切造物是不是都有对于世界的"内在感受"？对于人来说,这好像是肯定的,对于较高级的动物来说，这基本上也是可以肯定的。凡是接近过较高级的动物的人，没有人会认为它们只是自动机，只是简单地按照一定的规则对某种刺激作出反应。当我看到，我的狗是如何在睡梦中偶尔动弹一下，轻轻地打着呼噜，龇着牙，伸着爪子，虽然我不知道它到底梦见了什么，但是它正在它的梦中"经历着"某种事情，这一点看来是确定无疑的。

在自然进化的阶梯上，究竟有多少造物具备这种能力呢？我们本能地会倾向于认为，那些简单构造的动物不具备这种"有意识地经历"的能力。植物无论如何不具备这种能力，或许那些没有中枢神经的动物也不具备这种能力。

不过要注意！蜜蜂并没有中枢神经，但是（正如卡尔·冯·弗里希的研究结果所表明的那样）蜜蜂在方向定位上具备一种显著的能力，而若是没有一定的抽象能力，这种能力则是不可想象的。蜜蜂也显示出具有睡眠和清醒状态，就如我们在人或狗的身上所看到的那样。假如蜜蜂在清醒状态下没有任何意识的话，那么，在它们身上怎么会有睡眠和清醒的区别呢？

此外，每一个在生存斗争中想自我保存的有机物必须"懂得"（不是有意识的，但是本能的），什么属于它的身体，什么不属于它的身体，什么是属于外在世界的（有的是对自己有敌意的，有的是可以吃的，有的则是对自己无关紧要的）。也就是说，是不是最简单的有机物也具备区别"我与非我"的能力呢？

在这篇（对于专业人士可能过于简单的）导论的最后，我还想提出一点来让读者思考。让我们假设，那个"还原法的"尝试——从大脑中的某种化学的或电子的变化过程出发去解释意识——有一天真的能够成功，那时我们就会了解到，在一个大脑中会发生多么复杂的变化，在这种复杂变化过程中，一个生物对自己和他周围的世界就有了意识，并拥有一个包含他自己的身体和他的"我"的一个他的世界的代理。这将是科学的伟大胜利！

但是我们也不应该相信，那个我们人类所面临的难题，那个哲学家们自古以来就苦思冥想的难题就因此而得到了解决。即使我们知道，为了制造意识，某些神经元网络是如何用 40 赫兹的频率合作的，可是，难道我们因此就能知道，是什么，或者是谁赋予历史上的伟人们以灵感，让米开朗琪罗创作了他的艺术作品，让莎士比亚写出了他的戏剧和十四行诗，让巴赫、莫扎特和贝多芬创作出了他们的音乐，让伟大的宗教创始人产生了他们的宗教思想吗？是他们自己的大脑吗？还是我们应该相信《旧约·创世纪》里的记载？创世纪里说，虽然人是上帝用"泥土"（物质）创造的，但是人也得到了上帝吹进他身体的"神的气息"，并因此获得了一个"有生命的灵魂"。*我想，这个秘密也许会继续存在下去。

结束语

对于这最后的一章，我选了五个问题范围：人的概念——语言——认识与知识——我们应该做什么？——大脑、意识和精神。我之所以这么做，并不仅仅是因为这些主题的意义，而且还因为我同时还想证明，今日之哲学若想取得成果，就必须与经验科学紧密合作。我希望读者已经明白了我的这个意图。

---

* 参见《旧约·创世纪》2.7："主上帝用地上的尘土造了一个'人'，然后，把生命之气吹入他的鼻孔，人就成了有生命的生物。"

我也意识到，还有其他的一些主题也需要人们用类似的方式加以考察。比如**上帝**这个主题就属于这个范围，因为从整个思想史以及当代的孔汉思（生于 1928 年）和约翰·**麦基**（1917—1981）所讨论的问题来看，[112] 情况确实如此。虽然爱德华·威尔逊相信："是否存在一个宇宙论的上帝，一个宇宙的创造者（如那些自然神论者所认为的那样），这个问题总有一天会得到确认的，或许我们甚至会得到一个关于上帝的明确形象，只是我们今天还无法想象而已。"不过我并不相信这一点。

另一个科学与哲学可以相互协作探讨的主题就是**时间**。鉴于迄今为止的相对论、量子论和宇宙学已经停止了对这个宇宙之谜的进一步探讨，所以我也不相信，在指日可待的时间里，时间之谜（歌德在他的《普罗米修斯》中说，时间不仅是人类的主宰，而且也是众神的主宰）能够被揭穿。约翰·**塞尔**[113] 也支持了我的这个意见，尽管时间对于我们的意识起着关键作用（我们的意识始终是在时间中自我延伸的），但是塞尔面对时间问题还是觉得无可奈何，他说："有两个主题对于意识是关键的，但是关于它们我只能说很少的话，因为我对它们的理解还不够充分。其中第一个主题就是时间性。"

我倒是更愿意相信，通过科学家与哲学家的共同努力，另外一个主题——迄今为止它一直是哲学家们保留的领地，它和"精神"一样看上去都是自然科学难以进入的领域——或许会变得更加明朗起来，我指的就是**自由**（意志自由）的现象。在这种积极的期待中，我通过胡伯特·**马克尔**而得到了精神上的支持，他问道："什么东西使得人类从灵长目动物到人的自然进化历史的生物过程变得如此无与伦比，以至于他能够产生出一种本质，即他觉得他在自己的行为上有选择的自由，至少在客观范围内，他看上去有自己做决定的自由？"[114] 马克尔认为这个问题原则上是"可以研究的"。即使我们的感觉——我们觉得自己能够在特定的处境下自由作出决定——被证明是一种幻觉，那么这种幻觉在它的形成条件上也需要一种自然科学的解释。因为——如马克尔所说——即使我们长久地没有能力解释主宰实在世界的因果律的束缚与不容推卸的内心的道德自由的感觉之间的矛盾，我们仍然能够去研究，我们的本性是如何向我们打开了一扇自由的大门。如果生物学也需要我们对最高的精神能力和灵魂的自我经验发表意见的话，难道这应该作为一种还原主义而遭到拒绝吗？在马克尔看来不应该，因为"当人们解释实在性的来源的时候，实在性并不会消失"。

注 释

导 言

1. Paul A. Schupp (Hg.): The Library of Living Philosophers, Evanston, 111., USA. Ausgewählte Bände in deutscher Ausgabe im Verlag W. Kohlhammer, Stuttgart.

第一部分 东方的智慧

第一章 古代印度哲学

1. Will Durant: Geschichte der Zivilisation. Erster Band: Das Vermächtnis des Ostens. Deutsche Ausgabe, Bern, o.J., S.437.

2. Durant, Osten, S. 439.

3. Paul Deussen: Allgemeine Geschichte der Philosophie mit beson derer Berücksichtigung der Religionen, Leipzig 1906. Bd. I, 1. Abteilung, S. 38. Vgl. auch Durant, Osten, S. 439.

4. Zum Beispiel von dem russischen Sprachforscher N. J. Marr (1864 bis 1935).

5. Deussen, Gesch. I, 1, S. 65.

6. Deussen, I, 1, S. 65. - Durant, Osten, S. 450.

7. Vgl. hierzu und zum Folgenden Deussen, Gesch. I, 1, S. 72 ff.

8. Helmut von Glasenapp: Die Philosophie der Inder. Eine Einführung inihre Geschichte und ihre Lehren, Stuttgart 1949, S. 25.

9. Rigveda. Nach Deussen, Geschichte I, 1, S. 126/127.

10. Rigveda. Nach Deussen, Geschichte L 1, S. 97.

11. Durant, Osten, S. 442.

12. Arthur Schopenhauer, Sämtliche Werke, Sechster Band: Parerga und Paralipomena, Leipzig (Brockhaus) 1891, S. 427.

13. Winternitz: Geschichte der indischen Literatur, Leipzig 1901, S. 243.

14. Paul Deussen: 60 Upanischads des Veda, aus dem Sanskrit übersetzt, Leipzig 1897, S. 481.

15. Ebda., S. 316.

16. Deussen, Gesch. I, 1, S. 241, 247

17. Catapatha-Brahmanam. Deussen, Gesch. I, 1, S. 259.

18. Ebda., I, 1, S. 262.

19. Ebda., I, 1, S. 286.

20. Ebda., I, 1, S. 36.

21. Ebda., I, 1, S. 90/1.

22. Brihadaranyaka-Upanischad. Deus-sen, Gesch. I, 2, S. 209.

23. Ebda., S. 208.

24. Katha-Upanischad. Durant, Osten, S. 454.

25. Brih.-Upanischad. Deussen, Geschichte I, 2, S. 297.

26. Glasenapp, S. 47.

27. Catapatha-Brahmanam. Deussen, Gesch. I, 2, S. 365.

28. Deussen, Gesch. I, 2, S. 365 und 366.

29. Brih.-Upanischad. Deussen, Gesch. I, 2, S. 366.

30. Mundaka-Upanischad. Durant, Osten, S. 457.

31. Deussen, Gesch. I, 2, S. 37.

32. So Deussen.

33. So Glasenapp.

34. Glasenapp, S. 128.

35. Deussen, Gesch. I, 3, S. 202.

36. Ramayana, nach Durant, Osten, S. 459.

37. Siehe Anm. 35.

38. Deussen, Gesch. I, 3, S. 195.

39. Durant, Osten, S. 459.

40. Ebda., S. 462.

41. Glasenapp, S. 295.

42. Durant, Osten, S. 463.

43. Glasenapp, S. 299.

44. Siehe Anm. 42.

45. Deussen, Gesch. I, 3, S. 126.

46. Ebda., S. 121.

47. Glasenapp, S. 383/384.

48. Rhys Davids: Dialogues of the Buddha, III, S. 87. Nach Durant, Osten, S. 480.

49. Durant, Osten, S. 473, nach Rada-krishnan, Indian Philosophy, Bd. I, S. 241.

50. Glasenapp, S. 53.

51. Junjiro Takakusu: Buddhism as a Philosophy of »Thusness«, in »Philosophy-East and West«, hg. v. C. A. Moore, Princeton 1946, S. 69.

52. Glasenapp, S. 310.

53. Stcherbatskij nach Takakusu, Buddhism, S. 70.

54. Glasenapp, S. 312.

55. Zeichnung in Anlehnung an Takakusu, Buddhism, S. 75. Übersetzt und geringfügig vereinfacht vom Verfasser.

56. Vgl. hierzu und zum Folgenden Gla-senapp, S. 312/313.

57. Glasenapp, S. 311 (wörtlich).

58. Durant, Osten, S. 472. — Deussen, Gesch. I, 3, S. 171.

59. Durant, Osten, S. 472. Nach Rada-krishnan, I, S. 421.

60. Durant, Osten, S. 473. Nach Davids, III, S. 154.

61. Deussen, Gesch. I, 3, S. 146.

62. Ebda., S. 145.

63. Durant, Osten, S. 476.

64. Ebda., S. 481.

65. Ebda., S. 547.

66. Filmer S. C. Northrop: The Complementary Emphasis of Eastern Intuitive and Western Scientific Philosophy, in Charles A. Moore: Philosophy - East and West, S. 168 ff. Hier S. 198, unter Berufung auf Takakusu.

67. Das Folgende in Anlehnung an Takakusu, S. 96 ff.

68. Takakusu, Buddhism, S. 97.

69. Glasenapp, S. 344.

70. Northrop, Emphasis, S. 199.

71. Ebda., S. 203.

72. Daisetz Teitaro Suzuki: An Interpretation of Zen-Experience, in Charles A. Moore, Philosophy - East and West, S. 109 ff.

73. Takakusu, Buddhism, S. 105, 106.

74. Ebda., S. 107.

75. Nach Suzuki, Zen-Experience, S. 110 ff.

76. Durant, Osten, S. 459.

77. Einleitung zum Yogasutram, Deussen, Gesch. I, 3, S. 5.

78. Glasenapp, S. 243.

79. Durant, Osten, S. 579.

80. Durant, Osten, S. 577 (unter Berufung auf Keyserling, Reisetagebucheines Philosophen).

81. Glasenapp, S. 232.

82. Ebda., S. 250.

83. Ebda., S. 197

84. Deussen, Gesch. I, 3, S. 24 f.

85. Glasenapp, S. 209.

86. Glasenapp, S. 211.

87. Glasenapp, S. 228. - Durant, Osten, 5.587/588.

88. Bhagavad-Gita, VI, 11-14. Durant, Osten, S. 585.

89. Deussen, Gesch. I, 3, S. 586.

90. Durant, Osten, S. 593.

91. Ebda.

92. Deussen, Gesch. I, 3, S. 613.

93. Mundaka-Upanischad, Deussen, Gesch. I, 3, S. 669.

94. Durant, Osten, S. 595. Nach Max Müller: Six Systems of Indian Philosophy, S. 181.

95. Madhusudana-Saravati, Deussen, Gesch. I, S. 584.

96. Glasenapp, S. 6.

97. Deussen, Gesch. I, l, S. 35 und 36.

98. Ch. Johnston. The Great Upanischads, New York 1924, Bd. I, S. 83.

第二章   古代中国哲学

1. Chan Wing-Tsit: The Story of Chinese Philosophy, in Charles A. Moore, *Philosophy - East and West*, S. 24.

2. Konfuzius, Lun-Yü, IV, XIX.

3. Durant, Osten, S. 695.

4. Nach Deussen, Gesch. I, 3, S. 686.

5. Chan Wing-Tsit. *Chinese Philosophy*, S. 26.

6. Richard Wilhelm: Kung-Tse, Leben und Lehre, 1925, S. 123 und 124.

7. Durant, Osten, S. 696.

8. Deussen, Gesch. I, 3, S. 690. Nach der Übersetzung von Grube.

9. Wilhelm, Kung-Tse, S. 52 und 113.

10. Konfuzius, Buch der Riten. Durant, Osten, S. 718.

11. Bericht des chinesischen Historikers Sse-Ma-Tsien, Deussen, Gesch., 5.679/680.

12. Ebda., S. 693.

13. Ebda., S. 694.

14. Ebda., S. 695 (Tao-Te-King, Kap. 32, 41, 25).-

15. Ebda., S. 696 (Kap. 71).

16. Durant, Osten, S. 700. Die Lao-Tse-Zitate bei Durant sind von v. Tscharner übersetzt (Kap. 22, 63, 48, 43).

17. Durant, Osten, S. 701 (Kap. 16, 64).

18. Ebda., S. 700 (Kap. 16).

19. Deussen, Gesch., S. 700 (Kap. 78).

20. Ebda., S. 701 (Kap. 8).

21. Ebda., S. 694 (Kap. 16).

22. Ebda., S. 697 (Kap. 9).

23. Ebda., S. 698 (Kap. 22).

24. Ebda., (Kap. 33).

25. Ebda., S. 699 (Kap. 7).

26. Ebda., (Kap. 47).

27. Ebda., S. 700 (Kap. 44).

28. Durant, Osten, S. 701 (Kap. 56).

29. Deussen, Gesch., S. 699/700 (Kap. 26).

30. Durant, Osten, S. 699 (Kap. 57, 80).

31. Ebda., S. 698 (Kap. 65).

32. Deussen, Gesch., S. 703/704 (Kap. 32).

33. Ebda., S. 703 (Kap. 30).

34. Ebda., S. 704 (Kap. 80).

35. Ebda., S. 696 (Kap. 41).

36. Chan Wing-Tsit, Chinese Philosophy, S. 38.

37. Durant, Osten, S. 724.

38. Chan Wing-Tsit, S. 39.

39. Ebda.

40. Ebda., S. 40.

41. Ebda.

42. Ebda., S. 41.

43. Ebda.

44. Ebda., S. 42.

45. Hu Schi: The Development of the Logical Method in Ancient China, Schanghai 1917/1922.

46. Chan Wing-Tsit, Chinese Philosophy, S. 29.

47. Durant, Osten, S. 731.

48. Ebda., S. 732/733. Nach Wilhelm, Richard: Chines. Literatur, S. 78.

49. Chan Wing-Tsit, Chinese Philosophy, 8.31/

50. Ebda., S. 33.

51. Durant, Osten, S. 714/715.

52. Ebda., S. 715.

53. Chan Wing-Tsit, Chinese Philosophy, S. 50.

54. Ebda., S. 50/1.

55. Ebda., S. 49.

56. Ebda., S. 50.

57. Deussen, Gesch. I, 3, S. 707.

58. Chan Wing-Tsit, Chinese Philosophy, S. 54/55.

59. Deussen, Gesch. I, 3, S. 708 und 709.

60. Durant, Osten, S. 722.

61. Deussen, Gesch. I, 3, S. 678.

62. Chan Wing-Tsit, Chinese Philosophy, S. 24. Unter Berufung auf Hu Schi, *Development*, und Fung Yu-Lan: *The History of Chinese Philosophy*, Peiping 1937.

63. Reichwein, A.: China und Europa. Geistige und künstlerische Beziehungen im/XVIII. Jahrhundert, Berlin 1923, S. 89. - Durant, Osten, S. 738 und 739.

64. Nach Durant, Osten, S. 683.

65. Keyserling, Hermann Graf: Reisetagebuch eines Philosophen, Darmstadt 1919, S. 127, 221.

第二部分　古希腊哲学

概　述　主要时期

1. Zeller, Eduard: Grundriß der Geschichte der griechischen Philosophie, 12. Auflage, bearbeitet von Wilhelm Nestle, Leipzig 1920, S. 22.

2. Jaspers, Karl: Vom Ursprung und Ziel der Geschichte.

3. Zeller, Grundriß, S. 29.

第一章　前苏格拉底哲学到智者派的出现

4. Diogenes Laertios, Thaies, VIII. Nach Durant, Will, Das Leben Griechenlands (Zweiter Band der Geschichte der Zivilisation), Bern, o. J., S. 175.

5. Zeller, Grundriß, S. 38.

6. Leisegang, Hans: Griechische Philosophie von Thaies bis Platon, 1922, 8.29/31.

7. Durant, Griechenland, S. 175.

8. Erdmann, Johann Eduard: Grundriß der Geschichte der Philosophie, bearb. von Clemens,

Berlin-Zürich 1930, S. 16.

9. Zeller, Grundriß, S. 41.

10. Ebda., S. 40.

11. Erdmann, Grundriß, S. 17.

12. Heidegger, Martin: Der Spruch des Anaximander, in: »Holzwege«, Frankfurt/M. 1950.

13. Diogenes Laertios, Pythagoras.

14. Durant, Griechenland, S. 201.

15. Zeller, Grundriß, S. 61 (Fragmente 4, 6, 1 f.).

16. Ebda.

17. Ebda., S. 63.

18. Durant, Griechenland, S. 183. Zeller, Grundriß, S. 67.

19. Erdmann, Grundriß, S. 18.

20. Ebda., S. 19.

21. Durant, Griechenland, S. 184.

22. Erdmann, Grundriß, S. 20.

23. Ebda., S. 28.

24. Zeller, Grundriß, S. 73.

25. Vgl. Erdmann, Grundriß, S. 28/29.

26. Diehls, H.: Die Fragmente der Vorsokratiker, 5. Auflage, 1934, II, S. 81.

27. Ebda., II, S. 208.

28. Durant, Griechenland, S. 421.

29. Zeller, Grundriß, S. 78.

30. Ebda., S. 79.

31. Diehls, Fragmente II, S. 168.

32. Nach Durant, Griechenland, S. 412.

33. Erdmann, Grundriß, S. 30.

第二章　希腊哲学的鼎盛时期

1. Zeller, Grundriß, S. 91.

2. Platon, Gorgias, zit. nach Platon, Hauptwerke, ausgewählt und einge leitet von Wilhelm Nestle, Leipzig 1931, S. 19.

3. Ebda., S. 29/30.

4. Zeller, Grundriß, S. 94. - Durant, Griechenland, S. 421.

5. Platon, Phaidon, zit. nach Nestle, Hauptwerke, S. 108 bis 111.

6. Meier, Heinrich: Sokrates, sein Werk und seine geschichtliche Stellung, Tübingen 1913, insbes. S. 146 ff. -Martin, Gottfried: Sokrates, Reinbek 1967 (enthält Bibliographie).

7. Xenophon nach Durant, Griechenland, S. 429.

8. Maier, Sokrates, S. 281.

9. Platon, Symposion, zit. nach Nestle, Hauptwerke, S. 134/135.

10. Gigon, Olof: Sokrates, Bern 1947.

11. Vgl. Maier, Sokrates, S. 3.

12. Platon, Briefe VII, 324 B - 326 B, zit. nach Nestle, Hauptwerke, Einleitung, S. XV bis XVII.

13. Platon, Briefe VII, 344 C (ebda.).

14. Ebda., VII, 341 CD.

15. Zeller, Grundriß, S. 147.

16. Zu Platons Begriffsbildung ist auf schlußreich Friedrich Ast: Lexicon Platonicum. Erschienen 1835-38; unveränderter Nachdruck, Bonn 1956.

17. Vgl. z. B. Konrad Gaiser: Platons un geschriebene Lehre, Stuttgart 1963; Giovanni Reale: Zu einer neuen Platon-Interpretation, Paderborn 1993.

18. Erdmann, Grundriß, S. 55.

19. Lamer, Hans (in Verb, mit Ernst Bux und Wilhelm Schöne): Wörterbuch der Antike mit Berücksichtigung ihres Fortwirkens, Leipzig 1933, S. 510.

20. Platon, Staat, zit. nach Nestle, Hauptwerke, S. 205-207.

21. Verschiedene Stellen. Zeller, Grundriß, S. 153.

22. Erdmann, Grundriß, S. 61.

23. Erdmann, Grundriß, S. 60. - Zeller, Grundriß, S. 158.

24. Zeller, Grundriß, S. 168.

25. Platon, Menon, zit. nach Nestle, Hauptwerke, S. 59.

26. Platon, Staat, zit. nach Nestle, Hauptwerke, S. 205.

27. Lamer, Wörterbuch der Antike, S. 645.

28. Dies und die folgenden Zitate aus dem »Staat«, nach Nestle, Hauptwerke, S. 217 ff.

29. Platon, Staat, zit. nach Durant, Griechenland, S. 52.

30. Platon, Staat, zit. nach Nestle, Hauptwerke, S. 184.

31. Ebda., S. 187.

32. Erdmann, Grundriß S. 57.

33. Nestle, Einleitung, S. XXV.

34. F. Nietzsche: Götzen-Dämmerungoder Wie man mit dem Hammer philosophiert, 1889.

35. Nestle, Einleitung, S. XXVI.

36. Ebda., S. XXVII.

37. Ebda.

38. Erdmann, Grundriß, S. 68.

39. Zeller, Grundriß, S. 135 (Anm. Nestle).

40. Penrose, Roger: The Emperor's New Mind, 1989, S. 95.

41. Durant, Will: Die Großen Denker, 1945, S. 61.

42. Ebda.

43. Ebda., S. 46.

44. So Erdmann, Grundriß, S. 69, und Durant, Denker, S. 67. - Anders Zeller, Grundriß, S. 183, 184.

45. Nach Zeller, Grundriß, S. 186 ff.

46. So jedenfalls die herkömmliche Definition; vgl. aber den Abschnitt »Die neue Logik«, S. 762.

47. Aristoteles, Erste Analytik I 24)*318*. Nach Zeller, Grundriß, S. 197.

48. Schmidt, Wörterbuch, S. 296.

49. Zeller, Grundriß, S. 197

50. Ebda., S. 218.

51. Durant, Denker, S. 70.

52. U. a. Werner Jaeger: Aristoteles. Grundlegung einer Geschichte seiner Entwicklung, Berlin 1923.

53. Zeller, Grundriß, S. 224 ff.

54. Durant, Denker, S. 72.

55. Dante, Göttliche, Komödie, Hölle, IV. Gesang. (Nach der Übersetzung von Streckfuß.)

56. Lamer, Wörterbuch der Antike, S. 360.

57. Ebda., S. 40.

第三章　亚里士多德以后的希腊和罗马哲学

1. Erdmann, Grundriß, S. 85.

2. Zeller, Grundriß, S. 250 bis 251.

3. Nach Durant, Griechenland, S. 754u. 755.

4. Erdmann, Grundriß, S. 89.

5. Eine ausführliche Darstellung gibt Ute Schmidt-Berger: Naturgemäß leben philosophisch sterben. Materialien des Landesinstituts für Erziehung und Unterricht, Stuttgart 1990, bes. S. 45 ff.

6. Deussen, Geschichte Bd. II, i. Abteilung (1911), S. 453 f.

7. Erdmann, Grundriß, S. 98/99.

8. Deussen, Gesch. II, S. 471.

9. Ebda., S. 475.

10. Ebda., S. 476.

11. Ebda., S. 485.

12. Enneaden V, 1.i. Nach Deussen, Geschichte, S. 490.

13. Enneaden V, 2, i. Nach Deussen, Geschichte, S. 493.

14. Enneaden V, i, 2. Nach Deussen, Geschichte, S. 498.

第三部分   中世纪哲学

第一章   教父哲学时期

1. v. Aster, Ernst: Geschichte der Philosophie, Leipzig 1932, S. 99-104.

2. Ebda., S. 102.

3. 2. Kor. 5, 16.

4. Deussen, Geschichte Band II, 2. Abteilung, 1. Hälfte, S. 231.

5. Ev. Matth. 22, 39. - Ev. Marc. 12, 31.

6. Ev. Joh. 16, 33.

7. Jaspers, Karl: Die geistige Situationder Zeit, 1932, S. 7.

8. i. Petr. 2, 9.

9. Dawson, Christoph: Die Gestaltung des Abendlandes, deutsche Ausg., 1935,8.64/65.

10. i. Kor. i, 20-27.

11. Nach Dawson, Gestaltung, S. 66.

12. Deussen, Gesch. II, 2, 2, S. 320.

13. v. Aster, Gesch., S. 111.

14. i. Kor. 2, 10.

15. v. Aster, Gesch., S. 104.

16. Erdmann, Grundriß, S. 127.

17. Deussen, Gesch. II, 2, 2, S. 314.

18. Dawson, Gestaltung, S. 43, 48.

19. Deussen, Geschichte II, 2, 2, S. 324.

20. Ebda., S. 327.

21. Nach Dawson, S. 75.

22. Dawson, Gestaltung, S. 74 ff.

23. E. Norden. Nach Schmidt, Wörterbuch, S. 55.

24. Nach Dawson, Gestaltung, S. 76.

25. Bernhart, Joseph, Einleitung zu: Augustinus, Bekenntnisse und Gottesstaat, 15--19- Auflage, 1947, S. 14.

26. Augustinus, Bekenntnisse, X. Buch, Kap. 17. Zit. nach der Ausgabe von Bernhart, S. 172 bis 173.

27. Bernhart, Einleitung, S. 15.

28. Augustinus, Bekenntnisse, X. Buch, 8. Kap. Zit. nach Bernhart, S. 164.

29. Bernhart, Einleitung, S. 18.

30. S. Anm. 26.

31. Bernhart, Einleitung, S. 21.

32. Augustinus, Gottesstaat, XI. Buch, 6. Kap. Zit. nach Bernhart, S. 216 / 217.

33．Deussen, Geschichte II, 2, 2, S. 346.

34．Dawson, Gestaltung, S. 78.

第二章　经院哲学时期

1．Dawson, Gestaltung, S. 215 ff.

2．Erdmann, Grundriß, S. 150.

3．Deussen, Geschichte II, 2, 2, S. 381.

4．Erdmann, Grundriß, S. 152.

5．Ebda., S. 153.

6．v. Aster, Geschichte S. 129. — Deussen, Geschichte, S. 374 f., Erdmann, Grundriß, S. 154 f.

7．Deussen, Geschichte II, 2, 2, S. 387.

8．1995 ist unter dem Titel: Gesprächeines Philosophen, eines Juden und eines Christen eine lateinisch-deutsche Ausgabe, hrsg. und übersetzt von Hans-Wolfgang Krantz, erschienen.

9．Dawson, Gestaltung, S. 172 f.

10．v. Aster, Geschichte S. 135.

11．Erdmann, Grundriß, S. 203.

12．v. Aster, Geschichte S. 138.

13．Erdmann, Grundriß, S. 207 f.

14．Ebda., S. 192 f.

15．v. Aster, Geschichte, S. 142.

16．Grabmann, Martin: Thomas von Aquin, München und Kempten 1946.

17．Einen guten Zugang für die, die mehr wissen möchten, bieten die Bücher von Kurt Flasch: Einführung in die Philosophie des Mittelalters, 1987; Geschichte der Philosophie in Text und Darstellung, Bd. 2: Mittelalter, 1982; Das philosophische Denken im Mittelalter, 1986.

18．Thomas von Aquin, Summe der Theologie I, 82, 2.

19．Thomas, Von der Begründung des christlichen Glaubens gegen Sarazenen usw., Einleitung.

20．Erdmann, Grundriß, S. 225.

21．Thomas, Summe der Theologie I,2,3.

22．Grabmann, Thomas, S. 112.

23．Ebda., S. 140.

24．Thomas, Über die beiden Gebote der Liebe und die zehn Gebote Gottes, Anfang.

25．Thomas, Quaestionen über das Übel, 14, 2, ad 8.

26．Thomas, Quaestionen über die Tugenden im allgemeinen, 9.

27．Thomas, Summe der Theologie I, 5, 4, ad 3.

28．Thomas, Über die Verteidigung des geistigen Lebens, 23.

29．Thomas, Quaestionen über die Liebe, 8, ad 11, ad 12.

30. Thomas, Summe der Theologie II, II, 26, 6 ad i.

31. Erdmann, Grundriß, S. 234 f.

32. Thomas, Summe der Theologie I, II, 92, 1, ad 3.

33. Ebda., I, II, 141, 8.

34. Thomas, Vom Fürstenregiment I, 1.

35. Thomas, Summe der Theologie I, II, 2, 4, ad 2.

36. Thomas, Summe wider die Heiden

37. Thomas von Aquin: Summa theologica, übersetzt von Dominikanern und Benediktinern. Bd. 4,1936, 5. 157.

38. Ebd., Bd. 8, S. 255.

39. Erdmann, Grundriß, S. 242 f.

40. (Roger Bacon). Zit. nach A. C. Crombie: Von Augustinus bis Galilei. Die Emanzipation der Naturwissen schaft. Dt. Ausg. Köln 1959, S. 52.

41. Ebda., S. 261.

42. Ebda., S. 268.

43. Im Verlag W. Kohlhammer, Stuttgart.

44. Vgl. Ruedi Imbach: Laien in der Philosophie des Mittelalters, Amsterdam 1989. - Eine teilweise neue Sicht auf die mittelalterliche Philosophie hat Kurt Flasch erarbeitet: In der Reihe »Geschichte der Philosophie in Text und Darstellung« (Reclam) ist der zweite Band über das Mittelalter von ihm herausgegeben.

第四部分　文艺复兴和巴洛克时期的哲学

第一章　文艺复兴和宗教改革时期的哲学

1. Erdmann, Grundriß, S. 380.

2. Morus, Utopia, zit. nach K. Kautsky: Thomas Morus und seine Utopie, Berlin 1947, S. 327.

3. Vgl. oben S. 223.

4. Bruno, Über die Ursache usw.

5. Dialog, Eingang.

6. Bacon, Vorrede zur »Erklärung der Natur«Bacon, Essay »Über hohe Stellungen«

7. Bacon, Über den Wert und die Vermehrung der Wissenschaften II, i.

8. Ebda., I, 81.

9. Bacon, Novum Organon I, 82.

10. Vgl. oben S. 251 (Arius).

11. Böhme, Jakob, Werke (Gesamtausgabe, 2. Aufl., 1961) 2, 268 (Morgenröte, Kap. 23) und 6, 470 (Über die Beschaulichkeit).

12. Böhme, Werke 6, 597 (Theosophische Fragen).

13. Böhme, Werke 2, 201 (Morgenröte, Kap. 18) und 5,164 (Mysterium magnum).

14. Böhme, Werke 4, 563 (Gnadenwahl) und 3, 27 (Von den drei Prinzi pien).

15. Böhme, Werke 5, 703 (Mysterium magnum, Anhang).

第二章　巴洛克时期的三个伟大思想体系

1. Wilhelm Kamiah: Der Mensch in der Profanität, Stuttgart 1949, S. 61 f.

2. Spinoza, Über die Vervollkommnung des Verstandes.

3. Ethik IV, Prop. 18.

4. Ethik IV, Prop. 24.

5. Ethik IV, Prop. 26.

6. Ethik IV, Prop. 7,14.

7. Ethik IV, Prop. 59.

8. Schlußabschnitt der Ethik.

9. Theol.-Polit. Traktat, Kap. XX.

10. S. M. Melamed: Spinoza und Buddha, Chicago 1933.

11. Vgl. unten S. 393.

12. Leibniz, Monadologie § 81.

13. Kabitz: Der junge Leibniz, 1909.

第五部分　启蒙运动时期的哲学和康德哲学

第一章　启蒙运动

1. Nach Arend Kulenkampff: George Berkeley, in: Klassiker des philos. Denkens, Band i, München (dtv) 1982.

2. Vgl. Norbert Hoerster: David Hume-Existenz und Eigenschaften Gottes. In: Grundprobleme der großen Philosophen. Philosophie der Neuzeit I, Göttingen (UTB Vandenhoeck) 1979.

3. An den Jugendfreund d'Argental, 24, 7. 1750, nach Durant, Denker, S. 207.

4. Zit. nach Durant, Denker, S. 212.

5. Zit. nach Durant, Denker, S. 217.

6. Ebda., S. 227.

7. Tallentyre: *Voltaire in His Letters*, New York 1919, S. 231, nach Durant, S. 217.

8. Zit. nach Durant, Denker, S. 233.

9. Brief vom 2. 4. 1764.

10. Rousseau, Discours über die Ungleichheit. Hier zit. nach der Ausgabe von Paul Sakmann, Die Krisis der Kultur, Auswahl aus Rousseaus Werken, Leipzig 1931, S. 88. - Rousseaus Werke liegen in deutscher Sprache teils gar nicht, teils in unvollkommenen Ausgaben vor. Vom »Discours sur l 'inegalite« erschien jedoch 1984 eine kritische Ausgabe des gesamten Textes, herausgegeben, übersetzt und erläutert von Heinrich Meier.

11. Ebda., S. 94.

12. Rousseau, Contrat social, Ausgabe Sakmann, S. 269 f.

13. Rousseau, Emile, Ausgabe Sakmann, S. 195.

14. 30.8,1775, zit. nach Durant, Denker, S. 236.

15. Sakmann, Einleitung, S. XIV.

16. Rousseau, Contrat social, Ausgabe Sakmann, S. XXII.

17. Werner Schneiders (Hrsg.): Christian Thomastus 1655—1728. Interpretationen zu Werk und Wirkung, 1989.

第二章　伊曼努尔·康德

1. Heinrich Heine: Zur Geschichte der Religion und Philosophie in Deutschland (für französische Lesergeschrieben), in: Heine, Auswahl ausseinen Werken, 1947, S. 358.

2. Ein ausgewogenes Bild von Kants Persönlichkeit gibt Siegfried Drescher (Hrsg.): Wer war Kant ? Pfullingen 1974. Drei Kant-Biographien von Zeitgenossen des Philosophen sind hier zusammengestellt, miteinem bemerkenswerten Nachwort des Herausgebers »Unsere Zeit und Kant«.

3. Immanuel Kants Werke, hg. Von Ernst Cassirer, Berlin 1912 ff. Nach dieser Ausgabe alle im folgenden gebrachten Kant-Zitate. Hier vgl. Bd. I, S. 230.

4. Die Schrift ist lateinisch abgefaßt.

5. Werke II, 451, Anm.

6. Träume eines Geistersehers, Werke H 357

7. Ebda., S. 364.

8. Ebda., S. 384.

9. Prolegomena, Werke IV, 3 f.

10. Kritik der reinen Vernunft, Werke III, 8.

11. Ebda., S. 11.

12. Prolegomena, Werke IV, 9.

13. Ebda., S. 7.

14. Ebda., S. 8.

15. Zum Beispiel Woldemar Oscar Döring, Das Lebenswerk Immanuel Kants, Neuausgabe, Hamburg 1947.

16. Kr. d. r. V, Werke III, 49.

17. Ebda., S. 92.

18. Beispiele nach Döring, S. 47/48.

19. Kr. d. r. V, Werke III, 98.

20. Ebda., S. 100.

21. Ebda., S. 18.

22. Beginn der Vorrede zur Kr. d. r. V.

23. Vgl. oben S. 177 ff.

24. Vgl. Döring, S. 97.

25. Kr. d. r. V, Werke III, 25.

26. Ebda., S. 271 (Anmerkung).

27. Ebda., S. 556 f.

28. Döring, S. 107.

29. Kritik der praktischen Vernunft, Werke V, 35.

30. Grundlegung zur Metaphysik der Sitten, Werke IV, 249.

31. Kr. d. prakt. V, Werke V, 95.

32. Ebda., S. 174 f.

33. Vgl. Raymund Schmidt: Die drei Kritiken Kants mit verbindendem Text zusammengefaßt, Leipzig 1933, S. 254.

34. Kritik der Urteilskraft, Werke V, 238.

35. Vgl. R. Schmidt, S. 334 f.

36. Vgl. Jodl, Gesch., 618.

37. Kr. d. Urt, Werke V, 237.

38. Ebda., S. 238.

39. Metaphysik der Sitten, Werke VII, 30.

40. Ebda., S. 31.

41. Ebda., S. 119.

42. Ebda., S. 120.

43. Ebda.

44. Ebda., S. 128 f.

45. Jodl, Gesch., 608, nach Varnhagens Denkwürdigkeiten.

46. Der Streit der Fakultäten, Werke VII, 391 und 397.

47. Ebda., S. 398.

48. Metaphysik der Sitten, Werke VII, 151.

49. Ebda., S. 154.

50. Ebda., S. 161.

51. Ebda., S. 253.

52. Ebda., S. 302.

53. Kant an Christian Garve, 21. Sept. 1798 (nach Kants Briefwechsel, hg. v. H. E. Fischer,

München 1913, Dritter Band).

54. Nach Raymund Schmidt: Die drei Kritiken, Leipzig 1933, S. 463

55. Ebda., S. 459.

56. Durant, Denker, S. 277.

57. Paul Ree, Philosophie, Berlin 1903, § 50, S. 262. Zit. nach Durant, Denker, S. 277.

58. Schopenhauer, Kritik der Kantischen Philosophie, zitiert nach der Ausgabe der »Welt als Wille und Vorstel lung«, Leipzig (Brockhaus) 1891, Bd. I, S. 606.

59. Heine, Zur Geschichte der Religion und Philosophie in Deutschland, zit. nach Heinrich Heine, Auswahl, Berlin 1947, S. 365.

60. Brief Kants an M. Mendelssohn vom 8. April 1766.

61. Vgl. Jodl, Geschichte, S. 578.

62. Jodl, Gesch., S. 534.

63. Durant, Denker, S. 578.

第六部分　十九世纪的哲学

第一章　浪漫主义与德国唯心主义

1. Hamann an Jacobi, zit. nach Fritz Mauthner, Beiträge zu einer Kritik der Sprache, 1906 bis 1913, Band III, Vorblatt vor S. i.

2. Zit. nach Mauthner, Kritik der Sprache, Bd. II, S. 718.

3. Jacobi, Allwills Briefsammlung, zit. nach Mauthner, Kritik der Sprache, Bd. I, Vorblatt vor S. 1.

4. Fichte, Der geschlossene Handelsstaat, zit. nach Jodl, Gesch., S. 663.

5. Paulsen, Immanuel Kant, 1898, S. 314.

6. Zit. nach Jodl, Gesch., S. 667 f.

7. Vgl. S. 247 f.

8. Jacob Burckhardt, Briefe zur Erkenntnis seiner geistigen Gestalt, hg. v. Fritz Kaphan, Leipzig 1935, Briefan Kinkel, vom 13. Juni 1842, S. 58.

9. Hans Michael Baumgartner (Hg.): Schelling (mit Beiträgen von 9 Autoren), Freiburg 1975 (200 Jahre nach Schellings Geburt).

10. Schelling, Epikureisches Glaubens bekenntnis Heinz Widerporstens (1799), hier zit. nach Schmidt, Wörterbuch, S. 573 f.

11. Zit. nach Jodl, Gesch., S. 690 f.

12. Hegel an Zellmann, 23. 1. 1807, zit. nach Durant, Denker, S. 280.

13. Durant, Denker, S. 282.

14. Schopenhauer, Die Welt als Wille und Vorstellung, Ausg. von J. Frauenstädt, Leipzig 1891, Bd. I, Anhang S. 508.

15. Vgl. S. 70 f.

第二章 实证主义、唯物主义、马克思主义

1. Auguste Comte, Cours de philoso-phie positive, deutsche gekürzte Ausgabe »Die Soziologie«, hg. von Fr. Blaschke, Leipzig 1933, S. 5.
2. Ebda., S. 2.
3. Ebda., S. 3.
4. Vgl. Durant, Denker, S. 339.
5. Ebda., S. 382.
6. Ebda., S. 350.
7. Ebda., S. 350 f.
8. Nach Durant, S. 365 f.
9. Ludwig Feuerbach, Schluß des Vorworts zur Gesamtausgabe seiner Werke, hier zit. nach der Ausgabe der Vorlesungen »Das Wesen der Religion«, hg. von Heinrich Schmidt, Leipzig, Kröners Taschenausgabe, Bd. VI, S. 27.
10. Abgedruckt in: Karl Marx, Der historische Materialismus, Die Frühschriften, hg. von S. Landshut und J. P. Maver, Leipzig 1932, S. 283 ff.
11. W. I. Lenin: Karl Marx, Eine Einführung in den Marxismus, 3. Aufl. Berlin 1946, S. 11 f.
12. Karl Marx, Das Kapital, Nachwort zur 2. Auflage (1873), in der Ausgabe von Benedikt Kautsky, Leipzig 1929, S. 10.
13. Marx, Nationalökonomie und Philosophie, Ausg. Landshut-Mayer, S. 328.
14. Landshut-Mayer, Einleitung zu demin Anm. 10 genannten Werk, S. XXXV.
15. Lenin, Karl Marx, S. 12.

第三章 叔本华、克尔凯郭尔、尼采

1. Vgl. S. 88.
2. Schopenhauer, Werke, Ausgabe Brockhaus 1891, Bd. V, S. 381. (Nach dieser Ausgabe alle folgenden Schopenhauer-Zitate.) - Wer Schopenhauer lesen möchte (er ist einer der besten Schriftsteller deutscher Sprache) sollte zu einer neueren Ausgabe greifen: entweder der von Wolfgang Frhr. von Löhneysen (Stuttgart/ Frankfurt, ab 1960) oder der von Ludger Lütkehaus (Zürich 1988). Beide Ausgaben haben 5 Bände. Die letztgenannte verweist die Verdeutschung der zahlreichen von Seh. gebrachten Zitate aus verschiedenen Sprachen in einen Beiband; bei Löhneysen sind sie (in Klammern) in den Text eingefügt.
3. Welt als Wille und Vorstellung I, S. XIV.
4. Zit. bei Frauenstädt, Lebensbild Schopenhauers, in der genannten Ausgabe, Bd. i, S. 160.
5. Bd. V (Aphorismen zur Lebensweisheit), S. 423.
6. Ebda., S. 419.

7. Ebda., S. 426.

8. Vgl. oben S. 179 f.

9. Vgl. oben S. 489.

10. Welt als Wille und Vorstellung I, S. 119.

11. Welt als Wille und Vorstellung II, S. 629.

12. Ebda., S. 639.

13. Ebda. I, S. 383.

14. Ebda., S. 231. (Ixion war nach der antiken Sage zur Strafe für einen Götterfrevel an ein ewig sich drehendes Rad gefesselt.)

15. Ebda., S. 486.

16. Durant, Denker, S. 426.

17. Nietzsche, Werke, ausgewählt und eingeleitet von August Messer, Leipzig 1930. Hier »Ecce homo«, Bd. II, S. 286. - Nach dieser Ausgabe allefolgenden Nietzsche-Zitate.

18. Zit. nach Messer, Einleitung zur obengenannten Ausgabe, S. XXVII f.

19. Nietzsche in seinen Briefen und Berichten der Zeitgenossen, hg. von Alfred Baeumler, Leipzig 1932, S. 522.

20. Vgl. vor allem Eugen Fink, Nietzsches Philosophie, Stuttgart 1960. Vgl. hierzu auch Karl Ulmer, Orientierung über Nietzsche, Zeitschrift für philosophische Forschung, 1958, Heft 4, und 1959, Heft 1.

21. Wille zur Macht II, S. 534.

22. Zarathustra I, S. 312.

23. Hans Vaihinger, Nietzsche als Philosoph, 1902.

24. Zur Genealogie der Moral, Werke II, S. 92 ff.

25. Jenseits von Gut und Böse, Werke II, 8.38.

26. Genealogie der Moral, Werke II, S. 118.

27. Jenseits von Gut und Böse, Werke II, S. 51.

28. Ebda., S. 40.

29. Ebda.

30. Ebda., S. 74 f.

31. Ebda., S. 76.

32. Ebda., S. 56.

33. Der Wille zur Macht, Werke II, S. 426.

34. Jenseits von Gut und Böse II, S. 4.

35. Der Wille zur Macht II, S. 366.

36. Götzendämmerung, Werke II, S. 166.

37. Ebda., S. 168.

38. Der Antichrist, Werke II, S. 221.

39. Ebda., S. 241.

40. Jenseits von Gut und Böse II, S. 46.

41. Also sprach Zarathustra I, S. 294.

42. Ebda., S. 296.

43. Ebda., S. 571.

44. Ebda., S. 577 f.

45. Briefe, Ausgabe Baeumler, S. IX.

46. Gedicht »Ecce homo« II, 547.

47. Gedicht »Venedig« II, 559.

48. Ecce homo II, 251.

49. Ernst Bertram: Nietzsche, Versucheiner Mythologie, Berlin 1929, S. 73.

50. Briefe, Ausgabe Baeumler, S. 521.

51. Erdmann, Grundriß, S. 673.

52. G. Colli und M. Montinari (t 1986) (Hrsg.): Nietzsche, Werkausgabe (Berlin ab 1975). Das wichtigste Forum, auf dem die Auseinandersetzung mit N. stattfindet, heißt »Nietzsche-Studien« und erscheint seit 1972 (jährlich). Um das Bekanntwerden Nietzsches hat sich in den USA vor allem Walter Kaufmann (t 1980) verdient gemacht, im deutschen Sprachgebiet u. a. Martin Heidegger mit seinem Werk »Nietzsche« (2 Bände, 1960), das allerdings N. im Sinne Heideggers interpretiert. Auch in Frankreich ist eine lebhafte Auseinandersetzung mit N. im Gange, manchmal behindert dadurch, daß N. dort überwiegend nur in französischer Übersetzung gelesen wird. -Eine auf genauen Recherchen beruhende Darstellung von Nietzsches Zusammenbruch gibt Anacleto Ver-recchia »La catastrofa di Nietzsche a Torino«, deutsch 1986 unter dem Titel »Zarathustras Ende. Die Katastrophe Nietzsches in Turin«.

第四章　新康德主义

1. Daß Kants Vorfahren aus Schottland stammten, wurde lange Zeit angenommen, zumal er selbst es glaubte. Belege dafür gibt es nicht.

2. Durant, Denker, S. 241.

3. Eine Übersicht über die russische Geistesentwicklung bis zum Ersten Weltkrieg gibt Tomää G. Masaryk (später der erste Präsident der Tschechoslowakei) in seinem zweibändigen Werk: Die geistigen Strömungen in Rußland, 1913. — Die neuere Entwicklung schildert ausführlich (aberschwer lesbar) Wilhelm Goerdt: Russische Philosophie. Grundlagen, 21995.

第七部分　二十世纪哲学思想主流

第一章　二十世纪上半叶的思想家和流派

1. Nach J.M. Bochenski: Europäische Philosophie der Gegenwart, 2. Aufl. 1951, S. 106 f.

2. Hermann Graf Keyserling, Selbstdarstellung in: »Philosophie der Gegenwart in Selbstdarstellungen«, hrsg. von R. Schmidt, Bd. IV, 1923, S. 99 f.

3. Zit. nach Bochenski, S. 129.

4. Walt Whitman: Leaves of Grass, 1900, S. 61 und 172. Nach der Übersetzung von G. Büchner.

5. Nicolai Hartmann, Neue Wege der Ontologie, in: Systematische Philosophie, hrsg. von N. Hartmann, 1942, S. 257.

6. Diesen Ausdruck verwendet Wolfgang Stegmüller zur Charakterisierung Hartmanns in seinem Werk»Hauptströmungen der Gegenwarts philosophie«, Bd. I, 6. Aufl. 1976, S. 243.

7. Vgl. Bochenski, S. 202 f.

8. Ebda., S. 217.

9. Eine vollständige Bibliographie der Werke Whiteheads gibt der Sammelband »The Philosophy of Alfred North Whitehead« (1941) in der von Paul A. Schupp herausgegebenen Reihe »The Library of Living Philosophers«.

10. Vgl. S. 589 f.

11. Das spiegelt sich u. a. in dem Briefwechsel zwischen Jaspers und Heidegger, der von 1936 bis 1949 völligunterbrochen war. Vgl. Martin Heidegger / Karl Jaspers: Briefwechsel 1920-1963, München 1992.

12. Jean-Paul Sartre: Der Ekel (La nausee). Deutsche Ausgabe als Rowohlt-Taschenbuch, 1981.

13. Hannah Arendt in einem Artikel zum 80. Geburtstag Heideggers (1969) im »Merkur«, 258.

14. Vgl. u. a.: Hugo Ott: Martin Heidegger-unterwegs zu seiner Biographie, 1988. - Victor Parias: Heidegger und der Nationalsozialismus. Miteinem Vorwort von Jürgen Habermas, 1989. - Bernd Martin: Martin Heidegger und das Dritte Reich, 1989. - Während in Werken dieser Art Schatten auf Heideggers Charakter fallen, zeigt sein 1989 veröffentlichter Briefwechsel mit der »Halbjüdin« Elisabeth Blochmann, Schülerin Heideggers und lebenslange Freundin der Familie, daß man ihm Antisemitismus kaum vorwerfen kann: Martin Heidegger - Elisabeth Blochmann: Briefwechsel 1918-1969.

15. Vgl. z. B. Willy Hochkeppel: Martin Heideggers langer Marsch durch die »verkehrte Welt« (1976) in dem Sammelband »Endspiele«, 1993.

16. Jacques Derrida: Vom Geist. Heidegger und die Frage, Frankfurt / M. 1988.

17. Jean Beaufret: Wege zu Heidegger, Frankfurt / M. 1976.

18. M. Heidegger: Über den Humanismus. Zuerst erschienen 1947 als Anhang zu »Platons Lehre von der Wahrheit«, selbständig 1949; dann 1976 in der Gesamtausgabe.

19. Vgl. z. B. den umfangreichen Sammelband Otto Pöggeler (Hg.): Heidegger, Perspektiven zur Deutung seines Werkes, Weinheim 1994, insbes. die Einleitung des Herausgebers.

20. Seine Gedanken zur Sprache hat Heidegger in der Schrift »Der Weg zur Sprache« (1959) zusammenge faßt.

21. Günter Wohlfart, Heidegger, in Tilman Borsche (Hg.): Klassiker der Sprachphilosophie, 1996, S. 385 ff.

22. Mario Wandruszka: Sprache und Sprachen, in: Anton Peisl und Armin Mohler (Hg.): Der Mensch und seine Sprache, 1979, S. 25.

23. Als Hauptwerk Ricoeurs kann die »Philosophie de la volonte« gelten. Der zweite Teil liegt in

deutscher Fassung vor: Phänomenologie der Schuld, 1971 (frz. Finitude et culpabilite, 1960).

24. Michel Foucault: Histoire de la folie a l'äge classique, 1961; deutsch 1969 als »Wahnsinn und Gesellschaft«. -Les mots et les choses, 1966; deutsch als »Die Ordnung der Dinge«, 1971. - Histoire de la sexualite, 3 Bde., 1976-84; deutsch als »Geschichte der Sexualität«, 1977-86.

25. Emmanuel Levinas: Essai sur l'exteriorite, 1961; deutsch als »Totalität und Unendlichkeit«, 1987. — Autrement qu'etre ou au-delä de l'essence, 1974; deutsch 1988 als »Anders als Sein oder jenseits des Wesens«. -1987 erschien deutsch als »Die Spur des Anderen« eine Auswahl, die wichtige Kapitel aus »En decouvrant l'existence avec Husserl et Heidegger« (1949) mit einigen neueren Aufsätzen vereint.

26. Grundlagen der marxistischen Philosophie, 1958. Grundlagen des Marxismus-Leninismus, 1959. Diese beiden nach dem Ende der Stalinschen Diktatur erschienenen sowjet-amtlichen Lehrbücher, in Hunderttausenden von Exemplaren verbreitet, liegen seit 1960 auch in deutschen Ausgaben vor (Dietz-Verlag, Berlin). Das folgende in Anlehnung an die Arbeiten von Gustav A. Wetter, Der dialektische Materialismus. Seine Geschichte und sein System in der Sowjetunion, 5. Auflage 1960; Sowjet ideologie heute, Fischer Bücherei Nr. 460,1962; Philosophie und Natur-wissenschaft in der Sowjetunion, rde Bd. 67, 1958.

27. W. I. Lenin: Materialismus und Empiriokritizismus, Ausg. Moskau 1947, S. 277

28. Vgl. S. 562 des vorliegenden Buches, dort auch eine Formulierung Lenins, die das Wesen der dialektischen Entwicklungslehre sehr gut um schreibt.

29. J. Stalin: Über dialektischen und historischen Materialismus, 1938.

30. Der Titel der Schrift, die 1950 in russischer Sprache erschien, lautet indeutscher Übersetzung »Der Marxismus und die Fragen der Sprachwissenschaft«.

31. »Abschied vom Marxismus« ist auchder Titel eines Buches, herausgegeben von Alexander Litschev und Dietrich Kegler: Abschied vom Marxismus. Sowjetphilosophie im Umbruch, 1992. Das Buch enthält Auf sätze von russischen Denkern, diesich vom Marxismus lösen und das Feld der geistigen Auseinandersetzung nicht allein der orthodoxen Kirche überlassen wollen.

32. Karl Popper: »The Open Society and its Enemies«, während des Krieges verfaßt, erschien 1945; die deutsche Fassung »Die offene Gesellschaft und ihre Feinde« erst 1958. Die Aus einandersetzung mit Marx findetsich hauptsächlich im zweiten Band, S. 102 ff.

33. In der Renaissancezeit, besonders in Italien, nannte man die Bauwerke des Mittelalters abwertend »gotisch«(soviel wie germanisch), weil sie von den germanischen Barbaren geschaffen wurden. Erst im 18. Jahrhundert, unter starkem Einfluß Goethes, wurde »Gotik« allmählich zu einemanerkannten Stilbegriff und zu einem Ehrennamen. Vgl. auch den Artikel »Gotisch« in: Wolfgang Pfeifer (Hg.): Etymologisches Wörterbuch des Deutschen, 1995.

第二章　当今哲学思考的主题和问题范围

1. Helmuth Plessner: Die Stufen des Organischen und der Mensch, 3. Aufl. 1975, S. 289. (Der Text ist gegenüber der 1. Auflage von 1928 unverändert; im Vorwort setzt sich der Verfasser u. a. mit Gehlen auseinander.)

2. Ebda., S. 291.

3. Ebda., S. 292.

4. H. Plessner: Die Frage nach der Conditio humana (Aufsatzsammlung), Frankfurt am Main 1976, S. 116.

5. Arnold Gehlen, Die Technik in der Sichtweise der Anthropologie, Vortrag von 1953, abgedruckt in Gehlen, Anthropologische Forschung. Rowohlts deutsche Enzyklopädie. Bd. 138, S. 93 ff.

6. Die wichtigste Schrift Whorfs wurdeerst nach seinem Tode zugänglich: Language, Thought and Reality. Selected writings of B. L. Whorf, ed. By J. B. Cassoll, 1956. Deutsche Ausgabe »Sprache - Denken - Wirklichkeit«, 1963.

7. Ausführlich erörtert das Für und Wider des Denkansatzes von Humboldtbis Sapir und Whorf Franz von Kutschera in seinem Werk »Sprachphilosophie« (1971) im 4. Teil »Spracheund Wirklichkeit«.

8. Zum Beispiel in: Sprachen, vergleichbar und unvergleichlich, 1969; auch in dem Vortrag »Sprache und Sprachen«, abgedruckt in: Der Mensch und seine Sprache, Bd. I der Schriften der Carl-Friedrich-von-Siemens-Stiftung, 1969.

9. Elisabeth Reinfellner-Rupertsberger: Fritz Mauthner. In: Marcelo Dar-cal / Dietfried Gerhardus / Kuno Lo-renz/Georg Meggle (Hg.): Sprachphilosophie. Ein internationales Jahrbuch zeitgenössischer Forschung (1992-1993), S. 495 ff.

10. Der »Cours« erschien 1916 (Saussures Lebensdaten: 1857-1913). Deutsche Ausgabe 1931 unter dem Titel »Grundfragen der allgemeinen Sprachwissenschaft«.

11. Das Werk Kuhns erschien 1962; die deutsche Ausgabe »Die Struktur wissenschaftlicher Revolutionen« 1976.

12. Zu Lebzeiten hat Wittgenstein nur den Traktat und einen kürzeren Aufsatz über Logik publiziert, zusammen nicht mehr als 100 Druckseiten. Bei seinem Tod hinterließ er etwa 30000 Manuskriptseiten. Aus diesen haben die Editoren der Werkausgabe, die zuerst in englischer und 1984 indeutscher Sprache erschien (hier hatsie 8 Taschenbuch-Bände), weniger als ein Viertel der Textmasse zusammengestellt. Die Texte waren von Wittgenstein keineswegs in druckreifer Form hinterlassen worden. Vielfach war nicht genau festzustellen, wie eine Endfassung aus seiner Hand ausgesehen hätte. Eine vollständige Ausgabe der Texte, an der gearbeitet wird, mag noch Überraschungen bringen.

13. Der Text liegt jetzt in einer kritischen, die Vorarbeiten und Varianten einschließenden Ausgabe vor: L. Wittgenstein: Logisch-philosophische Abhandlung. Tractatus logico-philosophicus. Kritische Edition, hg. von Brian McGuinness und Joachim Schulte. Frankfurt/ M. 1989.

14. Eine knappe und anschauliche Darstellung der Sprachphilosophie Wittgensteins gibt Stefan Majet-schak in: Tilman Borsche (Hg.): Klassiker der Sprachphilosophie, 1996, S. 365 ff.

15. »Linguistic Turn« wurde bekannt als Titel eines von dem amerikanischen Philosophen Richard Rorty herausgegebenen Buches: The Linguistic Turn. Essays in Philosophical Method, 1967.

16. In teilweiser Anlehnung an Peter Stemmer: »Sprachanalytische Philosophie«, in: T. Borsche (Hg.), Klassiker der Sprachphilosophie, S. 402 ff.

17. G. Ryle: The Concept of Mind, 1949; dt.: Der Begriff des Geistes, 1969.

18. Die deutsche Ausgabe heißt Einzelding und logisches Subjekt und ist 1972 erschienen. - Eine

Einführungin die »Ordinary Language Philosophy« für deutsche Leser gibt der von Eike von Savigny herausgegebene Sammelband *Philosophie und normale Sprache* (1969), dessen Texte (bezeichnenderweise) alle - bis auf einen von Wittgenstein - aus dem Englischen übersetzt sind.

19. A. J. Ayer: Language, Truth and Logic, 1936, dt.: Sprache, Wahrheit und Logik, 1970.

20. John Langshaw Austin: How to Do Things with Words, 1962; dt.: Zur Theorie der Sprechakte, 1972.

21. H. P. Grice: Logic and Conversation. In: P. Cole/J. L. Morgan (Hg.): *Syntax and Semantics. Speech acts*, 1975. Dt. in: G. Meggle (Hg.): Handlung, Kommunikation, Bedeutung, 1979.

22. N. A. Chomsky: Rezension von B. F. Skinner: Verbal Behavior in der Zeit schrift »Language« 1 (1959).

23. J. H. Greenberg (Hg.): Universals of Language, 1963.

24. M. Wandruszka: Sprache und Sprachen, in: Der Mensch und seine Sprache, Schriften der Carl-Friedrich-von-Siemens-Stiftung, Bd. i, 1979, S. 9.

25. Alfred Tarski, Der Wahrheitsbegriff in den formalisierten Sprachen, poln. 1933 und dt. 1935/36.

26. Willard van Osman Quine: From a Logical Point of View, 1953 . - Ein in deutscher Sprache vorliegendes wichtiges Werk von Quine: Word and Object, 1960, dt. 1980 unter dem Titel »Wort und Gegenstand«.

27. Einige Sammelwerke, die gut zur Orientierung geeignet sind: »Readings in Philosophical Analysis«, hg.von Herbert Feigl, Wilfried Seilers, New York 1950; »New Readings in Philosophical Analysis«, hg. Von Herbert Feigl, Wilfrid Seilers und Keith Lehrer, New York 1972; »Kritik und Erkenntnisfortschritt«, hg. von Alan Musgrave (engl. »Criticism and the Growth of Knowledge«1970), 1974 (als Band einer Reihe, die ganz der Wissenschaftstheorie gewidmet ist); »Theorie und Realität«. Ausgewählte Aufsätze zur Wissenschaftslehre der Sozialwissenschaften, hg. von H. Albert, 1972.

28. Deutsch: »Die Struktur wissenschaftlicher Revolutionen«, 1976.

29. 1976. Englisch 1975 unter dem Titel: »Against Method. Outline of an Anarchistic Theory of Knowledge«.

30. The Philosophy of Karl Popper, 2 Bde., in: »The Library of Living Philosophers«, hg. von Paul Arthur Schupp, 1974. Enthält neben Poppers Autobiographie 33 kritische Essays zu Poppers Werk und seine Repliken.

31. K. Popper, Logik der Forschung,

32. R. Carnap, Testability and Meaning, 1950.

33. N. Goodman, Fact, Fictions and Forecast, 1955.

34. A. Einstein, Bemerkungen zu Bertrand Russells Erkenntnis-Theorie, in: The Philosophy of Bertrand Russell, hg. von Paul A. Schilpp. 1946, S. 278. Der englisch geschriebene Sammelband enthält im Falle Einsteins eine deutsche und englische Version des Textes.

35. Zitiert nach der deutschen Ausgabe »Objektive Erkenntnis«, 1973.

36. Hauptwerk Gadamers ist »Wahrheit und Methode«, 1960, 4. Aufl. 1975. Im »Historischen Wörterbuch der Philosophie«, hg. von Joachim Ritter, Bd. 3,1974, ist der Artikel »Herme-

neutik« von Gadamer selbst verfaßt worden. Mein kurzer Abriß folgt diesem Artikel.

37. Vico, in seiner Bedeutung lange Zeit nicht erkannt, ist Kritiker Descartes ' und des Rationalismus, betont die Eigengesetzlichkeit der geschichtlichen Welt. Sein Hauptwerk »Principi diuna scienza nuova intorno alla comune natura della nazioni«, 1725, erschien erst 1822 deutsch als »Grundzüge einer neuen Wissenschaft über die gemeinschaftliche Natur der Völker«. - Zu Vico vgl. Stephan Otto: Gianbattista Vico. Grundzüge seiner Philosophie, 1989.

38. Richard T. Alexander. Über die Interessen der Menschen und die Evolution von Lebensläufen. In: Heinrich Meier (Hg.): Die Herausforderung der Evolutionsbiologie, S. 129, 1988.

39. Karl R. Popper: Objektive Erkenntnis, 1972.

40. Gerhard Vollmer: Evolutionäre Erkenntnistheorie, 1998. Von Vollmerliegt auch das zweibändige Werk »Was können wir wissen?« vor. Bd. i: Die Natur der Erkenntnis. Bd. 2: Die Erkenntnis der Natur.

41. Unter Lorenz' Arbeiten sind für unseren Zusammenhang wichtig der Aufsatz: Kants Lehre vom Apriorischen im Lichte gegenwärtiger Biologie, 1941, ferner u. a. Die Rückseite des Spiegels, 1973.

42. K. Lorenz: Die angeborenen Formenmöglicher Erfahrung, in: »Zeitschrift für Tierpsychologie«, 1943, S. 235 ff.

43. Nach Vollmer, Evolutionäre Er kenntnistheorie, S. 34 ff.

44. Monatshefte für Mathematik und Physik 38 (1931).

45. Die moderne »Chaosforschung«, anderen Begründung Hermann Hacken einen maßgeblichen Anteil hat, bemüht sich, auch chaotische Vorgänge mittels mathematischer Modelle zuerfassen. Im Gegensatz zum mikro physikalischen Chaos—z. B. der ungeordneten, nur statistisch zu fassen den Wärmebewegung einer großen Molekülmenge - bezeichnet man als »deterministisches Chaos« einen Zustand, in den ein (makrophysikali sches) System gerät, wenn anfänglich minimale Unregelmäßigkeiten in chaotische Bewegung umschlagen.

46. B. Mandelbrot: The Fractual Nature of Geometry, 1982.

47. Die Gleichung lautet z 4- z+ c mit einem Anfangswert, in dem eine komplexe Zahl (i) vorkommt. Iterieren heißt: schrittweise immer bessere Näherungswerte ermitteln, indem man denselben Rechenvorgang wiederholt.

48. Manfred Eigen: Perspektiven der Wissenschaft. Jenseits von Ideologien und Wunschdenken. Stuttgart 1989; besonders der i. Teil: Was heißt und zu welchem Ende betreibt man Grundlagenforschung ? - Aus dem Schrifttum sei noch genannt Günther Patzig: Ethik und Wissenschaft. In: Zeugen des Wissens, hg. Von Heinz Maier-Leibniz, 1986.

49. Original: John Horgan, The End of Science. Pacing the Limits of Knowledge in the Twilight of the Scientific Age, 1996. Dt. Ausg. 1997.

50. Zitiert bei Horgan, Grenzen des Wissens, S. 246 f.

51. W. Hochkeppel: Die Antworten der Philosophie heute, 1967. Mit Beiträgen von Wilhelm Essler, Joachim Hölling, Friedrich Kambartel, Peter Krausser, Hans Lenk, Reinhard Maurer, Jürgen Mittelstraß und Werner Schneider.

52. Oswald Spengler: Der Mensch und die Technik, 1931.

53. Friedrich Dessauer: Philosophie der Technik, 1927

54. Jose Ortega y Gasset: Betrachtungen über die Technik. Gesammelte Werke, Bd. 4,1956.

55. Arnold Gehlen: Die Seele im technischen Zeitalter, 1957.

56. Martin Heidegger: Die Technik und die Kehre, 1962; auch: Die Zeit des Weltbildes, in: Holzwege, 1977.

57. Vittorio Hösle: Warum ist die Technik ein philosophisches Schlüssel problem geworden ? In: Hösle; Praktische Philosophie in der modernen Welt, 1992. Der Aufsatz ist zur Einführung in die Probleme besondersgeeignet.

58. Hans Jonas: Das Prinzip Verantwortung, 1979.

59. Jeremy Bentham: Introduction to the Principles of Morals and Legislation, 1789, Kap. 18, Abschnitt i.

60. Arthur Schopenhauer: Parerga und Paralipomena, S. 177

61. Max Horkheimer: Erinnerung, 1959 (zitiert in: Gotthard M. Teutsch: Mensch und Tier. Lexikon der Tierschutzethik, 1987).

62. Peter Singer: Befreiung der Tiere, dt. 1982 (engl. 1975). Ders.: Praktische Ethik, 1984 (engl. 1979).

63. Tom Regan und Peter Singer: Animal Rights and Human Obligations, 1976 (eine geschichtliche Dokumentation). Tom Regan: The Case for Animal Rights, 1988.

64. Jean Claude Wolf: Tierethik. Neue Perspektiven für Menschen und Tiere, 1992.

65. Tom Regan: Text aus einem Vortrag, zitiert nach: Alberto Bondolfi (Hg.): Mensch und Tier. Ethische Dimensionen ihres Verhältnisses, 1994, S. 107.

66. Ruth Harrison: Tiermaschinen. Die neuen landwirtschaftlichen Fabrik betriebe, 1965. Engl. Animal Machines, 1964.

67. Hans Küng und Karl-Josef Kuschel (Hg.): Erklärung zum Weltethos, 1993.

68. Karl Popper: The Poverty of Historicism, engl. 1957.

69. C. D. Broad: Some of the Main Problems of Ethics, New York 1949 (indem Sammelband: Readings in Philosophical Analysis).

70. C. L. Stevenson: Ethics and Language, 1941.

71. R. M. Hare: The Language of Morals, 1952. Dt. als »Die Sprache der Moral«, 1972. Hare hat seine Gedanken weitergeführt in »Freedom and Reason«, 1962; dt. als »Freiheit und Vernunft«, bereits 1963.

72. Es liegt in der Natur ethischer Erörterungen, daß man den Einzelfall einem allgemeinen Prinzip oder Gesetz unterzuordnen sucht. Das giltfür Kant wie für die hier behandelten Denker. Stets muß man fragen: Waswäre, wenn alle so handelten ? Vgl. Marcus George Singer: Verallgemeinerung in der Ethik. Zur Logik moralischen Argumentierens, 1975 (engl. »Generalization in Ethics«, 1961).

73. Eine knappe Darstellung und Kritik des modernen Utilitarismus und seiner Spielarten gibt John Leslie Mackie in: »Ethik - Auf der Suchenach dem Richtigen und Falschen«, 1981 (engl. »Ethics. Inventing Right and Wrong«, 1977).

74. Henry Sidgwick: Methods of Ethics, 1874; dt.: Die Methoden der Ethik, 1909.

75. George Edward Moore: Principia Ethica (engl.), 1903; dt. (unter diesem Titel) 1970.

76. Marcus George Singer: Generalization in Ethics. An Essay in the Logic of Ethics, with the Rudiments of a System of Moral Philosophy, 1961; dt.: Verallgemeinerung in der Ethik. Zur Logik moralischen Argumentierens, 1975.

77. Karl-Otto Apel: Transformation der Philosophie, 2 Bde., 1973.

78. Jürgen Habermas: Theorie des kommunikativen Handelns, 2 Bde., 1981.

79. Hier folge ich Gedanken Robert Spaemanns in »Glück und Wohlwollen. Versuch über Ethik«, 1989.

80. John Rawls: A Theory of Justice, 1971; dt.: »Eine Theorie der Gerechtigkeit«, 1975. In Deutschland hat sich vor allem Otfried Hoffe mit Rawls auseinandergesetzt. 1987 hater mit seinem Werk »Politik und Gerechtigkeit« eine eigene »Grundlegung einer kritischen Philosophie von Recht und Staat« vorgelegt.

81. Dem Leser, der sich genauer informieren möchte, empfehle ich aus derreichen, kaum noch übersehbaren Literatur zur Einführung die Lektüre von drei Werken: Der Sammelband »Evolutionäre Ethik zwischen Naturalismus und Idealismus«, hrsg. Von Wilhelm Lütterfelds unter Mitarbeit von Thomas Mohrs, 1993, enthält Aufsätze von Vertretern wie von Gegnern der evolutionären Ethik und ein Resümee von Franz M. Vu-ketits. Zwei Aufsätze von Christian Vogel erörtern die Probleme präzis und eindringlich: i. Gibt es eine natürliche Moral ? Oder wie widernatürlich ist unsere Ethik ? in: Heinrich Meier (Hg.): Die Herausforderung der Evolutionsbiologie, 1988. 2. Evolution und Moral, in: Heinz Maier-Leibnitz (Hg.): Zeugen des Wissens, 1986. Vgl. auch Christian Vogel: Vom Töten zum Mord, 1989.

82. Charles Darwin: The Descent of Man, and Selection in Relation to Sex, 1871; dt.: Die Abstammung des Menschen und die geschlechtliche Zuchtwahl, 1871. Aus diesem Werkauch das folgende Darwin-Zitat.

83. Thomas Henry Huxley: The Struggle for Existence in Human Society, 1888; Evolution and Ethics, 1893.

84. Peter A. Kropotkin: Paroles d'un revolté, 1885; dt.: Worte eines Rebellen, 1898. - Das zweite Hauptwerkist englisch geschrieben: Mutual Aid, A Factor of Evolution, 1899, dt.: Gegenseitige Hilfe in der Entwicklung, 1904.

85. Edward O. Wilson: Sociobiology: The New Synthesis, 1975; zur Einfuhrung geeignet auch Wilsons On Human Nature, dt. Biologie als Schicksal, 1980.1998 erschien ein weiteres vielbeachtetes Werk von Wilson: Consilience, dt.: Die Einheit des Wissens, 1998. - Eine Gegenposition gegen Wilsons Anspruch, die Ethik »den Philosophen aus der Hand zu nehmen und sie zu >biologisieren<«, bietet Peter Singer in: The Expanding Circle, Ethics and Sociobiology, 1981. - Beide Werke spiegeln die Diskussion um Biologie und Evolutionstheorie einerseits, Philosophie und Ethik andererseits, die inder englischsprechenden Welt schon 40 Jahre andauert.

86. Richard Dawkins: Das egoistische Gen, 1978 (engl. The Selfish Gene, 1976).

87. Ich folge hier einem Gedankengang, den Hubert Merkl formuliert hat, u. a. in dem Aufsatz Evolution und Freiheit. Das schöpferische Leben, in: Heinz Maier-Leibnitz (Hg.): Zeugen des Wissens, 1986, S. 433 ff.

88. Hans Jonas: Gnosis und spätantiker Geist. Erster Teil, 1934.

89. Hans Jonas: The Phenomenon of Life. Towards a Philosophical Biology, 1963; dt.: Organismus und Freiheit, Ansätze zu einer philosophischen Biologie, 1973.

90. Hans Jonas: Das Prinzip Verantwortung. Versuch einer Ethik für die technologische Zivilisation, 1979. Lange vor Jonas hat Walter Schulz dem Ethik-Teil seines Werkes »Philosophie in der veränderten Welt« (1972) den Titel »Verantwor tung« gegeben. 1989 erschien von Walter Schulz »Grundprobleme der Ethik«.

91. Hans Jonas: Technik, Medizin und Ethik. Zur Praxis des Prinzips Verantwortung, 1985 (ursprünglich geplant als Schlußteil zum »Prinzip Verantwortung«). - Der Gottesbegriff nach Auschwitz. Eine jüdische Stimme (Vortrag), 1984 und 1987

92. John Passmore: Man's Responsibility for Nature, 1980.

93. G. P. Marsh: Man and Nature, 1964.

94. Aldo Leopold: A Sand County Almanac, 1949, dt.: Im Anfang war die Erde, mit Einführung von HorstStern, 1992.

95. J. Baird Callicott: Traditional Indian and Traditional Western Attitudes to Nature. An Overview; in: R. Elliot und Arrau Gare (Hg.): Environmen-tal Philosophy, 1983.

96. R. J. Sikora und Brian Barry (Hg.): Obligations to future Generations, 1978.

97. Vittorio Hösle: Die Krise der Gegenwart und die Verantwortung der Philosophie, 1990; Philosophie der ökologischen Krise (Moskauer Vorträge), 1991; Praktische Philosophie in der modernen Welt, 1995.

98. Hans Jonas in einem Gespräch mit Ulrich Beck und Walter Ch. Zimmerli, abgedruckt in dem Sammelband: Dietrich Böhler (Hg.): Ethik für die Zukunft. Im Diskurs mit Hans Jonas, 1994.

99. Hans Jonas: Philosophie - Rückschauund Vorschau am Ende des Jahrhunderts, 1993, S. 22.

100. Antonio R. Damasio: *Descartes' Error. Emotion, Reason and the Human Brain*, 1994; dt.: Descartes' Irrtum. Fühlen, Denken und das menschliche Gehirn, 1997.

101. Der Ausdruck Neurophilosophie wurde meines Wissens geprägt durch Patricia S. Churchland (geb. 1943) mit ihrer Schrift: Neurophilosophy. Toward a Unified Science of the Mind-Brain, 1986.

102. Gilbert Ryle: The Concept of Mind, 1949; dt.: Der Begriff des Geistes, 1969.

103. Wer sich genauer unterrichtenmöchte, als das auf wenigen Seitenmöglich ist, dem können zwei relativneue und damit aktuelle Sammelbände von Nutzen sein: Thomas Metzinger (Hg.): Bewußtsein. Beiträge aus der Gegenwartsphilosophie, 1995. — Frank Esken und Dieter Heckmann (Hg.): Bewußtsein und Repräsentation, 1998. — Beide Bücher enthalten Beiträge von Autoren verschiedener Fach- und Denkrichtungen.

104. Simon Laplace, der französische Astronom, fingierte einen Geist, der alle Tatsachen des Universums, also Ort, Eigenschaften, Bewegung jedes Teilchens sowie die Gesetze, die siebeherrschen, kennt: Dieser würde—nach Laplace - imstande sein, den Zustand des Universums zu jedem Zeitpunkt in Vergangenheit und Zukunft zu berechnen (Determinis-mus).

105. Die beiden Vorträge von Emil Dubois-Reymond (aus denen auch sein berühmter Ausruf »Ignoramus, ignorabimus« — wir wissen es nicht, und wir werden es nicht wissenstammt), sind 1974 in einem Nachdruck erschienen: Vorträge über Philosophie und Gesellschaft.

106. Herbert Feigl: Mind - Body, Not a Pseudoproblem, in: Sidney Hook (Hg.): *Dimensions of*

Mind, 1960; abgedruckt in: New Readings in Philosophical Analysis, 1972.

107. Thomas Nagel: What is it Like to Be a Bat ? Ursprünglich 1974 in »Philosophical Review«. Dt. in: Douglas R. Hof stadter und Daniel C. Dennett (Hg.): Einsicht ins Ich, 1986, S. 375 ff.

108. Francis H. C. Crick: The Astonishing Hypothesis. The Scientific Search for the Soul, 1994; dt.: Was die Seele wirklich ist. Die naturwissenschaftliche Erforschung des Bewußtseins,

109. Roger Penrose: The Emperor's New Mind. Concerning Computers, Minds and The Laws of Physics, 1989; *Shadows of the Mind*, 1994.

110. Rodolfo R. Llinäs und D. Pare: Of Dreaming and Wakefulness, in: Neuroscience44/3, S. 521-535.

111. Diese Darstellung ist angelehnt an einen Vortrag von Wolf Singer: Der Beobachter im Gehirn, abgedruckt in: Heinrich Meier und Detlev Ploog (Hg.): Der Mensch und sein Gehirn, 1997

112. Hans Küng: Existiert Gott?, 1978. -John Mackie: Das Wunder des Theismus. Argumente für und gegen die Existenz Gottes, 1985 (engl. *The Miracle of Theism*, 1982). Küng ist Theologe, Mackie Atheist.

113. John R. Searle: Die Wiederentdekkung des Geistes, 1993; Taschenbuchausgabe 1996, S. 149. Engl. Ausg.: The Rediscovery of the Mind, 1992.

114. Hubert Markl: Evolution und Freiheit - Das schöpferische Leben, in: Heinz Maier-Leibnitz (Hg.): Zeugen des Wissens, 1986.

人物译名对照表

Campbell, Donald T. 坎贝尔，唐纳德

Camus, Albert 加缪，阿尔贝

Capella, Martianus 卡佩拉，马西亚诺

Cardano, Gerolamo 卡尔丹诺，杰罗拉莫

Carnap, Rudolf 卡尔纳普，鲁道夫

Cäsar, Gaius Julius 恺撒，尤里乌斯

Casmann, O. O. 卡斯曼，奥托

Cassiodorus 卡西奥多

Cassirer, Ernst 卡西尔，恩斯特

Cauchy, Augustin Louis 柯西，奥古斯丁·路易

Cervantes, Miguel de 塞万提斯，米盖尔·德

Cherbury, Herbert von 柴尔波利，赫伯特·冯

Chladenius, Johann Martin 克拉德纽斯，约
翰·马丁

Chomsky, Noam 乔姆斯基，诺姆

Christine von Schweden 瑞典女王克里斯蒂娜

Chrysippos 克吕西普

Church, Alonzo 邱尔奇，阿隆佐

Cicero 西塞罗

Clemens 革利免

Clemens VI. (Papst) 教皇克莱门斯六世

Cohen, Hermann 柯亨，赫尔曼

Comte, Auguste 孔德，奥古斯特

Condillac, Etienne Bonnot de 孔狄亚克，艾
迪耶纳·博诺·德

Conrad-Martius, Hedwig 康拉德—马蒂乌斯，
海德葳

Constantin der Große 君士坦丁大帝

Copernicus, Nicolaus 哥白尼，尼古拉

Corneille, Pierre 高乃依，比埃尔

Correggio (Antonio Allegri) 柯勒乔，安东尼
奥·阿莱格里

Cranach, Lucas 格拉纳赫，卢卡斯

Crick, Francis 克里克，弗朗西斯

Croce, Benedetto 克罗齐，贝奈迪托

Cusanos, Nicolaus 库萨的尼古拉

Cyprian 居普里安

D

Damasio, Antonio R. 达玛希奥，安东尼奥·R.

Dannhauser, J. 丹豪瑟

Dante, Alighieri 但丁，阿利吉耶里

Darwin, Charles Robert 达尔文，查尔斯·罗
伯特

Deleuze, Gilles 德勒兹，吉尔

Demokrit 德谟克里特

Descartes, Rene 笛卡尔，勒内

Dessauer, Friedrich 德绪尔，弗里德里希

Deussen, Paul 道森，保尔

Dewey, John 杜威，约翰

Diderot, Denis 狄德罗，德尼

Dilthey, Wilhelm 狄尔泰，威廉

Diogenes Laertios 拉尔修，第欧根尼

Diogenes von Sinope 西诺布的第欧根尼

Dionysos，Areopagita 狄奥尼修斯，阿里奥
帕吉塔

Dirac, Paul Adrien Maurice 狄拉克，保尔·阿
德里安·毛里斯

Djilas, Milovan 吉拉斯，米洛万

Dostojewski, Fjodor Michailowitsch 陀思妥
耶夫斯基，费多尔·米哈伊洛维奇

Driesch, Hans 杜里舒，汉斯

Droysen, Johann Gustav 德罗森，约翰·古
斯塔夫

Duns Scotus 司各脱，邓斯

Duperron, Antequil 杜培龙，昂梯奎尔

Dürer, Albrecht 丢勒，阿尔布莱希特

E

Ebner, Ferdinand 艾伯纳，斐迪南

Eccles, Sir John 埃克勒斯爵士，约翰

Eco, Umberto 艾柯，翁贝托

Gerhard von Cremona 克雷莫纳的格哈德

Geulincx, Arnold 格林克斯，阿诺尔德

Gilson, Etienne 吉尔松，埃田

Glasersfeld, Ernst von 格拉瑟斯菲尔特，恩
斯特·冯

Gödel, Kurt 哥德尔，库尔特

Goethe, Johann Wolfgang von 歌德，约翰·沃
尔夫冈·冯

Gogarten, Friedrich 高迦登，弗里德里希

Goodman, Nelson 古德曼，尼尔森

Gorbatschow, Michail 戈尔巴乔夫，米哈依尔

Gorgias 高尔吉亚

Grabmann, Martin 格拉卜曼，马丁

Green, Thomas H. 格林，托马斯

Greenberg, Joseph H. 格林贝格，约瑟夫

Gregor I, Papst 教皇格利高里一世

Gregor von Nyssa 尼撒的格里高利

Grice, H. P. 格赖斯

Grimm, Jakob 格林，雅各布

Grosseteste, Robert 格罗塞忒斯特，罗伯特

Grotius, Hugo 格劳秀斯，雨果

Grünewald, Matthias 格律内瓦尔德，玛蒂亚斯

Guattari, Felix 加塔利，菲利克斯

Gutberiet, Konstantin 古布勒特，康斯坦丁

H

Habermas, Jürgen 哈贝马斯，尤尔根

Haeckel, Ernst 海克尔，恩斯特

Hahn, Hans 哈恩，汉斯

Hahn, Otto 哈恩，奥托

Haller, Albrecht von 哈勒，阿尔布莱希特·冯

Hamann, Johann Georg 哈曼，约翰·格奥
尔格

Hamilton, William 汉密尔顿，威廉

Händel, Georg Friedrich 亨德尔，乔治·弗
里德里希

Hare, Richard Melvin 黑尔，理查德·迈尔文

Harivarman 诃梨跋摩

Harrison, Ruth 哈里森，鲁特

Hartmann, Eduard von 哈特曼，埃德华·冯

Hartmann, Nicolai 哈特曼，尼古拉

Harun al Raschid 赖世德，哈伦

Hastings, Warren 黑斯廷斯，沃伦

Haydn, Joseph 海顿，约瑟夫

Hegel, Georg Wilhelm Friedrich 黑格尔，格
奥尔格·威廉·弗里德里希

Heidegger, Martin 海德格尔，马丁

Heine, Heinrich 海涅，海因里希

Heisenberg, Werner 海森堡，威尔纳

Helmholtz, Hermann von 赫姆霍尔茨，赫尔
曼·冯

Heloise 爱洛依丝

Helvetius, Adrien 爱尔维修，阿德利安

Heraklit 赫拉克利特

Herbart, Johann Friedrich 赫巴尔特，约翰·弗
里德里希

Herbert von Cherbury 切尔伯里的赫伯特

Herder, Johann Gottfried von 赫尔德，约
翰·高特弗里德·冯

Herodot 希罗多德

Hertz, Heinrich 赫茨，海因里希

Herzen, Alexander 赫尔岑，亚历山大

Hesekiel 以西结

Hesiod 赫西俄德

Hieronymus 哲罗姆

Hilbert, David 希尔伯特，大卫

Hitler, Adolf 希特勒，阿道夫

Hobbes, Thomas 霍布斯，托马斯

Hochkeppel, Willy 霍赫克裴

Hofmannsthal, Hugo von 霍夫曼斯塔尔，雨
果·冯

Holbach, Dietrich von 霍尔巴赫，迪特里

Kung sun Lung 公孙龙

Küng, Hans 孔汉思

Kung-fu-tse → Konfuzius 孔夫子

L

La Fontaine, Jean de 拉封丹，让·德

Lacan, Jacques 拉康，雅克

Lakatos, Imre 拉卡托斯，伊姆莱

Lamettrie, Julien Offray de 拉美特利，于
连·奥弗莱·德

Lange, Friedrich Albert 朗格，弗里德里希

Lao Tse 老子

Laplace, Pierre 拉普拉斯，皮埃尔

Lavoisier, Antoine Laurent de 拉瓦锡，安
东·劳伦特·德

Leibniz, Gottfried Wilhelm 莱布尼茨，高特
弗利德·威廉

Lenin, Wladimir Iljitsch 列宁，弗拉基米
尔·伊里奇

Leo I. (Papst)（教皇）列奥一世

Leo XII. (Papst)（教皇）列奥七世

Leonardo da Vinci 列奥纳多·达芬奇

Leopold, Aldo 利奥波德，阿尔多

Lessing, Gotthold Ephraim 莱辛，高特霍尔
德·埃弗拉姆

Leukipp 留基波

Levinas, Emmanuel 莱维纳斯，伊曼努尔

Liebert, Artur 利波特，阿图尔

Liebmann, Otto 李普曼，奥托

Lipps, Hans 李普斯，汉斯

Lipsius, Justus 利普斯，耶斯特

Litt, Theodor 利特，西奥多

Llinäs, Rodolfo 黎纳斯，鲁道夫

Lobatschewski, Nikolai Iwanowitsch 罗巴契
夫斯基，尼古拉·伊万诺维奇

Locke, John 洛克，约翰

Lombroso, Cesare 龙勃罗梭，切萨雷

Lorenz, Konrad 洛伦茨，康拉德

Lossky, N. O. 罗斯基

Lotze, Rudolf Hermann 洛采，鲁道夫·赫尔曼

Louis Napoleon 路易·拿破仑

Lucrez 卢克莱修

Ludwig der Bayer 巴伐利亚国王路德维希

Ludwig XIV. 路易十四

Lukäcs, Georg 卢卡奇，乔治

Luther, Martin 路德，马丁

M

Mach, Ernst 马赫，恩斯特

Machiavelli, Niccolo 马基雅维利，尼可罗

Mackie, John L. 麦基，约翰

Magalhäes, Fernão de 麦哲伦，斐迪南德

Mahavira 大雄

Maimonides 迈蒙尼德

Maistre, Joseph de 梅斯特里，约瑟夫·德

Malebranche, Nicole 马勒伯朗士，尼克拉

Mandelbrot 曼德尔布罗特

Marcel, Gabriel 马塞尔，加布里埃

Marcianus Capella 卡佩拉，马西亚诺

Marcion von Sinope 西诺布的马吉安

Marco Polo 马可波罗

Marcuse, Herbert 马尔库塞，赫伯特

Maritain, Jacques 马利坦，雅克

Mark Aurel (Marcus Aurelius) 马可·奥勒留

Markl, Hubert 马克尔，胡伯特

Marlowe, Christopher 马洛韦，克利斯朵夫

Marx, Karl 马克思，卡尔

Masaryk, Thomas G. 马萨瑞克，托马斯

Mausbach, Joseph 茅斯巴赫，约瑟夫

Mauthner, Fritz 毛特纳，弗利茨

Maximilian I. 马克西米连一世

Mayer, Robert 迈耶尔，罗伯特

McGinn, Colin 麦金，科林

Medici (Familie) 美第奇家族

Medici, Cosimo di 美第奇，科西莫·狄

Meier, Georg Friedrich 迈耶尔，乔治·弗里德里希

Meinong, Alexius 迈农，阿莱克修斯

Meister Eckhart 埃克哈特大师

Melanchthon, Philipp 墨兰顿，菲利普

Mencius 孟子

Mendel, Gregor 蒙德尔，格利高里

Mendelssohn, Moses 门德尔松，摩西

Meng Tse 孟子

Menger, Karl 门格尔，卡尔

Merleau-Ponty, Maurice 梅洛·庞蒂，莫里斯

Metternich, Klemens W. 梅特涅，克莱门斯

Michelangelo Buonarroti 弥盖朗基罗·波纳罗逊

Mill, John Stuart 穆勒，约翰·斯图亚特

Minkowski, Hermann 闵可夫斯基，赫尔曼

Mo Tse 墨子

Mohammed 穆罕默德

Moliere (Jean·Baptiste Poquelin) 莫里哀

Montaigne, Michel de 蒙田，米歇尔·德

Montesquieu, Charles Louis Baron de 孟德斯鸠，男爵夏尔·路易·德

Montinari, Mazzino 蒙迪纳利，马奇诺

Moore, George Edward 摩尔，乔治·爱德华

Morris, Charles 莫里斯，查尔斯

Morus, Thomas 莫尔，托马斯

Mozart, Wolfgang Amadeus 莫扎特，沃尔夫冈·阿马迪乌斯

Müller, Max 米勒，马克斯

N

Nagarjuna 龙树

Nagel, Thomas 纳格尔，托马斯

Napoleon I. 拿破仑一世

Natorp, Paul 纳托普，保尔

Neurath, Otto 纽拉特，奥托

Newton, Isaac 牛顿，艾萨克

Nicolai, Friedrich 尼古拉，弗里德里希

Nietzsche, Friedrich 尼采，弗里德里希

Novalis 诺瓦利斯

O

Origenes 俄利根

Ortega y Gasset, Jose 奥特加·加塞特，胡塞

Ostwald, Wilhelm 奥斯瓦尔德，威廉

Overbeck, Franz 奥沃贝克，弗朗茨

P

Palagyi, Melchior 帕拉基，麦奇奥

Palestrina 帕莱斯特里纳

Paracelsus 帕拉切尔斯

Parmenides 巴门尼德斯

Pascal, Blaise 帕斯卡尔，布莱斯

Passmore, John 帕斯莫尔，约翰

Patrizzi, Francesco 帕特里齐，弗朗切斯克

Paul, Jean 保尔，让

Paulus 保罗

Pawlow, Iwan Petro witsch 鲍洛夫，伊万·彼得罗维奇

Peano, Giuseppe 皮亚诺，朱塞佩

Peirce, Charles Sanders 皮尔士，查尔斯·桑德斯

Penrose, Roger 彭罗斯，罗杰

Peter der Große 彼得大帝

Petrarca 彼特拉克

Pfänder, Alexander 普芬德尔，亚历山大

Philipp II. 菲利普二世

Philon von Alexandria 亚历山大里亚的斐洛

Piaget, Jean 皮亚杰，让

Pius X. (Papst)（教皇）庇护十世

Planck, Max 普朗克，马克斯

Platon 柏拉图

Plessner, Helmuth 普莱斯纳，赫尔穆特

Pleton, Georgios Gemistos 柏莱图，乔治·格
弥斯托士

Plotinos 普罗提诺

Plutarch 普鲁塔克

Poincare, Henri 彭加勒，亨利

Pomponazzi, Pietro 彭波那齐，皮特罗

Popper, Karl R. 波普尔，卡尔

Porphyrios 波菲利

Portmann, Adolf 波特曼，阿道夫

Poseidonios 波希多尼

Proklos 普洛克鲁斯

Protagoras 普罗塔哥拉

Proudhon, Pierre Joseph 蒲鲁东，皮埃尔·约
瑟夫

Przywara, Erich 普利茨瓦拉，埃利希

Pyrrhon von Elis 埃利斯的皮浪

Pythagoras 毕达哥拉斯

Q

Quine, Willard Osman 奎因，威拉德·奥斯
曼

R

Rabelais, Francois 拉伯雷，弗朗索瓦

Racine, Jean 拉辛，让

Radischtschew, A. N. 拉吉舍夫

Raffael 拉斐尔

Ranke, Leopold von 兰克，利奥泼德·冯

Regan, Tom 里甘，汤姆

Reichenbach, Hans 赖欣巴赫，汉斯

Reid, Thomas 里德，托马斯

Renouvier, Charles 雷诺维叶，查尔斯

Rensch, Bernhard 伦石，伯恩哈特

Reuchlin, Johannes 罗伊西林，约翰内斯

Richter, Johannes Friedrich 里希特，约翰内
斯·弗里德里希

Rickert, Heinrich 李凯尔特，海因里希

Ricoeur, Paul 利科，保罗

Riedl, Rupert 黎德尔，鲁波尔特

Riemann, Bernhard 黎曼，伯恩哈特

Riemenschneider 里门施奈德

Rilke, Rainer Maria 里尔克，勒内·玛丽亚

Robespierre, Maximilien 罗伯斯庇尔，马克
西米连

Rohde, Erwin 洛德，艾尔温

Ronsard, Pierre de 郎萨尔，皮埃尔·德

Roscellinus 洛色林

Rosenzweig, Franz 罗森茨威格，弗朗茨

Rothacker, Erich 罗特哈克，埃里希

Rousseau, Jean-Jacques 卢梭，让·雅克

Russell, Bertrand 罗素，伯特兰

Ruysbroek, Johannes 路易斯布律克，约翰内
斯

Ryder, Richard 黎德尔，理查德

Ryle, Gilbert 赖尔，吉尔伯特

S

Sabunde, Raimund de 萨本德，雷蒙德·德

Saint-Martin, Louis-Claude de 圣马丁，路
易·克罗德·德

Saint-Simon, Claude Henri de 圣西门，克罗
德·亨利·德

Sakkas, Ammonius 萨卡斯，安漠纽

Sapir, Edward 萨皮尔，埃德华

Sartre, Jean-Paul 萨特，让·保尔

Saussure, Ferdinand de 索绪尔，斐迪南·德

Savigny, Friedrich Carl von 萨韦尼，弗里德
利希

Sankara 商羯罗

Scheler, Max 舍勒，马克斯

Schelling, Friedrich Wilhelm Joseph 谢林，
　弗里德里希·威廉·约瑟夫

Schiller, Ferdinand C. S. 席勒，斐迪南

Schiller, Friedrich 席勒，弗里德利希

Schlegel, August Wilhelm von 施勒格尔，奥
　古斯特·威廉·冯

Schlegel, Friedrich von 施勒格尔，弗里德里
　希·冯

Schleiermacher, Friedrich Daniel Ernst 施莱
　尔马赫，弗里德里希·丹尼尔·恩斯特

Schlick, Moritz 石里克，莫里茨

Schopenhauer, Arthur 叔本华，阿图尔

Schrödinger, Erwin 薛定谔

Schulze, G. E. 舒尔策

Schweitzer, Albert 施韦策尔，阿尔伯特

Schwenckfeld, Kaspar 施温克菲尔德，卡斯帕尔

Searle, John Roger 塞尔，约翰·罗杰

Seneca, Lucius Annaeus 塞涅卡，卢修斯·阿
　纳乌斯

Seuse, Heinrich 苏索，海因里希

Shaftesbury, Antony Ashley Cooper Graf von 莎
　夫茨伯里男爵，安东尼·阿什利·库珀·冯

Shakespeare, William 莎士比亚，威廉

Sidgwick, Henry 西季威克，亨利

Simmel, Georg 西美尔，格奥尔格

Singer, Marcus George 辛格，马克·乔治

Singer, Peter 辛格，彼得

Skinner, B. Frederic 斯金纳，伯尔赫斯·弗
　利德里克

Skovorada, Gregor 斯科沃罗达，葛利高里

Smith, Adam 斯密，亚当

Sokrates 苏格拉底

Solowjew, Wladimir 索洛维约夫，弗拉基米尔

Sophokles 索福克勒斯

Spaemann, Robert 施柏曼，罗伯特

Spee, Friedrich von 施佩，弗里德里希·冯

Spencer, Herbert 斯宾塞，赫伯特

Spengler, Oswald 斯宾格勒，奥斯瓦尔德

Speusippos 斯皮西普

Spinoza, Benedictus de 斯宾诺莎，本奈狄克
　特·德

Spranger, Eduard 施普朗格，埃德华

Spranger, Jakob 施普朗格，雅各布

Stalin, Jossif W. 斯大林，约瑟夫

Stammler, Rudolf 施达姆勒，鲁道夫

Stein, Heinrich 斯泰因，海因里希

Stent, Günther 斯滕特，龚特尔

Stevenson, Charles L. 斯蒂文森，查尔斯

Stirner, Max 施蒂纳，马克斯

Stoß, Veit 施多斯，威特

Straßmann, Fritz 施特拉斯曼，弗利茨

Strauß, David Friedrich 施特劳斯，大卫·弗
　里德里希

Strawson, Frederick 施特劳森，弗里德里克

Suárez, Francisco 苏阿雷兹兹，弗朗塞斯库

Swedenborg, Emanuel 斯韦登伯格，埃曼努尔

T

Tacitus 塔西陀

Tai Tung-yüan 戴东原（戴震）

Tarski, Alfred 塔斯基，阿尔弗雷德

Tasso 塔索

Tauler, Johann 陶勒尔，约翰

Telesio, Bernardo 特勒肖，贝尔纳多

Tertullian 德尔图良

Thales 泰勒斯

Theophrastos 狄奥弗拉斯图

Thomas von Aquin 托马斯·阿奎那

Thomas von Kempen 肯彭的托马斯

Thomasius, Christian 托马修斯，克利斯蒂安

Tieck, Ludwig 蒂克，路德维希

Tizian 提香

Tolstoi, Leo 托尔斯泰，列夫

Trakl, Georg 特拉克尔，乔治

Troeltsch, Ernst 特勒尔奇，恩斯特

Tschaadajew, Peter 恰达耶夫，彼得

Tschu Hsi 朱熹

Tung Tschung-schu 董仲舒

U

Uexküll, Jakob von 于克斯屈尔，雅各布·冯

Ulrich von Hütten 乌尔里希·冯·胡顿

Unamuno, Miguel de 乌纳穆诺，米盖尔·德

V

Vaihinger, Hans 魏欣格尔，汉斯

Valentinus 瓦伦汀

Valla, Laurentius 瓦拉，洛伦佐

Vasco da Gama 瓦斯科·达伽马

Vasubandhu 世亲

Vergil 维吉尔

Vico, Giambattista 维科，乔巴蒂斯特

Vischer, Friedrich Theodor 菲舍尔，弗里德里希·提奥多

Vollmer, Gerhard 弗尔梅尔，格尔哈特

Voltaire (Francois Marie Arouet) 伏尔泰（弗朗索瓦·马利·阿鲁埃）

Vorländer, Karl 弗棱岱尔，卡尔

W

Wagner, Richard 瓦格纳，理查德

Wan Tschung 王充

Wandruszka, Mario 万德卢茨卡，马里奥

Wang-Yang-ming 王阳明

Watson, James 沃森，詹姆斯

Watzlawick, Paul 瓦兹拉维科，保罗

Weigel, Valentin 魏格尔，瓦伦汀

Welser (Familie) 威尔塞（家族）

Wenzl, Aloys 文策尔，埃洛伊斯

Wernicke, Carl 维尔尼克，卡尔

Wertheimer, Max 维特海默，马克斯

Whitehead, Alfred North 怀特海，阿尔弗雷德·诺特

Whorf, Benjamin Lee 沃尔夫，本杰明·李

Wieland, Christoph Martin 维兰德，克利斯朵夫·马丁

Wilhelm von Champeaux 香浦的威廉

Wilhelm von Moerbeke 莫尔贝克的威廉

Wilhelm von Occam 奥卡姆的威廉

Wilson, Edward O. 威尔逊，爱德华

Windelband, Wilhelm 文德尔班，威廉

Wittgenstein, Ludwig 维特根斯坦，路德维希

Wohlfart, Günter 沃尔法，龚特

Wolf, Jean Claude 沃尔夫，让·克罗德

Wolff, Christian 沃尔夫，克利斯蒂安

X

Xenophanes 色诺芬尼

Xenophon 色诺芬

Y

Yagnavalkya 耶吉纳伏格亚

Z

Zarathustra 查拉图斯特拉

Zenon von Elea 埃利亚的芝诺

Zenon von Kition 基底恩的芝诺

Zwingli, Ulrich 慈运理

术语译名对照表

Buddhismus 佛教

C

cartesianisches Theater 笛卡尔式戏剧

Charvakas 遮婆迦

Chassidismus 虔信主义

chinesische Sprache 汉语

Christentum 基督教

civitas dei 上帝之城

cogito, ergo sum 我思，故我在

contrat social 社会契约

credo quia absurdum 因为荒谬我才相信

credo ut intelligam 我相信，所以我理解

D

Deismus 自然神论

delphisches Orakel 德尔斐神谕

Demokratie 民主

Determinismus 决定论

deterministisches Chaos 决定论的混乱

deus absconditus 隐藏者

Dharma 达摩

Dialektik 辩证法

dialektischer Materialismus 辩证唯物主义

Ding an sich 物自体

Diskurs 对话

docta ignorantia 有学识的无知

Doxographie 名哲言行录

drei Welten 三个世界

Dreieinigkeit 三位一体

Dreistadiengesetz 三阶段论

E

Einheit der Gegensätze 对立面的统一

Einheitswissenschaft 统一科学

Eklektizismus 折衷主义

elan vital 生命冲动

Eleaten 埃利亚学派

Emanation 流射

Empirismus 经验主义

Encyclopedie 百科全书

Enneaden 九章集

Entelechie 隐德来希

Entlastung 减负

Entwicklungslehre 进化论

Epikureer 伊壁鸠鲁派

Erkenntnistheorie 认识论

Eros 厄洛斯

Esperanto 世界语

esse est percipi 存在即被感知

Ethik 伦理学

Euthanasie 安乐死

evolutionäre Erkenntnistheorie 进化认识论

evolutionäre Ethik 进化伦理学

Existenz, Existenzialien 存在，存在物

Existenzphilosophie 存在主义哲学

Expropriation der Expropriateure 剥夺私有
财产

F

Falsifikation 证伪

Fraktale 碎片

Frankfurter Schule 法兰克福学派

Freidenker 自由思想家

G

Gehirn 大脑

Geist 精神

generative Grammatik 生成转换语法

Gentechnik 基因技术

Geschichtsphilosophie 历史哲学

Gesellschaftsvertrag 社会契约

Gestalttheorie 格式塔理论

Gewaltenteilung 权力分立

Gewissen 良心

Glauben und Wissen 信仰与知识

Glaubensphilosophen 宗教哲学家

Gnosis, Gnostiker 诺斯替教派

gnothi seauton 认识你自己

goldene Regel 金科玉律

Gottesbeweis 上帝之证

Gottesstaat → civitas dei 上帝之城

Göttliche Komödie 神曲

Grenzen der Erkenntnis 认识的限度

Grihastha 家长

H

Hermeneutik 解释学

Hexenhammer 打击巫师之锤

Hexenverfolgung 迫害巫师

Hinayana 小乘佛教

historische Schule 历史主义学派

historischer Materialismus 历史唯物主义

Historismus 历史主义

Historizismus 历史决定论

Hochscholastik 中期经院哲学

Höhlengleichnis 洞穴比喻

Homosexualität 同性恋

Humanismus 人文主义

Hymnenzeit 颂歌时代

I

I King → Buch der Wandlungen 易经

Idealismus 唯心主义

Ideenlehre 理念论

Identitätsphilosophie 同一哲学

Idole 假象

In-der-Welt-Sein 在世界之内的存在

Individualethik 个体伦理学

indogermanische Sprachen 印度日耳曼语系

Induktion 归纳法

Instauratio magna 伟大复兴

Intuitionlsmus 直觉主义

Islam 伊斯兰教

J

Jainismus 耆那教

judaisierende Gnosis 犹太化诺斯替派

jüdische Philosophie 犹太哲学

K

Kabbala 喀巴拉

Kant-Laplacesche Theorie 康德 - 拉普拉斯理论

Karma 羯磨

Kastenwesen 种姓制度

Kategorien 范畴

kategorischer Imperativ 绝对命令

Kausalität 因果性

Klassenkampf 阶级斗争

Kognitionswissenschaft 认知科学

Kommunistisches Manifest 共产党宣言

Konstantinische Schenkung 君士坦丁的馈赠

Konstruktivismus 结构主义

Kosmos, Kosmologie 宇宙，宇宙论

Kritik der Sprache 语言批判

kritische Sozialphilosophie 批判社会哲学

kritischer Realismus 批判实在论

Kschatriyas 刹帝利

Kunst 艺术

Kybernetik 控制论

kynische Schule 犬儒学派

kyrenaische Schule 昔勒尼学派

Ontologie 本体论

ontologische Differenz 本体论的区别

Opfermystik 祭献神秘主义

Ordinary Language Philosophy 日常语言哲学

Ozonloch 臭氧洞

P

Pantheismus 泛神论

Paradigma 范式

Parias 贱民

Patristik 教父哲学

Peripatetiker 逍遥学派

Pessimismus 悲观主义

Pflicht und Neigung 义务与爱好

Phänomenologie 现象学

Philosophie des Geistes 精神哲学

Philosophie des Unbewußten 无意识哲学

Physikalismus 物理主义

Pitakas 藏经

Platoniker 柏拉图主义者

platonische Akademie 柏拉图学园

Pluralismus 多元论

Polarität 对立性

Polytheismus 多神崇拜

Positivismus 实证主义

Prädestination 预定论

Pragmatik, Pragmatismus 实用主义

Prakriti 自性

prästabilierte Harmonie 前定和谐

primäre Qualitäten 第一性质

primäre und sekundäre Eigenschaften 第一性
　质和第二性质

Principia Mathematica 数学原理

Protokollsätze 记录语句

psychologisches Problem 心理问题

psychophysisches Problem 心理物理学问题

Puritanismus 清教主义

Puruscha 神我

Pythagoreer 毕达哥拉斯信徒

Q

Quantenmechanik 量子力学

Quantentheorie 量子论

R

Rad des Lebens 生命之轮

Rationalismus 理性主义

Raum und Zeit 空间与时间

Realismus 实在论

Reformation 宗教改革

Relativitätstheorie 相对论

Religionsphilosophie 宗教哲学

Renaissance 文艺复兴

Rhetorik 雄辩术

Rigveda 黎俱吠陀

Romantik 浪漫主义

Royal Society 皇家科学院

S

Samaveda 裟摩吠陀

Sankhya 数论派

Sannyasi 世界的背弃者

Sapir-Whorf-Hypothese 萨皮尔·沃尔夫假说

Schi King 诗经

Scholastik 经院哲学

Schu King 书经

Seelenwanderung 灵魂转世

Selbstentfremdung und Selbstverwirklichung
　自我异化与自我实现

selbstsüchtige Gene 自私的基因

Semiotik 符号学

sie et non 是与否

Skepsis, Skeptiker, Skeptizismus 怀疑，怀疑论者，怀疑主义

Sklaverei 奴隶制

Sokratiker 苏格拉底学派

Sophisten, Sophistik 智者，智者派

Sozialismus 社会主义

Soziologie 社会学

Soziolinguistik 社会语言学

Spätscholastik 后期经院哲学

Sprache 语言

Sprachspiel 语言游戏

Sprachzentrum 语言中心

Sprechakt 语言行为

Staat, Staatslehre 国家，国家学说

Staatssozialismus 国家社会主义

Stalinismus 斯大林主义

Stoa poikile 彩色柱廊

Stoiker, Stoizismus 斯多葛派，斯多葛主义

Sturm und Drang 狂飙突进运动

subjektiver Geist 主观精神

Südwestdeutsche Schule 西南德意志学派

Summen 大全

Sutras 经

Sympathie 同感

synthetische Urteile 综合判断

T

Tao, Taoismus 道，道家

Tao-te King 道德经

tat twam asi 这是你

Teilung der Gewalten 权力划分

Theismus 一神论

Theodizee 辨神论

Theogonie 神统学

Tiefenpsychologie 精神分析学

Tiere 动物

Tierschutz 动物保护

Tierseele 动物灵魂

Toleranz 宽容

Tractatus Logico-Philosophicus 逻辑哲学论

transzendental 先验的

Trigramme 三行图式

Tschudras 首陀罗

Tschung Yung 中庸

Tyrannis 僭主政治

U

Übermensch 超人

Uhrengleichnis 时钟比喻

Universalien 共相

Universalienstreit 共相之争

universitas literarum 知识大全

Upanischaden 奥义书

Urstoff 原初物质

Urteilsformen 判断形式

Urteilskraft 判断力

Utilitarismus 功利主义

Utopie 乌托邦

V

Vaischeschika 胜论派

Vaischyas 吠舍

Vedanta 吠檀多

Veden 吠陀本集

Vegans 严格的素食主义者

Verantwortung 责任

Verifikation 证实

Verifikationsprinzip 证实原则

Vernunftreligion 理性宗教

Vidya 真知

vier Elemente 四元素

Vitalismus 活力论

Völkerrecht 国际法
Vorsokratiker 前苏格拉底派

W

Wellenmechanik 波动力学
Weltethos 世界伦理
Wiedergeburt 转世
Wiener Kreis 维也纳学派
Willensfreiheit 意志自由
Wissen und Glaube 知识与信仰

Y

Yayurveda 夜柔吠陀
Yin-Yang-Lehre 阴阳学说
Yoga 瑜伽

Z

Zeit 时间
Zeitalter der Übersetzungen 翻译的时代
Zen-Buddhismus 禅宗
zoon politikon 政治动物

译后记

　　哲学史类的著作，国内已出版了不少，其中关于西方哲学史的比较有影响的译介著作，有罗素的《西方哲学史》、梯利的《西方哲学史》、黑格尔的《哲学史讲演录》、文德尔班的《哲学史教程》等。长期以来，这些哲学史著作不仅在学术界受到较高的评价，而且也受到广大读者的欢迎。之所以如此，是因为这些哲学史著作都有各自的特点，每一位作者在写作时都遵循不同的指导思想，如罗素的写作目的"是要揭示，哲学乃是社会生活与政治生活的一个组成部分：它并不是卓越的个人所做出的孤立的思考，而是曾经有各种体系盛行过的各种社会性格的产物与成因。"文德尔班在《哲学史教程》序言里说："在这本书里，我打算全面而精炼地描述欧洲哲学种种观念的演变，其目的在于表明：我们现在对宇宙和人生作科学的理解和判断所依据的原理原则，在历史发展过程中，由于什么动机，为人们所领悟并发展起来……着重点就放在从哲学的观点看最有分量的东西的发展上，即放在问题和概念的历史上。"

　　我们译介给中文读者的《世界哲学史》是由德国慕尼黑大学荣休教授汉斯·约阿西姆·施杜里希撰写的一部在德国较有影响的哲

学史著作。该书仅德文版的发行量，截至 1999 年出第十七版时，已达六十余万册，并已被翻译成十余种语言。作者能够用质朴的语言阐述复杂深刻的哲学思想，从而使该书在德国成为最受读者欢迎的学术著作之一。

作者在第一版的导言里就阐明了自己的写作宗旨："本书并不是为那些职业哲学家写的，对于他们来说，或许已经没有什么新鲜东西可以说了。本书是为这样一些人写的：不管他们是否接受过正规的学院式教育，当面对工作中和日常生活中的烦恼，以及我们时代的巨大历史变迁和社会灾难时，他们从不气馁，总是试图通过独立思考来揭示世界之谜，努力去寻找永恒的人生问题的答案。他们从不否认这样一种观点，即所有时代的伟大思想家及其作品都会对我们有所裨益。"

该书初版于 1950 年，后经作者多次修订和增补。施杜里希于 1999 年对书中的内容做了一次全面细致的修订，并重新撰写了涉及当代哲学的第七部分。在最后部分，作者特别关注了哲学与其他学科研究之间的关系问题，对人类在宇宙中的位置、人类与自然和动物的关系、生态危机、人类语言、人的认识极限、全球伦理与世界宗教、大脑与意识等诸多问题做了较为细致的考察和论述。

施杜里希的《世界哲学史》叙述了自古代至当代的东西方哲学发展史，内容涵盖古代印度哲学、古代中国哲学、古希腊哲学、中世纪哲学、文艺复兴时期和巴洛克时期的哲学、启蒙运动时期哲学和康德哲学、十九世纪哲学以及二十世纪哲学思想主流。

在叙述古代印度哲学时，作者着重介绍了：印度吠陀时期奥义书的哲学思想；印度哲学的非正统体系，包括遮婆迦的唯物主义思想及佛教哲学；印度哲学的正统体系，包括正理派、胜论派、数论派、弥曼差派和吠檀多派等。

在叙述古代中国哲学时，施杜里希较一般西方哲学史家更为深入，也更为客观和公正。他借用一位中国学者的比喻，把中国哲学的发展看作一部精神交响曲逐渐展开的三个乐章："在第一乐章中奏响了三个主部主题，即儒家、道家、墨家，此外还有四个副部主题，即名家、法家、新墨家和阴阳家，另外还有大量的伴奏音符，它们都是短暂地响了一下而没有展开，这就是'百家'。这一阶段包括公元前六世纪至公元前二世纪。第二乐章中，中世纪中国哲学的主和弦中混杂了不同的动机，其间从印度传入的佛教构成了声部的对位结构。这一阶段从公元前二世纪一直持续到公元1000年。第三乐章里，各种不同的因素构成了合成的混音结构，其中持续不断的主旋律就是新儒学。这一阶段从公元1000年一直持续至今。"

在叙述西方哲学的历史时，作者除了介绍哲学家的生平、著作、主要思想及其对后世的影响，还提供了必要的历史背景知识。他按照某个哲学家或思想流派在历史上所起的作用和产生的影响的大小，分别给出了长短不等的篇幅，例如，他给费希特仅准备了四页的篇幅，而在叙述康德哲学时却用了五十四页的篇幅（指德文原著中）。涉及俄国哲学时，作者的叙述则非常简略，因为，在他看来，在俄国曾经诞生杰出的文学家、音乐家和自然科学家，但是缺少一流的哲学家。"虽然自彼得大帝以后，俄国向欧洲敞开了大门，虽然重要的欧洲思想运动——启蒙运动、德国唯心主义、浪漫主义、唯物主义、马克思主义——都输入俄国并产生了反响，但是，我们几乎看不到一种来自俄国的思想反过来对中欧和西欧产生过重要的影响——例外的情况是，列宁和斯大林对马克思主义做了补充。"

此外，在叙述二十世纪哲学时，作者不是按照某一哲学家或某一流派，而是按照主题和问题范围划分章节的，如人的概念（哲学人类学、舍勒的推动、普莱斯纳），语言（威廉·冯·洪堡、激进的语言批评、语言学的骤变、维特根斯坦），认识与知识（新实证主义、新逻辑学、从罗素到分析哲学、波普与批判理性主义、结构主义、进化认识论、认识的极限），我们应该做什么（讨论人的生存问题，人与自然、人与动物的关系问题，以及世界伦理和进化伦理学问题），大脑、意识和精神。之所以如此处理，是因为，随着现代自然科学和信息技术的迅猛发展，哲学将不可能再以流派来划分各自的阵营，而是以不同的主题和问题范围来划分，哲学研究也不再是单个哲学家的事情，哲学家必须寻求与各个领域内的专业科学家的合作，因此，未来哲学发展的趋势就是"哲学的科学化"。

康德在晚年回顾自己的一生时说，他一生的全部努力都是为了回答三个问题："我们能够知道什么？我们应该做什么？我们应该信仰什么？"作者认为，这三个问题是困扰所有时代的思想家们的问题，也就是关于人的认识、行为和信仰的问题。对这三个问题的考察也是写作这部哲学史的基本指导思想。"如果依照这三个问题的观点对哲学的历史发展加以考察，我们就会发现一个基本特征，这三个问题在历史上出现的先后顺序正好与康德提出的顺序相反。这可能是因为，生与死是所有生命形式的最基本的现实，所以，关于死后的永生，关于超越尘世的神秘力量的主宰，关于上帝、神和偶像，这些问题都成了正在觉醒的人类精神首先要关注的最基本的人生之谜。无疑，探求正确的人类行为的基本原则，获得有益于现实生活和必要的道德约束的知识，这些都是哲学需要首先考虑的问题。至于人的认识的可能性及其工具和界限这个尖锐问题，哲学后来才能顾得上考虑。"

把东方哲学和西方哲学囊括进一部书里加以叙述的哲学史著作在国内还不多见，虽然黑格尔的《哲学史讲演录》也专辟了一章介绍东方哲学，但是篇幅非常有限，因为黑格尔说："东方哲学本不属于我们现在所讲的题材和范围之内；我们只是附带先提一下。"而且黑格尔对东方哲学带有一定的成见，他认为，东方哲学是一种宗教哲学，东方人的思想方式是一种宗教的世界观。此外，他也鄙薄中国文化，他说："中国人和印度人一样，在文化方面有很高的声名，但无论他们文化上的声名如何大，典籍的数量如何多，在进一步的认识之下，就都大为减低了。这两个民族的广大文化，都是关于宗教、科学、国家的治理、国家的制度、诗歌、技术与艺术和商业等方面的。"而施杜里希却能较为客观公正地看待东方哲学和文化，这在西方世界是非常难能可贵的。正如作者在为本书中文版写的序言中所说:"在世界上伟大的文明国家中,没有一个国家能够像中国那样拥有如此悠久而伟大的过去。我深信,中国也将会拥有一个对世界历史具有重要意义且能产生深远影响的未来。"作者的判断确也切合正在崛起中的当下中国之现实。

施杜里希对中国文化给予了高度评价,关于此,他借用了赫尔曼·凯瑟琳的一段话:"中国塑造出了迄今为止最为完美的人性……就如现代西方人创造了迄今为止最为优秀的技能文化,古代中国人则创造了一种迄今为止最为优秀的生存文化。"他将中国哲学的特点概括为:追求中和、厌恶任何形式的片面和极端、宽容的处事态度、现世性、知足节制、自我满足和封闭性等,其观点也相当中肯。窃以为,或许这些特点也是中华文明的发展似乎是在蹒跚而行的主要原因,而带有"浮士德精神"的西方文明则因其永远"不知满足和无节制"且富于冒险精神,成为现代人类文明的主导者。但是,西方精神给世界历史造成的动荡不安和灾难也是有目共睹的,或许崇尚"中庸之道"的儒家文明将会在未来成为一种维护世界和平的重要平衡力量。

汉斯·约阿西姆·施杜里希,1915 年 7 月 25 日出生于德国奎恩施戴特,曾就学于弗莱堡大学、科隆大学、柯尼斯堡大学、巴塞尔大学、汉堡大学和柏林大学,学习哲学、历史、社会学和法学,获哲学博士和法学博士学位。1963 年至 1983 年,他担任慕尼黑辞典编纂学研究所所长,1983 年至 1991 年,他任教于慕尼黑大学,1991 年起,他是慕尼黑大学的荣休教授。2012 年 9 月 10 日,施杜里希在慕尼黑逝世,享年九十七岁。

施杜里希是百科全书式的学者,他的主要著作有《世界哲学史》《世界科学史》《语言的历险》《科诺斯现代天文学》《世界的语言——历史、事实、秘密》和《记忆的碎片》等,他还主编了《多瑙兰大百科辞典》和拥有六万五千个词条的《科诺尔德语大辞典》等。此外,他还以瓦尔特·约阿希姆(Walter Joachim)和奥托·威尔克麦斯特

（Otto Werkmeister）的笔名发表了多部作品。

　　译者最初翻译本书使用的是菲舍尔出版社2002年出的简装本。2003年，译者在慕尼黑访学期间时常拜访位于市政厅对面的胡根杜贝尔（Hugendubel）书店，一次在这家书店里随手翻看德文版的罗素《西方哲学史》的时候偶然发现了它。之后译者与施杜里希教授取得了联系，并向他说明欲将该书译成中文的计划，作者慨然应允协助申请中文版权。柯尔哈默出版社后来给译者寄来了该书第十七版精装本，译者又对两个版本认真做了核对。此两版本均为八百七十七页，可以说篇幅完全一致。菲舍尔版依据的即是柯尔哈默1999年出的第十七版（修订增补版）。

　　2010年7月12日，译者收到了施杜里希教授寄来的他刚刚出版的回忆录，那时他已是九十五岁高龄的耄耋老者。他在回忆录中写道："得悉拙著在中国拥有如此众多的读者，我深感荣幸。"两年后，施杜里希教授在慕尼黑的家中不幸逝世。本书的此次再版亦是对他的另一种形式的纪念。

　　本书的翻译是译者在教学之余利用约一年半的时间完成的。译者遵循的翻译宗旨是，尽可能避免佶屈聱牙的文字表述，努力使作者开口讲"母语"，为此不得不将从句套从句、有时长达半页的复杂德语长句打散后进行重组。尤其在处理原本就晦涩艰深的文本（如康德、海德格尔）时，若译本仍坚持生硬的直译，则可能会使读者读译文如读天书，不仅会折磨读者的神经，而且会让读者怀疑自己的理解力。真理本应是清晰澄澈的，深刻的思想也并非非要用晦涩的语言表达出来才显得深刻。历史上或当今，总有一些作者习惯于用一种故弄玄虚和令人费解的表达方式来掩盖自己思想的苍白。这就像一洼浅水，若想让人觉得它深不可测，就需要制造一种假象，其便捷的手段便是先把水搅浑，而真正的大海则是碧蓝而清澈的。正如叔本华批评黑格尔所言："读者通过康德被迫认识到，晦涩的东西不一定总是毫无意义的，于是那些毫无意义的东西就将晦涩的陈述作为一种掩护了。"虽略带夸张，但仍可引以为戒。

上海三联书店决定再版本书中译本，为此译者要再次感谢北京理想国时代文化有限责任公司学术馆的编辑们，特别要感谢编辑赵欣女士和主编吴晓斌先生为本书再版所付出的诸多努力。

借此再版之际，译者改正了上一版中的部分错误，恢复了原著中的详细目录，希望能够为读者提供一些阅读上的方便。尽管如此，书中的错误和疏漏仍在所难免，恳请读者批评指正。

吕叔君

2023 年 5 月 17 日于山大洪楼